			학습 모듈코드	2001080105_18v1
대분류	중분류	소분류	세분류	능력단위
정보통신/20	정보기술/01	블록체인/08	블록체인분석.설계/01 블록체인구축.운영/02	블록체인 상세설계/05 블록체인 운영관리/08

블록체인 분석 및 응용

머리말

블록체인(blockchain, 区块链, qū kuài liàn)이란 다수의 거래내역을 묶어 블록을 구성하고, 해시를 이용하여 여러 블록들을 체인처럼 연결한 뒤, 다수의 사람이 복사하여 분산 저장하는 알고리즘이다. 블록체인 기술을 이용하면 데이터의 위변조가 불가능하여 권위 있는 중개기관이 없더라도 신뢰할 수 있는 안전한 거래와 데이터 처리를 할 수 있다. 블록체인은 암호화폐뿐만 아니라, 온라인 거래내역이 있고 이력관리가 필요한 모든 데이터 처리에 활용할 수 있다. 블록체인 기반의 스마트 계약, 물류관리 시스템, 문서관리 시스템, 의료정보관리 시스템, 저작권관리 시스템, 소셜미디어관리 시스템, 게임아이템관리 시스템, 전자투표 시스템, 신원확인 시스템 등 다양한 활용이 가능하다. 블록체인은 4차 산업혁명의 핵심기술 중 하나이다. ICBM(IoT, Cloud, BigData, Mobile) 플랫폼이 가지는 한계점으로 인해서, 4차 산업혁명에서 4가지 문제점이 있다. 이러한 한계점을 해결할 기술이 블록체인이다. ICBM 플랫폼이 '중앙형'이라면, 블록체인은 '분산형'이라는 특성을 가지고 있다. 블록체인의 기술은 P2P 네트워크 내의 모든 참여자가 공동으로 거래 정보를 검증하고 기록 · 보관함으로써 공인된 제3자 없이도 거래기록의 무결성 및 신뢰성을 확보하는 기술로서 해시(Hash) 기술, 전자서명(Digital Signature), 암호화(Cryptography) 합의(Consensus) 알고리즘(PoW, PoS) 등의 보안기술을 활용한 분산형 네트워크 인프라를 기반으로 다양한 응용서비스를 구현할 수 있는 구조를 가지고 있다. 블록체인의 개발하기 위한 솔루션은 개발 툴, 개발 사이트, 사용자 도구 및 하드웨어 솔루션 등으로 개발환경을 구축할 수 있다. 전세계적인 IT 화두로 자리잡은 블록체인 기반 프로젝트는 기존 사업영역 또는 신규 사업영역에 블록체인 기술을 적용하기 위해서는 개발에 대한 타당성 분석 및 정확한 방향성 선정이 필요하며, 프로젝트의 성격에 따른 다양한 유즈케이스 분석, 요건분석 및 시스템 구축, 블록체인 서비스 설계, 테스트 운영 및 상용화 등 많은 절차와 노력이 필요하다. 블록체인 기반 프로젝트는 1단계 사용사례 선정, 2단계 요건 정의 및 시스템 구축, 3단계 블록체인 서비스 설계 및 개발, 4단계 테스트 및 운영으로 구성한다. 블록체인 프로젝트는 크게 퍼블릭 블록체인과 프라이빗 블록체인으로 나누는 것이 일반적이며, 구현형태는 네트워크 형태 또는 프로젝트 규모 기준으로 상당히 다양한 형태로 나눠진다.

상장 암호화폐(暗號貨幣, Cryptocurrency)는 2000종 넘는 것 중 시총 상위 30위권 이내 암호화폐가 전체 시총의 80% 이상을 점유하고 있다. 암호화폐는 해시라는 암호화 기술을 이용하여 만든 전자화폐의 일종이다. 대개의 암호화폐는 탈중앙 P2P 방식의 블록체인 기술을 이용하여 가치를 저장 · 전송한다. 전자화폐 및 결제시스템 분야에 한정적이었던 암호화폐는 플랫폼 성격의 기술이 등장하며 산업 전분야에 범용기술로 적용되는 추세이다. 기존 금융시스템의 처리 소요시간, 절차 및 보안 개선 등을 위해 블록체인 기술을 도입하였다. 기관 간 송금, 결제 등 거래시 중개기관이 신뢰를 담보하던 기존 시스템의 번거로움을 제거하고, 상호 신뢰 하에 빠르고 간소화된 금융 서비스가 가능 하도록 시스템을 개선하였다. 기업(금융사 등)과 스타트업의 지속적 연구와 컨소시엄을 통한 협력연구 등을 통해 블록체인 기반 금융 서비스는 지속적으로 확장될 전망이다. 정부 차원의 블록체인 진흥업무를 맡고 있는 한국인터넷진흥원(KISA)이 블록체인 공공서비스 시범사업 범위를 민간 기업에까지 확대하고 있다. 혁신성과 파급력, 블록체인 기술 활용도에 초점을 맞춰 블록체인 시범사업을 추진하고 있다. 정부(중앙, 지방) 혹은 국가 차원에서 공공행정정보 및 국민신원관리, 자산거래 내역공증, 복지서비스 제공 등에 적극적 도입을 진행하고 있다. 신원확인, 의료정보 제공, 투표, 치안, 공공서비스 제공, 자산이력 추적, 교통 및 전력 등 공공 인프라 관리에 적극적 활용을 시도하고 있다. 각 기업은 고객 이탈을 방지하고, 보안 및 분산화 등 보다 향상된 기능을 접목한 서비스 제공을 위해 블록체인 기술을 도입하고 있다. 산업 생태계에 참여하는 이해 관계자들에 의한 정보의 생성/갱신/저장이력을 활용하여 새로운 비즈니스 가치를 생성하는 데 초점을 맞추었다. 자동차, 유통, 헬스케어, 에너지, 미디어, 자선 등 다양한 산업분야의 참여자들이 비즈니스 대상에 대한 정보이력을 블록체인으로 연결하는 중이다. 블록체인 정보이용은 관련 비즈니스 생태계의 참여를 전제로 하기 때문에, 다양한 산업이 결합하는 산업 Mesh Up이 발생하였다.

블록체인 분석 · 설계는 요구사항에 대한 보상체계 · 구조를 설계하고, 블록체인의 인프라를 개발 · 테스트를 하는 일로서, 블록체인 비즈니스 전략수립을 위하여 블록체인 생태계의 지속적인 성장을 위하여 보상체계에 대한 시나리오를 작성하고 비즈니스 전략을 수립하는 능력과 블록과 체인 데이터 구조를 설계하고 합의 알고리즘을 결정하는 능력을 향상하여 단위 모듈과 인터페이스 설계에 대한 환경변수를 설계하여 각종 적용방법을 설정하는 능력을 향상하는 데 목표를 두고 있다.

블록체인 구축 · 운영은 블록체인 플랫폼 또는 응용서비스를 구축하기 위해 사용자 요구사항에 대한 기능과 보상체계, 합의 알고리즘 등을 구현하며 이에 대한 단위 및 통합테스트를 수행하고, 안정적으로 운영관리하는 일로서, 블록체인 요소기술을 활용하여 블록체인 응용서비스와 비지니스 기능을 구현하고 검증하는 능력과 모듈을 통합하는 과정에서 모듈간의 상호능력이 정사억으로 수행되고 있는지를 테스트하여 통합구현된 블록체인 플랫폼 또는 응용서비스를 운영하기 이전에 제반 요구사항 적합성과 장애를 점검하고 그 결과를 피드백하여 플랫폼과 응용서비스의 안정적인 운영, 관리를 위해 상태를 모니터링하고 결함을 주기적으로 처리하는 능력을 향상시키는 데 학습목표가 있다.

이 교재는 컴퓨터, 정보통신, 블록체인, 콘텐츠, 핀테크 엔지니어링, 보안 등 관련 공학, 금융 및 경영분야의 입문자를 대상으로 블록체인 분석 및 응용에 대한 기본적인 지식이 없어도 단계별 필요지식 및 수행과정을 꾸준히 따라오면 블록체인 분석 및 응용 관련 지식을 얻어 이해하는 단계로 발전하여 능력향상이라는 숲을 볼 수 있도록 눈높이를 맞추는 데 1차적인 목표를 두었다.

이 교재의 주요구성은 다음과 같다.

학습 1. 블록체인의 개념 및 특징, 학습 2. 블록체인의 알고리즘 및 기술, 학습 3. 블록체인의 개발환경구축, 학습 4. 블록체인 플랫폼 하이퍼레저, 학습 5. 블록체인 프라이빗 플랫폼 R3 코다, 학습 6. 블록체인의 사업성 검토, 학습 7. 블록체인의 암호화폐 응용, 학습 8. 블록체인의 금융분야 응용, 학습 9. 블록체인의 공공과 민간부문의 응용, 학습 10. 블록체인의 산업분야 응용, 학습 11. 코인을 어디에 보관하지?, 학습 12. 코인을 사고 팔려면 어떻게 하지? 등으로 구성되어 있다.

특히 각 장에서는 수행 순서에 따른 수행질문에 따라 임의적으로 해법을 제시하여 창의적인 사고를 학생들이 추가로 작성하고 제시된 수행과제를 보다 많은 지식을 상호간 문제점에 대하여 토론하고 확인할 수 있다.

이 교재가 출간되기까지 가장 많은 지원과 아낌없는 격려를 보내주신 도서출판 상학당 남승우 사장님 및 블록체인 기술활용 관련 자문 및 논문, 보고서 사이트 등 자료 제공을 해주신 관련 교수님, 기업 및 단체에 대하여 지면을 빌려 깊은 감사의 말씀을 드리고, 특히 블록체인 관련 자료를 인터넷 블로그 및 관련 연구소 자료집에 올려주신 저자들 등 관련 관계자 여러분에게 감사의 마음을 전합니다.

이 책에서 부족했던 점이나 기타 문의사항과 관련한 자료 제공 및 지원은 도서출판 상학당을 통해 지속적으로 지원할 계획이며, 수행에 필요한 자료 등, 기타 보충자료 또한 지속적으로 업데이트할 예정이므로 독자 여러분의 따뜻한 질책과 조언을 부탁드립니다.

저자 씀

블록체인

분석 및 응용

남상엽 · 강민구 · 김호원 · 민경식 공저

도서출판 상학당

欲爲大者 當爲人役

크고자 하거든 남을 섬기라

차 례

블록체인 분석 및 응용 학습모듈 위치

대분류	20. 정보통신
중분류	01. 정보기술
소분류	08. 블록체인

세분류	능력단위
1. 블록체인분석.설계	03. 블록체인 비즈니스 전략수립
	05. 블록체인 상세 설계
	06. 블록체인 프로토타입 개발
2. 블록체인구축.운영	02. 블록체인 플랫폼구현
	03. 블록체인 응용서비스구현
	04. 블록체인 테스트관리
	06. 블록체인 통합테스트 수행
	07. 블록체인 시험운영
	08. 블록체인 운영관리

블록체인 분석 및 응용 학습모듈 개요

1. 학습 모듈의 목표

블록체인 분석 · 설계는 요구사항에 대한 보상체계 · 구조를 설계하고, 블록체인의 인프라를 개발 · 테스트를 하는 일로써 블록체인 비즈니스 전략 수립을 위하여 블록체인 생태계의 지속적인 성장을 위하여 보상체계에 대한 시나리오를 작성하고 비즈니스 전략을 수립하는 능력과 블록과 체인 데이터 구조를 설계하고 합의 알고리즘을 결정하는 능력을 향상하여 단위 모듈과 인터페이스 설계에 대한 환경변수를 설계하여 각종 적용방법을 설정하는 능력을 향상하는데 목표를 두고 있다.

블록체인 구축 · 운영은 블록체인 플랫폼 또는 응용서비스를 구축하기 위해 사용자 요구사항에 대한 기능과 보상체계, 합의 알고리즘 등을 구현하며 이에 대한 단위 및 통합테스트를 수행하고, 안정적으로 운영 관리하는 일로써 블록체인 욧기술을 활용하여 블록체인 응용서비스와 ㅂ지니스 기능을 구현하고 검증하는 능력과 모듈을 통합하는 과정에서 모듈간의 상호능력이 정사억으로 수행되고 있는지를 테스트하여 통합구현된 블록체인 플랫폼 또는 응용서비스를 운영하기 이전에 제반 요구사항 적합성과 장애를 점검하고 그 결과를 피드백하여 플랫폼과 응용서비스의 안정적인 운영, 관리를 위해 상태를 모니터링하고 결함을 주기적으로 처리하는 능력을 향상시키는 데 학습목표가 있다.

2. 선행 학습

최신 블록체인 동향에 대한 지식, 블록체인 운영 환경 및 시스템 운영 환경에 대한 지식, 블록체인의 분산처리 시스템 지식, 블록체인의 암호화 및 인증 로직에 대한 지식, 블록체인에 대한 합의 알고리즘에 대한 지식, 블록체인 네트워크와 구현 기술에 대한 전반적인 지식, 블록체인 시스템 위험요인에 대한 지식, 소프트웨어 아키텍처 국제표준(IEEE 1471), 국제표준규격(ISO/ICE/IEEE 29119, ISO/IEC 25000, ISO/IEC 9126, IEEE 820), 분산원장 처리 기술, 암호화 알고리즘 활용 기술, 합의알고리즘 구현 기술, 프로그램 디버깅 기술, 샤딩(sharding) 기술, 시스템 성능분석 기술, 블록 생성 및 검증 기술, 해쉬 알고리즘 구현 기술, 전자 서명 기술, 컴파일러 사용법, 개발에 필요한 프로그래밍 언어 및 도구 활용 능력, 프로그램 코드 검토 기법, 형상관리 도구 활용 기법, 가격 변동에 따른 보상체계 대응 방식에 대한 이해, 블록생성 및 권한 분배 이해, 체인 분기 상황 이해, 이중 지불 문제 이해, 공격 비용 예측 지식, 트랜잭션 병렬 처리 지식, 경쟁방식 합의 알고리즘 지식, 비경쟁방식 합의 알고리즘 지식, 스마트컨트랙 개발 기술

3. 핵심 용어

4차 산업혁명, 블록체인, 해시기술, P2P 네트워크, 합의 알고리즘, 분산원장, 표준화, 법제도, 산업동향, 암호화기술, 전자서명기술, 스마트계약, 암호화폐, 암호화폐거래소

4. 교육과정 학점 및 이수시간

학 습	교육과정 학점 및 이수시간	
	학점	이수시간
1. 블록체인의 개념 및 특징	3	3
2. 블록체인의 알고리즘 및 기술	3	3
3. 블록체인의 개발환경구축	3	3
4. 블록체인 플랫폼 하이퍼레저	3	3
5. 블록체인 프라이빗 플랫폼 R3 코다	3	3
6. 블록체인의 사업성 검토	3	3
7. 블록체인의 암호화폐 응용	3	3
8. 블록체인의 금융분야 응용	3	3
9. 블록체인의 공공과 민간부문의 응용	3	3
10. 블록체인의 산업분야 응용	3	3
11. 코인을 어디에 보관하지?	3	3
12. 코인을 사고 팔려면 어떻게 하지?	3	3

블록체인 분석 및 응용 학습모듈 명세서

학습명	학습내용명
1. 블록체인의 개념 및 특징	1-1 블록체인의 개념 1-2 블록체인의 역사 1-3 블록체인의 서비스 및 동작원리 1-4 블록체인의 종류 1-5 블록체인의 특징
2. 블록체인의 알고리즘 및 기술	2-1 블록체인의 기술구성 2-2 블록체인의 핵심기술 2-3 블록체인의 알고리즘
3. 블록체인의 개발환경구축	3-1 블록체인 메인넷의 개요 3-2 블록체인 개발 솔루션 구축환경
4. 블록체인 플랫폼 하이퍼레저	4-1 하이퍼레저의 개요 4-2 하이퍼레저의 인큐베이팅 4-3 하이퍼레저의 서비스 구성 4-4 하이퍼레저의 네트워크 토폴로지 4-5 하이퍼레저의 요구사항
5. 블록체인 프라이빗 플랫폼 R3 코다	5-1 R3 코다의 개요 5-2 R3 코다 플랫폼의 개요 5-3 R3 코다 플랫폼의 특징
6. 블록체인의 사업성 검토	6-1 블록체인의 기반 프로젝트 개요 6-2 네트워크 기준의 블록체인 프로젝트 분류 6-3 규모 기준의 블록체인 프로젝트 분류 6-4 블록체인 기반 프로젝트 수행방법
7. 블록체인의 암호화폐 응용	7-1 암호화폐 응용 현황 7-2 ERC 2.0 암호화폐의 특징 및 응용
8. 블록체인의 금융분야 응용	8-1 금융기관 블록체인 응용 현황 및 시사점 8-2 블록체인 컨소시엄(Consortium) : R3CEV
9. 블록체인의 공공과 민간부문의 응용	9-1 공공조직의 응용 현황 9-2 민간기업 분야의 응용
10. 블록체인의 산업분야 응용	10-1 산업분야 응용의 개요 10-2 제조분야의 블록체인의 가치
11. 코인을 어디에 보관하지?	11-1 어느 지갑을 사용할 것인가 11-2 장기 보관용 안전 지갑 11-3 이더리움을 안전하게 보관하는 방법 11-4 Dapp을 돌리기 위해 자주 사용할 지갑 11-5 송금과 ICO의 참여를 위한 지갑 11-6 모바일 환경에서 사용할 수 있는 지갑 11-7 주요 암화화폐 지갑
12. 코인을 사고 팔려면 어떻게 하지?	12-1 알트코인을 사고파는 거래소 12-2 ICO의 이해 및 분석

학습 1	블록체인의 개념 및 특징
학습 2	블록체인의 알고리즘 및 기술
학습 3	블록체인의 개발환경구축
학습 4	블록체인 플랫폼 하이퍼레저
학습 5	블록체인 프라이빗 플랫폼 R3 코다
학습 6	블록체인의 사업성 검토
학습 7	블록체인의 암호화폐 응용
학습 8	블록체인의 금융분야 응용
학습 9	블록체인의 공공과 민간부문의 응용
학습 10	블록체인의 산업분야 응용
학습 11	코인을 어디에 보관하지?
학습 12	코인을 사고 팔려면 어떻게 하지?

학습 목표

1. 블록체인의 개념 및 특징을 이해할 수 있다.

1-1 블록체인의 개념

1. 블록체인의 개념

블록체인(Blockchain, 区块链, qū kuài liàn)이란 다수의 거래내역을 묶어 블록을 구성하고, 해시를 이용하여 여러 블록들을 체인처럼 연결한 뒤, 다수의 사람들이 복사하여 분산 저장하는 알고리즘이다. 블록체인 기술을 이용하면 데이터의 위변조가 불가능하여 권위 있는 중개기관이 없더라도 신뢰할 수 있는 안전한 거래와 데이터 처리를 할 수 있다.

블록체인은 비트코인과 이더리움 등 암호화폐에 사용된 핵심 기술이다. 은행 등 제3의 중개기관이 없더라도 블록체인 기술을 이용하면 누구나 신뢰할 수 있는 안전한 거래를 할 수 있다.

블록체인은 암호화폐뿐 아니라, 온라인 거래내역이 있고 이력관리가 필요한 모든 데이터 처리에 활용할 수 있다. 블록체인 기반의 스마트 계약, 물류관리 시스템, 문서관리 시스템, 의료정보관리 시스템, 저작권관리 시스템, 소셜미디어관리 시스템,

게임아이템관리 시스템, 전자투표 시스템, 신원확인 시스템 등 다양한 활용이 가능하다. 블록체인은 4차 산업혁명의 핵심 기술 중 하나이다.

중개기관이 필요 없는 블록체인 기술을 활용함으로써 인류는 새로운 거래 방식과 조직 운영 원리를 바탕으로 과거 인터넷 기술이 가져온 것 이상의 큰 사회적 변화와 혜택을 누릴 수 있을 것으로 예측하고 있다.

① 초연결 기반의 지능화 혁명으로 정의되는 4차 산업혁명에서 '초신뢰를 주도하는 핵심 인프라'로 블록체인이 부상하고 있다.

② 4차 산업혁명 핵심 인프라 기술 : DNA(빅데이터, 네트워크, 인공지능)+블록체인(과기정통부, 2018.1)이다.

- 사람과 사람, 사람과 사물, 사물과 사물 등 상호작용에 있어서 신뢰를 재정의함으로써 금융뿐만 아니라 산업 전반의 생태계를 변화시킬 잠재력을 보유하고 있다.

③ 블록체인은 네트워크 內 모든 참여자가 공동으로 거래 정보를 검증·기록·보관 할 수 있는 분산장부기술(DLT : Distributed Ledger Technology)이다.

- 모든 거래의 기록 및 관리에 대한 권한에 대해 신뢰기관 없이 P2P 네트워크를 통해 분산된 정보들을 블록(Block)으로 기록하고 관리한다.
- 블록체인 기술의 핵심은 '중앙기관 없는 P2P 신뢰 네트워크' 구축이다.

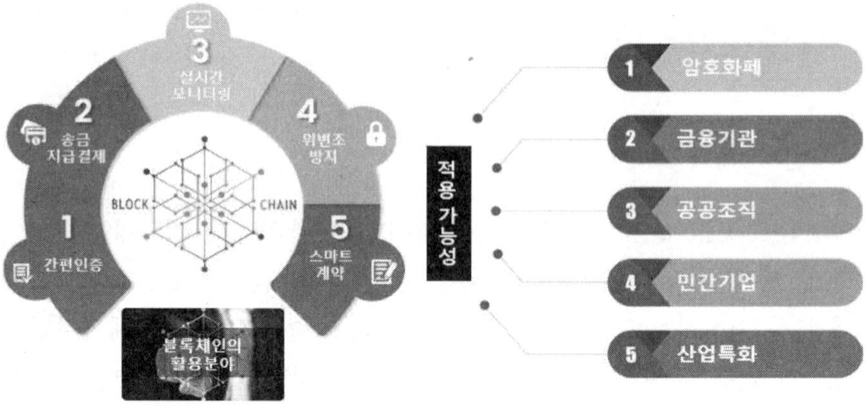

[그림 1-1] 블록체인의 활용

④ 최근의 블록체인에 대한 관심은 주로 '기술 중심'에서 개념, 구조 및 특징과 암호화폐(가상통화) 거래 등에 치우쳐, 해당 기술의 응용 확산에 따른 산업 생태계 변화, 新서비스 시장 창출 등 '시장 중심'의 분석 및 대응이 부족하다. 블록체인은 간략히 '분산원장'(分散元帳, Distributed Ledger) 기술이라고 한다. 즉, 거래내역을 기록한 원장을 다수의 사람들에게 분산하여 저장 및 관리하는 기술이다.

기술 · 구조적 특징		특징 상대적 이점 (기존 시스템 대비)		응용주체		응용분야
탈중앙 (Dencentralization) 분산네트워크 (Distributed N/W)	⇒	보안성/신뢰성 (Secure/Reliability) 투명성 (Transparent)	⇔	암호화폐 (Cryptocurrency) 금융기관 (Finance)	⇒	화폐 결재 송금
탈중개성 (P2P-based) 타임 스탬핑 (Time-stamping)	⇒	신속성 (Instantaneous) 효율성 (Efficiency)	⇔	산업특화 (Industry) 공공조직 (Public)	⇒	자동차 의료 유통 부동산 미디어
합의 알고리즘 (Consensus Algorithm)	⇒	안정성 (Stability)	⇔	민간기업 (Firm)	⇒	IoT ⋮

기술 중심(Technology-centered) ◀———▶ 시장 중심(Market-centered)

[그림 1-2] 블록체인 특성 및 응용

자료 : ETRI 미래전략연구소 기술경제연구본부

즉, 블록체인이란 다수의 온라인 거래 기록을 묶어 하나의 데이터 블록을 구성하고, 해시(Hash) 값을 이용하여 이전 블록과 이후 블록을 마치 체인(Chain)처럼 연결한 뒤, 이 정보의 전부 또는 일부를 P2P 방식으로 전 세계 여러 컴퓨터에 복사하여 분산 저장 · 관리하는 기술이다.

2. 블록체인의 세대별 특징

블록체인은 분산원장 공유 기술을 처음 도입하고 적용한 비트코인이 발표된 2009년부터 이더리움(Ethereum)이 발표되기 전 2015년까지를 1세대로 보고, 스마트 계약 기술을 활용한 이더리움이 다양한 분야에서 응용되는 현재까지의 시기를 2세대로 구분할 수 있다. [그림 1-3]은 블록체인을 세대별로 구분하고 세대별 주요 특징 및 적용사례이다.

구분	1세대(2009~2014	2세대(2014~현재)	3세대(향후)
주요 특징	• 가상통화 • 자산거래	• 스마트 계약(비즈니스 자동화) • 분산 앱(Decentralized Application)	• 확장성(Scalabiltiy) • 블록체인 간 상호운용성(Interoperability)
대표 사례	• 비트코인	• 이더리움 • 하이퍼레저	• 다양한 블록체인 플랫폼 개발 중
개발 현황	도입기	확산기	성숙기

[그림 1-3] 블록체인에 대한 세대별 특징

〈표 1-1〉은 1세대와 2세대의 블록체인을 대표되는 비트코인과 이더리움, 하이퍼레저 패브릭의 기술적인 특징이다.

〈표 1-1〉 비트코인, 이더리움, 하이퍼레저 패브릭에 대한 기술적 특징 비교

특징	비트코인	이더리움	하이퍼레저 패브릭
인센티브	비트코인	이더, 사용자가 생성한 암호화폐	없음
네트워크	공개	공개형 또는 허가형	허가형
거래	익명	익명 또는 비공개	공개 또는 비밀
합의	작업증명	작업증명(POW)	SOLO, Kafka, SBFT(지원예정)
스마트 계약	없음	있음(Solidity, Serpent, LLL)	있음(Chaincode)
언어	C++	Golang, C++, Python	Golang, Java, Node.js

1-2 블록체인의 역사

1. 사이퍼링크 운동으로 블록체인의 시작

블록체인은 사이퍼펑크(Cypherpunk) 운동에 뿌리를 두고 있다. 사이퍼펑크란 중앙집권화된 국가와 거대 기업들에 대항하여 개인의 프라이버시를 보호하기 위해 암호기술을 이용하여 익명성을 보장하는 탈중앙화 시스템을 만들려는 사회운동가들이다. 1990년 데이비드 차움은 디지캐시(Digicash)라는 회사를 설립하고 최초의 상업적 암호화폐인 이캐시(Ecash)를 창시하고 익명 거래 시스템을 제안했다.

1993년 에릭 휴즈(Eric Hughes)는 〈사이퍼펑크 선언〉을 발표하고, 프라이버시를 보호하기 위해 암호화된 익명 거래 시스템을 개발할 것을 제안했다.

1997년 아담 백(Adam Back)은 익명성을 보장하고 이중지불을 방지할 수 있는 해시캐시(Hashcash)라는 가상화폐를 만들었다. 1998년 웨이 다이(Wei Dai)는 익명성과 분산 방식의 암호화폐인 비머니(B-Money)를 고안했다. 1998년 닉 재보(Nick Szabo)는 스마트 계약 기반의 암호화폐인 비트골드(Bit Gold)를 고안하기도 했다. 그러나 당시의 기술적 한계로 인해 실제 개발이 어려웠으며, 널리 사용되지도 못하였다.

2. 사토시 나카모토의 비트코인 탄생

블록체인을 처음 만든 것은 사토시 나카모토(Satoshi Nakamoto)라는 가명을 쓰는 사람이었다.

[그림 1-4] 사토시 나카모토가 누군지 궁금

그는 2008년 10월 31일 〈비트코인 : 개인 대 개인의 전자화폐 시스템〉이라는 논문을 작성하여 암호학계 관련자들이 공동으로 사용하는 메일링 리스트로 전송하였다.

Tip

I've been working on a new electronic cash system that's fully peer-to-peer, with no trusted third party.
나는 새로운 전자화폐 시스템을 개발하고 있는데, 완전한 P2P 방식이고, 신뢰할 수 있는 제3자가 필요 없다
— 사토시 나카모토(Satoshi Nakamoto), 2008.10.31.

이듬해인 2009년 1월 3일 사토시 나카모토는 블록체인 기술을 적용한 최초의 암호화폐인 비트코인을 개발하고 C++ 언어로 작성한 소스 코드를 배포했다.

이후 비트코인의 소스 코드를 일부 변형한 네임코인, 컬러드코인, 메타코인 등 몇 가지 새로운 코인들이 출현했다

3. 비탈릭 부테린의 이더리움 탄생

2013년 비탈릭 부테린(Vitalik Buterin)이 이더리움 백서[7]를 작성하여 블록체인 기술을 이용한 스마트 계약을 제안했다. 이듬해인 2014년 비탈릭 부테린은 ICO를 통해 개발 자금을 확보하고, 2015년 7월 30일 이더리움(Ethereum) 서비스를 시작했다. 기존의 비트코인이 가치의 저장과 전달 기능을 가진 전자화폐 기능에 제한된 것과 달리, 이더리움은 블록체인 기술을 이용하여 각종 계약서 등을 위변조 없이 관리할 수 있는 획기적인 기술이었다. 이런 점에서 비트코인을 '블록체인 1.0'이라고 부르고, 이더리움을 '블록체인 2.0'이라고 부른다. 가기.png 이더리움에 대해 자세히 보기

4. 다양한 암호화폐의 탄생

2017년에서 2018년 사이에 카르다노(에이다)(ADA), 이오스(EOS), 스팀(Steem) 등 다양한 암호화폐가 출현했다. 이들은 기존의 비트코인을 제1세대 암호화폐, 이더리움을 제2세대 암호화폐라고 부르면서 스스로 제3세대 암호화폐를 자처했다. 기존 블록체인 기술은 작업증명(PoW) 방식에 따른 채굴(Mining)에 의해 새로운 블록이 생성되었으나, 이들은 지분증명(PoS), 위임지분증명(DPoS) 등 다양한 새로운 합의 알고리즘을 제안하면서, 빠른 처리 속도와 확장성을 구현하고자 하였다.

나아가 탱글(Tangle), 해시그래프(Hashgraph), 홀로체인(Holochain) 등 블록체인 자체의 기술적 한계를 극복한 새로운 대안적 알고리즘이 제안되고 있다.

5. 블록체인의 발전

1) 블록체인 1.0 도입기

블록체인 1.0(도입기 : 2009~2013년)은 비트코인을 비롯한 암호화폐 시장의 성장, 시기라고 할 수 있다.

2) 블록체인 2.0 발전기

블록체인 2.0(발전기 : 2014~2016년)은 이더리움 등장과 프라이빗 블록체인 개발로 인하여 암호화폐 플랫폼에서 기업형 플랫폼으로 진화하고 있는 시기이다.

3) 블록체인 3.0 확산기

블록체인 3.0(확산기 : 2017~2022년)은 블록체인이 다양한 산업기술 적용을 연구개발이 지속적으로 이루어지는 시기라고 할 수 있다.

4) 블록체인 4.0 정착기

블록체인 4.0(정착기 : 2023~2030년)은 블록체인이 국가 공공 서비스 및 인프라로써 정착하는 시기라고 할 수 있다.

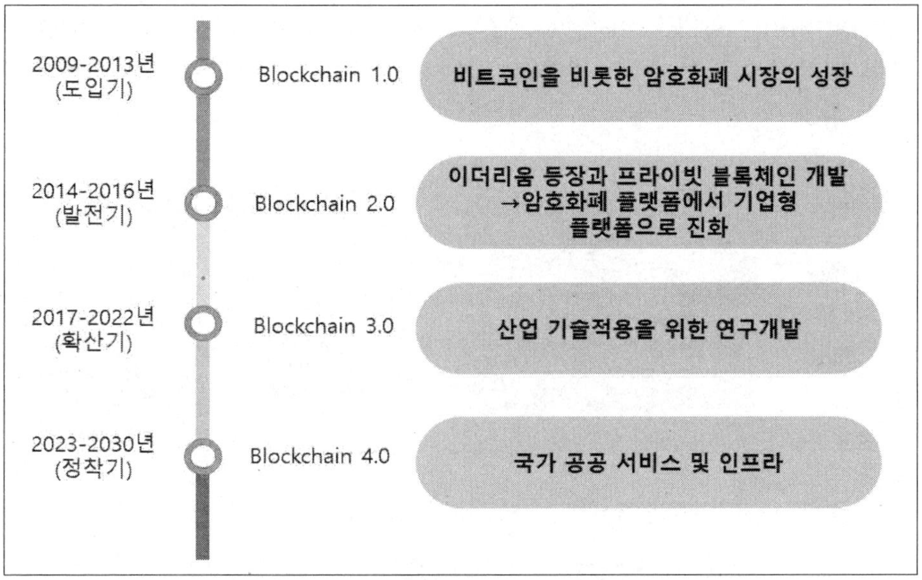

[그림 1-5] 블록체인의 세대별 분류

이렇게 블록체인 4.0으로 정착하기 위하여 기술과제가 다음과 같다.

① 확장성과 성능(Scalability and Performance)
② 상호운용성(Interoperability)
③ 통합(Integration)
④ 신뢰와 보안성(Trust and Security)
⑤ 사용 편리성(Easy to use)

1-3 블록체인의 서비스 및 동작원리

1. 블록체인의 서비스

블록체인은 P2P 네트워크 내의 모든 참여자가 공동으로 거래 정보를 검증하고 기록・보관함으로써 공인된 제3자 없이도 거래 기록의 무결성 및 신뢰성을 확보하는 기술로서 [그림 1-3]처럼 해시(Hash)기술, 전자서명(Digital Signature), 암호화(Cryptography) 합의(Consensus)알고리즘(PoW, PoS) 등의 보안 기술을 활용한 분산형 네트워크 인프라를 기반으로 다양한 응용서비스를 구현할 수 있는 구조를 가지고 있다.

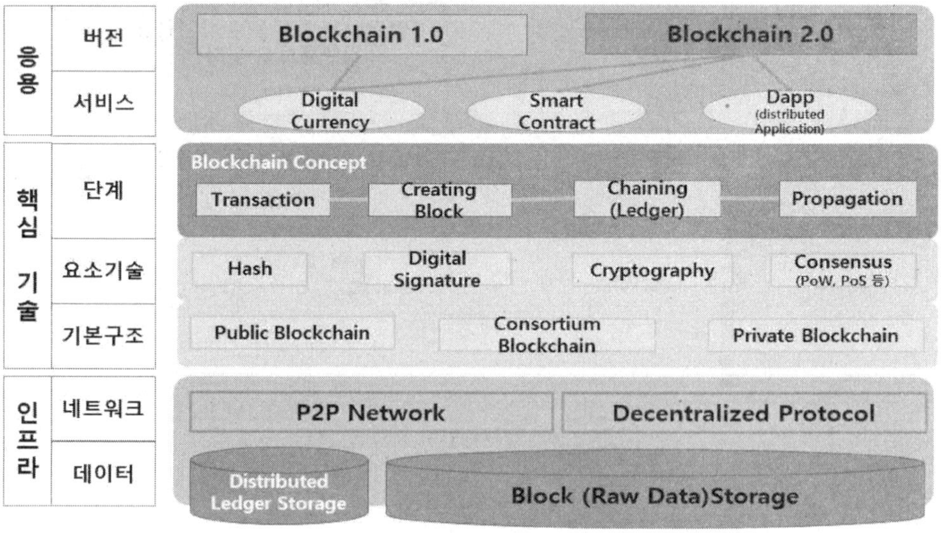

[그림 1-6] 블록체인의 구성

대표적인 블록체인 1.0의 기술적인 특징들을 〈표 1-2〉과 같다.

〈표 1-2〉 블록체인 1.0

사례	적용 분야	합의 알고리즘	거래 처리속도	블록생성시간 (블록 크기)
Bitcoin	암호화폐	PoW(SHA-256 기반)	7TPS	10분 (1MB)
Litecoin	암호화폐	PoW(Scrypt 기반)	56TPS	2.5분 (4MB)
Ripple	국제송금	리플 프로토콜(노드들간 직접합의)	1,500TPS	당사자끼리 직접 거래
Stellar	국제송금	SCP(Stellar Consensus Protocol)	1,000TPS	당사자끼리 직접 거래
Minero	암호화폐	PoW (Cryptonight 기반)	Unknown	2분(크기 제한 없음)

대표적인 블록체인의 2.0 들의 특성은 〈표 1-3〉와 같다. 이들의 특성을 간단히 기술하면 합의 알고리즘이 전술한 PoW의 한계점을 극복하기 위한 다양한 방식이 도입되었다는 점이다. 또한, 적용분야도 1세대의 금융화폐에서 확장되어 SNS를 포함하여 다양해진 점도 특징으로 보인다. 그러나 거래처리 속도는 시간에 따라 개선되고 있기는 하지만 아직 한계가 있다고 판단된다.

〈표 1-3〉 블록체인 2.0

사례	적용 분야	합의 알고리즘	거래 처리속도	블록생성시간 (블록 크기)
Ethereum	범용	PoW(Ethash 기반)→PoS로 변경 예정	20TPS	15초 (크기 제한 없음)
Stteemit	SNS	DPoS(20인의 증인)	10만TPS (목표)	3초
Ethereum classic	범용	PoW→PoS로 변경 예정	56 TPS	21초
NXT	범용	PoS	100 TPS	1분(32KB)
ARK coin	범용	DPoS(51인의 증인)	7 TPS	8ch

2. 블록체인의 동작

블록체인이 동작하기 위해서는 다수의 거래내역을 묶어 블록을 구성하고, 이 블록을 기존 블록체인의 끝에 연결하며, 다수의 컴퓨터에 P2P 방식으로 분산 저장해야 한다.

1) 블록 구성

블록체인을 만들기 위해 처음 해야 하는 일은 다수의 거래 기록을 묶어 하나의 블록을 구성하는 일이다.

거래의 최소 단위는 트랜잭션(Transaction, 약칭 'Tx')이다. 트랜잭션이란 더 이상 쪼갤 수 없는 업무 처리의 최소 단위를 말한다.

인터넷 등 온라인에서 거래가 발생한 경우, 각각의 트랜잭션별로 하나의 거래내역을 구성한다. 이 거래내역은 해시 함수를 사용하여 암호화된다. 해시 함수란 다양한 길이를 가진 데이터를 고정된 길이를 가진 데이터로 매핑하는 알고리즘이다. 각각의 거래내역을 텍스트로 표시할 경우 그 길이가 각각 다를 수 있지만, 이것을 해시 함수로 변환하면 항상 일정한 길이의 해시값이 나온다.

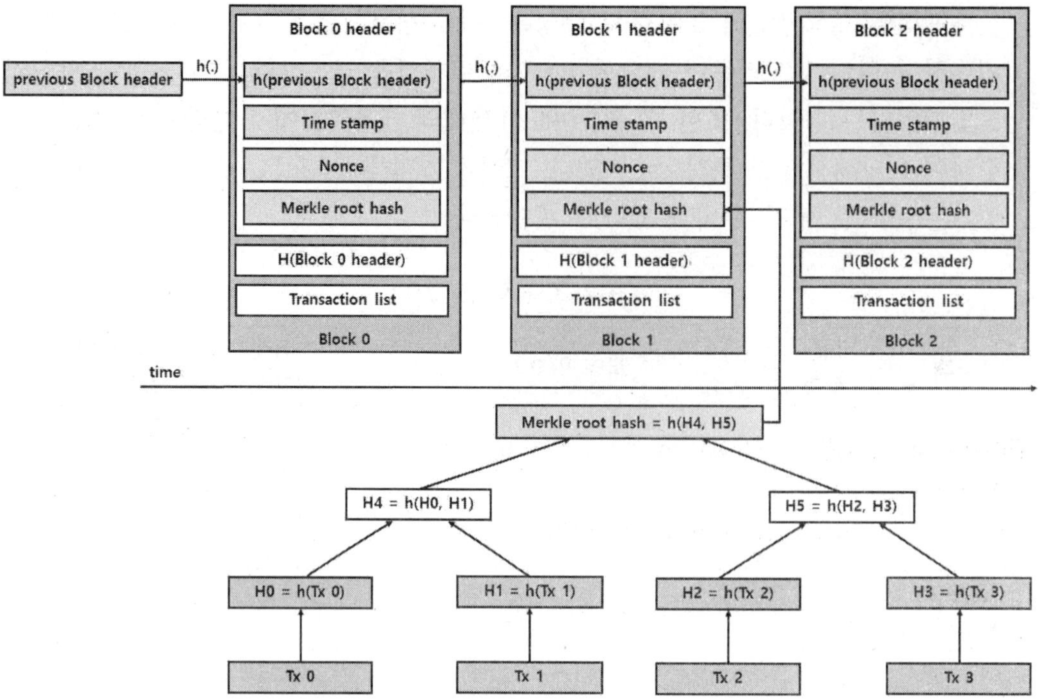

[그림 1-7] 거래 내역이 암호화되어 저장된 해시트리

예를 들어, SHA-256 해시 함수를 사용할 경우, 거래내역이 아무리 짧거나 혹은 길어도 해시값은 항상 2진수로 256자리(즉, 16진수로 64자리)의 고정된 길이를 가진 값으로 표시된다. 이러한 해시 연산 과정을 거쳐 하나의 트랜잭션이 하나의 해시값이 대응하는 1:1 구조를 이루게 된다. 예를 들어 아래의 거래내역을 SHA-256 해시 함수를 사용하여 변환한 해시값은 다음과 같다.

[거래내역1] A가 B에게 1,000원을 주었다. → [해시1] 1c51df95c6ecb0ece8d7610583d07
a74cc29acdd85021a2c97fc2529f581d83b
[거래내역2] A가 C에게 2,000원을 받았다. → [해시2] 3f6be801101b4000aa456f6a17bc62
7c86cddcf12b7ef2882cc030137435e400

[그림 1-8] 거래내역을 SHA-256 해시함수 사용하여 변환환 해시값

블록체인에서는 다수의 거래내역을 묶어 하나의 블록을 구성한다. 거래내역이 많든 적든 상관없이 항상 일정한 시간에 한 번씩 새로운 블록을 구성한다. 블록체인 기술을 적용한 대표적인 암호화폐인 비트코인의 경우 약 10분에 한 번씩 새로운 블록을 구성한다.

라이트코인의 경우 약 2분 30초에 한 번씩 새로운 블록을 구성한다. 하나의 블록에는 하나의 루트해시가 존재한다. 루트해시란 모든 하위 해시들을 다시 해시 함수로

변환한 최종 해시값이다.

루트해시를 생성하기 위해 우선 각 거래내역에 1:1로 대응하는 해시값을 생성하고, 두 개의 해시를 합쳐 하나의 상위 해시를 생성하고, 그 상위 해시 2개를 합쳐 다시 더 상위의 해시를 생성한다. 만약 해시의 개수가 홀수이면 맨 마지막 하나의 해시는 자기 자신과 해시 연산을 수행한다. 이 과정을 계속 반복하면, 최종적으로 트리의 최상위 지점에 하나의 루트해시가 생성된다. 이러한 해시값의 구조를 해시트리 또는 머클트리라고 한다. 하나의 블록에는 반드시 하나의 루트해시가 존재한다. 만약 거래내역 중 하나라도 위변조할 경우 해당 해시값과 그 상위의 모든 해시값이 변경되어 결과적으로 루트해시가 달라지게 된다.

따라서 블록의 루트해시만 비교해 보면 그 하위에 있는 해시를 일일이 비교 검사하지 않더라도 데이터가 위변조되었는지 즉시 확인할 수 있다.

새로 구성된 블록은 타임스탬프 서버에 의해 생성된 시간이 기록되며, 전체 네트워크에 전파된다. 타임스탬프(Timestamp)는 전자문서가 특정한 시점에 존재하고 있었다는 '존재 증명'과 그 이후 데이터가 변경되지 않았다는 '내용 증명'을 해주는 일종의 전자 도장이다.

2) 체인 연결

하나의 새로운 블록을 구성한 경우, 마치 체인처럼 이전부터 이어져 내려오던 블록체인의 맨 끝에 이 새로운 블록을 연결시켜야 한다. 새로운 블록을 기존 블록체인의 끝에 연결시키려면, 해당 블록의 이름에 해당하는 해시값을 찾아내야 한다. 새로운 해시값을 성공적으로 찾아내는 경우 새로운 블록이 생성되어 기존 블록체인에 연결된다.

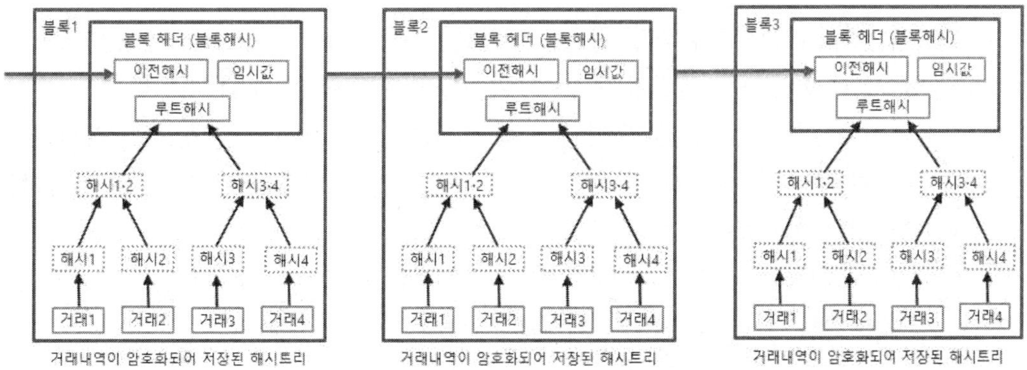

[그림 1-9] 블록의 체인연결 구조

새로 구성한 블록의 이름에 해당하는 해시를 찾아내는 일은 수없이 많은 시도를 반복해야 하는 매우 힘든 과정이다. 왜냐하면 새로운 블록의 해시는 반드시 프로그램에 의해 미리 정해진 목표값보다 작아야 한다는 조건을 충족해야 하기 때문이다.

예를 들어, 목표 해시값이 00ff32라고 가정하고, 새로 만든 블록의 해시값이 12fa3b라고 하면, 이 값이 목표값보다 더 크기 때문에 블록 생성에 실패하게 된다. 하지만 새로 찾아낸 해시값이 00c3b1이라고 가정하면, 이 값은 목표값보다 더 작기 때문에 새로운 블록의 생성에 성공하게 된다.

다음은 2018년 5월 1일에 실제로 생성된 비트코인 520,654번째 블록의 해시값으로서, 숫자 앞부분에 영(0)이 18개가 표시되어 있다.

일반적으로 블록의 해시값은 해당 블록의 생성일시, 버전, 비츠(Bits), 루트해시, 이전 블록의 해시, 그리고 난스(Nonce)라고 불리는 임시값 등을 조합한 후 해시로 변환하여 생성한다.

해당 블록의 생성일시, 버전, 난이도, 루트해시와 이전 블록의 해시값은 이미 확정되어 정해진 값을 가지고 있지만, 난스라는 임시값이 달라짐에 따라 해시 연산 결과로 생성되는 블록 해시값도 다양하게 나올 수 있다.

예를 들어 난스가 1인 경우의 해시값과 2인 경우의 해시값은 전혀 다르다. 이 난스 값을 수없이 바꿔가면서 하나씩 대입하다가 새로 생성된 해시값이 일정한 목표값보다 더 작을 경우에 새로운 블록이 성공적으로 생성된다. 이처럼 특정한 블록에 대해 목표값 이하의 크기를 가진 해시값을 찾음으로써 새로운 블록을 생성하는 행위를 작업증명(PoW)이라고 한다. 작업증명의 대가로 일정한 개수의 암호화폐를 지급받는 것을 채굴(採掘) 또는 마이닝(Mining)이라고 한다.

3) P2P 분산 저장

블록체인은 거래를 처리하고 기록・관리하는 권위 있는 중앙 조직이나 기구・기관이 없이, 네트워크에 연결된 개별 참여자들의 협업에 의해 유지된다.

블록체인은 P2P 방식으로 운영된다. 피투피(P2P)란 Peer to Peer의 약자로서, 인터넷에 연결된 다수의 개별 사용자들이 중개기관을 거치지 않고 직접 데이터를 주고받는 것을 말한다.

영어로 Peer란 '동료'라는 뜻으로서, P2P란 인터넷에 연결된 한 동료가 다른 동료에게 데이터를 직접 전송하는 시스템을 말한다.

P2P 방식은 기존의 서버-클라이언트 방식의 데이터 전송과는 본질적으로 다른 구조를 가지고 있다. 서버-클라이언트 구조에서 개별적인 참여자는 우선 서버에 데이터를 올려야 하고, 다른 참여자가 해당 서버로부터 데이터를 받아오는 방식으로 작동한다.

이런 점에서 서버-클라이언트 구조에서 서버는 중앙·중심·센터에 해당하고, 클라이언트는 서버에 연결된 종속적 위치에 놓이게 된다.

반면 P2P 방식을 따르는 블록체인에는 중앙이나 중심 또는 센터가 없다. 블록체인 네트워크에 참여하는 모든 참여자들은 서로 평등하다.

블록체인에 저장된 데이터는 네트워크에 연결된 모든 노드(Node)에 복사되어 분산 저장된다. 노드란 네트워크를 구성하는 각각의 개체를 말한다.

예를 들어, 10대의 컴퓨터가 서로 연결되어 네트워크를 구성하고 있는 경우 각각의 개별 컴퓨터가 하나의 노드가 된다. 즉, 이 시스템은 10개의 개별 노드로 구성된 네트워크 시스템이다.

서버-클라이언트 구조에서는 원본 데이터가 서버에 저장되어 있고 클라이언트는 서버에 접속하여 데이터를 열람·복사·다운로드 받지만, 블록체인 네트워크 구조에서는 중앙 서버가 존재하지 않으며 네트워크에 참여하는 모든 노드들이 서로 데이터를 복사하여 동일한 자료를 분산 저장하고 있다.

블록체인에 저장된 데이터는 원본과 사본의 구별이 없다. 블록체인 네트워크에 참여하는 개별 노드들은 다른 노드에 있는 데이터를 복사하여 저장함으로써 서로 동일한 데이터를 가지게 된다.

이 때 해당 데이터 전체를 100% 동일하게 복사하여 저장한 노드를 풀 노드(Full Node)라고 하고, 전체 데이터의 일부분만 복사하여 저장한 노드를 라이트 노드(Light Node)라고 한다.

블록체인 네트워크에서 새로운 거래가 발생할 경우 그 내역은 네트워크에 연결된 모든 노드들에게 전파되어 알려진다. 각 노드들은 일정한 시간 동안 이루어진 모든 거래를 하나로 묶어 새로운 블록을 구성하고, 목표값 이하의 해시값을 찾기 위해 경쟁한다.

네트워크에 참여한 수많은 노드들 중에서 가장 먼저 목표값 이하의 블록 해시값을 찾아낸 노드가 경쟁에서 승리하게 된다. 블록 해시를 가장 먼저 찾아낸 노드는 자신이 경쟁에서 승리했음을 전체 네트워크에 알린다.

네트워크에 참여한 다른 노드들은 새로 생성된 블록의 유효성을 검사하고 아무런 이상이 없을 경우 해당 블록의 생성을 승인한다. 이런 방식으로 전체 네트워크에 참가한 노드들 중에서 과반수가 새로 생성된 블록을 승인할 경우, 해당 블록은 정식 블록으로 채택되어 블록체인에 추가된다. 만약 서로 다른 거래내역을 가진 블록이 동시에 생성될 경우 네트워크는 약 1시간 정도 기다리면서 지켜보다가 가장 긴 길이를 가진 체인을 선택한다. 이 때 선택되지 않은 다른 블록은 버려져서 고아 블록(Orphan Block)이 되고 더 긴 길이를 가진 블록체인의 끝에 새로 생성된 블록이 연결된다.

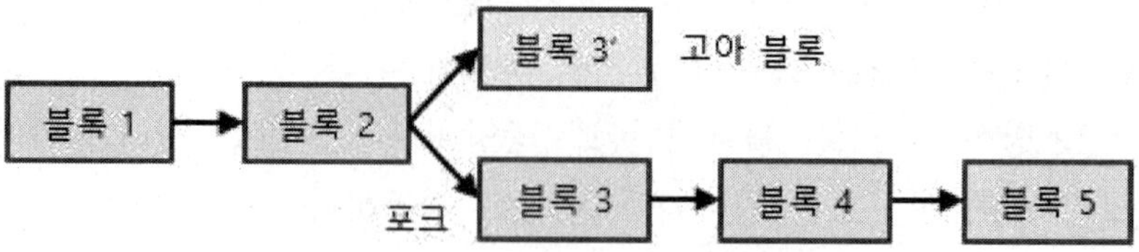

[그림 1-10] 블록체인의 고아블록

이러한 과정을 통해 블록체인은 거래를 처리하고 승인하는 권위 있는 중앙기관이 없이도 네트워크 참여자들의 협업을 통해 안전하고 신뢰할 수 있는 시스템을 운영할 수 있다.

블록체인에 저장할 수 있는 데이터는 두 종류가 있다. 하나는 텍스트, 이미지, 문서, 음악, 동영상 등 원본 데이터이고, 다른 하나는 이 원본 데이터를 해시함수를 이용하여 변환한 해시 데이터이다.

블록체인에 원본 데이터와 해시 데이터를 모두 올리는 것이 불가능하지는 않지만, 파일 용량이 커지면 전체적인 속도가 저하되고 관리의 효율성이 떨어질 수 있다.

따라서 대개의 경우 블록체인에는 해당 원본 데이터를 변환한 해시값만 기록하고, 원본 데이터는 별도의 서버에 저장하게 된다. 만약 해커가 원본 데이터가 저장된 서버를 공격하여 데이터를 위변조하더라도 해당 해시값을 가지고 있는 전 세계 모든 노드의 해시값을 동시에 위변조하지 않는 한, 조작 사실이 드러나고 정상적인 데이터로 인정받지 못하게 된다.

1-4 블록체인의 종류

블록체인은 참여자의 범위에 따라 퍼블릭 블록체인과 프라이빗 블록체인으로 나눌 수 있다. 퍼블릭 블록체인은 인터넷처럼 누구나 참여할 수 있는 개방형이지만, 프라이빗 블록체인은 인트라넷처럼 제한된 사람들만 참여할 수 있는 폐쇄형 블록체인이다. 이 두 가지를 연결하거나 섞은 혼합형이 있는데, 하이브리드 블록체인이라고 부른다.

1. 퍼블릭 블록체인

퍼블릭 블록체인(Public Blockchain)이란 누구든지 자유롭게 참여할 수 있는 개방형 블록체인 네트워크를 말한다. 공공 블록체인 또는 개방형 블록체인이라고 한다.

〈표 1-4〉 블록체인의 형태

	퍼블릭 블록체인	컨소시엄 블록체인	프라이빗 블록체인
관리주체	모든 거래 참여자(탈중앙화)	컨소시엄에 소속된 참여자	한 중앙기관이 모든 권한 보유
거버넌스	한번 정해진 법칙을 바꾸기 매우 어려움	컨소시엄 참여자들의 합의에 따라 상대적으로 용이하게 법칙을 바꿀 수 있음	중앙기관의 의사결정에 따라 용이하게 법칙을 바꿀 수 있음
거래속도	네트워크 확장이 어렵고 거래 속도가 느림	네트워크 확장이 쉽고 거래 속도가 빠름	네트워크 확장이 매우 쉽고 거래 속도가 빠름
데이터 접근	누구나 접근 가능	허가받은 사용자만 접근 가능	허가받은 사용자만 접근가능
식별성	익명성	식별 가능	식별 가능
거래증명	PoW, PoS와 같은 알고리즘에 따라 거래 증명자가 결정되며, 거래 증명자가 누구인지 사전에 알 수 없음	거래 증명자가 인증을 거쳐 알려진 상태이며, 사전에 합의된 규칙에 따라 거래검증 및 블록생성이 이루어짐	중앙기관에 의하여 거래증명이 이루어짐
장점	안전성, 신뢰성, 익명성, 투명성 보장	• 높은 효율성과 확장성 • 높은 처리속도 • 민감 정보를 처리하는 역할 부여 가능	• 높은 효율성과 확장성 • 높은 처리속도 • 기업별 특징에 따라 특화 가능
단점	• 확장성이 낮음 • 거래 속도가 느림	• 개입이 필요할 수 있음 • 투명성과 보안성이 낮음	보안성이 낮음
활용사례	비트코인, 이더리움	R3CEV, 하이퍼레저. 넥스레저. 모나체인, 에이치체인	나스닥의 비상장 주식거래소 플랫폼인 링크(Linq)

참고 : 소프트웨어정책 연구소, 2017, "블록체인 기술의 산업적·사회적 활용 전망 및 시사점

권위 있는 조직의 승인이 없이 누구든지 인터넷에 연결된 PC, 노트북, 스마트폰, 서버컴퓨터, 채굴기 등 다양한 컴퓨터 장비를 이용하여 블록체인 네트워크에 참여할 수 있다. 이러한 블록체인 네트워크에 참여하는 개별 컴퓨터를 노드(Node)라고 부르는데, 각 노드들은 블록체인에 저장된 데이터를 복사하여 저장하고, 해시 연산을 통해 새로운 블록의 생성에 참여할 수 있다. 또한 각 노드들은 언제든지 자신의 컴퓨터를 블록체인 네트워크에 연결하지 않고 접속을 차단함으로써 자유롭게 탈퇴할 수 있다. 블록체인 네트워크에 참여 또는 탈퇴하는 것은 권위 있는 조직의 승인이 필요 없이, 전적으로 해당 노드 참여자의 자유로운 의사에 따라 결정할 수 있다.

퍼블릭 블록체인의 경우 참여자들의 컴퓨터 사용에 따른 전기료 등 운영 비용을 감당할 수 있도록, 암호화폐를 발행하여 보상한다. 퍼블릭 블록체인 참여자들은 새로운 블록이 생성될 때마다 발행되는 암호화폐를 지급 받음으로써, 컴퓨터 감가상각

[그림 1-11] 퍼블릭 블록체인의 구조

비, 전기료, 공간사용료, 인건비 등 각종 비용을 보상 받을 수 있다. 퍼블릭 블록체인 운영에 참가한 사람들은 지급받은 암호화폐를 실생활에서 사용하거나 혹은 암호화폐 거래소에서 판매함으로써 참여 비용을 회수할 수 있다. 이런 점에서 퍼블릭 블록체인과 암호화폐는 서로 분리할 수 없는 일체형 구조로 되어 있다. 만약 퍼블릭 블록체인에서 암호화폐를 지급하지 않는다면, 블록체인 네트워크 참여자들이 받을 수 있는 경제적 보상이 없기 때문에 소수의 헌신적인 기여자들을 제외하고는 참여자가 없게 되어, 최악의 경우 블록체인 네트워크가 붕괴할 우려가 있다. 따라서 퍼블릭 블록체인에서 암호화폐를 발행하는 것은 블록체인 네트워크를 유지하기 위한 필수 사항이라고 할 수 있다.

비트코인, 이더리움, 비트코인 캐시, 이오스, 스텔라루멘, 스팀, 모네로, 루니버스, 시그마체인, 심버스, 아이콘, 웨이브즈, 큐텀, 클레이튼, 테조스, 티티씨, 이콘 등 대부분의 암호화폐는 퍼블릭 블록체인 방식으로 운영된다.

2. 프라이빗 블록체인

1) 개요

프라이빗 블록체인(Private Blockchain)이란 미리 정해진 조직이나 개인들만 참여할 수 있는 폐쇄형 블록체인 네트워크를 말한다.

사적 블록체인, 폐쇄형 블록체인, 허가형 블록체인, 기업형 블록체인 또는 엔터프라이즈 블록체인(Enterprise Blockchain)이라고 한다.

퍼블릭 방식과는 다르게 채굴 과정을 통한 해시파워 경쟁은 없지만, 여러 서버에 분산 데이터를 저장함으로써 보안을 강화시킬 수 있는 장점이 있다. 또 데이터 처리 비용이 적고 네트워크 속도가 빠른 장점이 있어 기업형 솔루션으로 적합한 블록체인 기술이다.

2) 특징

프라이빗 블록체인은 하나의 중앙 기관에서 독자적으로 사용하여 읽기, 쓰기, 사용 과정을 관리할 수 있는 시스템이다. 따라서 참여자를 미리 정하고 필요에 따라 추가하거나 삭제할 수 있는 권한을 가지고 있다.

프라이빗 블록체인에 참여하려면 반드시 권위 있는 조직의 승인을 받아야 한다. 프라이빗 블록체인 운영자의 승인을 받지 못한 조직이나 개인은 해당 블록체인 네트워크의 운영에 참여할 수 없다.

예를 들어, A 기업과 B 기업 및 C 단체가 서로 협의하여 프라이빗 블록체인을 운영하기로 한 경우, 오직 A, B, C 세 곳만 참여할 수 있으며, 다른 제3자인 D 기업은 참여할 수 없다. 만약 D 기업이 해당 프라이빗 블록체인에 참여하고 싶다면, 관계자들과 협의하여 사전 승인을 받아야 한다.

프라이빗 블록체인의 운영을 위해서 암호화폐가 반드시 필요한 것은 아니다. 프라이빗 블록체인의 경우 굳이 암호화폐를 발행할 필요가 없이, 해당 프라이빗 블록체인의 참여자들이 컴퓨터 운영 비용을 부담하면 된다.

[그림 1-12] 프라이빗 블록체인의 구조

물론 프라이빗 블록체인에서도 암호화폐를 발행할 수는 있다. 블록체인이 혈관이라면 암호화폐는 그 혈관 속을 흐르는 혈액과 같은 존재이기 때문에, 프라이빗 블록체인에서도 암호화폐를 도입하는 것이 운영상 편리할 수 있다. 하지만 해당 암호화폐를 외부의 암호화폐 거래소에 판매하기 어렵기 때문에 사실상 내부 정산 및 서비스 이용 등의 목적으로 제한적으로만 사용할 수 있다.

결국 프라이빗 블록체인에서 암호화폐의 발행은 필수사항이 아니며, 각 프라이빗 블록체인 운영자들의 필요에 의해 자체 암호화폐를 발행할 수도 있고, 그렇지 않을 수도 있는 선택사항(Option)이다. 국제 송금을 위한 리플(Ripple)은 프라이빗 블록체인으로서 암호화폐를 발행한 사례에 해당한다.

3) 종류

프라이빗 블록체인의 대표적인 사례로 하이퍼레저 패브릭(Hyperledger Fabric), R3 코다, 삼성SDS의 넥스레저(Nexledger) 등이 있다. 또한 ㈜엘지씨엔에스(LGCNS)의 모나체인(Monachain), 한화시스템의 에이치체인(H-Chain) 등이 있다.

이외에도 프라이빗 블록체인 플랫폼은 딜리버, 리플, 바이두 블록체인 엔진(BBE), 뱅크사인, 인솔라, 케이티 바스(KT BaaS), 코다, 코인스택, 쿼럼 플랫폼, 프롭테크 플랫폼, 하이퍼레저 버로우, 하이퍼레저 소투스, 하이퍼레저 이로하. 하이퍼레저 인디 등이다.

(1) 하이퍼레저

하이퍼레저는 리눅스재단에서 시작하여 세계 유수의 기업들이 공동으로 참여하고 있는 범 산업용 분산원장 표준화 프로젝트이다. 여기에는 인텔, IBM 등 국제적 기업들이 참여하고 있다. 패브릭은 하이퍼레저 프로젝트 중 가장 활발하게 진행 중인 프로젝트로 IBM이 주도하고 있고, 스마트 컨트랙트를 지원하며 스마트 컨트랙트에 체인코드라는 호칭을 사용하고 있다. 체인코드는 현재 프로그래밍 언어 중에서 Go나 Java로 작성할 수 있다. 현재 IBM은 스마트 컨트랙트를 이용한 물류 프로세스 간소화 프로젝트를 진행하고 있다.

(2) R3

R3(알쓰리)는 대형 글로벌 은행 주도로 80여 개의 은행이 참여하여 공동으로 구성한 블록체인 컨소시엄이다. R3는 2016년 12월 자신의 블록체인 플랫폼인 코다를 공개했는데, 코다는 금융권 요구사항을 만족하시 위하여 네트워크에 참여하는 모든 노드들이 데이터를 공유하는 기존의 블록체인 구조를 벗어나 이해 당사자들만 데이터를 공유하는 블록체인 플랫폼이다.

코다의 스마트 컨트랙트는 실제 코드로 구성된 계약 코드와 계약의 상태인 볼트(Vault) 그리고 실제 제도권에서 사용하는 법적인 문서들을 지원하기 위한 법률언어(Legal Prose)로 구성된다.

R3는 사용자 및 법률 친화적인 스마트 컨트랙트 기능을 제공하기 위하여 영국의 바클레이(Barclays)은행과 함께 실제 계약서로 변형 및 계약서 상태에서 계약내용을 변경할 수 있는 스마트 컨트랙트 템플릿 개발 프로젝트를 수행하였다.

(3) 넥스레저

삼성SDS는 자체 블록체인 플랫폼 넥스레저(Nexledger)를 개발했다.

넥스레저는 블록체인 장점인 인증과 보안성을 강화하면서도 실시간 대량 거래처리, 스마트 계약, 관리 모니터링 등을 구현했다.

넥스레저 프로젝트에서 가장 주목받는 것은 국내 약 38개 기관이 참여하는 '해운물류 블록체인 컨소시엄'이다.

삼성SDS의 블록체인 플랫폼은 기존 블록체인 아키텍처를 참조하면서도, 보다 적용이 용이하고 안전한 동적 거래 파라미터 활용을 통하여 동적 데이터 참조에 따른 동적 처리가 가능하도록 구현되었다.

비트코인 블록체인만의 가장 강력한 장점인 보안성, 안정성, 무결성을 확보하였으며, 스마트계약(Smart Contracts) 실행을 위하여 비트코인 블록체인 내 EVM(Ethereum Virtual Machine)을 구현하는 방식으로 기존 블록체인 기술의 장점을 취하였다.

신규 비즈니스 모델의 특화기능 및 거래 프로세스 자동화에 따른 비즈니스 룰 기반 블록체인 서비스 연계가 가능하므로 서비스 및 상품의 신속한 출시가 가능하며, 업종, 채널, 지역 제약 없는 글로벌 플랫폼 생태계 형성 및 지원이 가능하도록 설계하였다.

4) 사례

최근 프라이빗 블록체인을 기술을 시험 서비스하고 있는 기업들도 생겨나고 있는 추세이다. 그 중에서도 세계 최대 유통 기업인 월마트는 식재료의 생산과 유통 과정 전체에 블록체인 기술을 적용하여 실시간으로 위생 상태를 점검할 수 있는 데이터 저장 방식을 도입한다.

해운 회사 머스는 블록체인을 이용한 선박 물류 시스템을 개발하여 서류 없이 물건을 옮기고 주문하고 보관, 세관 신고를 처리할 수 있는 물류시스템을 시험 서비스하고 있다.

국내는 삼성 SDS가 중고차 시장에 위조가 불가능한 프라이빗 블록체인 기술을 적용하여 차량의 수리, 사고 상태를 한 눈에 확인하고 구입할 수 있는 중고차 이력

서비스를 진행 중이다. 이렇게 글로벌 기업들이 관리 편의성, 효율성, 신뢰도, 안정성을 높이기 위해 관심을 가지는 것은 프라이빗 블록체인 방식이 많다.

3. 하이브리드 블록체인

하이브리드 블록체인(Hybrid Blockchain)이란 퍼블릭 블록체인과 프라이빗 블록체인을 서로 연결하거나 섞은 혼합형 블록체인을 말한다. 더블체인(Double Chain)은 퍼블릭 블록체인과 프라이빗 블록체인을 연결한 체인이다. 예를 들어, 보안이 중요한 가정용 사물인터넷(IoT) 기기는 프라이빗 블록체인을 이용하고, 자동화된 결제를 위해 퍼블릭 블록체인에 연결하는 방식이다. 이 때 퍼블릭 블록체인은 메인넷이 되고, 여기에 연결된 다수의 프라이빗 블록체인은 1:N 구조의 사이드체인 방식으로 구성할 수 있다. 더블체인을 이용하는 블록체인에는 사물인터넷(IoT) 블록체인 플랫폼을 지향하는 에이치닥(Hdac)이 있다. 인터체인(Interchain)은 서로 다른 다수의 블록체인 네트워크를 하나로 연결하기 위한 체인이다. 인터체인 플랫폼 위에서 다수의 퍼블릭 블록체인과 프라이빗 블록체인들이 서로 연결될 수 있다. 대표적인 사례로 아이콘(ICON)이 있다.

컨소시엄 블록체인(Consortium Blockchain)이란 동일한 목적이나 가치를 가지고 있는 다수의 기업과 단체들이 하나의 컨소시엄을 구성하고 그 안에서 작동하도록 만든 블록체인이다. 예를 들어 리눅스재단이 주도하고 IBM 등이 참여하여 만든 하이퍼레저 패브릭(Hyperledger Fabric) 프로젝트가 있다. 넓은 의미에서 보면, 컨소시엄 블록체인은 프라이빗 블록체인의 한 형태이지만, 이를 별도로 구별하여 하이브리드 블록체인으로 분류하기도 한다.

1-5 블록체인의 특징

블록체인에 기록된 데이터는 위변조가 거의 불가능하여 누구나 신뢰할 수 있고, 안전하며, 탈중앙화 방식의 시스템 운영이 가능하다.

1. 신뢰성

블록체인에 기록된 데이터는 해킹을 통한 위변조가 매우 어렵기 때문에 누구나 신뢰할 수 있다. 블록체인에 기록된 내용은 해시함수에 의해 변환되어 암호화된 형태로 저장된다. 만약 내부자 또는 외부 해커가 시스템에 침입하여 특정 데이터를 위변조할 경우, 해당 데이터의 해시값이 변경되어, 위변조 사실을 즉각 알아낼 수 있다. 블록체인에 기록된 데이터의 양이 아무리 많아도 그 중에서 단 한 글자만 변경해도 전혀 다른 해시값이 나오기 때문에, 다른 사람이 모르게 데이터를 변경·삭제·추가하는 일은 불가능하다. 게다가 해시트리 구조로 데이터를 관리하기 때문에 어떤 위치에서 어떤 내용이 위변조되었는지를 즉각 알아낼 수 있다. 따라서 블록체인에 기록된 데이터는 단지 "블록체인에 기록되어 있다"는 이유만으로도 누구나 신뢰할 수 있다.

블록체인 자체를 해킹하는 유일한 방법은 전체 네트워크의 50% 이상에 해당하는 막강한 해시 연산 능력을 보유하고, 다른 정직한 노드들보다 더 빠른 속도로 신규 블록을 생성하여 네트워크에 전파함으로써, 다른 노드들이 정상적인 데이터가 아니라 위변조된 데이터가 포함된 블록체인을 채택하도록 만드는 것이다. 이것을 흔히 51% 공격이라고 부른다. 51% 공격을 성공하려면, 해당 블록체인 네트워크에 참여한 다른 모든 노드들의 해시 연산 능력을 합친 것보다 더 큰 해시 파워를 보유해야 하는데, 사실상 불가능에 가깝다. 물론 아주 예외적이기는 하지만, 참여자가 매우 적은 블록체인인 경우, 51% 공격이 성공할 수 있다. 실제로 2018년 5월 15일 모나코인에 대한 블록보류공격(BWA)으로 약 1억원의 피해가 있었고[12], 다음 날인 5월 16일 비트코인골드에 대한 51% 공격이 성공하여 약 200억원의 코인을 해킹한 사례도 있다. 하지만 블록체인 네트워크에 참여자 수가 늘어남에 따라 50% 이상의 해시 파워를 확보하는 것이 매우 어렵기 때문에, 51% 공격이 사실상 불가능해진다. 실제로 네트워크 참여자가 가장 많은 비트코인의 경우 2009년 1월 처음 만들어진 이후 단 한 번도 블록체인 자체가 해킹을 당한 적이 없다.

2. 안전성

블록체인에 기록된 데이터는 분산 저장하기 때문에, 특정 노드에 대한 디도스 공격이나 랜섬웨어 공격 등으로부터 안전하다. 디도스(DDoS)란 Distributed Denial of Service의 약자로서, 다수의 분산된 컴퓨터를 이용하여 특정 서버 컴퓨터가 처리할 수 있는 용량을 초과하는 정보를 한꺼번에 보내 과부하로 서버가 다운되거나 정상 접속되지 못하도록 만드는 공격을 말한다. '분산 서비스 거부 공격'이라고 한다. 예를 들어, 최대 1,000명이 동시 접속할 수 있는 서버에 2,000명이 동시 접속을 시도하면, 서버가 부하를 이겨내지 못하고 다운되거나 먹통이 되어 정상적인 서비스를 제공할 수 없게 된다. 기존의 서버-클라이언트 구조에서는 중앙 서버에 디도스 공격을 함으로써 전체 서비스를 마비시킬 수 있다. 랜섬웨어(Ransomware)란 컴퓨터나 시스템을 감염시켜 정상적으로 이용할 수 없게 만든 후 일종의 몸값(Ransom)을 요구하는 악성 소프트웨어를 말한다. 해커가 요구하는 몸값을 지불하면 복호화할 수 있는 암호를 알려준다. 기존의 서버-클라이언트 구조에서는 중앙 서버가 랜섬웨어 공격을 당하면 전체 서비스가 마비되는 문제가 있었다.

기존의 서버-클라이언트 구조와 달리, 블록체인 구조에서는 다수의 노드들이 동일한 데이터를 복사하여 분산 저장하고 있기 때문에 디도스 또는 랜섬웨어 등 외부의 공격으로부터 안전하다는 장점이 있다. 블록체인 네트워크에 참여하는 특정 노드를 공격하여 해당 시스템을 마비시키더라도, 다른 노드에 있는 서버 컴퓨터들이 정상 작동하기 때문에 서비스를 안정적으로 제공할 수 있다. 블록체인 네트워크를 구성하는 전 세계 모든 노드들을 상대로 동시에 분산 서비스 거부 공격(DDoS)이나 랜섬웨어 공격을 하여 전 세계 모든 시스템을 동시에 마비시키지 않는 한, 블록체인에 기록된 데이터는 외부 공격으로부터 안전하다. 블록체인 네트워크에 참여하는 전 세계 모든 노드를 동시에 공격하는 것은 매우 큰 컴퓨팅 파워가 필요하기 때문에 사실상 불가능하다.

3. 탈중앙화

블록체인은 권위 있는 중앙 조직・기관・단체 등이 없이, 자유롭고 평등한 참여자들에 의해 자율적으로 유지되고 운영된다. 기존의 서버-클라이언트 구조에서는 모든 정보가 중앙에 있는 서버로 집중되기 때문에 중앙을 차지한 사람이 의사결정권한을 가지는 구조였다. 하지만 블록체인은 중앙이 없는 P2P 방식으로 운영되기 때문에, 권위를 가진 중앙이 존재하지 않는다. 블록체인에서 의사결정 방식은 네트워크에 참여한 모든 사람들의 과반수 이상의 동의를 필요로 하는 탈중앙화(脫中央化, Decentralization) 방식이다.

[그림 1-13] 블록체인의 탈중앙화 구조

블록체인 구조에서 중앙 조직은 불필요하다. 블록체인 방식이 사회적으로 널리 퍼지면 기존의 중앙집중식 조직은 약화되거나 소멸된다. 예를 들어, 블록체인 기반의 암호화폐가 널리 사용될 경우, 기존의 은행은 그 권한과 역할이 축소된다. 마찬가지로 블록체인 기반의 물류관리 시스템이 확산될 경우, 기존의 복잡한 물류관리 절차가 대폭 간소화되고 관련 조직들의 역할이 축소된다. 블록체인 시스템이 확산될수록 기존의 은행, 보험사, 공증사무소, 포털 사이트, 기업, 법원, 정부, 국가 등 다양한 중개기관들은 그 역할이 대폭 축소되거나 심지어 소멸할 것으로 예상되고 있다. 블록체인은 중개기관이 필요없이 참여자들이 직접 거래할 수 있는 시스템이다. 블록체인은 자유와 평등을 보장하는 탈중앙화 시스템이다.

수행 내용

재료 · 자료

- 지갑 및 블록체인 관련 자료

기기(장비 · 공구)

- 컴퓨터, 프린터, 주변기기

안전 · 유의사항

- 컴퓨터 및 주변기기의 전원을 관리한다.

수행 순서

01 블록체인에 대한 긍정적인 평가와 부정적인 평가 및 블록체인의 미래 전망에 대하여 분석하라.

1. 긍정적 평가

블록체인은 새로운 시대를 여는 혁신적 기술이라는 긍정적 평가를 받고 있다.

마치 1990년대 후반에 등장한 인터넷 기술이 세상을 바꾸었듯이, 블록체인 혁명을 통해 새로운 세상이 펼쳐질 것이라는 낙관론적 견해이다.

블록체인은 해시 암호화 기술을 사용하여 이중지불 문제를 해결함으로써 인터넷을 통한 가치 전달이 가능하도록 만들었다. 인터넷이 정보(Information)를 전달한다면, 블록체인은 가치(Value)를 전달한다.

인터넷 시대의 도래와 함께 기존에 오프라인에 존재하던 뉴스, 사전, 우편, 커뮤니티, 책, 음악, 만화, 쇼핑 등 다양한 정보가 온라인으로 올라온 것처럼, 블록체인 시대의 도래와 함께 기존에 오프라인에 존재하던 화폐, 금융, 보험, 계약, 물류, 문서, 저작권, 투표 등 가치를 가진 대상이 온라인으로 올라올 수 있다.

이런 점에서 블록체인은 기존 인터넷을 한 단계 업그레이드한 인터넷 2.0이라고 불리기도 한다.

블록체인은 암호화폐의 기반 기술이 되고 있다.

인류는 수천년 간 조개껍질, 금, 은, 동전, 지폐 등을 화폐로 이용해 왔으나, 21세기 초 블록체인 기반의 암호화폐가 등장함으로써 새로운 시대를 맞이하고 있다.

기존 화폐(貨幣, Money)는 금이나 은 또는 보석처럼 희소성이 있거나, 혹은 동전이나 지폐처럼 권위를 가진 국가의 지급 보증이 있기 때문에 사람들의 신뢰를 바탕으로 통화로 사용될 수 있었다.

암호화폐는 비록 권위를 가진 국가의 지급 보증은 없지만, 발행 총량을 제한함으로써 희소성을 가질 수 있고, 블록체인 기술을 이용함으로써 가치를 보증하기 때문에 새로운 형태의 화폐가 될 가능성이 있다.

이런 점에서 블록체인 기반의 암호화폐를 디지털 골드(Digital Gold)라고 부른다. 다만 블록체인 기술 자체의 한계로 인해 기존 법정통화를 대체하기는 어렵거나 상당 기간 불가능해 보이지만, 제한된 영역에서 화폐와 유사한 기능을 수행하는 것은 가능할 수 있다.

특히, 4차 산업혁명 시대를 맞이하여 사물인터넷(IoT)이 확산될 경우, 기계와 기계의 M2M 거래에 암호화폐가 사용될 수 있다. 앞으로 블록체인의 기술적 한계를 넘어서는 새로운 기술이 출현함으로써, 인류는 지금까지 한 번도 경험하지 못했던 새로운 형태의 화폐를 가지게 될 수도 있다.

블록체인은 거래 참여자들이 중개기관을 거치지 않고 직접 거래를 할 수 있기 때문에, 탈중앙화 방식의 운영이 가능하다.

기존의 조직은 중앙・중심・센터가 존재해야 하지만, 블록체인 방식의 조직 운영 원리를 따르면 권위 있는 중앙이 없이도 자유롭고 평등한 개인들이 상당히 공정하고 합리적인 의사결정을 내릴 수 있다. 이런 점에서 블록체인 혁명을 통해 기존의 사회질서를 부수고 새로운 조직 운영 원리에 따르는 탈중앙화 사회를 만들 수 있다.

사이퍼펑크 운동가들은 블록체인 기술을 바탕으로 자신들이 꿈꾸던 자유롭고 평등한 열린 사회를 구현할 수 있다는 꿈을 꾸고 있다.

다만 블록체인 자체의 기술적 한계로 인해 완벽하게 합리적이고 공정한 의사결정 구조를 짜기는 어렵겠지만, 기존의 중앙집중식 조직 운영 원리에 비해 상대적으로 진일보한 새로운 조직 운영 원리를 만들어 낼 수 있을 것이다.

2. 부정적 평가

블록체인이 가진 다양하고 혁신적인 장점에도 불구하고, 블록체인의 비효율성과 투기 유발 등 여러 가지 문제들로 인해 부정적 평가가 존재한다.

1) 비효율성

블록체인은 상당히 비효율적인 시스템이다. 기존의 서버-클라이언트 구조에서는 원본 데이터를 중앙에 있는 서버에 보관하고 다수의 클라이언트는 서버에 접속하여 필요한 정보를 이용하는 방식으로 효율적으로 운영된다.

하지만 블록체인 기술을 적용하면, 네트워크에 참여하는 모든 사람들이 동일한 내용의 데이터를 복사하여 중복하여 보관함에 따라 상당한 비효율성이 발생한다.

게다가 참여자들이 가지고 있는 데이터의 내용이 불일치하는 경우 단일한 의사결정을 내리기 위해 상당한 노력과 시간 및 비용이 들어간다.

예를 들어 작업증명 방식의 합의 알고리즘을 사용할 경우, 과도한 채굴 경쟁으로 인해 막대한 전기가 낭비되고 전 지구적 환경 문제를 유발할 수 있다. 물론 기존의 서버-클라이언트 시스템에서는 처리하기 어렵고 오직 블록체인 기술을 적용해야만 가능한 영역이 있는데, 바로 암호화폐 분야이다.

암호화폐는 블록체인 기술을 적용하기에 가장 좋은 분야이며, 오직 블록체인 기술로만 구현이 가능한 영역이기도 하다. 하지만 암호화폐를 제외한 다른 분야에서는 굳이 블록체인 기술을 적용할 필요가 없이 기존의 서버-클라이언트 방식으로 운영하는 것이 더 효율적이다.

반드시 블록체인 기술을 적용할 필요가 없는데도 불구하고 굳이 블록체인 기술을 도입함으로써 오히려 기존 서버-클라이언트 방식에 비해 효율성이 떨어지는 문제가 생길 수 있다.

2) 투기

블록체인 기술을 활용한 암호화폐는 과도한 투기의 대상이 되고 있다. 암호화폐는 하루 24시간, 1년 365일 한시도 쉬지 않고 거래가 이루어지는데, 가격 등락이 극심하여 수많은 투자자들이 피해를 보고 있다.

특히, 2017년 하반기부터 2018년 초까지 급등락을 보인 암호화폐 시세를 보면, 튤립버블을 연상하게 된다.

튤립버블(Tulip Bubble)이란 17세기 네덜란드에서 발생한 튤립 꽃의 구근에 대한 과열 투기 현상을 말한다. 튤립버블은 역사상 최초의 자본주의적 투기로서, 대표적인 거품 경제 현상이다.

물론 블록체인 자체는 투기의 대상이 아니며, 투기와 아무런 관련이 없다. 그럼에도 불구하고 블록체인 기반의 암호화폐가 투기의 대상이 됨에 따라, 그 기반 기술인 블록체인 자체도 부정적으로 보는 시각이 존재한다.

예를 들어 유시민은 비트코인 등 가상화폐는 “인류 역사상 가장 난해하고 우아한 사기"라고 비판했다.

하지만 이러한 부정적 시각에 대한 반론도 있다. 17세기 자본주의 도입 초기의 튤립 버블이나 20세기 초의 닷컴버블 그리고 벤처거품 등 역사상 수많은 거품이 있었지만, 결국 시간이 지남에 따라 투기는 진정되었고 관련 산업은 크게 성장했다.

과도한 투기와 거품은 신산업 도입 초기에 나타나는 일시적 현상에 불과하며, 시간이 지나면 자연스럽게 해결된다는 반론이다.

2017년 9월 중국 정부는 암호화폐에 대한 ICO를 금지했고, 뒤이어 한국 정부도 어떠한 형태의 ICO든 상관 없이 무조건 금지하는 조치를 취했다. 이러한 조치는 암호화폐에 대한 과도한 환상이나 투기를 예방하는 측면도 있지만, 새로 자라나는 신산업의 싹을 자르고 뿌리를 뽑는 어리석은 조치가 될 우려도 있다.

인터넷 초창기에 마약, 도박, 성인 사이트가 넘쳐났지만, 그것을 이유로 인터넷 자체를 금지하지 않았듯이, 블록체인 기반의 암호화폐에 대한 투기가 극심하다고 하여 정부가 모든 ICO를 무조건 금지하는 조치를 취해서는 안 된다는 비판을 받고 있다.

3. 전망

블록체인은 하나의 거대한 실험이다. 블록체인은 암호학의 성과를 실생활에 적용한 결과물이다. 순수과학인 물리학의 성과를 실생활에 적용하여 전기・전자 제품을 만들고 원자력 에너지 시대를 열었고, 정보학의 성과를 활용하여 컴퓨터와 인터넷이라는 새로운 시대를 열었듯이, 암호학의 성과를 실생활에 적용하려는 실험이 블록체인이다.

블록체인은 해시라는 암호 알고리즘을 사용함으로써 위변조가 불가능하고 권위 있는 중개기구가 없이도 거래의 신뢰성을 보장할 수 있는 혁신적인 기술이다.

블록체인 실험이 성공하느냐 아니면 실패하느냐에 따라 인류의 미래는 크게 달라질 수 있다.

블록체인은 4차 산업혁명을 위한 핵심 기술 중 하나가 될 수 있다. 제4차 산업혁명이란 인공지능(AI)과 사물인터넷(IoT) 기술을 적용한 새로운 산업혁신을 말한다.

블록체인은 기계와 기계(M2M) 사이에 정보와 가치를 전달하는 수단으로 사용됨으로써 4차 산업혁명의 핵심 기반 기술이 될 수 있다.

블록체인은 인간의 직접적 개입이 없이도 사물과 사물이 서로 정보를 교환하고 가치를 주고받으며, 인공지능 기반의 자율적 의사결정을 내릴 수 있는 4차 산업혁명 시대를 앞당길 수 있다.

블록체인 혁명을 통해 인류는 커다란 사회적 변화와 진보를 달성할 수 있으며, 이를 통해 인류는 공정하고 합리적이며 더 풍요로운 미래를 맞이할 수 있을 것이다.

02 삼성 SDS의 프라이빗 블록체인 플랫폼인 넥스레제에 대하여 분석하라.

넥스레저(Nexledger)는 삼성SDS㈜가 자체 개발한 프라이빗 블록체인 플랫폼이다. 넥스레저는 금융뿐만 아니라 타산업 영역에도 범용적으로 사용할 수 있는 기업용 블록체인 플랫폼이다.

블록체인 신분증과 지급결제 서비스는 보안성을 강화하고 기존 블록체인 기술로 구현이 어려웠던 실시간 대량 거래처리, 자동으로 안전하게 거래가 가능한 스마트 계약, 관리 모니터링 등을 구현하였다. 특히 넥스레저는 분산원장(DLT, Distributed Ledger Technology)이라는 핵심 기술로 보안성과 편리함을 강화했다.

1. 개요

넥스레저는 차세대 블록체인이라는 뜻을 갖춘 삼성SDS의 블록체인 솔루션이다. 실시간 대량거래, 스마트 계약, 관리 모니터링 체계 등을 갖춘 블록체인 플랫폼으로 금융과 제조, 물류 공공 분야에 쓰인다. 블록체인 기술의 약점인 '거래 처리속도'를 해결하기 위해 삼성SDS는 넥스레저 가속기술을 개발했다.

이 가속기술은 IBM의 기업용 블록체인 플랫폼 하이퍼레저 패브릭에 적용할 수 있으며, 2018년 12월 테스트에서 속도가 향상된 것을 확인했다.

넥스레저는 신뢰할 수 있는 참여자로만 이루어진 인가받은 블록체인 모델을 기반으로 하여 불특정 노드의 잠재적 보안 침해 요소를 차단한다.

블록체인 기술 기반 P2P 데이터 네트워크를 연계 구성하여 FIDO, CX, 클라우드 인프라 등과 글로벌 확장성과 실시간 처리 성능을 확보하였다. 넥스레저는 기업시스템의 요구사항을 반영한 차별화된 플랫폼이다. 넥스레저 플랫폼은 분산 데이터과 애플리케이션 API를 표준 컨테이너 단위로 제공하여 제약 없는 글로벌 확장이 가능하며, 운영 및 유지보수 효율성이 매우 높다.

2. 등장배경

기존 가상화폐에 적용된 블록체인 기술은 느린 전체 데이터 동기화와 대규모 데이터베이스 구축이 어렵다는 단점을 보유하고 있다.

가상화폐에 기반이 되는 것은 퍼블릭 블록체인이다. 탈중앙화된 인프라리스 환경을 만들었다는 것은 높은 평가를 받을만하다. 그러나 퍼블릭 블록체인은 중앙관제자가 없는 환경이기 때문에 누구나 참여해 자신의 인프라를 추가할 수 있다.

그로인해 참여자가 많아질수록 전체 데이터 동기화에 소요되는 시간이 증가하게 된다. 넥스레저는 이러한 부분을 보안한다. 프라이빗 블록체인을 사용하여 블록체인에 참여할 자격 있는 허가된 참여자의 데이터만 검증하면 되기 때문에 매우 빠른 속도를 가지게 된다.

물론 완전하게 퍼블릭 블록체인을 외면한 것은 아니다. 이더리움의 경우 퍼블릭 블록체인임에도 거래 시스템을 구축할 수 있는 모델이다. 이러한 모델을 관심있게 분석하여 넥스레저에 추가할 예정이다.

3. 특징

미래 지향적이며 혁신적인 기술(Disruptive Technology)의 특성을 겸비한 플랫폼 모델이다. 여러 가지 분석을 통해 컨소디움(Consortium) 또는 프라이빗(Private) 모델 기반의 블록체인 체계를 선택하였다. 엔터프라이즈 시스템의 요구수준과 목적에 맞게 블록체인의 장점을 유지하되 단점을 보완하여 블록체인 기술을 재구성하였다.

1) 엔터프라이즈 플랫폼

넥스레저는 플랫폼 사상뿐만 아니라 각 컴포넌트의 설계/개발과 아키텍처 구성에 이르기까지 전 과정에 걸쳐 엔터프라이즈 시스템 적용을 목적으로 블록체인 플랫폼을 구성하였다. 구체적으로 프로토콜 성숙도, 대기 시간, 기술 적합성 등 과 같은 사항들이 검토의 대상이다. 또한, 넥스레저는 관리 모니터링 기능을 보유하고 있는 만큼 실시간으로 블록체인 내 거래의 진위여부가 검토 가능하다.

2) 확장성

넥스레저 플랫폼은 전자, 제조 외에도 물류, 금융 등 각 산업 비즈니스 영역별로 최적의 인프라 형성하고 블록체인 서비스를 제공한다. 넥스레저를 통해, 블록체인 고유의 높은 안전성과 보안성은 유지하되 지불결제, 인증보안, 진위증명 뿐만 아니라, 기관 간 거래, IOT 등 다양한 서비스를 블록체인 플랫폼 상에서 신속히 구축함으로써, 지역, 채널, 업종의 제약이 없는 글로벌 플랫폼 생태계를 형성하여 높은 확장성을 보여준다.

3) 넥스레저 아키텍처

넥스레저 아키텍처는 5가지의 계층로 구성되어 있다.

① 보안 레이어 : 인증과 권한 관리, 암호화와 토큰화 관리 등

② 기술 인프라 레이어 : 삼성 클라우드, AWS, Azure 등

③ 탈집중화된 네트워크 레이어 : 블록체인 배포 및 오픈 자원, 기업 자원 관리 컴포너트

④ 고객경험 레이어 : 모바일, 웹, 스마트 TV 등을 통합한 옴니채널 고객 서비스와 표준화된 고객경험 프레임 워크

블록체인 응용 서비스를 구현하려는 개발자는 넥스레저 플랫폼 위에 비즈니스 애플리케이션 구현에 필요한 각종 컴포넌트를 레고블록처럼 끼워넣는 방식을 사용한다.

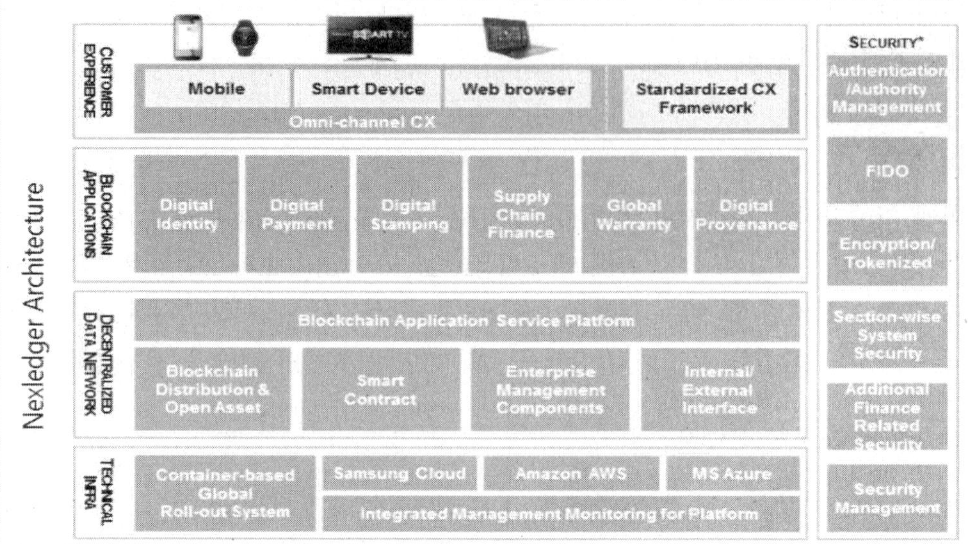

[그림 1-14] 삼성 넥스레저 플랫폼 구조

4) 솔루션

넥스레저 플랫폼은 표준 컨테이너 단위로 애플리케이션 API와 분산 데이터를 제공한다. 이와 더불어 다양한 산업에 블록체인 기술이 적용 가능하도록 추가적으로 솔루션을 개발하고 있다.

5) 디지털 아이덴티티

디지털 아이덴티티(Digital Identity)는 개인, 법인, 자산과 같은 유형의 식별 대상에 대한 정보를 생성하고 폐기하는 전체 과정을 디지털화하여 관리/활용하는 수단이다.

혁신을 추구하는 많은 기업들은 특정 산업분야에 관계없이 디지털 아이덴티티에 적용하여 매우 안전한 방식의 온라인 식별 기능을 제공한다.

블록체인에 저장된 디지털 아이덴티티 데이터는 허가받은 참여자들만 접근이 허락된다. 참여자 간 정보공유와 디지털 아이덴티티에 대한 인증이 가능하여 컴플라이언스 향상, 공동 마케팅 활용과 같은 다양한 유스 케이스로 확장 적용된다.

6) 디지털 결제

디지털 결제(Digital Payment)는 통합 결제 플랫폼 서비스로써 기존의 신용카드나 직불카드와 같은 일반적인 결제 수단을 보완해준다.

블록체인 기반으로 모든 참여자들이 신뢰할 수 있는 투명한 거래과정으로 중개자의 역할이 최소화된 결제 생태계를 제공한다.

넥스레저의 통합포인트플랫폼(SGP)은 블록체인 기반으로 한 포인트 중심의 디지털 지급/결제 수단으로 은행계좌, 가상화폐, 리워드포인트, 신용카드까지 연계한 금융거래로 미래 사회를 대응하기 위한 준비 수단이다. 특히, 블록체인 기반 플랫폼인 만큼 효율적인 실시간 거래 처리가 가능할 뿐만 아니라 높은 보안성을 보장한다.

7) 디지털 스탬핑

디지털 스탬핑(Digital Stamping)은 전자문서 원본 확인을 구현할 수 있는 솔루션이다. 외부에 공인전자문서센터가 처리하던 문서의 시점확인정보 생성 기능을 블록체인으로 내재화하는 솔루션이다.

이 솔루션은 서비스 장애에 대한 리스크와 운영 비용을 줄인다. 블록체인을 활용한 타임 스탬핑(Time-stamping)을 통해 전자화된 문서의 생성시점을 확인하고 해당 이력을 위변조 없이 보존하게 된다.

8) 분산원장

분산원장은 넥스레저의 핵심 기술로써 보안성과 편리함을 강화했다. 분산원장은 거래 참가자 모두에게 동일한 내용을 공유하는 기술이며 알고리즘 기술을 적용해 빠르고 안정적인 거래검증과 데이터 퍼리가 가능하다.

삼성SDS는 실시간 처리 기술, 지문과 홍채 등을 이용한 생체인증을 통해 보다 완성도 있는 블록체인 플랫폼을 완성했다.

4. 활용

넥스레저는 2017년 7월 삼성SDI의 전자계약시스템에 적용됐다. 제조업에 블록체인 기술이 적용된 첫 사례이다. 특히 삼성SDS의 주요 사업인 물류 분야에서는 블록체인 적용이 가속화되고 있다.

삼진어묵과 협업을 통해 블록체인 기반 유통이력 관리 시스템을 시범 적용한 바 있으며 넥스레저 기반 수출통관 물류서비스를 개발하고 유관 공공기관,선사,보험사 등 36개 기관과 해운물류 블록체인 컨소시엄을 구축키로 했다.

삼성은 계속해서 블록체인 기술력을 확장하고 있다. 최근 IBM 하이퍼레저의 TPS(초당거래속도)를 높여주는 넥스레저 가속기 기술을 공했다. 이와 더불어 삼성은 첼로 컨퍼런스 2019를 개최해 지금껏 진행해 온 블록체인 기반 물류 유통이력관리 서비스와 물류 업무 자동화 사례 등의 성과를 발표했다.

5. 파트너

넥스레저를 함께 진행하기 위한 클라우드 파트너로 AWS를 선택했다. 우선 클라우드는 블록체인 구현에 가장 적합한 환경이다. 시스템이 다운되는 경우를 대비하여 인프라나 데이터센터의 이중화가 필요하게 되는데 클라우드를 활용하면 저렴하게 블록체인 기반의 서비스를 구축하고 운영할 수 있다.

그렇기 때문에 클라우드 업계 1위 사업자인 AWS를 블록체인 파트너로 선택했다. 삼성카드가 클라우드와 넥스레저를 함께 활용한 서비스의 대표적인 사례이다.

6. 사업계획

블록체인 기술이 다양한 분야에서 그들의 장점을 살리듯이 넥스레저 또한 Baas(Blockchain as a Service)서비스 모델을 제공하여 유연성과 함께 높은 확장성을 가지고 있다.

이미 삼성카드와 함께 블록체인 기술을 도입하는 프로젝트를 진행했다. 이후 제휴사간 포인트 통합 거래를 위한 디지털 포인스 스왑(SWAP) 등 다양한 신규 서비스를 추진할 계획이다.

뿐만 아니라 삼성SDS는 온프레미스, 하이브리드 클라우드, 퍼블릭 클라우드 등 다양한 환경에 넥스레저를 구축한 경험이 있다.

이와 더불어 현재 블록체인 컨설팅, 구축, 운영까지 다양한 분야에 종사하고 있는 회사이다. 이러한 경험을 바탕으로 금융, 제조, 물류 등 모든 산업 분야에서 블록체인을 활용한 혁신을 이끌어낼 수 있는 가능성을 충분히 가지고 있다.

이미 블록체인 신분증, 포인트, 지급결제 등 블록체인 관련 7개의 기술에 대한 국내 특허 출원을 완료했으며 해외출원도 준비하고 있다. 아직 국내 위주로 사업을 진행하고 있지만 해외에서도 본격적으로 사업을 전개할 예정이다.

03 LG CNS의 프라이빗 블록체인 플랫폼인 모나체인에 대하여 분석하라.

모나체인(Monachain)은 ㈜엘지씨엔에스(LG CNS)의 기업용 블록체인 플랫폼이다.

금융, 공공, 통신, 제조 등 다양한 상업영역에 적용 가능하다. 국제 표준인 분산신원 확인(DID) 기술이 적용돼 다른 시스템과 연계가 쉽다.

LG CNS는 최고기술책임자(CTO) 산하 50명으로 블록체인 전담조직을 신설했다.

향후 인원을 2배 이상 늘리고, 리눅스재단이 주관하는 글로벌 블록체인 개발 프로젝트 하이퍼레저(Hyperledger)에 참여할 예정이다.

1. 개요

모나체인은 르네상스 시대를 대표하는 레오나르도 다빈치의 최고 역삭으로 평가 받는 모나리자의 모나(Mona)와 블록체인의 체인(chain)을 조합한 합성어다.

또 그리스어로 여왕이라는 뜻을 가진 모나의 의미로 유추해 본다면, 모나체인은 '블록체인의 여왕'이라는 상징적 의미도 내포한다.

모나체인은 리눅스재단이 주도하고 있는 블록체인 프로젝트 하이퍼레저 패브릭(Hyperledger Fabric)의 오픈 소스를 기반으로 사용자 친화적 기능과 다양한 서비스까지 추가하여 패키지화한 플랫폼이다.

디지털 인증, 디지털 커뮤니티 화폐, 디지털 공급망 관리를 3대 핵심 디지털 서비스로 제공한다.

모나체인은 일본 최초의 암호화폐인 모나코인(Monacoin)과 이름이 비슷하지만, 아무런 관련성은 없다.

2. 특징

1) 3대 핵심 디지털 서비스

(1) 디지털 인증

산업 전 영역에 블록체인을 적용하기 위한 기반 기술이다. 기업형 블록체인은 인증을 사용해 참여자들의 신뢰를 확보해야만 운영이 가능하다.

LG CNS는 DID(Decentralized Identifier, 분산 신원 확인) 기술을 통해 차별화된 디지털 인증 서비스를 제공한다. DID는 월드와이드웹 컨소시엄(W3C) 국제표준 기술로, 시스템 또는 서비스 간 연계가 쉽다는 장점이 있다.[6] 사업적 측면에서도 고객 지향적 서비스가 가능하다.

(2) 디지털 커뮤니티 화폐 기능

디지털 커뮤니티 화폐 기능은 디지털 인증을 기반으로 개인 휴대기기에 디지털 지갑을 생성하고 디지털 상품권을 발급하는 기능을 제공한다.

LG CNS는 시중은행과 함께 커뮤니티 화폐 사업을 준비하고 있다. 은행에 블록체인 플랫폼을 제공하고, 은행은 화폐 발행과 유통을 담당하는 방식으로 운영될 계획이다.

지방자치단체의 지역화폐 발행과 복지 수당 지급 등에 최적화된 서비스이다.

(3) 디지털 공급망 관리

디지털 공급망 관리(SCM)기능은 제품 생산에서 고객 인도에 이르는 과정에서 다양한 정보를 모든 이해 관계자가 투명하고 신속하게 공유할 수 있게 한다. 생산 소요시간 단축, 적정재고 수준 유지, 운송오류 최소화, 비용 절감 등의 효과가 있다.

2) 앵커링

앵커링(anchoring) 서비스는 외부 블록체인 플랫폼의 데이터를 이번 한국조폐공사 블록체인 플랫폼에 저장할 수 있는 기능이다.

데이터의 진본성(authenticity)을 보증하는 앵커링을 통해 외부 블록체인 플랫폼 참여자는 자신의 블록체인으로 1차적으로 데이터를 확인하고, 2차적으로는 한국조폐공사 블록체인에 저장된 데이터를 통해 보증을 받을 수 있다. 모든 정보는 암호화된 방식을 저장되어 높은 보안성을 가진다.

3. 활용

모나체인은 2018년 6월 한국조폐공사의 클라우드 기반 전자거래 및 인증을 위한 블록체인 오픈 플랫폼 구축 사업을 수주했다.

이 사례는 공공분야 국내최초 블록체인 플랫폼으로써 많은 주목을 받고 있다. 한국조폐공사는 오프라인의 공공 진본성을 보장해야 한다. 그런 곳에서 블록체인 오픈 플랫폼을 택한 것은 매우 의미 있는 행보이기 때문이다.

기존 블록체인 사업은 대부분 공인인증서 대체를 위한 인증 중심이었는데, 이번 한국조폐공사 블록체인 플랫폼 구축 사업은 거래 중심으로 지역화폐 등 다양한 서비스가 가능하다는 것이 기존 사업과 차별화되는 점이다.

또한 이번 오픈 플랫폼은 LG G-Cloud 기반으로 구축될 예정인데, 클라우드에서 플랫폼을 구축할 경우 확장성이 높으며 각 기관이 원하는 맞춤형 서비스를 개발할 수도 있다.

다수의 지자체 서비스를 할 수 있는 기반을 마련하게 된 것이다. LG G-Cloud는 IT 서비스 기업 중 최조로 공공 클라우드 보안 인증을 획득하기로 예정된 만큼 보안에 있어서도 안전하다.

4. 사업계획

LG CNS는 한국조폐공사의 니즈(Needs)를 반영한 앵커링 기능 적용으로 이번 플랫폼을 블록체인 데이터 보증의 공공 허브(Hub)로 육성할 계획이다.

또한 향후 서울시 교통카드, 정부24, 전자여권 등 LG CNS는 지난 30년간 다양한 공공영역에서 축적한 IT서비스 경험을 보유하고 있다.

그들의 경험과 모나체인을 결합하여 차별화된 공공서비스를 창출할 계획이다.

04 블록체인 문제점과 대안에 대하여 분석하라.

블록체인은 데이터의 위변조 방지 기능과 탈중앙화 분산 저장이라는 장점에도 불구하고 여러 가지 문제점과 한계를 가지고 있다.

1. 작업증명 방식의 문제점과 대안

블록체인은 중앙(Center)이 없기 때문에 다수의 사용자들이 공동으로 의사결정을 내리기 위한 거버넌스 구조가 필요하다.

거버넌스(Governance)란 다수의 참여자들이 공동의 목표를 위해 서로 논의하고 결정하는 체계를 말한다. 기존의 서버-클라이언트 구조에서는 중앙에 해당하는 서버에서 의사결정을 내리면, 클라이언트 측의 사용자들은 서버에서 결정된 사항을 수동적으로 받아들이는 방식이었다. 그러나 블록체인은 탈중앙화된 P2P 방식으로서, 의사결정을 내려줄 수 있는 중앙이 없기 때문에 네트워크에 참여하는 모든 사용자들이 평등한 관계에서 합의를 도출하기 위한 거버넌스와 이를 시스템적으로 자동 구현하기 위한 합의 알고리즘이 필요하다.

블록체인 시스템에서 처음으로 도입한 합의 알고리즘은 작업증명 방식이다.

작업증명(作業證明, PoW)이란 목표값 이하의 해시(Hash)를 찾는 과정을 무수히 반복함으로써 해당 작업에 참여했음을 증명하는 방식의 알고리즘이다.

이러한 작업증명 방식이 마치 광산에서 금을 캐기 위해 수많은 암석을 곡괭이로 찍는 것과 비슷하다고 하여, 채굴(採掘, Mining)이라고 부른다.

비트코인, 이더리움, 라이트코인, 비트코인 캐시, 비트코인골드, 모네로, 지캐시, 시아코인, 불워, 에이치닥 등 여러 암호화폐들은 작업증명 방식의 채굴을 필요로 한다. 채굴을 통해 가장 먼저 목표값 이하의 해시를 찾은 사용자는 해당 블록을 구성하고 체인에 연결하며 그 대가로 신규 발행된 코인을 지급 받는다.

1) 막대한 전기 낭비

작업증명 방식은 막대한 서버 자원과 전기 낭비를 유발한다. 채굴 경쟁에서 승리한 사용자는 1명이지만, 경쟁에 참여한 수많은 다른 사람들은 아무런 소득도 없이 막대한 서버 자원과 전기를 소모하게 된다. 예를 들어, 하나의 블록을 채굴하기 위해 100개의 노드가 경쟁하는 경우, 채굴에 성공한 1개를 제외한 나머지 99개의 노드에 사용된 서버 자원과 전기는 모두 쓸모없는 낭비에 해당한다. 만약 채굴 경쟁이 심화되어 경쟁률이 1:100,000이라면 99,999개의 노드에 사용된 서버 자원과 전기가 낭비된다. 채굴에 투입되는 서버 자원이 증가할수록 채굴 난이도는 상승하며, 1명을 제외한 나머지 사람들이 투입한 자원의 낭비는 더욱 많아진다.

채굴로 인해 전 세계적으로 막대한 전력이 낭비되고 있다. 채굴업체들은 기온이 낮고 전기료가 저렴한 지역에 채굴장을 설치하는데, 아이슬란드, 노르웨이, 러시아, 중국 내몽골, 캐나다, 미국 북부 등이 최적의 채굴지역으로 알려져 있다. 영국 BBC 보도에 따르면, 아이슬란드 내 암호화폐 채굴업체가 사용하는 전기량은 34만명의 아이슬란드 국민들이 가정에서 사용하는 전기량을 추월했다.[68] 2018년 6월 국제결제은행(BIS)의 연례 보고서에 따르면, 전 세계에서 비트코인 채굴에 소모되는 전력이 스위스 국가 전체의 연간 전력소비량에 해당하며, 앞으로 채굴기가 증가할수록 전력소비량도 증가하여 결국 전 지구적인 환경재난을 초래할 가능성이 있다고 밝혔다.

2) 비민주적 의사결정

작업증명 방식에 따른 채굴 경쟁이 심화되면서, 여러 채굴업체들이 마이닝풀(Mining Pool)을 구성하여 공동 채굴을 함에 따라, 비민주적 의사결정이 우려되고 있다. 채굴기를 운영하는 개인이나 업체들은 솔로 채굴 방식이 아니라, 공동으로 채굴하고 공동으로 수익을 배분하는 채굴조합인 마이닝풀을 구성하였다.

마이닝풀을 통해 네트워크로 연결된 채굴기들은 마치 1대의 슈퍼컴퓨터처럼 작동하면서 채굴 성공율을 높일 수 있으며, 개별 참가자들은 자신이 제공한 채굴기의 해시연산력(Hash Power)에 비례하여 수익을 배분 받을 수 있다.

중국의 우지한(吳忌寒) 대표가 이끄는 비트메인(Bitmain)은 앤트풀(Antpool)과 비티씨닷컴(BTC.com) 마이닝풀을 만들었고 비아비티씨(ViaBTC)에 투자했는데, 이 3개 마이닝풀의 해시 연산력을 합치면 전 세계 해시 연산력의 약 40% 정도에 이른다.

단순한 가정이기는 하지만, 만약 몇몇 상위 마이닝풀 운영자들이 담합을 한다면, 블록체인에 대한 51% 공격을 통해 기존 거래내역에 대한 위변조도 가능하다.

블록체인은 원래 중앙집중화된 의사결정 구조에 반대하면서, 탈중앙화 분산 관리를 목표로 시작한 프로젝트이다. 하지만 채굴업체들이 마이닝풀을 구성하면서, 소수의 마이닝풀 운영자들에게 의사결정 권한이 집중되는 현상이 발생하였다.

실례로 비트코인의 처리 속도를 향상시키기 위한 세그윗(SegWit)을 진행할 때, 채굴왕으로 불리는 중국 우지한 비트메인 대표의 반대로 인해 상당 기간 의사결정이 지연되는 현상이 발생했다.

전 세계 해시 파워의 40% 이상을 장악하고 있는 우지한 대표의 영향력이 너무나 커서, 비트코인 개발자 커뮤니티의 합의만으로는 하드포크를 진행하기 어려웠기 때문이었다. 결국 우지한 대표와 뉴욕 합의를 거친 후에야 2017년 8월 1일자로 비트코인 세그윗이 진행될 수 있었다. 이처럼 블록체인이 꿈꾸던 "탈중앙화 분산 관리"라는 이상적인 목표는 거대한 채굴업체들의 영향력을 벗어나지 못했으며, 이로 인해 탈중앙화라는 블록체인의 애초 목표는 심각하게 훼손되고 있다.

3) 작업증명의 대안

작업증명 방식에 따른 채굴 경쟁과 그로 인한 막대한 전기낭비 및 비민주적 의사결정을 막기 위해 다양한 대안적 합의 알고리즘이 등장하고 있다.

지분증명(PoS)은 해당 암호화폐를 보유하고 있는 지분율에 비례하여 의사결정 권한을 주는 방식이다. 주주총회에서 주식 지분율에 비례하여 의사결정 권한을 가지는 것과 유사하다. 지분증명 방식은 막대한 전기를 소모하는 채굴 과정이 필요 없다. 큐텀, 피어코인 등의 암호화폐가 지분증명 방식을 사용하고 있다.

스트라티스는 처음에 작업증명 방식을 사용했으나 지분증명 방식으로 변경했다. 이더리움도 현재 작업증명(PoW) 방식을 벗어나 지분증명(PoS) 방식으로 변경할 예정이다.

지분증명 방식은 그라인딩 공격(Grinding Attack)에 취약하다는 문제가 있다. 즉, 마지막 블록 생성자가 다음 번 블록 생성에 사용되는 랜덤 변수를 미리 계산해서 본인에게 유리한 결과를 만들 수 있다는 단점이 있다.

카르다노는 우로보로스 지분증명(Ouroborous PoS)이라는 개선된 알고리즘을 사용함으로써 이 문제를 해결했다. 한편 지분증명 방식은 기존 암호화폐 소유자에게 의사결정 권한을 부여함으로써 자본에 의한 의사결정 구조의 왜곡을 가져올 수 있다는 근본적인 비판을 받고 있다.

더 많은 코인을 보유할수록 더 많은 투표권을 행사할 수 있기 때문에 돈 있는 사람에게 유리하며, 코인을 거래에 사용하기보다 보유만 하고 있는 것이 더 유리하므로, 암호화폐 활성화에 악영향을 미칠 수 있다는 비판이다.

지분증명에 대한 비판으로 위임지분증명(DPoS) 방식이 등장했다. 암호화폐 소유자들이 각자의 지분율에 비례하여 투표권을 행사하여 자신의 대표자를 선정하고, 이 대표자들끼리 합의하여 의사결정을 내리는 방식이다.

국민의 대표로 의원을 뽑아 의회를 구성하는 대의 민주주의 제도와 유사하다.

이오스, 스팀, 엘프, 라이즈, 아크, 비트셰어, 시프트, 보스코인 등이 위임지분증명 방식을 채택하고 있다. 그러나 위임지분증명 방식은 자유롭고 평등한 개인들의 직접 민주주의를 꿈꾸는 블록체인의 이상과 차이가 있으며, 간접 민주주의 방식으로 선출된 소수 대표자들에 의한 귀족정 내지 독과점으로 변질될 우려가 제기되고 있다.

작업증명과 지분증명의 장점을 혼합한 하이브리드형 알고리즘으로 지분작업증명(PoSW) 방식이 등장했다. 디크레드, 하이퍼캐시 등이 이 방식을 사용하고 있다.

소각증명 방식도 등장했다. 코인을 결코 돌아올 수 없는 지갑에 보내서 소각하면, 소각한 코인량에 비례하여 블록 생성에 성공할 가능성이 높아지는 방식이다. 기타 중요도증명(PoI), 신뢰성증명(PoB), 권위증명(PoA), 용량증명, 경과시간증명(PoET), 프랙티컬 비잔틴 장애 허용(PBFT) 등 다양한 대안적 합의 알고리즘이 등장했다. 이처럼 블록체인이 초기에 채택했던 작업증명 방식은 막대한 전기 낭비와 비민주적 의사결정 구조라는 문제점을 가지고 있으며, 이를 극복하기 위한 다양한 대안적 합의 알고리즘이 모색되고 있다. 가기.png 합의 알고리즘에 대해 자세히

2. 체인 알고리즘의 문제점과 대안

체인이란 이전 블록의 해시가 다음 블록의 한 구성요소가 되는 방식으로 여러 블록이 마치 쇠사슬처럼 서로 연결된 것을 말한다.

체인 알고리즘(Chain Algorithm)이란 다수의 거래기록을 암호화하여 체인처럼 연결함으로써 위변조를 방지하고 탈중앙화된 분산 저장 방식으로 데이터를 관리하는 알고리즘이다. 블록체인은 가장 대표적인 체인 알고리즘이고 위변조 방지, 탈중앙화 분산 저장 등 많은 장점을 가지고 있으나, 트랜잭션 처리 속도가 느리고, 블록의 사이즈가 작아 확장성이 없고, 다른 블록체인과 연결이 어렵다는 단점이 있다.

1) 느린 처리 속도

블록체인은 여러 가지 장점에도 불구하고 중대한 단점을 가지고 있는데, 바로 "처리 속도가 매우 느리다"는 문제가 있다.

하나의 거래가 발생하면 즉시 처리하지 못하고 다수의 거래내역이 모여 하나의 블록(Block)을 구성할 때까지 기다려야 하며, 블록이 구성된 이후에도 네트워크에 분산된 여러 노드들이 검증하고 확인할 때까지 오랜 시간 기다려야 하는 문제가 있다.

예를 들어, 비트코인의 경우 하나의 새로운 블록을 구성하려면 약 10분이 걸리고, 그 블록이 네트워크에서 확인을 받으려면 1시간 이상 기다려야 하는 경우도 자주 발생하고 있다. 그에 따라 비트코인 등 블록체인 기반의 암호화폐를 일상생활에서 결제수단으로 사용하는 것은 사실상 불가능하다.

비트코인 등 암호화폐를 가치의 저장수단으로 이용할 수는 있어도 일상생활에서 결제수단으로 사용하기 어려운 것은 블록체인이라는 알고리즘 자체의 한계 때문이다.

2) 확장성 문제

블록체인을 구성하는 하나의 블록은 최대 크기가 정해져 있어서 확장성(Scalability) 문제가 생기고 있다. 초기에 블록체인 사용자 수가 많지 않았을 당시에는 블록 사이즈 제한이 큰 문제가 되지 않았다.

하지만 블록체인 사용자 수가 폭발적으로 증가하면서, 하나의 블록 안에 담을 수 있는 데이터의 최대 한도를 초과하는 경우가 발생하고 있다.

예를 들어 비트코인의 경우 블록 하나의 최대 크기가 1MB로 제한되어 있기 때문에, 하나의 블록당 대략 2천 건 정도의 트랜잭션을 기록하면 더 이상 기록할 공간이 부족한 문제가 발생한다.

이 경우 해당 트랜잭션은 블록에 기록되지 못하고 뒤로 밀리게 된다. 물론 더 높은 수수료를 지급하면 순서에 상관없이 맨 앞으로 이동하여 블록에 먼저 기록될 수 있으나, 이로 인해 수수료 인플레이션이 발생할 수 있다.

비트코인의 경우 2017년 8월 1일자로 사용자의 디지털 서명 부분을 블록에 기록하지 않고 제외함으로써 한 블록당 더 많은 해시 데이터를 저장할 수 있도록 세그윗(SegWit)이라는 일시적 조치를 취함으로써 잠시 숨을 돌리기는 하였으나, 근본적인 문제는 여전히 해결되지 않고 남아 있다.

블록 자체의 사이즈를 2MB 또는 4MB로 계속 증가시키자는 제안도 있으나 그로 인해 미사용 공간을 낭비하게 되고, 전체 블록체인이 무겁고 느려지는 문제가 생길 수 있다.

3) 해결 방안

블록체인의 느린 속도와 확장성 문제를 해결하기 위해 일부 기능을 개선한 새로운 알고리즘이 출현하고 있다.

라이트닝 네트워크(Lightning Network)는 기존 블록체인의 느린 속도를 해결하고 번개처럼 빠른 속도를 구현하기 위해, 개별 거래를 별도의 채널에서 처리한 후 그 결과만 블록체인에 기록하는 방식으로 작동하는 알고리즘이다.

이와 유사한 방식으로 플라즈마(Plasma) 알고리즘이 개발되었다. 모든 거래내역을 메인체인(Main Chain)에서 처리하지 않고 별도의 차일드체인(Child Chain)에서 처리한 후 결과만 메인체인에 전달하는 방식으로 작동하는 알고리즘이다.

플라즈마를 개량하여 플라즈마캐시(Plasma Cash) 알고리즘이 등장했다. 기존처럼 모든 사용자가 모든 블록을 다운로드해서 검증하지 않고, 개별 사용자가 관심을 가진 특정 코인이 포함된 블록만 추적함으로써 처리 속도를 향상시킨 알고리즘이다. 이런 새로운 알고리즘의 등장으로 기존 블록체인의 느린 속도 문제를 개선하고 좀 더 빠른 속도를 기대할 수 있게 되었다.

4) 체인 간 연결

블록체인 기술이 널리 확산되면서 다양한 암호화폐가 출현하고 각자의 독립적인 체인을 구축하였으나, 다른 체인과 데이터 전달이 되지 않는 불편함이 존재한다.

이를 해결하기 위해 더블체인과 인터체인 등 다른 블록체인과 연결하기 위한 알고리즘이 개발되었다.

더블체인(Double Chain)이란 퍼블릭 블록체인과 프라이빗 블록체인을 연결한 체인이다. 예를 들어, 보안이 중요한 가정용 사물인터넷(IoT) 기기는 프라이빗 블록체인(Private Blockchain)을 이용하고, 자동화된 결제를 위해 퍼블릭 블록체인(Public Blockchain)에 연결하는 방식이다.

인터체인(Interchain)이란 다른 블록체인들을 서로 연결하기 위한 체인이다. 인터체인을 사용하면 A라는 암호화폐로만 구매할 수 있는 제품이나 서비스를 인터체인으로 연결된 B라는 다른 암호화폐로도 구매할 수 있다. 인터체인을 구현하기 위한 암호화폐에는 아이콘(Icon)이 있다.

5) 블록체인의 대안

블록체인 자체를 넘어서려는 새로운 시도가 이루어지고 있다. 기존 블록체인 알고리즘의 한계를 극복하기 위해 라이트닝 네트워크, 플라즈마, 플라즈마캐시 등 다양한 개선방안이 등장하였으나, 기존 블록체인 알고리즘을 기반으로 일부 기능만 개선했기 때문에 여전히 일정한 한계를 가지고 있다.

블록체인을 개선한 알고리즘 역시 거래 처리 속도가 느리고 수수료가 발생하는 문제가 있다. 결국 이 문제를 근본적으로 해결하기 위해서는 블록체인 자체의 구조를 바꿔야 한다. 블록체인의 처리 속도가 느린 것은 거래내역이 발생한 즉시 처리하지 않고 하나의 블록을 구성할 때까지 기다리기 때문이므로 '블록' 자체를 구성하지 않아야 속도 개선이 가능하다.기존 블록체인과 달리 '블록'이 없는 데이터 처리 알고리즘으로 탱글과 해시그래프 알고리즘이 출현하였다.

탱글(Tangle)은 새로 발생한 거래가 이전에 발생한 2개의 거래를 확인해 주는 방식으로 작동하는 알고리즘이다. 해시그래프(Hashgraph)는 하나의 노드가 다른 불특정 노드에게 가십(Gossip)을 전달하는 방식으로 작동하는 알고리즘이다. 탱글과 해시그래프에는 블록이 존재하지 않지만, 기존 블록체인의 장점인 위변조 방지와 탈중앙화 분산 관리가 가능하면서도, 1초에 수십만~수백만 건 이상의 빠른 처리 속도를 구현할 수 있다.

3. 오라클 문제와 해결방안

블록체인 분야에서 오라클(Oracle)이란 블록체인 밖에 있는 데이터를 블록체인 안으로 가져오는 것을 말한다. 데이터베이스 관리 시스템(DBMS) 제품인 오라클(Oracle)과 이름은 비슷해도 내용상 아무런 관련이 없다. 블록체인 밖에 있는 데이터를 오프체인(Off-Chain)이라고 하고, 그 데이터가 블록체인 안으로 들어온 것을 온체인(On-Chain)이라고 한다. 블록체인은 데이터의 위변조가 거의 불가능한 분산 저장 기술이지만, 데이터가 블록체인 안으로 들어와야 블록체인으로 관리할 수 있다.

1) 블록체인 오라클 문제

오라클 문제(Oracle Problem)란 블록체인 밖에 있는 데이터를 블록체인 안으로 가져올 때 발생하는 문제를 말한다. 현실 세계에 있는 데이터가 블록체인 안으로 들어오는 과정은 생각만큼 쉽지 않다.

오프체인 데이터가 온체인 데이터로 바뀌기 위해서는, 현실 세계와 블록체인의 중간에서 데이터를 블록체인 안에 넣어주는 사람이나 장치가 필요하다. 오라클 문제는 이러한 중간자 역할을 하는 사람이나 장치를 어떻게 신뢰할 수 있을 것인가 하는 문제이다.

블록체인은 탈중앙화된 분산형 시스템을 추구하므로 권위를 가진 중앙이 존재하지 않는다. 따라서 블록체인에 데이터를 입력하는 중간자를 신뢰할 수 있는 특별한 방법이 필요하다.

예를 들어, 선거에 출마한 A 후보와 B 후보 중에서, 만약 A 후보가 당선되면 C에게 코인을 지급하고, B 후보가 당선되면 D에게 코인을 자동으로 지급하는 스마트 계약이 있다고 가정해 보자. 실제 선거에서 A 후보가 승리했더라도 해당 데이터를 입력하는 사람이 고의 또는 부주의로 B 후보가 승리했다고 잘못 입력하는 상황이 생길 수 있다. 그럼 스마트 계약 조건에 따라 엉뚱하게도 D에게 코인이 자동 지급되는 문제가 발생한다.

블록체인에 기록된 데이터는 위변조가 불가능하지만, 현실 세계의 데이터를 블록체인에 기록하는 과정에서 위변조가 발생할 수 있다. 이것이 오라클 문제이다.

2) 해결방안

블록체인에서 오라클 문제를 해결하기 위해 다양한 방법이 도입되고 있으나 확실한 해결책은 존재하지 않는다. 암호화폐 소유자들이 투표(Voting)를 통해 결정하거나, 다양한 데이터의 중앙값(Median)을 선택하거나, 현실 세계와 블록체인 사이에서 신뢰할 수 있는 데이터를 제공해 주는 중간자(Middleware)를 두는 방법 등 블록체인 오라클 문제를 해결하기 위한 다양한 방안이 제시되고 있다.

(1) 투표

암호화폐 소유자들이 지분증명(PoS) 또는 위임지분증명(DPoS) 등의 방법으로 투표를 통해 의사결정을 하는 방법이다. 이 방안은 암호화폐 소유자들이 진실성에 기초하여 의사결정과정에 참여하리라고 가정한다.

만약 암호화폐 소유자들이 허위로 투표한다면, 그 피해는 암호화폐 소유자들 본인에게 돌아갈 수 있기 때문에, 대체로 진실하게 투표할 것이라는 가정이다. 하지만 특정한 상황에서 상당수의 암호화폐 소유자들이 현실 세계와 다르게 허위 투표를 할 가능성이 존재한다. 이를 방지하기 위해 자신이 투표한 내용이 사실이면 인센티브를 제공하고, 반대로 허위임이 밝혀질 경우 페널티를 주는 방안을 고려할 수 있다.

(2) 중앙값

현실 세계에 존재하는 다양한 데이터 가운데 중앙값(Median)을 선택하는 방안이다.

예를 들어, 탈중앙화 분산형 암호화폐 거래소인 덱스(DEX)에서 서로 다른 종류의 암호화폐를 아토믹스왑(Atomic Swap) 방식으로 직접 거래하려고 할 때, 여러 암호화폐 거래소에서 수집한 가격들 중에서 중앙값, 즉 중위수(中位數)를 선택하도록 하는 방법이다.

(3) 중간자

현실 세계와 블록체인 사이에서 신뢰할 수 있는 데이터를 제공해 주는 중간자(Middleware)를 두는 방법이다.

예를 들어, 중간자 역할을 하는 조직이나 소프트웨어가 날씨 데이터, 금융 데이터 등을 수집하여 API 방식으로 체계적으로 제공함으로써 오라클 문제를 해결하려는 시도이다.

이러한 중간자 또는 미들웨어의 사례로 오라클라이즈(Oraclize), 체인링크(Chainlink) 등이 있다. 다만, 블록체인은 탈중앙화를 지향하는데, 이러한 중간자 역할을 하는 조직이나 소프트웨어가 새로운 형태의 중앙이 될 우려가 존재한다.

오라클 문제는 블록체인 시스템의 근본적 문제 중 하나이다. 오라클 문제는 블록체인의 밖에서 안으로 데이터가 들어올 때 발생하는 문제이기 때문에, 블록체인 시스템 내부에서 자체로 해결할 수 없다. 따라서 블록체인 기반의 경제 시스템인 크립토 이코노미(Crypto Economy)를 설계하는 사람은 처음부터 오라클 문제가 최소화될 수 있도록 시스템을 잘 설계해야 한다.

05 블록체인이 만드는 새로운 가능성 부문에서 실용화로 추진하는 활용사례를 분석하라.

다음에서 몇가지 사례를 살펴본다.

① 금융기관의 블록체인 : 블록체인에 참여하기 위한 사전 허가가 필요한 허가형 블록체인(Permissioned Blockchain)이 고안되었다. 이것은 금융기관같이 업무적 특성상 공개할 수 없고 허가된 참여자만 이용 가능한 서비스를 위한 것이다. 대표적 사례로서 Linux재단이 추진하고 있는 Hyperledger가 있다.

② Supply Chain의 Traceability개선 : 원료가 소비재로서 일반소비자에게 전달될 때까지 全과정(Supply Chain)을 투명하게 관리하는 것은 기업경영에 있어 매우 중요하다. 예를 들어 「Everledger」는 다이아몬드의 공급망을 관리한다. 와인에 특화한 「WINE Blockchain」이나 브랜드 제품의 유통관리에 사용하는 「VeChain」 등이 있다.

③ 「경력」과 「이력」에 관한 공공 데이터 베이스 : 학력위조, 경력사칭 문제를 방지하기 위한 블록체인 사업 중 하나가 「BC Diploma」이다. 대학 등 고등교육기관이 발행한 졸업증명서, 학위에 관한 정보를 블록체인에 기록한다. 이로 인해 교육기관의 정보관리비, 기업의 채용비용이 절감된다.

④ 「공증」을 보다 편리하게 이용할 수 있게 되다 : 토지 권리증이나 신분증명서 등 지금까지 공적으로 관리되었던 중요 정보도 블록체인상에 기록됨으로서 편리성이 높아진다. 예를 들어 「Factom」은 블록체인상에서 수정 불가능한 안전한 데이터 관리를 보장하는 분산형 공증 플랫폼이다. Factom을 기반으로 저작권 등록관리, 주택융자, 정보기록 등을 할 수 있는 DApps이 개발되어 있다.

⑤ 의료기록을 블록체인에서 관리 · 공유 : 「MedicalChain」은 의료 정보를 블록체인상에 기록하여 환자 · 의사뿐만 아니라 연구기관, 보험회사 등 정보보유자의 허가에 의해 블록상의 정보를 참조할 수 있게 된다.

⑥「교통」 등 생활정보의 활용 : 독일계 스타트업 「Xain」은 블록체인과 AI기술을 접목하여 포르쉐 자동차와 함께 자동차 정보수집 및 원격으로 자동차 열림·잠금 조작 등을 가능하게 하여 자동차 공유 서비스를 개발하고 있다.

⑦「기상」, 「환경」 정보를 민간주도로 활용 : 「Weather Block」은 세계각지의 기상 정보를 블록체인 상에 기록해 정보를 필요로 하는 개인, 기업, 연구기관에 제공하기 위한 프로젝트이다. 「Weather Block」은 세계 각지에 설치한 소형 디바이스를 통한 정보수집과 참여자가 제공하는 정보에 의해 운영되는데 정보제공자는 보상으로 토큰을 받게 된다.

⑧ 국경을 넘어 자유로운 부동산 거래 : 종래의 부동산 거래는 각국의 중앙 집중형 관리체계에서 행하여지고 유동성이 낮다. 따라서 부동산 거래 시 중개수수료, 매매계약, 등기 등을 위한 시간비용 서류관리 비용이 발생했다. 예를 들어 「Propy」라는 프로젝트에서는 PRO라는 독자적 암호화폐를 결제수단으로 하여 결제·송금 수수료를 절약할 수 있다. 스마트 컨트렉트를 이용해 중개수수료를 없애고 등기소와 연계한 국제거래도 시연하였다.

⑨ 미술품 등 동산거래의 투명화 : 「Verisart」 등의 프로젝트에서는 미술품의 저작·소유권·거래이력의 관리를 블록체인 상에서 처리하여 투명하고 유동적인 미술품 시장을 만드는 것이 가능하다. 블록체인에 기록된 정보는 소유자뿐만 아니라 미술관이나 수집가들에게도 공유된다.

⑩ 에너지의 P2P 거래 : 「EXERGY」 플랫폼은 소비자, 태양열 발전을 하는 일반가정(프로슈머), 전력회사가 참여자다. 프로슈머나, 전력회사는 일반소비자에게 전력을 판매해 수익을 얻는다. 그러나 이 거래에서는 종래의 전력회사가 정해놓은 요금이 아니라 판매자와 수요자의 수급에 의해 가격이 결정되는 구조이다.

⑪ P2P로 매칭하는 클라우드 소싱 : 「Chronobank」 플랫폼에서는 개인과 기업이 능력과 평가를 상호 참조하여 직접 매칭하고 임금은 스마트 컨트랙트 경유로 지급하는 노동계약을 실현하였다. 스마트 컨트랙트를 이용해 타임카드를 관리하여 잔업이 발생하지 않도록 하였으며 급여로 지급되는 토큰 가격은 노동자의 거주지역 평균급여에 연동되도록 설계하였다.

⑫ 포스트 「Airbnb」, 「Uber」가 될 차세대 공유서비스 : 「Bee Token」은 플랫폼 운영자에게 지급되는 수수료는 최소화하고 집을 빌려주어 수익을 얻는 호스트와 가능한 싸게 집을 빌리려는 게스트 사이의 이익을 최대화한다. 또한 분쟁이 발생했을 경우 플랫폼 내에서 5명을 선출하여 분쟁해결에 참가시키는 미국식 배심원 방식을 도입해 문제를 해결한다.

⑬ 관리자 부재의 「기사」 공개 플랫폼 : 「Steemit」에서는 STEEM이라는 암호화폐를

플랫폼 내의 집필자와 열람자에 대한 보수로 유통시킨다. 집필자와 열람자가 받게 되는 STEEM의 양은 미래 다른 열람자들로부터 높은 평가를 받게 될 기사를 미리 선정하게 되면 높아진다. 결국 열람자는 질과 신뢰성 높은 기사를 빠르게 발견해 평가함으로써 많은 인센티브를 받게 되고 집필자는 우수한 기사를 쓰려고 노력하게 된다.

⑭ 「동영상」과 「음악」의 권리와 보상의 건전화 : 「Singular TV」는 블록체인과 스마트 컨트랙트 기술을 사용해 광고대리점과 기업 등의 중개없이 동영상을 배포하는 플랫폼을 실현했다. 동영상 배포자는 자신의 동영상을 1초 단위로 과금 할 수 있게 설정할 수 있다. 시청자 역시 매월 이용요금을 지불하지 않고 시청한 만큼 비용을 지불하게 된다. 블록체인을 사용한 음악투고 플랫폼의 대표적 사례는 「Musicoin」이다. 레코딩된 음악데이터와 가사 등 저작권 정보를 블록체인에 담아 관리한다. 여기서는 스마트 컨트랙트를 사용하여 음악구입 및 사용에 따른 요금 징수, 수익배분을 하게 된다.

이상에서 열거된 사례의 공통점은 대부분의 서비스가 보상체계를 갖추고 있다는 것이다. 이들 서비스는 데이터 주권자(소비자)가 자기 데이터에 대한 통제력을 갖게 된다는 큰 장점이 있다. 개인정보보호와 같은 규제도 합의기반의 개인 맞춤형 스마트 컨트랙트를 활용하면 수집, 저장, 활용, 폐기의 전 과정이 투명해 질 수 있다. 사용에는 정당한 보상과 비용을 지불하게 된다. 이때 암호 화폐가 법정화폐를 대신한 대안화폐로서 사용될 수 있다. 이른바 토큰 이코노미(Token Economy)이다.

06 블록체인을 통한 공유경제에 대하여 분석하라.

1. 4차 산업혁명과 공유경제의 개념

4차 산업혁명은 현실세계와 가상공간이 융합하는 모습으로 다가오고 있다. 하드웨어와 소프트웨어로 이루어진 제품중심의 경제(Product Economy)에서 데이터와 서비스가 중심이 되는 융합 경제(Convergence Economy)로 패러다임을 바꿔가고 있다. 물질로 이루어진 소유의 세상과 정보로 이루어진 공유의 세상이 융합하는 확장된 공유경제(Sharing Economy)가 4차 산업혁명의 중추 역할을 하고 있다.

공유경제란 이미 생산된 제품을 다수가 함께 '공유'해서 사용하는 협력 소비경제로, 대량생산체제의 기본인 '소유' 개념과 대비된다. 다시 말해 자동차, 회의실, 책 등을 다른 사람들과 함께 공유함으로써 자원 활용을 극대화하는 경제 활동이다. 소유자 입장에서는 효율을 높이고, 이용자는 구매가 필요 없이 싼 값에 빌려 쓸 수 있게 하는 소비 형태이다.

공유경제는 과잉소비사회를 반성하고 지구의 유한한 자원을 보호하면서도 경제활동을 위축시키지 않는 방안을 모색하면서 새롭게 탄생한 개념으로, 2008년 로렌스 레식(Lawrence Lessig) 하버드대 법대 교수가 그의 저서 「리믹스 Remix」에서 처음 사용했다. 이때는 마침 미국의 리먼브라더스 사태로 촉발된 세계적인 금융위기로 우리 사회의 다양한 문제점이 노출되는 계기를 만들었다. 실업자의 증가와 가처분소득의 감소, 시장의 역기능과 지나친 소비주의에 대해 비판적 성찰을 하게 되었다

〈표 1-5〉 공유경제 변천사

구분	전통적 공유경제 (Commons)	상업적 공유경제 (Digital/On-demand)	협력적 공유경제 (Cllaborative Commons)
출현 시기	인류역사와 공존	2000년대 이후	2050년 이후
시장범위	커뮤니티(공동체) 또는 지역중심	전 세계	전 세계
핵심가치	사람들과의 관계	플랫폼 기업의 이익 사용자 경험	한계비용 제로화
플랫폼	물리적 공간	인터넷 중심	네트워크(사물인터넷)
비즈니스 유형	Commons 경제	P2P	P2P+T2P(Thing to People)

출처 : 한국과학기술평가원

또한 경제학자 제레미 리프킨(Jeremy Rifkin)은 저서 「한계비용 제로 사회」에서 자본주의의 생산성 추구(기술혁신)가 극에 달하면 협력적 소비를 통해 모든 것을 공짜로 얻을 수 있게 된다. 그 원인은 재화나 서비스 생산에 들어가는 한계비용이 제로 수준이 되었기 때문이며, 이를 공유를 통해 극복할 수 있다고 지적하고 있다.

사실 공유경제의 등장배경에는 사회의 특정 부문에서의 발전 또는 변화만 있는 것이 아니라 경제적 환경, 정보통신 환경, 인구・사회 환경 등 복합적인 요인이 작용하고 있다. 2008년 글로벌 금융위기 이후 저성장 경제 기조가 지속되면서 더 저렴하고 안전한 소비를 위해 공유경제 시장이 활성화되고 있다. 전 세계 공유경제 시장규모는 2025년 P2P 펀딩 및 크라우드 펀딩, 온라인 채용, 차량 및 교통수단 공유, 음악과 동영상 스트리밍, 숙박 공유 등 5개 주요 공유경제 분야의 잠재가치가 3,350억 달러로 전통적 대여시장 규모에 육박할 전망이다.

2. 공유경제의 비즈니스 모델

공유경제의 핵심적인 특징은 다음과 같이 정리할 수 있다. 우선 공유의 대상은 물리적 재화뿐만 아니라 각종 서비스를 포괄하며, 이 중 온라인 플랫폼을 기반으로 하는

개인 간 거래(P2P)에 초점을 맞추고 있다. 또한 가장 중요한 특징 중의 하나로 각 자산의 소유가 아닌 접근권(Access)에 기반을 둔 소비활동이라는 점이다. 공유경제는 자산 임대, 서비스 제공·교환 등에 따라 다양한 사례가 있다.

TURO는 자동차가 필요한 여행자와 자동차를 빌려주고자 하는 일반 차량 소유자를 연결시켜 주는 플랫폼을 제공하며, 기존 렌터카 회사보다 폭넓은 차종과 저렴한 가격을 통해 비즈니스를 확장하고 있으며, 현재 미국 1,500여 개 도시에서 서비스를 제공하고 있다.

Uber는 승객과 차량을 연결시켜주고, 설정된 가격에서 20%를 수수료로 공제하고, 80%를 운전자가 가져가는 모델을 성공시키면서 공유경제를 대표하는 기업으로 급성장하였다.

Etsy는 수공예 산업을 온라인으로 끌어들여 시장을 창출한 대표적인 마켓플레이스로서 핸드메이드 전문 P2P 쇼핑몰로, 2005년 창업해 2015년 주식시장에 상장하여 현재 가치만 30억 달러, 거래금액은 9억 달러가 넘는 거대 회사로 성장하였다. Etsy는 개개인의 손재주를 비즈니스 모델화하고 대량 상품이 아닌 독특하고 정성이 담긴 제품으로 소비자 니즈를 반영. 고객층 확보와 함께 다양하고 풍부한 수공예 창작자들을 공급자로 확보한 것이 주요 성장 비결이다.

Swapstyle은 안 입는 옷, 자신에게 불필요해진 패션 관련 아이템들을 상호교환하는 서비스를 제공하는 P2P 마켓플레이스로, 사이트에서 옷이나 패션 아이템을 서로 교환하거나, 사거나 팔 수 있는 형태의 서비스를 제공한다.

3. 공유경제와 블록체인

공유경제와 블록체인은 21세기 경제 시스템을 완전히 뒤바꿔 놓을 것이라 주목되는 주인공들이다. 그런데 이 두 개념이 힘을 합한다면 좀 더 흥미로운 세계가 펼쳐질지도 모른다. 공유경제는 "모든 경제 주체에게 이익을 나눈다"는 기대감을 안고 출발했다. 그러나 현실은 좀 다르다. 공유경제의 이익은 중개 플랫폼만 독점하는 분위기이고 공유된 물품이 사라지거나 훼손되는 사태도 빈번하다. '가짜 공유경제'라는 말까지 나온다.

공유경제가 성공하는데 가장 필요한 것은 거래자간 상호 '신뢰'다. 출퇴근 시간 외에는 사용하지 않는 자동차를 누군가에게 빌려주고 이익을 발생시키는 것보다 중요한 건 바로 '내 차를 망가뜨리거나 절도해가진 않을 것'이라는 믿음이다.

중국에서는 2017년 10월 자전거 공유업체 '블루고고'가 파산을 선언했다. 앞선 8월에는 한 공유서비스업체가 설치한 1000여개의 접이식 공유 의자가 하루 만에 절반 이상 사라졌다. 상하이의 한 우산공유업체도 한 달 만에 우산 30만개 이상을 잃어버렸다.

한편, 제공자-사용자 간 신뢰의 문제보다 심각한 건 공유경제의 이익의 분배문제이다.

에어비앤비 · 우버 등을 비롯한 공유경제 선발주자들은 막대한 수수료를 챙기고 있다. 블록체인은 공유경제의 고질적 문제를 해결할 수 있다. 신뢰의 딜레마는 물론 철저한 보안, 권력의 민주화 그리고 모두의 이익까지 보장한다.

블록체인은 수많은 참여자의 거래 정보를 모두의 컴퓨터에 분산해 저장하는 기술이다. A와 B가 직거래하면 해당 데이터(거래장부)가 블록(Block)이 돼 저장된다. 거래와 직접적 관련이 없는 C와 D, E의 컴퓨터에도 저장된다. 이른바 함께 쓰는 장부다.

거래 내용을 몰래 수정하거나 기록을 없애 이익을 보려는 행위는 발생할 수 없다. A가 장부를 수정하려면 B 몰래 C와 D, E의 동의를 얻어내야 한다. 참여자가 적다면 가능할 수도 있으나 실제 블록체인의 수없이 많은 참여자들로 부터 동의를 얻어 부정행위를 한다는 것은 사실상 불가능한 일이다.

블록체인의 '스마트 계약(Smart Contract)'도 중요한 역할을 한다. 블록체인에 일정 조건이 충족되면 거래가 자동 실행되도록 프로그래밍 하는 것이다. 이는 '소유에서 공유로' 전환이 이뤄지는 공유경제에서 마법의 열쇠로 작용할 수 있다. 빌려주는 사람은 빌려간 사람의 평판과 지불 능력 · 사용 습관 등을 의심한다. 사용자도 빌린 물건의 상태 · 평판 · 계약 신뢰도 등을 의심한다. 거래가 원활하게 이뤄질 수 없다. 그러나 블록체인이 적용된 스마트 계약을 이용한다면, 거래가 성사되기 위한 조건을 블록체인에 담으면 된다. 서로 조건이 맞으면 거래가 이뤄지는 방식이다.

4. 블록체인이 완성할 공유경제 세상

공유경제는 21세기의 새로운 경제 패러다임이다. 한정된 자원의 효율성을 높이고 '소유'로 인한 고정비 부담을 줄인다는 장점도 있다. 그러나 이미 살펴본 것과 같이 거래자 상호간의 '신뢰'까지 담보하는 데는 한계가 있다. 물론 이것은 공유경제만의 문제는 아니다. 특히 P2P 거래를 통한 공유경제 활성화에 있어 신뢰성 확보는 핵심과제이다.

블록체인은 공유경제 세상을 완성시킬 기술이다. 신뢰 없는 환경에서 신뢰를 갖게 하는 기술이다. 다만 블록체인도 기술상의 한계는 존재한다. 단순한 일대일 거래에서는 상대방을 속일 수도 있다. 기술은 인간을 뛰어넘을 수 없다. 속이려들면 얼마든지 속일 수 있다는 것이다. 다만 기술로서 그것을 얼마큼 방지 할 수 있냐는 것이다. 블록체인 기술은 중요한 해결책을 제시하고 있다.

07 데이터 경제의 관점에서 블록체인 기술을 분석하라.

1. 데이터 경제의 개념과 가치

데이터가 新자본(New Capital)으로서 가치를 인정받으면서 모든 산업의 발전과 새로운 가치 창출의 촉매제 역할을 하는 '데이터 경제(Data Economy)' 시대가 본격화되고 있다. 데이터 경제의 개념은 2011년 데이비드 뉴먼(David Newman)이 쓴 가트너(Gartner) 보고서(How to Plan, Participate and Prosper in the Data Economy)에서 처음 등장하였다. 뉴먼은 보고서에서 "빅데이터, 오픈데이터, 연결데이터 등 데이터의 경제는 새로운 시대의 경쟁우위를 주도하는 한 부분임을 의미하며, 선도 기업들은 데이터 경제의 단계를 이해하고 정보 공유를 통하여 정보 고립을 극복할 것이다"고 주장하였다. 이후 2014년부터 유럽 집행위원회(EC)가 디지털 싱글 마켓(Digital Single Market) 전략의 일환으로'데이터 주도 경제(Data-driven Economy)', '데이터(Data Economy)' 개념을 도입하면서 집중 조명되었다.

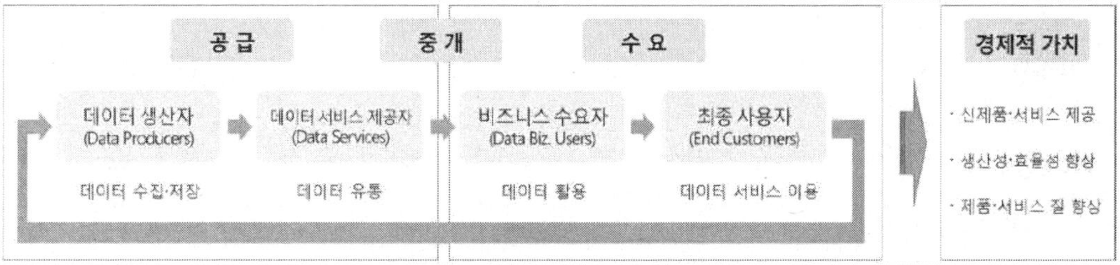

[그림 1-15] 데이터 경제의 가치창출 체계

출처 : Enter the Data Economy('17, EC), 「데이터 산업 활성화 전략」('18, 과기정통부)

데이터 경제는 데이터 생태계의 가치사슬인 데이터의 수집 · 저장 · 유통 · 활용을 기반으로 공급－중개－수요 시장을 통해 경제적 가치를 창출하게 될 것이다. 월스트리트저널('17년)은 "데이터가 자동차나 플라스틱 같은 중요 존재로 부각되고 있으며, 향후 사회는 데이터 센터를 통해 온갖 종류의 서비스에 연결되어 데이터 경제를 창출할 것"이라고 전망하였다.

데이터는 단순 데이터 만으로의 자체 가치는 크지 않지만 상황적 맥락에 따라 가공 · 분석 · 결합 되어 투입되어 혁신적인 부가가치를 창출하게 된다. 결국 양질의 데이터가 정보 · 지식 · 상품 · 서비스로 전환되어 경제 · 사회적 편익을 창출하게 되는 구조이다. 데이터는 속성상 다양한 분야에서 재활용할 수 있고, 실물자본과 달리 무한하게 이용이 가능한 신개념의 자본이다.

2. 글로벌 데이터 시장과 각국의 정책

글로벌 데이터 시장은 전통적인 제조업 기반의 대기업이 아닌 대규모 데이터를 확보하고 SW를 활용하는 데이터 기업이 전 세계 시장을 주도하고 있다. 시가총액 기준 글로벌 5대 기업은 전통 기업인 석유, 제조, 하드웨어 기업에서 모두 ICT기업으로 바뀌었으며, 미국 IT업계를 이끌고 있는 GAFA(Google, Apple, Facebook, Amazon)의 시가총액(1,857조 원, '15년 기준)이 2016년 우리나라의 GDP(1,637조 원)규모를 추월하였다.

IDC는('17년 4월) 보고서를 통해 '17년 세계 데이터 시장 규모는 1,508억 달러로 '20년 2,100억 달러로 연평균 7.6% 성장할 것으로 전망하고 있다. 한편, 국내 시장은 '17년 6조 2,973억 원에서 '20년 7주 8,450억 원으로 연평균 7.6% 성장이 전망된다.

〈표 1-6〉 데이터경제를 주도하는 GAFA

	• 글로벌 검색 엔진 점유율 88.2% 보유(Startista, Net Market Share, 2017) • 전 세계에서 수집되는 막대한 검색 데이터를 기반으로 이윤을 창출
	• '17년 4분기 글로벌 스마트폰 시장 영업이익 86%를 차지(Counterpoint Research, 2018) • 전 세계 애플 스마트론, 테블릿 등의 사용자 데이터를 클라우드 환경으로 구축해 연속적인 앱 서비스를 제공
	• 페이스북 사용자수(MAU)는 약 22억 7,000만 명으로 전 세계 인구(76억 6,000만 명, Worldmeters, 2018)의 약 1/4 차지(Startista, 2018) • 사용자 데이터를 수집 · 분석해 사람들을 연결하고 신 서비스를 제공해 이윤 창출
	• 미국 이커머스 시장의 49.1%를 차지(eMarketer, Techcrunch, 2018) • 소비자 데이터를 수집 · 분석해 맞춤형 상품을 추천하는 롱테일 비즈니스로 이윤 창출

출처 : 한국정보화진흥원(2018), "데이터 경제의 부상과 사회경제적 영향", IT&FUTURE STRATEGY.

세계 주요국은 데이터 경제 선도를 위해 범국가 차원에서 데이터 확보, 데이터 활용 확대, 데이터 분석 인재양성 등과 함께 안전한 데이터 활용제도 정비 등 종합적인 대책을 마련해 추진하고 있다. 미국은 투명한 데이터 거래를 위해 데이터법(Data Act)을 제정 및 발표하고, 데이터 활용 혜택을 최대화하고 위험을 줄이기 위해 소비자 프라이버시 권리장전, 정보유출통지법을 제정하였다. 한편, 범부처 차원에서 빅데이터 7대 R&D 전략과 18개 세부과제를 제시하여 미래 빅데이터 환경 변화에 대응하는 「빅데이터 R&D 전략 계획」('16)이 발표되었다.

영국은 오픈 데이터 구축 · 개방을 통해 공공 서비스를 혁신해 경제적 가치를 창출하려고 한다. Deloitte의 연구에 따르면 영국 교통 공공 데이터의 개방은 런던 경제에 연간 최대 1억 3천만(1,911억 원) 파운드를 기여할 것으로 분석된바 있다. 또한 디지털 경제법(Digital Economy Act)을 통해 공공기관 상호 간 데이터 공유를 확대하고 비식별화된 개인정보 공개를 추진한다. 유럽연합(EU)은 데이터 경제 활성화를 위한 그 동안의 전략을 정리하여 「데이터 경제 육성 전략」('17년)을 발표하였다. 여기서는 개인 데이터 보호와 활용의 양립을 위한 규정(ePrivacy Regulation, GDPR)을 통해 디지털 신뢰 확보에 나서고 있다.

일본은 오픈 데이터 활용 장려 및 데이터 전송과 관련하여 기업 간 계약 가이드라인을 제공해 데이터 순환을 촉진하는 정책을 추진하고 있다. 이와 함께 '개인정보보호법' 개정을 통해 '익명가공정보 제도'를 도입하여 데이터 활용 촉진을 추진 중에 있다. 중국은 「빅데이터산업 발전계획」('17)을 통해 10개 이상 글로벌 빅데이터 선도기업, 500개 응용서비스 기업 육성을 목표로 데이터 개방 확대, 플랫폼.오픈소스 기술 지원, 빅데이터 전문 SW 수준 향상, 전문인력의 공급, 데이터거래소 등 생태계 조성을 추진한다.

3. 데이터 경제와 블록체인

데이터 경제 활성화를 위해서는 기업, 공공, 개인이 데이터를 쉽게 거래할 수 있는 환경구축이 선결조건이라고 할 수 있다. 현재 데이터 거래에 있어 가장 문제가 되는 것은 아마도 데이터 거래에 대한 신뢰 확보일 것이다. 이를 위해서는 데이터 소유권, 통제에 대한 명확성 제공, 강력한 개인 데이터 보호가 필요하다. 이러한 문제의 해결 방안은 블록체인에서 찾을 수 있다. 여기서는 의료분야의 블록체인 기술활용의 사례로 설명해 보고자 한다.

미래의료의 핵심은 데이터에 기반을 둔 개인 맞춤의료 및 예측의료의 실현이다. 이것이 가능하기 위해서는 개인의 의료데이터를 언제 어디서나 열람 및 유통이 가능한 개방형 생태계를 이루어야 한다. 하지만 의료데이터는 그 속성상 매우 민감한 개인정보를 다루기 때문에 상당한 수준의 신뢰성과 보안성이 요구되고 있다. 데이터의 관점에서 개방과 안전이라는 두 마리 토끼를 잡는 것은 매우 어려운 문제이다. 최근 이러한 데이터의 양면성을 해결하기 위한 기술로써 블록체인이 의료계에 크게 주목을 받고 있다. 블록체인을 이용하면 의료정보를 효과적으로 기록 및 관리할 수 있으면서도 위·변조가 불가능하고 개인정보 유출 가능성을 낮출 수 있어 의료 혁신을 현실화 하는데 크게 일조할 것으로 예측되고 있다.

블록체인 기술을 활용하여 ① 데이터 소유권 ② 통제에 대한 명확성 ③ 강력한 개인 데이터 보호를 다음과 같이 고려할 수 있다. 블록체인 기술을 적용하는 서비스 흐름은 의료정보의 생성, 저장, 조회, 활용 등 총 4가지 단계로 분류가 가능하다.

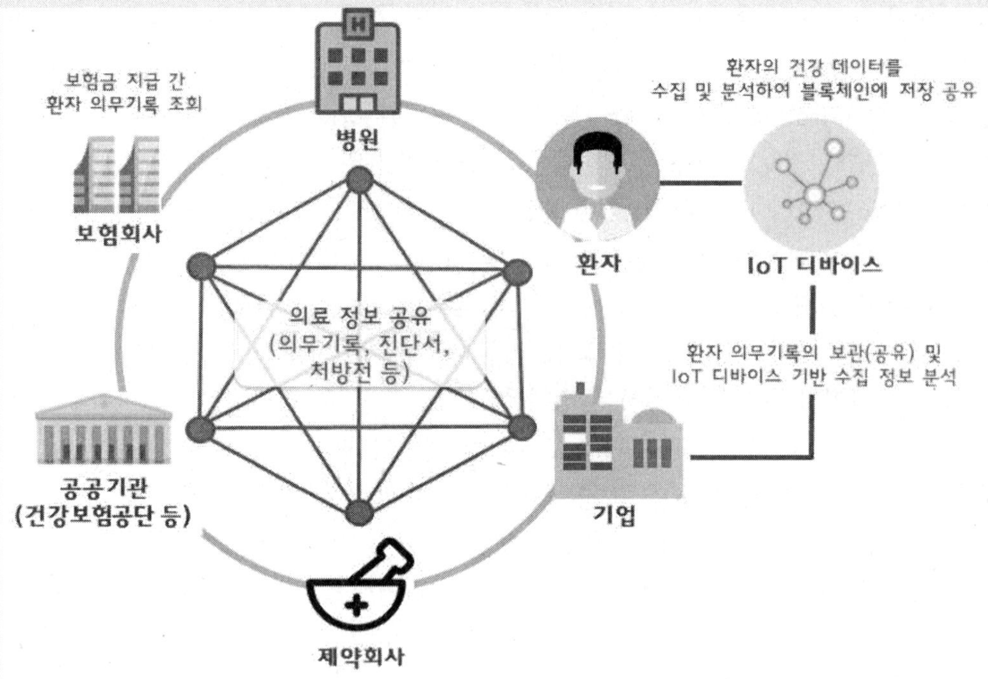

[그림 1-16] 블록체인 기반 헬스케어 서비스 개념도

출처 : IITP, 「비금융분야 블록체인 기술적용 확산을 위한 법제도 개선과제 연구」,(2017).

① 생성 : 환자 진료 간 발생하는 의료정보를 병원에서 전자문서化하여 블록체인 참여자와 공유, 이때 환자도 참여자로서 데이터의 소유권 확보

② 저장 : 환자 진료를 통해 생성된 블록체인 기반 전자의무기록을 분산 저장하여 보관, 이때 개인정보를 포함한 민감 데이터는 별도 저장

③ 조회 : 약국, 보험회사, 공공기관(건강보험공단 등)에서 진료이력 및 처방내용 조회, 보험금 지급 등을 위한 조회, 이때 스마트컨트랙트를 활용해 참여자간 데이터 접근 권한을 역할별로 부여하여 민감 데이터 통제 및 개인정보보호 기능강화

④ 활용 : 비식별화 처리된 전자의무기록 기반의 신약 개발, 헬스케어 디바이스 기반 환자 상태 모니터링 등의 부가 서비스 제공

현재 의료분야에서 블록체인이 응용될 다양한 서비스 모델이 시도되고 있는데 대표적으로 의료데이터 유통, 인공지능, 약물사용, 전자건강기록 개발, 웰니스, 의료비 지불, 생체이식, 신약개발, 치과치료, 의학연구, 개인건강기록, 유전체분석, 원격진료, 데이터 분석기, 가상현실, 정신상담, 반려동물, 보험, 성형, 식음료, 임상 시험 등 있다. 활용될 시장은 무궁무진하다.

〈표 1-7〉 블록체인 기술을 활용한 헬스케어 서비스 개발 사례

블록체인명	설 명
MedRec	블록체인 원장을 통해 환자 치료에 대한 정보를 공유하기 위해 블록체인 플랫폼이 구현되었으며 상호운영 가능한 전자건강기록을 구현을 목적으로 함
Gem Health	약물 공급망, 자동차 보험, 사회기반 서비스 등 다양한 분야에서 활용 가능한 공유 ID 체계 구축을 목표로 블록체인을 구성
Mediledger	의약품 운반과 공급관리를 위해 개발된 플랫폼, 모든 처방 의약품을 상호운영 가능하게 하여 공급된 의약품을 식별 및 추적관찰 가능하게 하기 위해 고안됨
HealthCoin	만성 질환 합병증 예방을 위해 환자의 행동을 웨어러블 기술로 추적 관찰, 보험사 및 의료기관을 연결해 의료 서비스의 효율을 제고하고 참여한 환자들에게 재정적 보상을 제공
Shovom	환자의 게놈 데이터를 안전하게 저장 및 유통하기 위한 블록체인 플랫폼
certon	여러 의료기관을 연계한 의료 제증명 문서의 발급 및 사용 이력관리
Medibloc	환자 개인이 직접 여러 의료기관에 분산된 자신의 의료정보를 통합, 관리 및 유통을 할 수 있게 하는 블록체인 기술 개발
Mygenomebox	개인에게 유전체 분석 결과에 대한 서비스를 제공하고 이러한 데이터를 제약사 및 연구기관에 제공

출처 : 한국보건산업진흥원(2018), "블록체인 기술의 의료분야 활용 현황 및 정책제언" KHIDI 전문가리포

의료 정보의 생태계에 블록체인을 활용함으로써 보험사, 의료기관, 환자를 연결할 수 있다. 블록체인은 데이터 조정의 부담과 비용을 줄여 건강 데이터를 제공하고, 보건 시스템을 통하여 환자의 데이터 변경 시 정확성과 효율성을 증가시킨다. 환자의 개인 건강 데이터에 대한 효율성과 통제력을 향상시키고 의약품 및 의료 서비스의 가격 투명성을 증가시킨다.

그러나 의료산업은 데이터의 보안과 개인 사생활 침해를 제한하고자 엄격한 규제와 정책을 갖고 있다. 이러한 규제와 정책에도 불구하고 사이버 보안의 위험이 여전히 존재하기 때문에 의료산업의 블록체인 도입이 시도되고 있다. 블록체인 상에서 참여자를 지정하여 신뢰할 수 있는 참여자들로 연결된 의료 IT 생태계를 만들어 의료 데이터를 관리하고 소비자 가치 기반의 치료를 증진시킬 수 있다.

4. 블록체인 기술로 확대되는 데이터 경제 시대

데이터는 '21세기의 석유'라고 비유될 정도로 미래 사회 인간 삶에 중요한 자원이다. 무한한 경제적 기회와 부가 가치를 창출할 수 있다. 그러나 스위스 국제경영개발대학원(IMD)의 2017년 발표에 따르면 우리나라 빅데이터 사용 및 활용 능력은 조사 63개국가 가운데 56위다. 각종 정보화 지표에서 상위권을 차지하고 있는 우리나라 ICT 강

국 위상과 대비된다. 여기에는 제도적인 제약조건도 있지만 데이터의 안전한 활용에 대한 사회전반의 우려가 강하게 작용하고 있다고 볼 수 있다.

블록체인 기술은 데이터의 수집·저장·유통·활용의 전 과정을 투명하고 안전하게 지켜줄 수 있는 가장 유망한 기술이다. 또한 데이터를 수집하는 기업과 제공하는 국민 간의 이해관계를 가장 손쉽게 해결해 준다. 그것은 바로 블록체인은 누구나 참여가능하다는 기본철학을 가지고 설계된 기술이기 때문이다. 블록체인을 활용하면 정보주체들은 자기정보 결정권을 명확히 행사 할 수 있게 된다. 그리고 정보제공으로 인한 보상도 받게 되어 데이터 생태계의 활성화에도 도움이 될 것이다. 블록체인이 단순히 분산 데이터베이스 기술이 아니라 참여·개방·공유의 사회 진화적 기술이라는 점을 고려한 활용방안의 전면적 도입 검토를 제안한다.

08 공공혁신의 관점에서 블록체인에 대하여 분석하라.

1. 혁신의 기술 블록체인

미국의 경제학자 조지프 슘페터(Joseph Schumpeter)는 그의 저서 『경제발전론』을 통해 새로운 경기순환을 촉발하는 것은 자본주의의 위기를 극복하고자 하는 '기술혁신(Technology Innovation)'이고 위기는 자본주의 진화과정에서 필연적으로 나타나며, 위기가 발생하면 낡고 비효율적인 모델의 '창조적 파괴(Creative Destruction)'가 진행된다고 역설하였다. 슘페터는 이 창조적 파괴의 과정을 자본주의의 핵심적 사항이라고 보았다. 기업가의 기술혁신활동에 의해 산업의 변화와 발전이 이루어지고, 이러한 새로운 성장 동력으로 경기순환의 추진력이 확보된다. 새로운 순환에서는 기존 순환에서와는 다른 '새로운 결합'이 이루어진다. 이 새로운 결합이 바로 혁신이며, 이 혁신적인 활동을 실현해가는 것이 경제발전의 핵심이다.

블록체인(Blockchain)은 4차 산업혁명 시대의 사회 전 분야에 걸쳐 근본적인 변화를 가져올 파괴적 혁신(Disruptive Innovation)기술로 주목받고 있다. 블록체인 기술은 기존의 비즈니스 모델과 서비스 제공방식을 바꾸는 단순한 요소기술이 아닌 새로운 경제시스템 구축의 기반기술로 확장해 나갈 잠재력을 보유하고 있다. 세계경제포럼과 가트너 등 국내외의 유명 기관들이 앞 다투어 블록체인이 향후 비즈니스 생태계의 파괴적 혁신을 통해 커다란 경제효과를 가져올 것이라 전망하고 있다.

이런 관점에서 볼 때, 블록체인은 지능정보기술과 더불어 다양한 산업분야에서 혁신과 생산성을 향상시킬 수 있는 기술인 것이다. 물론 블록체인은 독자적으로 구현되는 기술은 아니다. 블록체인은 데이터, 클라우드, 사물인터넷, 인공지능 등 다양한 기술 프로토콜과 융·복합되어 기존 레거시 시스템을 변화시키는 노력이 있어야 혁신의 효과가 극대화 된다. 블록체인 기술은 금융, 제조, 물류, 유통, 에너지, 헬스케어, 미디어 공공서비스, 정부행정 서비스, 스마트 시티 등 다양한 분야에서 디지털 혁신의 인프라로서 새로운 시장기회를 창출할 수 있다. 본고에서는 공공분야의 활용 사례를 중심으로 살펴본다.

2. 공공분야와 블록체인

공공영역에서 사용 가능한 블록체인은 공공분야가 가지고 있는 신뢰성이라는 특징과 블록체인의 참여자들이 함께 거래를 승인하며 변조하기 어렵다는 점을 통해 여러 서비스에 적용되고 있다. 일반적인 블록체인은 참여자들의 합치된 검증을 통해 데이터가 입력된다. 공공에서 사용하기에 이러한 특징은 단점으로 작용할 수 있다. 익명성이 존재하나 사용자를 특정할 수 없다는 점과 의사결정을 위한 체계화된 거버넌스 시스템이 없다는 단점이 존재한다.

[그림 1-17] 블록체인 패러다임의 진화방향

퍼블릭 블록체인은 네트워크를 통해 모든 구성원들에게 거래정보가 공개되는 방식으로 비트코인 등 가장 광범위하게 사용되고 있다. 퍼블릭 블록체인은 네트워크 확장이 어렵고, 새로운 거래에 있어서 참여자들의 수만큼 거래속도가 증가하게 되어 결과적으로 느린 거래 속도가 단점으로 지적되고 있다.

이러한 단점을 보완하기 위해 공공영역에서는 프라이빗 블록체인을 사용하게 된다. 프라이빗 블록체인은 허가된(사전 승인된) 블록체인 네트워크 참가자들을 대상으로 운영된다. 프라이빗 블록체인은 개별적인 블록체인 방식으로 하나의 주체가 독립된 네트워크를 블록체인의 형태로 관리하는 방식이다. 이를 통해서 거래 주체에 대한 식별이 가능하게 되며, 네트워크 확장 가능성과 빠른 거래 속도 장점으로 제시된다. 독립된 네트워크를 구성함으로서 서비스별로 필요한 부분에 대한 맞춤형 설계가 가능하다. 이외에 컨소시엄 블록체인은 퍼블릭 블록체인과 프라이빗 블록체인의 중간 형태를 가지며, 컨소시엄 블록체인에서는 사전선정 혹은 지정된 참여자에 한정하여 권한을 부여하고 관리하는 방식을 사용하고 있다.

유형 구분	개념 및 특징	활용 사례
퍼블릭 블록체인 (Public Blockchain)	• 최초의 블록체인 활용사례 • 인터넷을 통해 모두에게 공개 및 운용 • 컴퓨팅 파워를 통해 누구든 공증에 참여 가능 • 네트워크 확장이 어렵고 거래속도 느림	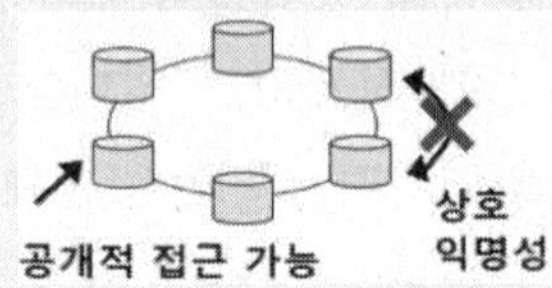
프라이빗 블록체인 (Private Blockchain)	• 개인형 블록체인 • 하나의 주체가 내부전산망을 블록체인으로 관리함 • 해당 체인개발을 위한 플랫폼 서비스 등장	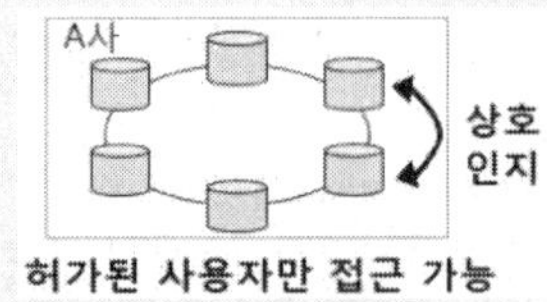
컨소시엄 블록체인 (Consortium Blockchain)	• 반(半)중앙형 블록체인 • 미리 선정된 소수(N개)의 주체들만 참여가능 • 주체들간 합의된 규칙을 통해 공중 참여 • 네트워크 확장이 용이하고 거래속도 빠름	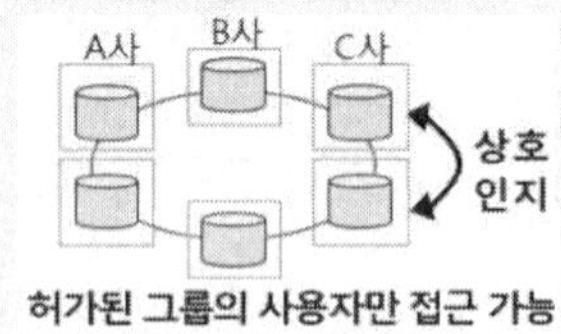

[그림 1-18] 블록체인의 유형

3. 공공분야 블록체인 추진 동향 – 국외

블록체인 기술은 모든 종류의 자산 등록, 보관, 거래에 적용이 가능하며 산업적 활용뿐 아니라 공공·행정 서비스에도 활발히 도입 중이다. 정부의 공공서비스 분야 글로벌 시장규모는 2017년 1억 달러에서 연평균 85.3% 성장하여 2024년에 75억 달러에 이를 것으로 전망되고 있다.

공공서비스 분야는 디지털ID를 통한 신원조회 및 개인정보 관리, 부동산 및 토지 등 자산 관리, 세금납부 및 복지수당 지급 시스템 자동화, 개인인증을 통한 전자투표 등 다양하게 개발 중이다. 블록체인 도입을 통해 공공서비스의 질적 수준을 향상시키고, 비용절감 및 업무처리 시간 단축, 투명성과 신뢰성 확보 등의 효과를 기대하고 있다.

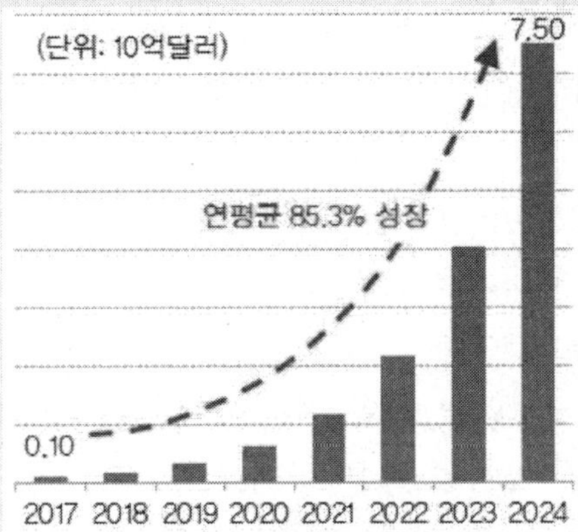

[그림 1-19] 공공부문 글로벌 블록체인 시장규모 전망

출처 : Maximize Market Research(2017).

〈표 1-8〉 공공부문 서비스 유형 및 내용

서비스	내 용
지불시스템	세금납부, 복지 수당의 지급 등 공공 거래시스템에 활용함으로써 지불의 편리성 향상 및 부정수급 방지
ID 관리	디지털 ID발급을 통해 신원관리와 개인정보가 필요한 공공서비스 이용에 활용
스마트계약	• 정부의 수당지급 등에서 관련 증명과 인증처리 후 자동 지급 처리 • 정해진 조건 만족시 자동 대금 지급
자산등록	• 자동차, 부동산 거래 및 등기처리 • 스웨덴과 에스토니아 토지 및 부동산 데이터 관리
투표	신원확인을 통해 전자투표로 투 · 개표과정에서 신속성과 투명성, 신뢰성 향상

출처 : 경기연구원(2018), "블록체인 기반 공공 플랫폼 구축을 위한 제언",『ISSUE & ANALYSIS』

다음에서 몇 가지 대표적인 사례를 살펴보도록 한다.

① 중국 : 2016년 10월 중국우편저축은행(PSBC)에 블록체인 자산관리 시스템을 도입하여 운영하고 있으며 실제 업무에서 100회 이상 성공적인 거래를 수행하였다. 또한 항저우시에 블록체인 산업단지와 투자 펀드(100억 위안)를 조성한바 있다.
② 싱가포르: 무역거래에서 금융사기를 방지하기 위해 정부와 글로벌 은행이협력하여 블록체인 기반 중복 자금 청구 알람 시스템을 개발하였다.
③ 영국 : 고용노동부(DWP: Department of Work and Pensions)는 2016년 7월 블록체인 복지수당 지급 실험을 발표하고 현재 성공적으로 테스트 완료하였다.
④ 두바이 : 2016년 정부, 기업, 은행, 블록체인 기업 등 32개 회원사를 포함한글로벌 블록체인 협의회(GBC)를 설립, 디지털여권 발급과 정부문서관리, 실시간 무역

선적 관리 시스템 개발 프로젝트를 추진 중에 있다.

⑤ 미국 : 델라웨어에서 주식의 거래 및 기록 보존을 위한 블록체인 합법화 법안을 추진 중이며 보건복지부 산하 헬스IT조정국(ONC : Office of the National Coordinator for Health Information Technology)은 의료정보기록 및 보안에 블록체인 기술을 적용하는 시스템을 개발 중이다.

⑥ 핀란드 : 이민 당국은 간단한 인터뷰 등을 기초로 난민의 신원을 파악한 뒤 해당 정보를 블록체인에 저장하고 그와 연결된 디지털 ID 및 금융계좌를 발급하는 시스템을 2015년 말부터 시범 운용 중이다.

⑦ 호주 : 연방정부 산하 산업과학연구소(The Commonwealth Scientific and Industrial Research Organization)는 IBM과 공동으로 기업간 거래 효율 혁신을 위한 국영 블록체인 'ANB(Australian National Blockchain)'을 구축 예정이다.

〈표 1-9〉 공공부문 블록체인 서비스 유형별 추진 사례

서비스 유형	추진 국가 및 조직
디지털ID/영주권	두바이, 에스토니아, 스위스, 미국
금융(증권)거래/자산	호주, 중국, 프랑스, UAE, 사우디아라비아, 영국, 미국(델라웨어), 러시아, 싱가포르
사회보장기금 관리	중국
복지수당 지급	영국
부동산/토지 자산 관리	중국, 가나, 조지아, 온두라스, 스웨덴
정부문서기록 관리	두바이, 러시아
무역거래	두바이, 싱가포르
의료정보	에스토니아, 미국
전자투표/주주투표	에스토니아, 우크라이나, 덴마크, 러시아, 스페인, 미국(텍사스), 런던 증권거래소, 아부다비 증권거래소, 나스닥
경매	우크라이나

출처 : 경기연구원(2018), "블록체인 기반 공공 플랫폼 구축을 위한 제언",『ISSUE & ANALYSIS』

4. 공공분야 블록체인 추진 동향 – 국내

국내에서는 과학기술정보통신부에서 한국인터넷진흥원을 주관기관으로 하여 공공분야 선도적용으로 공공서비스를 효율화하고 상용화 서비스 확산을 유도하여 국내 블록체인 시장 활성화를 추진 중에 있다. 2018년 전자상거래 통관서비스, 부동산거래, 축산물 이력관리, 전자투표, 전자문서 인증 및 공유, 컨테이너 운송 등 6대 시범사업을 추진했다.

〈표 1-10〉 2018년 추진 공공분야 블록체인 시범사업

분야	내용
개인통관[관세청]	해외 직구 시 결제, 선적, 도착, 수입신고까지 실시간 정보 공유
부동산 거래[국토부]	부동산관련 서류를 블록체인 기반에서 국토부, 지자체, 금융권과 연계
축산물 이력관리[농림부]	소(牛)의 출생, 사육, 도축, 가공, 판매까지 이력정보를 블록체인으로 관리
투명한 전자투표[선관위]	모바일 투표를 블록체인에 투표 내용 기록, 투표 과정과 결과 검증
문서 공증[외교부]	국가 및 국내기관발행 문서의 외교부 공증의 블록체인 기반 확인 시스템 구축
컨테이너 관리[해수부]	블록체인 기반으로 선사, 운송사, 컨테이너 터미널간 정보공유로 환적 시 서류간소화 및 절차간소화

출처 : 민경식 외 (2018), 「국내 블록체인 산업발전을 위한 정책제언」, 『주간기술동향』 IITP. p.13.

또한 2019년도에는 공공시범사업을 12개로 확정하여 진행할 예정이다. 18년도는 중앙 정부기관 중심으로 사업이 진행되었으나 19년도에는 정부기관, 지자체, 공공기관이 참여하여 성과확산이 공유될 전망이다.

5. 블록체인기술의 공공서비스 적용을 통한 사회혁신

블록체인이 단지 기술의 변화에만 머물지 않고 사회·경제적 차원의 변화를 만들어 내고자 한다면 무엇보다도 혁신을 위한 최적의 거버넌스 설계가 필요하다. '투명성', '개방성', '자율성'의 관점에서 블록체인 거버넌스가 설계 되어야 한다.

'투명성'은 상호 신뢰의 기초가 되며 합의와 조정과정에서 필수 요건이 된다. 스마트 컨트랙트를 통해 업무과정의 투명성은 극대화되고 책임 소재도 시스템적으로 부여된다. 정책 제안과 기획, 의사결정, 그리고 실행의 전과정이 투명하게 공개되고 추적될 수도 있다. '개방성' 관점에서는 개방과 참여를 통한 혁신을 지향해야 한다. 블록체인은 다양한 이해관계자들 간의 커뮤니케이션 메커니즘을 구현하는 기술이다. 블록체인은 안전하게 개방하고 효율적으로 소통하는 인프라를 제공한다. '자율성'은 블록체인의 기본 이념에서 출발한다. 블록체인은 분산원장이다. 즉 개별주체의 독자성과 자율 시스템을 전제한다. 따라서 블록체인은 하나의 자율 시스템으로 기능해야 하며, 개별 주체들이 상호작용하면서 전체 질서를 조화롭게 만들어가는 시스템으로 진화할 수 있어야 한다.

블록체인을 통한 사회혁신 추진 과정에서 다양한 아이디어를 실험하고 확산하기 위해서는 공공부문의 역량만으로는 한계에 직면할 수밖에 없다. 따라서 다양한 이해관계자의 참여와 융합이 수반되어야 한다. 또한 블록체인이 가지는 사회적 기대효과를 사회혁신의 영역으로 확산함과 동시에 새로운 비즈니스를 창출하는 경제적 측면으로까지 확대하기 위한 정책적 역할 강화가 요구되는 바이다.

학습활동.1 교수 · 학습 방법

교수 방법

- 블록체인의 개념 및 특징에 대한 관련 용어, 구성, 방식 이해 정도를 파악한 후 수업을 진행한다.
- 교수자의 주도로 블록체인의 개념 및 특징 등의 내용을 PPT 자료로 제시한 후 설명한다.
- 가능하면 사전에 개인별 학습 자료를 준비하여 모든 학생이 참여할 수 있는 문제 해결식 수업, 협력 수업이 가능하도록 한다.
- 블록체인의 개념 및 특징 전 과정을 작업의 순서에 따라 단계적으로 실습이 이루어질 수 있도록 지도한다.
- 교재를 통해 수업을 준비하는데 있어서 필요한 모든 정보나 텁, 힌트 등 도움이 될 만한 내용들을 확인할 수 있다.
- 학생들이 만들게 될 각 모델들은 수업시간에 중점적으로 다뤄질 부분과 어휘, 질문, 답을 포함하고 있으며 또한 탐구할만한 추가적인 아이디어들도 포함하고 있다.

학습 방법

- 블록체인의 개념 및 특징에 대한 관련 용어를 숙지하고, 블록체인의 개념 및 특징에 대해 이해한다.
- 블록체인의 개념 및 특징의 각 단계별 중점 사항을 체계적으로 학습한다.
- 블록체인의 개념 및 특징의 수행순서의 전 과정을 실습한다.
- 블록체인의 개념 및 특징의 내용을 이해한다.
- 블록체인의 개념 및 특징을 이해하고 숙달이 될 때까지 학습한다.

학습활동.1 평가 및 피드백

평가 준거

- 평가자는 피평가자가 수행 준거 및 평가 내용에 제시되어 있는 내용을 성공적으로 수행할 수 있는 지를 평가해야 한다.

학습내용	평가항목	성취수준		
		상	중	하
블록체인의 개념 및 특징	블록체인의 개념 및 특징을 이해할 수 있다.			

평가 방법

• 작업 포트폴리오

학습내용	평가항목	성취수준		
		상	중	하
블록체인의 개념 및 특징	블록체인의 개념 및 특징을 이해할 수 있다.			

• 필기시험

학습내용	평가항목	성취수준		
		상	중	하
블록체인의 개념 및 특징	블록체인의 개념 및 특징을 이해할 수 있다.			

• 체크리스트를 통한 관찰

학습내용	평가항목	성취수준		
		상	중	하
블록체인의 개념 및 특징	블록체인의 개념 및 특징을 이해할 수 있다.			

• 피드백

1. 작업 포트폴리오
   - 제출한 보고서를 평가한 후 주요 사항에 대하여 표시하여 돌려준다.
2. 필기시험
   - 평가 결과 성적이 저조한 학생은 보고서 제출 기회를 부여한다.
3. 체크리스트를 통한 관찰
   - 실습 과정에서 평가한 후 개선해야 할 사항 등을 정리하여 돌려둔다.

참 | 고 | 문 | 헌

1. 최선미 · 김현진 · 송근혜 · 민대홍 · 박종현 · 민수진 · 박경진 · 조진실 · 최가은, "블록체인 어디에 응용하고 있나?(응용 사례와 분야별 특성을 중심으로)" ETRI Insight, 2018.6.30.
2. IBK경제연구소, '블록체인의 이해와 금융업의 활용에 대한 고찰', 2017.7.
3. IBM, 'IBM 블록체인 플랫폼 기술 개요', 2017.1.
4. KDB산업은행, 'R3CEV(글로벌 블록체인 컨소시엄) 최근 동향', 2017.7.17.
5. 블록체인 2.0의 출현과 금융시장의 변화, 2017.9.
6. KISA, '국내외 블록체인 기술 적용분야 및 사례 연구', 2016.12.
7. KISTEP, '블록체인 생태계 분석과 시사점', 2017.9.
8. NIA, '블록체인 활용 전자투표 주요사례 및 시사점', 2017.04.24.
9. NIPA, '블록체인 기술의 이해와 개발 현황 및 시사점', 2018.3.28.
10. STEPI, '블록체인(Blockchain) 기술동향과 시사점', 2017.7.25.
11. 교보증권, '블록체인, 거인의 어깨 위에 서서', 2017.9.5.
12. 금융보안원, '블록체인 응용기술 개발 현황 및 산업별 도입 사례', 2017.1.25.
13. 박세열, '블록체인! 가상화폐를 넘어 산업생태계의 혁신을 선도하다', 2018.3.7.
14. 박지영, '자본시장의 새로운 생태계를 주도하는 블록체인 2.0', 주간기술동향, 2017.2.15.
15. 리플, '리플 프로토콜 기본서', 2014.8.
16. 삼성SDS, '삼성SDS 블록체인 플랫폼 NexledgerTM', 2017.
17. 삼정KPMG, '블록체인이 가져올 경영 패러다임의 변화, 금융을 넘어 전 산업으로', 2019.9.
18. 울산발전연구원, '울산, 블록체인 기술로 산업 · 공공분야 스마트화 촉진을', 2017.12.19.
19. 유성민, '블록체인을 활용한 효율성 향상 적용 사례', 주간기술동향, 2018.2.21.
20. 유진투자증권, '블록체인(Blockchain)과 디지털 경제', 2017.1.16.
21. 임명환, '블록체인 특징과 암호화폐 투자', 2017.9.2
22. 피넥터, '분산원장 산업동향과 통계', 2017.
23. '블록체인 기술의 발전과정과 이해', 2016.
24. 한국은행, 분산원장 기술과 디지털통화의 현황 및 시사점, 2016.1.
25. 한국인터넷진흥원, '국내외 블록체인 기술 적용분야', pp.19~54, 2017.1.4.
26. 한국지식재산연구원, '블록체인(BlockChain)기술의 산업동향 및 특허동향', 2017.4.27.
27. automotive, '자동차 산업에 침투하는 〈블록체인〉', 2018.3.
28. BitWeb, '바이텀-원자 세계에서 바이트 세계로의 자산 이동을 목표로 하는 코인', 2018.3.12.
29. Block Media, '나스닥, 〈이전과 다른〉 비트코인 선물 상품 개발 중', 2018.1.26.
30. CCN, '10% Blockchain for Dubai Government by 2020', 2016.10.5.
31. 'Abu Dhabi Securities Exchange Launches Blockchain e-Voting Service', 2016.10.17.
32. CIO, 'MS, 〈블록체인 기반 ID 시스템〉 대규모 테스트', 2018.2.14

33. '호주 커먼웰스은행, 〈상용화된 블록체인〉 도입한다'. 2018.2.13.
34. Global Auto News, '2017 프랑크푸르트쇼 - ZF-UBS-IBM, 전자 결제 플랫폼 공동 개발', 2019.9.14.
35. IT뉴스, '마이크로소프트, 기업용 블록체인 〈코코 프레임워크〉 공개', 2017.8.1.
36. IT조선, '[암호화폐 2018] SBI 홀딩스 〈블록체인 기술 활용한 비즈니스 본격화〉', 2018.3.29.
37. KB금융그룹, 'KB은행, 비대면 실명확인정보 보관에 블록체인 적용', 2017.4.29.
38. KINEWS, 'IBM-MS-오라클, 〈블록체인〉 플랫폼 경쟁 본격화', 2017.10.26.
39. Kotra, '美 블록체인 기술의 응용현황과 전망', 2018.2.16.
40. '블록체인으로 미래를 설계하는 네덜란드', 2018.1.24.
41. LG CNS, 'LG CNS, 블록체인 기반 국내 최초 전자증권 발행', 2015.1.23.
42. Mckinsey, 'Using blockchain to improve data management in the public sector', 2017.02.
43. Ryan Osgod, 'The Future of Democracy: Blockchain Voting', 2016.12.
44. skuchain, 'Skuchain uses blockchain and IoT for new suply chain platform', 2018.1.24.
45. Smaet DUBAI, 'DUBAI BLOCKCHAIN STRATEGY', Smart DUBAI, 2016.12.
46. ZDNET Korea, '신한 등 6개 은행, 블록체인 인증 시범 서비스', 2018.3.5.
47. '오라클, 클라우드 블록체인 서비스 내놓는다', 2017.10.13.
48. '중국 국가 차원 〈블록체인 플랫폼〉 출범', 2018.3.28.
49. 글로벌경제신문, '[글로벌마켓분석-일본] IBM 〈실생활서 무역까지〉 블록체인 혁명 〈스타트〉', 2017.9.12.
50. '美 블록체인 기술 전망 긍적적, 개발자 참여 증가 예상', 2018.
51. 글로벌이코노믹, '[기묘한 재테크] 해킹당한 NEM은 어떤 암호화폐일까', 2018.1.31.
52. 뉴스1, '세계 첫 블록체인 대선, 아프리카에서 실시됐다', 2018.3.25.
53. '中 유니온페이-IBM, 블록체인 기반 〈포인트 거래소〉 개발', 2018.3.25.
54, '카카오, 일본에 블록체인 자회사 〈그라운드X〉 설립', 2018.3.27.
55. 디지털데일리, '〈더 안전하고 편리해진 블록체인 인증〉… IBM의 '블록체인 1.0' 전략', 2017.16.
57. '[2018 블록체인⑦] 공공분야에 구현, 전자정부서비스 진화 빨라진다', 2018.3.20.
58. 디지털데일리, '블록체인' 주도권 잡자…글로벌 IT기업 행보 주목', 2018.2.20.
59. 매일경제, '〈항저우를 현금 · 종이없는 블록체인 도시로〉…中의 飛上', 2017.2.6.
60. '블록체인 기술, 금융 넘어 정부시스템 혁신 이끈다', 2017.1.21.
61. '삼성SDS, 블록체인서 미래먹거리 찾는다', 2018.1.16.
62. 물류매거진, '관세청, 세계최초 블록체인 기반 수출통관 서비스 기술검증 완료', 2017.12.26.
63. 삼성SDS, '[보도자료]삼성SDS, AI · 블록체인 기반 스마트 물류 혁신 이끌어', 2018.3.7.
64. 서울경제, '[신비한 코인사전]〈5〉 평등한 세상'을 지향하는 에이다, 2018.2.2.
65. '구글 〈소비자 보호〉 vs. IBM 〈산업 표준화〉.. 블록체인 경쟁', 2018.3.26.
66. 시사저널e, '블록체인 기반 SNS 〈스팀잇〉 화제…〈좋아요〉 받은 만큼 가상화폐로 보상', 2018.1.31.
67. '은행, 블록체인기반 송금서비스 도입 초읽기', 2018.3.15.
68. 아이뉴스, '[블록체인이 온다]② IT기업 블록체인 플랫폼 확보戰', 2017.5.4.

69. 아주경제, '삼성SDS, AI · 블록체인 기반 〈스마트 물류〉 혁신 드라이브', 2018.3.8.
70. 우정연구경영센터, '4차 산업혁명과 해외 우정: 미국 우정청(USPS)의 블록체인 기술 검토', 2017.9.20.
71. 이데일리, '〈블록체인 전도사〉 홍원표 〈판매수요 예측, AI로 10분만에 해결〉', 2018.3.8.
72. 전자신문, '[4차 산업혁명 시작 '블록체인']〈8〉글로벌 표준화..정보 공유가 여는 상생 산업구도', 2018.3.27.
73. '[4차 산업혁명 시작 〈블록체인〉]〈10〉미완의 대안, 암호화폐', 2018.3.29.
74. '〈3세대 블록체인 '카르다노' 3년 내 금융 서비스 적용〉', 2018.3.13.
75. 조선Biz, '〈카카오가 왜 블록체인 하냐고요? 해외서 성공할 마지막 기회이기 때문〉', 2018.4.12.
76. '우리銀, 리플 블록체인 활용한 해외송금 2차 테스트..〈성공해도 도입시기 빨라야 연말〉', 2018.1.18.
77. 주간경향, '블록체인, 물류혁명 가져다줄까', 2018.1.16.
78. 중앙일보, '경기도, G마크 농산물 인증에도 블록체인 기술 적용 검토', 2017.3.8.
79. '비트코인골드 탄생, 채굴의 민주화 성공할까', 2017.10.
80. 테크M, '블록체인으로 개방형 전자정부 완성한다', 2017.9.5.
81. '비트코인 · 이더리움 한계 극복한 차세대 블록체인 속속 등장', 2018.3.2.
82. 한국경제, '머스크-IBM 블록체인 합작사 만든다', 2018.1.18.
83. 한국경제TV, '해외선 〈크립토 네이션〉 도약 채비..한국은 시늉만', 2018.2.28.
84. 한국경제매거진, '월마트, 블록체인으로 '유통 혁명' 실험', 2018.2.7.
85. '통신 · SI · 금융업계 〈블록체인 신시장 잡아라〉', 2018.2.7.
86. '하나은행, 블록체인으로 '글로벌 결제 허브' 만든다', 2018.2.7.
87. 한국금융, '신한 · 하나은행, IT와 연대 블록체인 기술 확보', 2018.3.5.
88. 박정호, '블록체인 산업현황 및 동향', 2018.4.30.
89. Bitcoin: A Peer-to-Peer Electronic Cash System(Satoshi Nakamoto, 2008. 11.)
90. 과학기술정책연구원(STEPI), '블록체인(Blockchain) 기술동향과 시사점'(2017. 7. 25.) 3
91. 금융보안원, '블록체인 및 비트코인 보안 기술', 2015.11.23.
92. 금융보안원, '블록체인 응용기술 개발 현황 및 산업별 도입 사례', 2017.1.25.
93. 금융보안원 금융권, 블록체인 활용 방안에 대한 정책 연구, 2016.11.7.
94. 전자신문 코인플러그, 블록체인 패밀리특허 세계 2위...IBM 1위, 2017.5.30.
95. 소프트웨어정책연구소, 블록체인 활성화를 위한 정책 제언, 2018.2.27.
96. 박정숙 외 4, 블록체인 세대별 기술롱향, 한국정보통신연구원, 2018.12.
97. 김석현 외 2, 블록체인 기반의 ID관리 기술동향. OSIA S&TR Journal 2019.3.
98. Satoshi Nakamoto, "Bitcoin: A Peer-to-Peer Electronic Cash System", 2008.10.31. (사토시 나카모토 씀, 임민철 번역, 〈비트코인: 개인-대-개인간 전자 화폐 시스템〉, 2008년 10월 31일)Vitalik Buterin, "A Next-Generation Smart Contract and Decentralized Application Platform", 2013.
99. 비탈릭 부테린 씀, 이더리움 코리아 번역, 〈차세대 스마트 컨트랙트와 탈중앙화된 어플리케이션 플랫폼〉, 2013년)

100. pmg 지식엔진연구소, 〈시사상식사전 - 블록체인〉, 《시사상식사전》, 박문각, 2018.05.14.
101. 안상욱 기자, 〈용어로 보는 IT - 블록체인〉, 《네이버캐스트》, 네이버, 2014.06.05.
102. Peter Sayer, 〈블록체인에 대한 기본 상식 5가지〉, 《CIO Korea》, 2016.04.12.
103. 공병훈 교수, 〈사이퍼펑크(Cypherpunk)와 블록체인의 기원〉, 《무한 조합의 무한 다양성》 개인 블로그, 2018.01.23.
104. 김인경 기자, 〈(IT열쇳말) 스마트 계약〉, 《블로터》, 2018.02.05.
105. 윤현기 기자, 〈블록체인, 미래 산업 구조 뒤흔든다 (1) - 탈중앙화로 투명한 정보 공유 가능…비즈니스 복잡성 줄이고 신뢰성 높여〉, 《데이터넷》, 2018.04.11.
106. 윤현기 기자, 〈블록체인, 미래 산업 구조 뒤흔든다 (2) - 산업에 접목되는 블록체인 사례 증가…생활서비스에도 유용〉, 《데이터넷》, 2018.04.12.
107. 윤현기 기자, 〈블록체인, 미래 산업 구조 뒤흔든다 (3) - 신성장동력으로 업계 주목…기술 전문성 갖춘 스타트업 진출 활발〉, 《데이터넷》, 2018.04.13.
108. 명순영 기자, 나건웅 기자, 〈속도 붙은 블록체인 산업 금융・게임・의료・물류 확산〉, 《매경이코노미》, 2018.06.15.
109. 핵심만 콕콕! 암호화폐 분석, 〈쉽게 설명하는 블록체인 개념, 블록체인은 무엇인가?〉, 《블록센스》, 2018.06.26.
110. 핵심만 콕콕! 암호화폐 분석, 〈퍼블릭(Public) 블록체인과 프라이빗(Private) 블록체인을 알아보자〉, 《블록센스》, 2018.07.01.
111. 머니넷스탭, 〈블록체인(Blockchain) 개념 및 특징〉, 《머니넷》, 2017.07.12.
112. 〈암호화와 복호화란 무엇인가요?〉, 《EST시큐리티》, 2016.03.29.
113. 〈개인정보의 암호화 조치 안내서〉, 《한국인터넷진흥원》, 2017.01.
114. 공식홈페이지, https://www.samsungsds.com/global/ko/solutions/off/nexledger/Nexledger.html
115. 강승혁 기자, 〈IT서비스업계・정부, 블록체인 생태계 조성 본격화〉, 《이비엔》, 2017.04.10.
116. 〈(新경제가 희망이다)블록체인, 대기업 진입 가속화...서비스 경쟁 시작〉, 《뉴시스》, 2019.01.03.
117. SD아카데미, 〈블록체인 공동인증 서비스 '뱅크사인(BankSign)'(with 넥스레저Nexledger)〉, 《네이버 블로그》, 2018.06.12.
118. 비트플라이, 〈삼성SDS 블록체인 상용화 발빠르게 움직이나?〉, 《네이버 블로그》, 2018.06.12.
119. 삼성SDS, 〈삼성SDS 블록체인 플랫폼 Nexledger™〉, 《삼성SDS》
120. 손예슬 기자, 〈신한 등 6개은행, 블록체인 인증 시범 서비스〉, 《지디넷코리아》, 2018.03.05.
121. naebon, 〈블록체인 플랫폼 사례 - 삼성 넥스레저 NexLedger〉, 《네이버 블로그》, 2018.03.13.
122. KIC 캠퍼스, 〈(FinTech) 삼성SDS 블록체인 플랫폼 넥스레저(Nexledger)〉, 《네이버 블로그》, 2017.06.01.
123. 강일용 기자, 〈(비즈니스 키워드: 블록체인) 블록체인 상용화 나선 삼성SDS... 넥스레저란?〉, 《IT동아》, 2018.01.02.

124. 증권박사, 〈삼성SDS, 블록체인 신시장 개척…관련 플랫폼 '넥스레저' 개발 (증권일보.2017.04.06)〉, 《네이버 블로그》, 2017.04.06.
125. 〈Block Chain - 블록체인 플랫폼 Monachain〉, 《LG CNS》, 엘지씨엔에스 공식 홈페이지
126. 〈블록체인에 올라탄 대기업…핵심은 '자체 플랫폼 구축'〉, 《한국경제매거진》, 2018.06.06.
127. 바람처럼, 〈LG CNS,기업용 블록체인 플랫폼 '모나체인(Monachain)' 출시〉, 《네이버 블로그》, 2018.05.13.
128. LG CNS, 블록체인 플랫폼 '모나체인(Monachain)' 출시〉, 《뉴스와이어》, 2018.05.13.
129. LG Blog 운영진, 〈세상을 바꿀 매력적 기술 - 블록체인, 그리고 모나체인〉, 《LG 블로그》, 2018.07.11.
130. 김국배 기자, 〈LG CNS도 기업용 블록체인 플랫폼 출시〉, 《아이뉴스24》, 2018.05.13.
131. 임유경 기자, 〈LG CNS, 블록체인 플랫폼 모나체인 출시〉, 《지디넷코리아》, 2018.05.13.
132. 이종희 기자, 〈[新경제가 희망이다블록체인, 대기업 진입 가속화...서비스 경쟁 시작]〉, 《네이버 뉴스》, 2019.01.03.
133. 〈LG CNS, 블록체인 플랫폼 '모나체인(Monachain)' 출시〉, 《뉴스와이어》, 2018.05.13.
134. 뷰티풀마이라이프, 〈LG CNS, 공공분야 국내최초 블록체인 플랫폼 구축〉, 《티스토리》, 2018.05.13.
135. 이봄, 〈LG CNS, 한국조폐공사 '블록체인 오픈 플랫폼 구축' 사업 수주〉, 《대한금융신문》, 2018.06.11.
136. 땜문, 〈(주간 클라우드 동향) 클라우드 기반 블록체인 사업 '인기'〉, 《네이버 블로그》, 2018.07.24.
137. 국가대표, 〈신뢰의 기술! 전문가가 쉽게 알려주는 '블록체인'이야기〉, 《네이버 블로그》, 2018.07.29.
138. 김봉수 기자, 〈[http://chinafocus.co.kr/view.php?no=19990 LG CNS, 공공분야 국내최초 블록체인 플랫폼 구축〉, 《차이나포커스》, 2018.06.11.
139. 권영석 기자, 〈[http://www.ebn.co.kr/news/view/944878 "대세 블록체인" B2B 혁신 주도…SI 업계, 총력 쏟는다〉, 《이비엔》, 2018.06.13.

• 웹사이트

http://wiki.hash.k
http:/factom.org/
http:/gamecredits.com/
http:/getstarted.with.pink/
http:/nem.io/
http:/newcoinschedule.com/
http:/syscoin.org/
http:/vergecurency.com/
http:/www.augur.net/
http:/www.monero.c/
https:/akasha.world/
https:/bitcoingold.org/

https:/bytebal.org/
https:/bytom.io/?S=zw2m5cbemlc
https:/coinmarketcap.com/
htps:/crushcrypto.com/analysis-of-bitdegre
https:/enterprise.gem.co/health/
https:/eos.io/
https:/ethereumclasic.github.io/
https:/exergy.energy
https:/litecoin.com/
https:/neo.org/
https:/omg.omise.co/
https:/ont.io/
https:/qtum.org/en/
https:/riple.com/
https:/storj.io/
https:/streamium.io
https:/tron.network/
https:/www.bitcoin.com/
https:/www.bitcoincash.org/
https:/www.cardano.org/en/home/
https:/www.cn.com/
https:/www.coindesk.com/
https:/www.dash.org/
https:/www.enterpriseinnovation.net/egov
https:/www.ethereum.org/
https:/www.everledger.io/
https:/www.iota.org/
https:/www.potcoin.com/
https:/www.provenance.org/
https:/www.stelar.org/
https:/xage.com/product/
https:/z.cash/

학습 1	블록체인의 개념 및 특징
학습 2	**블록체인의 알고리즘 및 기술**
학습 3	블록체인의 개발환경구축
학습 4	블록체인 플랫폼 하이퍼레저
학습 5	블록체인 프라이빗 플랫폼 R3 코다
학습 6	블록체인의 사업성 검토
학습 7	블록체인의 암호화폐 응용
학습 8	블록체인의 금융분야 응용
학습 9	블록체인의 공공과 민간부문의 응용
학습 10	블록체인의 산업분야 응용
학습 11	코인을 어디에 보관하지?
학습 12	코인을 사고 팔려면 어떻게 하지?

학습 목표	1. 블록체인의 기술 및 알고리즘을 이해할 수 있다.

2-1 블록체인의 기술구성

1. 4차 산업혁명과 블록체인 기술

4차 산업혁명(4 IR : the Fourth Industrial Revolution)은 ICBM(IoT, Cloud, BigData, Mobile) 플랫폼으로 정의할 수 있다.

IoT(사물 인터넷, Internet Of Things)를 기반으로 생산기기와 생산품 간 상호소통 체계를 구축하기 위하여 수집한 데이터 정보를 클라우드에 모으고 이를 빅데이터로 분석하는 과정에서 인공지능 등의 결합인 정보통신기술(ICT)의 융합한 분석 데이터를 모바일로 서비스를 제공한다.

ICBM 플랫폼이 가지는 한계점으로 인해서, 4차 산업혁명에서 4가지 문제점이 있다. 이러한 한계점을 해결할 기술이 블록체인이다. ICBM 플랫폼은 '중앙형'이라면, 블록체인은 '분산형'이라는 특성을 가지고 있다.

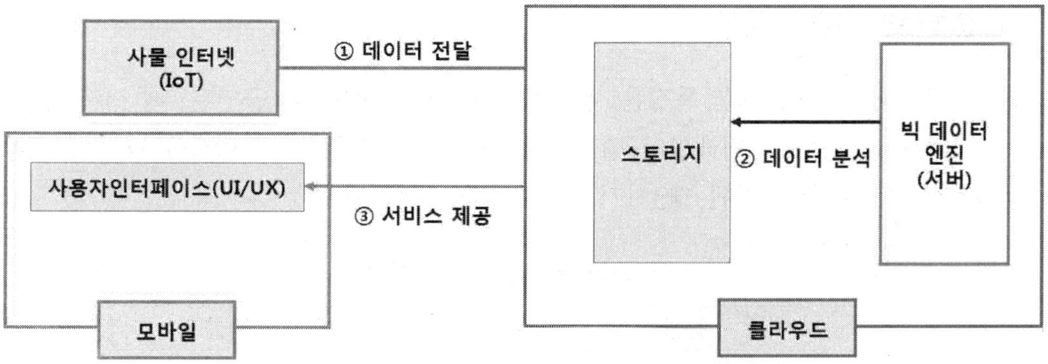

[그림 2-1] ICBM 플랫폼 개념도

블록체인이 가지고 있는 4가지 특성은 ICBM이 가지고 있는 한계점을 극복해 줄 것으로 보인다.

〈표 2-1〉 ICBM의 한계점과 블록체인을 통한 해결방안

기존 문제점(ICBM)	해결방안(블록체인)
낮은 보안성	• 분산형 원장 기술로 해킹에 대해서 참여자끼리 서로 보안 • (비트코인) 공개키 암호화로 중간자 공격 방지
사생활 침해	공개키와 개인키로 본인으로만 증명하기 때문에 사생활 침해 이슈 없음
정보 독점	모든 정보는 중앙 관리자 없이 익명으로 공유되어 정보 독점 현상이 나타나기 어렵다
높은 운영비용	중앙 센터가 없어 센터에서 부담해야 할 운영비용 발생하지 않음

2. 블록체인 기술 플랫폼

블록체인 플랫폼의 구조는 기술 계층과 서비스 계층으로 나눈다.

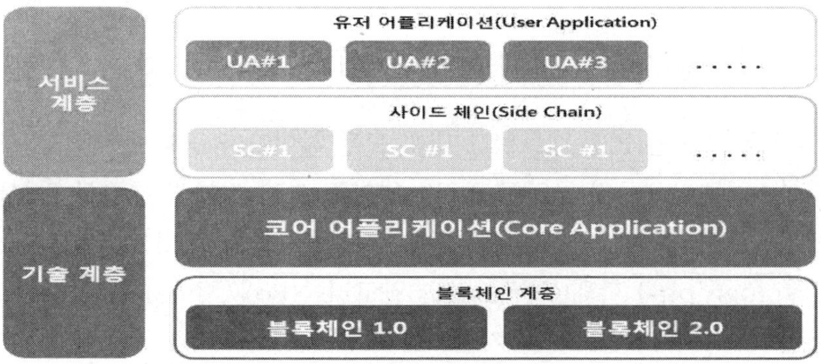

[그림 2-2] 블록체인 플랫폼의 구조

3. 블록체인 기술의 특징

블록체인의 가장 큰 특징은 분산형 구조이기 때문에 공인된 제 3자 없이 P2P(Peer to Peer) 거래를 통해 수수료를 절감할 수 있고 신뢰성을 담보할 중앙 집중적 조직이나 공인된 제3자가 필요 없다는 점이다.

〈표 2-2〉 블록체인 기술의 특징

특징	장점	단점
익명성	• 개인정보를 요구하지 않음 • 은행계좌 , 신용카드 등 기존 지급 수단에 비해 높은 익명성 제공	불법 거래대금 결제, 비자금 조성, 탈세를 가능하게 함
P2P	• 공인된 제3자 없이 P2P 거래 가능 • 불필요한 수수료 절감	문제 발생 시 책임소재가 모호
확장성	• 공개된 소스에 의해 쉽게 구축·연결·확장 가능 • IT 구축비용 절감	결제처리 가능 거래건수가 실제 경제 내 거래규모 대비 미미
투명성	• 모든 거래기록에 공개적 접근 가능 • 거래 양성화 및 규제 비용 절감	• 거래 내역이 공개되어 있어 원칙적으로는 모든 거래가 추적 가능 • 완벽한 익명성 보장이 어려울 수 있으며 조합에 의한 재식별이 가능
보안성	• 장부를 공동으로 소유(무결성) • 보안관련 비용 절감	• 개인키의 해킹, 분실 등의 경우 일반적으로 해결방법 없음 • 기밀성 제공하지 않음
시스템 안정성	• 단일 실패점이 존재하지 않음 • 일부 참가 시스템에 오류 또는 성능저하 발생 시 전체 네트워크에 영향 미미	• 채굴이 대형 마이닝 풀에 집중 • 실시간, 대용량 처리의 어려움

참고 : 블록체인 기술 금융분야 도입방안을 위한 연구

4. 블록체인의 기술구성

블록체인의 기술은 P2P 네트워크 내의 모든 참여자가 공동으로 거래 정보를 검증하고 기록·보관함으로써 공인된 제3자 없이도 거래 기록의 무결성 및 신뢰성을 확보하는 기술로서 [그림 2-3]처럼 해시(Hash)기술, 전자서명(Digital Signature), 암호화(Cryptography) 합의(Consensus)알고리즘(PoW, PoS) 등의 보안 기술을 활용한 분산형 네트워크 인프라를 기반으로 다양한 응용서비스를 구현할 수 있는 구조를 가지고 있다.

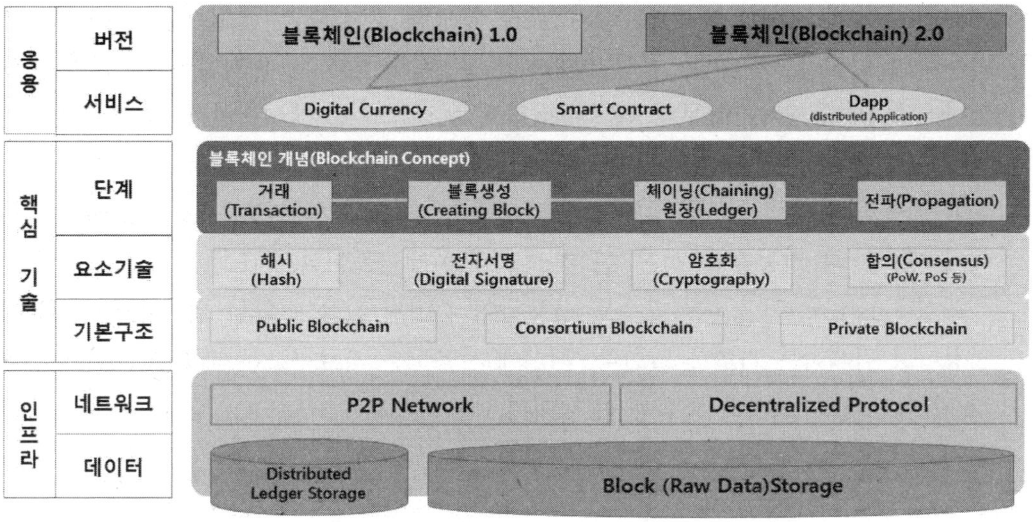

[그림 2-3] 블록체인의 기술 구성

참조 : 홍승필, 블록체인 금융분야 도입연구

2-2 블록체인의 핵심기술

1. 해시기술

블록체인의 개념을 이해하기 해서는 먼 작업증명(Proof of Work : PoW)이라는 개념을 이해해야 하는데 이를 이해하기 해서는 해시함수의 개념을 이해해야 한다. 해시함수는 몇 가지 성질을 가지고 있는 함수이다.

① 어떤 특정한 입력값에 한 해시함수의 결과 값은 항상 동일하다
② 입력값으로부터 결과값을 계산하는 것은 간단하고 빠르다
③ 결과 값으로부터 입력값을 계산하는 것은 사실상 불가능하다(irreversible).

해시(Hash)기술은 임의의 다양한 길이의 입력 메시지 데이터를 고정된 길이를 가진 데이터 의 출력값으로 매핑(Mapping)한 값인 해시값으로 압축시키는 기술로 데이터의 무결성 검증 및 메시지 인증에 사용된다. 암호학이나 블록체인에서 해시는 매우 중요한 기술요소이다.

해시함수는 결정론적으로 작동하기 때문에, 원래의 데이터가 같으면 해시값도 항상 동일하다. 하지만 서로 다른 데이터가 동일한 해시값을 가질 수 있기 때문에 해시충돌이 발생할 수 있다.

해시테이블(Hash Table)은 키와 값을 매핑해 둔 데이터 구조이다. 해시함수를 이용하여 검색하고자 하는 값을 변환하면 그 값이 저장된 위치를 즉시 알아낼 수 있다. 데이터의 양이 아무리 많아지더라도 원리적으로 해시변환과 검색에 걸리는 시간은 항상 동일하다. 따라서 방대한 데이터에서 특정한 값을 검색할 때 해시 테이블을 사용하면 검색 시간을 획기적으로 단축할 수 있다. 해시맵(Hash Map)은 기존 해시 테이블의 기능을 개선한 신 버전의 해시테이블이다.

해싱(Hashing)이란 해시함수를 사용하여 주어진 값을 변환한 뒤, 해시 테이블에 저장하고 검색하는 기법을 말한다. 해싱에 사용되는 자료구조는 배열(Array)과 연결 리스트(Linked List)가 조합된 형태이다.

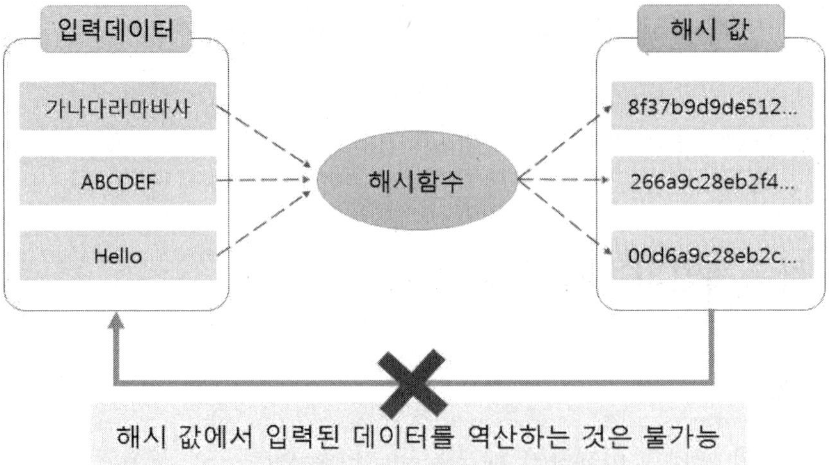

[그림 2-4] 해시함수의 출력이미지

2. 전자서명

전자서명(Digital Signature)은 작성자로 기재된 자가 그 전자문서를 작성하였다는 사실과 작성내용이 송・수신 과정에서 위변조되지 않았다는 사실을 증명하는 기술이다.

전자서명은 우리가 일상생활에서 신원을 확인하거나 거래를 하려고 할 때 주민등록증이나 인감 날인 또는 서명 등이 필요하듯이, 인터넷 상에서도 이를 확실히 보장해 주는 수단이 바로 전자서명이다. 즉 전자서명은 인증서 형태로 발급되는 자신만의 디지털 인감이며 서명인 것이다. 결국 전자서명은 어떤 사람이 그 문서를 작성했다는 것을 증명하는 방법이므로 전자서명을 하기 위해서는 어떤 문서에 그 문서를 자신의 개인키로 암호화해서 첨부하는 것이다.

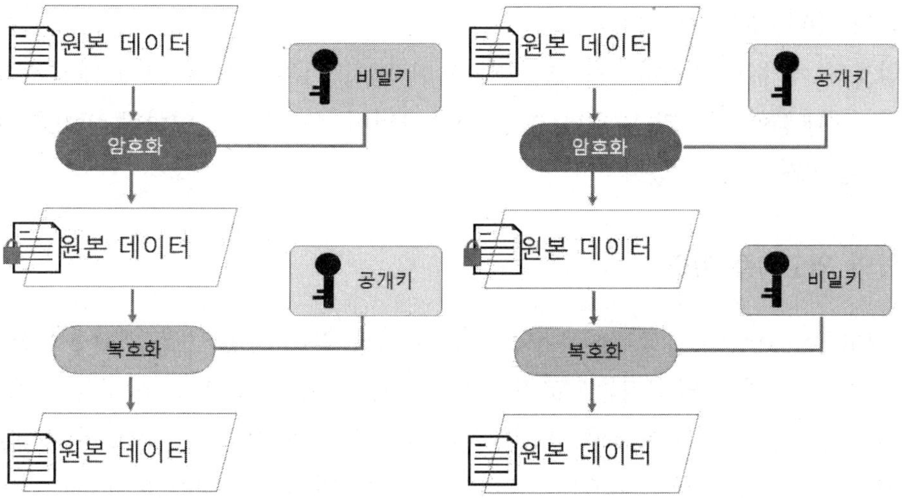

[그림 2-5] 전자서명 및 암호와 공개키 암호화 이미지

3. 암호화 기술

암호화(Cryptography)기술은 무결성 및 기밀성 확보를 위하여 정보를 쉽게 해독되지 않는 형태로 변환하는 기술로써 메시지의 내용이 불명확하도록 평문(Plain-text)을 재구성하여 암호화된 문장(Cipher-text)으로 변환하도록 만드는 과정이다.

〈표 2-3〉 암호화 기술과 암호 프로토콜 기술

구분	분류	알고리즘	사례
암호화 기술	대칭키(비밀키) 알고리즘	블록 암호 알고리즘	DES, AES, SEED
		스트림 암호알고리즘	LFSR
	비대칭키(비밀키) 알고리즘	소인수 분해	RSA
		이산대수	DSA, ECC
		근접벡터	Lattice
암호 프로토콜 기술	기본 암호 프로토콜	개인 식별 및 인증, 전자서명, 키 분배	
	발전된 암호 프로토콜	전자화폐, 전자결제. 전자선거	

암호화는 평문을 암호화 알고리즘과 암호화 키를 이용하여, 암호문을 만들고, 복호화를 수행해야 하는 경우는 암호문을 복호화 알고리즘과 복호화 키를 이용하여, 평문으로 만드는 방식이다. 즉 정보의 보안을 위하여 평문을 제3자가 이해하기 곤란한 형식으로 변환하거나 암호문을 판독 가능한 형식으로 변환하는 원리나 수단, 방법 등을 다루는 기술 또는 학문 분야, 컴퓨터 보안에서 송신된 데이터가 제 3자에게 누설되거나 제 3자에 의해 조작되는 것을 방지하기 위한 데이터의 암호화 및 복호화의

원리나 수단 또는 방법이다.

암호화 체계는 복호화 키와 암호화 키의 일치 여부에 따라 크게 대칭키 암호화 기법, 비대칭형 공개키 암호화 기법으로 나뉘며 그 외에도 일방향 암호화 기법인 해시 암호화 기법이 있다.

4. 합의 알고리즘 기술

합의(Consensus)알고리즘은 P2P 네트워크와 같은 분산 네트워크에서 합의형성을 수행하기 위한 알고리즘으로써 하나의 DB인 블록체인을 유지하는 기술이다.

블록체인은 각 노드(Peer를 의미)에서 만든 블록의 정당성을 검토하고 네트워크 전체에서 공유하는 블록체인에 반영하기 위해 이 합의 알고리즘을 사용한다. 블록체인에서 사용되고 있는 대표적인 합의 알고리즘은 퍼블릭 블록체인에서 사용하는 PoW, PoS, PoI와 컨소시엄 블록체인에서 사용하는 동의에 의한 합의(Consensus－by－bet) 등이 있다.

〈표 2-4〉 대표적인 합의 알고리즘

합의 알고리즘	채택 시스템
POW(작업증명 : Proof of Work)	비트코인 코어(Bitcoin Core) 이더리움 등
POS(소유증명 : Proof of Stake)	이더리움 미진(Ethereum mijin)
POI(공헌도증명 : Proof of Importance)	NEM
PoET(Proof of Elapsed Time)	CPU의 확장 명령어 세트를 이용
Paxos	Google Chubby
Raft	RAM Cloud
PBFT(Practical Byzantine Fabric Tolerance)	Hyperledger Fabric
Sieve	Hyperledger Fabric

합의 알고리즘의 역할은 하나의 블록체인을 생성 및 유지하는 역할이고 불변성(Immutability) 제공으로 내용 수정이 불가능하도록 하는 역할을 한다.

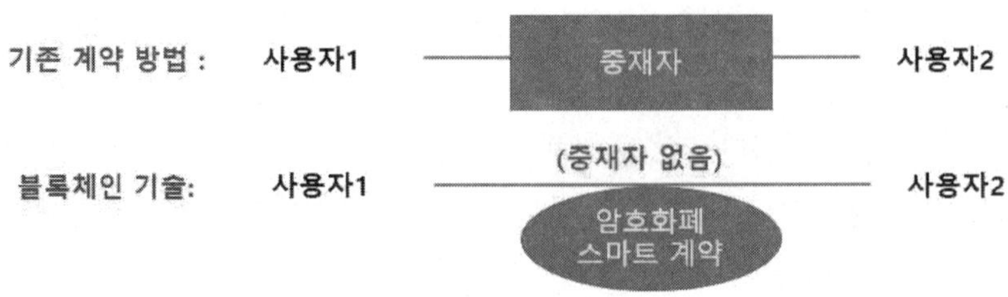

[그림 2-6] 합의 알고리즘의 역할

P2P 네트워크에서 다수의 피어가 존재하고 이 피어들이 하나의 블록체인(DB)을 유지하기 위해서 이 피어들, 더 구체적으로 채굴자들이 합의를 해야 한다. 따라서 블록체인 기술의 핵심은 합의 알고리즘이고, 암호화폐에서 제일 어려운 부분도 합의 알고리즘이다. 먼저 합의 알고리즘은 채굴자들이 하는 것이 중요하다. 즉, 이것은 누가 블록을 채굴을 할 것(즉, 채굴확률을 어떻게 결정할 것)인지와 어느 체인이 유효한지를 결정한다.

5. 분산원장 기술

1) 개요

분산원장(Distributed Ledger)은 복제, 공유 또는 동기화된 디지털 데이터에 대한 합의 기술이다.공유원장 또는 분산원장기술(Distributed Ledger Technology : DLT)이라고 불리기도 한다.

분산 원장기술은 거래정보를 기록한 원장을 특정 기관의 중앙 서버가 아닌 사용자 개인간 직접 접속P2P(Peer-to-Peer) 네트워크에 분산하여 참가자가 공동으로 기록하고 관리하는 기술을 의미한다. 광범위하게 널리 분포되어 있음을 의미하는 분산(Distributed)과 거래 내역을 적은 장부를 의미하는 원장(Ledger)이 합쳐진 분산원장은 블록체인 기술의 핵심이다.

분산원장을 통해 데이터들은 지리적으로 여러 사이트나, 여러 국가 또는 여러 기관에 분산되어 있게 된다. 탈중앙화되어 기능이 동작하게 된다. 사용자 개인간 직접

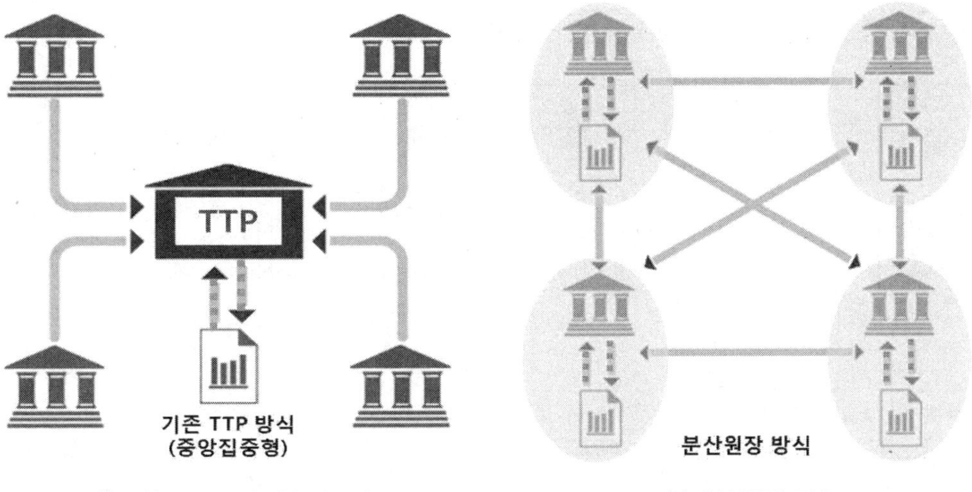

(a) 기존 중앙 집중형 시스템 (b) 분산원장 기술

[그림 2-7] 중앙 집중형 시스템과 분산원장 기술의 비교

접속(peer-to-peer) 네트워크가 필요하다면 당연히 노드 간 복제 데이터에 대한 합의 알고리즘이 수행되어야 한다.

클라이언트나 서버의 개념 없이 동등한 참가자(Peer Nodes)들이 클라이언트와 서버의 역할을 동시에 수행하며 데이터나 주변 장치 등을 공유하는 방식으로 주로 음악, 영화 등의 파일을 공유하는 서비스 등에도 활용이 가능하다.

분산원장의 장점은 중앙 집중형 방식에 비해 높은 효율성, 시스템 안정성, 보안성, 투명성이다. 기존 시스템의 경우 인증과 데이터 거래 증명을 위해 여러 중간 매개체 또는 인증기관이 필요했다. 하지만 분산원장은 사용자가 거래 내역을 직접 공유할 수 있는 시스템이라는 차별성을 가진다. 이러한 특성 때문에 중앙화된 시스템을 관리시 사용되는 비용이 줄어들고 거래 정보가 분산되어 저장되기 때문에 해킹 및 위조의 위험성도 낮아진다.

2) 특징

(1) 개념

세계에서 일어나고 있는 경제 활동은 국가적, 지리적 및 법적 관할 경계를 넘나드는 비즈니스 네트워크에서 이루어진다.

원장은 이러한 비즈니스 네트워크상에서 이루어지는 모든 거래가 기록된다. 비즈니스 네트워크의 구성원들은 일반적으로 생산자, 소비자, 파트너, 공급업체, 시장 조성자, 시장 구현자 및 기타 이해 관계자로 형성된다.

이들은 자산이라고 부르는 가치 있는 대상에 대하여 권리, 특권 및 권한을 소유, 통제 및 행사하며 시장이 형성된다. 자산은 단순히 유형의 물리적인 형태를 의미하는 것이 아니라 증권, 특허 등 무형의 가사 자산도 포함된다.

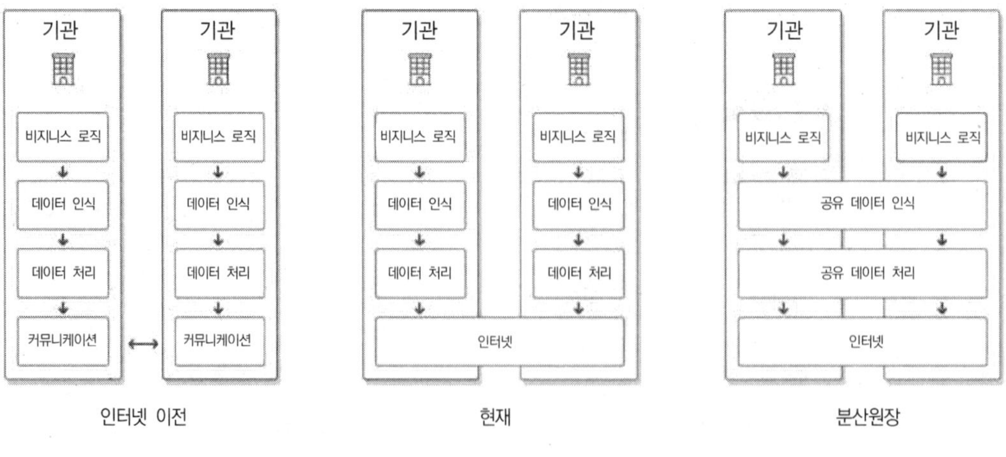

[그림 2-8] 데이터의 진화

비즈니스 네트워크에서 자산의 소유 및 이전은 가치를 생성하며, 이를 트랜잭션이라고 한다. 트랙잭션에는 일반적으로 구매자, 판매자, 중개자 같은 여러 참가자가 관련되며, 이들의 비즈니스 합의 및 계약이 원장에 기록된다. 원장은 기업의 경제활동 및 이해관계에 대한 기록 시스템이다.

(2) 블록체인과 분상원장

암호화폐를 이야기할 때, 많이 언급되는 것이 블록체인과 분산원장이다.

블록체인기술은 과거의 거래기록부터 현재까지의 거래기록들을 블록으로 연결하여 과거의 기록에 대한 위변조 등의 불가능하고 해킹 시도를 방지하는 기술을 의미한다.

블록체인은 시간의 흐름을 따라서 수직적으로 연결되는 기술이다. 그에 반해 분산원장기술(DLT)는 중앙화된 장치가 아닌 여러 곳에 분산화된 저장 장치에 거래기록이 저장되고 합의 알고리즘을 통하여 기록에 대한 위변조를 막는 것을 말한다.

분산원장기술은 동시간 대에 저장장치들을 수평적으로 연결한다는 점에 있어서 블록체인 기술과 다르다.

(3) 분산원장의 도입 효과

분산원장 기술은 높은 보안성과 효율성을 가지고 있으며 이에 따른 비용이 절감되는 효과를 가져온다. 분산원장 기술의 도입은 기술 개발 비용, 인프라 구축 비용, 중간 구조 개발 비용, 회계감사 비용, 종이 기반 서류 관리 비용, 노동비용 등 많은 부분에 비용을 낮춘다. 한국은행 역시 보고서를 통해 그 효과를 언급했다.

분산원장 기술이 금융 서비스 관련 조정 과정이나 데이터 공유를 통해 효과적인

〈표 2-5〉 글로벌 분산원장 기술 컨소시엄

컨소시엄	참가기관	주요 특징
R3	• 미국 IT기업 R3사 설립 • 골드만삭스, UBS 등 60여개 대형 금융기관 • 국내 5개 은행(국민, 신한, 하나, 기업, 우리)	• 금융기관 계약 기록관리 시스템(Corda) 개발
HyperLedger	• 리눅스재단이 관리 • 금융기관 및 비금융 IT기업 등 100여개 기업 • 국내 기업(한국예탁결제원, 코인플러그, 삼성SDS)	• 오픈소스 • 범산업용 블록체인 플랫폼을 연구 개발
SBI 핀테크 컨소시엄	• 일본 SBI 금융그룹 주도 • 리플, 코인플러그 등 참여	
차이나레저	• 중국 완샹 블록체인 랩 주도 • 중국 11개 대형 금융기관 참여	• R3와 이더리움 재단 자문

비즈니스 운영을 가능하게 만들어 비용을 절감하고 금융시장 사용자의 편익을 증진시켜준다는 내용을 포함하고 있다.

〈표 2-6〉 부물별 주요 원장 기술 활용사례

부문	활용방안	사례
금 융	해외송금	MUFG, VISA, JP모건 등
	본지점 송금	UBS, 도이체방크 등
	자본시장 거래(장외시장 등)	나스닥, Overstock 등
	기록관리	미즈호 등
	백오피스	MUFG(약속어음) 등
중앙은행	디지털화폐 발행	영국, 네덜란드, 캐나다
정 부	연금수령 및 사용내역 기록	영국
	주민등록 및 투표	에스토니아, 러시아 등
	토지소유권 등록	스웨덴
IT기업 등	정품 등록(귀금속, 시계 등)	에버렛저(Everledger)
	기반기술 개발	IBM, Microsoft

분산원장 기술의 실질적인 도입을 위해서 아직 해결해야 하는 부분들이 남아있다. 우선적으로 금융기관과 핀테크 기업 그리고 규제기관의 이해와 협업이 필요하며 분산원장이 금융 서비스에 적용되기 위해서 해결되어야 하는 기술적 과제도 남아있는 상태이다. 대표적인 기술적 관제로는 거래 비밀성, 권한 통제,신뢰 및 보안 유지, 확장성 확보 등을 이야기할 수 있다.

분산원장 기술은 운영방식에 따라 개방형(Public)블록체인과 폐쇄형(Private) 블록체인으로 구분한다.

블록체인에 저장되는 정보는 개인 정보이기 때문에 소유자와 합의된 관리자만 거래 내역에 접근이 가능해야 하고, 신뢰와 보안 유지를 위해서는 비트코인과 같은 퍼블릭 블록체인을 도입하는 것도 고려해야 한다.

또한 실제 사용성을 염두한다면 최소한 초당 3,000건 이상 처리할 수 있는 성능을 보유해야 한다. 그 외에도 분산원장기술이 금융에 적용될 경우 발생할 수 있는 검증되지 않은 요소들 역시 존재한다. 구체적으로 보안상의 위험, 법적인 위험성 증가가 있으며, 스마트 계약을 분산원장기술과 결합하여 사용할 경우, 소프트웨어 자체의 오류 혹은 의도적인 디도스(DDoS) 공격으로 스마트 계약이 무효화되는 등의 위험성이 있을 수 있다.

〈표 2-7〉 분산원장 기술유형별 구분

	개방형(Public)	폐쇄형(Private)
기록열람 · 보관	누구나 제한 없이 참여 가능	필요에 따라 임의로 제한 가능
거래참여 · 승인		
합 의	작업증명, 지분증명 등	BFT(Byzantine Fault Tolerance)
암호화폐	필요	불필요
결제완결성	네트워크 분기 가능성	시스템상 완결성 보장
확장가능성	제한적	자유로움
사 례	비트코인, 이더리움 등	R3, 하이퍼레저 등
장단점	▲ 높은 안전성과 신뢰성 ▲ 높은 투명성과 익명성 ▼ 금융거래 비밀 유지 곤란 ▼ 낮은 확장성과 효율성	▲ 정보공유범위 설정 가능 ▲ 높은 효율성과 확장성 ▼ 보안성 취약
활용 분야	해외송금, 클라우드 펀딩, 자산 및 정보 기록 · 보관	결제시스템, 신원 · 문서인증, 무역금융, 스마트계약 등

6. 스마트 계약

1) 스마트 계약의 개요

스마트 계약 또는 스마트 컨트랙트(Smart Contract)는 계약 당사자가 사전에 협의한 내용을 미리 프로그래밍하여 전자 계약서 문서 안에 넣어두고, 이 계약 조건이 모두 충족되면 자동으로 계약 내용이 실행되도록 하는 시스템이다. 기존의 블록체인 1.0 기술이 '과거에 일어났던 일'을 기록한다면, 스마트 계약 기능을 구현한 블록체인 2.0 기술은 '미래에 일어날 일'을 미리 기록해 둘 수 있다.

스마트 계약은 중간에 제3의 보증기관을 끼우지 않고 개인간(P2P)에 원하는 계약을 체결할 수 있도록 해주는 디지털 전자계약 기능이다. 스마트 계약은 1994년 닉 재보(Nick Szabo)가 처음 제안하였으나 실제로 구현하지는 못하였다.

2013년 당시 19세의 천재 프로그래머였던 비탈릭 부테린(Vitalik Buterin)은 스마트 계약 플랫폼인 이더리움(Ethereum)을 개발할 것을 제안하고, 2015년 7월 30일 이더리움 개발에 성공하여 실제 서비스를 시작했다.

솔리디티(Solidity)라는 프로그래밍 언어를 사용하여, 계약 기간, 금액, 조건 등을 미리 코딩해 두면, 부동산 거래, 중고 자동차 거래, 무역 거래 등 어떠한 종류의 계약도 자동 실행되도록 만들 수 있다.

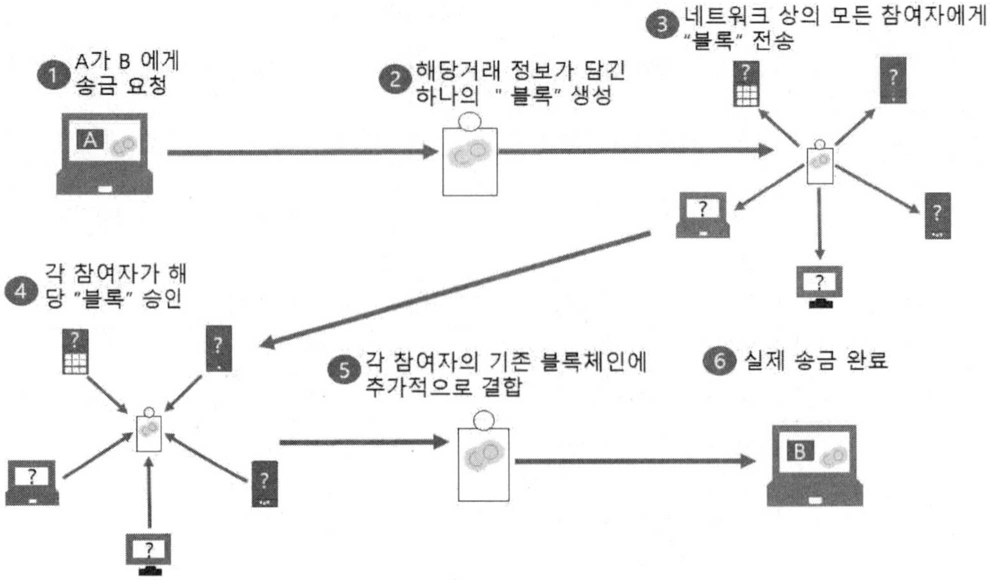

[그림 2-9] 블록체인 기술을 적용한 스마트 계약

기존의 비트코인이 블록체인 기술을 활용하여 가치의 저장과 전달이 가능한 암호화폐를 만들었다면, 이더리움은 한 단계 더 나아가 블록체인 기술을 활용하여 인간이 상상할 수 있는 모든 종류의 계약을 자동으로 실행할 수 있는 스마트 계약 플랫폼을 개발했다. 비탈릭 부테린이 이더리움을 통해 스마트 계약 기능을 구현함으로써, 블록체인 기술을 비트코인과 같은 암호화폐에만 사용하는 것이 아니라, 위변조 방지가 필요한 각종 계약서 작성 등에 활용할 수 있게 되었다. 이런 점에서 기존의 비트코인을 '블록체인 1.0'이라고 부르고, 스마트 계약 기능을 구현한 이더리움을 '블록체인 2.0'이라고 부른다.

2) 스마트 계약 플랫폼

이더리움(Ethereum)은 비트코인 스크립트 시스템의 튜링 불완전성이라는 한계를 극복하고자 나온 스마트 컨트랙트 플랫폼(Smart Contract Platform)이다.

비탈릭 부테린(Vitalik Buterin)이 창시한 이더리움 블록체인의 경우, 블록에 데이터뿐만 아니라 비트코인 스크립트 시스템의 한계인 조건문(if), 반복구문(loop) 등의 실행 코드를 포함시켜 로직의 실행을 자동화할 수 있다.

스마트 컨트랙트를 구현하기 위한 컨트랙트 코드(Contract Code)는 이더리움 가상머신(EVM : Ethereum Virtual Machine)이라는 독립된 실행 환경에서 실행된다. 여기에 스마트 컨트랙트를 실행할 때마다 수수료인 가스(Gas)를 발생시키고 네트워크상에 수수료의 한계를 설정하여 무한루프를 막았다. 무한히 반복되는 조건을 만들어 스마트 컨트랙트를 실행시키면 중간에 수수료 한계점에 도달하게 되는데, 이때 중단된다. 이더리움에서 스마트 컨트랙트는 솔리디티(Solidity) 언어로 프로그래밍된다.

솔리디티 언어로 프로그래밍된 스마트 컨트랙트는 컴파일러(Solc)에 의해 바이트코드(Bytecode)로 컴파일되고, 컴파일된 바이트코드는 블록에 포함되어, 이더리움 가상머신(EVM)에 의해 실행된다. 이더리움 가상머신(EVM)은 이더리움 스마트 컨트랙트의 바이트코드를 실행하는 32 바이트 스택 기반의 실행환경이다.

이더리움이 제공하려는 것은 튜링 완전(Turing-Complete) 프로그래밍 언어가 심어진 블록체인이다. 이 프로그래밍 언어는 코딩된 규칙에 따라 '어떤 상태'를 '다른 상태'로 변환시키는 기능(Arbitrary State Transition Functions)이 포함된 계약을 사용자들이 직접 작성할 수 있게 함으로써, 인간이 상상할 수 있는 모든 종류의 계약을 스마트 컨트랙트로 만들 수 있다. 이를 통해 모든 계약이 자동으로 실행할 수 있고, 이를 위한 다양한 분산형 애플리케이션인 디앱(DApp)도 만들 수 있다.

누구든지 솔리디티 언어를 사용해 스마트 컨트랙트와 디앱을 작성하고 소유권에 대한 임의의 규칙, 트랜잭션 형식(Transaction Format), 상태변환함수(State Transition Function) 등을 생성할 수 있다.

초창기 이더리움 스마트 컨트랙트에서 가장 이슈가 되었던 예는 다오(DAO : Decentralized Autonomous Organization)라고 불리는 탈중앙화된 자율 조직이다. 다오(DAO)는 스마트 컨트랙트 기술로 구현된 조직으로 중앙의 운영 주체가 없이 개인들이 자율적으로 제안 및 투표를 하여 다수결로 의결하여 운영되는 조직이다. 회사의 의결권을 다오토큰(DAO Token)으로 행사할 수 있도록 크라우드 펀딩을 통해 이더리움으로 다오토큰을 살 수 있게 판매하였다. 이 과정에서 모인 약 2,000억원 가량의 이더리움을 어떻게 사용할지 다오토큰을 기반으로 투표할 수 있도록 했다.

3) 스마트 계약 작동 원리

블록체인 기반 스마트 컨트랙트는 기본적으로 모든 트랜잭션 로그가 저장된 블록체인 데이터베이스와 스마트 컨트랙트의 상태를 저장하는 데이터베이스 두 가지가 존재한다. 여기서의 스마트 컨트랙트는 상태를 변경할 수 있는 애플리케이션이라고 할 수 있고, 스마트 컨트랙트의 상태는 해당 애플리케이션에서 사용하는 변수라고 할 수 있으며, 이를 변경하기 위한 입력값은 트랜잭션에 포함되어 있다.

스마트 컨트랙트는 두 가지 인터페이스를 공개하고 있는데, 하나는 트랜잭션(Transaction)이고, 하나는 쿼리(Query)이다.

트랜잭션을 통한 인터페이스는 트랜잭션 데이터베이스에 저장되고, 스마트 컨트랙트의 상태를 변경시키는 접근방법이다.

쿼리는 트랜잭션 데이터베이스에 기록이 남지 않으면서 스마트 컨트랙트의 상태를 읽는 작업이다. 트랜잭션은 쓰기, 삭제, 수정을 실행하고, 쿼리는 읽기를 통한 조회만을 실행한다.

예를 들어, '상품 거래'는 스마트 컨트랙트 시스템에서 다음과 같이 작동한다.

(1) 기록 저장

판매자가 상품을 올리겠다는 내용을 코딩하여 트랜잭션을 만든 후 블록체인에 전송한다. 상품 등록 트랜잭션 발생 시, 네트워크의 모든 노드는 상품 등록 트랜잭션을 공유하고 블록을 생성한 후 블록을 브로드캐스팅한다. 블록을 전달받은 각 노드는 해당 블록을 자신의 블록체인 맨 끝에 추가하고, 해당 블록에 저장되어 있는 트랜잭션을 적용시켜 자신의 스마트 컨트랙트 데이터베이스를 동기화한다. 이러한 과정을 통해 모든 블록체인의 노드들이 스마트 컨트랙트 상태 데이터베이스를 공유하게 된다.

(2) 상품 조회

구매자는 블록체인 네트워크에서 상품를 조회한다. 스마트 컨트랙트에 쓰는 것는 것은 트랜잭션을 발생시키지만, 이미 저장되어 있던 값을 읽어 오는 것은 트랙잭션을 발생시키지 않는다. 블록체인의 어떤 데이터도 변경시킬 필요 없이 스마트 컨트랙트 데이터베이스 내 저장된 상태 값만 조회하면 되기 때문에 쿼리 정보는 블록체인에 동기화할 필요 없고, 블록 동기화 타이밍에 상관없이 바로 응답할 수 있다.

(3) 계약 이행

구매자가 상품 구매 트랜잭션을 보내면 트랜잭션을 공유하고 블록체인 네트워크에 동기화한다. 모든 노드의 스마트 컨트랙트 데이터베이스에 상품 구매자를 등록하고 돈을 판매자에게 전송한다. 그러면 등록된 콘텐츠의 소유권이 구매자에게로 이동한다.

이렇듯 스마트 컨트랙트는 모든 데이터를 서로 공유하기 때문에 특정한 사용자가 스마트 컨트랙트의 실행 결과를 조작하려 해도 조작할 수 없다. 블록체인이 모든 트랜잭션의 무결성을 보장해 주는 방식으로 스마트 컨트랙트의 무결성도 보장할 수 있다. 또한, 조건이 충족된 경우 계약을 자동으로 이행함으로써 계약의 집행 비용 및 분쟁 가능성을 줄일 수 있다. 다만, 일상 언어를 프로그래밍하는 과정에서 계약 작성 단계의 비용이 발생할 수 있고, 이 과정에서 프로그래밍 오류 문제가 발생할 가능성이 존재한다.

이더리움은 기존 시스템과 스마트 컨트랙트의 인터페이스를 위한 라이브러리를 제공하고 있다. 이더리움의 다른 기능들과 마찬가지로, 스마트 컨트랙트도 웹서버, 모바일, 일반 PC 어플리케이션 등 기존 시스템과 인터페이스를 통해, 계약 내용의 등록, 집행, 결과 조회 등의 동작을 수행할 수 있다. 이더리움 공식 인터페이스 라이브러리에서 지원하는 언어는 자바(Java), 자바스크립트(JavaScript), PHP, 파이썬(Python) 등이다. 스마트 계약과 이더리움 공식 인터페이스 라이브러리(Interface Library) 사이에 상당한 제약 사항이 존재한다.

예를 들어 솔리디티(Solidity) 언어의 "struct" 타입의 데이터는 인터페이스 라이브러리를 통해서 주고받을 수 없다. 만약 이를 시도하면, 솔리디티 언어의 컴파일러에서 에러 처리되고 있다. 물론 실험적 ABI 인코더(experimental ABI encoder)라고 하는 실험적인 컴파일 지시자를 사용하면 가능하지만, 권장되지는 않는다.

7. P2P 네트워크 기술

블록체인 기술은 P2P 네트워크에서 하나의 DB를 유지하는 기술이므로 P2P네트워크를 사용함으로 제3자의 인증 없이 가능하다. P2P 네트워크 전체는 하나의 블록체인(DB)을 유지하는 기술이고 피어(노드)는 블록체인(DB)복제(Sync)시스템이다.

〈표 2-8〉 Peer와 P2P 네트워크의 개념

항목	내용
Peer(피어 : 노드)	• 동등 또는 대등 관계 단위로써 동등한 지위로 동작하는 기능 단위 • 블록체인(DB)복제(Sync)시스템
P2P(Peer-to-Peer)	• 마스터(Master)/슬러브(Slave) 또는 Primary/Secondary 개념이 없으며, 채널 상의 모든 국(station)들이 동등한 권한을 갖는 관계를 말한다. • 하나의 DB를 유지하는 기술

P2P 네트워크는 각 컴퓨터(노드)가 서로의 역할을 동시에 담당한다. 즉 각 노드는 서비스를 사용하는 동시에 서비스를 제공하는 기능도 한다.

비트코인이 P2P 네트워크와 하나의 DB유지를 합친 것을 최초 블록체인 기술을 제공하였다.

그러므로 P2P 네트워크의 구성은 권한이 같은 다수의 피어(노드)들이 그 중에서 일부의 피어들이 연결된다.

[그림 2-10] 비트코인이 제공한 블록체인 기술

실제로 비트코인은 최대 8개의 피어와 이더리움의 패리티는 25개의 피어와 연결된다. 이와 같이 P2P네트워크에서 다수의 피어들이 하나의 블록체인(DB)을 유지하는 것이 블록체인 기술이다.

P2P 네트워크 기술의 특징은 서버를 준비할 필요가 없고, 각 노드들이 트래픽과 자원을 할당해 부하를 분산시켜준다.

즉, 노드가 증가하더라도 서비스를 유지할 수 있는 높은 확장성을 갖고 있다.

새로운 기능을 추가하거나 업데이트를 할 경우 관리가 어려워지고 네트워크 전송시간 때문에 노드 간 정보 불일치, 성능 저하가 발생하기 쉽다.

〈표 2-9〉 P2P 네트워크의 특징

특징	내용
직접적인 비용 관리	• P2P네트워크는 전용서버를 필요하지 않기 때문에 서버에 대한 직접적인 비용(디바이스, 관리자 교육, 운용 및 보수)을 절감할 수 있다. • QoS기 필요한 서비스에는 Node에 대한 관리비용이 증가
문제 발생에 대한 내성	• P2P네트워크에서는 정보의 처리, 축적, 전송을 각 피어가 분담해 처리하기 때문에 네트워크에 접속된 특정 기기에 문제가 일어나도 전체의 네트워크 기능은 유지 • 복수의 피어가 같은 정보를 보관 혹은 유지하기 때문에 정보의 소실, 손상 리스크에도 효과적
확장성	이용자의 PC자원을 이용함으로써 대규모 시스템 투자 없이 이용자수를 확대할 수 있음
관리의 유연성	정보검색에 센터를 이용하는 히이브리드형 P2P네트워크의 경우에는 유연한 정보 관리가 가능

2-3 블록체인의 알고리즘

1. 개요 및 명칭

1) 개요

알고리즘(Algorithm)이란 어떤 문제를 해결하기 위해 정해진 규칙이나 절차를 말한다. 알고리듬(Algorithm) 또는 산법(算法)이라고도 한다. 컴퓨터 알고리즘은 입력된 자료를 바탕으로 원하는 출력을 유도하는 규칙들의 집합이다. 알고리즘은 프로그램 개발의 기초가 된다.

2) 명칭

알고리즘은 9세기 페르시아의 수학자인 무하마드 알콰리즈미(Muhammad al-Kwarizmi)의 이름을 라틴어화한 알고리즈무스(Algorismus)에서 따온 말이다.

'알고리즘'은 '알고리듬'으로 표기하기도 하는데, 둘 다 허용되는 표기법이다. 양자의 사용빈도를 조사해 보면, 알고리즘이라는 표기가 알고리듬이라는 표기에 비해 압도적으로 많이 사용되고 있다. 예를 들어 구글 검색 결과를 보면, 2018년 기준으로 알고리즘이 약 590만개이고, 알고리듬이 약 21만개로서 약 30배 정도 차이가 난다.

알고리듬으로 표기하는 것은 영어식 표기이다. 영어로 algorithm의 발음 기호는 [ælgərɪðəm]이며 ð는 this [ðɪs]의 ð 발음이다. 따라서 이 단어는 영어식으로 '앨거리듬'으로 표기하거나 좀 더 한국식 발음으로 표기하면 '알고리듬'으로 표기할 수 있다. 영어에서 algorithm을 알고리즘으로 읽는 건 this를 "지스"로 읽는 것과 마찬가지의 잘못이다. rhythm[rɪðəm]을 '리즘'이 아닌 '리듬'으로 표기하는 것과 마찬가지로 algorithm은 알고리듬으로 표기해야 한다는 주장이다. 한편 algorism이라는 "아라비아 숫자식 기수법"이라는 뜻을 가진 유사한 단어가 있는데, 이 단어의 발음 기호는 [ǽlgərìzm]이므로 오히려 이 단어를 앨거리즘이나 알고리즘이라고 읽어야 한다는 의견이다.

위 주장에 대해 반론도 존재한다. 알고리즘이라는 말은 영어가 아니라 원래 페르시아어인데, "알콰리즘+이=알콰리즈미"(al-Kwarizmi)이므로, '리듬'이 아니라 '리즘'이 맞다는 의견이다. 이 말이 서양으로 건너온 라틴어에서도 "알고리즘+우스=알고리즈무스(algorismus)"로 표기되므로, '리듬'이 아니라 '리즘'에 가깝다. 따라서 한국어로는 최대한 원어에 가깝게 '알고리즘'으로 표시하는 것이 맞다는 의견이다. 어쨌든 실제 생활에서는 알고리즘이라는 표기가 알고리듬이라는 표기에 비해 약 30배 정도 압도적으로 많이 사용되고 있다.

2. 종류

1) 암호 알고리즘

암호 알고리즘이란 문서나 데이터의 내용을 다른 사람이 알지 못하게 하거나 혹은 본인 인증을 위해 사용하는 알고리즘을 말한다. DES, AES, ARIA, SEED 등의 대칭키 암호 알고리즘과 RSA, 타원곡선암호 등 공개키 암호 알고리즘이 있다.

(1) 대칭키 암호 알고리즘

대칭키 암호 알고리즘(Symmetric-Key Algorithm)은 암호화 알고리즘의 한 종류로,

암호화와 복호화에 같은 암호 키를 쓰는 알고리즘을 의미한다.

대칭키 암호(Symmetric Key)란 암호문을 생성(암호화)할 때 사용하는 키와 암호문으로부터 평문을 복원할 때 사용하는 키가 동일한 암호 시스템으로 일반적으로 알고 있는 암호 시스템이다.

대칭키 암호는 혼돈과 확산의 성질을 이용하여 평문을 암호화 한다. 통상적으로 혼돈(Confusion)효과는 치환(Substition)을 통해 형성되고, 확산(Diffusion)효과는 순열(Permutation)을 통해 얻는다. 대칭키 암호를 설계할 때 이 치환과 순열 연산을 포함하여 한 개의 라운드(Round)를 구성한다. 대칭키 암호에서 라운드를 어떻게 구성할지 결정하였다면, 이 라운드를 반복적으로 사용하는 구조로 대칭키 암호를 완성한다. 이러한 대칭키 암호 방식은 데이터를 변환하는 방법에 따라서 블록 암호와 스트림 암호로 구별 한다.

(2) 비대칭키 암호 알고리즘(공개키 알고리즘)

비대칭(공개키) 암호 알고리즘을 사용하여 암호화하며 공개키와 개인키의 키 쌍이 존재하여 평문을 암·복호화 하는데 서로 다른 키를 사용하는 방식으로 비대칭키 암호화 방식이라고도 불린다.

공개키 암호화 방식은 데이터 암호화 속도가 대칭키 암호화 방식에 비해 느리기 때문에 일반적으로 대칭키 암호화 방식의 키 분배나 전자서명 또는 카드번호와 같은 작은 크기의 데이터 암호화에 많이 사용되고 있다. 대표적인 공개키 암호 알고리즘으로는 국외의 RSA, 엘가멜(ELGamal), ECC 등이 있다.

(3) 일방향 암호화

해시함수를 이용하여 암호화된 값을 생성하며 복호화 되지 않는 방식이다. 해시함수는 임의의 길이를 갖는 메시지를 입력으로 하여 고정된 길이의 해시값 또는 해시코드라 불리는 값을 생성하며, 동일한 입력 메시지에 대해 항상 동일한 값을 생성하지만 해시값만으로 입력 메시지를 유추할 수 없어 비밀번호와 같이 복호화 없이 입력 값의 정확성 검증이 필요한 경우 등에 사용되고 있다.

대표적인 해시함수로는 국외의 SHA-2(224/256/384/512), SHA-3, RIPEMD-160, 월풀(Whirlpool) 등이 있다.

2) 합의 알고리즘

(1) 개념

합의 알고리즘(Consensus Algorithm)이란 다수의 참여자들이 통일된 의사결정을 하기 위해 사용하는 알고리즘을 말한다.

합의 모델, 합의 방식, 합의 메커니즘 또는 합의 프로토콜이라고도 한다. 블록체인 시스템의 경우 네트워크에 참여하는 모든 참여자들이 동일한 데이터를 복사하여 분산 저장하기 때문에 원본과 사본의 구별이 없으며, 통일된 의사결정을 내릴 수 있는 권위 있는 중앙(Center)이 존재하지 않는다. 이런 상황에서 합리적이고 효율적인 의사결정을 내릴 수 있는 다양한 알고리즘이 개발되었다.

(2) 합의 알고리즘의 종류

합의 알고리즘의 종류는 작업증명(PoW), 균형작업증명(ePoW), 지연작업증명(DPoW). 이중작업증명(DPoW), 유용한 작업증명(PoUW), 캐스퍼, 지분증명(PoS). 우로보로스 지분증명(OPoS), 유동지분증명(LPoS), 리스지분증명(LPoS), 지분속도증명(PoSV), 위임지분증명(DPoS), 이중위임지분증명(DDPoS), 하이퍼 위임지분증명(Hyper-DPoS). 번앤언 위임지분증명(B&E DPoS), 포뮬레이션증명(PoF), 포크능력증명(PoF), 지분작업증명(PoSW), 트레이딩증명(PoT), 소각증명(PoB), 두뇌증명(PoB), 참여증명(PoE), 기여도증명(PoD), 중요도증명(PoI), 신뢰성증명(PoB), 흐름증명(PoF), 지지증명(PoS), 권위증명(PoA), 저장증명(PoS), 용량증명, 서비스증명(PoS), 경과시간증명, 비잔틴 장애 허용(BFT), 프랙티컬 비잔틴 장애 허용(PBFT), 경량 비잔틴 장애 허용(LBFT), 위임 프랙티컬 비잔틴 장애 허용(dPBFT, 텐더민트 비잔틴 장애 허용(TBFT), 연합 비잔틴 동의(FBA), 수정 연합 비잔틴 동의(mFBA), 아이작(ISAAC), 오벨리스크, 미네르바, 프리즘 등이 있다.

① 작업증명(PoW : Proof of Work)

목표값 이하의 해시를 찾는 과정을 무수히 반복함으로써 해당 작업에 참여했음을 증명하는 방식의 알고리즘이다. 채굴(mining)을 통해 작업증명을 한다. 비트코인, 이더리움, 라이트코인, 비트코인 캐시, 비트코인골드, 모네로, 지캐시, 시아코인, 불웍, 에이치닥 등의 암호화폐에서 작업증명 방식을 사용하고 있다.

② 균형작업증명(ePoW : equilibrium Proof of Work)

기존 작업증명(PoW) 방식을 기반으로 하되, 한 번 채굴에 성공한 노드는 일정 기간 강제로 휴식을 취하도록 만들어 다른 노드들에게 채굴 기회를 공평하게 나누어 주는 방식의 합의 알고리즘이다. 에이치닥 코인에서 이 방식을 사용하고 있다.

(3) 지연작업증명(DPoW : Delayed Proof of Work)

자체 블록체인 이외에 추가로 기존 비트코인의 블록체인도 함께 사용함으로써 위변조가 더욱 어렵게 만드는 합의 알고리즘이다. 슈퍼넷(Supernet)이 설계하였으며,

익명성을 보장하는 프라이버시 코인인 코모도(Komodo)가 지연작업증명 방식을 사용하고 있다.

(4) **이중작업증명**(DPoW : Dual Proof of Work)

에이식(ASIC) 채굴기를 허용하는 1차 채굴과 에이식 채굴기를 허용하지 않는 2차 채굴을 혼합하여 진행하는 작업증명(PoW) 방식을 말한다. 그린코인(GRIN coin)이 이 방식을 사용한다.

(5) **지분증명**(PoS : Proof of Stake)

해당 암호화폐를 보유하고 있는 지분율에 비례하여 의사결정 권한을 주는 방식이다. 주주총회에서 주식 지분율에 비례하여 의사결정 권한을 가지는 것과 유사하다. 채굴과정이 필요 없다. 큐텀, 피어코인 등의 암호화폐가 지분증명 방식을 사용하고 있다. 스트라티스는 처음에 작업증명 방식을 사용했으나 지분증명 방식으로 변경했다. 이더리움도 현재 작업증명 방식을 벗어나 지분증명 방식으로 변경할 예정이다.

(6) **우로보로스 지분증명**(OPoS : Ouroboros Proof of Stake)

기존 지분증명 방식의 문제점인 그라인딩 공격(Grinding Attack)을 방어하기 위해 코인토싱(coin tossing) 프로토콜을 사용하여 만든 합의 알고리즘이다. 카르다노가 이 방식을 사용하고 있다.

(7) **리스지분증명**(LPoS : Leased Proof of Stake)

자신이 소유한 암호화폐를 다른 사람에게 리스(lease)로 임대해 주고 그 대가로 보상을 받는 방식이다. 웨이브즈가 이 방식을 사용하고 있다.

(8) **위임지분증명**(DPoS : Delegated Proof of Stake)

암호화폐 소유자들이 각자의 지분율에 비례하여 투표권을 행사하여 자신의 대표자를 선정하고, 이 대표자들끼리 합의하여 의사결정을 내리는 방식이다. 국민의 대표로 의원을 뽑아 의회를 구성하는 대의 민주주의 제도와 유사하다. 이오스, 스팀, 리스크, 엘프, 라이즈, 아크, 비트셰어, 시프트, 보스코인 등이 위임지분증명 방식을 채택하고 있다.

(9) **이중위임지분증명**(DDPoS : Dual Delegated Proof of Stake)

기존의 위임지분증명(DPoS) 방식을 사용하면서, 알고리즘에 따라 실시간으로 교체되는 임의의 노드인 시그마노드(sigma node)를 추가하여 검증하도록 함으로써 대표자들 간의 담합에 의한 블록체인 데이터 조작 가능성을 예방한 합의 알고리즘이다. 곽진영이 창시한 시그마체인이 DDPoS 방식을 사용하고 있다.

(10) 하이퍼 위임지분증명(Hyper-DPoS)

기존의 위임지분증명(DPoS) 방식을 기반으로 하되, 일정한 시간 안에 빠르게 반응하고 응답할 수 있는 노드(node)만을 선택하여 합의 과정에 참여시키는 합의 알고리즘이다. 하이퍼 디포스라고도 한다. 모파스가 이 방식을 사용하고 있다.

(11) 포뮬레이션증명(PoF : Proof of Formulation)

포뮬레이션 보상 순서를 바탕으로 채굴자를 선택하는 합의 알고리즘이다. 플레타(Fleta)가 기존의 위임지분증명(DPoS)을 일부분 변형하여 만들었다.

(12) 포크능력증명(PoF : Proof of Forkability)

정해진 수의 선출된 검증자들이 투표를 통해 3분의 2 이상 찬성으로 의사결정을 하는 합의 알고리즘이다. 기존의 비잔틴 장애 허용(BFT)과 위임지분증명(DPoS) 합의 알고리즘의 장점을 결합하여, 애스톤(Aston)을 만든 ㈜엑스블록시스템즈가 개발했다.

(13) 지분작업증명(PoSW : Proof of Stake and Work)

작업증명(PoW) 방식과 지분증명(PoS) 방식을 혼합한 하이브리드 방식의 합의 알고리즘이다. 디크레드, 애터니티, 하이퍼캐시, 해피코인, 쿼크체인 등이 이 방식을 사용하고 있다.

(14) 트레이딩증명(PoT : Proof of Trading)

암호화폐 거래소에서 사용자가 거래한 양에 비례하여 거래소 수수료 수익의 일부를 거래자에게 되돌려주는 트레이딩 마이닝에서 사용하는 합의 알고리즘이다. 코인제스트의 코즈 등이 있다.

(15) 소각증명(PoB : Proof of Burn)

코인을 결코 돌아올 수 없는 지갑에 보내서 소각하면, 소각한 코인량에 비례하여 채굴 성공 가능성이 높아지는 방식이다. 지출증명이라고도 한다. 슬림코인(slimcoin)이 이 방식을 사용하고 있다.

(16) 두뇌증명(PoB : Proof of Brain)

암호화폐의 발행을 채굴자나 지분 소유자에게 맡기지 않고, 지적 두뇌 활동을 통해 콘텐츠를 생산하는 사용자와 해당 서비스를 이용하는 참여자들에게 맡기는 합의 알고리즘이다. 스팀(Steem)이 이 방식을 사용하고 있다.

(17) 중요도증명(PoI : Proof of Importance)

블록체인 네트워크에서 더 많은 지분을 가지고 더 많이 거래를 함으로써 더 많은 활동량을 보인 사람에게 더 큰 의사결정 권한을 주는 방식이다. 넴이 이 방식을 사용하고 있다.

(18) **신뢰성증명**(PoB : Proof of Believability)

커뮤니티에 대한 기여도를 고려하여 신뢰성이 높은 그룹을 찾아내고 이를 묶어서 증명에 사용하는 방식이다. 이오스트가 이 방식을 사용하고 있다.

(19) **흐름증명**(PoF : Proof of Flow)

더 많은 사용자 트래픽을 가져온 기여자에게 더 큰 보상을 해주는 합의 알고리즘이다. 중국의 요요우(YoYow)가 만들었다.

권위증명(PoA : Proof of Authority) : 권위있는 기관에서 조건에 맞는 노드를 증명해 이들간 합의를 이루는 방식이다. 두나무 블록체인 서비스(DBS)는 권위증명(PoA) 방식을 사용한다.

(20) **저장증명**(PoS : Proof of Storage)

증명자(Prover)가 자신의 하드디스크 여유 공간에 데이터를 저장하고, 검증자(Verifier)가 그것을 승인 또는 거절하는 방식으로 작동하는 합의 알고리즘이다. 공간증명(Proof of Space)이라고도 한다. 유토큰(YOU token)이 저장증명 방식을 사용하고 있다.

(21) **용량증명**

블록체인 노드가 가진 데이터 스토리지 공간의 크기에 비례하여 투표 효력을 계산하는 방식이다. 용량증명의 변형된 형태가 저장증명(Proof of Storage) 또는 공간증명(Proof of Space)이다. 버스트코인(Burstcoin)이 용량증명 방식을 사용하고 있다.

(22) **경과시간증명**(PoET, Proof of Elapsed Time)

미국 인텔이 개발한 합의 알고리즘이다. 한국의 이든체인(EdenChain)이 이 방식을 사용하고 있다.

(23) **프랙티컬 비잔틴 장애 허용**(PBFT : Practical Byzantine Fault Tolerance)

네오, 질리카, 하이퍼레저, R3, ICT, 텐더민트 등에서 사용하는 방식이다.

3) 체인 알고리즘

체인 알고리즘(Chain Algorithm)이란 다수의 거래기록을 암호화하여 체인처럼 연결함으로써 위변조를 방지하고 탈중앙 분산 저장 방식으로 데이터를 관리하는 알고리즘이다.

블록체인은 가장 대표적인 체인 알고리즘이고 위변조 방지, 탈중앙 분산 저장 등 많은 장점을 가지고 있으나, 트랜잭션 처리 속도가 느리고 다른 블록체인과 연결이 어렵다는 단점이 있다. 이를 개선하기 위해 라이트닝 네트워크, 플라즈마, 플라즈마 캐시, 사이드체인, 더블체인, 인터체인 등이 출현했으나 여전히 일정한 한계를 가지고 있다. 한편 블록체인 자체를 벗어난 새로운 대안적 알고리즘으로 탱글, 해시그래프 등이 등장하고 있다.

체인이란 이전 블록의 해시가 다음 블록의 한 구성요소가 되는 방식으로 여러 블록이 마치 쇠사슬처럼 서로 연결된 것을 말한다. 체인으로 연결된 데이터 구조는 연결 리스트(Linked List) 방식과 유사하다. 데이터베이스를 구성하는 여러 노드들이 시간 순서에 맞게 일렬로 늘어서서 체인으로 연결된 모양을 가지고 있다. 기존 연결 리스트 자료구조에서는 이전 노드의 주소와 다음 노드의 주소를 표시한 포인터를 별도로 가지고 있었으나, 블록체인과 같은 자료구조에서는 해시(hash) 자체가 각 노드를 연결하는 주소의 역할을 한다.

블록체인과 그것을 개선한 다양한 체인들은 하나의 노드가 이전 노드의 해시 하나만 가지고 있다.

하지만 블록체인의 대안으로 출현한 탱글(tangle)과 해시그래프(hashgraph)의 경우 하나의 노드가 이전 노드 2개에 대한 해시를 가지고 있다.

탱글과 해시그래프는 연결 리스트와 같은 구조가 아니라 여러 노드들이 서로 복잡하게 뒤얽혀 있는 모양을 가지고 있다. 탱글과 해시그래프는 기존 블록체인이 가지고 있었던 위변조 방지 및 탈중앙 분산 저장이라는 특징을 그대로 유지하면서도 트랜잭션 속도를 획기적으로 개선할 수 있는 새로운 대안으로 떠오르고 있다.

(1) 블록체인

다수의 거래 기록을 묶어 블록을 구성하고, 해시를 이용하여 여러 블록을 체인처럼 연결한 뒤, 다수의 사람들이 복사하여 분산 저장하는 알고리즘이다. 비트코인의 창시자인 사토시 나카모토가 처음 개발했다.

(2) 라이트닝 네트워크(Lightning Network)

기존 블록체인의 느린 속도를 해결하고 번개처럼 빠른 속도를 구현하기 위해, 개별 거래를 별도의 채널에서 처리한 후 그 결과만 블록체인에 기록하는 방식으로 작동하는 알고리즘이다.

(3) 플라즈마(Plasma)

모든 거래내역을 메인체인에서 처리하는 블록체인과 달리, 메인체인(또는 루트체인)에 나뭇가지처럼 이어진 차일드체인에서 사전에 수집된 정보들을 처리한 후 결과만 루트체인에 전달함으로써 처리 속도를 향상시킨 알고리즘이다. 비탈릭 부테린과 조셉 푼이 공동 개발했다.

(4) 플라즈마캐시(Plasma Cash)

모든 사용자가 모든 거래내역을 복사하여 관리하던 기존의 블록체인이나 플라즈마 알고리즘과 달리, 개별 사용자가 관심을 가진 특정 코인이 포함된 블록만 추적함으로써 처리 속도를 향상시킨 알고리즘이다. 이더리움을 창시한 비탈릭 부테린과 댄 로빈슨, 칼 플로어쉬 등이 공동 개발하고 있다.

(5) 사이드체인(Sidechain)

플랫폼 코인에 해당하는 이더리움, 넴, 엘프 등의 메인체인 옆에 나란히 붙어서 작동하는 체인을 말한다. 사이드체인만의 독립된 노드를 구성하지 않고, 기존 메인체인의 노드에 사이드체인의 노드가 추가되는 방식으로 작동한다.

(6) 더블체인(Double Chain)

퍼블릭 블록체인과 프라이빗 블록체인을 연결한 체인이다. 예를 들어, 보안이 중요한 가정용 사물인터넷(IoT) 기기는 프라이빗 블록체인을 이용하고, 자동화된 결제를 위해 퍼블릭 블록체인에 연결하는 방식이다. ㈜더블체인의 전삼구 대표가 제안한 개념이다.

(7) 인터체인(Interchain)

다른 블록체인들을 서로 연결하기 위한 체인이다. 인터체인을 사용하면 A라는 암호화폐로만 구매할 수 있는 제품이나 서비스를 인터체인으로 연결된 B라는 다른 암호화폐로도 구매할 수 있다. 인터체인 방식의 암호화폐는 한국의 ㈜아이콘루프가 개발한 아이콘 등이 있다.

(8) 퓨어체인(Purechain)

물리적 복제방지기술인 PUF(퍼프)를 이용하여 데이터의 위변조를 방지하고 거래 당사자 간의 합의만으로도 거래를 확정지을 수 있는 기술이다. 기존 블록체인의 문제점을 하드웨어적으로 해결하려는 시도이다.

(9) **탱글(Tangle)**

기존 블록체인의 한계를 극복하고자 블록 자체를 없애고, 새로 발생한 거래가 이전에 발생한 2개의 거래를 확인해 주는 방식으로 작동하는 알고리즘이다. 사물인터넷(IoT) 시대의 M2M 코인인 아이오타(IOTA)에 사용된 알고리즘이다.

(10) **해시그래프(Hashgraph)**

기존 블록체인의 한계를 극복하고자 연결 리스트 방식이 아니라, 하나의 노드가 다른 불특정 노드에게 가십(Gossip)을 전달하는 방식으로 작동하는 알고리즘이다. 기존 블록체인의 장점인 위변조 방지 기능과 탈중앙 의사결정구조를 유지하면서도, 1초에 수십만 건 이상의 트랜잭션을 처리할 수 있다. 리몬 베어드(Leemon Baird)가 개발했다.

수행 내용

재료 · 자료

• 지갑 및 블록체인 관련 자료

기기(장비 · 공구)

• 컴퓨터, 프린터, 주변기기

안전 · 유의사항

• 컴퓨터 및 주변기기의 전원을 관리한다.

수행 순서

01 스마트 컨트렉트의 기술적 및 정책적 문제점에 대하여 분석하라.

스마트 컨트랙트는 블록체인의 활용 범위를 일상생활의 여러 분야로 확장시켜 '블록체인 2.0'이 가능하게 했으나, 다양한 기술적 · 정책적 문제점을 가지고 있다.

1. 기술적 문제점

다른 프로그래밍 언어로 작성된 프로그램과 달리 스마트 계약 코드는 타이머나 이벤트(Event) 등을 통해서 실행되지 못한다. 예를 들어, 특정 시간에 특정 주소로 자동으로 송금하는 프로세스 등은 구현할 수 없다. 왜냐하면 스마트 컨트랙트는 자기 자신의 개인키(Private Key)가 없기 때문에 스스로 어떤 트랜잭션도 발생시킬 수 없기 때문이다.

원칙적으로 랜덤 함수(Random Function)를 사용할 수 없다. 블록의 생성 시간으로 랜덤값을 만드는 방법 등이 있기는 하지만, 원칙적인 랜덤값이라고 보기는 힘들다.

한번 배포되어 블록으로 생성된 스마트 계약은 수정이 불가능하기 때문에, 업그레이드나 버그 패치, 보안 취약점 수정 등이 어렵다. 최근 들어 업그레이드 가능한 스마트 계약(Upgradable Smart Contract) 작성 방법이 활발히 연구되고 있으나, 델리게이트콜(Delegatecall) 기능을 이용하여 복수의 스마트 계약을 구성하고, 새로 배포한 스마트 계약을 델리게이트콜하는 방식이기 때문에 플랫폼 차원에서 해결된 문제라고 보기는 힘들다.

솔리디티(Solidity) 언어가 비교적 최근에 개발된 언어이고 그렇게 빠르게 업그레이드되지 않고 있어서, 타 개발 언어에서 기본적으로 지원되는 타입이나 연산자 또는 명령어가 부족하다.

예를 들어, 소수점 연산을 아직 지원하지 않고 있는데, 솔리디티 공식 매뉴얼에서도 소수점 연산을 하지 말 것을 권고하고 있다. 또한, 예외 상황이나 에러 처리를 위한 제어문이나 클래스가 거의 없다시피하다. 물론 Assert문이나 Require문이 있기는 하나, 주어진 검사 조건이 참(True)이 아니면 실행 중인 코드를 중지시키는 역할만 하고 있을 뿐, 코드 흐름을 제어하지는 못하고 있다.

솔리디티 언어 관련 라이브러리(Library)도 상당히 부족하다. 심지어는 이더리움 공식 솔리디티 빌트인(Solidity Built-in) 라이브러리도 거의 없어서, 기본적인 문자열 연산(문자열 결합, 분할, 내부검색 등)도 지원되지 않는다. 물론 서드파티(3rd Party) 비공식 라이브러리는 있지만, 그렇게 활발히 사용되고 있지는 않다.

솔리디티 언어는 다양한 보안 취약점을 가지고 있다. 특히, 솔리디티의 '6대 보안 취약점'을 이용한 해킹 공격으로 인해 많은 피해가 발생하였다.

2. 정책적 문제점

1) 비싼 가스 수수료 문제

스마트 컨트랙트를 이용하여 특정 기능, 특히 상태값을 변경하려면, 수수료인 가스(Gas)가 필요하다. 다시 말해, 가스 수수료 때문에 무료로 사용할 수 있는 서비스를 구현하기가 어렵다. 이 문제를 해결하기 위해, 루니버스 같은 스마트 계약 플랫폼은 디앱 운영업체들의 수수료를 정책적으로 대납해 주기도 한다.

2) 다자간 스마트 계약 문제

스마트 컨트랙트는 기본적으로 2명의 사용자 사이의 1:1 계약을 전제로 한다. 만약 1:1 계약이 아니라, N:M 다자간 계약인 경우, 기존의 스마트 컨트랙트 기능을 대폭 수정해야 한다. 만약 계약의 내용이 계약 당사자 모두에게 동일하다면, 다중서명을 통해 다자간 계약을 구현할 수도 있을 것이다.

다중서명은 "M-of-N" 구조를 가지고 있는데, 전체 N명의 사용자 중에서 M명 이상이 서명하는 경우, 해당 스마트 계약이 자동 실행된다. 그러나, 만약 계약 내용이 계약 참여자마다 서로 다른 경우라면, 기존의 다중서명 기능을 이용하여 N:M 다자간 스마트 계약 기능을 구현할 수 없다.

예를 들어, A, B, C라는 3명의 계약 참여자가 존재하는 다자간 계약 상황에서 A : B의 계약 내용과 A : C의 계약 내용이 서로 다른 경우라면, 기존의 스마트 계약 방식으로는 다자간 계약을 구현하기 어렵다. 이 경우 상호인증 블록체인 방법을 사용하여 다자간 스마트 계약 문제를 해결할 수 있다.

2) 오라클 문제

스마트 컨트랙트 시스템은 오라클 문제(Oracle Problem) 라는 근본적 문제를 가지고 있다.

오라클 문제란 블록체인 밖에 있는 데이터를 블록체인 안으로 가져올 때 발생하는 문제를 말한다. 블록체인은 데이터의 위변조가 거의 불가능한 분산 저장 기술이지만, 데이터가 블록체인 안으로 들어와야 블록체인으로 관리할 수 있다. 데이터가 블록체인 안으로 들어오지 않거나, 혹은 블록체인 안으로 들어오는 과정에서 위변조가 발생한다면, 설령 그 데이터가 블록체인으로 관리된다고 할지라도 신뢰하기 어렵다. 이러한 오라클 문제를 해결하기 위해, 중간자를 두거나 상호인증 블록체인 방법을 사용할 수 있다.

02 스마트 컨트렉트의 활용사례에 대하여 분석하라.

스마트 컨트랙트는 오랜 기간 동안 비즈니스 관행으로 고착화된 여러 제약을 넘어설 수 있는 사고의 파괴를 유도하고 나아가 새로운 가치를 창출할 수 있는 원천이다. 스마트 계약을 통해 해킹 위험이 낮아지고, 보안 비용이 절감되며, 중개자가 없으므로 수수료도 절감되고, 데이터 정합성 혹은 무결성 검증 시간이 단축될 수 있다. 또한, 계약의 투명성으로 인해 규제 비용이 절감되고, 이중지불 위험도 사라지며, 정보통신(IT) 시스템 구축 비용이 절감되고, 신사업 서비스로 확장성도 가질 수 있다. 특히, 상호 약속된 규칙에 따른 절차로 작동하며 서로 간의 신뢰가 필요한 서비스 업무 영역에서 가장 큰 적용 효과를 발휘할 것으로 예상되고 있다.

기존 비트코인(Bitcoin) 블록체인에서부터 시작된 통화 및 지급 결제 수단으로서 본원적 영역은 물론이고, 유・무형 자산을 포괄한 모든 재화에 대한 평가, 가치 관련 모든 거래 등에 빠르게 침투할 수 있다. 일정한 형식의 반복적인 계약이 많은 분야, 원격자 간 계약 체결이 필요한 분야, 제품의 유통 추적이 필요한 분야 등에서 스마트 컨트랙트를 우선적으로 도입하고 있다.

1. 금융 분야

비트코인이 지불 수단을 중심으로, 중개기관 없이 순수 자금의 이동・전환・처리에 중점을 두었다면, 이더리움은 거래 관련 이해관계자들 간 자금 이동을 포함하여 관련된 계약의 내용을 포괄하는 사전・사후 업무처리 범위로 관련 업무 영역이 확산되었다. 이더리움의 스마트 계약 플랫폼을 이용하면, 거래 당사자 간 스마트 컨트랙트에 따른 자동 실행이 가능하므로, P2P 중심 계약 시스템으로 확산될 수 있다. 특히, 일정한 형식의 반복적인 계약이 많은 분야, 예를 들어 보험업에서 특정 조건을 만족시키면 계약 보상금이 지급되도록 스마트 컨트랙트를 작성함으로써, 조건 충족 시 보험금이 자동으로 지불되도록 할 수 있다.

1) 보험

보험업의 특성상 손해보험 보상 업무 하나만을 놓고 보더라도, 가입자, 보험사, 손해사정, 정비업체, 병원, 사법기관 등 다양한 이해관계자들이 존재한다. 다양한 이해관계자들간 확인 및 검증 처리 절차를 위하여, 그동안 각기 상이한 대외 업무 처리를 통한 복잡한 인터페이스 프로세스에 의존할 수밖에 없어, 전체 업무 처리에 소요되는 시간과 비용이 상대적으로 높을 수밖에 없었다. 하지만 스마트 계약을 도입하면, 보상 프로세스 진행을 위해, 관련자간 위・변조가 불가능한 동일한 증빙문서에 의존하게 되고, 일정한 조건을 충족하는 경우 자동으로 해당 보상금이 지급되도록 함으로써, 보험 업무를 신속하고 정확하며 투명하게 처리할 수 있다. 이렇게 보험회사, 병원, 환자 간 블록체인 기반 처리가 가능해지면, 공동의 블록체인 시스템 생태계가 조성되어 네트워크 보완과 환자 의료 기록을 보호하면서, 의료비 산출 및 청구 과정에서 투명성과 효율성을 높일 수 있다. 최근 해외에서는 알리안츠 보험, 존핸콕과 같은 대형 보험사를 중심으로 블록체인의 잠재성을 높이 평가하여 스타트업과 제휴를 통해 새로운 보험 사업 모델을 개발 중이다.

2) 은행

삼성SDS㈜는 2017년 기업형 블록체인 플랫폼인 넥스레저(Nexledger)를 선보인 후, 은행 공동 블록체인이자 은행연합회의 블록체인 공동 인증 서비스인 뱅크사인(BankSign)을 출시했다. 2018년 8월 27일에 개발 완료된 뱅크사인은 한국의 18개 은행이 모두 각자 서버를 두고 블록체인 네트워크를 운용하는 프로젝트이다. 이를 통해 만약 고객이 한 은행에서 공동 인증서를 발급 받으면 다른 은행에서도 간단한 인증만으로 거래 은행의 모바일 뱅킹 서비스를 편리하게 이용할 수 있다. 매년 공인인증서를 갱신하고 은행마다 각각 별도의 등록과 인증이 필요했던 과거의 번거로운 절차도 필요 없어졌다. 또한 인증서의 유효기간도 3년 이상으로 늘어난다. 증권업계도 증권 거래에 스마트 계약을 도입해 자동화를 이뤄나가고 있다. 미국 나스닥의 경우 전문 투자자용 장외시장 거래(OTC)에 이를 적용했다.

2. 저작권

블록체인 기반의 스마트 계약은 저작물의 소유권을 관리하고, 저작물 구입 관련 거래 정보를 투명하게 공유하며, 저작권과 같은 지적재산권을 보호하고, 저작물의 불법 복제를 근본적으로 근절하는 데에 기여할 수 있다. 또한 지적재산권에 대한 권리를 스마트 계약으로 등록하여 사용자 대금 지급에 따라 실시간 대금 수령이 이루어지도록 구현하면, 불필요한 중개자가 제거되고 프로세스는 단축되어 보다 효율적인 거래가 가능해질 수 있다.

3. 공유경제

블록체인 기반의 스마트 계약은 공유경제의 한계점 보완과 신뢰 문제를 해결하는 열쇠가 될 수 있다. 스마트 계약 기능은 원격자 간 계약 체결이 필요한 분야인 공유경제 분야에 활용될 수 있다. 예를 들어, 집 또는 자동차를 공유하기 위해 계약 조건을 정하고 이에 따라 금전 지급 및 서비스 제공이 이루어지도록 스마트 계약을 실행하면, 중개업체를 거치지 않는 사용자 간 직접 거래가 실현될 수 있다. 미국 GM과 승차공유기업 리프트는 사물인터넷(IoT) 기반으로 차량을 등록하고, 스마트 계약을 통해 차량 유치권, 이전, 압류 담보관리 등의 추적을 자동화하는 작업을 진행하고 있다.

4. 물류 유통

제품의 유통 추적이 필요한 분야인 전 세계 식품 유통에 관여하는 생산자, 공급자, 운영자, 배급업체, 유통업체, 규제당국, 소비자 등이 모두 블록체인 상에서 식품 오염 이력을 확인하고, 이에 따른 대금 지불이 가능하다. 미국 IBM은 블록체인 기반 식품 원산지 조회 서비스인 푸드트러스트(Food Trust)를 운영 중이다. 식품 원산지 조회 서비스를 운영하게 되면서 오염된 식품이 발견될 경우, 예전에는 어떤 농장에서 생산됐는지 확인하는 데 6일 이상 걸려 모든 식품을 폐기해야 했는데, 블록체인 기술을 적용한 이후 2.2초로 단축되었다.

삼성SDS㈜의 경우, 2017년 36개 민·관·연과 함께 해운물류 블록체인 컨소시엄을 구성해 7개월간 기술 검증을 진행했다. 선박을 이용해 물건 하나를 다른 나라로 보내는 일은 생각보다 복잡해서 상대방을 속이는 부당행위가 일어나도 이를 걸러내기 쉽지 않은 구조이다. 이에 따라 해운물류 분야 기업들은 다른 분야의 기업들보다 먼저 신뢰의 기술이라는 블록체인에 관심이 가지게 되었다. 기존에는 200개 이상 문서가 수작업으로 오가야 했는데, 블록체인 도입으로 문서를 한 번에 동시 공유할 수 있게 되었다. 기존에 5~6일씩 걸리던 작업이 실시간으로 해결돼, 많은 낭비가 사라졌다고 한다.

5. 향후 전망

블록체인을 이용한 스마트계약은 계약 이행 및 검증의 과정이 네트워크로 자동화되고, 중재해주는 사람이나 기관이 없다보니 돈이나 부동산, 주식, 그밖에 가치있는 그 무엇이라도 교환하면서도 투명하고, 계약 쌍방간에 충돌 없이 거래를 완료할 수 있다.

기존 계약서는 서면으로 돼 있어 계약 조건을 이행하려면 실제 사람이 계약서대로 수행을 해야 하지만 디지털 명령어로 계약서를 작성하게 되면 명확성과 함께 애초에 합의한 조건에 따라 계약 내용을 자동 수행이 가능하다.

그리고 추가 비용 없이 직접 처리하게 만든 것으로 복잡한 사업상의 계약을 적은 비용과 합의에 따른 신뢰를 바탕으로 안전하게 계약을 실행할 수 있다. 무엇보다 스마트계약은 그 실행 내용의 무결성과 조작되지 않음을 보장한다. 그렇기 때문에 스마트 컨트랙트 비즈니스는 계속 성장할 것으로 예상된다. 시장조사업체 가트너는(Gartner)는 2022년에는 글로벌 기관 중 25% 이상이 스마트 컨트랙트를 사용할 것으로 예상하고 있다.

캡제미니(Capgemini)는 2020년 초 스마트 컨트랙트가 도입될 것이며 특히 금융업계가 비용 절감과 수요 창출의 효과를 얻을 것라고 예측하고 있다. 즉, 투자은행의 경우, 결제 주기가 20일에서 6~12일로 단축되어 5~6% 추가 수요를 발생시킴으로써 매년 20~70억 달러의 추가 수입 발생을 예상하고 있고, 소비자 금융의 경우, 주택 담보 대출의 처리 비용을 낮춰 매년 30~110억 달러 비용 절감되고, 보험의 경우, 개인용 자동차 보험에서만 연간 210억 달러 비용 절감이 예상되고 있다.

한국에서도 지난해부터 스마트 콘트랙트를 활용한 각종 정부사업이 추진되고 있다. 중앙선거관리위원회는 블록체인을 접목한 온라인 전자투표 시스템을, 농림축산식품부는 블록체인 기반의 축산물 이력관리시스템을 준비 중이다. 국토교통부는 공인중개사 등과 연계해 부동산 거래를 원스톱으로 제공하는 플랫폼을 시범적으로 구축하고 있다.

03 블록체인(비트코인)의 해시기술 이용과정에 대하여 분석하라.

비트코인에서 블록은 '블록 헤더+ 트랜잭션 정보(복수)'로 만들어지면 블록 헤더는 '이전 블록 헤더의 해시 값(Previous Block Hash)+ 난스(Nonce)+트랜잭션의 해시 값'으로 구성된다.

1. 이전 블록 해시

이전 블록(Previous Block)이 다르면, 그 해시함수의 결과 값, 즉 이전 블록 해시(Previous Block Hash)값이 다르기 때문에, 이전 블록 해시값이 주어진다면, 그 블록의 이전 블록(previous block)을 유일하게 식별할 수 있다.

따라서 이전 블록 해시는 이전 블록에 대한 인터로도 볼 수 있다.

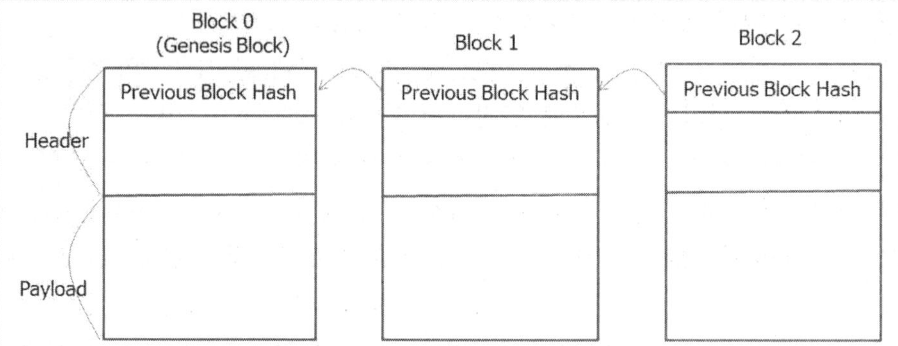

[그림 2-11] 이전 블록 해시

[그림 2-11]에서 블록 2의 이전 블록 해시가 블록 1을 가리키는 것으로 표시하였는데, 이는 이러한 이유에서이다. 따라서 블록체인은 블록들이 일렬로 연결된 구조로 볼 수 있으며 이러한 연결은 이전 블록 해시를 통하여 이루어진다. 또한 하나의 블록(Block)은 크게 헤더(Header)와 페이로드(Payload)로 구성되는데, 페이로드에 데이터가 저장된다.

2. 난스

블록체인은 블록들이 연결된 구조이므로, 새로운 블록을 기존의 블록체인에 연결하는 형식으로, 블록체인의 크기를 성장시킨다. 새로운 블록을 생성할 때 위변조를 어렵게 하는 방법으로 작업증명(Proof of Work)의 개념을 이용하는데, 이를 위하여 사용하는 필드가 난스(Nonce)이다.

기존의 블록체인에 추가할 새로운 블록을 생성하려고 하는 경우 페이로드에는 데이터를 채우고, 헤더에 필요한 값들을 채우면 된다. 이전 블록 해시는, 앞에서 설명한 대로 이전 블록을 입력 값으로 하여 해시 함수에 적용한 출력 값으로 쉽게 구할 수 있다.

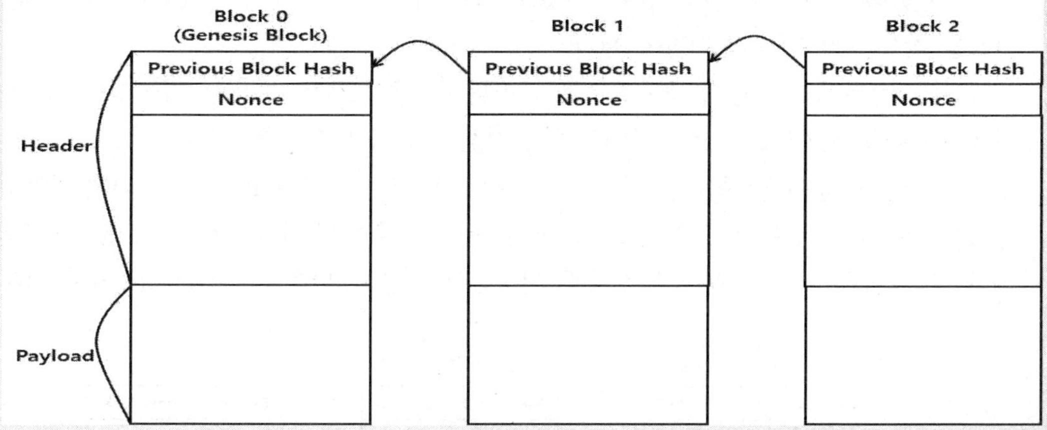

[그림 2-12] 난스(nonce)

블록 내 다른 필드를 다 채운 후, 마지막으로 채우는 필드가 난스필드이다. 새로운 블록을 만든 후, 다른 값들을 다 채운 후, 이 블록을 입력값으로 했을 때 SHA-2(x)의 출력 값의 상위 n비트가 0이 되도록 하는 난값을 찾아야 한다.

이는 난스값을 0부터 1씩 증가시키면서, 해시함수를 계산하고, 그 결과 값의 상위 n비트가 0인지 판단하고, 그 결과 값의 상위 n비트가 0이 될 때까지 계속된다.

이러한 의미에서 난스를 찾는 작업이 작업증명이 된다. 비트코인의 경우, 이 작업은 최상의 컴퓨터에서 평균적으로 10분 정도 소요되도록 난이도가 정해져 있다. 난스를 찾아야 해당 블록을 완성할 수 있으며, 비트코인에서는 이 작업을 채굴(Mining)이라고 부른다. 비트코인에서 채굴에 성공하면, 일정한 금액의 비트코인이 채굴자에게 지급된다. 이 이익이 크기 때문에, 굳이 블록체인을 해킹하거나 하는 대신, 그 정도의 시간과 비용을 투여하여 채굴작업에 쓰게 되는 것이다. 컴퓨터의 성능이 좋아질수록 난스를 더 빨리 찾을 수 있는 가능성이 발생하는데 이 때문에, 난스를 찾는 난이도가 조정된다. 즉 시간이 흐르면서 컴퓨터의 성능이 좋아질수록 난스를 찾는 난이도는 더 어려워지고 결국 하나의 새로운 블록을 추가하기 위해 필요한 난스를 찾는 작업은 비트코인에서는 약 10분 정도로 유지된다 이 말은 결국 비트코인의 블록체인에 새로운 하나의 블록이 약 10분 정도마다 추가된다는 의미이다.

3. 난이도

블록체인에서 난스를 찾아야 해당 블록을 완성할 수 있으며, 새로운 블록을 비트코인에 추가할 수 있다. 새로운 블록을 만든 후 다른 값들을 다 채운 후, 이 블록을 입력 값으로 했을 때 SHA-2(x)의 출력 값의 상위 n비트가 0이 되도록 하는 난스를 찾아야 한다. 이는 난스를 1씩 증가시키면서 해시함수를 계산하고 그 결과 값의 상위 n비트가 0인지 판단하고 그 결과 값의 상위 n비트가 0이 될 때까지 계속된다. 이러한 의미에서 난스를 찾는 작업이 작업증명이 된다.

그런데, 컴퓨터의 성능이 좋아질수록 난스를 더 빨리 찾을 수 있는 가능성이 발생하는데, 이 때문에, 난스를 찾는 난이도가 조정될 필요가 있다. 즉, 시간이 흐르면서, 컴퓨터의 성능이 좋아질수록 난스를 찾는 난이도는 더 어려워지고 결국 하나의 새로운 블록을 추가하기 위해 필요한 난스를 찾는 작업은 일정한 시간 간격으로 유지되도록 해야 한다 이를 위하여 필요한 정보를 저장하는 부분이 난이도(Difficulty Bits)이다.

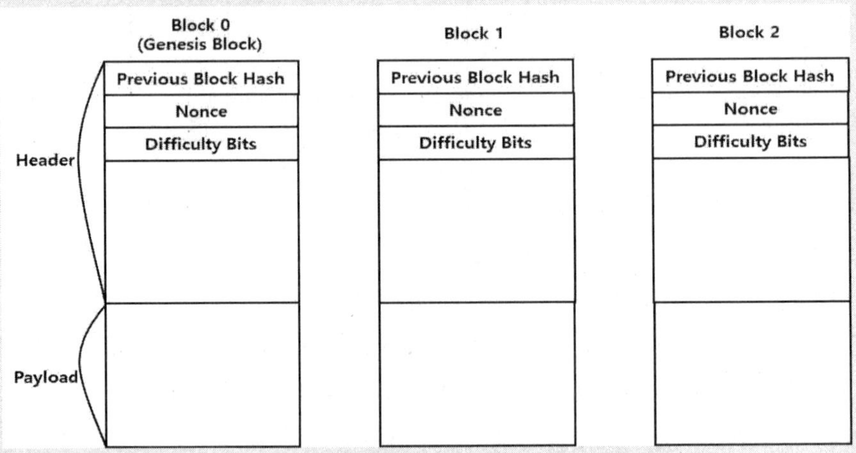

[그림 2-13] 난이도

난이도는 해시 함수의 출력값 중이 되어야 하는 상위 n비트의 크기를 나타낸다. 난이도가 클수록, 새로 생성한 블록을 입력 값으로 넣었을 때 난스 값을 변경해 가면서) 해시 함수의 출력 값 중 상위 n비트의 값 모두가 0이 되도록 하는 난스 값을 찾는 것이 더 어려워지고 더 많은 계산을 필요로 하게 된다.

블록체인은 블록체인 네트워크상의 누구나 접근할 수 있는 데이터이므로, 이 블록체인의 성장 속도도 누구나 알 수 있다. 이 블록체인의 성장속도, 즉 블록체인에 새로운 블록이 추가되는 속도를 보면서, 이 속도가 빨라지면 상기 난이도를 높여서 블록체인이 성장하는 속도를 일정하게 유지한다.

4. 페이로드 해시

블록체인에서 블록들을 서로 연결하는 것은 이전 블록 해시를 통해서 이루어진다. 앞에서, 이전 블록 해시는 이전 블록을 입력 값(Input)으로 하고 해시함수를 적용하였을 때 나온 출력 값(Output)으로 설명하였다. 그러나 해시함수에 이전 블록의 전체를 입력 값으로 사용하는 경우 입력 값의 크기가 커지므로 이를 좀 더 간단하게 하는데 사용되는 것이 페이로드 해시(Payload Hash)이다.

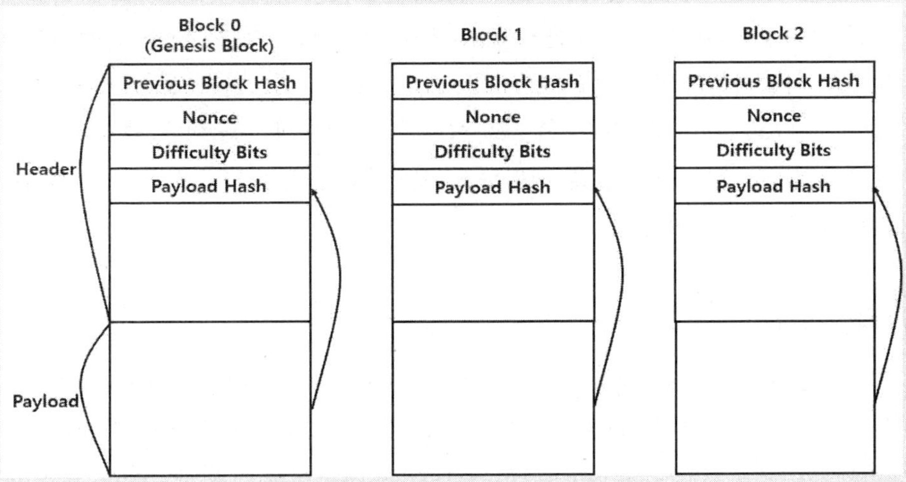

[그림 2-14] 페이로드 해시

페이로드 해시는 페이로드에 해시함수를 적용하여 얻어진 결과 값이다. 즉 페이로드를 입력값으로 하고 해시함수(예를 들어, SHA-2(x) 등)를 적용하였을 때 나온 출력값이다. 앞의 그림에서 블록의 페이로드 해시는 블록 1의 페이로드를 입력값으로 하고, 해시함수(예를 들어, SHA-2(x) 등)를 적용하였을 때 나온 출력 값이다.

이와 같이, 각 블록의 헤더 내에 페이로드 해시를 포함하면, 이전 블록해시의 값을 계산할 때 이전 블록의 모든 값을 입력 값으로 사용하지 않고 이전 블록의 헤더만을 입력 값으로 사용할 수도 있다 예를 들어 비트코인에서는 페이로드 해시를 사용하고 이전 블록 해시의 값을 계산할 때 이전 블록의 모든 값을 입력 값으로 사용하지 않고, 이전 블록의 헤더만을 입력 값으로 사용한다.

이렇게 되면, 모든 장치가 블록체인의 페이로드 모두를 저장할 필요 없이 물론, 어떤 장치들은 여전히 블록체인의 페이로드 모두를 저장하여야 하지만, 블록체인 내 헤더의 체인만을 저장하면 된다. 이는 각 블록체인 노드들이 저장해야 하는 데이터의 양을 엄청나게 줄일 수 있다 왜냐하면 하나의 블록에서 헤더가 차지하는 크기는, 페이로드가 차지하는 크기에 비해서 매우 작기 때문이다 따라서 페이로드 해시를 이용하면 블록체인을 저장하는 저장 공간(Disk Space)를 줄이게 된다.

페이로드 해시를 사용하고 블록 해시의 값을 계산할 때, 이전 블록의 모든 값을 입력 값으로 사용하지 않고 이전 블록의 헤더만을 입력 값으로 사용한다고 해도 하나의 블록을 변경하였을 때 그 자손 블록들을 모두 변경해야 한다는 블록체인의 이점은 그대로 유지된다 하나의 블록 내 페이로드의 값 중 한 비트라도 변경하면 그에 따라 그 블록의 페이로드 해시의 값이 변경되고 이에 따라 그 자손 블록들의 이전 블록 해시의 값이 모두 변경되어야 하기 때문이다 이를 위해 모든 블록에 대해 난스를 찾는 작업을 다시 수행해야 하는데 이는 사실상 불가능하기 때문에, 블록의 위변조는 여전히 어렵게 된다.

비트코인에서는 페이로드 해시를 사용하는데 실제로는 해시 함수를 두 번 적용하는 해시함수를 사용하는데 더블 해시 256(Double Hash 256)을 사용한다. 즉 페이로드를 입력 값으로 하고, SHA-2(x)해시함수를 적용하였을 때 나온 출력 값을 다시 해시함수의 입력값으로 하여 나온 출력 값을 페이로드 해시로 사용한다. 또한 페이로드에 대해서도 머클 트리(Merkle Tree)를 사용한다.

5. 타임스탬프

타임스탬프(Time Stamp)는 블록이 생성한 시간을 나타내는 값이다 시간 정보를 제공하는 타임스탬프 서버(Time Stamp Server) 로부터 시간 정보를 가져와서 그 값을 타임스탬프 값으로 저장한다. 이는 그 시간에 그 데이터가 존재하였음을 증명하는 용도로 사용된다. 블록은 최근에 생성되었는데 타임스탬프 값은 매우 오래된 것이라면, 이 블록은 유효하지 않은 블록으로 판단될 수 있다.

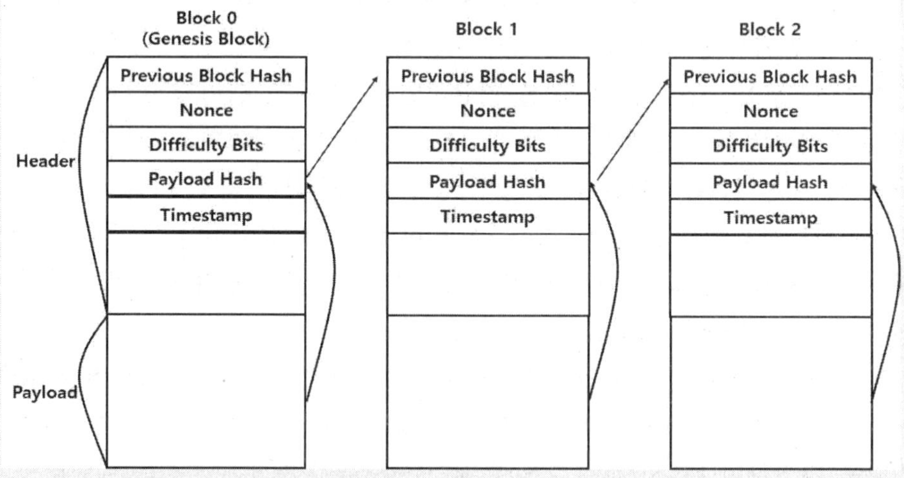

[그림 2-15] 타임스탬프

6. 페이로드

하나의 블록 내에서 페이로드(Payload)는 데이터를 저장하는 필드이다 데이터의 종류는 다양할 수 있다. 비트코인은 블록체인을 구성하는 블록의 페이로드 필드에 거래(Transaction)를 저장한다. 즉 어느 비트코인 주소(Bitcoin Address)로부터 어느 비트코인주소로 얼마의 비트코인을 지불/송금하였는지에 관한 정보를 저장하며 하나의 페이로드에 수백 개의 거래가 저장된다. 결국 비트코인이 생성된 이래 비트코인을 이용한 모든 거래는 비트코인 블록체인에 저장되고, 비트코인 노드들 중 누구라도 접근해서 볼 수 있는 데이터가 되는 것이다.

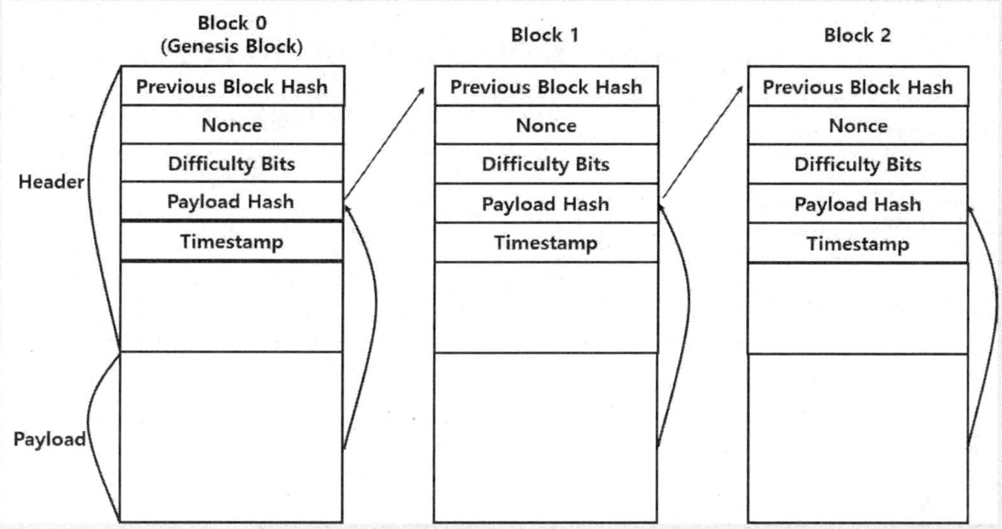

[그림 2-16] 페이로드

난스의 용량이 4Bytes밖에 안 된다. 여기에 변조를 해보면 기껏해야 232 = 4,294,967,296의 경우의 수밖에 안 나온다(약 40억 개).

SHA-256의 모든 경우의 수인 2^{256}개를 유도해 낼 수 없는 것이다.

1차적인 답은 타임스탬프 값을 바꾸는 것이다. 40억 개를 연산하는 동안 시간은 흐를 테고 흘러간 시간을 반영해 타임스탬프를 변조시킨 뒤 다시 nonce 0x00000000부터 0xFFFFFFFF까지 돌려 보면 된다.

컴퓨터 입장에선 경우의 수가 40억개 밖에 안 되기 때문에 4GigaHash/s의 연산속도만 넘어가도 1초안에 모든 경우의 수를 시도해 볼 수 있게 된다.

채굴할 때 거래 장부를 모아 먼저 Body를 구성하게 되는데 이때 채굴자에게는 12.5BTC(2017년 기준)의 돈을 자기 계좌로 입금함과 동시에 100바이트정도의 자신만의 문구를 입력할 권리를 준다.

이 문구를 조금 변형시키면 Mukle Root값이 많이 변형되고 또 새로운 경우의 수를 탐색할 수 있게 된다. Mukle Root는 블록의 바디(Body)부분을 증명해주는 해시이다.

Body부분에는 어디서 어디로 얼마만큼의 금액이 이동했는지에 대한 내용이 대충 1000~2000건 정도가 들어있는데 바로 이 부분에 대한 증명이라고 보면 된다. 여기서 도입된 것이 Mukle Tree이다.

〈표 2-10〉 블록의 정보

이름	크기	내용
버전	4Bytes	비트코인에서 사용하는 블록체인 버전을 말한다. 2017년 현재 기준 버전은 2
이전 블록 해시	32Bytes(=256Bits)	N-1번째 블록헤더의 해시
페이노드 해시 (Mukle Root)	32Bytes(=256Bits)	블록에 포함되어있는 모든 거래내역의 약본. 추후 언급
타임스탬프	4Bytes	유닉스시간. 2038년에 만료됨. 그 전에 블록버전이 3이 된다는 걸 예상할 수 있음
난이도(nBits)	4bytes $2^{32}=4,294,967,296$	난이도 목표(약 40억 개)
난스(nonce)	4bytes	변조를 주는 곳. 보통 0x00000000부터시작해서 0xFFFFFFFF까지 감

04 블록체인의 합의 알고리즘의 종류별 개념에 대하여 분석하라.

1. 작업증명

1) 개요

작업증명(PoW, Proof of Work)이란 목표값 이하의 해시를 찾는 과정을 무수히 반복함으로써 해당 작업에 참여했음을 증명하는 방식의 알고리즘이다. 채굴을 통해 작업증명을 한다. 비트코인, 이더리움, 라이트코인, 비트코인 캐시, 비트코인골드, 모네로, 지캐시, 시아코인, 불워, 에이치닥 등의 암호화폐에서 작업증명 방식을 사용하고 있다.

'작업'이란 '채굴'에 이르기까지 연산 과정을 뜻한다. 채굴자들은 컴퓨터로 복잡한 수식을 풀어 조건에 맞는 해시값을 찾는 과정을 반복한다. 이 경우 모든 노드들이 찾아낸 해시값을 검증하고 승인하는 과정을 거쳐 블록에 거래 내역을 저장한다. 따라서 모든 노드들의 승인을 거쳐야 하기 때문에 거래 내역을 속이기가 힘들다는 장점이 있다. 이런 점에서 작업증명 합의 알고리즘은 블록체인이 가지는 탈중앙화라는 본질을 가장 잘 살린 합의 방식이다.

그러나 이런 과정 때문에 거래 처리 속도가 늦어진다는 한계가 있다. 또한 채굴에 필요한 에너지 소비가 심하다는 것도 단점이다. 이 때문에 일정 조건에 따라 블록 생성에 참여하는 노드들을 제한하는 지분증명(PoS) 방식이 등장했다.

2) 역사

1993년 심시아 더크(Cynthia Dwork)와 모니 나노어(Moni Naor)이 작업증명의 기본 개념을 고안했다. 그 후 마커스 제이콥슨(Markus_Jakobsson)과 아리 쥬엘스(Ari Juels)에 의해 1999년 Proof of Work라는 명칭이 붙었다.

작업증명 방식을 최초로 고안하여 적용한 것은 1997년 아담 백(Adam Back)이 개발한 해시캐시였다. 해시캐시는 대량 스팸메일을 막기 위해 개발한 암호화폐이다.

이메일을 보낼 때 우표 대신 해시캐시를 지불하게 함으로써 시간과 비용 부담 때문에 대량 스팸메일 발송을 못 하게 하려는 목적이었다.

즉, 이메일을 발송하기 위해서는 해시캐시 스탬프를 미리 받아야 하는데, 이 스탬프를 받으려면 컴퓨터 연산을 통해 일정한 해시를 찾도록 하는 작업증명(PoW) 과정을 거치도록 했다. 작업증명을 통해 특정 해시값을 찾기 위해 수많은 반복 연산을 수행하도록 함으로써, 상당한 시간과 비용이 들게 해서 결국 대량 스팸메일을 보낼 수 없도록 하겠다는 생각이었다.

해시캐시가 도입한 작업증명 방식은 이후 2009년 사토시 나카모토가 개발한 비트코인에 적용되었다.

3) 작업증명 방식의 특징

작업증명(Proof of Work) 방식의 합의 알고리즘은 어떤 트랜잭션이 발생했을 경우 해당 트랜잭션이 유효한 트랜잭션인지에 대한 합의 방법 및 새로운 블록이 진짜인지, 가짜인지에 대한 검증을 수행한다.

(1) 채굴

마이닝(Mining, 채굴)은 쉽게 말하면 암호화폐의 거래내역을 기록한 블록을 생성하고 그 대가로 암화화폐를 얻는 행위를 말한다.

채굴은 임의의 난스 값을 대입하여 얻은 결과 값이 제시된 타겟보다 작은 결과 값이 나올 때까지 무한 반복 작업이 실행된다. 이러한 수학 문제를 풀이하는 과정을 1초에 몇 번이나 수행할 수 있는지에 대한 수치 정보를 해시파워라고 표현한다.

해시파워가 높다는 것은 주어진 시간당 더 많은 문제를 풀어낼 수 있다는 의미이며 이에 따라 새로운 블록을 찾을 확률이 더 높아진다. 결국 높은 해시파워를 가진 채굴자는 확률적으로 더 많은 보상을 받게 된다.

(2) 작업 난이도

작업 난이도는 난스 값 계산의 어려운 정도를 나타낸다. 작업 난이도는 블록 헤더 정보에서 bits라는 값으로 조절된다. 난이도는 2,160개의 블록이 생성되는데 소요되는 시간이 평균 시간인 21,600분보다 적게 걸리면 난이도가 올라가고, 오래 걸리면 낮아지는 방식이다, 대략 21,600분 주기로 전체적으로 평균 10분이 소요되는 하나의 난이도가 전체에 적용된다.

(3) 보상

보상은 새로 발행되는 비트코인과 해당 블록에 포함되는 거래의 거래 수수료의 합이다. 비트코인의 새로운 발행은, 채굴자가 블록을 처음 구성할 때 채굴자의 지갑으로 일정량의 비트코인이 입금되는 거래를 그 블록의 첫 거래(Generation Transaction)로 추가하는 방식으로 이루어진다. 새로 발행되는 비트코인의 시작은 50BTC이다. 그 후 21만개의 블록이 블록체인에 추가될 때마다 반감기를 겪게 된다. 거래 수수료는 각 거래 당사자끼리 자율적으로 정할 수 있다. 또한 거래 수수료는 거래가 블록에 추가되는 우선 순위를 결정하는데 입력 값으로 작용하기도 한다.

(4) 장점

최소 가격대 형성이 확실하게 설정되어 있고 가장 큰 장점은 높은 보안성이다.

블록체인의 취약점으로 알려진 51% 공격을 손쉽게 방어 할 수 있다.

51% 공격이란 악의적인 공격자가 그들의 행위를 성공시키기 위해서는 51% 이상의 컴퓨팅 파워를 확보해야만 한다.

그러나 현실적으로 작업증명에서 51%이상을 획득하는 것은 천문학적인 비용이 발생하기 때문에 발생하기 매우 어렵다.

(5) 단점

채굴 난이도가 높아지면서 개인 채굴자는 채굴을 할 수 없는 수준까지 도달했다.

또한 연산에 필요한 고사양 장비의 필요하게 되고 과도한 전력소모로 인한 에너지 낭비가 커졌다.

비트코인 채굴에 소모되는 전력량이 연간 약 48테라와트시로 추정되었다. 이는 연간 페루, 홍콩을 넘어 싱가포르의 연간 전력에 비슷한 수치이다. 이러한 구조는 자연스럽게 기업형 채굴자들이 등장했다. 이와 더불어 그들의 단합으로 채굴권이 집중되는 문제가 발생하게 된다. 결국 이러한 형태는 블록체인 기술의 본질인 탈중앙화를 흐리는 현상으로 보인다.

4) 작업증명 방식의 암호화폐

(1) 비트코인(BTC)

사토시 나카모토(Satoshi Nakamoto)에 의해 고안된 블록체인 기술을 기반으로 만들어진 최초의 암호화폐이다.

(2) 이더리움(ETH)

비트코인을 기반으로 만든 알트코인의 대표적인 암호화폐이다. 분산 컴퓨팅 플랫폼으로써 블록체인 기술을 기반으로 스마트 계약 기능이 구현된다.

(3) 라이트코인(LTC)

비트코인의 하드포크로 파생되어 만들어진 작고 가벼운 암호화폐이다. 개인간 P2P 거래에 직접 주고받을 수 있는 암호화폐이다. 무엇보다도 제로에 가까운 비용으로 전 세계 사람들에게 즉각적으로 전송할 수 있다는 장점이 있다.

(4) 비트코인 캐시(BCH)

비트코인의 세그윗이 발단이 되어 중국의 채굴업체들을 중심으로 새롭게 만들어진 암호화폐이다. 비트코인 캐시는 블록 사이즈의 확장으로 기존 비트코인에 비해 더 많은 거래내역이 하나의 블록 안에 저장된다.

(5) 모네로(XMR)

프라이버시 코인 계열의 암호화폐로써 개인정보보호와 익명성을 보장한다. 크립토나이트(CryptoNight) 해시 알고리즘 기반의 작업증명(PoW) 방식을 채택하고 있다.

2. 균형작업증명

1) 개요

균형작업증명(ePoW, equilibrium Proof of Work)은 기존 작업증명(PoW) 방식을 기반으로 하되, 한 번 채굴에 성공한 노드는 일정 기간 강제로 휴식을 취하도록 만들어 다른 노드들에게 채굴 기회를 공평하게 나누어 주는 방식의 합의 알고리즘이다. 에이치닥 코인에서 이 방식을 사용하고 있다.

균형작업증명은 평등한 기회와 에너지 절약에 기반하여 누구나 공평하게 작업증명을 진행해 혜택을 받을 수 있도록 한 것이 특징이다. 이미 채굴에 성공한 노드는 다른 참여자에게 기회를 양보하도록 Lyra2Rev2 ASICresistent 알고리즘을 구성해 과도한 에너지 낭비 문제도 해결했다.

균형작업증명 합의 알고리즘은 작업 증명에 참여하는 노드의 개체 수 감소를 방지하고, 다수의 채굴 노드가 참여할 수 있는 동기를 부여할 수 있고, 결과적으로 채굴 경쟁을 위한 과도한 컴퓨팅 파워 투입에 따른 에너지 낭비 방지와 채굴 기회의 공정한 기회 분배를 도모하고자 하는 의도에서 출발하였다.

이는 채굴 환경에 있어 기존의 암호화폐가 지닌 작업증명(PoW) 방식의 문제점인 컴퓨팅 파워에 따른 부익부 빈익빈과 채굴 환경 집중 현상을 해결하기 위한 것이다.

따라서 일반인도 쉽게 암호화폐 채굴에 참여할 수 있도록 한 것이 특징이다.

2) 사용

에이치닥(Hdac)은 새로운 블록을 생성하고 이를 블록체인에 연결하기 위해 균형작업증명(ePoW, equilibrium Proof of Work) 합의 알고리즘을 사용한다.

균형작업증명 합의 알고리즘은 작업증명에 참여하는 노드의 수를 줄이고, 여러 채굴 노드의 참여를 유도한다. 이에 따라 채굴경쟁을 위한 과도한 해싱전력으로 인한 에너지 낭비를 방지하고 공평한 채굴 기회를 제공한다.

에이치닥의 균형작업증명은 블록윈도우 개념을 적용하여 채굴독점을 줄인다. 채굴이 성공하면 블록윈도우 적용기간 동안 자발적인 채굴시도를 피함으로써 해시계산에 낭비되는 에너지를 줄인다. 노드가 채굴에 성공하면 블록윈도우 적용기간 동안 새 블록을 채굴할 수 없다. 욕심이 많은 노드가 이 메커니즘을 무시하고 새로운 블록을 채굴하는 데 성공하더라도, 에이치닥 블록체인 네트워크 전체에 유효한 블록으로 인식되지 않기 때문에 무효한 블록을 찾으려고 할 필요가 없어진다.

블록해시는 난이도에 따라 데이터 사양을 충족해야 하며 주어진 블록윈도우(시간 간격) 내에 있어서는 안 된다.

이 블록윈도우 크기는 시간 함수 Ws = f(t)의 형태로 표현될 수 있다.

F(t)는 시간에 비례하여 증가하는 함수이므로 시간이 지날수록 윈도우의 크기가 점진적으로 커진다. 이것은 초기 참여자들에게 좋은 기회로 작용하며, 시간이 지남에 따라 특정 채굴노드가 채굴을 독점하는 것이 점점 어려워져 보다 공평한 분배가 이루어질 수 있다.

균형작업증명 방식에서 블록윈도우는 작업증명 주기에서 채굴에 성공한 후, 채굴시도에 대한 특정한 제약을 주는 시스템이다.

블록윈도우 크기(Ws)는 f(t) = [(N*0.7) x (현재 (t)의 누적 블록 수)/(tm) 10년 동안의 누적 블록 수)로, 노드계수(N)는 최근에 성공한 채굴노드 목록에서 계산된다.

최대 블록윈도우 크기(Wm)의 도달시간이 10년인 이유는, 그 때까지 전체 블록 생성의 80%를 초과하는 지점에 도달되도록 설정되어 있기 때문이다.

블록윈도우는 Genis Block이 시작되는 시점부터 점진적으로 증가하며, 최대 블록윈도우 크기에 도달하는 시점(tm) 이후 노드요소에 따라 크기가 증가하거나 감소한다.

에이치닥은 균형작업증명 개발을 완료했으며, 이의 블록 채굴분포 및 에너지소비 수준의 결과는 나중에 웹사이트에 별도로 게시될 예정이다. 에이치닥의 균형작업증명 합의 알고리즘은 공평하고 절약적인 채굴환경을 조성하기 위한 다양한 기술을 지원한다. 채굴 노드의 보안을 강화하기 위해 별도의 고급 보안 모듈(ASM) 또한 개발되고 있다

3. 지연작업증명

지연작업증명(DPoW : Delayed Proof of Work)은 네트워크 보안을 강화하기 위해 비트코인 블록체인의 해시 파워를 사용하는 작업증명 합의 알고리즘의 수정 버전이다. 슈퍼넷(Supernet)이 설계하였으며 코모도가 유일하게 디포우 방식을 사용하고 있다.

지연작업증명 합의 알고리즘은 시스템 장애나 해킹이 발생해도 전체 데이터를 신속하게 복구할 수 있다. 공격자가 해킹을 통해 영구적 손상을 입히려면 비트코인 네트워크 또한 해체하여, 비트코인 블록체인 내에 백업된 모든 스냅샷을 삭제해야 한다. 이러한 시나리오의 가능성은 매우 낮기 때문에 지연작업증명 합의 알고리즘을 실행하는 블록체인들은 보다 높은 수준의 보안을 유지할 수 있다. 그러나 지연작업증명은 코모도 생태계 내에서만 구현된다는 점에 주목해야 한다. 추가적인 테스트를 통한 다른 시나리오와 대규모 스케일에 대한 효율성과 신뢰성은 아직 검증되지 않았다.

4. 지분증명

지분증명(PoS, Proof of Stake)은 해당 암호화폐를 보유하고 있는 지분율에 비례하여 의사결정 권한을 주는 방식이다. 주주총회에서 주식 지분율에 비례하여 의사결정 권한을 가지는 것과 유사하다. 채굴 과정이 필요 없다. 큐텀, 피어코인 등의 암호화폐가 지분증명 방식을 사용하고 있다. 스트라티스는 처음에 작업증명 방식을 사용했으나 지분증명 방식으로 변경했다. 이더리움도 현재 작업증명 방식을 벗어나 지분증명 방식으로 변경할 예정이다.

지분증명은 의사 결정 권한을 코인 보유량에 비례해 지급하는 방식이기 때문에 코인을 많이 보유하고 있는 노드일수록 블록 생성에 참여할 수 있는 기회가 더 많다. 블록 생성에 따른 보상도 코인 보유량에 비례한다. 주주 총회에서 주식 지분에 비례해 더 큰 의사결정 권한을 가지는 것과 유사하다고 보면 된다. 지분증명 방식은 모든 노드들의 승인을 거치지 않아도 되니 작업증명 방식보다 거래 처리 속도가 빠르다. 이는 곧 전력소비를 줄일 수 있음을 의미한다. 이 때문에 이더리움 재단은 기존 합의 방식인 작업증명 방식을 지분증명 방식으로 전환하기 위한 '캐스퍼(Casper)' 프로젝트를 진행 중에 있다.

그러나 지분증명 방식은 '평등'을 추구하는 블록체인의 본질에서 벗어나 '부익부 빈익빈'을 초

래한다는 꼬리표가 따라다닌다. 많은 코인을 가지고 있을수록 더 많은 보상을 받는 구조이기 때문이다.

5. 우로보로스 지분증명

찰스 호스킨슨(Charles Hoskinson)에 의해 개발된 우로보로스 지분증명(OPoS, Ouroboros Proof of Stake)은 기존 지분증명 방식의 문제점인 그라인딩 공격(Grinding Attack)을 방어하기 위해 코인토싱(Coin Tossing) 프로토콜을 사용하여 만든 합의 알고리즘이다. 찰스 호스킨슨(Charles Hoskinson)에 의해 개발되어 카르다노가 이 방식을 사용하고 있다.

찰스 호스킨슨은 랜덤 변수 생성 프로토콜인 코인 토싱을 블록체인 노드들의 합의 알고리즘에 도입했다. 이는 블록 생성을 담당할 대표 노드들을 임의로 선정하는 시스템이다. 미리 설정된 변수를 통해 각 노드들이 번갈아 가면서 균일하게 블록 생성에 참여할 수 있는 기회를 가질 수 있도록 했다. 이로 인해 우로보로스 지분증명 방식은 '임의성'이라는 독창적인 방법으로 특정 노드들의 지분 독식을 막았다는 평가를 받았다. 하지만 아직 안정성을 증명하는 테스트 단계에 머물러 있어 현실화되기까지는 시간이 걸릴 것으로 보인다.

6. 리스지분증명

리스지분증명(LPoS, Leased Proof of Stake)은 자신이 소유한 암호화폐를 다른 사람에게 리스(Lease)로 임대해 주고 그 대가로 보상을 받는 방식이다. 웨이브즈가 이 방식을 사용하고 있다.

리스지분증명은 지분증명(PoS) 합의 알고리즘의 향상된 버전이다. 일반적으로 지분증명 알고리즘에서 일정량의 암호화폐를 보유한 노드는 다음 블록을 생성하여 블록체인에 추가할 수 있지만, 리스지분증명에서는 사용자가 잔액을 다른 풀노드에 임대할 수 있다. 리스지분증명을 사용하면, 사용자는 자신이 소유한 웨이브를 다른 풀노드 사용자에게 임대할 수 있다. 자신이 보유하고 있는 웨이브즈를 풀마이닝 노드에게 임대(리스)해서 그들이 제공하는 추가 채굴에 대한 대가로 수입을 받는 것이다. 풀노드가 받는 금액이 클수록 해당 노드가 다음 블록의 생성자로 선택될 가능성이 높아진다. 풀노드가 다음 블록의 생성자로 선택되면, 임대자는 풀노드가 획득한 트랜잭션 수수료 총액 중 자신이 임대해준 코인 수량에 비례한 액수를 보상으로 받게 된다.

7. 위임지분증명

위임지분증명(DPoS, Delegated Proof of Stake)은 암호화폐 소유자들이 각자의 지분율에 비례하여 투표권을 행사하여 자신의 대표자를 선정하고, 이 대표자들끼리 합의하여 의사결정을 내리는 방식이다. 국민의 대표로 의원을 뽑아 의회를 구성하는 대의 민주주의 제도와 유사하다. 이오스, 스팀, 리스크, 엘프, 라이즈, 아크, 비트셰어, 시프트, 보스코인 등이 위임지분증명 방식을 채택하고 있다.

위임지분증명은 노드들이 코인 보유량에 따라 투표권을 행사해 중요한 의사결정 권한을 수행할 일종의 대리인을 산출하는 합의 방식이다. 이는 코인 보유자들이 자신의 권한을 위임해 대표자를 선출하는 방식이 대의 민주주의와 유사해 '토큰 민주주의'라는 별명이 붙기도 했다. 위임지분증명 방식의 경우 소수의 대표 노드들에게만 거래 내역 승인을 거치면 되니 처리 속도는 훨씬 빨라진다. 이더리움은 평균적으로 초당 20TPS를 처리하는 반면 이오스는 3000TPS를 처리할 수 있어 속도 면에서의 장점은 이미 검증되었다.

그러나 2018년 9월, 이오스 블록 생성을 담당하는 대표 노드 가운데 일부가 BP 자격을 유지하기 위해 서로에게 투표했다는 의혹이 제기되었다. 이에 따라 위임지분증명 방식에 치명적인 결함이 있다는 사실이 알려졌다. 이처럼 위임지분증명 방식은 일반 노드들의 투표율이 저조할 경우 소수의 대표 노드들에 의해 블록체인 생태계가 좌지우지 될 수 있다는 한계가 있다.

8. 이중위임지분증명

이중위임지분증명(DDPoS, Dual Delegated Proof of Stake)은 기존의 위임지분증명(DPoS) 방식을 사용하면서, 알고리즘에 따라 실시간으로 교체되는 임의의 노드인 시그마노드(Sigma Node)를 추가하여 검증하도록 함으로써 대표자들 간의 담합에 의한 블록체인 데이터 조작 가능성을 예방한 합의 알고리즘이다. 곽진영이 창시한 시그마체인이 이중위임지분증명 방식을 사용하고 있다.

이중위임지분증명은 이오스나 스팀에서 사용 중인 엔진에 비하여 보안성이 뛰어나고, 개인정보보호를 강화시켰으며 기존의 위임지분증명 방식에 검증 절차를 한 단계 더 추가했다. 자세히 살펴보면, 총 21개의 대표 노드 가운데, 17개는 암호화폐 소유자들의 지분에 비례하여 투표로 선출된 대표자(증인)로 구성되고, 나머지 4개는 전체 노드들 중에서 랜덤하게 선출된 노드(즉, 시그마노드)로 구성된다. 이중위임지분증명 방식에서는 선출된 대표자(마스터노드) 외에도 자체 알고리즘에 따라 랜덤하게 선택되는 임의의 노드인 시그마노드가 교차 검증을 한다.

결국 시그마체인을 사용하면 암호화폐 소유자들이 각자의 지분율에 비례하여 투표권을 행사하여 자신의 대표자를 선정하고, 이 대표자들끼리 합의하여 의사결정을 내리는 위임지분증명 방식의 장점을 그대로 사용하면서, 알고리즘에 따라 랜덤하게 실시간으로 교체되는 임의의 노드인 '시그마노드'를 추가하여 검증하도록 함으로써 대표자들 간의 담합에 의한 블록체인 데이터 조작 가능성을 예방할 수 있다. 이러한 위임지분증명 방식은 기존 작업증명(PoW) 방식의 단점인 트랜잭션 처리 속도와 위임지분증명 방식의 보안 취약성 부분을 해결한 진일보한 알고리즘으로서, 현재 국제특허출원 중에 있다.

9. 하이퍼 위임지분증명

하이퍼 위임지분증명(Hyper-DPoS)은 기존의 위임지분증명(DPoS) 방식을 기반으로 하되, 일정한 시간 안에 빠르게 반응하고 응답할 수 있는 노드만을 선택하여 합의 과정에 참여시키는 합의 알고리즘이다. 하이퍼 디포스라고도 한다. 모파스가 이 방식을 사용하고 있다.

모파스는 기존 블록체인의 근본적 문제인 속도를 개선하기 위해 제한된 퍼블릭 블록체인(Limited Public Blockchain)을 고안했다. 이는 모파스가 구현하고자 하는 시간 내에 반응하고 응답할 수 있어야 노드로써 참여할 수 있는 모델이다. 이 노드로 참여하기 위해서는 고가용성 하드웨어 및 네트워크가 담보되어야 하며 하드웨어와 네트워크의 신뢰 지표인 PRR 조건을 만족해야 한다. 하이퍼 위임지분증명은 이 PRR 조건을 만족하는 노드들로 구성된 퍼블릭 블록체인에 디포스의 지분위임방식을 결합해 모든 구성원의 참여와 견제를 유도하여 네트워크상에서 제3자의 개입 없이 신뢰를 만드는 효율적인 알고리즘이다.

10. 포뮬레이션증명

포뮬레이션증명(PoF, Proof of Formulation)은 포뮬레이션 보상 순서를 바탕으로 채굴자를 선택하는 합의 알고리즘이다. 플레타가 기존의 위임지분증명(DPoS)을 일부분 변형하여 만들었다. 포뮬러 그룹은 네트워크에서 블록 생성 순서를 공유하고 확인하며, 공유되고 동기화된 순서를 통해 블록 생성을 진행한다. 가장 높은 순위의 포뮬러가 블록을 생성하고 다음 블록은 다음 순위가 생성하는 순환 방식을 이용하여 고속 거래 메커니즘을 제공하고 안정적인 블록 생성을 수행한다.

11. 포크능력증명

포크능력증명(PoF, Proof of Forkability)는 정해진 수의 선출된 검증자들이 투표를 통해 3분의 2 이상 찬성으로 의사결정을 하는 합의 알고리즘이다. 기존의 비잔틴 장애허용(BFT)과 위임지분증명(DPoS) 합의 알고리즘의 장점을 결합하여, 애스톤(Aston)을 만든 ㈜엑스블록시스템즈가 개발했다. 기존의 합의 알고리즘에는 포크에 대한 어떠한 합의 메커니즘도 존재하지 않았다. 포크 자체를 허용하지 않았기 때문이다. ㈜엑스블록

시스템즈은 분기 허용이 가능한 엑스블록체인에 대한 이에 대한 이에 대한 특별한 합의 알고리즘의 필요성을 느끼고 포크능력증명을 개발했다.

12. 지분작업증명

지분작업증명(PoSW, Proof of Stake and Work)은 작업증명(PoW) 방식과 지분증명(PoS) 방식을 혼합한 하이브리드 방식의 합의 알고리즘이다. 디크레드, 애터니티, 하이퍼캐시, 해피코인, 쿼크체인 등이 이 방식을 사용하고 있다. 지분작업증명에서 채굴자는 모든 해시파워를 네트워크에 제공하려는 경우(네트워크의 모든 해시 전력의 P%를 가정) 채굴자는 P에 비례하는 토큰 수를 스테이킹 해야 한다. 즉, 이중지불 공격을 수행하려면 공격자가 네트워크의 해시 전력의 51% 이외에 토큰을 보유해야 한다. 또한 풀 소유자가 풀에서 수집한 모든 해시파워의 효율성을 최대화하기 위해 충분한 지분을 확보해야 하므로 채굴 풀에게 더 많은 비용이 소요된다.

13. 트레이딩증명

트레이딩증명(PoT : Proof of Trading)은 암호화폐 거래소에서 사용자가 거래한 양에 비례하여 거래소 수수료 수익의 일부를 거래자에게 되돌려주는 트레이딩 채굴에서 사용하는 합의 알고리즘이다. 코인제스트에서 코즈에 최초로 적용한 채굴방식이다. 거래소에서 암호화폐를 거래하면 그 비율에 따라 블록 보상으로 코인을 준다. 따라서 코인 보상을 받기 위해 거래를 하고 거래가 활성화된다. 트레이드 채굴의 시초는 에프코인(F Coin) 토큰이고 그 이후에도 각종 트레이드 채굴 방식을 채택한 토큰이 발행되었지만 몇 가지 문제점이 발견되어 급격한 가격의 하락 이후 투자자들로부터 외면을 받았다. 그 중 가장 큰 문제점으로 여겨지는 점은 총 발행량은 정해진데 비해 이일 채굴량에 제한이 없었다는 것이다. 코즈는 이 문제를 해결하기 위해 일일 채굴량에 제한을 두었다.

14. 소각증명

소각증명(PoB : Proof of Burn) 방식은 코인을 결코 돌아올 수 없는 지갑에 보내서 소각하면, 소각한 코인량에 비례하여 채굴 성공 가능성이 높아지는 방식이다. 지출증명이라고도 한다. 슬림코인(Slimcoin)은 이 방식을 사용하는 유일한 암호화폐이다.

소각증명에서는 값비싼 컴퓨터 기기에 돈을 퍼붓는 대신 다시 반환되지 않는 주소로 코인을 전송해 "태운다." 코인을 결코 돌아올 수 없는 네버랜드에 맡겨두면, 랜덤 선정 과정에 근거한 시스템에서 채굴할 수 있는 평생의 특권을 부여 받는다. 소각증명이 어떻게 이행되느냐에 따라서 채굴자들은 전통 화폐나 비트코인과 같은 대안적 체인의 화폐를 태울 수도 있다. 더 많은 코인을 태울수록 다음 블록에 채굴하도록 선정될 확률은 더 높다. 시간에 걸쳐, 시스템에서의 지분은 쇠퇴해지며 복권에 선정될 확률을 높이기 위해 더 많은 코인을 태우길 결국엔 희망할 것이다. 이는 해시파워를 유지하고자 더욱 신식의 컴퓨터 기기에 지속적으로 투자하는 비트코인의 채굴과정을 모방하고 있다. 소각증명은 작업증명을 대체하는 흥미로운 대안책이지만, 프로토콜은 아직도 불필요하게 자원을 낭비한다. 또 다른 비판은 채굴권이 더 많은 돈을 태울 용의가 있는 사람에게만 간다는 것이다.

15. 두뇌증명

두뇌증명(PoB : Proof of Brain)방식은 암호화폐의 발행을 채굴자나 지분 소유자에게 맡기지 않고, 지적 두뇌 활동을 통해 콘텐츠를 생산하는 사용자와 해당 서비스를 이용하는 참여자들에게 맡기는 합의 알고리즘이다. 돈 버는 SNS로 알려진 스팀잇의 자체 토큰인 스팀(Steem)이 두뇌증명을 사용하고 있다. 스팀잇은 기본적으로 위임지분증명과 더불어 콘텐츠 생산자들에게 더 많은 보상이 돌아갈 수 있도록 한 두뇌증명 방식도 함께 운영하고 있따. 콘텐츠를 작성하고 추천하는 행위에 따라 스팀으로 보상을 해주는 이 방식은 사실상 채굴보다는 보상 알고리즘에 가깝다.

16. 중요도증명

중요도증명(PoI, Proof of Importance)은 블록체인 네트워크에서 더 많은 지분을 가지고 더 많이 거래를 함으로써 더 많은 활동량을 보인 사람에게 더 큰 의사결정 권한을 주는 방식이다. 넴이 이 방식을 사용하고 있다. 넴에서는 각각의 계정에 넴 경제에 대한 중요도에 관계되는 '중요도 점수'를 할당한다. 더 높은 중요도 점수를 가지고 있는 계정이 블록을 채굴할 가능성이 더 높아진다. 때문에 다른 시스템에서 블록을 형성하기 위해서는 매우 비싼 하드웨어나 아주 많은 코인을 필요로 하지만 넴에서는 거래량과 신용이 중요한 요소가 된다. 중요도증명이 설계된 이유는 넴을 사용하는 유저들이 XEM(넴 블록체인의 자산)을 보유하는 것에 그치지 않고 실제로 사용하도록 장려하기 위해서이다.

17. 신뢰성증명

신뢰성증명(PoB, Proof of Believability)은 커뮤니티에 대한 기여도를 고려하여 신뢰성이 높은 그룹을 찾아내고 이를 묶어서 증명에 사용하는 방식이다. 이오스트가 이 방식을 사용하고 있다.

신뢰성증명은 블록체인 생태계에 가장 활발하게 참여한 사람에게 보상을 주는 것이다. 예를 들어 해당 블록체인 기술로 앱을 열심히 개발했거나, 그 암호화폐 기술로 결제를 많이 한 사람 중 일부를 골라 추첨한다. 뽑힌 검증자는 시스템에 문제가 있는지(해킹, 개인정보 유출 등의 문제) 검증한 후 이오스트의 암호화폐를 받는다. 이를테면 암호화폐, 복권, 청문회를 모두 거쳐야 하는 엄격한 방식이다. 이 네트워크에는 평판개념이 도입돼 있다. 평판과 토큰을 합해서 블록을 생성할 권한을 줄지 결정한다. 평판에는 사용, 거래, 기부 등의 여러 요소가 포함된다. 이 평판이 0으로 돌아가면 처음부터 좋은 일을 다시 해야 한다.

18. 흐름증명

흐름증명(PoF, Proof of Flow)은 더 많은 사용자 트래픽을 가져온 기여자에게 더 큰 보상을 해주는 합의 알고리즘이다. 이는 중국의 요요우(YoYow)가 만들었다.

모든 종류의 미디어 플랫폼, 웹사이트의 가치는 항상 웹사이트의 트래픽과 관련이 있다. 플랫폼은 사용자가 필요로 하는 정보를 전송하고 트래픽은 광고를 가져오며 결국 플랫폼에 이익을 가져다준다. 요요우 플랫폼에서 사용자의 가치는 사용자가 얼마나 효과적인 트래픽을 요요우 플랫폼으로 가져오는지를 토대로 평가할 수 있다. 동시에 요요우는 더 많은 트래픽을 자신들에게 이끄는 유용한 콘텐츠를 제작한 사용자에게 보상을 준다. 또한 글쓴이는 요요우에 액세스한 미디어 플랫폼에 포스팅을 해도 설정된 규정과 독자의 평가를 반영하여 보상을 획득할 수 있다. 포스팅 내용 선별 인원과 포스팅이 진행된 플랫폼도 보상을 획득한다. 즉, 레딧, 트위터 등과 같은 기타 미디어들과 연동하여 요요우에 플러그-인 액세스가 가능하다.

19. 권위증명

권위증명(PoA, Proof of Authority) 방식은 권위 있는 기관에서 조건에 맞는 노드를 증명해 이들 간 합의를 이루는 방식이다. 두나무 블록체인 서비스(DBS)는 권위증명 방식을 사용한다. 권위증명에서는 블록체인에 참여한 멤버 전원에게 네트워크 운영에 참여할 권리를 주고 전원이 해당 권한 위임에 투표를 진행한다. 참여자들이 다른 참여자의 권한 위임에 투표함으로써 모든 멤버가 지속적으로 합의 알고리즘에 참여할 수 있다. 네트워크 관리자는 순차적이고 투명한 투표 진행으로 네트워크에 대한 권한을 바꿔주기만 하면 된다.

20. 저장증명

저장증명(PoS : Proof of Storage)이란 증명자(Prover)가 자신의 하드디스크 여유 공간에 데이터를 저장하고, 검증자(Verifier)가 그것을 승인 또는 거절하는 방식으로 작동하는 합의 알고리즘이다. 공간증명(Proof of Space)이라고도 한다. 유토큰(YOU token)이 저장증명 방식을 사용하고 있다.

저장증명은 두 가지 단계로 구성된 프로토콜이다. 초기화 단계에서 증명자 A는 데이터의 크기가 N인 데이터 D를 자신의 하드디스크에 저장하고, 검증자 B는 아주 작은 조각의 정보만 가지고 있게 된다. 이후 증명 실행 단계에서 검증자 B는 해당 데이터에 대해 승인 또는 거절할 수 있다. 검증자 B가 해당 데이터에 대해 승인하는 경우, 그 대가로 유토큰이 보상으로 지급된다. 데이터의 소유권을 등록하려면 먼저 해당 디지털 자산이 유효하다는 것을 입증해야 한다. 다음으로 소유권이 소유자의 신원과 함께 확인되어야 한다. 그리고 자산은 의심의 여지가 없어야 한다.

21. 용량증명

용량증명은 블록체인 노드가 가진 데이터 스토리지 공간의 크기에 비례하여 투표 효력을 계산하는 방식이다. 용량증명의 변형된 형태가 저장증명(Proof of Storage) 또는 공간증명(Proof of Space)이다. 버스트코인(Burstcoin)은 용량증명 방식을 사용하는 유일한 암호화페이다.

용량증명과 같은 대안적 프로토콜은 대부분 페이-투-플레이 형식을 사용한다. 용량증명도 이와 같은 맥락이다. 하지만 여기선 하드드라이브 공간으로 "페이"한다. 드라이브 용량이 많으면 많을수록 다음 블록을 채굴하고 블록 보상을 받을 수 있는 확률이 높아진다. 용량증명 시스템에서 채굴하기 전까지는, 알고리즘이 하드드라이브에 저장하는 "plot"이라 일컫는 대규모 데이터 세트를 생성한다. 더 많은 plot 을 가질수록, 체인의 다음 블록을 찾을 확률이 더 높다. 테라바이트 용량의 하드드라이브 공간에 투자함으로써, 모방된 블록을 만들고 시스템을 포크 할 수 있는 더 높은 확률을 자신에게 부여한다. 하지만 용량증명으로는 악한 사용자를 막을 수 없고 아무런 지분이 없는 문제점을 여전히 가지고 있다. 저장증명과 공간증명이 요량증명의 변형된 형태이다.

22. 경과시간증명

경과시간증명(PoET, Proof of Elapsed Time) 방식은 미국 인텔(Intel)이 개발한 합의 알고리즘이다. 한국의 이든체인(EdenChain)이 경과시간증명 방식을 사용하고 있다.

이 시스템은 작업증명과 유사하게 작동하지만 전기를 훨씬 적게 소모한다. 나아가, 참여자들이 암호화된 퍼즐을 풀게 하는 대신, 알고리즘이 SGX와 같은 TEE를 사용하여 요구되는 작업 없이 블록들이 랜덤으로 당첨되는 형태를 보장한다. 인텔의 접근방식은 TEE를 통해 제공되는 보장된 대기시간에 근거한다. 인텔에 따르면, 경과시간 증명 알고리즘은 수천 개의 노드로 확장되고 SGX를 지원하는 어떠한 인텔 프로세서에도 효율적으로 운영된다. 프로토콜의 한 가지 문제는 인텔을 신뢰하도록 요구하는 것인데 이는 퍼블릭 블록체인으로 인해 제3자에게 신의를 표명하는 것을 피하려고 했던 것에 반하는 것이다.

23. 비잔틴 장애 허용[편집]

비잔틴 장애 허용(BFT : Byzantine Fault Tolerance)은 블록체인 합의 알고리즘의 기본이 되는 것으로 PBFT, DBFT 등 여러 가지 변형된 형태를 띠고 있다. 블록체인은 여러 사람들에 의해 네트워크가 관리되고 유지되는데, 이 중에서는 분명히 악의적인 의도를 가지고 네트워크를 파괴하려는 사람도 존재한다. 비잔틴 장애 허용은 이러한 악의적인 노드가 네트워크를 장악하는 것을 방지한다.

비잔틴 장애 허용은 레슬리 램포트와 쇼스틱, 피스가 공저한 1982년 논문에서 언급된 것으로 비잔틴 제국의 여러 부대가 멀리 떨어진 상태에서 성공적으로 공격 계획을 세우는 상황을 가정하고 있다. 비잔틴 장군이 적을 섬멸하려 할 때 사방을 둘러싸 한 번에 덮치는 전략을 세웠다. 이 때, 옆에 있는 부대에게 공격하라는 명령을 전달 시켜야만 성공적으로 작전이 수행될 수 있다. 하지만 만약 세 번째 부대에 배신자가 있어 다음 부대에 명령을 전달하지 않는다면 작전은 물거품으로 돌아가며 실패로 끝나게 된다. 이러한 가정을 블록체인에 적용해보면, 데이터를 올바르게 검증해야 하는 사람이 그렇지 않는다면 가정과 같은 상황이 발생될 수 있다. 이렇듯 악의적인 노드가 네트워크를 장악하는 것을 방지하는 것이 비잔틴 장애 허용 합의 알고리즘의 핵심이다.

24. 프랙티컬 비잔틴 장애 허용

프랙티컬 비잔틴 장애 허용(PBFT : Practical Byzantine Fault Tolerance) 기술은 여러 노드로 구성된 네트워크에서 악의적 공격을 방어하기 위해 만들어졌다. 프랙티컬 비잔틴 장해 허용 합의 알고리즘을 채택한 암호화폐로는 네오, 질리카, 하이퍼레저, R3, ICT, 텐더민트 등이 있다. 프랙티컬 비잔틴 장애 허용은 비잔틴 장애 허용의 동기식 시스템에서만 구현되어 느린 문제점을 해결한 것으로 (n-1)/3개 이하의 노드가 악의적인 노드라면 분산된 네트워크를 보호할 수 있다. 예를 들면, 100개의 노드가 있다고 가정하면 (100-1)/3개의 노드인 33개의 악의적인 노드가 있다고 하더라도 네트워크에 대한 공격을 막아낼 수 있다. 노드의 수가 많아질수록 네트워크 공격으로부터 방어를 잘할 수 있지만, 블록 생성에 필요한 시간이 증가한다.

05 분산 합의 알고리즘의 특징과 한계점에 대하여 분석하라.

분산 합의 알고리즘은 성능이나 보안성에 직접적인 영향을 주는 블록체인 기술 요소로서, 개선을 위한 많은 노력이 이루어지고 있음을 볼 수 있었다. 블록체인 초기에 적용된 PoW가 가지는 한계점들을 극복하고자 PoS, DPoS 등의 방식들이 도입되었고, 최근에는 최종확장성 이슈를 해결하기 위해 PoS나 DPoS 등과 기존의 분산 시스템에서 사용되던 PBFT 알고리즘과 결합하는 시도들도 많이 있다.

〈표 2-11〉은 현재까지 블록체인을 위해 제안된 대표적인 합의 알고리즘을 요약한 것이고 〈표 2-12〉는 합의 알고리즘의 장단점을 비교 분석한 것이다. 이로부터 알 수 있는 바와 같이. 각 알고리즘은 3세대에 적용되기에는 한계점을 가지고 있는바 아직 대세가 될 만한 대안은 보이지 않는다고 할 수 있다.

〈표 2-11〉 분산 합의 알고리즘들의 특징 및 한계점

합의 방식	특징	한계점
PoW	• 각 노드의 연산능력을 증명하여 새 블록 생성	• 연산능력 보유에 의한 중앙화 가능 : 참여노드 연산능력에 비례하여 블록 생성 • 개별 노드 연산능력 증명을 위한 전력 소모
PoS	• 소유 지분 양에 비례하여 블록 생성 권한을 부여 받을 확률을 높인 방식 • Ouroboros 알고리즘 등 PoS의 한계점 극복을 위한 시도들이 많음 • Ethereum casper는 PoS+PBFT 방식 도입 예정	• PoW의 단점을 보안 • 보유 지분량에 의한 중앙화 기능
DPoS	• 블록 생성 권한을 소수 대리인에게 위임 • 빠른 합의 속도와 낮은 비용	• 보안성 낮음 • 대리인에 대한 공격 취약성 존재
PBFT	• 비잔틴 노드가 존재하는 분산 네트워크 환경에서 노드들 간의 합의 방식 • 최종확장성과 성능 문제 해결	• 노드 증가에 따라 성능 감소(수십 개의 노드가 한계)
Tendermint (DPoS+PBFT)	• 가장 지분이 많은 n(101)개 노드 간의 투표로 새 블록 합의 : 미리 정해진 순서대로 새 블록 제안 • 노드가 보유한 지분에 비례한 투표 권한 행사	• 블록 제안 노드 예측 가능으로 특정 대상 공격에 취약 • 모든 노드 합의 참여로 과다한 통신 비용 발생

합의 방식	특징	한계점
Zillzqa (PoW+BFT)	• PoW에 성공한 n(800)개의 노드간 투표를 통해 새 블록을 합의하는 방식 : 고정된 1개 노드가 블록 제안, 나머지 노드들은 투표	• 고정 노드의 새 블록 제안으로 특정 대상 공격에 취약 • 모든 노드 합의 참여(투표)로 과다한 통신비용 • PoW 문제에 종속

〈표 2-12〉 분산 합의 알고리즘의 특정 수치 비교

합의 방식	탈 중앙화	전력소모	공격감내성	최종 확장성	성능(응답시간)
PoW	○	○	≤25%	×	낮음
PoS	○	×	알고리즘에 의존	×	낮음
DPoS	△	×	알고리즘에 의존	×	높음
PBFT	×	×	≤33%	○	높음
Tendermint	×	×	≤33%	○	높음
Zillzqa	×	○	≤25%	○	높음

06 블록체인의 채굴 알고리즘 및 채굴에 대하여 분석하라.

1. 채굴 알고리즘

채굴 알고리즘(Mining Algorithm)이란 블록체인 기반의 암호화폐를 채굴하기 위해 사용하는 알고리즘이다. 마이닝 알고리즘이라 한다.

2. 채굴

채굴(採掘) 또는 마이닝(Mining)이란 암호화폐의 거래내역을 기록한 블록을 생성하고 그 대가로 암호화폐를 얻는 행위를 말한다.

암호화폐는 중앙은행과 같은 발행기관이 없이 거래내역을 기록한 원장을 전 세계 네트워크에 분산 저장하게 되는데, 이러한 블록체인을 유지하기 위해 해당 블록을 생성한 사람에게 일정한 보상을 지급하도록 설계되어 있다. 예를 들어 비트코인의 경우 10분에 한 번씩 새로운 블록이 생성되는데, 이 블록의 이름을 16진수로 표시한 총 64자리의 해시를 찾아내는 사람에게 비트코인을 발행하여 지급한다.

채굴에 성공한 보상으로 지급되는 비트코인의 양은 4년마다 절반으로 줄어드는 반감기를 거친다. 최초의 채굴이 이루어진 2009년에는 50 비트코인을 지급하다가, 2013년부터 25 비트코인으로 줄어들었고, 2017년부터 12.5 비트코인으로 감소했으며, 2021년에는 6.25개로 줄어들 예정이다. 비트코인은 최종적으로 2140년에 채굴을 중지하도록 설계되어 있다.

암호화폐를 채굴하려면 직접 채굴기를 설치하여 채굴하거나 혹은 전문 채굴대행업체에 위탁하는 방법이 있다.

07 오라클 문제에 대하여 사례, 종류 및 해결방안에 분석하라.

1. 개요

오라클 문제(Oracle Problem)란 블록체인 밖에 있는 데이터를 블록체인 안으로 가져올 때 발생하는 문제를 말한다. 이때 블록체인 밖에 있는 데이터를 오프체인(Off-Chain)이라고 하고, 그 데이터가 블록체인 안으로 들어온 것을 온체인(On-Chain)이라고 한다.

블록체인은 데이터의 위변조가 거의 불가능한 분산 저장 기술이지만, 데이터가 블록체인 안으로 들어와야 블록체인으로 관리할 수 있다. 데이터가 블록체인 안으로 들어오지 않거나, 혹은 블록체인 안으로 들어오는 과정에서 위변조가 발생한다면, 설령 그 데이터가 블록체인으로 관리된다고 할지라도 신뢰하기 어렵다.

오라클 현상 또는 연결성 문제(Connectivity Problem)라고도 한다. 데이터베이스 관리 시스템(DBMS) 제품인 오라클(Oracle)과 이름은 비슷해도 내용상 아무런 관련이 없다.

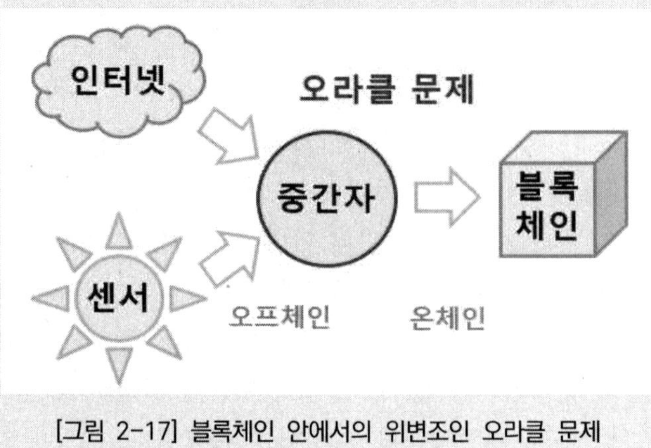

[그림 2-17] 블록체인 안에서의 위변조인 오라클 문제

현실 세계에 있는 데이터가 블록체인 안으로 들어오는 과정은 생각만큼 쉽지 않다. 오프체인 데이터가 온체인 데이터로 바뀌기 위해서는, 현실 세계와 블록체인의 중간에서 데이터를 블록체인 안에 넣어주는 사람이나 장치가 필요하다.

오라클 문제는 이러한 중간자 역할을 하는 사람이나 장치를 어떻게 신뢰할 수 있을 것인가 하는 문제이다. 블록체인은 탈중앙 분산화를 추구하므로 권위를 가진 중앙이 존재하지 않는다. 따라서 블록체인에 데이터를 입력하는 중간자를 신뢰할 수 있는 특별한 방법이 필요하다.

블록체인에서 오라클 문제를 해결하기 위해 다양한 방법이 도입되고 있으나 확실한 해결책은 존재하지 않는다. 암호화폐 소유자들의 투표를 통해 결정하거나, 다양한 데이터의 중앙값(Median)을 선택하거나, 현실 세계와 블록체인 사이에서 신뢰할 수 있는 데이터를 제공해 주는 중간자(Middleware)를 두는 방법 등 블록체인 오라클 문제를 해결하기 위한 다양한 방안이 제시되고 있다.

2. 오라클 문제의 역할과 발생

블록체인 기반의 모든 스마트 계약(Smart Contract)은 오라클 문제가 발생할 수 있다. 스마트 계약을 이용하면, 계약 당사자가 사전에 협의한 계약 내용을 미리 프로그래밍하여 블록체인 안에 넣어두고, 이 계약 조건이 모두 충족되면 자동으로 계약 내용이 실행되도록 할 수 있다. 하지만 스마트 계약의 가장 큰 문제점은 블록체인 외부에서 나타나는 현상에 대한 정보를 수집할 수가 없다는 것이다.

스마트 계약을 자동으로 실행하기 위해 외부 데이터를 가져오는 과정에서 오라클 문제가 발생할 수 있기 때문이다. 간단한 사례를 통해 살펴보자.

1) 오라클의 역할

예를 들어, "선거에 출마한 A 후보와 B 후보 중에서, 만약 A 후보가 당선되면 C에게 코인을 지급하고, B 후보가 당선되면 D에게 코인을 자동으로 지급한다."는 스마트 계약을 작성했다고 가정해 보자. 실제 선거에서 A 후보가 당선될 경우, 오라클이 가져온 A 후보가 승리했다는 정보(기록할 외부 정보)를 통해 A는 C에게 코인을 지급할 것이다.

① "A 후보가 당선된다면" 〉 블록체인 기록을 위해 오라클이 확인해야 할 외부 정보
② "A는 C에게 코인을 지급한다." 〉 외부 정보 조건이 부합하면 스스로 실행하는 스마트 계약

여기서 오라클의 역할은 계약 이행을 위해 조건을 확인하여 블록체인 내부로 가져오는 것이다. 즉, A 후보가 당선된 것을 확인하고 "조건이 충족했다"는 정보를 블록체인에

기록하는 역할이 바로 오라클이다. 오라클이 수행하는 역할은 크게 두 가지로 나뉠 수 있다.

① 객관적인 정보를 기록하는 오라클

- 아시안게임에서 손흥민 선수가 금메달을 딸 경우(객관적 정보) 〉 군 면제 혜택을 받는다.
- 류현진 선수가 월드시리즈에서 실점을 하지 않을 경우(객관적 정보) 〉 연봉이 10% 상승한다.

위와 같은 객관적인 정보는 오라클 문제가 상대적으로 적게 발생한다.

물론 객관적 정보라고 하여 오라클 문제가 발생하지 않는 것은 아니다. 객관적 정보를 입력하는 사람의 고의 또는 과실로 잘못된 정보를 입력할 수 있기 때문이다. 다만 이 경우 정보 입력자에게 페널티를 부여하는 방식으로 오라클 문제를 최소화할 수 있다.

② 주관적인 정보를 기록하는 오라클

- 사람의 피부를 보고 질환을 예상할 경우(주관적 정보) 〉 연계된 병원에게 코인을 보상으로 지급한다.

여기서 한 가지 문제가 발생한다. 피부를 보고 질환을 누가 평가하는가? 이 경우, 정말 질환이 맞는지 유무를 판단할 주체가 필요하다. 그리고 정보가 타당한지 확인하는 검수자의 역할까지 필요하다. 주관적 정보를 기록하는 오라클의 경우 상당한 문제를 발생할 가능성이 존재하게 된다.

결국, 객관적 정보와 주관적 정보 중에서 어떤 정보를 기록하느냐에 따라 오라클에게 필요한 역할이 달라질 수 있다.[2]

2) 오라클 문제 발생

A 후보가 당선되었기 때문에 A 후보는 C에게 코인을 지급했다. 그러나 해당 데이터를 입력하는 사람이 고의 또는 부주의로 B 후보가 승리했다고 잘못 입력하는 상황이 생길 수 있다. 그럼 스마트 계약 조건에 따라 엉뚱하게도 D에게 코인이 자동 지급되는 문제가 발생한다.

문제는 블록체인이 A 후보, B 후보 중 누가 당선되었는지 어떻게 알 수 있는가이다. A가 C에게, B가 D에게 코인을 주는 것은 이미 블록체인에 기록되어 있으니 의심할 여지가 없지만, A가 당선되었다는 사실은 누군가가 입력해주지 않는다면 블록체인만으로는 해결하기 어려운 이슈이다.

만약 사람이 해당 사실을 입력해야 한다면 자동화의 의미도 사라질 뿐만 아니라 미들맨이 등장하게 되어 기존 시스템과 차이가 없고 미들맨이 사기를 칠 수 있는 여지가 생긴다.

여기서 외부 정보값을 입력하는 오라클에 대한 의문이 발생하는 것이다. 바로 정보의 신뢰성에 대한 의문이다. 만일, 블록체인에 기록한 내용이 잘못된 정보였다면 '오라클 문제'가 발생한 것이다. 따라서 블록체인에 기록된 데이터는 위변조가 불가능하지만, 현실 세계의 데이터를 블록체인에 기록하는 과정에서 위변조가 발생할 수 있다.

3. 오라클 문제의 발생사례

1) 스마트 계약의 사례

만약 자동차 사고가 발생하면 자동으로 보험금을 지급하는 스마트 계약이 있다고 가정해 보자. 자동차 사고가 실제로 발생했는지, 만약 사고가 발생했다면 언제 어디에서 발생했고, 피해는 어느 정도인지, 누가 사고의 가해자이고 누가 피해자인지 등의 내용을 블록체인 안에 입력해야 스마트 계약에 의해 자동으로 보험금이 지급된다. 그렇다면 과연 누가 이런 데이터를 입력할 자격이 있을지, 또한 입력된 데이터의 신뢰성은 누구에 의해 보장될 수 있을지 하는 문제가 발생한다. 블록체인 시스템에서는 권위 있는 중앙이 존재하지 않고, 블록체인 네트워크에 참여하는 각 노드들이 평등하게 의사 결정 과정에 참여하기 때문에 이런 문제를 해결하려면 상당히 복잡한 의사 결정 구조가 필요하다. 만약 현실 세계에서 자동차 사고가 발생했고 보험회사가 있다면, 보험 가입자와 보험회사가 서로 협의하여 처리하면 된다. 하지만 블록체인은 탈중앙 분산화 시스템이기 때문에, 권위를 가진 신뢰할 수 있는 의사 결정 기구가 존재하지 않는다. 이것이 바로 블록체인에서 오라클 문제의 한 사례이다.

2) 물류관리의 사례

오라클 문제는 블록체인 기반의 물류관리 시스템에서도 발생할 수 있다. 물류관리에 블록체인 기술을 적용하면, 제품생산에서부터 최종 소비자까지 생산・가공・보관・운송 이력을 투명하게 관리할 수 있다. 하지만 제품 생산 및 가공 내역을 입력하는 사람이 정직하게 데이터를 입력했는지, 해당 제품을 보관・운송하는 업체가 중간에 제품을 '바꿔치기'하지 않고 제대로 전달했는지 등을 확인하기는 쉽지 않은 일이다. 제품에 RFID 칩을 달아서 모든 운송 과정을 투명하게 관리할 수 있다고 하지만, 혹시라도 해당 제품에 부착한 RFID 칩 자체를 바꿔치기했는지를 알아내기는 어렵다. 또한 사과, 배, 딸기, 바나나 같은 과일이나 농축산물에 일일이 RFID 칩을 달기도 쉽지는 않다. 블록체인에 기록된 물류관리 이력 데이터는 위변조가 불가능하여 신뢰할 수 있지만, 최종적으로 소비자에게 전달된 제품이 해당 블록체인에 기록된 제품이 맞는지 확신하기는 어렵다.

4. 오라클 문제의 종류

오라클 문제는 크게 하드웨어 오라클 문제와 소프트웨어 오라클 문제가 있다.[5]

1) 하드웨어 오라클 문제

하드웨어 오라클 문제(Hardware Oracle Problem)는 센서(Sensor)와 같은 하드웨어 기기를 사용하여 수집한 데이터를 블록체인 안에 기록할 때 발생하는 오라클 문제이다.

센서는 빛, 소리, 온도, 압력 등 다양한 물리적인 환경 정보의 변화를 전기적 신호로 바꿔주는 역할을 한다. 온도 센서, 습도 센서, 압력 센서, 지문 센서, 자이로 센서, 바이오 센서 등 다양한 센서에서 수집된 데이터가 블록체인 안에 자동으로 기록되게 할 수 있다.

이 때 센서 장치의 오작동이나 부정확한 측정으로 인해 블록체인에 기록되는 데이터가 정확하지 않을 수 있다.

블록체인 자체는 데이터의 위변조가 불가능하지만, 센서의 오작동으로 인해 블록체인에 기록되는 데이터가 부정확해져서 스마트 계약에 문제가 발생할 수 있다.

이처럼 현실 세계와 블록체인 시스템의 중간에 위치하면서 현실 세계의 데이터를 수집하여 블록체인 시스템 안으로 입력해 주는 센서 등 하드웨어로 인해 발생하는 문제를 하드웨어 오라클 문제라고 한다.

2) 소프트웨어 오라클 문제

소프트웨어 오라클 문제(Software Oracle Problem)는 소프트웨어를 사용하여 현실 세계의 데이터를 수집한 후 블록체인 안에 기록할 때 발생하는 오라클 문제이다.

자료수집 봇(bot), 빅데이터 분석기, 인공지능(AI) 등 다양한 소프트웨어를 사용하여, 인터넷에 퍼져 있는 데이터를 수집하여 블록체인에 기록할 수 있다.

예를 들어, 선거에서 A 후보와 B 후보 중에서 누가 이겼는지 판단하기 위해, 각종 인터넷 뉴스, 게시판, 댓글, 블로그, 트위터, 페이스북 등에 흩어져 있는 데이터를 수집한 후 인공지능을 사용하여 A 후보가 승리했다고 판단을 내리고, 블록체인에 전달해 줄 수 있다. 하지만 만약 이러한 자료수집 봇이나 인공지능이 사실과 다른 판단을 내린다면, 블록체인 안에 기록된 데이터 역시 잘못된 정보가 된다.

소프트웨어는 버그가 있을 수 있고, 악의적 해커에 의해 해킹을 당하여 오작동할 수도 있다. 블록체인 자체는 해킹이 거의 불가능하지만, 블록체인에 데이터를 전달하는 소프트웨어는 상대적으로 쉽게 해킹을 당할 수 있다. 이처럼 소프트웨어적인 문제로 인해 블록체인에 기록된 데이터가 부정확해지는 문제를 소프트웨어 오라클 문제라고 한다.

5. 오라클 문제의 해결방안

실제로 디앱을 만들면서 완벽한 오라클 모델을 만드는 것은 매우 어려운 일이다. 하지만 다양한 방법으로 오라클 모델을 만들고 있는 많은 프로젝트들이 존재한다.

아직 완벽한 정답은 없지만 블록체인 오라클 문제를 해결하기 위해 투표, 중앙값, 중간자 등 다양한 방안이 제시되고 있다.

1) 투표를 통한 합의

오라클 문제를 해결하기 위해 암호화폐 소유자들이 투표를 통해 합의에 이르는 방안이 제안되었다.

예를 들어 선거에서 A 후보와 B 후보 중에서 실제로 누가 당선되었는지를 해당 암호화폐 소유자들이 투표로 결정하는 방안이다.

만약 암호화폐 소유자들 대부분이 진실성에 기초하여 투표한다면, 실제 현실에서 당선된 후보가 블록체인 데이터에도 당선자로 이름을 올릴 수 있다.

투표 방안은 암호화폐 소유자들이 진실성에 기초하여 의사결정과정에 참여하리라고 가정한다. 만약 암호화폐 소유자들이 허위로 투표한다면, 그 피해는 암호화폐 소유자들 본인에게 돌아갈 수 있기 때문에, 대체로 진실하게 투표할 것이라는 가정이다.

하지만 특정한 상황에서 상당수의 암호화폐 소유자들이 현실 세계와 다르게 허위 투표를 할 가능성이 존재한다. 이를 방지하기 위해 자신이 투표한 내용이 사실이면 인센티브를 제공하고, 반대로 허위임이 밝혀질 경우 페널티를 주는 방안을 고려할 수 있다.

투표 방식은 다양할 수 있다. 1인 1표 방식은 민주주의 의사결정과정의 기본 방식이지만, 익명성을 기반으로 하는 블록체인 시스템에서는 한 사람이 마치 여러 사람인 것처럼 허위로 조작하는 시빌공격에 취약하기 때문에 신뢰하기 어렵다.

그 대신 1코인 1표 방식을 채택할 수 있는데, 이 방식은 기업의 주주총회에서 1주 1표 방식으로 의사결정을 내리는 구조와 비슷하다. 이러한 의사결정 방식을 지분증명(PoS)이라고 한다.

지분증명 방식을 사용하면 시빌공격은 방어할 수 있지만, 더 많은 지분을 가진 사람이 더 큰 의사결정 권한을 가지게 되어, 자본에 의한 지배가 구조화되는 문제점이 존재한다. 이에 대한 대안으로 암호화폐 소유자들이 선거를 통해 대표자를 선출하고, 이 대표자들이 의사결정을 내리는 위임지분증명(DPoS) 방식이 제안되었다.

위임지분증명 방식은 직접 민주주의가 아니라 대의제 방식의 간접 민주주의 제도와 유사하다. 위임지분증명 방식 역시 일부 소수 대표자들의 담합에 의한 의사결정 왜곡이 발생할 가능성이 있다. 이를 해결하기 위해 이중위임지분증명(DDPoS) 등 다양한 대안이 제시되고 있다.

오라클 문제를 해결하기 위해 투표의 방법을 사용하는 사례로 아토믹스왑과 어거 시스템이 있다.

(1) 아토믹스왑

아토믹스왑(Atomic Swap)은 P2P 방식으로 1:1로 토큰을 서로 교환하는 형태의 탈중앙화 거래소에서 사용하는 기술이다. 에어스왑(Airswap)이라고도 한다. 1:1로 매칭이 된 후 토큰을 거래할 때, 교환 비율이 어떻게 되는지 토큰의 가격을 외부(블록체인 밖)에서 받아와야 한다. 아토믹스왑은 아토믹스왑의 토큰(AST)을 보유하고 있는 사람들이 올바른 오라클인지 투표를 통해 결정한다. 올바른 결정을 하지 않으면 네트워크 전체의 손해이기 때문에 올바른 투표를 하도록 유도하는 방식이다.

(2) 어거

어거(Augur)는 미래 예측 시장으로 미래에 일어날 일을 예측하고 맞추면 보상을 받는 시스템이다. 예측한 일의 결과 데이터를 외부(블록체인 밖)로부터 받아와야 한다. 어거 또한 어거의 토큰(REP)를 보유하고 있는 자들이 올바른 오라클인지 투표를 통해 결정하고 올바른 결정이면 인센티브를 받는다. 잘못된 결정은 네트워크의 가치를 하락시킬 수 있기 때문에 올바른 투표를 하게 한다.

2) 다양한 데이터의 중앙값 선택

오라클 문제를 해결하기 위해 현실 세계에 존재하는 다양한 데이터 가운데 중앙값(Median)를 선택하는 방안이 있다. 중앙값, 중위값, 중위수(中位數) 또는 미디안(Median)이란 여러 개의 데이터를 크기 순서대로 늘어놓았을 때 한가운데 있는 값을 의미한다. 이것은 평균값(average)과는 차이가 있다. 예를 들어, 데이터가 {1, 2, 3, 5, 9}라면 평균값은 4이지만, 중앙값은 3이 된다. 극단적으로 크거나 작은 데이터가 있을 경우 평균값은 왜곡될 수 있지만, 중앙값은 그럴 가능성이 매우 낮아서, 현실 세계를 반영하는 데이터로 평균값이 아닌 중앙값을 사용하는 것이 더 적합한 경우가 많다.

탈중앙화된 분산형 암호화폐 거래소인 덱스(DEX)에서 서로 다른 종류의 암호화폐를 아토믹스왑 방식으로 직접 거래하려고 할 때, 여러 암호화폐 거래소에서 수집한 가격들 중에서 중앙값을 선택하는 방법이 있다. 예를 들어, 비트코인과 이더리움을 아토믹스왑 방식으로 서로 교환하려고 할 때, 블록체인 내부에서는 두 암호화폐의 교환 비율을 책정할 수 없고, 블록체인 외부에 있는 시장 가격 데이터를 알아야 한다. 현실 세계에서 거래되는 두 코인의 가격을 블록체인 안에 입력해 주면, 자동으로 두 코인이 일정한 비율에 따라 교환될 수 있다. 이 때 현실 세계의 코인 가격은 거래소별로 조금씩 다르기 때문에 오라클 문제가 발생할 수 있으나, 여러 암호화폐 거래소에서 실제로 거래되고 있는 코인 가격 데이터를 수집한 후에 미디어나이저(Medianizer)라는 스마트 계약을 이용해 중앙값을 계산하여, 블록체인 데이터에 반영함으로써 오라클 문제를 해결할 수 있다.

중앙값 방식은 시장 가격에 연동되는 코인 교환이나 표준화된 상품 판매 쇼핑몰 등에는 사용할 수 있겠지만, 데이터를 크기 순서대로 일렬로 정렬하기 어려운 경우에는 사용하기 어려운 단점이 있다. 물류관리, 의료정보관리, 저작권관리, 소셜미디어관리, 전자투표 등 현실 세계에 존재하는 다양하고 복잡한 데이터들은 중앙값을 구하기 어려운 경우가 대부분이다. 따라서 오라클 문제를 해결하기 위해서는 다른 해결방안이 필요하다.

이러한 중앙값의 사례로 메이커토큰(Maker Token)이 있다.

(1) 메이커토큰

안정화 토큰인 다이(Dai)를 발급받을 때, 이더리움을 담보로 한다. 이 때 Eth/USD의 가격을 기반으로 한다. 이 데이터를 블록체인 내에서 확인할 수 없기 때문에 외부(블록체인 밖)으로부터 받아와야 한다.

메이커는 이 시세 정보를 여러 암호화폐 거래소로부터 받아온다. 그리고 미디어나이저라는 스마트 계약을 통해서 중앙값을 구해낸다. 이런 방법으로 오라클을 받아온다. 하지만 이 모델 또한 여러 암호화폐 거래소가 담합하여 악의적으로 행동한다면 문제가 생길 수 있다.

3) 중간자를 두는 방법

오라클 문제를 해결하기 위해 현실 세계와 블록체인 사이에서 신뢰할 수 있는 데이터를 제공해 주는 중간자(中間者, Middleware)를 두는 방법이 있다.

예를 들어, 중간자 역할을 하는 조직이나 소프트웨어가 날씨 데이터, 금융 데이터 등을 수집하여 API 방식으로 체계적으로 제공함으로써 오라클 문제를 해결하려는 시도이다.

오라클 문제를 해결하는 것은 매우 어렵기 때문에 일정한 규모와 조직을 갖춘 기업이나 단체가 중간자 또는 미들웨어 역할을 맡아서, 특정 분야의 데이터를 체계적으로 수집한 후 해당 정보가 필요한 블록체인 네트워크에 데이터를 체계적으로 제공할 수 있다.

블록체인 네트워크는 굳이 직접 나서서 오라클 문제를 해결하기 위해 노력할 필요 없이, 중간자가 제공하는 안정적이고 체계적인 데이터를 그대로 받아서 블록체인 안에 넣어주기만 하면 된다.

이러한 중간자의 사례로 오라클라이즈(Oraclize), 체인링크(Chainlink), 블루젤(Bluzelle), 아이캐시(iCash), 톰슨로이터원 등이 있다.

(1) 오라클라이즈

영국 런던에 있는 데이터 제공 회사이다. 현실 세계의 다양한 데이터를 수집하여 스마트 계약을 운영하려는 블록체인 네트워크에게 API 방식으로 제공해 주는 오라클 서비스를 하고 있다. 오라클라이즈의 데이터는 http 방식의 URL, 울프럼 알파(Wolfram Alpha) 검색엔진, 분산 파일 시스템인 IPFS, 랜덤하게 생성된 값, 계산을 거쳐서 생성된 값 등 5종류로 나뉘어 제공된다. 호출 수수료(call fee)는 쿼리 1건당 약 \$0.01~\$0.05 달러 정도이다. 회사 공식 홈페이지 주소는 http://www.oraclize.it이다.

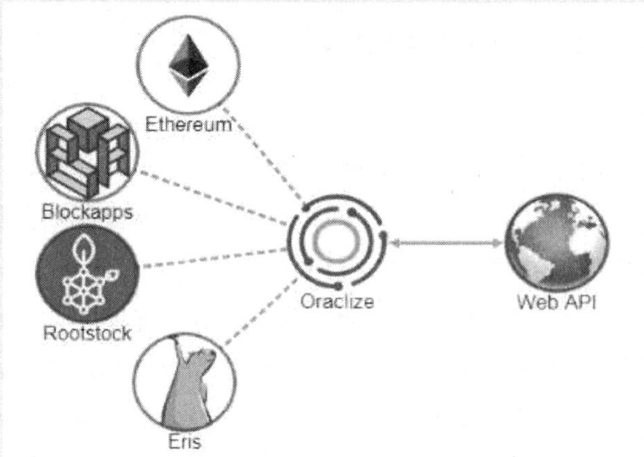

[그림 2-18] 오라클라이즈(Oraclize) 회사

(2) 체인링크

블록체인의 스마트 계약을 블록체인 외부의 데이터, 결제, API 등에 연결하기 위해 사용하는 블록체인 미들웨어 플랫폼이자 암호화폐이다. 체인링크는 이더리움 기반으로 작동하는 각종 스마트 계약이 현실 세계의 데이터와 쉽게 연결되도록 돕는 역할을 한다. 2014년에 설립된 스마트컨트랙트닷컴의 자회사이다.

2017년 9월에 체인링크 코인 10억개가 발행되었다. 화폐 심벌은 LINK이다.

2017년 가트너에 의해 블록체인 애플리케이션 쿨 벤더 업체로 선정되었다. 또한 스위프트(Swift)와 협력하여 '스위프트 스마트 오라클'이라는 기능을 개발했다. 체인링크는 세계경제포럼(World Economic Forum)에서 스마트 계약 기술 업체로 소개되었다.

체인링크 회사 공식 홈페이지 주소는 https://chain.link/이다.

[그림 2-19] 체인링크(Chainlink) 기본 개념도

중간자는 현실 세계와 블록체인 네트워크의 중간에 존재하면서, 신뢰할 수 있는 데이터를 안정적이고 체계적으로 제공하여, 오라클 문제를 해결할 수 있다는 장점이 있다. 다만, 블록체인은 탈중앙화(Decentralization)를 지향하는데, 이러한 중간자 역할을 하는 조직이나 소프트웨어가 새로운 형태의 중앙이 될 가능성이 존재한다.

6. 오라클 문제의 과제

블록체인 기반의 경제 시스템인 크립토 이코노미(Crypto Economy)가 제대로 작동하려면, 오라클 문제를 해결해야 한다.

블록체인 서비스 내에서 시스템을 운영하는데 기여한 참여자들에게 적절한 보상을 제공함으로써 지속적으로 블록체인 서비스가 활성화되도록 해야 한다. 이를 위해서는 크립토 이코노미를 잘 설계하는 것이 필요하다.

만약 크립토 이코노미를 제대로 설계하지 못하여, 오라클 문제가 발생하고 그 문제를 해결하기 위해 외부의 데이터 전문업체들에게 과도하게 의존할 경우, 고비용 문제가 발생할 수 있다.

특히, 상품, 계약, 계약의 해석 조건, 계약의 실행 조건, 지불수단 등에 대한 트랜잭션 요소가 온체인에 있지 않고 오프체인에 있을 경우, 오라클 문제가 발생하는데, 이 문제의 해결이 생각보다 어려워질 수 있다.

크립토 이코노미를 설계할 때 오프체인 트랜잭션을 최대한 온체인화하는 노력이 중요하다. 하지만 입력해야 할 데이터가 너무 많을 경우, 오프체인 데이터를 온체인화하는데 필요한 비용이 과도하게 커질 수 있다는 우려가 제기되고 있다.

크립토 이코노미 설계의 중요성에도 불구하고, 블록체인 프로젝트에서 부수적으로 다뤄지는 경향이 있다.

블록체인 프로젝트를 성공적으로 진행하려면 크립토 이코노미 설계를 전문으로 하는 크립토 이코노미스트가 반드시 존재해야 한다.

08 블록체인에 51% 공격의 개념과 사례 분석하라.

1. 51% 공격이란

51% 공격이란 블록체인의 전체 노드 중 50%를 초과하는 해시 연산력을 확보한 뒤, 거래 정보를 조작함으로써 이익을 얻으려는 해킹 공격을 말한다.

즉, 51% 공격이란 악의적인 공격자가 전체 네트워크의 50%를 초과하는 막강한 해시 연산 능력을 보유하고, 다른 정직한 노드들보다 더 빠른 속도로 신규 블록을 생성하여 네트워크에 전파함으로써, 다른 노드들이 정상적인 데이터가 아니라 위변조된 데이터가 포함된 블록체인을 채택하도록 만드는 해킹 공격이다.

51% 공격을 성공하려면, 해당 블록체인 네트워크에 참여한 다른 모든 노드들의 해시 연산 능력을 합친 것보다 더 큰 해시 파워를 보유해야 한다.

블록체인 네트워크에 참여자 수가 늘어남에 따라 50% 이상의 해시 파워를 확보하는 것이 매우 어렵기 때문에, 51% 공격은 사실상 불가능해진다. 실제로 네트워크 참여자가 가장 많은 비트코인의 경우 2009년 1월 처음 만들어진 이후 단 한 번도 블록체인 자체가 해킹을 당한 적이 없다.

2. 51% 공격 사례

블록체인 네트워크 참여자가 매우 적은 암호화폐인 경우, 51% 공격이 성공할 수 있다. 2018년 비트코인골드(Bitcoin gold), 버지(Verge), 라이트코인캐시(Litecoin Cash), 젠캐시(ZenCash, ZEN), 일렉트로늄(Electroneum), 모나코인(Monacoin) 등에 대한 해킹 공격 사건이 있었다.

1) 버지 공격

2018년 4월, 5월, 6월 3일에 버지(Verge, XVG)에 대한 51% 공격으로 25만 버지코인, 3,500만 버지코인(시가 18억원)이 넘는 피해가 있었다.

2) 모나코인 공격

2018년 5월 15일 모나코인(Monacoin)에 대한 블록보류공격(BWA)으로 약 1억원의 피해가 있었다.

3) 비트코인골드 공격

2018년 5월 16일 비트코인골드(Bitcoin Gold)에 대한 51% 공격이 성공하여 약 200억원의 코인을 해킹한 사건이 발생했다.

4) 젠캐시 공격

2018년 6월 2일 젠캐시(ZEN)에 대한 블록보류공격(BWA)으로 약 7억원에 해당하는 2만 3,152개의 코인에 대해 이중지불 피해가 발생했다.

09 탈중앙화 신원확인인 분산신원확인에 대하여 분석하라.

1. 분산신원확인의 개요

분산신원확인(DID, Decentralized Identity)는 기존 신원확인 방식과 달리 중앙 시스템에 의해 통제되지 않으며 개개인이 자신의 정보에 완전한 통제권을 가질 수 있게 하는 기술이다. 분산 아이디 또는 탈중앙화 신원확인이라고 할 수도 있다.

분산신원확인은 중앙화 된 권력을 요구하지 않는데, 분산원장이나 타 탈중앙화 시스템이 등록 혹은 정박해 있기 때문이다. 이는 기존 신원확인과는 달리 암호화폐 사용자들이 자금을 관리하듯 사용자가 관리할 수 있다는 특징을 갖는다.

DID의 핵심 내용은 복수의 DID 보유 가능, 퍼블릭과 프라이빗 등 여러 체인에서 사용, 오직 사용자의 키를 통해서만 DID 접근, 오프체인에 저장되는 신원 요청 정보, 여러 장치와 크라우드에 걸쳐 복수의 신원 허브 보유 가능 등 블록체인의 특성을 활용하였다.

2. 분산신원확인의 등장배경

인터넷 기술이 발달함에 따라 중립적인 정보를 공유하는 데는 유용하지만, 가치를 담고 있는 정보를 공유하는 데는 큰 제약이 생겼다. 현실에서 가장 중요한 가치를 담고 있는 정보는 바로 신원(ID)에 대한 정보인데, 개인의 신원 정보를 다른 누군가가 마음대로 복제할 수 있게 된다면 인터넷 환경에서 '나'라는 존재 역시 무한대로 복제될 수 있음을 뜻한다. 이는 곧 복제본이 진본의 금융계좌를 마음대로 통제할 수 있으며, 공적인 서비스마저 서슴지 않고 이용할 수 있게 되는 결과를 낳을 수 있다.

때문에 현재의 인터넷 환경에서 신원정보를 공유할 때 반드시 '신뢰할 수 있는 제3자 기관(TTP)'이 보증한 인증서가 필요하다.

진짜 나라는 사실을 제3의 기관이 대신해서 입증해주는 것이다. 이러한 점을 감안해 보면 정부 사이트나 금융 어플리케이션 등에서 일련의 서비스를 이용할 때 왜 공인인증서를 요구하는지 이해할 수 있게 된다.

그런데 현재 신원정보를 이용하고 관리하는 데는 상당한 번거로움과 문제점이 있다.

먼저 공인인증서의 발급과 이용상의 불편함이다. 인터넷을 통해 앱과 각종 서비스를 이용하기 위해서는 공인인증서를 통한 아이디 인증이 필수적이다. 다만 인증서를 발급하고 이용하는 과정에서 상당한 시간적인 마찰이 유발되어 내가 나임을 입증하는 일에 상당한 자원을 낭비하고 있는 느낌을 지울 수 없다.

신원 데이터의 유출과 도용범죄의 우려다.

인터넷 환경에서 각종 앱이나 서비스를 이용하기 위해서는 서비스 이용자에게 개인정보를 수집하고 이용할 권한 등을 모두 허용해줘야 한다.

이때 사용자에게는 자신의 개인정보를 통제할 능력이나 수단이 존재하지 않지만 서비스 제공자는 방대한 사용자 개인정보를 중앙서버에 저장해놓게 된다. 이러한 경우에 개인정보유출 문제가 발생할 가능성이 있다.

현재의 시스템 하에는 부주의에 의해서든 악의에 의해서든 개인정보유출 사고가 발생하는 것을 미연에 방지할 수 없고, 그 피해는 매우 심각하다.

한 번 개인정보가 유출되고 나면 끈질긴 스팸에 시달리는 것은 물론이고, 극단적으로는 범죄행위의 피해자가 될 수도 있다.

3. 분산신원확인의 구동

마이크로소프트의 DID 생태계는 총 7개의 혁신으로 구동된다.

1) W3C 탈중앙화 신원확인시스템(W3C Decentralized Identifiers)

사용자가 조직이나 정부와 독립적으로 만들고, 소유하고, 제어하는 아이디이다. DID는 공개키 자료, 인증 설명자 및 서비스 끝점을 포함하는 JSON 문서로 구성된 DPKI(Decentralized Public Key Infrastructure) 메타데이터에 링크된 전 세계적으로 고유한 식별자이다.

2) 분산 시스템(Decentralized Systems)

DID는 DPKI에 필요한 메커니즘과 기능을 제공하는 분산 시스템을 기반으로 한다. 마이크로소프트는 다양한 블록체인 및 원장을 지원하는 DID 구현의 활발한 생태계를 구현하기 위해 커뮤니티에서 개발 중인 표준 및 기술 개발에 참여하고 있다.

3) DID 사용자 에이전트(DID User Agents)

실제 사용자가 분산 아이디를 사용할 수 있게 해주는 응용 프로그램이다. 사용자 에이전트 응용 프로그램은 DID 생성, 데이터 및 사용 권한 관리, DID 연결 클레임 서명 및 유효성 검사를 지원한다. 마이크로소프트는 DID 및 관련 데이터를 관리하기 위한 사용자 에이전트로 작동할 수 있는 지갑과 유사한 앱을 제공한다.

4) DIF 유니버셜 리졸버(DIF Universal Resolver)

DID 드라이버 컬렉션을 사용하여 구현 및 분산 된 시스템에서 DID에 대한 조회 및 해결의 표준 방법을 제공하고 DID와 연결된 DPKI 메타데이터를 캡슐화 하는 DID Document Object(DDO)를 반환하는 서버이다.

5) DIF 아이덴티티 허브(DIF Identity Hubs)

신원 데이터 저장 및 신원 상호 작용을 용이하게 하는 클라우드 및 에지 인스턴스(㉮ 휴대폰, PC 또는 스마트 스피커)로 구성된 암호화 된 개인 데이터 스토어의 복제된 메시이다.

6) DID 증명(DID Attestations)

DID 서명 인증은 표준 형식 및 프로토콜을 기반으로 한다. 아이디 소유자는 소유권 주장을 생성, 제시 및 확인할 수 있다. 이것은 시스템 사용자 간의 신뢰의 토대를 형성한다.

7) 분산 형 앱 및 서비스(Decentralized Apps and Services)

신원 확인 허브 개인 데이터 스토어와 쌍을 이루는 DID는 새로운 종류의 앱 및 서비스를 만들 수 있다. 사용자의 ID 허브를 사용하여 데이터를 저장하고 부여 된 사용 권한의 범위 내에서 작동한다.

10 블록체인의 확장성 문제를 해겨라기 위한 샤딩의 특징에 대하여 분석하라.

샤딩(Sharding)이란 하나의 거대한 데이터베이스나 네트워크 시스템을 여러 개의 작은 조각으로 나누어 분산 저장하여 관리하는 것을 말한다.

1. 배경

샤딩은 블록체인 시스템의 확장성(Scalability) 문제를 해결하기 위한 방법 중 하나이다. 확장성은 시간이 지남에 따라 생겨나는 변화를 받아들이는 능력이다.

시간이 지남에 따라 블록체인 기반 서비스는 대체로 사용자 수가 증가하기 때문에, 확장성 문제란 결국 더 많은 사용자들이 만들어내는 트랜잭션을 블록체인 시스템으로 처리할 수 있는 능력의 문제이다. 대개 블록체인의 확장성 지표로 TPS를 사용한다.

TPS는 Transaction per Second의 약자로서 1초당 처리할 수 있는 트랜잭션의 개수를 나타내는 단위이다. 기존 비트코인과 이더리움의 경우 확장성 문제가 심각하여, TPS를 획기적으로 증가시키기 위한 다양한 방법이 고안되고 있는데, 그 중 대표적인 것이 샤딩이다.

2. 종류

1) 데이터베이스 샤딩(Database Sharding)

하나의 거대한 데이터베이스 테이블을 수평 분할(Horizontal Partitioning)하여 여러 개의 작은 단위로 나눈 후, 물리적으로 다른 위치에 분산하여 저장・관리하는 기술이다. 이 때 수평 분할된 1개의 작은 테이블을 샤드(Shard)라고 한다.

2) 네트워크 샤딩(Network Sharding)

블록체인 기반 암호화폐를 채굴하기 위한 네트워크를 샤드라는 작은 노드 그룹으로 나누어 관리하는 기술이다.

3. 활용

싱가포르의 신슈 동이 개발한 암호화폐인 질리카(Zilliqa)는 샤딩 기술을 활용함으로써 트랜잭션 처리 속도를 획기적으로 향상시켰다. 질리카의 샤딩 기술은 네트워크 샤딩(Network Sharding), 트랜잭션 샤딩(Transaction Sharding), 연산 샤딩(Computational Sharding)과 같은 다양한 형태로 구성되어 있다. 그 중 가장 중요한 건 네트워크 샤딩인데, 네트워크 샤딩은 질리카 채굴 네트워크를 샤드라는 작은 노드 그룹으로 나눌 수 있는 메커니즘이다. 이 네트워크 샤딩은 질리카를 확장시킬 수 있는 도구로서, 이 샤딩을 활용하게 되면 초당 수천 건의 트랜잭션 처리가 가능해진다.

학습활동.2 교수 · 학습 방법

교수 방법

- 블록체인의 개념 및 기술에 대한 관련 용어, 구성, 방식 이해 정도를 파악한 후 수업을 진행한다.
- 교수자의 주도로 블록체인의 개념 및 기술 등의 내용을 PPT 자료로 제시한 후 설명한다.
- 가능하면 사전에 개인별 학습 자료를 준비하여 모든 학생이 참여할 수 있는 문제 해결식 수업, 협력 수업이 가능하도록 한다.
- 블록체인의 개념 및 기술 전 과정을 작업의 순서에 따라 단계적으로 실습이 이루어질 수 있도록 지도한다.
- 교재를 통해 수업을 준비하는데 있어서 필요한 모든 정보나 팁, 힌트 등 도움이 될 만한 내용들을 확인할 수 있다.
- 학생들이 만들게 될 각 모델들은 수업시간에 중점적으로 다뤄질 부분과 어휘, 질문, 답을 포함하고 있으며 또한 탐구할만한 추가적인 아이디어들도 포함하고 있다.

학습 방법

- 블록체인의 개념 및 기술에 대한 관련 용어를 숙지하고, 블록체인의 개념 및 기술에 대해 이해한다.
- 블록체인의 개념 및 기술의 각 단계별 중점 사항을 체계적으로 학습한다.
- 블록체인의 개념 및 기술의 수행순서의 전 과정을 실습한다.
- 블록체인의 개념 및 기술의 내용을 이해한다.
- 블록체인의 개념 및 기술을 이해하고 숙달이 될 때까지 학습한다.

학습활동.2 평가 및 피드백

평가 준거

- 평가자는 피평가자가 수행 준거 및 평가 내용에 제시되어 있는 내용을 성공적으로 수행할 수 있는 지를 평가해야 한다.

학습내용	평가항목	성취수준		
		상	중	하
블록체인의 개념 및 기술	블록체인의 개념 및 기술을 이해할 수 있다.			

평가 방법

• 작업 포트폴리오

학습내용	평가항목	성취수준		
		상	중	하
블록체인의 개념 및 기술	블록체인의 개념 및 기술를 이해할 수 있다.			

• 필기시험

학습내용	평가항목	성취수준		
		상	중	하
블록체인의 개념 및 기술	블록체인의 개념 및 기술를 이해할 수 있다.			

• 체크리스트를 통한 관찰

학습내용	평가항목	성취수준		
		상	중	하
블록체인의 개념 및 기술	블록체인의 개념 및 기술를 이해할 수 있다.			

• 피드백

1. 작업 포트폴리오
   - 제출한 보고서를 평가한 후 주요 사항에 대하여 표시하여 돌려준다.
2. 필기시험
   - 평가 결과 성적이 저조한 학생은 보고서 제출 기회를 부여한다.
3. 체크리스트를 통한 관찰
   - 실습 과정에서 평가한 후 개선해야 할 사항 등을 정리하여 돌려둔다.

참 | 고 | 문 | 헌

1. 구글, "알고리즘" 검색 결과 및 "알고리듬" 검색 결과
2. 알고리즘, 《위키백과》
3. 블록인프레스, 〈이더리움 지분증명 합의 알고리즘 '캐스퍼', 검토 절차 시작〉, 《블록인프레스》, 2018.04.23.
4. seungjae1012, 〈카르다노(Cardano, ADA) 탐구 : 지분 증명(POS)의 한계와 우로보로스(Ouroboros)〉, 《스팀잇》, 2018.02.
5. 5.0 5.1 5.2 5.3 유지수 기자, 〈THE blockchain: 블록체인 합의 프로토콜 기초서〉, 《토큰포스트》, 2017.03.07.
6. 이정훈 기자, 〈(이정훈의 암호화폐 읽기)〈9〉채굴량 제한된 비트코인, 작업증명의 대안〉, 《이데일리》, 2018.02.03.
7. 유병철 기자, 〈(기묘한 재테크) 이오스트, 시총 50위권 진입한 플랫폼 코인〉, 《글로벌이코노믹》, 2018.05.09.
8. 한수연 기자, 〈박재현 두나무 연구소장, "클라우드 블록체인 서비스 내년 출시"〉, 《블로터》, 2018.06.08.
9. 이정훈 기자, 〈(이정훈의 블록체인 탐방)토큰경제 생태계 만든다…글로벌 플레이어 승부수〉, 《이데일리》, 2018.06.18.
10. 유성민 칼럼니스트, 〈대안 체인과 사이드 체인은 뭘까〉, 《사이언스타임즈》, 2018.03.20.
11. 성지은 기자, 〈이제는 더블체인…"퍼블릭-프라이빗 블록체인 연결"〉, 《아이뉴스24》, 2018.03.19.
12. 손예술 기자, 〈PUF 기반 '퓨어체인' 공개…"처리속도 지연 없는게 특징"〉, 《지디넷코리아》, 2018.03.08.
13. M2M이란 Machine to Machine의 약자로서, 사물인터넷(IoT) 시대를 맞이하여 기계와 기계가 인터넷을 통해 서로 정보를 주고받는 것을 말한다.
14. 최선미 · 김현진 · 송근혜 · 민대홍 · 박종현 · 민수진 · 박경진 · 조진실 · 최가은, "블록체인 어디에 응용하고 있나? (응용 사례와 분야별 특성을 중심으로)" ETRI Insight, 2018.6.30.
15. 유니, 〈[정보보안기사 암호알고리즘]〉, 《네이버 블로그》, 2018.03.11.
16. jhh0712, 〈대칭키 암호〉, 《네이버 블로그》, 2018.12.20.
17. 어리버리, 〈블록 암호화 방식 정의, 특징, 장점, 단점〉, 《네이버 블로그》, 2016.11.07.
18. 어리버리, 〈스트림 암호화 정의, 특징, 장점, 단점 vs. 블럭 암호화〉, 《네이버 블로그》, 2017.03.08.
19. 엘라이, 〈대칭키 알고리즘-AES, DES, SEED〉, 《네이버 블로그》, 2013.11.14.
20. henry, 〈AES /기타 대칭키 알고리즘〉, 《네이버 블로그》, 2019.02.06.
21. 디비랑, 〈[CISSP 암호학]〉, 《티스토리》, 2012.01.15.
22. 신찬섭, 〈RC4알고리즘〉, 《티스토리》, 2009.10.23.
23. 청춘불패, 〈[정보보안 RC4 알고리즘]〉, 《네이버 블로그》, 2013.09.29.
24. "A5/1", Wikipedia
25. kblock, 〈(케블리) #39. 블록체인, 오라클〉, 《스팀잇》, 2018.04.

26. keepit, 〈KEEP!T Column : 블록체인 산업의 확장을 위한 열쇠, 오라클〉, 《스팀잇》, 2018.05.
27. Energist, 〈블록체인과 외부 세계를 연결시키는 오라클(Oracle)〉, 《네이버 블로그》, 2018.01.07.
28. 플릭파트너스, 〈(플릭파트너스 칼럼) 블록체인 기술이 기존 산업과 결합하기 위해 해결해야 할 과제〉, 《아시아타임즈》, 2018.05.13.
29. 허범석 플릭파트너스 파트너, 〈(EE칼럼) 블록체인 기술이 대중에게 다가가려면〉, 《에너지경제》, 2018.06.04.
30. 임유경 기자, 〈"크립토 이코노미 설계…'온체인'에 주목하라"-장중혁 아이블록 대표, 크립토 이코노미 방법론 소개〉, 《지디넷코리아》, 2018.09.11.
31. 서울 크립토 서포터즈, 〈(암호화폐 상식) 오라클 문제(Oracle problem)〉, 《네이버 블로그》, 2018.03.17.
32. 히슾지기, 〈Q:블록체인에서 오라클(Oracle)이란 무엇인가요?〉, 《네이버 블로그》, 2018.08.01.
33. 참괴다, 〈오라클 현상〉, 《네이버 블로그》, 2018.05.29.
34. 배고푼쉘리, 〈체인링크〉, 《네이버 카페》, 2018.08.21.
35. 셀마코브라, 〈ChainLink(체인링크) ICO 기본정보〉, 《네이버 카페》, 2017.09.04.
36. 파르잠 에사니(Farzam Ehsani), 〈부동산에 블록체인을 적용한다는 건 매우 안 좋은 생각이다〉, 《코인데스크코리아》, 2019.01.17.
37. 행복별, 〈블록체인, 분산원장이란?〉, 《네이버 블로그》, 2018.09.28.
38. 〈분산원장〉, 《위키백과》
39. 빗썸, 〈분산원장기술 (DLT, Distributed Ledger Technology)〉, 《네이버 블로그》, 2017.12.12.
40. MinSeok Kim, 〈블록체인 기본 사항: 분산 원장 소개〉, 《IBM》, 2017.06.23.
41. USCPA 김태건, 〈(TED의 암호화폐 이야기 #2) 블록체인인가 분산원장 기술인가?〉, 《파이낸스투데이》, 2019.02.21.
42. 〈마이크로소프트, 새 블록체인 아이디 상품 전폭 지지〉, 《글로벌경제신문》, 2018.10.16.
43. 심두보 기자, 〈마이크로소프트, 블록체인 신원확인 시스템 구축한다… 백서 공개〉, 《디센터》, 2018.10.15.
44. euijin, 〈마이크로소프트(MS)가 분산화 신원인증(DIDs)을 개발하는 이유〉, 《스팀잇》.
45. 〈Decentralized Identity Own and control your identity〉, 《Microsoft》.

• 웹사이트

http://wiki.hash.k

http:/factom.org/

http:/gamecredits.com/

http:/getstarted.with.pink/

http:/nem.io/

http:/newcoinschedule.com/

http:/syscoin.org/

http:/vergecurency.com/

http:/www.augur.net/
http:/www.monero.c/
https:/akasha.world/
https:/bitcoingold.org/
https:/bytebal.org/
https:/bytom.io/?S=zw2m5cbemlc
https:/coinmarketcap.com/
htps:/crushcrypto.com/analysis-of-bitdegre
https:/enterprise.gem.co/health/
https:/eos.io/
https:/ethereumclasic.github.io/
https:/exergy.energy
https:/litecoin.com/
https:/neo.org/
https:/omg.omise.co/
https:/ont.io/
https:/qtum.org/en/
https:/riple.com/
https:/storj.io/
https:/streamium.io
https:/tron.network/
https:/www.bitcoin.com/
https:/www.bitcoincash.org/
https:/www.cardano.org/en/home/
https:/www.cn.com/
https:/www.coindesk.com/
https:/www.dash.org/
https:/www.enterpriseinnovation.net/egov
https:/www.ethereum.org/
https:/www.everledger.io/
https:/www.iota.org/
https:/www.potcoin.com/
https:/www.provenance.org/
https:/www.stelar.org/
https:/xage.com/product/
https:/z.cash/

학습 1	블록체인의 개념 및 특징
학습 2	블록체인의 알고리즘 및 기술
학습 3	**블록체인의 개발환경구축**
학습 4	블록체인 플랫폼 하이퍼레저
학습 5	블록체인 프라이빗 플랫폼 R3 코다
학습 6	블록체인의 사업성 검토
학습 7	블록체인의 암호화폐 응용
학습 8	블록체인의 금융분야 응용
학습 9	블록체인의 공공과 민간부문의 응용
학습 10	블록체인의 산업분야 응용
학습 11	코인을 어디에 보관하지?
학습 12	코인을 사고 팔려면 어떻게 하지?

학습 목표	1. 블록체인의 개발 솔루션 환경구축을 이해할 수 있다.

3-1 블록체인 메인넷의 개요

1. 블록체인 메인넷의 개념

메인넷은 메인 네트워크(Main Network)의 줄임말 이다.

메인넷은 블록체인 네트워크 시스템 운영을 통해 디지털 화폐 생성뿐 아니라 다른 디앱(Dapp)을 탄생하게 하는 기반을 제공해 독자적인 생태계를 구성하는 것을 의미로 기술가치가 검증을 받고 정식 서비스를 시작한다는 의미이다.

또 이를 이해하기 위해서는 코인과 토큰을 구분할 수 있다. 자체 프로토콜인 메인넷을 보유하면 코인, 다른 플랫폼에서 파생돼 만들어진 것은 토큰이다. 즉, 토큰을 기반으로 코인으로 발전해 간다고 볼 수 있다.

예를 들면, 이오스는 2017년 이더리움을 기반으로 개발됐으며, 2018년 6월 이더리움에서 벗어나 자체 메인넷을 오픈했다. 토큰에서 코인으로 발전한 데다가 다른 디앱을 탄생하게 되는 기반을 제공해 독자 생태계를 구성하게 된 셈이다.

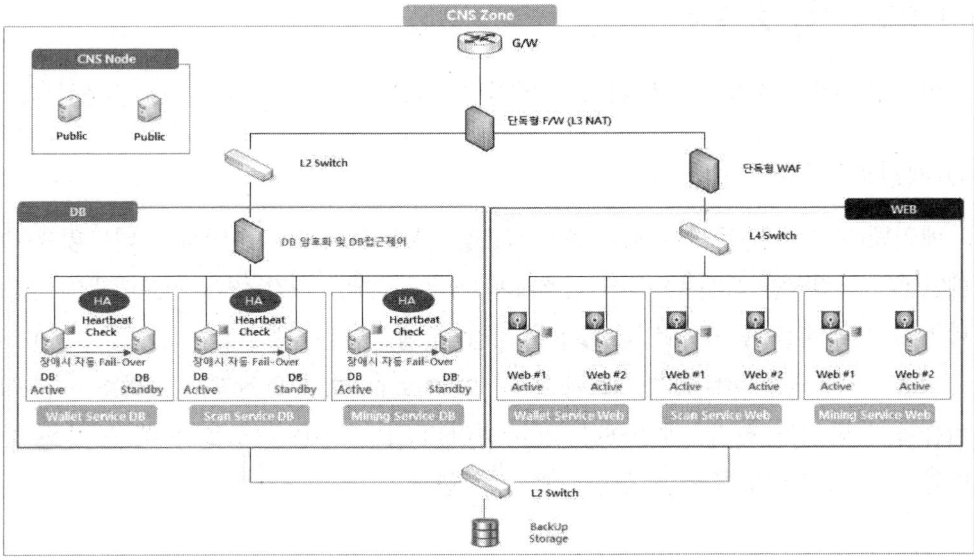

[그림 3-1] 메인넷 구축환경

2. 블록체인 메인넷 구축 절차

메인넷이 구축하여 만들어지는 과정은 다음과 같다.

① 기존 이더리움 플랫폼을 기반으로 토큰을 개발하고 암호화폐공개(ICO)를 진행하여 투자금을 유치한다.

② 확보한 금액으로 인력과 개발비용을 투자해서 독자적인 플랫폼을 보유할 수 있는 메인넷 개발을 진행한다.

③ 메인넷 개발을 위해 테스트넷(Test Netework)을 진행하여 독자적인 플랫폼을 보유할 수 있는지 테스트 과정을 진행한다. 개발자는 웹호스팅 서비스인 깃허브(GitHub)를 이용해 현재 얼마나 개발 중인지 서로 공유하고 수정하며 테스트 과정 등 진행한다. 테스트넷의 운영은 트랜잭션과 생태계를 구성하고 독자적인 플랫폼으로 자리 잡을 수 있는지 테스트를 하는 것이다. 이 기간은 짧게는 수개월, 길게는 몇 년이 걸린다. 지갑 생성과 거래소 연결 문제 등 안정화 작업이 쉽지 않기 때문이다.

④ 테스트 넷을 성공하면 메인넷 릴리즈(Release)로 개인 지갑 거래간 트랜젝션(처리)을 비롯한 생태계를 구성하여 코인 지갑을 생성하는 것을 포함하는 과정을 거치면 토큰은 메인넷을 보유한 코인이 된다. 메인넷을 갖는 것은 매우 어렵다. 그만큼 기술력을 인정받을 수 있고 글로벌 대형 거래소들은 우선 상장 기준 중 하나로 메인넷 구축 여부를 꼽기도 한다. Dapp개발을 위해 Java, Html,Solidity의 언어를 활용하여 스마트 컨트레트 알고리즘을 설계한다.

3. 비트코인 메인넷 구축

비트코인에는 3개의 네트워크인 메인넷, 테스트넷, 회귀테스트가 존재한다.

1) 메인넷

메인넷(Mainnet)은 블록체인 프로젝트를 실제 출시하여 운영하는 네트워크이다. 메인넷은 독립적인 플랫폼으로서 암호화폐 거래소, 개인 지갑 거래간 트랜잭션(처리)을 비롯해 생태계를 구성하고 암호화폐 지갑을 생성하는 것이다

실제로 사용되는 비트코인 네트워크로서 이 네트워크에서 트랜젝션 처리를 하면 실제 비용을 부담해야 한다. 메인넷은 Peer끼리 TCP 포트(8333)을 통해 통신을 하며 메인넷 비트코인의 주소는 항상 1로 시작한다.

2) 테스트넷 3

비트코인 개발자를 위한 테스트 네트워크 개발환경이다. 네트워크 종류간 혼돈을 최소화하기 위하여 테스트넷 3(Testnet3)는 메인넷과 다른 TCP 포트(18333)를 사용하고 다른 제니시스블록(Genesis Block : 블록체인의 최초블록)을 사용하며 비트코인 주소는 다른 문자(m 또는 n)로 시작된다. 테스트넷 3에서의 비트코인은 그 가치가 없는 코인으로서 테스트넷 자체는 향후 필요에 의해 언제든지 리셋이 될 수 있다.

테스트넷은 현재 2번 리셋되어 3세대 테스트넷이 되어서 Testnet 3라고 한다.

3) 회귀 테스트(Regtest)

Regression Test의 약자로서 Peer 네트워크 없이 자체로 마이닝을 할 수 있다.

이 Regtest모드는 그 자신의 제니시스 블록을 가지고 있으며, Peer를 등록할 필요도 없고 초기 마이닝이 없는 상태로 시작할 수 있다. 이 Regtest는 Peer 네트워크 없이 개발자가 혼자 비트코인을 테스트할 수 있게 한다.

〈표 3-1〉 비트코인의 네트워크 구성

항목	메인넷	테스트넷	레그넷
디폴트 TCP 포트	8333	18333	18444
비트코인 주소 시작 문자	1	m, n	
비트코인 주소 생성시 ADDRESS VERSION 필드	0x00	0x6f	
메시지 헤더의 Packet prefix	F9 BE B4 D9	0B 11 09 07	FA BF B5 DA

3-2 블록체인 개발 솔루션 구축환경

블록체인의 개발하기 위한 솔루션은 개발 툴, 개발사이트, 사용자 도욱 및 하드웨어 솔루션 등으로 구분할 수 있다.

1. 개발 툴

개발 툴(Development Tool)이란 소프트웨어 개발에 필요한 프로그램 도구이다. 소프트웨어 프로그래밍, 데이터베이스 구축, 서버-클라이언트 개발 등에 사용된다. 테스트 툴(Test Tool)이란 소프트웨어 개발 단계에서 테스트 과정을 지원하는 프로그래밍 도구이다.

개발 툴으로는 비습 , 서브스트레이트, 체인댑스, 하이퍼레저 익스플로러, 하이퍼레저 첼로, 하이퍼레저 캘리퍼, 하이퍼레저 컴포저, 하이퍼레저 퀼트 등이 있다.

1) 비숍

비습(VVISP)은 해치랩스가 만든 스마트 컨트랙트 개발 툴이다. 2019년 3월 4일 출시했다. 비습은 단 한 줄의 명령어로 스마트 컨트랙트를 배포하고 실행할 수 있는 명령 줄 인터페이스(CLI)이다. 단순한 설정 파일 형태로 대상들을 간단히 정의해 명령어 한 줄로 코드 작성 없이 배포 순서를 자동으로 정해 스마트 컨트랙트를 블록체인에 배포할 수 있다. 비습은 오픈 소스 커뮤니티인 깃허브에서 무료로 이용할 수 있다.

2) 서브스트레이트

서브스트레이트(Substrate)는 디앱(DApp)에 최적화된 블록체인 개발을 지원하는 툴이다. 이더리움 공동 창립자 개빈 우드(Gavin Wood)가 설립한 블록체인 스타트업 패리티 테크놀로지(Parity Technologies)가 러스트(Rust) 프로그래밍 언어로 개발했다. 사용자들은 내장된 응용 프로그램 프로그래밍 인터페이스(API)를 통해 자신들만의 매커니즘을 설계하거나 가장 기본적인 기존 알고리즘을 사용할 수 있다.

3) 체인댑스

체인댑스(ChainDapps)는 ㈜케이엘씨앤에스(KLCNS)가 만든 블록체인 개발 솔루션이다. 2018년 체인댑스를 이용하여 성공회대학교 안에서 사용할 수 있는 지역화폐인 성공회코인을 개발했다.

4) 루나버스

루니버스(Luniverse)는 업비트를 운영하는 두나무㈜의 블록체인 연구소인 람다256이 만든 블록체인 플랫폼이다. 루니버스는 누구나 쉽게 블록체인 서비스를 개발 가능하게 하고, 합리적인 비용의 블록체인 서비스를 제공한다.

(1) 쉬운 디앱 서비스

루니버스 플랫폼을 이용하면 누구나 쉽게 블록체인 디앱(DApp) 서비스 개발이 가능하다. 루니버스는 고성능 사이드체인 기반의 디앱용 프로덕트체인을 생성한다. 이 프로덕트체인은 체인 라우터를 통하여 관리되며 루니버스 메인체인과 연결된다. 또한 다양한 블록체인 토큰을 발행하고 유통하는 등의 모든 작업을 웹 응용 툴을 사용하기 때문에, 블록체인과 스마트 계약에 대한 전문지식이 없어도 손쉽게 수행할 수 있다.

보통 트랜잭션을 구현하기 위해서는 복잡한 스마트 계약을 개발자가 직접 코딩해야 한다. 그러나 루니버스는 별도의 개발 없이 트랜잭션의 처리 패턴을 선택하고 필요한 변수 값을 입력하면 이를 쉽게 활용할 수 있는 API를 자동으로 생성해 준다. 이 API를 이용하면 기존 웹이나 앱 개발자들도 누구나 쉽게 블록체인 기반의 토큰 이코노미를 구현할 수 있다.

(2) 독자 메인넷 지원

루니버스를 이용하면 고객사 자체의 독자적인 메인넷 도입이 가능하며, 이를 이용해 고객사 자체 블록체인 생태계 구축이 가능하다. 고객사 스스로 자신만의 메인넷을 구축하여 블록체인 생태계를 구축하고자 하는 경우, 루니버스는 프로덕트체인 이외에도 온프레미스 메인넷 서비스를 제공한다.

가령, 스포츠 분야에서 여러 소속팀들과 함께 블록체인을 운영하면서 독자적인 메인넷 기반의 선수 및 스케줄 관리와 이에 필요한 토큰을 발행하기를 원할 때, 루니버스가 제공하는 메인넷 프로토콜 기술과 거버넌스 도구를 통해 플랫폼을 구축하고 서비스를 운영할 수 있다. 메인넷 외에도 독자적인 디앱 사이드체인 기반의 프로덕트체인을 구축・활용할 수 있다.

(3) 합리적인 비용

루니버스는 합리적인 비용으로 블록체인 서비스를 제공한다. 기존에 블록체인 서비스를 개발하고 운영하기 위해서는 상당한 비용이 발생하게 된다. 루니버스를 이용하면 이러한 직간접적 비용을 루니버스 측이 모두 부담하는 대신, 실제로 사용한 만큼만 지불하는 합리적인 비용 구조로 블록체인 서비스를 개발하고 운영할 수 있다.

(4) 권위증명 합의 알고리즘

루니버스는 람다 합의 알고리즘(LCA : Lambda Consensus Algorithm)에 따라 루니버스 플랫폼에 참여한 파트너들이 모두 공평하게 블록을 생성하고 플랫폼을 운영한다. 현재 람다 합의 알고리즘(LCA)은 최대 25개의 파트너사가 블록 검증자가 되어, 블록 생성을 라운드 로빈 방식으로 수행하는 권위증명(PoA) 방식이다.

권위증명(PoA : Proof of Authority)이란 권위있는 기관에서 조건에 맞는 노드를 증명해 이들간 합의를 이루는 방식의 합의 알고리즘이다. 루니버스는 권위증명에 참여한 검증자들의 신뢰성을 높이기 위해 일정 지분을 스테이킹하여 루니버스 플랫폼에 해가 되는 행동이나 거버넌스를 위반할 경우 해당 지분을 몰수하는 기능을 기존 권위증명에 추가하였다. 모든 검증자들은 루니버스에서 제공하는 권위증명 거버넌스 툴을 제공받으며 온체인 활동을 한다. 또한 5명의 구성원으로 오프라인 거버넌스 위원회를 구성하고, 온라인으로 다루기 힘든 문제를 해결한다.

(5) 지원 가능한 플랫폼

루니버스는 이더리움과 하이퍼레저(HyperLedger)를 메인 블록체인 플랫폼으로 지원한다. 향후 이오스(EOS)와 아이콘도 지원할 계획을 가지고 있다.

4) 하이퍼레저 익스플로러

하이퍼레저 익스플로러(Hyperledger Explorer)는 하이퍼레저에서 블록체인 공간상의 사용자들에게 전반적인 개발 절차 속도 향상에 도움을 주고자 제공하는 도구이다. 하이퍼레저 익스플로러는 블록 거래, 관련 데이터, 네트워크 정보, 체인 코드, 거래 모음 및 원장에 저장된 기타 관련 정보를 열람, 호출, 배포 또는 쿼리 할 수 있다. 하이퍼레저 익스플로러는 2015년 12월 하이퍼레저 프로젝트가 시작된 이후 지속적으로 성장하고 있으며, 다양한 곳에서 사용되고 있다.

5) 하이퍼레저 첼로

하이퍼레저 첼로(Hyperledger Cello)는 블록체인 생성, 관리 종단을 위해 필요한 과정을 감소할 수 있는 BaaS(Blockchain-as-a-Service) 구현을 위한 툴킷이다. 하이퍼레저 첼로는 패브릭(Fabric), 하이퍼레저 익스플로러(Hyperledger Explorer) 과 같은 오픈 소스 프로젝트로서 블록체인 관련 기술을 구축하는 소프트웨어 개발자 커뮤니티의 엄브렐러(Umbrella) 역할을 한다.

6) 하이퍼레저 캘리퍼

하이퍼레저 캘리퍼(Hyperledger Caliper)는 블록체인의 성능을 테스트하기 위한 벤치마크 도구이다. 리눅스재단(Linux Foundation)이 주최하는 하이퍼레저 프로젝트 중 하나이다.

7) 하이퍼레저 컴포저

하이퍼레저 컴포저(Hyperledger Composer)는 하이퍼레저 패브릭(Hyperledger Fabric)에서 제공하는 별도의 개발 툴로서, 레스트(REST : Representational State Transfer) 방식의 API를 지원하는 모델링 언어이다. 하이퍼레저 프로젝트에서 가장 먼저 출시된 툴로, 블록체인 비즈니스 네트워크를 구축하는 데 사용된다. 또한 스마트 계약 및 원장 간 계약을 작동시킨다. 하이퍼레저 컴포저는 블록체인 비즈니스 네트워크 구축 목적의 공동 작업 도구로 스마트 계약 개발 및 분산 원장 내의 배포를 가속한다.

8) 하이퍼레저 퀼트

하이퍼레저 퀼트(Hyperledger Quilt)는 비즈니스 블록체인 툴로서 리눅스 재단에서 호스팅하는 하이퍼레저 프로젝트 중 하나이다. 하이퍼레저 퀼트는 지불 프로토콜이며 분산된 원장과 비분산 원장에 걸쳐 가치를 이전하도록 설계된 인터레저 프로토콜(ILP)을 구현하여 원장 시스템 간의 상호운용성을 제공한다. 하이퍼레저 퀼트는 NTT 데이터와 리플에 기여한 이력이 있다.

2. 개발 사이트

개발 사이트는 깃허브 등이 있다.

1) 깃허브(GitHub)의 개요

깃허브(GitHub)는 소프트웨어 분산 버전 관리(DVC) 툴인 깃(Git)을 사용하는 프로젝트를 지원하기 위한 웹호스팅 서비스이다. 깃(Git)이 텍스트 명령어 입력 방식인데 반해, 깃허브는 화려한 그래픽 사용자 인터페이스(GUI)를 제공한다.

깃허브는 전 세계 최대 규모의 오픈소스 공유 사이트 겸 개발자 커뮤니티로 성장했다. 루비(Ruby) 언어를 사용하여 개발했다.

2016년 5월 서울특별시는 행정정보 공공데이터 목록 500만건을 깃허브 사이트에 공유했다. 깃허브의 마스코트는 고양이 머리에 문어 다리가 달린 옥토캣(Octocat)이다.

깃허브는 가장 인기있는 깃(Git) 호스팅 사이트이다. 깃허브의 프로젝트는 표준 깃 명령줄 인터페이스를 사용하여 접근하고 조작할 수 있으며 모든 표준 깃 명령어들이 이 인터페이스와 함께 구동된다.

깃허브는 또한 등록 사용자와 비등록 사용자 모두에게 사이트의 공개 저장소를 찾아볼 수 있는 권한을 제공하며 여러 데스크톱 클라이언트와 깃 플러그인 또한 깃허브 그리고 플랫폼을 연동하는 다른 서드파티에 의해 개발되고 있다.

깃허브를 구동하는 소프트웨어는 루비 온 레일즈와 얼랭을 사용하여 깃허브 개발자들인 완스트래스(Wanstrath), 하이엣(Hyett), 프레스턴-워너(Preston-Werner)에 의해 개발되었다.

2) 깃허브의 특징

(1) 깃과 깃허브

깃(Git)과 깃허브(Github)를 구별해야 한다. 소스코드를 효율적으로 관리할 수 있게 해주는 형상 관리도구인 깃(Git)은 분산 소스 버전 관리 시스템이며 서버를 분산시켜 구축할 수 있게 하는 소프트웨어이다.

개발자들의 버전 제어 및 공동 작업을 위한 플랫폼인 깃허브(GitHub)는 깃을 사용하는 프로젝트를 지원하는 웹호스팅 서비스를 제공하고 깃을 업로드 할 수 있는 웹사이트이다.

(2) 버전관리

버전관리는 개발자간의 협업에 필요하다. 전체 개발 소스를 공유하면서 개발 파트를 나눌 수 있고 같은 모듈을 개발하더라도 소스를 서로 공유하며 개발할 수 있다.

버전관리 시 소스 하나 또는 묶음을 하나의 버전으로 간주한다. 파일이나 폴더를 추가, 수정, 삭제하며 사람이 직접 관리를 한다. 원할 때 예전 버전 내용 전체를 되돌려 볼 수 있으며 복잡한 코드를 개발할 때 이전 버전과 비교하기 편하다. 버전관리 활용의 장점은 개발 협업이 용이하다는 것이다.

또한 이력 관리가 개별적으로 가능하고 관리 내용을 오픈 소스로 공유 할 수 있다는 장점을 가지고 있다.

(3) 형상과 버전관리 도구

① 동시 버전 관리 시스템(CVS : Concurrent Versions System) : 프로젝트 전체가 아닌 각각 파일 관리가 가능하다. 현재는 한계를 맞아 새롭게 서브버전이 개발되었다.

② SVN(Subversion) : 동시 버전 관리 시스템을 대체하는 버전 관리 시스템으로 형상관리 쪽에서는 깃만큼이나 굉장히 많이 쓰이는 툴이다. 현재 아파치 최상위 프로젝트로 세계 여러나라 개발자 커뮤니티와 함께 지속적으로 개발되고 있다.

③ 머큐리얼(Mercurial) : 파이썬과 일부 C언어로 개발된 크로스 플랫폼 분산 버전 관리 툴이다. 기본적으로 명령 줄 인터페이스 프로그램으로 모든 명령이 hg로 시작한다.

(4) 주요 개념

① 병합(Merge) : 한 브랜치(Branch)에서 완성한 작업을 다른 브랜치에 병합한다.

② 태그(Tag) : 특정 이력을 가지는 커밋(Commit)에 대한 참조이다.

③ 풀 리퀘스트(Pull Request) : 완료한 작업을 다른 사람이 리뷰하고 병합하도록 요청하는 작업이다.

③ 이슈(Issue) : 기능에 대한 논의, 버그 추적하는 것을 의미한다.

④ 위키(Wiki) : 링크들을 연결해 웹페이지를 생성한다.

⑤ 푸시(Push) : 내 컴퓨터 로컬에 저장되어 있던 버전 정보를 서버에 올리는 작업이다.

⑥ 풀(Pull) : 깃 저장소 서버로부터 내 컴퓨터 로컬로 버전 정보 전체를 가져오는 작업이다.

(5) 용어

① 메인 저장소(Main Repository) : 오픈소스 프로젝트의 깃허브 상의 메인 저장소를 의미한다. 개인이 기여하고 싶은 프로젝트의 저장소이므로 개인에게 쓰기 권한이 없고 일반적으로 이를 업스트림(Upstream)이라고 부른다.

② 나의 저장소(My Github Repository) : 깃허브상에서 자신의 계정상에 존재하는 저장소로 메인저장소로부터 포크(Fork)한 저장소이다.

③ 로컬 저장소(Local Git Repository) : 나의 컴퓨터사에 생성한 로컬 깃 저장소를 의미한다.

④ 작업 공간(Workspace) : 컴퓨터상에서 실제 내가 소스를 개발하고 수정하는 작업공간을 의미한다.

(6) 브랜치

브랜치(Branch)는 독립적으로 개발하는 것을 의미한다. 개발을 하다 보면 코드를 여러 개로 복사해야 하는 일이 자주 발생한다.

코드를 통째로 복사하고 나서 원래 코드와는 상관없이 독립적으로 개발을 진행할 수 있다. 모든 버전 관리 시스템은 브랜치를 지원한다.

이 브랜치는 다른 것들과 구분되는 특징이자 최고의 장점으로 언급되곤 한다. 가장 두드러지는 특징은 매우 가볍다는 것이다. 순식간에 브랜치를 새로 만들고 브랜치 사이를 이동할 수 있다.

(7) 깃허브의 장점

깃허브는 소스코드 다시보기, 문서자료의 분류정리, 커뮤니티 관리, 코드 호스팅, 프로젝트 관리 및 통합에 사용된다. 이러한 깃허브의 장점은 다음과 같다.

① 월정액으로 이용시, 비공개 사설 저장소를 제공한다.
② 좋은 웹 UI를 제공한다.
③ 위키(Wiki)를 제공한다.
④ 이슈 페이지를 제공한다.

3. 사용자 도구

사용자 도구에는 세이자 등이 있다.

세이자(Seiza)는 카르다노 네트워크를 효과적으로 탐색할 수 있는 블록체인 익스플로러(Blockchain Explorer)이다. 2019년 4월 18일 일본 도쿄에 있는 이머고(Emurgo) 회사가 개발하였다.

세이자는 일본어로 성좌(星座), 즉 '별자리'라는 뜻으로서, 영어로는 콘스텔레이션(Constellation)이라고 한다. 사용자들은 세이자를 사용해, 카르다노 블록체인 내에서 발생하는 다양한 트랜잭션을 모니터링하고 지갑 주소와 잔액을 확인할 수 있다.

4. 하드웨어 솔루션

하드웨어 솔루션는 유비박스 등이 있다.

1) 유비 박스의 개요

유랩스는 3년간의 연구와 1년간의 개발을 거쳐 2018년 2월 유비박스를 출시했다. 유비박스 사용자들은 가정에 설치된 유비박스에 파일 및 콘텐츠를 업로드하고, 인터넷이 연결된 장소라면 어디서든지 자신의 데이터에 접근할 수 있다.

유비박스는 블록체인 노드와 같은 역할을 한다. 유비박스는 데이터 저장과 채굴을 할 뿐 아니라, 스마트 TV, 게임 콘솔 등 여러 종류의 네트워크 기기와 연결하여 데이터를 공유할 수 있다. 유비박스는 1TB 제품과 2TB 제품이 있다. 판매 가격은 1TB 제품은 $199 달러이고, 2TB 제품은 $249 달러이다.

유비박스와 연동할 수 있는 모바일 앱이 개발되어 함께 제공되고 있다. 유비박스의 창시자인 케다 체는 유비박스를 이용하여 월 5,000~6,000개의 유비코인을 채굴할 수 있으며, 전기료는 라우터를 사용하는 정도라고 하였다.

유비박스는 하드웨어 기반의 블록체인 네트워크이기 때문에, 우지한 사장이 이끄는 비트메인과 같은 거대한 기업이나 집단이 미들웨어나 펌웨어 정보를 통해 카피 또는 업그레이드 방식으로 하드웨어와 네트워크를 장악할 위험성이 있다

2) 특징

(1) 소형 데이터 저장장치

유비박스는 블록체인 기반의 분산형 클라우드 시스템을 구성하는 가정용 소형 데이터 저장장치이다. 유비박스 사용자들은 가정에 설치된 유비박스에 파일 및 콘텐츠를 업로드하고, 인터넷이 연결된 장도라면 어디서든지 자신의데이터에 접근할 수 있다.

(2) 유비 네트워크

가정용 소형 저장장치인 유비박스는 유비 네트워크(Ubbey Network)를 통해 인터넷에 연결된다. 유비 네트워크는 블록체인 기반으로 각종 파일과 콘텐츠 등 디지털 자산을 저장 교환 거래 할 수 있는 네트워크로서 스토리지 기반의 블록체인 통합 솔루션을 제공한다. 유비박스는 블록체인 기술을 사용하여 탈중앙 분산화된 클라우드 생태계를 만들고자 한다. 기존의 아마존 AWS, 마이크로소프트 애저 등 중앙화된 클라우드 시스템은 기하급수적으로 증가하는 데이터 저장공간을 확보하기 어렵지만, 유비 네트워크는 P2P 방식으로 저장공간을 빠른 속도로 무한히 확장할 수 있다.

사용자는 컴퓨터나 스마트폰을 이용하여 유비 네트워크에 접속하고 자신의 데이터를 편리하고 안전하게 관리할 수 있다.

유비 네트워크에 자신의 데이터를 업로드해 두면, 자신의 유비박스를 분실하더라도 유비 네트워크에 올려진 데이터는 전세계 여러 유비박스에 분산되어 저장되어 있기 때문에 안전하게 보관할 수 있다.

유비 네트워크는 오너십 프로토콜(OWP : Ownership Protocol)을 사용하여, 디지털 자산을 P2P 방식으로 교환할 수 있다. 디지털 자산을 유비 네트워크에 등록해 두면, 하나의 아이피(IP)에서 다른 아이피로 직접 신속하게 전송될 수 있다. 유비 네트워크 하드웨어 블록체인 노드인 유비박스를 이용하여 디지털 자산의 소유권을 거래할 수 있는 네트워크이다.

수행 내용

재료 · 자료

- 지갑 및 블록체인 관련 자료

기기(장비 · 공구)

- 컴퓨터, 프린터, 주변기기

안전 · 유의사항

- 컴퓨터 및 주변기기의 전원을 관리한다.

수행 순서

01 테스트넷에 대하여 분석하라.

테스트넷(Testnet)은 실제 블록체인 네트워크에 적용시키기 전에 테스트하는 환경으로, 메인넷과 같은 구조의 임시 네트워크이다.

일종의 베타 서비스라고 할 수 있는데, 이 과정을 통해 블록체인 및 지갑의 안정성을 검증하고 최종적으로 독립된 블록체인을 구현하는 메인넷이 출시된다.

메인넷은 기존에 존재하는 플랫폼에 종속되지 않고 독자적인 블록체인 플랫폼으로 새로운 생태계를 구성하고 자체 지갑을 만드는 것이다. 이때 안정성이 검증된 메인넷을 갖는 것은 매우 어려운 일이기 때문에 그만큼 기술력을 필요로 한다.

개발자들은 메인넷을 론칭하기 위해 기존의 플랫폼을 이용하여 토큰을 발행하고 필요에 따라 ICO를 진행한다. 이후 테스트넷을 시행하는데 이 과정을 통해 해당 플랫폼이 독자적인 플랫폼으로 자리 잡을 수 있는지 검증한다. 개발자들은 깃허브(GitHub)의 웹 호스팅 서비스를 이용해 일련의 모든 과정을 공유하고 수정하며 개발을 진행한다.

호스팅(Hosting)이란 서버, 스토리지, 스위치 등 네트워크 장비와 회선을 임대해 주는 서비스를 말한다. 웹호스팅, 서버호스팅, 메일호스팅 등이 있다.

테스트넷을 성공적으로 마치면 메인넷을 론칭하는데, 이는 해당 플랫폼이 독립적인 플랫폼으로 트랜잭션과 생태계를 구성하고, 독립적인 지갑을 생성하는 것을 포함한다.

02 트랜잭션의 개념과 조건에 대하여 분석하라.

트랜잭션(Transaction)이란 "쪼갤 수 없는 업무 처리의 최소 단위"를 말한다.

거래내역이라고도 한다. '트렌젝션'이 아니라 '트랜잭션'이 올바른 표기법이다. 영어로 간략히 Tx라고 표기하기도 한다. 1초당 처리할 수 있는 트랜잭션의 개수를 TPS라고 한다.

트랜잭션 처리 속도를 올리기 위해 중앙화를 할 수 있으나, 그 경우 블록체인의 원래 목적인 탈중앙화라는 취지가 훼손된다. 미국 컨센시스의 조셉 루빈은 트랜잭션 처리 속도인 TPS 값에 탈중앙화 지수(DQ : Decentralization Quotient)를 곱하여, DTPS 라는 개념을 만들었다. DTPS란 탈중앙화 TPS 지수인 셈이다.

1. 개념

트랜잭션은 은행 ATM이나 데이터베이스 등의 시스템에서 사용되는 더 이상 쪼갤 수 없는 업무 처리의 최소 단위이다.

예를 들어, A라는 사람이 B라는 사람에게 1,000원을 지급하고 B가 그 돈을 받은 경우, 이 거래 기록은 더 이상 작게 쪼갤 수가 없는 하나의 트랜잭션을 구성한다.

만약 A는 돈을 지불했으나 B는 돈을 받지 못했다면 그 거래는 성립되지 않는다. 이처럼 A가 돈을 지불하는 행위와 B가 돈을 받는 행위는 별개로 분리될 수 없으며 하나의 거래내역으로 처리되어야 하는 단일 거래이다. 이런 거래의 최소 단위를 트랜잭션이라고 한다. 트랜잭션 처리가 정상적으로 완료된 경우 커밋(Commit)을 하고, 오류가 발생할 경우 원래 상태대로 롤백(Rollback)을 한다.

2. 조건

데이터베이스의 트랜잭션이 안전하게 수행되기 위해서는 ACID 조건을 충족해야 한다. ACID란 Atomicity, Consistency, Isolation, Durability의 약자로서, 데이터베이스의 트랜잭션이 안전하게 수행되기 위한 4가지 필수적인 성질인 원자성, 일관성, 고립성, 지속성을 말한다.

1) 원자성(Atomicity)
하나의 트랜잭션은 더 이상 작게 쪼갤 수 없는 최소한의 업무 단위이다.

2) 일관성(Consistency)
트랜잭션이 완료된 결과값은 일관성 있는 데이터베이스 상태로 유지되어야 한다.

3) 고립성(Isolation)
트랜잭션을 수행하는 도중에 다른 연산 작업이 끼어들어서는 안 된다.

4) 지속성(Durability)
성공적으로 수행된 트랜잭션은 영구적으로 반영되어야 한다.

03 탈중앙화 지수(IDQ)에 대하여 분석하라.

탈중앙화 지수(DQ : Decentralization Quotient)는 0과 1 사이의 값을 가지는데, 1에 가까워질수록 탈중앙화 되어 있다는 것을 의미한다.

탈중앙화는 블록체인의 대표적인 특성임에도 불구하고 트랜잭션 처리 속도를 올리기 위해 이를 포기한 암호화폐가 있다.

바로 리플(Ripple)이다. 리플은 은행 간 쉽고 빠른 거래를 가능하게 하지만 중앙기관에서 노드를 선택하고 관리하여 탈중앙화라는 취지와는 맞지 않는다. 블록체인 개발자들은 탈중앙화 지수를 통해 리플과 같이 탈중앙화가 간과되는 상황을 막을 수 있다.

블록체인의 탈중앙성과 확장성 모두를 고려한 초당 탈중앙 거래량 지수(DTPS, Decentralization Transaction Per Second)도 있다.

이는 탈중앙화 지수보다 한 단계 업그레이드 된 개념으로 미국 컨센시스의 조셉 루빈이 제안했다. DTPS는 탈중앙지수(DQ)와 초당거래량(TPS)를 결합한 개념이다.

이를 만든 이유는 블록체인 처리능력에 대해 얘기할 때 초당거래처리량에만 집중되고 탈중앙성이 간과되는 경우가 많기 때문이다. 초당 탈중앙 거래량 지수(DTPS)는 탈중앙화 지수(DQ)에 초당 거래량인 TPS를 곱한 값이다.

04 메인넷의 장점 및 단점에 대하여 분석하라.

1. 장점

① 자체 메인넷, 즉 블록체인 플랫폼을 개발하지 않고 이더리움 기반 '디앱'이 된다면 큰 효율성을 얻을 수 있다. 장점은 모두 '효율성' 하나로 귀결된다.
이미 포화된 플랫폼 시장에서 또 하나의 플랫폼을 만들어내지 않아도 된다. 블록체인 플랫폼은 이미 많다. 이더리움, 이오스뿐 아니라 트론, 스텔라, 카르다노, 테조스 등 수많은 해외 플랫폼이 있고 우리나라에도 카카오가 만든 클레이튼이나 아이콘, 보스코인 같은 플랫폼이 존재한다. 메인넷을 만들지 않는다면 굳이 이들과 경쟁할 필요가 없다.

② 개발 기간이 적게 걸린다. 메인넷을 만들지 않기 때문에 개발 인력을 지나치게 확충할 필요도, 막대한 개발 비용을 지출하지 않아도 된다.
블록체인 기술의 실사용 사례를 '빨리' 만들어낼 수 있다. 블록체인의 실사용 서비스, 상용화 사례가 빨리 나와야 한다는 지적이 많다. 그 서비스의 핵심은 디앱 개발이다. 메인넷을 개발할 시간에 일반인들도 친숙하게 쓸 수 있는 앱을 개발함으로써 실사용 사례에 빨리 다가갈 수 있다.

2. 단점

① 이더리움의 부족한 기능을 그대로 안고 가야 한다. 이더리움 2.0이 나올 것이라고는 하지만, 어쨌든 현 이더리움 플랫폼은 단점이 많다. 이오스 등 경쟁 플랫폼에 비해 한없이 느린 거래 처리속도, 크립토키티 하나로도 과부하가 걸릴 만큼 부족한 확장성 등 성능적으로 부족한 부분이 많다. 이더리움 기반 디앱은 이런 부족함을 감수해야 한다.

② 암호화폐 이더리움(ETH)의 영향도 받는다. 가격 관련 호재/악재의 영향도 받게 된다. 이더리움을 기반으로 디앱을 개발하고 ICO를 할 경우 보통 투자금을 ETH로 받는다. 이더리움의 토큰 발행 표준인 ERC20으로 서비스에 쓰일 토큰을 발행하면, 이 토큰 역시 ETH 가격의 영향을 받게 된다.

③ 이더리움은 가장 많은 디앱을 가진 플랫폼이다. 그러므로 다른 이더리움 디앱들과의 차별화를 반드시 추구해야 한다.

05 현재 메인넷 론칭에 성공한 블록체인 프로젝트에에 대하여 분석하라.

다수의 블록체인 기업들이 비트코인·이더리움 등의 뒤를 잇는 차세대 플랫폼 개발에 박차를 가하고 있다.

① 클라이튼 : 블록체인 업계에 따르면 올해 상반기 내 카카오 블록체인 '클라이튼' 메인넷이 공개될 예정이다.
클라이튼은 카카오의 블록체인 자회사 '그라운드X' 주도로 개발 중이다.
② 바이낸스(Binance)체인 : 블록체인 생태계에서 가장 주목받고 있는 세계 최대 암호화폐 거래소인 바이낸스의 바이낸스 체인은 현재 테스트넷을 운영 중에 있으며 약 8개의 프로젝트가 ERC-20에서 바이낸스 체인으로 이동했다.
③ 밈블윔블(MimbleWimble) : 메인넷 론칭에 성공한 블록체인 프로젝트로는 '밈블윔블' 프로토콜 기반 암호화폐 프로젝트 빔(Beam)이다.
④ 질리카(ZIL)
⑤ 세타(THETA)
⑥ 애터니티(AE)
⑦ 이오스트(IOST)
⑧ 글로스퍼·하이콘(HYCON)
⑨ 세종텔레콤의 블루브릭(BlueBrick)
⑩ 엑스블록시스템즈의 엑스블록체인(X.blockchain)
⑪ 코스모스 : 서로 다른 블록체인을 연결하는 인터체인 프로젝트 코스모스의 메인넷 출시
⑫ 큐브체인 : 큐브체인은 현재 테스트넷을 진행중이고 금년 6월말이면 메인넷이 런칭될 예정이다.

06 메인넷을 구축하기 위한 서버 사양에 대하여 분석하라.

Server	모델명	사양	수량
Web 서버	HP-DL20 Gen9	CPU : Intel Xeon 4C E3-1230V6 3.50GHZ 8MBx1ea	6EA
		MEM :8GB 2Rx8 PC4-2133P-E-15 STND Kit	
		SSD :480GB, 2.5in SATA 6Gb/s, 3D1, TLC x 2ea [Raid1]	
DB 서버	HP-DL360Gen10	CPU : Intel Xeon Silver 4114 2.2GHz/10-core x1ea	6EA
		MEM :32GB (1x32GB) Dual Rank x4 DDR4-2666	
		SSD :240GB, 2.5in SATA 6Gb/s, 3D1, TLC x 2ea [Raid1] / OS영역	
		SSD : 480GB, 2.5in SATA 6Gb/s, 3D1, TLC x 2ea [Raid1] / DB영역	
Node 서버	HP-DL160Gen9	CPU : E5-2623v4 Kit (2.6GHz / 4Core)x 1ea	2EA
		MEM :HPE 8GB 1Rx8 PC4-2400T-R Kit	
		SSD : 240GB, 2.5in SATA 6Gb/s, 3D1, TLC x 2ea [Raid1]	
		HDD : HPE 4TB SAS 12G 7.2K LFF SC DS HDD x 2ea [Raid1]	

07 블록체인의 데이터베이스 관리 시스템에 대하여 분석하라.

데이터베이스 관리 시스템(DBMS, Database Management System)은 데이터베이스(DB)를 체계적으로 관리하기 위한 시스템을 말한다. 시스템 소프트웨어의 일종이다.

1. 개념

데이터베이스(DB)가 데이터를 모아둔 집합이라면, 데이터베이스 관리 시스템(DBMS)은 그러한 데이터베이스(DB)를 관리하는 시스템이다. DBMS에는 정형 데이터를 관리하는 관계형 데이터베이스 관리 시스템(RDBMS)과 비정형 데이터를 관리하는 노에스큐엘(NoSQL) 등이 있다.

① 데이터 : 어떤 값을 포함하고 있는 가공되지 않은 1차 자료를 말한다.
② 데이터베이스(Database) : 데이터를 모아둔 집합이다. DB라고 한다.
③ 데이터베이스 관리 시스템(DBMS : DataBase Management System) : 데이터베이스를 체계적으로 관리하기 위한 시스템이다.
④ 정보(情報, Information) : 특정한 목적에 맞게 데이터를 정리하여 의미 있는 내용을 이끌어 낸 것을 말한다.

2. 역사

1974년 IBM은 RDBMS 프로토타입 개발 프로젝트인 System R을 개발하기 시작했다. System R은 1981년에 출시한 SQL/DS로 처음 상용화되었다. 하지만 상업적으로 이용이 가능한 최초의 RDBMS는 1979년 개발된 오라클(Oracle)이었다.

3. 종류

1) 관계형 데이터베이스 관리 시스템

관계형 데이터베이스 관리 시스템(RDBMS, Relational Database Management System)은 정형화된 데이터를 분석하기 위해 행과 열로 구성된 2차원의 표로 데이터를 표현하는 데이터베이스 관리 시스템(DBMS)이다. 현재 사용되는 대부분의 데이터베이스는 관계형 데이터베이스 모델을 기반으로 한다. RDBMS에는 Oracle, MySQL, MariaDB, MS-SQL, Access, Sybase, PostgreSQL, DB2, Informix, InterBase, Firebird, SQLite, Tibero, Cubrid, Altibase, SUNDB 등이 있다.

① 오라클(Oracle) : 미국 오라클사에서 만든 관계형 데이터베이스 관리 시스템(RDBMS)이다. 오라클은 마이에스큐엘(MySQL) 또는 엠에스에스큐엘(MS-SQL) 마찬가지로 구조화 질의어인 에스큐엘(SQL) 기반으로 되어 있다.
② 마이에스큐엘(MySQL) : 오픈소스 기반의 관계형 데이터베이스 관리 시스템(RDBMS)이다. 1995년 몬티 와이드니어스(Monty Widenius)가 개발했다. '마이'(My)는 그의 큰 딸 이름이다.
③ 마리아디비(MariaDB) : 기존의 마이에스큐엘(MySQL) 5 버전을 포크하여 만든, 오픈소스 기반의 관계형 데이터베이스 관리 시스템(RDBMS)이다. 마이에스큐엘(MySQL)을 개발했던 몬티 와이드니어스(Monty Widenius)가 개발했다. '마리아'(Maria)는 그의 둘째 딸 이름이다.
④ 엠에스에스큐엘(MS-SQL) : 미국 마이크로소프트가 개발한 관계형 데이터베이스

관리 시스템(RDBMS)이다. 마이크로소프트 에스큐엘 서버(Microsoft SQL Server)라고도 한다. 윈도우(Windows) 기반의 아이아이에스(IIS) 서버에서 주로 사용한다.

⑤ 액세스(Access) : 미국 마이크로소프트가 만든 관계형 데이터베이스 관리 시스템(RDBMS)이다. 1992년 개발되었고, 이후 마이크로소프트 오피스(Microsoft Office) 제품군에 포함되었다. 파일 확장자는 2003 버전까지는 .mdb였고, 2007 버전부터 .accdb로 변경되었다.

⑥ 사이베이스(Sybase) : 1984년 미국에서 개발된 관계형 데이터베이스 관리 시스템(RDBMS)이다. 미국 마이크로소프트사의 엠에스에스큐엘(MS-SQL)은 사이베이스를 기반으로 제작하여 기능이 매우 유사하다. 사이베이스는 2010년 5월 독일의 SAP 회사에 인수되었다.

⑦ 포스트그레스큐엘(PostgreSQL) : 오픈소스 기반의 객체-관계형 데이터베이스 관리 시스템(RDBMS)이다. 포스트그레 에스큐엘이라고도 한다. 1982년 미국 버클리대학교 학생들이 개발한 인그레스(Ingres)를 개선한 제품이다.

⑧ 디비투(DB2) : 1983년 미국 IBM이 개발하여 판매하고 있는 상용 관계형 데이터베이스 관리 시스템(RDBMS)이다.

⑨ 인포믹스(Informix) : 미국 인포믹스 소프트웨어가 개발한 관계형 데이터베이스 관리 시스템(RDBMS)이다.

⑩ 인터베이스(InterBase) : 미국 엠바카데로 테크놀로지스(Embarcadero Technologies)가 관리하는 관계형 데이터베이스 관리 시스템(RDBMS)이다. 용량이 40MB로 매우 작고 관리자가 거의 필요 없는 편리한 RDBMS이다. 인터베이스를 기반으로 파이어버드가 만들어졌다.

⑪ 파이어버드(Firebird) : 인터베이스를 기반으로 만들어진 무료 오픈소스 관계형 데이터베이스 관리 시스템(RDBMS)이다. 용량이 매우 작고, 메모리 소모도 작은 가벼운 RDBMS이다. 리눅스, 윈도우, iOS, 유닉스 등 다양한 운영체제에서 작동한다. 파이어버드의 로고는 불새이다.

⑫ 에스큐엘라이트(SQLite) : 2000년 리처드 힙(Richard Hipp)이 개발한 관계형 데이터베이스 관리 시스템(RDBMS)이다. 서버에 설치되는 다른 RDBMS와 달리 SQLite는 응용 프로그램에 임베디드(Embedded) 방식으로 삽입된다. SQLite는 용량이 매우 작으며, 웹 브라우저와 안드로이드 운영체제 등에 기본 탑재되어 있다. 저작권이 소멸된 퍼블릭 도메인이므로 누구나 무료로 사용할 수 있다.

⑬ 티베로(Tibero) : 한국의 ㈜티맥스소프트의 자회사인 ㈜티맥스데이터가 운영하는 관계형 데이터베이스 관리 시스템(RDBMS)이다. 오라클의 대체품으로 제작하였

기 때문에 오라클과 유사하며, 대부분의 쿼리가 호환된다.

⑭ 큐브리드(Cubrid) : 한국의 ㈜큐브리드가 개발한 오픈소스 기반의 관계형 데이터베이스 관리 시스템(RDBMS)이다. 2006년 ㈜큐브리드가 개발했고, 2008년 네이버㈜의 계열사로 편입되었다. 2010년 ㈜큐브리드가 분사하여 기술지원을 맡고 있다.

⑮ 알티베이스(Altibase) : 한국의 ㈜알티베이스가 개발한 메모리 기반의 관계형 데이터베이스 관리 시스템(RDBMS)이다. ㈜알티베이스 설립자인 김기완이 처음 개발했다. 모든 데이터를 메모리에 올린 후 처리하기 때문에 속도가 빠르다.

⑯ 선디비(SUNDB) : 한국의 ㈜선재소프트가 개발한 메모리 기반의 관계형 데이터베이스 관리 시스템(RDBMS)이다. 인메모리 RDBMS인 알티베이스(Altibase)를 개발했던 김기완이 개발했다. 모든 데이터를 메모리에 올린 후 처리하기 때문에 속도가 빠르다. 또한 분산 클러스터 방식에 따라 다수의 소형 서버에 데이터를 분산하여 관리하기 때문에 대용량 DB 관리가 가능하고, 운영 중인 시스템을 중단하지 않은 채 DB 서버를 추가 및 확장할 수 있다.

2) 노에스큐엘

노에스큐엘(NoSQL)은 빅데이터 등 비정형 데이터를 분석하기 위한 데이터베이스 관리 시스템(DBMS)이다. NoSQL은 "Not Only SQL"의 약자이다. 몽고디비(MongoDB), 에이치베이스(HBase), 카산드라(Cassandra), 레디스(Redis) 등이 있다.

① 몽고디비(MongoDB) : 빅데이터와 같은 비정형 데이터를 분석하기 위해 사용하는 오픈소스 기반의 데이터베이스 관리 시스템(DBMS)이다.

② 에이치베이스(HBase) : 하둡(Hadoop) 플랫폼을 위한 오픈소스 기반의 비관계형 분산 데이터베이스 관리 시스템(DBMS)이다. 구글의 빅테이블을 참고하여 자바로 개발했다. 아파치재단이 관리하고 있다.

③ 카산드라(Cassandra) : 빅데이터 등 비정형 데이터를 처리하기 위한 오픈소스 기반의 비관계형 분산 데이터베이스 관리 시스템(DBMS)이다. 페이스북이 처음 개발했고, 아파치재단에서 관리하고 있다.

④ 레디스(Redis) : Remote Dictionary Server의 약자로서, "키-값" 구조의 비정형 데이터를 저장하고 관리하기 위한 오픈소스 기반의 비관계형 데이터베이스 관리 시스템(DBMS)이다. 2009년 살바토르 산필리포(Salvatore Sanfilippo)가 처음 개발했다.

모든 데이터를 메모리로 불러와서 처리하는 메모리 기반 DBMS이다. BSD 라이선스를 따른다.

4. 시장 점유율

최근 기분으로 DB-Engines 기준 RDBMS의 시장 점유율은 다음과 같다.

① 오라클(Oracle)
② 마이에스큐엘(MySQL(/front))
③ 엠에스에스큐엘(MS-SQL : Microsoft SQL Server)
④ 포스트그레스큐엘(PostgreSQL)
⑤ 몽고디비(MongoDB)
⑥ 디비투(DB2)
⑦ 레디스(Redis)
⑧ 일래스택서치(Elasticsearch)
⑨ 마이크로소프트 액세스(Microsoft Access)
⑩ 카산드라(Cassandra)

08 블록체인의 개발툴로써 서버 클라이언트 구조에 대하여 분석하라.

1. 서버-클라이언트 구조의 개요

서버-클라이언트(Server-Client) 구조란 데이터를 저장하고 관리하는 서버 부분과 해당 서버에 접속하여 데이터를 열람하는 클라이언트 부분으로 구성된 네트워크 구조를 말한다. 서버와 클라이언트는 1:N 구조로 연결되어 있다.

즉, 한 대의 서버에 다수의 클라이언트가 접속하여 서비스를 이용한다.

대부분의 인터넷 웹 사이트는 서버-클라이언트 구조로 작동한다.

예를 들어 네이버, 구글, 페이스북, 유튜브 등 인터넷 포털 사이트에 방대한 데이터를 저장하고 다수의 사용자들이 개인 PC나 스마트폰 등의 단말기를 사용하여 해당 서버에 접속하여 필요한 정보를 열람할 수 있다.

서버의 경우 하루 24시간, 1년 365일 인터넷에 연결되어 있어야 한다. 반면 클라이언트의 경우 필요할 때만 켜서 인터넷에 접속하면 된다.

2. 구성

1) 서버

서버란 통신망 상에서 다른 컴퓨터에 대하여 회선, 디스크 장치 등에 대한 접속을 제어하는 관리 소프트웨어 또는 컴퓨터를 말한다.

서버는 그 역할에 따라 웹(Web) 서버, 와스(WAS) 서버, 디비(DB) 서버 등이 있다.

서버란 통신망 상에서 다른 컴퓨터에 대하여 회선, 디스크 장치 등에 대한 접속을 제어하는 관리 소프트웨어 또는 컴퓨터를 말한다. 서버에서 처리된 정보를 클라이언트 측인 사용자에게 전달한다.

(1) 웹서버

웹서버(Web Server)란 HTML로 만든 웹 페이지가 들어 있는 파일을 사용자에게 제공하는 서버 프로그램이다.

세계 최초의 웹서버는 1990년 팀 버너스-리(Tim Berners-Lee)가 만든 CERN HTTPd이다. 이후 미국 일리노이 대학교의 NCSA에서 NCSA 웹서버를 개발했다.

웹서버는 HTTP, HTTPS, 통신기록, 인증, 정적 콘텐츠 관리, 콘텐츠 압축, 가상 호스팅, 대용량 파일 지원, 대역폭 스로틀링 기능 등을 제공한다.

대표적인 웹 서버 프로그램에는 아파치(Apache), IIS, 웹투비(WebtoB), 웹티어(WebTier) 등이 있다.

① 아파치(Apache) : 리눅스 기반의 무료 오픈 소스 웹서버 프로그램이다. 아파치재단에서 관리하고 있다.

② 엔진엑스(Nginx) : 2004년 러시아의 이고르 시셰프(Игорь Сысоев, 영어 : Igor Sysoev)가 개발한 무료 오픈 소스 웹서버 프로그램이다. 2011년 엔진엑스 회사를 설립하여 유료 기술지원을 하고 있다.

③ IIS : Internet Information Services의 약자로서, 미국 마이크로소프트(Microsoft)사의 윈도우 시스템에서 사용하는 웹서버 프로그램이다.

④ 웹투비(WebtoB) : 한국의 ㈜티맥스소프트〈--티맥스소프트, 티맥스 소프트--〉가 개발한 웹서버 제품이다. 주로 와스(WAS) 제품인 제우스(JEUS)와 함께 사용된다.

⑤ 아이플래닛(iPlanet) : 미국 오라클 회사가 제공하는 웹서버 제품이다. 미국 썬 마이크로시스템즈가 개발했고, 썬원(SUN one)으로 불리기도 했다. 2010년 오라클에 인수되었다.

⑥ 웹티어(WebTier) : 미국 오라클 회사가 판매하는 웹서버 제품이다.

⑦ 구글 웹서버(GWS) : Google Web Server의 약자로서, 미국 구글이 만든 웹서버이다.

(2) 와스서버(WAS)

Web Application Server의 약자로서, 자바(Java) 등으로 만든 웹 응용 프로그램이 설치되어 작동하는 웹 애플리케이션 서버를 말한다. 미들웨어의 일종이다. 대표적인 와스(WAS) 제품에는 톰캣(Tomcat), 제우스(JEUS), 제이보스(JBoss)[1], 웹로직(WebLogic), 웹스피어(WebSphere), 레진(Resin), 글래스피시(GlassFish) 등이 있다. 한국에서는 WAS라고 하지만, 영어권에서는 Application Server(약칭 AS)라고 한다.

(3) 디비서버(DB Server)

Database Server의 약자로서, 데이터베이스(DB)를 저장 및 관리하는 서버를 말한다. 오라클(Oracle), 마이에스큐엘(MySQL), 엠에스에스큐엘(MS-SQL), 큐브리드(Cubrid) 등 다양한 데이터베이스 관리 시스템(DBMS)으로 만든 데이터가 저장·관리된다.

(4) 메일서버(Mail Server)

인터넷을 통해 이메일이나 웹메일을 보내고 받고 저장·관리하는 서버를 말한다.

(5) 이미지서버(Image Server)

아이콘, 사진, 그림, 이미지 등을 저장하고 관리하는 서버를 말한다.

(6) 동영상서버(Video Server)

영화, 드라마, 뉴스, 방송 등 동영상 파일을 저장하고 관리하는 서버를 말한다.

(7) 파일서버(File Server)

각종 문서 파일이나 대용량 첨부파일을 별도로 저장하고 관리하는 서버를 말한다.

(8) 네임서버(Name Server)

도메인 이름과 IP 주소를 연결해 주는 서버를 말한다. DNS라고도 한다.

(9) 백업서버(Backup Server)

서버 장애에 대비하여 원본 데이터를 복제하여 사본을 만들고 별도로 저장·관리하는 서버를 말한다.

2) 클라이언트

클라이언트(Client)란 네트워크를 이용하여 서버 시스템에 연결된 PC나 스마트폰 등 사용자 측을 말한다. 클라이언트는 서버에서 받아온 데이터를 단말기 화면에 표시하고 사용자의 요청을 서버에 전달하기 위해 웹 브라우저를 사용한다.

클라이언트 측에서 사용하는 대표적인 웹 브라우저에는 인터넷 익스플로러(IE), 마이크로소프트 엣지(Edge), 구글 크롬(Chrome), 애플 사파리(Safari), 모질라 파이어폭스(Firefox), 오페라(Opera) 등이 있다. 모바일 전용 웹 브라우저에는 삼성 인터넷(Samsung Internet) 등이 있다. 사용자가 특정 웹사이트를 방문했을 때 만들어지는 쿠키(cookie) 정보는 서버 측이 아니라 클라이언트 측에 저장된다.

3. 장단점

1) 장점

서버-클라이언트 구조는 매우 효율적인 네트워크 구조이다. 다수의 사용자들이 공동으로 열람·복사·수정·관리하는 데이터를 여러 곳에 분산시키지 않고 단일한 중앙 서버에 저장하여 관리함으로써 데이터의 유일성과 통일성을 보장할 수 있다.

탈중앙 분산 저장 방식에 필요한 합의 알고리즘이 필요 없다. 중앙 서버만 관리하면 되므로 분산 저장 방식에 비해 네트워크 구성 및 유지관리 비용이 적게 든다.

2) 단점

서버-클라이언트 구조는 해킹 공격과 디도스 및 랜섬웨어 공격 등에 취약하다. 모든 중요 데이터가 중앙 서버에 집중되어 있기 때문에 해커가 중앙 서버에 침투하여 데이터를 위변조할 경우 모든 클라이언트들에게 잘못된 정보가 전달된다.

이를 방어하기 위해 방화벽, 웹 방화벽, 침입탐지시스템(IDS), 침입방지시스템(IPS) 등 다양한 보안 제품을 설치하고, 서버에 저장된 데이터를 복사하여 별도의 저장장치에 백업을 해야 하기 때문에 추가적인 비용이 들어간다.

4. 대안

중앙 서버를 두지 않고 데이터를 여러 곳에 분산 저장하는 P2P 방식을 이용할 경우 기존 서버-클라이언트 구조의 단점을 해결할 수 있다.

1) P2P

P2P란 Peer to Peer의 약자로서, 인터넷으로 다른 사용자의 컴퓨터에 접속하여 각종 정보나 파일을 교환하고 공유할 수 있게 해 주는 서비스이다.

영어로 Peer란 '동료'라는 뜻으로서, P2P란 인터넷에 연결된 한 동료가 다른 동료에게 데이터를 직접 전송하는 시스템을 말한다.

P2P 방식은 기존의 서버-클라이언트 방식의 데이터 전송과는 본질적으로 다른 구조를 가지고 있다.

서버-클라이언트 구조에서 개별적인 참여자는 우선 서버에 데이터를 올려야 하고,

다른 참여자가 해당 서버로부터 데이터를 받아오는 방식으로 작동한다.

이런 점에서 서버-클라이언트 구조에서 서버는 중앙 · 중심 · 센터에 해당하고, 클라이언트는 서버에 연결된 종속적 위치에 놓이게 된다. 반면 P2P 방식을 따르는 경우 중앙이나 중심 또는 센터가 없다. P2P 네트워크에 참여하는 모든 참여자들은 서로 평등하다.

P2P는 다양하게 활용되고 있다.

음악 파일 공유를 위한 냅스터(Napster), 소리바다 등과 동영상 파일 공유를 위한 토렌트(Torrent), 암호화폐인 비트코인과 이더리움, 블록체인(Blockchain) 기술, 분산 버전 관리(DVC) 시스템 등은 P2P 기반으로 운영된다.

09 블록체인의 디앱 서비스 개발툴로써 루니버스 구조에 대하여 분석하라.

1. 루비버스의 구조

루니버스는 루니버스 메인체인과 프로덕트체인 간의 유기적인 결합을 통해 작동한다. 이 기반 하에 포털 계층, API 계층, 서비스 계층, 공통 계층의 4계층으로 구성된다.

1) 메인체인

루니버스 메인체인은 람다 컨센서스 알고리즘을 기반으로 하고 있다. 람다 컨센서스 알고리즘은 권위증명(PoA) 방식의 합의 알고리즘을 가지고 있다.

특히 권위증명 합의 과정에 참여한 검증자들의 신뢰성을 높이기 위해 일정 지분을 담보로 제공하며, 만약 이들이 루니버스 플랫폼에 해가 되는 행동이나 거버넌스 위반 시 해당 담보 지분을 몰수하는 구조이다.

루니버스 플랫폼에는 사이드체인 기반의 프로덕트체인 및 토큰 서비스, 계약 보안 측정 서비스, 각종 운영 서비스, 유틸리티 서비스 등 다양한 블록체인 서비스가 작동되고 있다. 사용자는 해당 서비스를 사용하고 사용한 만큼 요금을 지불하면 된다.

2) 프로덕트체인

루니버스는 사이드체인 기반의 프로덕트체인을 가지고 있다. 루니버스 사용자는 별도의 프로덕트체인을 구성하여 토큰을 발행하고, 디앱 서비스를 개발 · 운영할 수 있다.

사이드체인은 서로 다른 블록체인 사이의 신규 자산 발행 및 거래를 안전하게 하는 방법으로서, 2014년 아담 백의 "Enabling Blockchain Innovations with Pegged Sidechains"에서 처음 소개되었다.

루니버스는 루니버스 메인체인과 연결되는 프로덕트체인을 구성하고, 사용자의 메인 토큰을 루니버스 메인체인에 안정적으로 발행한 후 이를 프로덕트체인에 연결한다. 그리고 새로운 프로덕트 토큰을 프로덕트체인 상에 발행하여 자유롭게 사용할 수 있도록 한다. 또한 사용자가 개발한 스마트 계약을 프로덕트체인에서 전개한 후 디앱 서비스를 구축할 수도 있다.

3) 루니버스 플랫폼의 4계층

(1) 포털 계층

루니버스 플랫폼을 이용하기 위해 사용자가 접근하는 계층이다. 웹 포털 또는 REST 및 RPC 기반의 API 형태로 되어 있고, 루니버스 플랫폼의 모든 기능을 사용할 수 있다.

(2) API 계층

API 계층은 서비스 로직에 대한 API들로 구성된다. 2018년 10월 23일 기준으로 API 지원 범위는 ERC-20 이나 ERC-721 규격의 토큰 디앱에 한정되어 있다. 별도의 커스터마이징 디앱은 향후 지원될 예정이다.

(3) 서비스 계층

비즈니스 로직이 마이크로 아키텍처 구조로 개발되어 있다. 이 구조는 블록체인, 토큰, 스마트 계약, 보안, 운영, 유틸리티 서비스와 메인체인과 프로덕트체인에 대한 것이다.

(4) 공통 계층

각종 로그 데이터 분석을 위한 분석 서비스들로 구성되어 있다. 이 서비스를 통해 루니버스 플랫폼에서 사용하는 스마트 계약과 빠른 블록체인 조회를 위한 블록 캐시 서버, P2P 파일 서버, 블록 및 네트워크를 분석할 수 있다.

4) 루니버스 플랫폼의 구조적 특징

(1) 확장성

클라이언트 요청이 증가하더라도 시스템 내부적으로는 처리 지연이나 유실 없이 동일한 성능을 보장할 수 있도록 설계되어야 한다. 이를 위해 루니버스는 샤딩 기술을 사이드체인에 적용한 체인 샤딩을 지원한다. 이는 하나의 디앱이 성능 확장이 필요할 때, 복수 개의 사이드체인을 동시에 사용할 수 있다는 것을 의미한다.

특히, 루니버스 서비스 플랫폼 상에서 수행되는 디앱들은 내부적인 체인 샤딩 구조에 영향을 받지 않도록 함으로써 하나의 논리적인 체인을 사용하는 것과 같다.

(2) 고가용성

시스템을 구성하는 인프라, 서버 모듈, 외부 시스템은 일부 문제가 발생하더라도 서비스가 중단되어서는 안 된다. 이를 위해 루니버스 서비스 플랫폼은 시스템 전반적으로 이중화 구성에 기반을 두고 설계되었다. 따라서 루니버스는 시스템 각 구성 요소에 대해서 일부 하드웨어 및 소프트웨어에 대한 일시적 오류나 외부 시스템 연동 오류와 같은 형태의 문제가 발생하더라도 대체 경로 혹은 대체 시스템을 통해서 서비스가 항시 가능함을 보장하고 있다.

(3) 재해복구

천재지변 같은 시스템 전면 장애가 발생해도 서비스는 중단되지 않고 작동되어야 한다. 이를 위해서 루니버스 서비스 플랫폼은 재해복구(DR) 구성을 별도로 구축하였다. 먼저 운영 시스템 구성과 동일한 중복 구성을 별도의 타 국가나 일정 거리가 떨어진 타 지역에 배치했다. 또한 재해복구 시스템의 경우 평상시에는 가동되지 않고 최소한의 백업과 동기화 동작만 수행한다. 응급 상황 발생 시에는 재해복구 시스템이 활성화되어 기존 운영 시스템이 복구될 때까지 클라이언트의 모든 요청을 처리하게 된다.

(4) 독립 작업 공간

실행되는 각각의 디앱에 대해서 보안을 위해 독립된 작업 공간을 제공하도록 설계되어야 한다. 이를 위해서 루니버스 서비스 플랫폼은 각 고객사 디앱에 대해서 물리적으로 독립된 네크워크, 컴퓨팅, 저장소를 제공함으로써 디앱 전용의 블록체인을 구성한다. 해당 블록체인에 대해서는 사전에 혹은 동적으로 설정해 놓은 특정 디앱 혹은 디앱 그룹만 액세스 가능하도록 플랫폼 차원에서 제어가 가능하다.

(5) 안전한 접근 및 키 관리

시스템은 기본적으로 내・외부 네트워크 통신 구간 및 데이터베이스를 포함한 모든 리소스에 대해서 인가된 액세스에 대해서만 허용해야 한다. 특히 사용자 개인 키 분실 및 해킹을 방지하기 위한 기능을 제공해야 한다.

이를 위해서 루니버스 서비스 플랫폼은 하드웨어 보안 모듈 기반의 키 관리 시스템을 여러 개 활용하여 사용자 개인 키 뿐만 아니라 플랫폼 내에서 필요한 데이터 암호화 키를 관리함으로써 내・외부로부터의 침입과 위변조 시도에 대한 방어가 가능하다.

2. 루니버스 체인 서비스

루니버스 플랫폼은 사이드체인 기반의 고속의 프로덕트체인을 제공한다. 이들 프로덕트체인은 루니버스 컨센서스 알고리즘을 통해 현재 1초 블록 생성 타입에 최대 2,000TPS를 제공한다. 또한 확장성을 위해 해당 프로덕트체인의 성능이 부족할 경우 추가적인 프로덕트체인을 구성하고 이를 연결하여 사용하는 체인 샤딩을 제공한다. 또한 위임 모델을 통해 가스비를 제거하여 트랜잭션 실행시 사용자의 비용 부담을 제거함으로써 디앱의 사용성을 개선했다. 더불어, 프로덕트체인과 루니버스 체인 사이의 앵커링과 루니버스 체인과 이더리움 같은 외부 메인체인 간의 앵커링을 2단계로 제공하여 트랜잭션의 신뢰를 높인다. 그리고, 루니버스 플랫폼에 대한 모든 요청은 글로벌 프록시를 통해 제어하기 때문에 가스비를 제거해도 안정적인 디앱 서비스를 지원한다. 글로벌 프록시 상에서 요청 로그 기반의 패턴을 실시간 분석하여 디도스 공격을 막고, 트로틀링 등 트래픽을 제어하기 때문이다.

루니버스 체인의 주요 기능은 다음과 같다.

1) 고성능

(1) 안정적이고 빠른 블록 타임

빠른 블록 응답성을 위해 1초의 블록 타임으로 작동한다. 짧은 블록 타임 기반으로 동작하기 위해서는 목표로 하는 성능 수준을 고려한 최적의 사이드체인 규모를 산정해야 한다. 또한 적당한 수준의 중복성을 고려한 네트워크 토폴로지를 구성해야 한다. 그리고 사이드체인 외부에 대해서는 이웃 노드 탐색을 수행하지 않도록 하는 등의 최적화를 지원한다. 더불어 블록 재구성 발생 확률을 줄이기 위해서 블록 제안 과정에서 검증 노드들 사이에 경합 발생이 최소화되도록 조절한다.

(2) 고성능 트랜잭션 처리량

1초 블록 타임 기준으로 블록 생성・제안・전파・합의 과정이 수행될 때, 하나의 블록에 가능한 많은 트랜잭션을 포함하여 높은 처리량을 지원한다. 이 때, 너무 많은 트랜잭션을 포함할 경우 블록 전파 및 블록 수신하는 측에서 처리 지연이 발생한다. 때문에 시간이 지날수록 네트워크 전체적으로는 블록체인 재구성이 자주 발생할 수 있다. 루니버스는 최소 성능 1,500TPS, 30분간 임계 최대 성능 2,000TPS의 안정적인 성능을 지원한다.

(3) 블록 캐시

루니버스 체인과 프로덕트체인에 대한 부하 경감과 클라이언트 측에 빠른 응답을 위해 블록 캐시 서비스를 제공한다.

(4) 체인 샤딩

특정 디앱의 경우 하나의 프로덕트 체인만으로는 모든 사용자 요청을 처리하기 어려운 경우가 있다. 이러한 경우에는 다수의 프로덕트체인에 걸쳐 체인 샤딩을 지원함으로써 성능 제약 문제를 해결할 수 있다.

이 때 루니버스 플랫폼은 디앱 프로비저닝 및 샤드 체인 라우팅 기능을 서비스 차원에서 제공함으로써 디앱은 마치 하나의 체인을 사용하는 것과 동일하게 작동할 수 있다. 이러한 체인 샤딩 구조는 하나의 프로덕트체인이 하나의 디앱에 전용되는 모델뿐만 아니라, 하나의 프로덕트체인이 다수의 디앱들에 의해서 공유되는 멀티테넌트 모델에도 적용된다.

2) 뛰어난 가용성

(1) 무료 가스비

유저 사용성을 높이기 위해 프로덕트체인에서는 기본적으로 가스 비용 없이 트랜잭션을 실행한다. 또한, 이로 인해 발생하는 보안 문제 해결을 위해 디도스 탐색 및 방어, 어뷰징 보고, 블랙리스팅 기능을 제공한다. 이를 통해 비정상적으로 많은 가상머신(EVM) 실행을 발생시킨 사용자 계정에 대해서는 추가적인 트랜잭션 실행이 불가능하게 한다.

(2) 손쉬운 접근과 사용

최종 사용자는 전화번호, 소셜 ID, 이메일 등을 활용한 쉬운 회원가입 및 로그인을 할 수 있다. 특히, 송금이나 스마트 계약 실행을 위한 트랜잭션 처리 과정에서 사용자 인증을 위해서 SNS, 생체인증, OTP, PIN과 같은 이중인증(2FA : Two-Factor Authentication) 수단을 지원하기 때문에 보안이 가능하다.

3) 고신뢰성

허가받지 않은 외부로부터의 액세스가 불가능하도록 설계된 프로덕트체인은 VPC 네트워크와 방화벽 정책을 통해 임의의 디도스 공격, 위변조 공격 등으로부터 안전하다.

사이드체인에 대한 투명성 및 신뢰도를 확보하기 위한 목적으로는 "사이드체인" ↔ "루니버스 네트워크" ↔ "이더리움 네트워크"로 이어지는 2단계 상향 앵커링을 수행한다. 이는 각 체인의 블록 구간별 머클 루트값을 상위 체인에 계층적으로 기록함으로써 블록 위변조에 대한 증명을 가능하게 한다.

블록 검증자의 스테이킹 기능은 검증자가 네트워크에 해를 끼치는 이상 동작을 수행하는 경우에 나머지 검증자들이 시스템적으로 이를 감지하여 루니버스 메인체인상에 해당 내용을 기록하도록 한다. 이후 투표를 통해 스테이킹된 자산을 박탈한다.

4) 고운용성[편집]

(1) 관리 서비스

블록 검증자를 위한 거버넌스 도구를 통해서 검증자는 네트워크 상에서 등록되는 각종 안건들에 대해 손쉽게 투표할 수 있다. 이러한 거버넌스 도구는 기본적으로 웹 사용자 인터페이스(UI)로 제공되기 때문에 편리하다.

이와 별개로 REST 및 RPC 방식 인터페이스를 제공함으로써 다양한 클라이언트에서 투표 기능을 지원한다.

블록 탐색기를 제공함으로써 사용자가 손쉽게 블록체인 데이터를 조회하고 원하는 데이터를 일반적인 데이터 형식으로 추출할 수 있는 기능 등을 제공한다. 노드 탐색기를 제공함으로써 블록 검증자에게 본인 소유의 노드에 대한 현재 및 과거에 대한 리소스 현황, 크리티컬 이벤트 발생 현황, 블록 생성 주기, 체인 데이터 재구성 발생 현황 등에 대한 기본적인 정보를 확인할 수 있게 한다.

또한, 현재 및 과거에 발생한 인프라상의 이벤트나 소프트웨어 버전, 업데이트 이력과 같은 하드웨어, 소프트웨어 측면에서의 형상 변경에 대한 추가 정보도 제공한다.

트래픽 탐색기를 제공함으로써 트랜잭션 요청에 대한 분석·통계 지표를 다양한 매트릭스, 차원 기준으로 정제하여 시각화된 화면을 제공한다. 마지막으로 프로덕트체인에 대한 종합적인 대시보드 서비스를 제공함으로써 프로덕트체인의 전체 현황을 손쉽게 모니터링하고 대처할 수 있다.

(2) 글로벌 프록시 구조

요청된 트랜잭션의 위치 정보를 참조하여 글로벌 라우팅을 적용하기 때문에, 어느 국가에서 서비스를 이용하더라도 설정된 프로덕트체인에 빠른 접근이 가능하다.

또한 트래픽 조절 기능을 통해서 각 프로덕트체인에 대한 트래픽 제어를 한다. 트랜잭션 로깅 및 분석 기능을 수행하여 모든 요청에 대한 분석 데이터를 수집하고 분석한 후 사용자에게 다양한 분석 자료를 제공한다.

3. 루니버스 부가서비스

루니버스 파트너사 또는 두나무㈜ 자회사를 통해서 다음과 같은 추가적인 서비스나 어플리케이션이 지원되고 있다. 루니버스 플랫폼 서비스는 플랫폼 자체의 기능에 더해서 아래와 같은 다양한 서비스를 통해 더욱 강력한 시너지 효과를 발휘하고자 한다.

1) 비트베리 지갑

비트베리(BitBerry)는 두나무㈜의 자회사로 편입된 루트원(Root One)에서 개발한 암호화폐 지갑이다. 보통 다른 암호화폐 지갑들은 송금하고자 하는 화폐가 디앱으로 생성된 토큰일 경우, 해당 디앱의 주소를 등록하고 송금 대상자의 지갑 주소로 송금하는 절차를 거치게 되지만, 비트베리 지갑은 SNS 계정으로 가입해서 사용하기 때문에, 단순히 상대방 전화번호만 알면 송금할 수 있다.

2018년 기준으로 비트베리 지갑은 카카오톡 계정만 지원하고 있다. 플랫폼 코인은 비트코인과 이더리움만 사용이 가능하다. 안드로이드와 iOS용 모바일 앱을 설치해서 사용할 수 있으며, PC용 웹 버전은 향후 추가할 계획이다.

(1) 주요 특징

① 비트베리(BitBerry) 회원 간 수수료 무료

② 콜드월렛(Cold Wallet) 90% 지원

③ 타 블록체인 서비스 개발사를 위한 레스트풀(Restful) API와 화이트라벨(WhiteLabel) 소프트웨어 개발 도구(SDK) 지원

(2) 모스랜드 게임

① 비트베리 지갑의 대표적인 성공 사례로 모스랜드(Mossland) 게임을 들 수 있다. 모스랜드는 리얼리티 리플렉션 회사가 개발한 증강현실(AR) 모노폴리 게임이다. 모스랜드는 비트베리 지갑 API를 통해서 개발 기간을 대폭 단축하였고, 편리한 사용성 덕분에 ICO를 성공적으로 수행하였다.

② 게임 내용은 가상현실(VR) 자산 트레이딩 게임이다. 가상 옥션 경매 시스템을 통해 전 세계 주요 건물을 선점하는 것이 목표이다.

③ 2018년 10월 23일 기준으로 가상 건물 경매를 통해 얻은 수익이 350억원에 달한다.

(3) 향후 계획

① ㈜매그니스(MAGNIS)와 연계를 통해 ERC-721 토큰 지원

② 업비트(Upbit), 올비트(AllBit) 등 암호화폐 거래소와 연동

③ 기존 온라인 결제 솔루션을 제공하고 있는 다날 등과 협업하여 오프라인 결제 서비스 제공

④ ICO 디앱 지원

2) 올비트 분산 거래소

올비트(Allbit)는 루니버스를 플랫폼으로 하는 탈중앙 분산형 암호화폐 거래소(DEX)

이다. 올비트는 코인마켓캡(CoinMarketCap)에서 2018년 10월 23일 기준으로 전 세계 암호화폐 거래소 순위 22위를 차지하였다. 올비트는 까다로운 거래소 상장 심사나 과도한 상장 비용 등의 문제를 지원한다. 올비트는 마케팅 및 사후 지원을 통해 글로벌 진출을 돕고 있다. 올비트는 루니버스 플랫폼을 통해 낮은 가스 수수료와 빠른 속도를 장점으로 내세우고 있다.

3) 수호 보안 평가 서비스

루니버스 플랫폼은 수호 보안 평가(SooHo Security Assessment) 서비스에 사용되고 있다. 기존의 블록체인 디앱 보안 취약점 평가 서비스가 분석 기반 엔진을 사용하는 데 반해, 수호(SooHo)는 자체 데이터베이스를 사용한 검색 기반 엔진을 사용해서 높은 정확도를 장점으로 내세우고 있다. 수호는 루니버스 플랫폼을 통한 보안 인증 서비스(Security Verfication-as-a-Service)를 표방하고 있어서 별도의 보안 감사(Security Audit) 비용을 절감할 수 있을 것으로 보인다. 수호는 악성 주소 분류기(Mal Address Classifier)도 제공한다.

4) 매그니스 게임 개발 지원 서비스

매그니스(Magnis)는 루니버스 플랫폼을 기반으로 해서 주로 ERC-20 또는 ERC-721 토큰 디앱을 배포하고, 게임 개발에 관련된 여러 가지 편의 기능을 제공하는 게임 개발 최적화 지원 서비스이다. 매그니스는 게임 개발자들을 위한 원스탑 블록체인 플랫폼을 표방하고 있다.

4. 평가

루니버스는 기존의 블록체인 서비스 혹은 콘텐츠 개발사가 고민하고 있던 여러 가지 문제점을 해결하는데 촛점을 맞추고 있다. 루니버스는 다음과 같은 효과를 기대할 수 있다.

1) 장점

루니버스 플랫폼은 블록체인 비지니스 서비스 개발사 입장에서 여러 가지 장점을 가지고 있다.

① ERC-20, ERC-721 토큰과 같이 규격화된 디앱은 디앱 개발자 없이도 구현이 가능하다.

② 기존 블록체인 플랫폼이 안고 있던 고질적인 문제점으로 지적되던 가스 수수료 문제, 속도 문제나 보안 문제를 완벽하게 해결하거나 비용을 최소화할 수 있다.

③ 암호화폐 지갑 등의 부가적인 어플리케이션 개발 문제를 완전히 해결하거나, API를 사용하여 기존 어플리케이션 개발자들이 해결 가능하다.
④ 암호화폐 거래소 상장, 사후 관리 등의 비즈니스적인 문제에 대한 고민을 일부 해결할 수 있다.

2) 과제

루니버스 플랫폼은 아직 개발 중이거나 미흡한 점이 존재한다.

① 루니버스는 현재 베타 서비스가 진행 중이라서, 이더리움은 위에서 언급한 기능을 상당 부분 지원하고 있으나, 하이퍼레저(HyperLedger)는 개발이 한참 진행 중이다.
② 블록체인 디앱 개발이 주로 토큰이나 게임 또는 거래소 개발에 치중되어 있다 보니 루니버스 플랫폼도 이런 부분에 집중되어 있다. 아직 다른 분야의 디앱 지원에서 미흡한 점이 있으며, 특히 API 지원이 부족하다.

학습활동.3 교수 · 학습 방법

교수 방법

- 블록체인의 메인넷에 대한 관련 용어, 구성, 방식 이해 정도를 파악한 후 수업을 진행한다.
- 교수자의 주도로 블록체인의 메인넷 등의 내용을 PPT 자료로 제시한 후 설명한다.
- 가능하면 사전에 개인별 학습 자료를 준비하여 모든 학생이 참여할 수 있는 문제 해결식 수업, 협력 수업이 가능하도록 한다.
- 블록체인의 메인넷 전 과정을 작업의 순서에 따라 단계적으로 실습이 이루어질 수 있도록 지도한다.
- 교재를 통해 수업을 준비하는데 있어서 필요한 모든 정보나 팁, 힌트 등 도움이 될 만한 내용들을 확인할 수 있다.
- 학생들이 만들게 될 각 모델들은 수업시간에 중점적으로 다뤄질 부분과 어휘, 질문, 답을 포함하고 있으며 또한 탐구할만한 추가적인 아이디어들도 포함하고 있다.

학습 방법

- 블록체인의 메인넷에 대한 관련 용어를 숙지하고,블록체인의 메인넷 에 대해 이해한다.
- 블록체인의 메인넷의 각 단계별 중점 사항을 체계적으로 학습한다.
- 블록체인의 메인넷의 수행순서의 전 과정을 실습한다.
- 블록체인의 메인넷의 내용을 이해한다.
- 블록체인의 메인넷을 이해하고 숙달이 될 때까지 학습한다.

학습활동.3 평가 및 피드백

평가 준거

- 평가자는 피평가자가 수행 준거 및 평가 내용에 제시되어 있는 내용을 성공적으로 수행할 수 있는 지를 평가해야 한다.

학습내용	평가항목	성취수준		
		상	중	하
블록체인의 메인넷	블록체인의 메인넷을 이해할 수 있다.			

평가 방법

• 작업 포트폴리오

학습내용	평가항목	성취수준		
		상	중	하
블록체인의 메인넷	블록체인의 메인넷을 이해할 수 있다.			

• 필기시험

학습내용	평가항목	성취수준		
		상	중	하
블록체인의 메인넷	블록체인의 메인넷을 이해할 수 있다.			

• 체크리스트를 통한 관찰

학습내용	평가항목	성취수준		
		상	중	하
블록체인의 메인넷	블록체인의 메인넷을 이해할 수 있다.			

• 피드백

1. 작업 포트폴리오
   - 제출한 보고서를 평가한 후 주요 사항에 대하여 표시하여 돌려준다.
2. 필기시험
   - 평가 결과 성적이 저조한 학생은 보고서 제출 기회를 부여한다.
3. 체크리스트를 통한 관찰
   - 실습 과정에서 평가한 후 개선해야 할 사항 등을 정리하여 돌려둔다.

참 | 고 | 문 | 헌

1. 최선미 · 김현진 · 송근혜 · 민대홍 · 박종현 · 민수진 · 박경진 · 조진실 · 최가은, "블록체인 어디에 응용하고 있나?(응용 사례와 분야별 특성을 중심으로)" ETRI Insight, 2018.6.30.
2. https://opentutorials.org/module/3136/20676 "블록체인 개발"
3. https://medium.com/@ttcoin/"메인넷은 무엇인가?
4. https://steemit.com/kr/@hrsa/79hgg8, "메인넷의 의미와 기술적 해석"
5. 박예신 기자, 〈(디코노미)조셉 루빈 "아마존 독점, 이더리움으로 해결"...탈중앙지수 공개〉, 《블록인프레스》, 2019.04.04.
6. 김병철 기자, 〈조셉 루빈이 '탈중앙화 TPS 지수'를 개발했다〉, 《코인데스크코리아》, 2019.04.04.
7. 황치규 기자, 〈DIY 블록체인 개발도구 서브스트레이트 뜬다〉, 《더비체인》, 2018.12.21.
8. 이세인 기자, 〈이더리움 소프트웨어 패리티, DIY 블록체인 툴 서브스트레이트 출시〉, 《블록포스트》, 2018.12.21.
9. paritytech, "substrate", github
10. sobly_460, 〈폴카닷을 지원하는 패리티사의 서브스트레이트란?〉, 《네이버 블로그》, 2018.10.12.
11. ChainDapps, 〈체인댑스 성공회 코인 시연회를 갖다〉, 《네이버 블로그》, 2018.06.22.
12. 하이퍼레저 컴포저 공식 홈 페이지, https://www.hyperledger.org/projects/composer
13. 로티, 〈Hyperledger Composer〉, 《티스토리》, 2017.12.28.
14. racoon02cho, 〈Hyperledger Composer의 주요 개념〉, 《스팀잇》, 2018.
15. 하나 기자, 〈IBM이 '하이퍼레저' 컴포저 개발에 손을 뗀 이유〉, 《디지털데일리》, 2018.11.16.
16. "Welcome to Hyperledger Composer", GitHub.
17. Steven Perry, "Model and test your blockchain network", IBM Develop, 2017.01.
18. 하이퍼레저 공식 홈페이지, https://www.hyperledger.org/projects/quilt
19. 하이퍼레저 공식 블로그, https://www.hyperledger.org/blog /2017/10/16/ hyperledger-gets-cozy-with-quilt.
20. hyperledger, 〈Hyperledger Quilt〉, 《Github》, 2018.03.28.
21. KBIPA, 〈리플, 하이퍼레저 블록체인 컨소시엄 가입(토큰포스트)〉, 《네이버 블로그》, 2018.03.29.
22. 야옹메롱, 〈리플넷(Ripplenet)에 대해 알아보자〉, 《네이버 블로그》, 2019.02.15.
23. 〈깃허브〉, 《위키백과》
24. lsgl, 〈github란? - github 소개 및 설치〉, 《네이버 블로그》, 2016.02.15.
25. 에이콘아카데미, 〈깃(Git)과 깃허브(GitHub) 궁금하시죠?〉, 《네이버 블로그》, 2019.04.25.
26. Hosang Jeon, 〈오픈소스 기여를 위한 GITHUB 개념정리〉, 《Guruble 블로그》, 2014.02.27.
27. 에이콘아카데미, 〈[프로그래밍 깃(Git)으로 빠르고 편리하게 프로젝트 관리하자]〉, 《네이버 블로그》, 2017.04.26.
28. 〈3.1 Git 브랜치 - 브랜치란 무엇인가〉, 《깃》.

29. 유랩스 공식 홈페이지, http://ulabs.technology/
30. Keda Che, "Universal Labs White Paper V.1.3(Draft)", 2018.05.25.
31. 길재식 기자, 〈가정에서 채굴 가능한 'IoT'가상화폐 5월 나온다〉, 《전자신문》, 2018.03.20.
32. 박수정 기자, 〈유니버셜 랩스, 후오비 카니발 참가, '우베이 네트워크' 선보여〉, 《아시아뉴스통신》, 2018.08.14.
33. Fox Business, "Ubbey Box can kill Dropbox, Apple: Universal Labs founder", Youtube, 2018.05.18.
34. Universal Labs, "Ubbey Box Introduction by Universal Labs", Youtube, 2018.06.15.
35. Universal Labs, "Ubbey Box Unbox from Universal Labs", Youtube, 2018.06.15.
36. 해시넷, 〈(암호화폐 제34탄)유토큰(YOU Token)이란 무엇인가?〉, 《네이버 블로그》, 2018.11.01.

• 웹사이트

http://wiki.hash.kr/
http:/factom.org/
http:/gamecredits.com/
http:/getstarted.with.pink/
http:/nem.io/
http:/newcoinschedule.com/
http:/syscoin.org/

학습 1	블록체인의 개념 및 특징
학습 2	블록체인의 알고리즘 및 기술
학습 3	블록체인의 개발환경구축
학습 4	**블록체인 플랫폼 하이퍼레저**
학습 5	블록체인 프라이빗 플랫폼 R3 코다
학습 6	블록체인의 사업성 검토
학습 7	블록체인의 암호화폐 응용
학습 8	블록체인의 금융분야 응용
학습 9	블록체인의 공공과 민간부문의 응용
학습 10	블록체인의 산업분야 응용
학습 11	코인을 어디에 보관하지?
학습 12	코인을 사고 팔려면 어떻게 하지?

학습 목표

1. 블록체인 플랫폼 하이퍼레저를 이해할 수 있다.

4-1 하이퍼레저의 개요

1. 하이페레저의 개요

하이퍼레저(Hyperledger)는 리눅스 재단의주도 하에 산업간 블록체인 기술 발전을 위해 조직된 전 세계적인 오픈 소스 협업 활동으로 스마트 계약을 구현할 수 있고 프라이빗 블록체인 프로젝트이다.

금융, 뱅킹, 사물인터넷, 공급망, 제조 및 기술 분야의 총 130개 이상 회원이 하이퍼레저 패브릭, 하이퍼레저 컴포저 등 10개 프로젝트에 현재 참여 중이며, 표준화된 개방형 엔터프라이즈급 분산 원장 프레임워크 및 코드 베이스 개발이 진행 중이다.

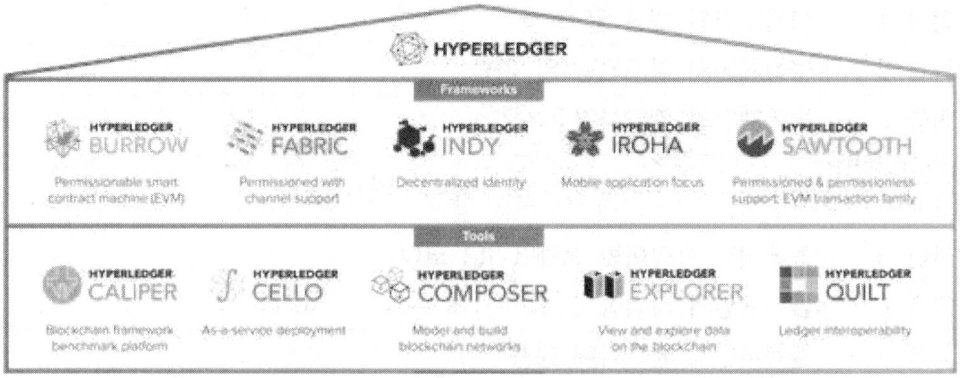

[그림 4-1] 블록체인 플랫폼 하이퍼레저의 프레임과 도구

2. 하이퍼레저의 차별성

엔터프라이즈급 블록체인 플랫폼으로 R3 Corda, Ethereum, 하이퍼레저 패브릭, Ripple, Quorum 등이 존재한다. 이 중 하이퍼레저가 다른 플랫폼들과 구분되어지는 점이다.

① 하이퍼레저는 프라이빗 블록체인으로서 기업 환경에 구현하기 용이하다.
② 하이퍼레저는 특정 비즈니스 모델인 금융에 특화된 타 플랫폼과 달리 광범위한 여러 산업에 범용적으로 도입 가능한 기술 표준을 제시한다.

하이퍼레저는 위와 같은 차별화 전략을 구현하기 위해 다양한 기업용 블록체인 기술을 양산하고자 한다.

여기에는 1) 분산원장 프레임워크 2) 스마트 계약 엔진 3) 클라이언트 라이브러리 4) 그래픽 인터페이스 5) 기타 유틸리티 6) 샘플 어플리케이션 등이 포함된다.

이러한 하이퍼레저 전략은 공통 기반 요소를 재활용하여 커뮤니티를 강화하는 동시에, 분산원장 기술요소의 빠른 발전을 유도하고 있다.

4-2 하이퍼레저의 인큐베이팅

하이퍼레저는 2가지 방향으로 인큐베이팅 사업을 진행하고 있다. 하나는 하이퍼레저 프레임워크이고, 다른 하나는 하이퍼레저 도구(Hyperledger Tool)이다.

현재 하이퍼레저는 5개의 프레임워크(Hyperledger Framework)와 5개의 툴 프로젝트를 진행 중이다. 프레임워크는 분산원장을 구성하며, 툴은 이를 위한 운영, 개발을 담당한다.

1. 하이퍼레저 프레임워크

1) 하이퍼레저 패브릭

하이퍼레저 패브릭(Hyperledger Fabric)은 하이퍼레저의 핵심 프로젝트이다. 사실상 보통 '하이퍼레저' 라고 명명할 때에는 하이퍼레저 패브릭을 의미하는 경우가 많을 정도로, 하이퍼레저 프로젝트 전체의 핵심이 되는 부분이다. 2018년 3월 20일에 1.1 버전이 release 되면서 상용 블록체인 기술의 혁신을 이끌고 있다.

하이퍼레저 패브릭은 모듈형 아키텍처로서 합의 및 회원 서비스와 같은 구성 요소를 플러그 앤 플레이 방식으로 지원한다. 하이퍼레저 패브릭은 스마트 컨트랙트 기능을 가지고 있으며 이를 '체인코드'라는 명칭으로 사용된다. 하이퍼레저는 IBM사의 Open Blockchain 블록체인 사업으로 별도로 개발되었지만, 현재 하이퍼레저 프로젝트에 귀속되었다.

2) 하이퍼레저 소투스

(1) 하이퍼레저 소투스의 개요

하이퍼레저 소투스(Hyperledger Sawtooth)는 2017년 8월의 패브릭 1.0에 이어 등장한 리눅스 재단의 두 번째 하이퍼레저 프로젝트다. 하이퍼레저 소투스는 비즈니스 블록체인을 구축, 배포, 실행 작업을 돕도록 개발했다. 소투스 1.0에 기반한 블록체인 개념 증명 파일럿 프로젝트는 이미 여러 비즈니스 케이스에 배치돼 있다. 음악 및 미디어 콘텐츠 저작권 분배, 헬스케어 거래 기록, 금융 서비스 내 KYC(Know Your Customer) 등이다

하이퍼레저 소투스는 50명이 넘는 소프트웨어 엔지니어가 참여해 개발하였다.

온체인 거버넌스와 같은 기능을 제공하도록 설계되었다. 온 체인 거버넌스는 권한이 부여된 사용자에게 누가 허락을 받았는지와 같은 블록 구성 설정에 투표할 수 있도록 구현하기 위해 자체 실행형 스마트 계약을 활용한다.

소투스는 블록 생성 및 검증을 가속하기 위해 트랜잭션을 병렬로 처리할 수 있는 고도의 트랜잭션 실행 엔진을 제공한다. 다른 주요 블록체인 플랫폼인 이더리움도 지원한다. 통합을 통해 이더리움 솔리디티 자바스크립트 기반 프로그래밍 언어를

기반으로 하는 스마트 계약을 실행할 수 있는데, 이를 통해 소투스는 IDE 및 Web3와 같은 이더리움 도구를 구동할 수 있다. 이와 더불어 소투스 다이나믹 컨센서스(Sawtooth Dynamic Consensus)는 노드나 사용자 네트워크가 커지는 것에 맞춰 관리자가 블록체인 컨센서스 프로토콜을 즉각적으로 수정할 수 있게 해준다. 보다 확장성이 뛰어난 알고리즘이 등장하면 이를 통합할 수 있게 설계되어 있다.

Sawtooth는 분산 원장 구축, 디플로이, 실행을 위한 모듈러 플랫폼이다. 이 프로젝트가 특별한 이유는 Proof of Elapsed Time(PoET)라는 새로운 컨센서스 알고리즘을 도입한다는 점이다. 대규모의 Validator 노드가 최소한의 자원만을 사용하여 검증/합의할 수 있도록 한다. 또한 분산 원장마다, 중앙에서 관리되지 않는 하나의 디지털 레코드(Asset Ownership…)를 갖게 된다.

Sawtooth는 또, 인텔이 주도하는 프로젝트로 헬스케어 관련 POC를 성공적으로 끝낸 바가 있다. 이 경험을 기반으로 헬스케어 스탠다드 프로젝트로 발전할 수도 있다고 하니, 귀추를 지켜 보아야 하겠다.

(2) 하이퍼레저 소투스의 특징

① 분산 원장 : 블록체인(Blockchain)의 또 다른 말이기도 한 분산된 원장은 거래의 데이터베이스(원장)를 네트워크의 모든 참가자인 노드에 배포한다. 중앙 관리자나 중앙 집중식 데이터 스토리지가 없다. 다음과 같은 특징들은 블록체인 네트워크의 모든 참여자들 사이에서 신뢰를 제공하기 위해 함께 작용한다.

- 분산 : 블록체인 데이터베이스는 신뢰할 수 없는 참여자들 간에 공유된다. 네트워크의 모든 노드들은 동일한 정보를 가진다.
- 불변 : 블록체인 데이터베이스는 블록 해시를 사용하여 기록을 변경하려는 시도를 쉽게 탐지하고 방지할 수 있다. 그로 인해 악의적인 트랜잭션의 변경은 불가능하다.
- 보안 : 모든 변경은 알려진 ID에 의해 서명된 트랜잭션에 의해 수행된다.

② 소투스의 특징

- 애플리케이션 레벨과 코어 시스템 소투스 분리 : 애플리케이션 레벨과 코어 시스템 레벨 간의 명확한 분리를 제공함으로써 애플리케이션을 쉽게 개발하고 구축할 수 있다. 소투스는 애플리케이션 개발자들이 선택한 언어로 계약 논리를 작성할 수 있는 스마트 계약을 제공한다. 애플리케이션은 비즈니스 논리일 수도 있고 스마트 계약 가상 시스템일 수도 있다. 실제로 두 유형의 애플리케이션 모두 동일한 블록체인에서 공존할 수 있다. 소투스를 사용하면 트랜잭션

처리 계층에서 이러한 설계 결정을 내릴 수 있으며, 이를 통해 여러 유형의 애플리케이션이 블록체인 네트워크의 동일한 인스턴스에 존재할 수 있다. 각 애플리케이션은 고유한 요구사항에 따라 사용자 지정 트랜잭션 프로세스를 정의한다. 소투스는 낮은 수준의 기능 및 성능 분석 및 블록 정보 저장과 같은 특정 애플리케이션의 모델 역할을 하는 여러 가지 예제 트랜잭션 패밀리를 제공한다. 트랜잭션 프로세서 SDK는 여러 언어로 제공되므로 자바스크립트(JavaScript), 파이썬(Python), Go, C++, 자바(Java) 및 러스트(Rust)를 비롯한 새로운 계약 언어 생성을 간소화할 수 있다. 제공된 REST API는 인증자 통신을 표준 HTTP/JSON에 적용하여 클라이언트 개발을 단순화한다.

- 전용 네트워크 : 소투스는 허가된 프라이빗 네트워크의 과제를 해결하기 위해 구축되었다. 소투스 노드의 클러스터는 별도의 사용 권한으로 쉽게 배포할 수 있다. 트랜잭션 패턴이나 기타 기밀 정보를 유출할 수 있는 중앙 집중식 서비스가 아니다. 블록체인에는 역할 및 ID과 같은 사용 권한을 지정하는 설정이 저장되므로 네트워크의 모든 참가자가 이 정보에 액세스할 수 있다.
- 병렬 트랜잭션 : 대부분의 블록체인은 네트워크의 각 노드에서 일관된 순서를 보장하기 위해 직렬 트랜잭션을 실행한다. 소투스에는 트랜잭션을 병렬로 분할하는 기능이 포함되어 있다. 소투스는 트랜잭션에 액세스하는 상태 위치에 따라 상황 변화를 유지하면서 트랜잭션 실행을 서로 분리한다. 트랜잭션을 병렬로 실행하는 동시에 이중 지출을 방지한다. 병렬 스케줄링은 순차적인 실행에 비해 향상된 성능을 제공한다.
- 이벤트 시스템 : 하이퍼레저 소투스는 이벤트 생성 및 광고를 지원한다. 이를 통해 애플리케이션은 다음을 수행할 수 있다. 새 블록이 커밋되거나 새 포크로 전환되는 등 블록체인 관련 이벤트를 구독한다. 트랜잭션 패밀리에서 정의한 애플리케이션별 이벤트를 구독한다. 트랜잭션 시행에 대한 정보를 해당 데이터를 저장하지 않고 클라이언트에 다시 전달한다. 구독을 제출하고 ZMQ 소켓에서 서비스한다.
- 이더리움 계약과 세트의 호환성 : 소투스-이더리움 통합 프로젝트인 세트(Seth)는 소투스 플랫폼의 상호 운용성을 이더리움으로 확장한다. EVM(Ethereum Virtual Machine) 스마트 계약은 소투스 트랜잭션 패밀리를 사용하여 배포할 수 있다.
- 다이나믹 합의 알고리즘 : 블록체인에서, 합의는 상호 신뢰가 없는 참가자들 사이의 합의를 형성하는 과정이다. 임의의 결합과 일치하기 위한 알고리즘은 일반적으로

알려진 참가자 집합 사이에서 어떤 형태의 투표를 요구한다. 일반적인 접근방식으로는 어떤 형태로든 리더를 선출하는 나카모토식 합의 방식과 전통적인 BFT 알고리즘의 변형 등이 있다. 소투스는 합의의 핵심 개념을 추상화하고 합의와 트랜잭션 의미론을 분리한다. 이 인터페이스는 다양한 합의 구현을 지원한다. 보다 중요한 것은, 소투스가 동일한 블록체인에 대해 서로 다른 유형의 합의를 가능하게 한다는 것이다. 동의는 초기 네트워크 설정 중에 선택되며 실행 중인 블록체인에서 트랜잭션을 변경할 수 있다.

소투스는 PoET(Proof of Elapsed Time,경과시간 증명)는 대규모 네트워크 집단을 지원할 수 있는 프로덕션 등급 프로토콜로 설계된 나카모토 스타일의 합의 알고리즘이다. PoET는 작업증명 알고리즘의 전력 소비 단점 없이 나카모토 스타일의 합의 알고리즘의 이점을 얻기 위해 보안 명령 실행을 사용한다. PoET 시뮬레이터는 가상화된 클라우드 환경을 비롯한 모든 유형의 하드웨어에 대한 PoET 스타일의 합의를 제공한다.

- 샘플 트랜잭션 패밀리 : 소투스에선 데이터 모델(Data model)과 트랜잭션 언어(Transaction Language)는 트랜잭션 패밀리(Transaction family)에서 구현된다. 사용자가 커스텀 트랜잭션 패밀리를 빌드하는 동안 사용자 원장의 고유 요구사항이 트랜잭션 패밀리에 반영된다. 우리는 다수의 코어 트랜잭션 패밀리 모델을 제공한다.
  - Integerkey : 배포된 원장을 테스트하기 위해 사용된다.
  - 설정 : 체인 구성 설정을 저장하기 위한 참조 구현을 제공한다.
  - ID : 트랜잭터와 검증자 키에 대한 온 체인 사용 권한을 처리하여 공개 키 목록에 대한 ID 관리를 간소화한다.

  추가 트랜잭션 패밀리는 특정 영역에 대한 모델을 제공한다.
- Smallbank : 블록체인 시스템의 성능을 비교할 때 벤치마킹 및 성능 테스트를 위한 성능 분석을 처리한다. 이 트랜잭션 패밀리는 H-Store Smallbank 벤치마크에 기반을 둔다.
- BlockInfo : 구성 가능한 수의 기록 블록에 대한 정보를 저장하는 방법을 제공한다.

③ 애플리케이션 실행

- XO : Tic-tac-toe를 재생하여 기본 트랜잭션을 구성하는 방법을 시현한다. XO 트랜잭션 제품군에는 두 명의 참가자가 게임을 할 수 있는 xo 명령을 사용하여 트랜잭션 생성 및 처리가 포함된다.
- 소투스 공급 체인 : 모든 자산의 출처 및 기타 상황 정보를 추적할 수 있다.

공급 체인은 트랜잭션 프로세서, 사용자 정의 REST API 및 웹 애플리케이션과 함께 완벽한 예제 애플리케이션을 제공한다. 또한 애플리케이션은 브라우저 내 트랜잭션 서명을 위한 안전하고 분산된 솔루션을 보여주고 복잡한 쿼리의 경우 블록체인 상태를 로컬 데이터베이스와 동기화하는 방법을 보여준다.

- 소투스 마켓플레이스 : 사용자가 특정 수량의 맞춤 자산을 블록체인의 다른 사용자와 교환 할 수 있다. 이 애플리케이션에는 소투스 유효성 검사기와 함께 소투스 블록체인을 실행하고 상호 작용할 수 있는 간단한 RESTful API를 제공하는 많은 구성 요소가 포함되어 있다.
- 소투스 프라이빗 UTXO : 자산을 생성하고 거래할 수 있는 방법을 보여준다. SGX를 사용하여 자산을 장부와 개인 거래에서 양도할 수 있는 방법을 보여준다. 여기서 거래 당사자들만 거래의 세부 사항을 알고 있다.

④ 애플리케이션 개발 시작

⑤ 하이퍼레저 소투스 실행 : 소투스 문서는 소투스 기능을 실행하고 애플리케이션을 테스트하기 위해 로컬 유효성 검사기(local validator)를 성정하는 방법을 설명한다. 일단 실행하면 새 트랜잭션을 제출하고 소투스 REST API를 사용해서 블록체인의 블록 데이터와 결과 상태를 가져올 수 있다. 이 메소드는 포함된 예제 트랜잭션 제품군뿐만 아니라 직접 작성하는 트랜잭션 제품군에도 적용된다. 이 메소드는 포함된 예제 트랜잭션 제품군뿐만 아니라 직접 작성하는 트랜잭션 제품군에도 적용된다.

⑥ 커스텀 애플리케이션 개발 : 소투스에서 데이터 모델과 트랜잭션 언어는 트랜잭션 제품군에서 구현된다. 트랜잭션 패밀리(transaction family)는 상태를 수정하는 데 사용되는 비즈니스 규칙을 코드화하고 클라이언트 프로그램은 일반적으로 트랜잭션을 제출하고 상태를 표시한다. 제공된 핵심 트랜잭션 제품군을 모델로 사용하여 고유한 요구 사항을 반영하는 사용자 정의 트랜잭션 패밀리를 작성할 수 있다. 소투스는 REST API와 파이썬, 자바, 자바스크립트 등 다양한 언어를 지원하는 SDKs를 제공한다. 소투스 플랫폼의 상단에서 세트(Seth) 트랜잭션 제품군과 함께 사용하기 위해 솔리디티에 스마트 계약을 작성할 수 있다.

3) 하이퍼레저 이로하

(1) 하이퍼레저 이로하의 개요

하이퍼레저 이로하(Hyperledger Iroha)는 분산원장 기술을 필요로 하는 인프라

프로젝트를 간단하게 통합할 수 있도록 설계된 비즈니스 블록체인 플랫폼이다. Iroha는 모바일 어플리케이션 개발에 초점을 둔 분산 원장 개발 프로젝트이다.

하이퍼레저 이로하는 블록체인 플랫폼으로, 비잔틴 장애 허용(BFT) 합의를 통해 권한 기반 블록체인 기능을 통해 신뢰할 수 있고 안전하며 빠른 애플리케이션을 만들 수 있다. 무료로 제공되는 오픈 소스이며 다양한 모바일 및 데스크탑 라이브러리와 함께 리눅스(Linux)와 맥 OS(Mac Os)에서 작동한다.

C++ 디자인 기반, Byzantine Falut Tolerant 컨센서스 알고리즘을 이용하고 있다. 소라미츠, 히타치, NTT 데이터 등 일본 기업들이 주도하고 있다.

현업에서 블록체인 프로젝트를 할 때, 가장 고생하는 점 중 하나가 모바일 인터페이스인데 이 부분을 해결해 줄 키를 제시할 것으로 보인다.

(2) 하이퍼레저 이로하의 특징

① 디자인 : 하이퍼레저 이로하는 배포 및 유지보수가 쉽다. 또한 개발자를 위한 다양한 라이브러리를 보유하고 있고 역할 기반 액세스가 제어된다. 그뿐만 아니라 모듈식 설계로 명령-쿼리 분리 원칙에 따라 결정된다. 이와 더불어 품질 모델에서는 신뢰성, 성능 효율성, 사용성에 초점을 맞춰 지속해서 업그레이드를 진행하고 있다. 신뢰성에는 무결성과 복구 가능성이, 성능 효율성에는 시작 동작 및 리소스 활용이, 사용성에는 학습성, 사용자 오류 보호, 적합성 인식이 포함된다.

② 암호화폐적 차이 : 비트코인과 이더리움은 누구나 가입하고 모든 데이터에 액세스할 수 있는 무허가 원장으로 설계되었다. 또한 시스템과의 상호작용에 필요한 기본 암호화폐도 가지고 있다. 이로하에는 기본적인 암호화폐가 없다. 대신, 기업의 요구를 충족하기 위해 시스템 상호 작용이 허용된다. 즉, 필요한 액세스 권한을 가진 사람만 시스템과 상호 작용할 수 있다. 또한 모든 데이터에 대한 액세스를 제어할 수 있도록 쿼리도 허용된다. 특히 이더리움과 크게 다른 점은 하이퍼레저 이로하가 사용자가 시스템에 사전 구축된 명령을 사용하여 디지털 자산을 만들고 전송하는 것과 같은 일반적인 기능을 수행할 수 있다는 점이다. 따라서 번거롭고 어려운 스마트 계약을 작성할 필요가 없으므로 개발자가 더 빠르고 위험 없이 간단한 작업을 완료할 수 있다.

③ 플랫폼적 차이 : 이로하는 성능이 뛰어나고 지연 시간이 짧은 트랜잭션의 정확성을 허용하는 새로운 비잔틴 장애 허용 합의 알고리즘을 가지고 있다. 다른 프레임워크는 나카모토 합의와 같은 확률론적 합의 알고리즘에 더 초점을 맞추고 있다. 이로하의 내장 명령은 다른 플랫폼에 비해 큰 이점으로, 디지털 자산 생성, 계정

등록, 계정 간 자산 양도 등의 일반적인 작업을 매우 간단하게 수행할 수 있다. 게다가 , 그것은 공격 벡터를 좁혀 시스템의 전반적인 보안을 향상시킨다. 마지막으로, 이로하는 모든 명령, 쿼리 및 네트워크 가입에 대한 사용 권한을 설정할 수 있는 강력한 사용 권한 시스템을 갖춘 유일한 원장이다.

④ 이로하 애플리케이션 설계 : 블록체인 기능을 애플리케이션에 도입하려면 먼저 블록체인 기능이 이로하 피어와의 인터페이스에 어떤 영향을 미칠지 생각해야 한다. 그 시작은 핵심 개념 섹션을 확인하여 트랜잭션과 쿼리가 정확히 무엇인지, 애플리케이션 사용자가 트랜잭션과 상호작용하는 방법을 설명하는 것이다. 또한 개발자가 서명, 명령 등 구성 요소를 구성하고 이로하 피어에게 메시지를 보내고 상태를 확인할 수 있는 도구를 제공하는 여러 클라이언트 라이브러리가 있다.

(3) 하이퍼레저 이로하의 활용

하이퍼레저 이로하는 디지털 자산, ID 및 직렬화된 데이터를 관리하는 데 사용할 수 있는 범용 허용 블록체인 시스템이다. 이는 은행 간 결제, 중앙은행 디지털 통화, 결제 시스템, 국가 ID, 물류 등의 애플리케이션에 유용할 수 있다. 하이퍼레저 이로하가 이러한 애플리케이션에 도입할 수 있는 여러 가지 사용 사례와 특정 이점을 나열한다.

① 교육, 의료 분야의 자격 : 하이퍼레저 이로하는 대학, 학교 및 의료 기관과 같은 다중 인증 기관을 시스템에 통합한다. 하이퍼레저 이로하에서 사용되는 유연한 권한 모델을 통해 ID를 인증하고 인증서를 부여할 수 있다. 사용자 계정에 명시적이고 암묵적인 정보를 저장하면 다양한 명성과 ID 시스템을 구축할 수 있다. 하이퍼레저 이로하를 사용하여 각 교육 또는 특정 인증 기관에서 인증서가 발급되었음을 확인할 수 있다. 불변성과 명확한 검증 규칙은 보건과 교육에 투명성을 제공하고 가짜 인증서 사용을 크게 줄인다.

② 국제적 거래 : 하이퍼레저 이로하는 다중 서명 계정을 사용하여 빠르고 명확한 무역 및 결제 규칙을 제공한다. 자산 관리는 중앙 집중식 시스템과 마찬가지로 쉬우면서도 필요한 보안과 보장을 제공한다. 자산을 생성하고 전송하는 데 필요한 규칙과 명령을 단순화하여 진입 장벽을 낮추는 동시에 높은 보안 보장을 유지한다.

③ 금융 애플리케이션 : 하이퍼레저 이로하는 감사 과정에서 매우 유용할 수 있다. 각 정보는 비즈니스 규칙에 의해 검증되며 개별 네트워크 참여자에 의해 지속적으로 유지된다. 액세스 제어 규칙은 사용자 수준, 도메인 수준 또는 시스템 수준과 같은 다양한 수준에서 정의할 수 있다. 사용자 수준의 개인 정보 보호 규칙이 정의된다. 액세스 규칙이 도메인 또는 시스템 수준에서 결정되면 도메인의 모든

사용자에게 영향을 미친다. 하이퍼레저 이로하는 각 역할에 특정 사용 권한이 있는 편리한 역할 기반 액세스 제어 규칙을 제공한다.

로컬 데이터베이스로 트랜잭션을 추적할 수 있다. 이로하 API(Iroha-API)감사를 사용하면 데이터에 대한 쿼리 및 분석을 수행하고 특정 감사 소프트웨어를 실행할 수 있다. 하이퍼레저 이로하는 로컬 컴퓨터에 분석 소프트웨어를 배포하거나 특정 미들웨어에서 코드를 실행하는 다양한 시나리오를 지원한다. 이 접근 방식을 사용하면 아파치 하둡(Apache Hadoop)을 통해 빅데이터 애플리케이션을 분석할 수 있다. 하이퍼레저 이로하는 쿼리 권한 제한으로 인해 데이터 무결성 및 개인 정보 보호의 보증인 역할을 한다.

④ 아이덴티티 관리 : 하이퍼레저 이로하는 아이덴티티 관리에 대하여 본질적으로 지원하고 있다. 시스템의 각 사용자는 개인 정보와 함께 고유하게 식별된 계정을 가지고 있으며, 각 트랜잭션은 서명되어 특정 사용자와 연결된다. 따라서 하이퍼레저 이로하는 KYC(Know Your Customer) 기능을 통해 다양한 애플리케이션과 완벽하게 상호작용한다.

⑤ 공급망 : 분산된 시스템의 거버넌스와 법적 규칙을 시스템의 코드로 나타내는 것이 모든 공급망(Supply Chain) 시스템의 필수적인 조합이다. 하이퍼레저 이로하에 사용되는 인증 시스템을 통해 물리적 항목을 토큰화하고 시스템에 통합할 수 있다. 각 항목에는 무엇, 언제 , 어디서, 왜 에 대한 정보가 함께 제공된다. 권한 시스템과 제한된 보안 핵심 명령 집합은 공격 벡터를 좁히고 기본 수준의 프라이버시를 제공한다. 각 트랜잭션은 해시 값이 있는 시스템 내에서 생성자의 자격 증명 또는 인증서로 추적할 수 있다.

(4) 하이퍼레저 이로하의 사례

미국의 저명 결제지 월스트리트저널이 자체 디지털 화폐 실험으로써 WSJ코인이라는 암호화폐를 만들었다. WSJ코인은 이로하(Iriha) 플랫폼 기반이며 암호화폐 시장을 둘러싼 해킹, 시장 조작 및 규제 강화 등을 더 잘 이해하기 위해 활용된다.

암호화폐는 만들긴 쉽지만 가치 있게 널리 활용하는 것은 간단하지 않다. 이것을 해결하기 위해 월스트리트저널은 구독료 납부 등에 코인을 활용하는 사람으로 저널리즘 실험을 시행한다. 이 외에도 새로운 코인을 활용할 경우 신규 독자를 유인하는데 도움이 될 것이라는 것이 월스트리트저널의 추가적인 판단이기도 하다.

4) 하이퍼레저 인디

하이퍼레저 인디(Hyperledger Indy)는 분산원장에 대한 독립적인 아이덴티티를 지원하는 인증에 특화된 프로젝트 이다. 블록체인에 기반한 독립적인 디지털 아이덴티티 레코드 생성 및 사용을 위한 툴, 라이브러리, 재사용 컴포넌트들을 제공한다. 가장 좋은 것은 관리 도메인, 어플리케이션 등 다른 '사일로' 들을 넘나들면서 사용이 가능하다는 점이다. 하이퍼레저에서 아이덴티티를 다룰 때에는 대단히 신중해야 한다. 개인정보 보호기술들을 충분히 고려해야 하는 데다가, 일단 한 번 트랜잭션이 발생하면 수정이 안된다는 문제 때문이다. 그렇기 때문에 인디는 탈중앙화된 아이덴티티가 하이퍼레저 컨소시움 내외에서 문제 없이 통용되도록 하기 위한 스펙, 용어, 디자인 패턴 등을 연구하고 있다.

(1) 등장배경

인터넷 아이덴티티는 해킹 사고와 침해가 빈번하게 발생하고 있다. 그러나 그에 따른 해결책은 아직 미흡한 상태이다. 많은 사람이 분산원장 기술을 해결책으로 제안했지만 다른 용도 설계된 분산 원장위에 탈중앙화된 아이덴티티를 구축하는 것은 또 다른 문제를 발생시킨다. 하이퍼레저 인디는 최상의 탈중앙화된 아이덴티티 시스템과 함께 하이퍼레저 프로젝트와 다른 분산원장 시스템을 제공하여 문제를 해결하고자 한다.

(2) 특징

① 신뢰 : 탈중앙화된 아이덴티티 시스템의 가장 중요한 특징은 신뢰이다. 인디는 거래에 대한 접근 가능한 프로비넌스(Provenance)를 제공하다. 식별자에 대한 검증 가능한 클레임을 지원할 뿐만 아니라 클레임이 더 이상 사실이 아닌 경우에 대한 철회할 수 있는 모델을 가지고 있다. 검증 가능한 클레임은 인디가 식별자에 대한 보편적 플랫폼 역할을 할 수 있는 능력의 핵심 요소다.

② 프라이빗 : 탈중앙화된 아이덴티티의 또 다른 중요한 특징은 프라이빗이다. 다음과 같은 하이퍼레저 인디 아키텍처를 통해 구현된다.

- DID : 인디는 DID(Distributed Ledger Technology)를 중심으로 설계한 최초의 분산형 원장 기술이다. DID는 중앙집중식 레지스트리 서비스가 필요 없는 장기적인 디지털 ID를 가능하게 하는 새로운 형태의 디지털 식별자이다. DID는 암호학을 이용해 확인할 수 있어 신뢰할 수 있는 디지털 웹의 구현이 가능하다. 원장의 DID는 DID 설명자 개체(DDOs), 특정 식별자에 대한 공용키 및 서비스를 포함할 수 있는 서명된 JSON 개체를 가리킨다. DID는 인디의 쌍방향 식별자 구조의 중요한 구성요소이다.
- 원장 비기입 : 개인 데이터는 원장에 절대 저장되지 않는다. 모든 개인 데이터는 오프레거 에이전트 간의 피어 투 피어(Peer-to-Peer) 암호화된 연결을 통해

교환된다. 원장은 암호화된 데이터를 게시하지 않고 앵커링에만 사용된다.

- 영지식 증명 : 인디는 아이덴티티에 대한 불필요한 공개를 피하기 위해 영지식 증명(ZKP, Zero-Knowledge Proof)을 기반으로 하고 있다. 영지식 증명은 검증자가 자신이 가지고 있는 패스워드를 노출하지 않고 대신하여 자신이 그 비밀정보를 알고 있음을 증명하여 검증하는 프로토콜이다.

  인디는 개인 데이터에 대한 독립적인 통제권을 개개인에게 제공한다. 모든 것은 다른 분산된 원장과 상호 운용할 수 있도록 개방형 표준을 기반으로 한다. 물론, 그 시작은 퍼블릭 키 암호 표준에서 시작된다. 인디는 또한 이전에 볼 수 없었던 클레임 유형의 동적 검색을 위해 원장에게 작성된 속성 및 크레임 스키마 시스템을 지원한다. 계약 당사자들은 공개적으로 알려진 식별자를 가진 스키마에 기반하여 그들만의 자격 결정을 할 수 있다.

  그 결과는 조직은 비용이 많이 드는 수동 검증 프로세스와 API 통합을 줄이거나 제거한다. 그에 따라 비용은 낮아지고 신뢰성은 더 높아진다. 사람들이 검증 가능한 속성을 공유할 수 있을 때, 모든 것이 변화하고, 탈중앙적인 ID 시스템을 추진할 수 있는 강력한 원동력이다.

③ 인터넷의 장점 공유 : 하이퍼레저 인디는 인터넷이 가진 장점 중 3가지를 공유한다. 그 3가지는 누구나 사용할 수 있고, 누구나 그것을 개선할 수 있고 , 어떤 누구도 그것을 소유하지 않는다는 것이다. 하이퍼레저 프로젝트로 인디를 시작한 이유도 누구나 인디의 작동 방식을 개선할 수 있게 하기 위해서 이다. 이러한 점은 인디의 허가된 유효성 확인 원장 모델과 오픈소스 코드 베이스에 의해 뒷받침된다. 이것은 규모와 비용에 중요한 결과를 가져온다. 인디는 글로벌한 접근이 가능하도록 설계되었다. 그렇게 때문에 누구든지 인디를 사용할 수 있다.

④ 검증 : 검증(Validation)은 인디 프로젝트의 일부인 플리넘(Plenum)이라는 수정된 비잔틴 장애 허용을 실행하는 일련의 검증자 노드에 의해 수행된다. 플리넘을 사용하여 검증자에 의해 운영되는 서버 그룹이 이벤트의 유효성과 순서에 대해 일괄적인 합의에 도달할 수 있다.

⑤ 소브린 : 인디 코드(Indy code) 기반은 소브린(Sovrin) 재단의 하이퍼레저 프로젝트에 기여하고 있다. 2016년 9월 설립된 소브린 재단은 탈중앙화된 아이덴티티의 글로벌 공공재단을 관리하기 위해 설립된 국제 비영리재단이다. 소브린 재단은 소브린 네트워크의 검증자 노드를 어떻게 운용할지 결정하기 위해 소브린 트러스트 프레임워크(Sovrin Trust Framework)를 개발했다. 소브린 네트워크는 인디를 실행하도록 설계된 하나의 네트워크일 뿐이며, 자체 인스턴스를 실행하기 위해 어떤 수의 다른 네트워크도 생성될 수 있다.

5) 하이퍼레저 버로우

하이퍼레저 버로우(Hyperledge Burrow)라는 프로젝트가 Framework 분야의 프로젝트dl다. 이 프로젝트는 로고는 없다. Ethereum Virtual Machine (EVM)에 기반한 스마트 컨트랙트 인터프리터가 빌트인된 블록체인 클라이언트를 제공한다. 블록체인 전문기업인 Monax가 메인 컨트리뷰터이고 Intel이 공동 스폰서로 참여하고 있다. 블록체인으로 서비스를 시작하는 사람들의 큰 고민 중 하나가 바로 퍼블릭 블록체인 플랫폼에 프라이빗 블록체인을 더해 구조적으로 상호 보완하도록 할 수는 없느냐는 것이다. 그런 점에서, Hyperledger의 확장성을 끌어올리는 Burrow는 단연 가장 기대되는 프로젝트 중 하나이다.

(1) 개요

하이퍼레저 버로우는 허가된 이더리움 스마트 계약 블록체인 노드이다. 허용된 이더리움 가상머신에서 스마트 계약 코드를 실행한다. 버로우는 지분증명 텐더민트 컨센서스 엔진을 통해 높은 트랜잭션 처리량을 제공한다. 2017년 4월 오픈소스로 시작하게 되었으며 고(Go) 언어를 사용하여 개발되고 있다.

버로우는 어플리케이션별 최적화를 염두에 두고 다중체인을 위해 구축되었다. 노드로서 버로우(Burrow as a Node)는 컨센서스 엔진, 허용된 이더리움 가상 머신 및 RPC 게이트웨이의 세 가지 주요 구성 요소로 이루어져있다. 블록체인 전문기업인 모낙스(Monax)가 제안하여 인텔(Intel)이 공동으로 지원하고 있다. 블록체인 서비스를 시작하는 사람들의 큰 고민 중 하나가 바로 퍼블릭 블록체인 플랫폼에 프라이빗 블록체인을 더해 구조적으로 상호 보완하도록 할 수 없느냐는 것이다. 그런 점에서 하이퍼레저의 확장성을 끌어올리는 버로우는 하이퍼레저 프로젝트 중에서도 단연 가장 기대되는 프로젝트 중 하나이다.

(2) 구성

① 컨센서스 엔진 : BFT 텐더민트 프로토콜로 거래가 주문되고 마무리된다. 텐더민트 프로토콜은 알려진 일련의 검증자보다 높은 트랜잭션 처리량을 제공하며 블록체인 분기를 방지한다.

- 어플리케이션 블록체인 인터페이스 : 스마트 계약 어플리케이션은 ABCI(Application Blockchain Interface)에 대한 합의 엔진과 연결된다. ABCI는 컨센서스 엔진이 스마트 계약 어플리케이션으로부터 불가지론 상태를 유지하도록 허용한다.
- 스마트 계약 적용 : 합의된 엔진이 완료한 순서대로 거래 내용을 검증하고 어플리케이션 상태에 적용된다. 어플리케이션 상태는 모든 계정, 유효성 검사 집합

및 이름 레지스트리로 구성된다. 특정 계정의 스마트 계약 코드를 호출하는 트랜잭션은 허용된 이더리움 가상머신에서 해당 계정의 코드 실행을 활성화할 것이다.

② 허가된 이더리움 가상머신 : 이 가상 머신은 이더리움 작업 코드 사양을 준수하도록 구축되었다. 권한 부여는 안전한 기본 기능을 통해 시행되며 모든 스마트 계약 코드의 기초가 된다. 임의적이지만 유한한 양의 가스가 자동으로 충전된다.

- 애플리케이션 바이너리 인터페이스(ABI) : 블록체인 노드에서 처리할 수 있는 바이너리 형식으로 트랜잭션을 작성할 필요가 있다. 현재의 툴링은 견고한 스마트 계약을 컴파일, 구축 및 연결하고 거래를 형성하여 스마트 계약을 체인으로 호출할 수 있는 기능을 제공한다.

③ RPC 게이트웨이 : 버로우는 브로드캐스팅 트랜잭션을 통해 블록체인 네트워크 및 애플리케이션 상태와 상호 작용하거나 애플리케이션의 현재 상태를 쿼리하기 위해 REST 및 JSON-RPC를 제공한다.

2. 하이퍼레저 도구

1) 하이퍼레저 컴포저

하이퍼레저 컴포저(Hyperledger Composer)는 블록체인 개발에 관심이 있으신 분들은 한 번쯤 들어보셨을 툴이다. 하이퍼레저 프로젝트에서 가장 먼저 출시된 툴로, 블록체인 비즈니스 네트워크를 구축하도록 해준다. 또한 스마트 컨트랙트 및 원장 간에 그 컨트랙트가 돌아가도록 해준다.

모델링 랭귀지를 쓰기 때문에 일반 IDE처럼 개발 시작을 할 수 있는 툴은 아니다. 먼저 요구사항 정의가 모두 끝난 다음에 전체 구조를 먼저 짜고 나서 개발을 시작하도록, 전체적인 틀을 잡아준다고 생각하면 된다. 2018년 11월 기준, 지금은 Composer 개발을 주도하던 IBM에서 Hyperledger Fabric 고도화를 위해 전력투기하기로 결정, Composer 지원을 잠시 중단한 상태이다. 향후 버전 지원 여부는 HLF의 프로젝트 진행에 따라 달라질 수 있을 것으로 보인다.

2) 하이퍼레저 첼로

하이퍼레저 첼로(Hyperledger Cello)는 블록체인 생태계에서도 as-a-service 디플로이 모델이 가능하게 해준다. 블록체인 네트워크 생성, 관리, 삭제에 소요되는 노력을 최소화해주는 Orchestration 툴이다.

3) 하이퍼레저 익스플로러

하이퍼레저 익스플로러(Hyperledger Explorer)는 블록, 트랜잭션, 관련 데이터, 네트워크 정보, 체인코드, 트랜잭션 패밀리, 원장에 담긴 기타 정보를 보다 쉽고 빠르게 조회하도록 해주는 툴이다.

4) 하이퍼레저 퀼트

하이퍼레저 퀼트(Hyperledger Quilt)는 ILP라는 결제 프로토콜로 원장 시스템간 interoperate를 가능하게 해준다. 즉, 분산 원장과 일반 원장 간의 값 전송이 가능하게 해주는 것이다.

5) 하이퍼레저 켈리퍼

지금 많은 관심을 받고 있는 하이퍼레저 켈리퍼(Hyperledger Caliper)이다. Caliper는 성능 벤치마킹 툴로, HLF의 성능 테스트에 대한 요구가 증가함에 따라 블록체인에 특화된 성능 측정 툴이 필요하게 되면서 많은 사람들이 들여다보고 있다.

4-3 하이퍼레저의 서비스 구성

하이퍼레저는 기존 블록체인 모델보다 훨씬 유연한 합의방식을 취한다. 하이퍼레저에는 모듈식 플러그 앤드 플레이(Plug and Play) 컨센서스가 지원된다. 이러한 모듈성을 통해 하이퍼레저는 ID, 감사 가능성 및 개인정보보호를 위한 안전하고 강력한 모델을 제공하여 계산주기를 절약하고 효율적으로 확장하고 다양한 엔터프라이즈 사용 사례 요구 사항에 대응할 수 있는 잠재력을 가지고 있다.

그러므로 하이퍼레저의 서비스 구조는 신원서비스, 정책서비스, 블록체인 서비스, 트랜젝션 서비스, 스마트계약 서비스, 응용 프로그램 인터페이스 서비스로 구성되어 있다.

1. 신원서비스

신원은 하이퍼레저 프로토콜에 대한 보편적인 요구 사항이다. 신원 서비스는 참여조직, 유효성 검사기 및 거래자의 신원을 관리한다. 자산 및 스마트 계약과 같이 원장에 포함된 오브젝트는 네트워크, 서버 및 실행환경과 같은 시스템 구성 요소가 포함된다. 신원확인 서비스에는 오브젝트가 원장에서 수행하는 다양한 역할이 표현되어 있다.

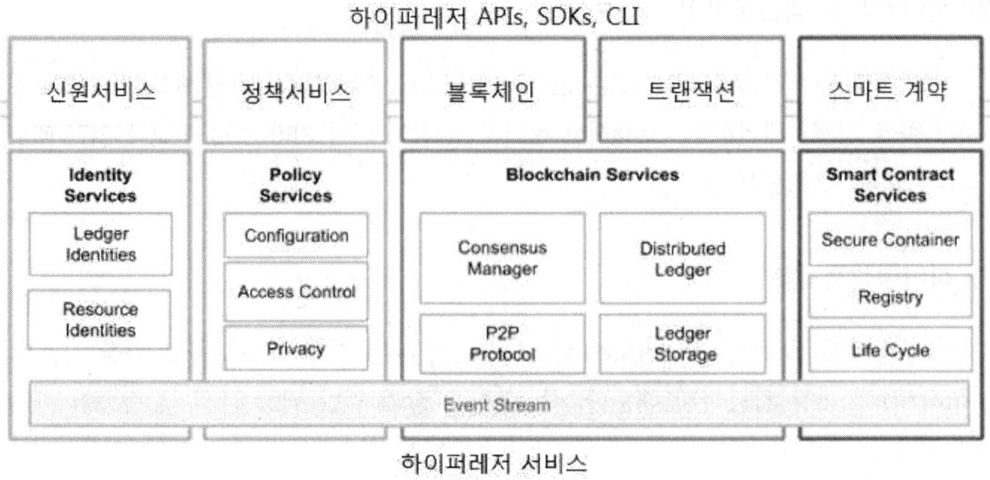

[그림 4-2] 하이퍼레저의 서비스 구조

2. 정책서비스

정책 서비스 기능을 사용하면 시스템 정책을 구성하고 관리할 수 있다. 여기에는 출입통제 및 승인권한, 회원의 출입 및 출입규정, 신원등록 및 확인정책, 개인정보보호, 기밀유지 및 책임정책, 합의정책 등을 포함하여 합의된 정관 및 규칙을 성문화하는 컨소시엄 정책이 포함된다.

3. 블록체인 서비스

블록체인 서비스는 P2P 프로토콜, 분산원장 및 합의 관리자의 세 가지 핵심 구성요소로 이루어져 있다. P2P 프로토콜은 단일연결을 통해 양방향 스트리밍, 흐름제어 및 멀티플렉싱 요청을 비롯한 다양한 기능을 제공한다. 가장 중요한 것은 방화벽, 프록시 및 보안을 비롯한 기존 인터넷 인프라와 함께 작동한다는 것이다. 이 구성 요소는 지점 간(Point-to-Point)에서 멀티 캐스트까지 피어 노드가 사용하는 메시지를 정의한다. 분산원장은 트랜잭션을 처리 및 유효성 검사하고 원장 오브젝트의 상태를 업데이트 및 유지 관리하여 블록체인 및 상태를 관리한다. 분산원장은 다음과 같이 일부 필수적이며 비 기능적인 측면도 제공한다.

① 각 블록 이후 전체 데이터 세트의 암호화 해시를 효율적으로 계산한다.

② 피어가 동기화되어 있지 않아 "따라 잡을 필요가 있을 때" 최소한의 '델타'의 변경사항을 데이터 집합에 효율적으로 전송한다.

③ 각 피어가 작동하는 데 필요한 저장된 데이터의 양을 최소화한다.

4. 트랜잭션 서비스

분산원장은 데이터 저장소를 사용하여 데이터 집합을 유지하고 세 가지 특성을 충족하는 상태를 나타내는 내부 데이터 구조를 작성한다. 대용량 파일(문서 등)은 장부(On-Chain)가 아닌 외부(Off-Chain-Storage)에 저장된다. 그들의 해시는 파일의 무결성을 유지하는 데 필요한 트랜잭션의 일부로 체인에 저장할 수 있다. 합의모듈은 유효성 확인 및 합의정책에 따라 제안된 블록에서 모든 거래의 정확성을 확인하는 책임이 있다. 합의 함수는 블록의 트랜잭션 순서 및 정확성에 대한 합의(네트워크상의 노드 간)를 달성한다. 이 함수는 트랜잭션의 정확성을 검증하기 위해 스마트 계약 모듈에 인터페이스하고 스마트 계약 모듈에 의존한다. 모듈형 플러그인이 합의 가능한 기능을 지원함으로써 하이퍼레저는 특정 위협 · 보안 모델을 위해 설계된 여러 유형의 합의 모듈 구성을 지원한다.

5. 스마트 계약 서비스

스마트 계약은 유효성을 검사하는 노드에서 실행되는 분산 트랜잭션 프로그램이다. 스마트 계약 서비스에는 보안 런타임 환경, 스마트 계약 레지스트리 및 라이프 사이클 관리가 포함된다.

6. 응용 프로그래밍 인터페이스 서비스

공개키(PKI)는 하이퍼레저의 초석 중 하나이다. 하이퍼레저의 각 모듈 유형에는 명확하고 잘 정의된 API가 있으므로 하이퍼레저 알고리즘을 가능한 “플러그 앤드 플레이(Plug and Play)” 방식으로 사용할 수 있다. 예를 들어, 사람들이 코드의 다른 부분에 영향을 주지 않으면서 컨센서스 알고리즘을 쉽게 교체할 수 있도록 하는 합의 알고리즘 공개키가 있다. 하이퍼레저가 사람들이 개발한 많은 유스케이스를 지원하려면 잘 정의된 공개키가 필수적이다.[9] 또한 모듈 간 통신을 위해 설계되지 않은 외부 공개키는 매우 유용하게 설계되어 비교적 익숙하지 않은 개발자가 너무 많은 문제없이 하이퍼레저 위에 코드를 작성할 수 있다. 완전히 별개의 공개키, 스마트 계약 모델 및 합의는 생태계 참가자가 기여할 수 있는 기반을 마련할 것이다. 이것은 궁극적으로 생태계의 급속한 성장을 가능하게 할 것이다.

4-4 하이퍼레저의 네트워크 토폴로지

하이퍼레저의 네트워크 토폴로지(Network Topology)는 원칙적으로 매우 다양할 수 있다. 특히 참가자는 클라우드 서비스를 사용하여 노드의 유효성 검사를 포함하여 모든 종류의 피어 노드를 호스팅 하거나 이러한 노드를 직접 실행할 수 있다.

그러나 하이퍼레저는 근본적인 네트워크 구조에 대해 독립적인 방식으로 실행되므로 노드 뒤에 있는 하드웨어를 실제로 실행하는지는 별로 중요하지 않다.

그러나 클라우드가 노드를 호스팅 하는 경우 악의적인 클라우드 서버가 비밀정보를 손상시키지 않도록 주의해야 한다. 따라서 이 경우보다 강력한 암호화 솔루션을 사용해야 할 수도 있다. 일부 하이퍼레저 배포는 네트워크의 노드 간 통신대기 시간에 있어 큰 변동성을 경험하게 된다. 배포를 계획할 때 네트워크 장애, 노드 장애, 전반적인 네트워크 탄력성 및 복구 가능성을 요구 사항에 포함시켜야 한다.

4-5 하이퍼레저의 요구사항

1. 개인거래 및 기밀계약(Private Transactions and Confidential Contracts)

하이퍼레저는 궁극적으로 다양한 기밀성 및 개인정보를 사용할 수 있도록 많은 암호화 도구와 접근방식을 지원해야 한다. 신원정보, 거래특성, 스마트 계약 상태 등을 위해 정보를 선별적으로 공개하는 다양한 도구가 제공되어야 한다. 이러한 도구는 개인정보 보호 속성을 손상시키지 않아야 한다.

일부 유스케이스는 재정적 유스케이스에 적합하지 않을 수도 있는 성능 때문에 최적화된 기본 기밀 기능을 필요로 한다. 암호 및 합의 알고리즘은 성능을 위해 최적화된 기본 기밀 기능과 복잡하고 맞춤형인 암호 요구 사항을 위한 정교한 알고리즘을 모두 처리해야 한다.

2. 신원 및 감사 가능성(Identity and Auditability)

비공개 트랜잭션 및 기밀 트랜잭션의 존재 외에도 공개키(PKI) 인프라를 기반으로 하는 정체성 및 감사 가능성에 대한 잘 검사된 개념은 암호화 알고리즘을 완료하고 하이퍼레저에서 완벽하게 구현된 기밀성을 허용한다. 하이퍼레저는 사용자 및 해당 블록체인의 관련 엔터티에 현재 액세스 및 신원을 제공하는 공개키의 존재외에도 이러한 아이디에 대한 이해하기 쉽고 불변의 문서화·기록화를 지원할 수 있는 기능을 제공해야 한다. 이것은 소유권 변경, 문서변경에 대한 감사추적 등을 둘러싼 유스케이스를 구현할 수 있기 위해 필요하다. 이 외에도, 하이퍼레저는 특정 상황에서 사용자에게 자신의 신원을 숨기고 필요할 때만 증명할 수 있는 기능을 제공하는 것이 중요하다. 이것은 물론 전통적인 정체성의 개념을 넘어서는 것이다. 또한 공개키를 통해 사용자는 특정 맞춤 요구 사항에 따라 암호화 측정 강도를 조정할 수 있다.

3. 상호 운용성(Interoperability)

느슨하게 결합된 많은 네트워크의 세계에서 개별 네트워크는 각 네트워크의 작동 방식에 대한 세부 사항을 알 필요가 없다. 그러나 이러한 개별 네트워크는 오류나 오해 없이 메시지를 안정적으로 교환하기에 충분한 공통 토대를 가질 필요가 있다. 특히 향후 블록체인 기술이 널리 보급되면서 다양한 블록체인의 병행성을 고려해야 한다. 많은 유스케이스가 여러 블록체인에 걸쳐있을 가능성이 높다. 다양한 블록체인 네트워크 구현의 차이점과 그 변화하는 동적 특성으로 인해 매우 다양하고 특수화된 구현이 가능할 수 있다. 원장의 내부 통신에 대한 표준은 많은 네트워크에서 공통 언어로 이를 생성하는 데 많은 도움이 될 것이다. 따라서 상호 운용성은 블록체인 기술의 설계 및 구현의 차이점에도 불구하고 서비스가 서로 상호 작용할 수 있을 때 진정으로 발생한다. 이는 둘 이상의 시스템 또는 구성 요소가 정보를 교환하고 교환된 정보를 사용하는 능력에 의해 정의된다. 산업 및 사용사례 전반에 걸쳐 하이퍼레저의 광범위한 사용 가능성을 고려하기 위해 두 개 이상의 블록체인 간의 상호 운용성을 허용하는 기능·프로토콜을 사용할 수 있다.

4. 이식성(Portability)

하이퍼레저 프로젝트는 핵심 구성요소의 인터페이스에서 부가가치 시스템을 추상화하여 이식성을 실현한다. 예를 들어 스마트 계약은 다른 변경작업 없이 한 배포에서 다른 배포로 이동할 수 있다. 응용 프로그램, 확장기능 개발을 위한 API 라이브러리 및 GUI와 같은 부가가치 시스템의 이식성은 궁극적으로 하이퍼레저 프로젝트의 여러 버전, 구현 및 배포 전반에 걸쳐 이러한 부가가치 시스템의 적용을 보장한다. 인프라 레벨에서의 이식성은 궁극적으로 하이브리드 프로젝트가 많은 이기종 컴퓨팅 플랫폼 및 네트워크 환경에서 동일한 방식으로 작동함을 보장한다. 이는 실제로 대규모 블록체인 네트워크를 실행하는 데 필수적이다.

수행 내용

재료 · 자료

- 지갑 및 블록체인 관련 자료

기기(장비 · 공구)

- 컴퓨터, 프린터, 주변기기

안전 · 유의사항

- 컴퓨터 및 주변기기의 전원을 관리한다.

수행 순서

01 하이퍼레저의 다양한 활용 분야에 대하여 분석하라.

1. 금융 자산 보관소(Financial Asset Depository)

금융증권과 같은 자산은 블록체인 네트워크에서 비 물질화 될 수 있어야 한다. 따라서 자산 유형의 모든 이해관계자가 각 자산에 직접 액세스하여 중개를 거치지 않고 거래를 시작하고 자산에 대한 정보를 얻을 수 있어야 한다. 트랜잭션은 필요한 경우 거의 실시간을 포함하여 이해관계자 간에 합의된 시간 내에 이루어질 수 있으며 모든 이해관계자는 거의 실시간으로 자산 정보에 액세스 할 수 있어야 한다. 이해관계자는 특정 자산 유형에 비즈니스 규칙을 추가할 수 있어야 하므로 자동화 논리를 구현하여 운영비용을 절감할 수 있다. 생산자는 자신의 생산품과 그 생산품의 거래와 관련된 모든 규칙을 개인 기밀로 만들거나 유스케이스가 보장하는 대로 공개할 수 있어야 한다. 예를 들어, 제작자는 자산 보유자의 거래 내역 및 현재 잔액을 다른 자산 보유자가 사용할 수 없으며 제작자 자신도 사용할 수 없도록 자산을 생성할 수 있어야 한다.

2. 기업 행동(Corporate Action)

회사 A는 자발적인 기업 이벤트를 발표한다. A사는 CSD, ICSD, 지역・글로벌 보관 은행, 자사 관리 회사와 같이 프로세스에 관련된 중개자의 수와 관계없이 주주에게 완전한 정보가 실시간으로 전달되도록 해야 한다. 주주가 결정을 내리면 그 결정은 실시간으로 처리되고 해결될 것이다. 필요에 따라서 투자자의 반응은 기밀로 유지되어 자신의 행동에 따라 강제 또는 응보를 두려워하지 않고 장점에 따라 결정을 내릴 수 있다.

3. 공급망(Supply chain)

블록체인 플랫폼은 공급망 네트워크의 모든 참가자가 원자재의 투입 및 추적, 원격 측정 장비 제조 기록, 출하를 통한 제품의 출처 추적, 생산 및 저장의 모든 측면에 대한 불변의 기록을 유지할 수 있는 수단을 제공해야 한다.

또한 이러한 방식으로 완성된 상품을 판매한다. 이전에 설명한 비즈니스 계약과 자산 보관 패턴을 모두 사용하는 것 외에도 이 사례는 많은 트랜잭션 계층을 통해 거꾸로 검색 가능성을 제공해야 할 필요성을 강조한다. 이 요구 사항은 다른 구성 품목으로 제조된 제품에 대한 출처를 설정하는 핵심이다.

4. 마스터 데이터 관리(Master Data Management)

일반적으로 비 트랜잭션 비즈니스 정보인 마스터 데이터는 많은 산업에서 핵심적이고 기본적인 구성 요소이다. 이 핵심 데이터에 대한 한 가지 버전의 진실을 가지고, 승인된 당사자가 변경사항을 제출할 수 있고 지정된 유효성 검사자가 이러한 변경 사항을 수락하면 많은 데이터 품질 및 무결성 문제를 해결할 수 있다.

5. 공유경제와 사물인터넷(Sharing Economy and Internet of Things)

공유경제는 스마트도시, 자동차, 운송, 건강관리, 소매, 건설, 교육 및 피트니스를 포함한 많은 산업 분야에서 새로운 유형의 수입을 창출한다. 그러나 거래를 하면서 개인, 조직 및 규제 기관은 항상 서로를 신뢰하지는 않는다. 올바르게 구현된 블록체인 분산 원장은 다양한 당사자 간에 존재하는 많은 신뢰 문제를 해결하는 데 도움이 된다. 많은 거래가 처리되어야 하며 자신의 상태가 거의 실시간으로 접근 가능해야 한다. 하이퍼레저의 많은 배포에서는 유연한 배포 모델, 플러그 가능한 합의, 개인거래 및 기밀계약이 중요하다.

02 하이퍼레제 패브릭의 개요 및 등장배경에 대하여 분석하라.

1. 하이저레제 패브릭의 개요

하이퍼레저 패브릭(Hyperledger Fabric)은 모듈형 아키텍처로서, 블록체인 솔루션과 응용 프로그램을 개발하기 위한 플랫폼이다. 리눅스재단이 주도하여 설립한 하이퍼레저(Hyperledger)의 프로젝트 중 하나로서, 다양한 기술 운영위원회와 여러 조직의 유지 관리자에 의해 관리된다. 하이퍼레저 패브릭은 합의 및 회원 서비스와 같은 구성요소를 플러그 앤 플레이(Plug & Play) 방식으로 지원한다. 2018년 3월에 나온 하이퍼레저 패브릭은 허가받은 사용자만 참여할 수 있는 허가형 블록체인(Permissioned Blockchain)으로서, 프라이빗 블록체인의 일종이다.

하이퍼레저 패브릭은 블록체인 프레임워크로서 리눅스 환경에서 호스팅하는 프로젝트이다. 오픈소스를 활용하여 비즈니스 환경의 기밀 유지와 확장성을 지원한다. 컨테이너 기술을 활용하여 시스템의 응용 프로그램 로직을 구성하는 체인코드(Chain Code)라는 스마트 계약을 호스팅한다. 하이퍼레저 패브릭은 자바(Java), 고(Go), 노드제이에스(node.js)와 같은 범용 프로그래밍 언어로 작성된 스마트 계약을 지원하는 최초의 분산원장 플랫폼이다. 또한 암호화폐 없이 합의 프로토콜을 활용할 수 있다.

하이퍼레저 패브릭 1.1 버전은 분산원장(Distributed Ledger), 스마트 계약(Smart Contract), 합의(Consensus), 기밀성(Confidentiality), 탄력성(Resiliency), 확장성(Scalability) 등에 초점이 맞추어져 있다.

2. 등장배경

대중에게 많이 알려진 이더리움과 비트코인은 퍼블릭 블록체인이다. 제한 없이 누구라도 블록체인에 참여하고 블록을 생산할 수 있으며 또한 노드가 될 수 있고, 트랜잭션을 생성할 수 있다. 하지만 금융권과 같은 기업, 단체는 기밀유지를 위해 허가 인증된 기관만 접근 가능할 필요가 있다.

그러한 필요에 의해 자연스럽게 생성된 것이 프라이빗 블록체인이다. 이를 발전시키기 위한 기업들의 연합이 하이퍼레저이다.

특정인들에게만 프라이빗하게 네트워크 접근을 허용, 보상수단으로 코인이 지급되지 않는 대신, 일반적인 퍼블릭 블록체인보다 더 빠른 네트워크를 구성할 수 있다. 기업에서 하이퍼레저 플랫폼을 적용하더라도 퍼블릭 블록체인과 결합이 가능하기 때문에 호환하여 사용 가능하다.

03 하이퍼레제 패브릭의 주요 특징 중 기능에 대하여 분석하라.

하이퍼레저 패브릭은 모듈형 블록체인 아키텍처에서 엔터프라이즈 급 네트워크 보안, 확장성, 기밀성 및 성능을 제공하는 분산 원장 기술(DLT)이 구현된다. 하이퍼레저 패브릭은 다음과 같은 블록체인 네트워크 기능을 제공한다.

1. 신원 관리

권한이 부여 된 네트워크를 활성화하기 위해 하이퍼레저 패브릭은 사용자 ID를 관리하고 네트워크의 모든 참가자를 인증하는 멤버 자격 서비스를 제공한다.

액세스 제어 목록은 특정 네트워크 작업의 승인을 통해 추가 권한 계층을 제공하는 데 사용된다. 하이퍼레저 패브릭 네트워크에 대한 한 가지 사실은 회원이 서로를 알고 있지만, 그들의 행위는 알 수 없다.

2. 개인 정보 보호 및 기밀 유지

하이퍼레저 패브릭은 사적이고 비밀스러운 트랜잭션이 필요한 사용자에게 동일한 허가 된 네트워크를 제공한다. 비공개 채널은 제한된 메시징 경로로서 네트워크 구성원의 특정 하위 집합에 대해 개인 정보 및 기밀성을 제공하는 데 사용할 수 있다. 채널 정보를 비롯한 모든 데이터는 해당 채널에 대한 액세스 권한이 명시적으로 부여되지 않은 회원에게는 보이지 않으며 액세스할 수 없다.

3. 효율적인 처리

하이퍼레저 패브릭은 노드 유형별로 네트워크 역할을 할당한다. 네트워크에 동시성과 병렬성을 제공하기 위해 트랜잭션 실행은 트랜잭션 순서와 커밋이 구분된다. 트랜잭션을 순서화하기 전에 실행되면 각 피어 노드가 동시에 여러 트랜잭션을 처리 할 수 있다.

이러한 동시 실행은 각 피어의 처리 효율성을 높이고 오더링 서비스에 대한 트랜잭션 전달을 가속한다. 병렬 처리를 가능하게 하는 것 외에도, 업무 분장은 트랜잭션 실행 및 원장 유지 보수 요구에서 노드 오더링을 부담하지 않기 때문에 피어 노드는 컨센서스 작업 부하에서 자유로워진다. 하나의 프로세스는 다른 노드의 검증과 독립적으로 실행된다.

4. 체인코드 기능

체인코드(Chain Code) 응용 프로그램은 채널에서 특정 유형의 트랜잭션의 의해 호출되는 코드이다. 전체 채널에 대한 작동 매개 변수를 정의하는 체인코드로 구별된다. 라이프 사이클 및 구성 시스템 체인코드는 채널에 대한 규칙을 정의한다.

5. 모듈식 디자인

하이퍼레저 패브릭은 네트워크 설계자에게 기능 선택을 제공하는 모듈식 아키텍처를 구현한다. 예를 들어 ID, 오더링 및 암호화를 위한 특정 알고리즘을 모든 하이퍼레저 패브릭 네트워크에 연결할 수 있다. 그 결과 모든 산업 또는 공개 도메인이 채택 할 수 있는 범용 블록체인 아키텍처가 시장, 규제 및 지리적 경계를 넘어서서 상호운용이 가능하다.

04 하이퍼레제 패브릭의 주요 특징 중 구성에 대하여 분석하라.

1. 공유 원장

하이퍼레저 패브릭의 공유 원장(Shared Ledger)은 두 가지로 구성되어 있다. 특정 시점에서 원장 상태를 저장하는 원장 데이터베이스인 월드 스테이트(World state)와 현재 값이 된 모든 트랜잭션을 기록하여 월드 스테이트로 기록을 업데이트 시키는 트랜잭션 로그(Transaction Log)로 이루어져 있다.

따라서 원장은 월드 스테이트와 트랙잭션 로그 기록의 조합이다. 원장에는 월드 스테이트에 대한 대체 가능한 데이터 저장소가 있어 트랙잭션 로그가 플러그 할 필요가 없이 블록체인 네트워크에서 사용 중인 원장 데이터베이스의 전후 값을 기록한다.

2. 스마트 계약

하이퍼레저 패브릭의 스마트 계약(Smart Contracts)은 체인코드로 작성되며 해당 응용 프로그램이 원장과 상호 작용해야 할 때 블록체인 외부의 응용 프로그램에 의해 호출된다. 대부분의 경우 체인코드는 원장의 데이터베이스 구성 요소, 트랜잭션 로그가 아닌 월드 스테이트에서만 상호 작용한다. 체인코드는 여러 프로그래밍 언어로 구현된다. 현재 지원되는 체인코드 언어는 자바(Java)이며 향후 더 다양한 언어가 지원될 예정이다.

3. 개인 정보

네트워크의 필요에 따라 B2B(Business-to-Business) 네트워크 참가자는 공유하는 정보의 양에 대해 매우 민감하다. 다른 네트워크의 경우 개인 정보 보호가 최고의 관심사는 아닐 수 있다. 하이퍼레저 패브릭은 개인 정보가 주요 운영 요구 사항일 뿐만 아니라 비교적 개방된 네트워크를 지원한다.

4. 컨센서스

네트워크 내의 다른 참가자들 사이에 있을지라도 거래는 발생 순서에 따라 원장에 기록되어야 한다. 이를 위해서는 거래 순서를 설정해야 하며 원장에 악의적인 거래를 거부할 수 있는 방법이 있어야 한다. 하이퍼레저 패브릭은 네트워크를 시작한 사람이 참가자들 사이에 존재하는 관계를 가장 잘 나타내는 컨센서스 메커니즘을 선택할 수 있도록 설계되었다. 프라이버시와 마찬가지로 다양한 요구 사항이 있다. 관계에서 고도로 구조화된 네트워크에서 피어-투-피어(Peer-to-Peer) 네트워크로 전환한다.

05 하이퍼레저 패브릭의 주요 특징 중 토폴로지와 합의 알고리즘에 대하여 분석하라.

1. 토폴로지

패브릭을 통한 블록체인 네트워크는 하나의 멤버십 서비스와 다수의 검증된 피어(Validating)와 검증되지 않은 피어(Non-Validating Peer)들로 이루어진다. 이 모든 컴포넌트를 통해 하나 또는 다수의 체인을 운영한다.

1) 단일 검증된 피어

기능적으로 검증되지 않은 피어는 검증된 피어의 서브셋이다. 가장 간단한 블록체인의 네트워크는 하나의 검증된 피어로 구성된 블록체인 네트워크이다. 이 토폴로지는 보통 개발을 위한 환경으로 적합하다. 이 토폴로지는 합의 알고리즘 사용이 불가능하다. 그래서 기본으로 설정되어있는 합의 모듈을 적용해서 사용한다.

2) 다중 검증된 피어

운영환경이거나 개발 환경일 경우 다양한 검증된 피어와 검증되지 않은 피어를 이용하여 블록체인 네트워크를 구성해야 한다. 이 구성에서 검증되지 않은 피어는 이벤트

처리 및 REST API 서비스 관리 등의 역할을 하게 되는 노드이다. 검증된 피어들은 블록체인 네트워크상에서 일어나는 모든 이벤트, 트랜잭션 등의 데이터를 공유하게 된다.

3) 다중체인

각각 블록체인 네트워크는 검증된 피어와 검증되지 않은 피어로 이루어져 있다. 다양한 목적에 따라서 이와 같은 조합으로 다양한 블록체인을 구성할 수 있다.

2. 합의 알고리즘

하이퍼레저 패브릭은 카프카(Kafka)를 선택하였다. 카프카는 엄밀히 이야기하면 블록체인 합의 알고리즘이 아니다. 링크드인(Linkedin)에서 개발한 분산 메시징 시스템으로, 실시간 대용량 로그 처리에 특화되어 있다.

그래서 다른 합의 알고리즘들이 BFT인 반면, 카프카는 CFT(Crash Fault Tolerance)이다. 순서만 정확하게 쌓아 올린다. 카프카를 선택한 이유는 HLF(historical log file)의 성능 향상을 위한 아키텍처적 고민에서 비롯되었다.

Pub-sub 구조 내에서 빠르게 메시지를 풀(Pull) 방식으로 전달하여 수신 피어 측의 부담을 최소화하고 속도를 향상시켜 기존의 문제를 해결한다. BFT적 검증은 할 수 없지만 허락된 블록체인의 성격을 적극 활용해 CA단에 위험을 1차 차단하고, 추가로 배서(endorsement) 정책을 통해 구멍 없이 보완하는 방식으로 문제를 해결하였다.

06 하이퍼레제 패브릭의 활용분야에 대하여 분석하라.

1. 보험사

IBM, AIG, 스탠다드 차타드 은행은 가장 복잡한 보험증권 중 하나인 다국적 보험증권에 패브릭을 적용했다. 이들은 미국과 싱가포르, 케냐의 지역 보험증권이 통합된 마스터 보험증권을 영국에서 만들었는데, 패브릭을 이용해 보험증권 관련 데이터와 문서를 통일된 방식으로 실시간 확인하는 스마트 거래로 구현하는 데 성공했다.

이를 통해 보험 중개인과 규제 당국, 감사인 등 네트워크의 여러 이해당사자가 더 효과적이면서 효율적으로 협력할 수 있게 된다. 이 과정에서 블록체인 기술은 모든 당사자가 보험 정책과 결제 관련된 데이터와 문서를 통일된 방식으로 확인한 후 신뢰할 수 있는 단일 데이터를 갖고 의사 결정을 할 수 있도록 도왔다.

2. 공급망

운송업체부터 소매업체까지 상품의 현재 상태를 추적하는 시스템이 대표적이다. IBM과 세계 최대 컨테이너 운송 물류 회사인 머스크(Maersk)는 패브릭을 이용해 공급망 프로세스를 완전히 디지털화하는 프로젝트를 진행하고 있다. 전 세계를 이동하는 수많은 컨테이너 관련 데이터를 더 효과적으로 관리, 추적하고 궁극적으로 거래 업체간 정보 공유를 더 안전하고 투명하게 만드는 것이 목적이다. IBM과 머스크가 개발한 블록체인 솔루션을 이용하면 공급망을 디지털화하여 전 세계의 수많은 화물 컨테이너를 추적 관리할 수 있다. 양사는 이를 대규모로 도입하면 수십억 달러의 비용 절감 효과를 가져올 것으로 기대한다.

3. 카카오페이

카카오페이가 빠른 인증 서비스 유지를 위해 기존 블록체인 플랫폼으로 쓰이던 비트코인을 하이퍼레저 패브릭으로 전환했다. 글로벌 기업들이 주도하는 오픈소스 블록체인 플랫폼으로 이더리움과 달리 별도의 사용료가 없는 것이 특징이다. 비트코인에서 하이퍼레저로의 전환은 사실상 카카오페이 인증 서비스 내에선 별도의 보상을 주지 않겠다는 것을 의미한다. 다만 업계에선 카카오페이가 하이퍼레저 플랫폼을 적용하더라도 기술적으로 퍼블릭 블록체인과 연계가 가능한 만큼, 추후 카카오의 보상형 퍼블릭 블록체인이 출시될 경우, 두 체인이 접목될 가능성을 크게 보고 있다

07 하이퍼레저의 개발도구인 하이퍼레저 컴포저에 대하여 분석하라.

하이퍼레저 컴포저(Hyperledger Composer)는 하이퍼레저 패브릭(Hyperledger Fabric)에서 제공하는 별도의 개발 툴로서, 레스트(REST : Representational State Transfer) 방식의 API를 지원하는 모델링 언어이다. 하이퍼레저 프로젝트에서 가장 먼저 출시된 툴로, 블록체인 비즈니스 네트워크를 구축하는 데 사용된다. 또한 스마트 계약 및 원장 간 계약을 작동시킨다. 하이퍼레저 컴포저는 블록체인 비즈니스 네트워크 구축 목적의 공동 작업 도구로 스마트 계약 개발 및 분산 원장 내의 배포를 가속한다.

1. 개요

하이퍼레저 컴포저는 블록체인 응용 프로그램을 보다 쉽게 개발할 수 있는 광범위하고

개방적인 개발 도구 세트이자 프레임 워크이다. 하이퍼레저 컴포저를 사용하여 유스케이스(Use Case)를 신속하게 개발하고 몇 개월이 아닌 몇 주 내에 블록체인 솔루션이 배포된다. 컴포저를 사용하면 비즈니스 네트워크를 모델링하고 기존 시스템 및 데이터를 블록체인 응용 프로그램과 통합이 가능하다. 하이퍼레저 컴포저는 기존 하이퍼레저 패브릭 블록체인 인프라 및 런타임을 지원하며, 지정된 비즈니스 네트워크 참가자의 정책에 따라 트랜잭션의 유효성을 확인하기 위해 플러그 가능한 블록체인 합의 프로토콜을 지원한다. 일상적인 응용 프로그램은 비즈니스 네트워크에서 데이터를 소비하여 최종 사용자에게 간단하고 제어된 액세스 포인트를 제공한다. 하이퍼레저 컴포저를 사용하면 기존 자산 및 관련 트랜잭션이 포함된 현재 비즈니스 네트워크를 신속하게 모델링한다. 자산(Assets)은 유형 또는 무형의 재화, 서비스인데 비즈니스 네트워크 모델의 일부로 자산과 상호 작용하는 트랜잭션을 정의한다. 비즈니스 네트워크에는 여러 비즈니스 네트워크에서 고유 ID와 연관되어 상호 작용하는 참가자도 포함된다.

2. 특징

1) 작동 방법

참가자는 구매자, 판매자 또는 부동산 중개인으로서의 역할에 따라 제한된 거래에 대한 액세스 권한을 가진다. 부동산 중개인은 공개 목록을 보고 제안을 하기 위한 간단한 사용자 인터페이스로 구매자와 판매자를 소개하는 응용 프로그램을 작성한다. 이 비즈니스 네트워크는 기존 재고 시스템과 통합되어 새로운 주택을 자산으로 추가하고 판매된 부동산을 제거한다. 토지 등록 기관이 구매자와 상호 작용하여 토지의 소유권을 이전하는 경우와 같이 관련 당사자를 참가자로 등록할 수 있다. 하이퍼레저 컴포저는 모델링 언어와 API 집합을 포함하는 프로그래밍 모델로, 참가자가 자산을 교환하는 트랜잭션을 보낼 수 있게 해주는 비즈니스 네트워크와 응용 프로그램을 빠르게 정의하고 배포한다.

2) 구성 요소

하이퍼레저 컴포저 플레이그라운드(Hyperledger Composer Playground)라는 브라우저 기반 UI를 사용하여 하이퍼레저 컴포저를 경험하게 된다. 플레이그라운드는 설치가 필요 없는 호스팅 버전이나 오프라인 샘플 비즈니스 네트워크 편집 및 테스트에 적합한 로컬 설치로 사용 가능하다.

3) 주요 개념

(1) 블록체인 상태 저장소

비즈니스 네트워크를 통해 제출된 모든 트랜잭션은 블록체인 원장에 저장되며 현재 자산 및 참가자 상태는 블록체인 상태 데이터베이스에 저장된다.

블록체인은 원장과 상태 데이터베이스를 피어 집합에 분산시키고 원장 및 상태 데이터베이스에 대한 업데이트가 합의 알고리즘을 사용하여 모든 피어 간에 일관성 있게 유지되도록 한다.

(2) 커넥션 프로필

하이퍼레저 컴포저는 커넥션 프로필(Connection Profile)을 사용하여 런타임에 연결한다. 커넥션 프로필은 사용자의 홈 디렉토리에 있거나 환경 변수에서 올 수 있는 JSON문서이며 컴포저 API(Comper API) 또는 명령행 도구를 사용할 때 이름으로 참조된다. 커넥션 프로필을 사용하면 코드와 스크립트를 하나의 런타임 인스턴스에서 다른 런타임 인스턴스로 쉽게 전송할 수 있다.

(3) 자산

자산(Assets)은 유형 또는 무형의 재화, 서비스이며 레지스트리에 저장된다. 자산은 비즈니스 네트워크의 거의 모든 것을 의미한다. 자산에는 고유한 식별자가 있어야 하지만 그 외에 정의한 속성을 포함할 수 있다. 자산은 다른 자산이나 참가자와 관련된 것이다.

(4) 참가자

참가자(Participants)는 비즈니스 네트워크의 구성원이다. 그들은 자산을 소유하고 거래를 할 수 있다. 참여자 유형은 모델화되며 자산과 마찬가지로 식별자가 있어야 하며 필요에 따라 다른 속성을 가질 수 있다.

(5) 신원

비즈니스 네트워크 내에서 참가자는 신원과 연관된다. ID 카드는 ID, 컨넥션 프로필 및 메타 데이터의 조합이다. ID 카드는 비즈니스 네트워크에 연결하는 프로세스를 단순화하고 비즈니스 네트워크 외부의 ID 개념을 특정 비즈니스 네트워크 및 커넥션 프로필과 연관된 ID의 지갑으로 확장한다.

(6) 거래

거래(Transaction)는 참가자가 자산과 상호 작용하는 메커니즘이다. 이는 참가자가 경매에 있는 자산에 입찰을 하거나 경매인이 경매를 종결로 표시하여 자산의 소유권을 최고 입찰자에게 자동으로 이전하는 것처럼 간단하다.

(7) 쿼리

쿼리(Queries)는 세계 상태의 블록체인에 대한 데이터를 반환하는 데 사용된다. 쿼리는 비즈니스 네트워크 내에서 정의되며 간단한 사용자 정의를 위한 변수 매개 변수를 포함한다. 쿼리를 사용하여 블록체인 네트워크에서 데이터를 쉽게 추출 가능하다. 쿼리는 하이퍼레저 컴포저 API를 사용하여 전송된다.

(8) 이벤트

이벤트(Events)는 자산 또는 참여자와 동일한 방식으로 비즈니스 네트워크에서 정의된다. 이벤트가 정의되면 거래 프로세서 기능에 의해 이벤트를 발생시켜 외부 시스템에 중요한 일이 발생했을 때 알린다. 애플리케이션은 컴포저 클라이언트 API를 통해 이벤트에 가입한다.

(9) 액세스 제어

비즈니스 네트워크에는 일련의 액세스 제어 규칙이 포함된다. 액세스 제어 규칙을 사용하면 참가자가 비즈니스 네트워크의 자산 및 어떤 조건에 액세스할 수 있는지를 세밀하게 제어한다. 액세스 제어 언어는 정교한 조건을 선언적으로 파악하기에 충분할 만큼 풍부하다. 트랜잭션 프로세스 함수 논리에서 액세스 제어를 외부화하면 검사, 디버그, 개발 및 유지 관리가 더 쉬워진다.

(10) 히스토리안 등록

히스토리안(Historian)은 참가자 및 제출한 신원을 포함하여 성공적인 거래를 기록하는 전문화 된 레지스트리이다. 히스토리안은 히스토리안레코드 트랜잭션을 자산으로 저장하며 하이퍼레저 컴포저 시스템 네임 스페이스에 정의되어 있다.

4) 솔루션 아키텍처

하이퍼레저 컴포저를 사용하면 아키텍처와 개발자가 전체 스택 블록체인 솔루션을 신속하게 만들 수 있다. 즉, 블록체인에서 실행되는 비즈니스 로직,웹 또는 모바일 애플리케이션에 블록체인 로직을 노출하는 REST API는 물론 기존의 전자 시스템과 블록체인을 통합할 수 있다. 하이퍼레저 컴포저는 다음과 같은 구성 요소로 이루어져 있다.

(1) 실행 런타임

하이퍼레저 컴포저는 다양한 플러그 가능한 런타임을 지원하도록 설계되었으며 현재 세 가지 런타임(Runtimes) 구현이 가능하다. 하이퍼레저 패브릭 버전 1.0. 상태는 분산 원장에 저장된다. 웹 페이지 내에서 실행되며 플레이그라운드(Playground)에서 사용되고 상태는 브라우저 로컬 저장소에 저장된다. 임베디드(Embedded)는 노드 Js(Node.js) 프로세스 내에서 실행되며 주로 비즈니스 로직 테스트에 사용되고 상태는 메모리 내장 키 - 값 저장소에 저장된다.

(2) 커넥션 프로필

커넥션 프로필(Connection Profiles)은 하이퍼레저 컴포저에서 실행 런타임에 연결하는 방법을 지정하는 데 사용된다. 각 실행 런타임 유형마다 다른 구성 옵션이 있다. 커넥션 프로필은 이름으로 참조되고 JSON 형식의 커넥션 프로필 문서는 사용자의 홈 디렉토리에서 확인된다.

(3) 자바 스크립트 SDK

하이퍼레저 컴포저 자바스크립트(Hyperledger Composer JavaScript) SDK는 개발자가 배포 된 비즈니스 네트워크를 관리하고 상호 작용할 수 있는 응용 프로그램을 만들 수 있게 해주는 노드.js API 세트이다. API는 두 개의 npm 모듈로 나뉜다. 비즈니스 네트워크에 트랜잭션을 제출하거나 자산 및 참가자에 대한 생성, 읽기, 업데이트, 삭제 작업을 수행하는 데 사용되는 컴포저 클라이언트 부분과 비즈니스 네트워크를 관리하는 데 사용하는 컴포저-관리자 부분이으로 나뉜다. 모든 API의 세부 사항은 JSDocs로 제공된다.

(4) 컴포저 클라이언트

컴포저 클라이언트(Composer-Client) 모듈은 대개 응용 프로그램의 로컬 종속성으로 설치된다. 비즈니스 응용 프로그램이 비즈니스 네트워크에 연결하여 자산, 참여자 및 트랜잭션 제출에 액세스하는 데 사용되는 API를 제공한다. 프로덕션 환경에서는 응용 프로그램의 직접 종속성으로 추가해야 하는 모듈이다.

(5) 컴포저 관리자

컴포저 관리자(Composer-Admin) 모듈은 일반적으로 관리 응용 프로그램의 로컬 종속성으로 설치된다. 이 API를 사용하면 비즈니스 네트워크 정의를 만들고 배포할 수 있다.

REST 서버는 하이퍼레저 컴포저 REST 서버(Hyperledger Composer REST Server)는 비즈니스 네트워크용 오픈 API REST API를 자동으로 생성한다. 루프백(LOOPBack) 기술에 기반한 REST 서버는 비즈니스 네트워크의 작성자 모델을 오픈 API 정의로 변환하고 런타임에 자산 및 참가자에 대한 작성, 읽기, 업데이트 및 삭제 지원을 구현하고 처리 또는 검색을 위해 트랜잭션을 제출할 수 있도록 한다.

(6) 루프백 커넥터

하이퍼레저 컴포저 루프백 커넥터(Hyperledger Composer LoopBack Connector)는 컴포저 REST 서버에서 사용하지만 루프백을 기본적으로 지원하는 통합 도구로 독립 실행 형으로 사용할 수 있다. 또는 루프백 도구와 함께 사용하여 REST API보다 정교한 사용자 정의를 작성 가능하다.

(7) 플레이그라운드

하이퍼레저 컴포저 플레이그라운드(Playground)는 비즈니스 네트워크를 정의하고 테스트하는 웹 사용자 인터페이스(Web User Interface)이다. 비즈니스 분석가는 샘플을 신속하게 가져오고 웹 또는 하이퍼레저 패브릭 런타임에서 실행되는 비즈니스 논리를 프로토타입화 한다.

(8) 요맨 코드 생성기

하이퍼레저 컴포저는 오픈소스 요맨 코드 생성기(Yeoman Code Generators) 프레임 워크를 사용하여 스켈레톤 프로젝트를 만든다.

(9) VS코드 및 아톰 편집기 확장

하이퍼레저 컴포저에는 VS코드(VSCode) 및 아톰(Atom)에 대한 커뮤니티 기여 편집기 확장 기능이 있다. VS코드 확장은 매우 강력하고 컴포저 모델과 ACL 파일의 유효성을 검사하여 구문 강조, 오류 감지 등 기능을 제공한다. 아톰(Atom) 플러그인은 훨씬 초보적으로 기본 구문 강조만 제공한다.

3. 최근 동향

2018년 11월 IBM은 하이퍼레저 컴포저 개발에 참여하지 않겠다는 의사를 밝혔다. 그에 따른 가장 큰 이유는 컴포저와 패브릭의 시너지가 미비함에 따른 것을 추축된다. 하이퍼레저 패브릭은 프라이빗 네트워크를 구축할 수 있도록 네트워크 접근을 제어하는 퍼미션(Permission)형으로 다양한 솔루션에 적용 가능한 모듈형이다. 그에 반해 컴포저는 다른 레벨과 API가 사용되기 때문에 패브릭과 결합되지 않아 개발자들에게 비효율적인 상황이 되었다. 이러한 점을 바탕으로 IBM은 기존에 컴포저에 투입됐던 리소스를 패브릭에 집중 투입하기로 뜻을 모은 것으로 보인다.

08 하이퍼레저의 개발도구인 하이퍼레저 첼로에 대하여 분석하라.

1. 개요

하이퍼레저 첼로(Hyperledger Cello)는 블록체인 생성, 관리 종단을 위해 필요한 과정을 감소할 수 있는 BaaS(Blockchain-as-a-Service) 구현을 위한 툴킷이다.

하이퍼레저 첼로는 패브릭(Fabric), 하이퍼레저 익스플로러(Hyperledger Explorer)과 같은 오픈 소스 프로젝트로서 블록체인 관련 기술을 구축하는 소프트웨어 개발자 커뮤니티의 엄브렐러(Umbrella) 역할을 한다.

하이퍼레저 첼로는 블록체인 생태계에 온디맨드(On-Demand) 서비스 구축 모델을 도입하고, 다양한 인프라 위에 멀티 테넌트(Multi-Tenant) 체인 서비스를 효율적이고 자동으로 제공한다. 사용자는 하이퍼레저 첼로를 사용하여 대시보드를 통해 풀에 복합적인 블록체인을 생성하고 관리할 수 있다. 동시에 사용자는 단일 요청으로 블록체인을 완성한다. 하이퍼레저 첼로는 패블릭, 소투스, 이로하 등 기존 하이퍼레저 블록체인 플랫폼을 지원한다.

2. 등장배경

체인을 부팅하기 위해서 개발자들은 설치 스크립트를 채택해야 한다. 멀티 테넌트는 동시에 별도의 체인이 필요하다. 또한 스크립트를 신중하게 수정하고 이러한 체인을 수동으로 생성해야 한다. 이 절차는 많은 시간을 필요로 할뿐만 아니라 구성 오류로 이어질 가능성이 높다. 이와 더불어 리소스를 공유하기 어렵다. 하이퍼레저 첼로는 자동으로 체인 풀을 유지하여 이러한 문제들을 다른 방법으로 해결한다. 사용자는 다양한 구성의 체인을 즉시 얻을 수 있으며, 운영자는 대시보드를 통해 물리적 리소스를 동적으로 확장한다.

3. 특징

1) 원칙

① 마이크로-서비스 : 마이크로-서비스(Micro-service)는 다양한 기능을 개별 마이크로 서비스로 분리하는 것을 의미한다.

② 결함 복원력 : 결함 복원력(Fault-Resilience)는 데이터베이스 충돌과 같은 결함에 대해 서비스가 허용되어야함을 의미한다.

③ 확장성 : 중앙 집중식 병목 현상을 완화하기 위해 서비스 배포에 최선을 다하고 있다.

2) 레이어

하이퍼레저 첼로에는 3층의 레이어가 존재한다. 각 계층은 상위 계층에 대한 안정적인 API를 유지하여 상위 계층 코드를 변경하지 않고 플러그를 확보해야 한다.

① 액세스 계층 : 사용자가 운영하는 웹 UI대시보드를 포함한다.
② 오케스트레이션 계층 : 액세스 계층 요청 양식을 수신하고 블록체인 리소스를 작동하기 위해 올바른 에이전트에 호출하다.
③ 에이전트 계층 : 도커(Docker), 스웜(Swarm), K8s와 같은 기반 시설과 상호작용하는 실제 자업자이다

3) API

하이퍼레저 첼로의 API는 2가지 관리형태가 있다. 생성, 쿼리/리스트, 업데이트, 삭제, 정리, 재설정을 담당하는 호스트 관리와 구성 요소 생성, 쿼리/리스트, 시작/중지/재시작, 삭제, 재설정을 담당하는 클러스터 관리가 있다.

4) 아키텍쳐

도커 API를 활용하여 서버와 가상 시스템을 포함한 원격 호스트의 블록체인 클러스터(Clusters)를 관리하는 하이퍼레저 첼로는 온디맨드 방식으로 가상 머신을 제공하는 클라우드 환경에서 쉽게 구현한다. 사용되는 아키텍터는 다음과 같다.

① 오케스트레이션 엔진 : 오케스트레이션 엔진(Orchestration Engine)는 주로 파이썬(Python)에서 구현되는 리소스 관리 및 워크로드 스케줄링을 처리하는 핵심 요소이다.
② 대시보드 : 대시보드(Dashboard)는 자바스트립트로 구현된 운영 인터페이스다. 레스트풀 서버는 레스트풀 서버(Restful Server)는 파이썬과 함께 구현된 운영 인터페이스이다.
③ 드라이버 : 드라이버는 도커 API Lib를 사용하여 네이티브 호스트 및 스웜 클러스터(Swarm Cluster)를 지원한다. 드라이버 계층은 향후 더 많은 유형을 지원하기 위해 플러그가 가능하도록 설계되었다.
④ 도구 : 모니터링과 로깅과 같은 작업을 처리할 수 있는 몇 가지 도구가 설계되어 있다. 또한 프레임워크가 플러그가 가능하여 기존의 오픈 소스 툴을 통합할 수 있다

5) 호스트 구성

관리자는 다음을 포함하여 호스트 구성을 수동으로 업데이트 할 수 있다.

① 네임 : 사람들이 읽을 수 있는 칭호
② 용량 : 해당 호스트의 최대 체인 번호
③ 스케줄링 가능 : 해당 호스트의 체인을 사용자에게 배포할지 여부
④ 자동채우기 : 실행 중인 체인이 있는 호스트를 용량까지 유지할지 여부

09 하이퍼레저의 개발도구인 하이퍼레저 익스플로러에 대하여 분석하라.

1. 개요

하이퍼레저 익스플로러(Hyperledger Explorer)는 하이퍼레저에서 블록체인 공간상의 사용자들에게 전반적인 개발 절차 속도 향상에 도움을 주고자 제공하는 도구이다. 하이퍼레저 익스플로러는 블록 거래, 관련 데이터, 네트워크 정보, 체인 코드, 거래 모음 및 원장에 저장된 기타 관련 정보를 열람, 호출, 배포 또는 쿼리 할 수 있다. 하이퍼레저 익스플로러는 2015년 12월 하이퍼레저 프로젝트가 시작된 이후 지속적으로 성장하고 있으며, 다양한 곳에서 사용되고 있다.

하이퍼레저 익스플로러는 블록체인 모듈로서 리눅스(Linux) 재단이 진행하고 있는 프로젝트 중 하나이다. 블록하이퍼레저 익스플로러는 초기에 IBM, 인텔(Intel), DTCC(the Depository Trust and Clearing Corporation)에서 사용되었으며 사용자 친화적인 웹 애플리케이션을 생성하도록 설계되었다.[2] 하이퍼레저 익스플로러는 기본 블록체인 네트워크에서 활동을 볼 수 있는 사용하기 쉽고, 유지 관리가 용이한 오픈 소스 브라우저다. 사용자는 기본적으로 맥OS(macOS)와 우분투(Ubuntu)에서 하이퍼레저 익스플로러를 구축할 수 있다. 하이퍼레저 익스플로러는 블록, 트랜잭션, 관련 데이터, 네트워크 정보, 체인코드, 트랜잭션 패밀리, 원장에 담긴 기타 정보를 보다 쉽고 빠르게 조회하도록 도와주는 툴이다.

2. 특징

윈도 탐색기와 작업 관리자의 표준 유티리티처럼 하이퍼레저 익스플로러는 사용자가 블록체인에서 필요한 네트워크 정보를 볼 수 있는 인터페이스를 제공한다. 여기에는 이름, 상태 및 네트워크 노드 목록, 블록 세부 정보, 트랜잭션 및 관련 데이터, 트랜잭션 패밀리, 체인 코드, 블록체인에 저장될 수 있는 기타 관련 세부 정보가 포함된다. 원시적인 블록체인 데이터는 사용자가 읽기 어려운 형식이다. 그렇기 때문에 하이퍼레저 익스플로러는 일반적인 검색 및 모니터링 시설 외에 그래프,차트,사진, 템플릿을 사용하여 시각화된 데이터를 제공한다.

1) 아키텍처

하이퍼레저 익스플로러의 아키텍처는 백엔드에서 실행되고 다른 모든 요소들과 상호작용하고 필요한 질의 서버 응답을 유지하는 것을 담당하는 웹 서버를 포함한다. 웹

소켓(web socket)은 서버와 하이퍼레저 익스플로러의 다양한 클라이언트 구성요소를 통신하는 데 사용된다. 데이터베이스는 블록, 트랙잭션 및 스마트 계약에 대한 정보와 같은 블록체인 구성요소에 대한 필요한 세부 정보를 저장하기 위해 사용되며, 필요한 정보를 조회할 수 있다. 보안 저장소는 하이퍼레저 익스플로저에 액세스하기 위해 안전하고 허가된 액세스만 유지하도록 관리한다.

2) 패브릭 네트워크 설정

① 패브릭에서 네트워크 튜토리얼 빌드를 사용하여 네트워크를 설정한다. 네트워크를 설정한 후 /blockchain-explorer/app/platform/fabric/config.json 값을 수정한다.

② 하이퍼레저 익스플로러는 기본적으로 패브릭-샘플(Fabric-Samples)로 설정된다.

③ 도커 컴포저의 각 피어에 대해 CORE_PEER_GOSSIP_BOOTSTRAP and CORE_PEER_GOSSIP_EXTERNAL_ENDPOINT를 서정한다. 이러한 설정을 통해 하이퍼레저 탐색기에서 네트워크 토폴로지를 검색하는 패블릭 검색 서비스를 사용할 수 있다.

3) 도커 사용

하이퍼레저 익스플로러는 도커를 사용하여 자동 배포 할 수 있다. BASH 설치하고 도커(Docker)을 배포 시스템에 설치한다. 하이퍼레저 익스플로러는 비 상호적인 배포 가정을 가진다.

① 기본적으로 배포 스크립트는 192.168.10.0/24 가상 네트워크를 사용하며, 중복되는 IP 없이 사용할 수 있어야 한다. 중복이 된 경우 스크립트를 편집하고 대상 네트워크 및 컨테이너 대상 IP를 변경한다.

② 기본적으로 프론트와 데이터베이스 서비스는 동일한 시스템에서 실행되지만, 스크립트 수정은 프런트엔드 컨테이너에서 대상 데이터베이스 IP를 변경하기만 하면 별도의 기계에서 실행된다.

③ 암호 자료가 올바르게 로드되어 있는지는 examples/$network/crypto에서 확인 가능하다.

④ 패브릭 네트워크 구성이 examples/$network/config.json에서 올바르게 설정된다.

10 하이퍼레저의 개발도구인 하이퍼레저 캘리퍼에 대하여 분석하라.

하이퍼레저 캘리퍼(Hyperledger Caliper)는 블록체인의 성능을 테스트하기 위한 벤치마크 도구이다. 리눅스재단(Linux Foundation)이 주최하는 하이퍼레저 프로젝트 중 하나이다.

1. 개요

하이퍼레저 캘리퍼는 사용자가 미리 정의된 유스케이스 세트를 사용하여 특정 블록체인 구현의 성능을 측정할 수 있도록 한다. 하이퍼레저 캘리퍼는 TPS, 트랜잭션 대기시간, 리소스 사용률 등과 같은 여러 가지 성능 지표를 포함하는 보고서를 작성한다.

이는 다른 하이퍼레저 프로젝트에서 프레임워크를 구축할 때 사용되며, 사용자의 특정 요구에 적합한 블록체인 구현의 선택을 지원하기 위한 참고자료가 된다.

화웨이(Huawei), 하이퍼체인(Hyperchain), 오라클(Oracle), 비트와이즈(Bitwise), 소라미츠(Soramitsu), IBM, 부다페스트 기술경제대학(the Budapest University of Technology and Economics)의 개발자 모두가 프로젝트에 참여하고 있다.

2. 등장배경

블록체인 솔루션의 성능은 블록체인 사용자 간의 가장 중요한 기능 중 하나이다. 그러나 현재 중립적이고 일반적으로 수용되는 규칙 집합을 기반으로 서로 다른 블록체인 솔루션에 대한 성능 평가를 제공하는 일반적인 도구는 없다.

다양한 시나리오에서 서로 다른 블록체인 구현의 성능에 대한 보고서가 있지만 일반적으로 허용되는 블록체인 벤치마킹 도구는 없다. 하이퍼레저 캘리퍼는 블록체인 프레임워크를 위한 벤치마크 도구이며 벤치마킹 대상으로 작동하는 블록체인 구현에 의존한다.

하이퍼레저 캘리퍼는 TPS, 트랜잭션 대기시간, 리소스 사용률 등과 같은 다양한 성능 지표를 포함하는 보고서를 생성한다. 캘리퍼에서 만든 결과는 다른 하이퍼레저 프로젝트에서 프레임워크를 빌드할 때 사용되며, 사용자의 특정 요구에 적합한 블록체인 구현을 선택하는 데 도움이 된다. 현재 제안된 모든 블록체인 프레임워크 또는 플랫폼에는 고유한 장점이 있다. 이러한 다양성에 비추어 볼 때, 일반적인 벤치마킹 도구가 없다는 것이 문제점이라고 여겨왔다. 범용 벤치마크 도구가 필요하다고 여겨진 이유는 다음과 같다.

① 소스코드의 부족 : 서로 다른 프로젝트에 대한 성능 보고서가 있지만 소스코드를 제공하지 않기 때문에 평가를 검증하기가 어렵고 다른 프로젝트에서 동일한 평가를 수행하는 것이 불가능하다.

② 성능지표에 대한 일반적인 정의의 부재 : 하이퍼레저 성능 및 확장성 작업 그룹(PWSG, The Hyperledger Performance & Scalability Working Group)은 이러한 정의를 위한 이상적인 곳이다. 하이퍼레저 캘리퍼는 구현을 유지하기 위한 좋은 출발점이자 장소이다.

③ 벤치마크 사용사례의 부재 : 사용자는 유스케이스에 대해 궁금해하고 적절한 유스케이스와 함께 사용자가 성능 지표뿐만 아니라 블록체인 자체를 이해하도록 도와준다.

하이퍼레저 캘리퍼는 판단을 하기 위한 것이 아니며 벤치마크 결과를 게시하지 않지만 사용자를 위한 벤치마크 도구를 제공한다. 사용자는 테스트 환경이 공개되지 않는 한 캘리퍼가 테스트한 결과를 주장해서는 안 된다. 하이퍼레저 캘리퍼 프로젝트는 하이퍼레저 PWSG에서 정의한 정의, 지표 그리고 용어를 참조한다.

3. 기술

하이퍼레저 캘리퍼의 핵심 구성 요소는 여러 블록체인 솔루션을 캘리퍼 프레임워크에 통합하기 위해 도입된 어댑테이션 계층이다. 어댑터는 SUT(blockchain system under test)마다 구현되며, 어댑터는 캘리퍼NBI를 해당 블록체인 프로토콜로 변환한다. 캘리퍼NBI는 스마트 계약을 설치하거나, 계약서를 호출하거나, 원장에게서 쿼리 상태를 가져 오는 등의 백엔드 블록체인 시스템과 상호작용하는 작업을 포함하는 공통 블록체인 인터페이스 세트이다. NBI는 업스트림 응용 프로그램에 여러 블록체인 시스템에 대한 테스트를 작성하는 데 사용할 수 있다.

11 하이퍼레저의 개발도구인 하이퍼레저 퀼트에 대하여 분석하라.

1. 개요

하이퍼레저 퀼트(Hyperledger Quilt)는 비즈니스 블록체인 툴로서 리눅스 재단에서 호스팅하는 하이퍼레저 프로젝트 중 하나이다. 하이퍼레저 퀼트는 지불 프로토콜이며 분산된 원장과 비분산 원장에 걸쳐 가치를 이전하도록 설계된 인터레저 프로토콜(ILP)을 구현하여 원장 시스템 간의 상호운용성을 제공한다. 하이퍼레저 퀼트는 NTT 데이터와 리플에 기여한 이력이 있다.

원장 시스템의 상호 운용성을 극대화하는 하이퍼레저 퀼트는 주로 지급 프로토콜인 분산원장과 비분산 원장 사이의 가치 이전 목적으로 설계된 ILP를 구현했다. 하이퍼레저 퀼트는 인터레저 프로토콜을 통해 각 원장 내의 계정에 대한 단일 계정 네임스페이스와 각 원장 사이의 스와프를 제공한다. 초기에는 ILP는 자바스크립트에서만 운영이 가능했다. 이런한 상황속에서 리플과 NTT데이터는 협업하여 하이퍼레저 퀼트라는 자바 기반의 프로토콜을 디자인했다. 하이퍼레저 퀼트 프로젝트는 하이퍼레저 블록체인과 ILP 사용 가능 지불 시스템을 연결한다.

2. 등장배경

원장 시스템은 분리되어 있다. 송신자와 수신자가 동일한 네트워크나 원장에 계정을 가지고 있는 경우, 가치 전달은 상대적으로 쉽다. 그러나 다른 네트워크나 원장의 누군가에게 가치를 보내는 것은 복잡하고 어렵다. 원장들이 연결된 곳은 수동적이고 느리고 비싸다.

3. 특징

1) 모듈

하이퍼레저 퀼트는 메이븐 멀티 모듈 프로젝트(Maven Multi-module Project)로 구성된다. 각 모듈은 서브디렉터리(Subdirectory)에 존재하고 자체 POM과 README를 가지고 있다. 프로젝트에서 제공되는 ILP 코어 모듈은 서비스 인터페이스, 이벤트 설명 및 데이터 모델을 제공하는 인터레저 프로젝트의 기본 라이브러리이다. 또한 OER(Octet Encoding Rules)를 사용하여 ILP 개체를 인코딩 및 디코딩하기 위한 인코딩 프레임워크와 코덱을 포함한다. 이와 더불어 공유 빌드와 데스트 도구를 위한 dev-ops 모듈이 제공된다.

2) 퀼트의 기술

하이퍼레저 퀼트는 하이퍼레저 프로젝트를 위한 원자의 상호운용성 솔루션으로 하이퍼레저 사용자의 분산된 원장 솔루션, 금융기관 개인 원장, IoT 업체의 지갑, 공급망 시스템 등이 서로 연결돼 분산된 원장 거래를 수행할 수 있게 한다. 퀼트는 인터레저 프로토콜을 구현하여 서비스를 제공한다. 기본 에스크로와 원장의 상호 운용성을 활성하기 위한 규칙을 제공한다. 또한 커넥터가 결제를 라우팅할 수 있도록 원장과 독립적인 주소 형식 및 데이터 패킷 형식을 표준화 한다. 이와 더불어 상위 수준의 사용 사례별 프로토콜을 설계하기 위한 프레임워크로 작동한다.

3) 인터레저 프로토콜

인터레저 프로토콜(ILP : Interledger Protocol)은 2015년 10월 리플랩스에서 처음 소개되었다. ILP는 서로 다른 원장이 소통할 수 있는 네트워크를 구축하는 일종의 연결 고리이다. 초기에는 자바스크립트언어로만 운영이 가능했지만 2017년 리플과 일본 NTT데이터의 협력으로 자바로도 운영할 수 있는 ILP인 하이퍼레저퀼트가 공개되었다. ILP는 그 자체가 장부를 의미하는 것은 아니다. 프로토콜 형태로 각 메인장부에 적용될 시 그 장부들의 서브레저로서 작동하게 된다. 이것은 인터레저가 메인장부에 융합되는 것이 아니라, 연결되기 때문이다.

인터레저 프로토콜은 1970년대와 1980년대 이후의 개념에 기반을 두고 있지만, 비트코인의 출현과 세계적인 블록체인 운동을 통해 인터넷 기반 기술을 통한 혁신적인 변화를 가져왔다. 인터넷 프로토콜은 정보를 패킷화, 라우팅 및 통신 네트워크를 통해 전달하도록 한다. ILP를 사용하면, 돈과 다른 형태의 가치가 패킷화, 라우팅 및 결제 네트워크와 원장을 통해 전달된다. 하이퍼레저 퀼트는 자바에서 개발된 프로토콜의 엔터프라이즈급 구현이며, 다른 하이퍼레저 프로젝트에게 핵심 인터레저 구성을 제공한다.

4. 제휴

에버리스(Everis), NTT DATA, 리플은 이 프로젝트에 엔지니어링 자원을 지원한다. 주요 기여자는 NTT DATA의 다카히로 이나바(Takahiro Inaba), 리플의 아드리안 호프-베일리(Adrian Hope-Bailie), 에버리스의 이삭 아루바레나(Isaac Arruebarrena) 등이 있다. 많은 사람들이 퀼트의 자바 구현 개발을 지원하고 관심을 가지고 있다. 하이퍼레저 퀼트는 하이퍼레저의 DLT 솔루션과 기관의 중앙 집중식 원장의 상호운용성을 가능하게 하는 방법을 찾기 위해 다른 하이퍼레저 프로젝트와 협력한다. 시간이 흐름에 따라 더 많은 기술자들이 프로젝트에 협력하게 될 것이다.

학습활동.4 교수 · 학습 방법

교수 방법

- 블록체인 플랫폼 하이퍼레저에 대한 관련 용어, 구성, 방식 이해 정도를 파악한 후 수업을 진행한다.
- 교수자의 주도로 블록체인 플랫폼 하이퍼레저 등의 내용을 PPT 자료로 제시한 후 설명한다.
- 가능하면 사전에 개인별 학습 자료를 준비하여 모든 학생이 참여할 수 있는 문제 해결식 수업, 협력 수업이 가능하도록 한다.
- 블록체인 플랫폼 하이퍼레저 전 과정을 작업의 순서에 따라 단계적으로 실습이 이루어질 수 있도록 지도한다.
- 교재를 통해 수업을 준비하는데 있어서 필요한 모든 정보나 팁, 힌트 등 도움이 될만한 내용들을 확인할 수 있다.
- 학생들이 만들게 될 각 모델들은 수업시간에 중점적으로 다뤄질 부분과 어휘, 질문, 답을 포함하고 있으며 또한 탐구할만한 추가적인 아이디어들도 포함하고 있다.

학습 방법

- 블록체인 플랫폼 하이퍼레저에 대한 관련 용어를 숙지하고, 블록체인 플랫폼 하이퍼레저에 대해 이해한다.
- 블록체인 플랫폼 하이퍼레저의 각 단계별 중점 사항을 체계적으로 학습한다.
- 블록체인 플랫폼 하이퍼레저의 수행순서의 전 과정을 실습한다.
- 블록체인 플랫폼 하이퍼레저의 내용을 이해한다.
- 블록체인 플랫폼 하이퍼레저을 이해하고 숙달이 될 때까지 학습한다.

학습활동.4 평가 및 피드백

평가 준거

- 평가자는 피평가자가 수행 준거 및 평가 내용에 제시되어 있는 내용을 성공적으로 수행할 수 있는 지를 평가해야 한다.

학습내용	평가항목	성취수준		
		상	중	하
블록체인 플랫폼 하이퍼레저	블록체인 플랫폼 하이퍼레저을 이해할 수 있다.			

평가 방법

• 작업 포트폴리오

학습내용	평가항목	성취수준		
		상	중	하
블록체인 플랫폼 하이퍼레저	블록체인 플랫폼 하이퍼레저을 이해할 수 있다.			

• 필기시험

학습내용	평가항목	성취수준		
		상	중	하
블록체인 플랫폼 하이퍼레저	블록체인 플랫폼 하이퍼레저을 이해할 수 있다.			

• 체크리스트를 통한 관찰

학습내용	평가항목	성취수준		
		상	중	하
블록체인 플랫폼 하이퍼레저	블록체인 플랫폼 하이퍼레저을 이해할 수 있다.			

• 피드백

1. 작업 포트폴리오
   - 제출한 보고서를 평가한 후 주요 사항에 대하여 표시하여 돌려준다.
2. 필기시험
   - 평가 결과 성적이 저조한 학생은 보고서 제출 기회를 부여한다.
3. 체크리스트를 통한 관찰
   - 실습 과정에서 평가한 후 개선해야 할 사항 등을 정리하여 돌려둔다.

참 | 고 | 문 | 헌

1. 로메인 사태는 이제 그만 IoT와 블록체인 기술은 공급망을 어떻게 개선하나, 《IT월드》, 2017.08.02.
2. 2.0 2.1 SD아카데미, 〈블록체인 기술, 하이퍼레저 패브릭(Hyperledger Fabric)과 싱글 사인 온(SSO)〉, 《네이버 블로그》, 2018.05.28.
3. 3.0 3.1 UK, 〈하이퍼레저 패브릭(프라이빗 블록체인)〉, 《네이버 블로그》, 2018.08.20.
4. 4.00 4.01 4.02 4.03 4.04 4.05 4.06 4.07 4.08 4.09 4.10 4.11 ITLAND, 〈[HYPERLEDGER FABRIC v.1.02. 주요개념]〉, 《티스토리》, 2018.01.19.
5. 바람체인, 〈하이퍼레저 패브릭〉, 《네이버 블로그》, 2018.05.02.
6. miiingo riiingo, 〈박승철의 블록체인 강의: 2강 Hyperledger Fabric의 구조 블록체인 구조〉, 《티스토리》, 2018.06.19.
7. 공무제, 〈먼저 시작해 보는 블록체인 – 02. Hyperledger Fabric〉, 《IBM》, 2017.01.15.
8. neologis, 〈오픈소스 블록체인 '패브릭' 공개…보험 · 공급망 등 활용성 '무궁무진'〉, 《네이버 블로그》, 2017.08.02.
9. 땜문, 〈오픈소스 블록체인 '패브릭' 공개…보험 · 공급망 등 활용성 '무궁무진'〉, 《네이버 블로그》, 2018.07.23.
10. 이수호 기자, 〈카카오페이, 블록체인 인증기술 '비트코인→하이퍼레저'로 전환〉, 《뉴스1》, 2018.08.06.
11. 석대건 기자, 〈"우리는 이단아" 기술로 돌파하는 블록체인 기업 '미디움'이 온다〉, 《키뉴스》, 2019.03.04.
12. 은요, 〈35번째 IBM DeveloperWorks 밋업 : 프라이빗 블록체인 기술, 하이퍼레저를 공부해봅시다!〉, 《네이버 블로그》, 2018.03.09.
13. 강형석 기자, 〈'블록체인 서울'에서 돋보인 블록체인 플랫폼들〉, 《동아닷컴》, 2018.09.19.
14. 동승, 〈하이퍼레저(Hyperledger)〉, 《네이버 블로그》, 2018.08.06.
15. Jiwon Yeom, 〈하이퍼레저(Hyperledger) 개요〉, 《미디엄》, 2018.05.14
16. jiwony, 〈(Hyperledger Fabric) 하이퍼레저 프로젝트 개요〉, 《아이비엠》, 2018.11.12.
17. 최종욱, 〈블록체인 '하이퍼레저' 파헤치기(1)–기업형 블록체인, 하이퍼레저〉, 《마크애니》
18. MarkAny, 〈기업형 블록체인, 하이퍼레저–블록체인 '하이퍼레저' 파헤치기(1)〉, 《네이버 블로그》, 2018.08.06.
19. miiingo riiingo, 〈Hyperledger Whitepaper(하이퍼레저 백서)〉, 《티스토리》, 2018.01.30.
20. Hyperledger Whitepaper, https://docs.google.com/document/d/1Z4M_qwILLRehPbVRUsJ3OF8Iir-gqS-ZYe7W-LE9gnE/pub?cm_mc_uid=29910601354314920081869&cm_mc_sid_50200000=1502840355
21. delbert park, 〈하이퍼레저 백서 번역(1)〉, 《미디엄》, 2018.02.12.
22. 사이먼 워커 가트너, 〈(기고) 블록체인은 아직 마스터 데이터 관리에 활용될 준비가 되지 않았다〉, 《아이티데일리》, 2018.10.31.

23. delbert park, 〈하이퍼레저 백서 번역 (2)〉, 《미디엄》, 2018.02.12.
24. delbert park, 〈하이퍼레저 백서 번역 (3)〉, 《미디엄》, 2018.02.12.
25. delbert park, 〈하이퍼레저 백서 번역 (4)〉, 《미디엄》, 2018.02.12.
26. http://wiki.hash.kr/
27. 하이퍼레저 공식 홈페이지, https://www.hyperledger.org/projects/quilt
28. 하이퍼레저 공식 블로그, https://www.hyperledger.org/blog/2017/10/16/hyperledger-gets-cozy-with-quilt
29. hyperledger, 〈Hyperledger Quilt〉, 《Github》, 2018.03.28.
30. KBIPA, 〈리플, 하이퍼레저 블록체인 컨소시엄 가입(토큰포스트)〉, 《네이버 블로그》, 2018.03.29.
31. 야옹메롱, 〈리플넷(Ripplenet)에 대해 알아보자〉, 《네이버 블로그》, 2019.02.15.

학습 1	블록체인의 개념 및 특징
학습 2	블록체인의 알고리즘 및 기술
학습 3	블록체인의 개발환경구축
학습 4	블록체인 플랫폼 하이퍼레저
학습 5	**블록체인 프라이빗 플랫폼 R3 코다**
학습 6	블록체인의 사업성 검토
학습 7	블록체인의 암호화폐 응용
학습 8	블록체인의 금융분야 응용
학습 9	블록체인의 공공과 민간부문의 응용
학습 10	블록체인의 산업분야 응용
학습 11	코인을 어디에 보관하지?
학습 12	코인을 사고 팔려면 어떻게 하지?

학습 목표

1. 블록체인 프라이빗 플랫폼 R3 코다를 이해할 수 있다.

5-1 R3 코다의 개요

1. R3 코다의 개요

R3(알쓰리)는 세계 최대의 블록체인 컨소시엄으로 자체 개발한 블록체인 플랫폼을 기반으로 금융 분야에 블록체인 기술 적용을 주도하고 있다. 블록체인을 금융 산업에 본격적으로 적용, 실행하는 데에 그 목적을 두고 있다. R3는 분산원장 기술인 코다(Corda)를 이용하여, 프라이빗 블록체인 플랫폼인 코다 플랫폼(Corda Platform)을 만들었다.

R3는 글로벌 금융 서비스 개발 스타트업으로서 금융 서비스 산업에 적용할 수 있는 분산원장 기술 플랫폼과 상용 어플리케이션을 개발하기 위해 컨소시엄을 결성했다. R3는 결제・회사채・보험 등 8개 금융 분야에 적용할 블록체인 기술을 개발하기 위해 2015년 9월 골드만삭스 등 9개의 금융기관과 함께 R3 컨소시엄을 구성했다. 2016년, R3는 분산원장 기술을 적용하여 네트워크 확장이 쉽고 빠르며 유지관리 비용이 저렴한 컨소시엄 블록체인 플랫폼 코다를 개발했다. 이들은 기본적인 시스템

설계 및 기술 개발을 담당하고, 컨소시엄 회원사는 자사 응용 프로그램 프로그래밍 인터페이스에 연결해 시스템을 테스트한다.

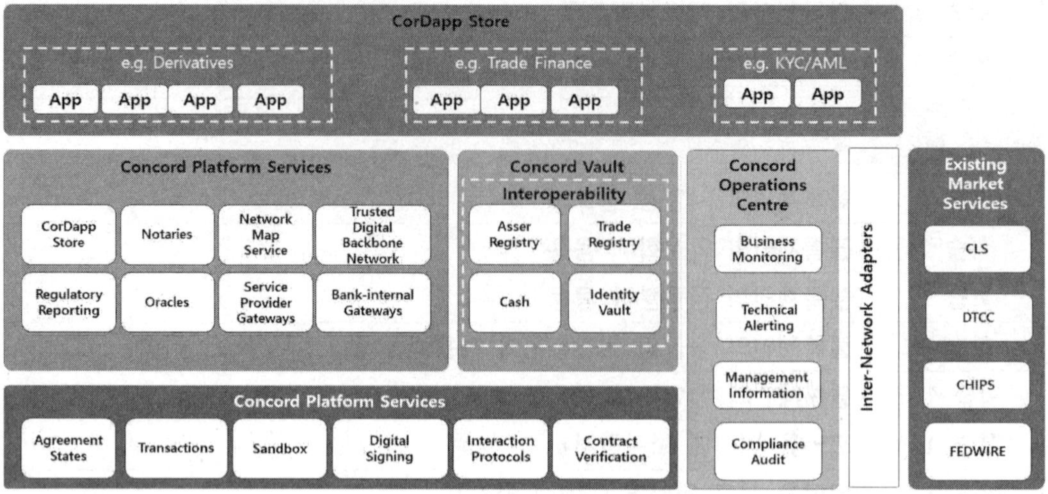

[그림 5-1] R3 코다 플랫폼의 구조

2. R3 등장배경

1) R3의 탄생

R3는 분산원장 기반의 핀테크 스타트업으로 월스트리트의 베테랑들인 데이비드 루터(David Rutter), 제시 에드워즈(Jesse Edwards), 토드 맥도널드(Todd McDonald)가 모여 창립하였다. 최고 경영자인 데이비드 루터는 R3을 창립하기 전 전산 금융 중개 및 리스크 관리 플랫폼을 제공하는 아이캡(ICAP)이라는 회사의 대표이사였다.

R3의 시작은 리서치와 벤처투자였다. 데이비드 루터는 비트코인을 알게 된 이후 이에 관심을 가지기 시작했고 비트코인이 아닌 비트코인의 기반, 즉 블록체인이 금융 시장의 혁신을 가져올 것이라는 판단을 내렸다. 그는 판단에 그치지 않고 이를 현실화시키기 위해 팀을 구성해 연구를 시작했다. 마침 독자적으로 블록체인 스타트업에 투자를 해오던 대형 금융기관 9곳의 지원을 받으며 자연스럽게 첫 단계의 컨소시엄이 구성됐다.

역사적으로, 또한 지금까지도 금융시장에서 경쟁사들이 모여 협력하는 경우는 거의 존재하지 않았다. 다만 블록체인의 분산원장 기술의 특성상 거래상대방이 있어야만 구현 가능하기 때문에 이러한 형태의 협력적인 컨소시엄 구성이 가능했다. 초기 협력한 아홉 개의 은행들은 다음과 같다 : JP모건 체이스(JP Morgan Chase), 크레디트스위스(Credit Suisse), 오스트레일리아 연방은행(Commonwealth Bank of

Australia), UBS, 바클레이즈(Barclays), BBVA, 스테이트 스트리트(State Street), 스코틀랜드 왕립은행(Royal Bank of Scotland), 골드만삭스(Goldman Sachs).

R3의 창업자들은 잠깐 동안의 연구를 통해 블록체인 기술의 본질적인 문제를 찾아냈다. 바로 기존의 블록체인 기술들은 금융기관들의 거래를 효율적으로 보완하고자 고안된 것이 아닌, 금융기관을 제거하고 P2P로 거래를 하는, 리버테리안적인 동기로 인해 발명되었다는 것이었다.

기존 블록체인 코드를 변경하는 것만으로는 금융 산업에 블록체인 기술을 적용할 수 없었다. 이에 깨달음을 얻은 R3 창업자들은 처음부터 아키텍처를 다시 쌓아 올리기로 결심한다. 이 과정에서 IBM에서 블록체인과 혁신팀을 담당하던 리차드 겐달 브라운(Richard Gendal Brown)과 비트코인의 초기 개발자 중 한 명인 마이크 일(Mike Hearn)을 영입한다.

초기 9개의 은행으로 구성된 R3 컨소시엄은 단 몇 개월 만에 33개의 금융기관이 추가로 참여하며 총 42개의 대형 컨소시엄으로 자리 잡았다. R3는 해당 그룹을 DLG(Distributed Ledger Group)라고 이름 붙였다. 이는 R3와 함께 분산원장 아키텍처를 연구하고 개발하는 그룹을 뜻한다. 이로서 금융 역사상 최초로 42개의 대형 금융기관이 자신들을 하나로 묶을 금융의 인터넷에 대한 조건들을 협력적으로 제시하기 시작한다. 즉, 추측과 가정에 의한 개발이 아닌 고객의 요구조건이 반영된, 금융 산업에 적합한 분산원장 플랫폼 개발의 포문이 열린 것이다. 이 분산원장 플랫폼은 코다(Corda)라는 이름으로 2015년 11월 30일 오픈소스 됐다.

2015년 말 42개의 DLT 그룹의 구성원들과 R3는 분산원장의 가장 큰 힘은 네트워크 효과에서 온다는 데에 합의를 도출했다. 또한 이에 따라 컨소시엄의 멤버십을 확장하기로 결심했다. 국내에는 현재 금융지주 5곳(하나, 신한, IBK, 우리, KB)을 포함해 70여 개 이상의 금융기관들이 참여하고 있다. R3 컨소시엄엔 은행 이외 카드사, 거래소, 보험사, 증권사, 투자사, 물류회사 등을 비롯한 중앙은행, 규제, 감독기관이 참여하고 있다.

2) R3의 목표

초기 R3의 목표는 다음과 같다.

① 블록체인을 금융시장에 적용하는 방법에 대해 이상적 추측이 아닌 실무적인 측면에서 바라보는 것
② 블록체인의 금융시장 적용을 위한 기존의 블록체인 기술에 대한 리뷰와 선택
③ 블록체인 기반 스타트업에 투자

3) R3의 기술적용 어려운 이유

R3는 블록체인을 금융시장에 적용 혹은 투자하기 위해 비트코인, 이더리움과 같은 블록체인 플랫폼 및 다양한 스타트업 기술들을 검토하기 시작했다. 하지만 얼마 지나지 않아 규제 산업인 금융에 이러한 기술들을 적용할 수 없다는 판단을 내렸다. 이유는 다음과 같다.

(1) 데이터 프라이버시(Data privacy)

기존의 블록체인 구조는 네트워크 참여자가 모든 거래내역을 보관하고 열람하는 구조다. 즉 A와 B 간의 거래를 C가 검증해야 한다. 고객 또는 자산의 기밀성을 보호해야 하는 금융 산업에서 이와 같은 공개적인 데이터 검증 구조는 적용될 수 없다.

(2) 확장성(Scalability)

모든 네트워크 참여자가 거래에 대한 합의를 도출하고 검증을 하게 되면 참여자가 많아질수록 거래 처리의 속도가 느려진다. 이를 초당 거래 수(TPS)라고 하는데, 빠른 속도가 생명인 금융거래에서 이러한 확장성의 한계는 큰 문제이다.

(3) 법률적 책임(Legal liability)

스마트 계약의 경우 기존의 블록체인은 법률적 책임의 소재가 불분명하다. 컴퓨터 코드에 의한 비가역적인 실행은 가능하지만 실제로 그것이 법률적 강제성을 가지는 것은 아니다.

(4) 개연적 결제 완결성(Probabilistic settlement finality)

기존의 블록체인, 특히 비트코인이나 이더리움과 같은 퍼블릭 블록체인의 경우, 결제의 완결성을 법률 또 기술적으로 100% 보장하지 않는다. 항상 네트워크의 포크 또는 블록재조정 등의 가능성이 존재한다. 은행거래의 경우 결제의 완결성은 중앙은행이 법적으로 보장하기 때문에 법률적인 측면에서도 문제가 있다.

5-2 R3 코다 플랫폼의 개요

1. 코다 플랫폼의 개요

코다는 핀테크 스타트업으로 80여 개 이상의 금융기업이 참여하는 글로벌 분산원장 컨소시엄의 운영주체인 R3의 분산원장 기술이다. 코다가 블록체인의 한 종류인지에 대한 여부는 끊이지 않고 있는데 코다는 블록체인이 아닌 분산원장 기술이다. 코다가 분산원장 기술인 이유는 블록체인이 R3에 많은 영향을 미쳤음에도 불구하고 코다 자체는 블록체인 개념과 상당한 차이가 있기 때문이다.

코다는 "기존의 블록체인이 금융권의 니즈를 충족시킬 수 없다"라는 판단에서 시작되었다. 코다는 애초에 기존의 블록체인 기술을 변경하는 수준이 아닌, 금융기관들의 요구를 충족하는 무엇을 만들기 위해 개발되었다. 블록체인 기술은 탈중앙화 방식의, 즉 금융기관 없이 자유롭고 평등한 참여자들에 의해 자율적으로 유지되고 운영되는 거래를 가능하게 하는 기술인데 금융기업들이 참여하여 스스로의 입지를 줄일 리 없다. 그래서 R3는 IBM에서 블록체인을 담당하던 리차드 젠달 브라운(Richard Gendal Brown)과 비트코인 코어 개발자 출신의 마이크 헌(Mike Hearn)을 영입하여 코다의 개발에 착수한다. 즉 코다는 블록체인 기술이 아닌, 분산원장 기술로서 기본적으로 금융산업에 최적화된 기술이다.

주의해야 할 점은 비트코인과 이더리움은 코다와 경쟁관계에 있거나 상충하는 개념이 아니라는 것이다. 비트코인, 이더리움, 코다 각자는 서로 다른 문제를 해결하기 위해 개발된 암호화폐 및 기술이다.

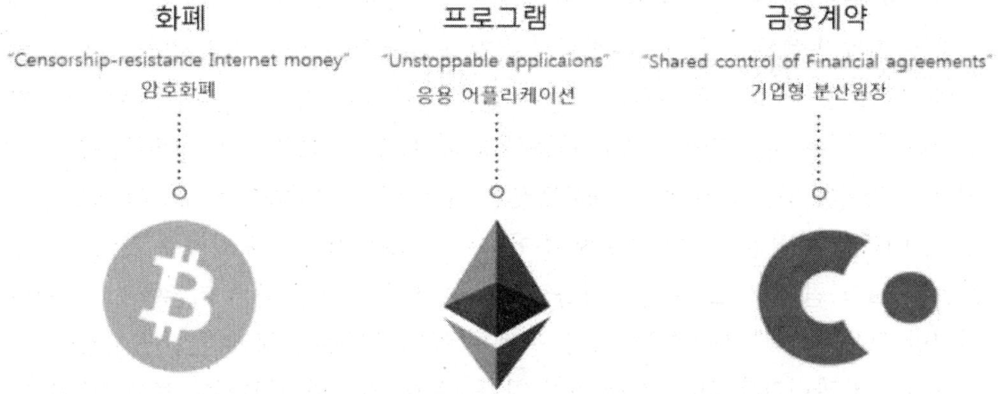

[그림 5-2] 비트코인, 이더리움, 코다의 비교

비트코인은 신뢰가 불가능한 익명 간의 가치이전이라는 역할을 수행하며 이더리움은 분산 프로그램이라는 역할을 훌륭히 이행하고 있다. 코다는 거래당사자 간의 합의를 통해서 계약 상태의 변화를 동일하게 기록 및 보관하는 분산 데이터베이스 기술이다.

이와 같이 코다는 블록체인 기술이 해결하고자 하는 문제와는 별개의 문제를 해결한다. 기존의 블록체인은 개인 또는 기관의 탈중개화(Disintermediation) 혹은 탈중앙화(Decentralization)를 통한 거래를 구현하고자 한다.

이와 다르게 코다는 데이터 보관 위치와는 관계없이 다수가 금융계약의 변화를 상호간 컨트롤 하는 플랫폼을 구현하고자 한다.

오랫동안 유지되어 왔던 중개기관의 역할을 일방적으로 파괴하는 것이 아닌 역할의 변화를 통해 금융산업의 전반적인 효율성을 제고시키는 것이 더 현실적이라는 판단에서이다.

비트코인이나 이더리움과 같은 블록체인 기술이 파괴적 혁신으로 금융혁명을 꾀한다면, R3의 코다는 금융산업의 변화에 더욱 초점을 맞춘다.

많은 사람들이 냅스터(Napster)나 토렌트(Torrent)를 범용적으로 사용하고 있음에도 지적재산(IP)와 같은 규제로 인해 제도권 안으로 들어오지 못하고 있는 것처럼 비트코인과 이더리움도 암흑속의 금융으로 남을 가능성을 배재할 수는 없다.

급진적 혁명이냐 효율적 변화냐 꼭 어느 것이 무조건 옳다고 볼 수는 없지만 금융 역시 규제산업임을 간과해서는 안 된다. 그럼에도 여전히 블록체인 기술이 발전하면서 확장성, 프라이버시, 분산처리와 관련된 면이 지금보다 훨씬 개선된다면 규제산업, 즉 제도권 내에서도 받아들일 여지는 존재한다.

2. 등장배경

기업형 블록체인을 엔터프라이즈 블록체인이라고 하는데, 이를 통해 해결하려고 하는 문제는 퍼블릭 블록체인으로 해결되는 문제와 분명한 연관성은 있지만 매우 다르다.

R3가 코다를 통해 결국 이루려고 하는 것은 “내가 보는 정보가 곧 네가 보는 정보임을 확실히 안다”는 것을 기술적으로 가능하게 하여 좀 더 효율적인 기업운영을 가능하게 하는 것이다. 즉, 한 기업이 거래하고 있는 파트너들과 완벽하게 동기화 된 정보를 갖고 있고, 이러한 사실을 인지함으로써 주어지는 새로운 기회를 포착하는 것이다. “내가 보는 정보가 곧 네가 보는 정보임을 확실히 안다”는 것은 물론 기존에도 가능했다. 하지만 “나”와 “너” 사이에는 항상 정보를 동기화해주는 중개자가 있어왔다.

중앙에서 관리감독 하는 기관 없이 참가자들이 자신의 컴퓨터만 보고 “내가 보는 것이 곧 네가 보는 것”이라는 것을 처음 알 수 있도록 한 것은 퍼블릭 블록체인의 근본적인 기술혁신 중 하나이다.

이것이 비트코인의 탄생에 있어 가장 획기적인 기술 중 하나라는 것은 누구도 부정할 수 없는 사실이며 기존의 비즈니스 프로세스에 존재했던 높은 비용, 복제, 낭비 및 오류 위험을 없앨 수 있는 열쇠였다.

물론 퍼블릭 블록체인에 대한 매우 긍정적인 전망이 다음 크립토키티(Cryptokitties)를 발명하여 수십억 달러를 버는 것보다는 훨씬 시시하겠지만 그렇다고 흥미롭지 않은 것 또한 아니다.

예를 들어 금리스왑(IRS)에 블록체인을 적용했다고 생각해보자. 만약 당사자의 기록이 거래상대방의 기록과 동일할 뿐만 아니라 모든 이벤트(변동금리 정산 등)가 사전에 합의된 담보약정(CSA)과 스왑 파생상품 계약(ISDA Agreement)에 따라 모든 참가자들에 의해 동일하게 수신되고 처리된다는 것을 확신할 수 있다면 금융 산업은 훨씬 더 큰 발전을 이룰 것이다.

또한 이러한 과정에서 발생하는 비용 절감 효과 또한 상당할 것이다. 현재 모든 은행의 시스템은 각자가 다른 방식으로, 다른 가정 하에 작동하고 서로 다른 버그를 가지고 있다. 당사자와 거래상대방이 가지고 있는 기록이 항상 동기화되어 있다는 것에 대한 확신을 가질 수 있다면 이를 통해 은행의 거래방식에도 커다란 진전이 생길 것이다.

금융을 참가자들 간의 계약으로 보면 금융 산업에서의 블록체인에 대한 기회는 분명해지며 이를 통해 계약을 기록하고 관리하며 자동화하는 것으로 많은 비용을 절감할 수 있어 결과적으로 새로운 비즈니스 기회를 창출할 수 있을 것이다

5-3 R3 코다 플랫폼의 특징

1. 오픈소스

R3는 회원으로 등록된 사람만 공유하는, 이른바 프라이빗 블록체인을 처음으로 시도한 곳 중 하나이다. 현재 R3가 더 많은 사람을 포함하는 분산원장 기술을 향해 나아가고 있지만 그렇다고 해도 여전히 모두가 참여하는 퍼블릭 블록체인과는 다르다. 리차드 젠달 브라운의 표현을 빌리자면, R3는 "공개된 공유 네트워크이지만, 여전히 승인된 사람들만 볼 수 있는 보안이 뛰어난 프라이빗 플랫폼"이다.

R3 코다 팀은 모든 참여자가 같은 사업 원리를 공유하지만 서로 다른 앱들이 통하거나 마찰을 빚을 가능성을 애초에 차단해버린 이더리움의 강단에 큰 영향을 받았다. 그러나 상대적으로 단순한 원리의 비트코인이라면 모를까 굵직한 금융기업은 이러한 퍼블릭 블록체인을 전 세계적인 규모의 비즈니스에 사용하기는 쉽지 않다. 이에 대한 리차드 젠달 브라운의 입장은 다음과 같다. "기업들이 운영하는 블록체인은 누구에게나 제한 없이 데이터를 공유하는 플랫폼의 영향을 받아서인지 몰라도 너무 많은 것을 공유하는 경향이 있다."

이와 같은 이유로 코다는 참가자들끼리 공유하는 데이터를 최소화하기 위해 참가자들 사이에서 데이터의 일부만 보여주고도 진본임을 입증하는 방식을 도입했다.

그것이 금융 거래든, 예약에 쓰이는 확인증이든 코다에서는 데이터 전체를 먼저 확인할 수 없으며, 거래 사실의 일부만 보여주는 시스템을 통하여 확인하지 못한 나머지 정보도 사실임을 확인하고 거래를 진행할 수 있다.

2. 강력한 보안

코다 네트워크 안에서 승인된 이들에게만 데이터를 공유할 때, 데이터가 필요해 인터넷을 통해 공유하려고 해도 당장 문제가 발생한다. 대부분의 회사는 "보안"을 최고의 목적으로 둔 자체 데이터센터를 만들고, 각종 어플리케이션과 보안을 위한 시스템을 겹겹이 쌓아 놓은 방화벽 안에 구축한 인프라 위에서 운영되고 있다.

합의를 통해 거래를 진행하기 위해서는 같이 공유해야 하는 바로 그 데이터가 지금 은행과 대기업 각자가 만들어놓은 철통같은 데이터센터 안에 고이 모셔져 있다. 결국 은행과 기업들이 서로 필요한 데이터를 공유하는 작업은 공공 인터넷상에서밖에 할 수 없다.

이때, 모두가 들여다 볼 수 있는 인터넷상에 비트코인이나 이더리움 노드 같은 기업 블록체인 노드를 올려놓고 데이터를 공유하면 보안에 있어 매우 문제가 생길 수도 있다. 우선 기업 자체의 데이터도 아닐뿐더러 해킹이라도 당하는 날에는 매우 위험한 상황에 놓일 수 있다. 그럼에도 불구하고 인터넷으로 데이터를 주고받는 것은 공격의 표적이 될 가능성이 매우 높다.

이러한 문제를 해결하기 위해 코다 노드가 선택한 방법은 은행, 제조업체, 항공사 등 거래 당사자의 시스템에서 가까운 곳, 즉 이러한 회사들이 운영하는 자체 서버나 소유하고 있는 클라우드 내부에서 코다 노드를 운영하는 것이다. 해당하는 서버와 클라우드 컴퓨터를 가장 잘 운영하는 것은 코다도, 더 큰 규모의 기업도 아닌 그것을 소유하고 있는 기업이다. 이러한 방법에도 거래상대방이 합의를 내리고 거래를 진행하기 위해 접속하여 확인해 볼 수 있는 데이터의 일부분은 공공 인터넷에 올려야 한다는 점은 변하지 않는다.

코다는 노드의 극히 일부분을 떼어내 전체 노드에서 흘러나와 비무장지대라고 부르는 곳에 떠 있게 한다. 부표(float)라고 불리는 떼어낸 노드 일부분이 정말 작고 단단하며 보안에 있어 매우 강력하다.

코다에서 거래에 필요한 노드는 이러한 방식을 통해 거래당사자 사이에서 공유된다. 기본적인 비즈니스는 해당하는 개관의 내부에서 진행되며 합의와 거래가 필요할 때는 데이터의 일부만을 안전하게 처리해 부표로 띄워 보내 상대방과 정보를 안전하게 공유하고 합의하여 거래를 진행한다.

수행 내용

재료 · 자료

- 지갑 및 블록체인 관련 자료

기기(장비 · 공구)

- 컴퓨터, 프린터, 주변기기

안전 · 유의사항

- 컴퓨터 및 주변기기의 전원을 관리한다.

수행 순서

01 R3 코다의 주요업무에 대하여 분석하라.

R3의 주요 업무는 크게 세 가지로 나뉜다. 분산원장인 코다 및 코다 플랫폼 개발, 컨소시엄 멤버 간의 프로젝트, 금융 서비스 개발이다.

1. 코다

코다(Corda)는 금융 산업에 최적화된 분산원장(Distributed Ledger) 기술로, 블록체인과는 다른 개념이다. 분산원장은 블록체인의 상위 개념이라고 할 수 있는데, 분산원장은 원장이지만 원장은 분산원장이 아닌 것처럼, 블록체인은 분산원장이지만 분산원장은 블록체인이 아니다. 예를 들어 비트코인과 같은 암호화폐는 블록체인 기술 기반이지만 블록체인이라고 해서 암호화폐가 필수적인 것은 아닌 것과 같은 논리이다.

R3의 코다는 블록체인이 아니다. 아직 산업 내에서 블록체인의 개념 정리가 완전히 이루어진 것은 아니지만, 기본적으로 블록체인은 데이터를 네트워크 참여자들이 모두 공유한다. 하지만 이러한 블록체인의 성격은 금융거래의 기밀성과 확장성에 적합하지 않다.

1) 코다와 일반 블록체인과 차이점

코다가 일반 블록체인과 다른 점은 다음과 같다.

① 코다는 네트워크 참여자들 간에 통합적으로 공유되는 데이터가 없다. 실제 거래에 참여한 거래상대방 간 또는 그 거래를 감독해야 하는 감독기구나 규제기관만 그 데이터를 열람할 수 있다.

② 코다는 자유롭게 누구에게 데이터를 전달할 것인지 중앙 관리자 없이 조절할 수 있다.

③ 코다는 거래에 대한 합의를 네트워크 차원에서 도출하지 않으며, 거래상대방끼리 개별 거래 단위로 합의를 도출한다.

④ 코다 네트워크에는 규제 또는 감독기구에게 디폴트로 관찰노드를 제공한다.

⑤ 코다 네트워크에서 이루어진 거래는 거래에 상관없는 네트워크 참여자가 증명하지 않고, 거래상대방끼리 인증한다.

⑥ 코다는 같은 네트워크 안에서 다양한 합의 알고리즘을 제공한다.

⑦ 코다는 인간 언어와 법률언어, 스마트 계약 코드를 연결하는 명시적 링크를 기록한다.

⑧ 코다는 기존 레거시 산업에서 표준으로 쓰이는 툴을 이용해 개발되었다. 프로그래밍 언어도 자바 계열의 코틀린(Kotlin)을 이용했고 자바로도 개발이 가능하다. 버추얼 머신(Virtual Machine)은 자바가상머신(JVM)이다.

⑨ 코다는 암호화폐가 없다.

2. 코다 플랫폼

코다 플랫폼은 금융기관들이 사용할 수 있는 공동 소프트웨어 플랫폼이라고 할 수 있다. 여기서 공동 소프트웨어란 같은 분산원장 네트워크 안에서 공동으로 처리되는 기능들을 뜻한다.

즉, 현재 각 금융사가 분리된 상태로 운영하는 금융 업무들이 있다. 이 중 가장 기본적인 기능들이 자산의 발행과 기록, 고객 인증정보, 타임스탬핑, 규제 리포칭, 오라클(레퍼런스 데이터) 등의 하위 레벨 기능들이 네트워크 참여자들 간에 공동으로 처리되는 것이다. 이는 새로운 형태의 코어뱅킹이다.

이는 데이터를 단순히 상호적으로 처리하는 것을 넘어서 특정 금융 부분의 운영 그 자체를 네트워크 단에서 동시에 처리하는 것이다. 이를 통해 각 금융기업이 독자적으로 처리해오던 금융정보가 산업단에 의해 공동으로 운영되기 때문에 데이터 퀄리티가 훨씬 정확해질 수 있다.

즉, 코다는 금융 산업의 안드로이드, 코다 플랫폼은 앱스토어라고 볼 수 있다. 코다 플랫폼 위에서 다양한 금융 어플리케이션들이 개발될 수 있기 때문이다.

일반인도 누구나 iOS 또는 안드로이드를 기반으로 한 모바일 서비스를 만들 수 있다. 이처럼 R3가 코다를 오픈소스 하면서 어느 누구나 금융기관들이 사용할 수 있는 금융 어플리케이션을 개발할 수 있다.

R3는 이러한 코다 기반의 금융 어플리케이션들을 코댑(CorDapp)이다.

장외파생상품 거래부터 무역금융, 송금, 인증까지 다양한 어플리케이션들이 개발될 것으로 예상된다.

3. 컨소시엄 멤버 간 프로젝트

R3 컨소시엄 내에서 금융기관들은 서로 다양한 협력 프로젝트를 진행한다. 금융 역사상 서로 피 튀기며 경쟁하던 금융기관들끼리 협력하여 서비스를 개발하는 경우는 거의 존재하지 않았다. 컨소시엄 내에 이러한 협력적인 분위기를 만들어 낼 수 있었던 이유는 분산원장 기술의 특성상 독자적으로 사용할 수 없을뿐더러 2008년 금융위기 이후 수많은 규제로 인해 은행들이 부담해야 했던 규제 관련 및 운영비용이 천문학적으로 증가했기 때문이다.

R3는 42개의 금융기관들이 블록체인 위에서 기업어음을 보내는 첫 번째 프로젝트를 진행하고 이를 프로젝트 제네시스(Genesis)라는 코드명으로 이름 붙였다.

42개의 금융기관들이 각자 클라우드 서버(마이크로소프트 애저르)를 통해 노드를 부여받아 동일한 네트워크 안에서 자산을 주고받은 것이다. 그 이후 은행들이 자발적으로 참여하여 60개가 넘는 다양한 프로젝트가 진행되었고 이에 따라 빠르고 굉장한 발전을 이루었다. 대표적인 프로젝트는 다음과 같다.

① 캐나다 중앙은행과 캐나다 결제협회(Canadian Payment Association), 5개의 R3 가입 시중은행이 진행한 은행 간 청산/결제를 위한 디지털화폐 발행 관련 프로젝트
② 바클레이즈(Barclays)와 R3가 코다를 이용해 개발하고 다수의 금융사와 테스트한 장외파생상품 거래를 위한 스마트 계약 템플릿 프로젝트
③ 싱가포르 통화청(MAS)과 R3, 그리고 다수의 금융사가 진행하고 있는 분산원장 기반 싱가포르 법정화폐 프로젝트
④ 11개의 대형 은행과 R3가 진행한 무역금융거래 프로젝트

1) 프로젝트는 5단계(5P)

프로젝트는 5단계(5P)가 있다. 참여하는 금융사의 지원 리소스와 수준에 따라 다양하게 진행된다.

① 개념증명(PoC) : 아주 단순한 방식으로 특정 거래에 대한 개념을 증명하는 테스트
② 프로토타입(Prototype) : 가상으로 특정 자산을 구성해 금융사들끼리 거래하는 테스트
③ 파일럿(Pilot) : 실제 데이터를 이용해 금융사들끼리 거래하는 테스트
④ 퍼미션(Permission) : 규제/감독기관의 허가 하에 실제 데이터를 거래하는 테스트
⑤ 프로덕트(Product) : 실제 상용화되는 서비스

4. 금융 서비스

R3의 코다 플랫폼 위에서 다양한 기술기반 스타트업들이 금융 앱들을 개발할 수 있지만, R3 역시 독자적으로 서비스를 개발한다.

02 R3 코다 관련 주요인물에 대하여 조사하여 분석하라.

1. 데이비드 루터

데이비드 루터(David Rutter)는 R3의 창시자이자 매니지먼트 파트너이다. 1984년 미국 펜실베니아주에 위치한 빌라노바대학교(Villanova University)에서 경영학 학사 학위를 취득했다. 그는 전자 금융 시장 혁신의 선구자이다. 지난 30년 동안 그는 음성에서 전자 상거래로 진화하는 데 주도적인 역할을 해왔다. 그는 차세대 금융 서비스 혁신을 가능하게 하는 암호화, 거래소 및 벤처 그룹의 설립자 겸 최고경영자이다. 세계적인 금융기관, 기술자 및 벤더와 함께 협력하여 현대 금융 시장 생태계를 변화시킬 수 있는 진화 솔루션을 도입하는 것을 목표로 한다.

① 1988년~1999년 : 프레본야마니(Prebon Yamane) 미주지역 전무이사 및 전자 상거래 총괄 부사장, 시카고보드중개(Chicago Board Brokerage) 부의장
② 1999년~2001년 : 브릿지 이마켓(Bridge eMarkets) 최고경영자 및 회장, 브릿지정보시스템(Bridge Information Systems) 부사장
③ 2001년~2003년 : 프레본에너지(Prebon Energy) 최고경영자
④ 2003년~2013년 : 아이캡(ICAP) 최고경영자
⑤ 2013년 01월~현재 : R3 창시자 및 매니지먼트 파트너
⑥ 2015년 06월~현재 : 리퀴디티엣지(LiquidityEdge LLC) 창시자 및 최고경영자

2. 리차드 겐달 브라운

리차드 겐달 브라운은 R3의 기술총책임자이자 상무이사이다. 영국에 있는 케임브리지대학교(University of Cambridge)에서 수학 석사를 받았으며 컴퓨터공학 학위를 취득했다. R3는 수백 개의 은행, 기술회사, 규제기관, 무역협회 및 전문서비스 회사들로 구성된 컨소시엄이 지원하는 엔터프라이즈 소프트웨어 회사이다. R3에서 리차드 겐달 브라운과 그의 팀은 세계에서 가장 발전된 엔터프라이즈 블록체인 플랫폼인 코다(Corda)를 구축한다. 또한 그는 영국 IBM의 은행 및 금융 시장 비즈니스를 위한 산업 혁신 및 비즈니스 개발을 담당한 경영 설계자였다.

① 2000년 09월~2002년 04월 : IBM 소프트웨어 엔지니어
② 2002년 04월~2004년 01월 : IBM 개념증명 전달 컨설턴트
③ 2004년 01월~2006년 12월 : IBM 선임 IT 전문가
④ 2007년 01월~2011년 01월 : IBM 금융시장을 위한 통합 솔루션 설계자
⑤ 2011년 01월~2013년 06월 : IBM 금융시장의 산업 설계자
⑥ 2013년 07월~2015년 08월 : IBM 은행 및 금융시장의 경영 설계자
⑦ 2015년 09월~현재 : R3 기술총책임자

3. 제시 에드워즈

제시 에드워즈(Jesse Edwards)는 R3의 공동 창립자이다. 2003년에서 2006년 미국 뉴욕주 이타카에 있는 코넬대학교(Cornell University)에서 대기과학 학사 학위를 취득하였으며 2008년에서 2010년 코넬 존슨 경영대학원(Cornell Johnson Graduate School of Management)에서 금융, 투자은행 분야 MBA를 취득하였다.

① 2006년 05월~2008년 08월 : 미국 해군(US Navy)
② 2010년 06월~2012년 01월 : 샌들러오닐앤파트너스(Sandler O'Neill & Partners) 금융기관 부문 투자은행 관계자
③ 2012년 11월~2013년 01월 : AGC파트너스(AGC Partners) 금융서비스기술 부문 투자은행 부사장
④ 2013년 01월~현재 : R3 공동 창립자
⑤ 2015년 06월~현재 : 리퀴디티엣지(LiquidityEdge LCC) 공동 창립자
⑥ 2016년 02월~현재 : 퍼스트AI(firstAI) 어드바이저

4. 토드 맥도널드

토드 맥도널드(Todd McDonald)는 R3의 공동 창립자이다. 1992년에서 1996년 미

국 뉴욕주 해밀턴에 있는 콜게이트대학교(Colgate University)에서 경제학 및 정치학 학사 학위를 취득했다.

① 1996년 08월~2002년 05월 : 스탠다드차타드은행 외환딜러
② 2003년~2004년 : IBM 세일즈매니저
③ 2004년 06월~2012년 11월 : 스탠다드차타드은행 외환딜러
④ 2013년 01월~2014년 08월 : 컨설턴트(Consultant) 외환 및 신흥시장 컨설턴트
⑤ 2014년 08월~2015년 03월 : 스테이트 스트릿(State Street) NDF 비즈니스 개발을 위한 합작투자 파트너
⑥ 2013년 02월~2015년 06월 : 반즈 브라더스 언리미티드(Barnes Brothers Unlimited) 파트너
⑦ 2014년 08월~현재 : R3 공동 창립자

03 R3 코다 플랫폼의 구성 중 원장과 상태에 대하여 분석하라.

코다의 구조를 알기 위해서는 분산원장을 금융 산업에 적용하기 위한 필수요건을 먼저 알아야 하는데, 다음은 금융권 대상의 분산원장을 개발하기 위해 기반이 되어야 하는 기능이다.

분산원장의 기록은 계약상 용인되는 증거로 채택될 수 있어야 하며 분쟁이 있을 경우를 대비해 법적 구속력을 지녀야 한다.

분산원장의 기록은 그 자체로서 권위성이 있어야 하며, 원장에 기록된 정보는 다른 곳에 구비되어 있는 기록의 복사본일 수 없다. 즉 기록의 처리는 반드시 분산원장에서 직접 일어나야 한다.

분산원장의 기록은 완결성과 비가역성을 지녀야 한다. 만약 오류가 있을 경우 기록의 삭제 또는 변경이 불가능하기 때문에 신규거래를 발생시켜 수정해야 한다.

원칙적으로 모든 참여기관은 원장에 직접적으로 연결해야 하고 원장은 거래상대방과 체결한 계약을 기록하는 용도로 사용해야 한다.[14] 어떠한 참여기관도 거래상대방에게 거래를 강요할 수 없다.

금융거래의 상세 내용에 대한 열람권은 그 거래에 직접적으로 참여한 기관이거나 거래를 열람할 이유가 있는 기관에 한해 주어져야 한다.

1. 원장

기존의 블록체인은 모든 데이터를 거래에 참여하는 모든 참여자에게 전파하기 때문에 각 노드의 관점에서 원장은 객관적이기 때문에 내 원장에 기록된 데이터가 나와 관계가 있든 없든 객관적인 사실로서 받아들여진다.

반면 코다의 원장은 일부의 데이터를, 제한된 참여자에게 전파하기 때문에 기본적으로 각 노드의 관점에서 매우 주관적이다. 때문에 자신과 관련 있는 정보에 대해서만 보관한다.

코다의 원장은 크게 On-Ledger와 Off-Ledger로 나뉘는데, 이는 말 그대로 데이터가 안과 밖, 양쪽에서 관리될 수 있음을 의미한다.

데이터가 원장의 안에 기록되어 있다고 해서 데이터가 누군가와 공유되고 있다는 것을 뜻하지는 않지만, 누군가와 공유되고 있는 데이터라면 반드시 On-Ledger에 기록되어야 하며 마찬가지로 원장의 밖에 기록된 정보는 반드시 혼자만 관리되어야 한다.

즉 코다의 원장 구조에서는 어느 곳에도 중앙 집중적인 원장이 존재하지 않고 각 네트워크 참여자는 팩트(Fact)가 기록된 원장을 독립적으로 관리하며 거래에 관련이 있는 당사자 간의 정보는 항상 동일한 가운데 On-Ledger에 기록된 데이터라고 하더라도 반드시 공유되어야 하는 것은 아니다.

2. 상태

금융거래에 있어서 계약은 두 거래당사자의 관점에서 사실로 받아들여져야 하고 가장 최신 상태를 서로 보관해야 한다.

여기에서 사실이란 두 개체 간의 공통된 데이터를 의미하는데 그 예로 금융계약, 금융자산 등이 있다. 상태는 그 사실의 현재 상태, 즉 최신 버전을 의미한다. 상태는 특정 시간에 공유된 사실에 대한 데이터를 보관하는 객체로서 복잡하고 다양한 계약 또는 자산을 표현하는 데 사용된다.

현금, 어음, 채권 등의 자산이나 금리스왑, 신디케이트 등과 같은 금융상품 및 다자간 계약까지도 구현할 수 있다. 상태객체에는 다양한 속성이 포함될 수 있는데, 예를 들어 채권은 발행날짜, 상환날짜, 명목금액 등이 포함된다.

상태는 비가역성이라는 특징을 가지고 있기 때문에 특정 유형으로 작성되면 다른 유형으로의 변경이 불가능하다. 즉 채권 형태의 상태 객체가 생성되면 항상 채권의 형태이어야 한다.

하지만 계약과 자산의 상태는 항상 변화하기 때문에 관련된 상태의 업데이트 또는 진화는 가능하다. 특히 금융업계에서는 계약이 새로 생성되고 기존의 계약은 파기되는 일련의 과정들이 계속해서 반복되기 때문에 이 계약의 현 상황을 나타내는 상태라는 개념은 매우 중요하다. 하나의 상태는 특정 시점에서 트랜잭션의 참여자들끼리 공유된 정보를 나타내는데 이는 장부에 올라가므로 수정이 절대 불가능하다. 모든 상태는 임의의 정보를 포함할 수 있으며 주식 정보나 채권정보, KYC 데이터, 신원확인 정보 등 어떠한 종류의 정보도 반영할 수 있다.

주의해야 할 점은 하나의 정보를 담기로 정했으면 다른 정보를 담아 해당 상태를 변경할 수 없다는 것이다. 예를 들어, 여러 상태를 담은 하나의 그룹(pool)이 시큐리티 코인에 대한 소유권을 보여주는 상태들로 구성되어있다. 이 묶음(Vault)이 갑자기 KYC 데이터나 신원확인 정보를 담은 상태들의 묶음으로 바뀌는 것은 불가능하다.

1) 상태의 변화 과정

앞서 말한 것과 같이 모든 상태는 수정되거나 삭제될 수 없기 때문에 하나의 상태 자체는 현실 세계의 변화를 직접적으로 반영할 수 없어 상태가 누적되는 과정을 통해 현실을 드러낸다.

만약 하나의 상태가 새롭게 반영되어야 할 때 이전 상태를 그대로 복사하여 새로운 상태를 생성하고 이전의 상태는 처리됨으로 표시된다. 대신 새로운 상태에는 이전의 상태에서 어떻게 변화되었는지에 대한 기록을 해야 하고 상태의 묶음(Vault)에서 맨 위에 보여지도록 해야 하며 이러한 상태를 최신의 상태라고 기록한다. 이러한 과정을 통해 상태의 모든 변화 과정을 장부에서 확인할 수 있게 된다. 따라서 장부상에 기록된 이전 상태를 하나씩 뜯어보면 최신 상태를 드러내는 상태를 검증할 수 있다.

2) 상태의 기록 묶음

모든 네트워크의 노드는 각자의 상태를 기록하는 묶음(Vault)을 가지고 있어 묶음을 확인하여 최신 현황을 반영하는 상태가 어떠한 변화를 겪어왔는지에 대한 정보를 얻을 수 있다. 이 묶음은 금고 또는 볼트(Vault)라고 불리기도 한다.

이는 암호화폐를 지갑에 보관하는 것과 같이 코다 네트워크에서 발행되고 유통되는 다양한 금융계약 또는 금융자산들이 저장되고 관리되는 관계형 데이터베이스이다. 볼트는 상태 시퀀스의 헤드(최신 버전)를 추적하고 보관하며 거래 참여자 간의 상태 헤드는 항상 일치한다.

04 R3 코다 플랫폼의 구성 중 네트워크와 신원인증에 대하여 분석하라.

1. 네트워크

코다 네트워크는 사전에 협의된 노드끼리의 통신망이다. 각각의 노드는 Java EVM 환경에서 구동되는 코다 서비스와 코댑(CorDapps)라고 불리는 코다의 자체적인 디앱을 구동할 수 있다. 노드 간의 통신은 직접 연결되며, 미들웨어의 메시지를 전달할 때 표준 프로토콜로 사용되는 AMQP(Advanced Message Queuing Protocol) 1.0을 활용한다.

이 과정에서 메시지를 TLS 암호화하여 전송하기 때문에 모든 메시지는 이해관계자끼리만 공유되며 네트워크 전체에 메시지를 전파하지 않는다.

각각의 네트워크는 네트워크 맵 서비스(Network Map Service)를 지원하는데, 이는 네트워크상에 있는 노드와 통신할 수 있도록 모든 노드에 IP 주소를 부여하는 서비스이다. 네트워크 맵 서비스는 일종의 전화번호부 역할을 수행한다고 생각하면 되는데, 노드의 신원을 보증하는 역할 역시 네트워크 맵 서비스가 도맡는다.

이 서비스에는 네트워크상의 모든 노드에 연락할 수 있는 정보가 담겨있어 메시지를 받는 노드가 오프라인 상태라면 대기하고 있다가 온라인이 되면 메시지가 전달된다. 따라서 모든 메시지는 수신자를 명시해야 하며 발신자는 수신자와 수신자가 보게 될 내용을 모두 컨트롤 할 수 있다.

1) 문지기

코다 네트워크는 사설 네트워크의 특징을 가지고 있는데, 각각의 네트워크는 모두 문지기 역할을 하는 노드를 가지고 있다. 따라서 네트워크 내부의 노드가 지켜야 하는 규정을 강제하고 신규 네트워크 참여자의 신원을 확인하는 KYC(Know-your-customers) 과정을 거친다.

네트워크에 참여하기 위해서 모든 노드는 반드시 문지기 노드와 사전에 연락을 취하고 필요한 정보를 서로 공유해야 한다. 문지기 노드는 네트워크에 새로 참여하고자 하는 노드를 네트워크에 참여시킬 때 Trust Root CA 인증서를 발급하는데, 이는 네트워크 내부에서 다른 참여노드와 통신을 할 때 해당 노드의 신원을 인증하는 역할을 한다.

2) 네트워크 서비스

(1) 검증인 역할

검증인 역할을 하는 노드 개수에는 제한이 없다. 검증인은 트랜잭션의 유일성을 최종적으로 확인하는 역할을 수행하며 트랜잭션의 유효성을 검증하는 역할도 한다. 검증인 노드는 특정한 하나의 노드와 함께 통신할 수 있으며 혹은 여러 개의 노드 묶음과도 함께 통신할 수 있다.

(2) 오라클 역할

오라클 역할을 하는 노드의 존재유무에 따른 문제는 없다. 실제 세계에서 일어난 현상을 제대로 반영하여 트랜잭션에 올렸다는 사실을 검증하는 역할을 수행하며 오라클 문제를 해결하기 위해 나타난 노드 역할이다.

2. 신원인증

코다에 참여하는 모든 노드는 자신의 신원을 입증해야 한다. 네트워크상에서 자신의 신원을 인증한 노드는 자신이 참여하는 서비스나 기구의 법률적 권리와 그 책임을 모두 맡게 된다. 다음은 코다의 참여하는 모든 노드가 입증해야 할 두 가지 신원이다.

1) 법률적 신원

법률적 신원은 실제로 자신이 누구인가에 대한 인증이다. KYC(Know-Your-Customers)와 동일하게 생각하면 된다. 노드는 자신의 실제 신원을 입증했기 때문에 이에 대한 합당한 역할과 책임이 생긴다. 예를 들어 A는 대한민국 서울 출신의 1995년생임을 네트워크에서 인증해야 한다. 이를 인증한 후 금융거래를 실제로 네트워크상에서 이행할 수 있게 된다.

2) 서비스 신원

서비스 신원은 코다 서비스 내부에서 자신이 하는 역할에 대한 입증을 의미한다. 법률적 신원은 자신의 실제 신분을 인증하는 것이라면 서비스 신원은 자신이 특정한 단체나 기구에서 어떠한 역할을 맡고 있는지를 인증하고 확인받는 것이다.

예를 들어 A는 어느 기업의 회장직을 역임하고 있다. 해당 기업이 코다를 활용하고 싶다면 네트워크에 본인이 회장직에 있음을 인증해야 한다.

이 두 가지의 신원을 입증한 후 코다의 분산 네트워크에서 하나의 노드가 여러 개의 네트워크에 참여할 수 있게 된다. 코다에 참여하는 모든 노드는 자신이 인증한 신원이 Composite Keys에 올라가게 되며 이는 서비스에 실제로 참여하고 있는 노드의 서명

값을 모아둔 것이다. Composite Keys에 올라가게 되었다고 해서 자신의 신원이 모든 노드에게 공개되었다는 것은 아니다. 네트워크상에서 자기 자신을 숨길 수도 있는데 이는 자신이 처음 네트워크에 가입했을 때 어떤 종류로 참여했느냐에 따라 달라진다. 자신의 네트워크 신원은 X.509 인증서에 담긴다.

신원을 모두 공개하는 노드는 법적인 효력이 있는 서비스를 활용할 수 있는 공개키를 부여받게 되어 해당 노드에게 발급되는 인증서는 누구나 열람할 수 있다. 즉, 해당 노드의 존재 사실을 모든 노드가 확인할 수 있게 되어 자신의 신원을 숨기고 비밀통신을 해야 하는 경우에는 적합하지 않다. 반면 비밀노드는 자신의 신원을 꼭 확인해야 하는 상대 노드에게만 자신의 신분을 밝힐 수 있다. 해당 노드의 공개키는 검증인 노드 같은 제3자에게는 보여질 수 있지만 노드의 이름과 X.509 인증서 제공은 철저하게 비공개된다. 설령 제3자가 암호화되지 않은 트랜잭션에 접근한다고 하더라도 비밀노드에 대한 추가적인 정보가 주어지지 않는다면 해당 트랜잭션의 수신자 혹은 발신자에 대한 정보를 알 수 없다.

3) 인증서

노드는 반드시 공개키의 소유자가 누구인지 알 수 있어야 하며 이 과정에서 X.509 인증서가 사용된다.

첫 번째 노드가 공개키와 개인키를 생성하고 문지기 노드에게 서명을 요청하는 인증서를 네트워크상에 제출한다고 가정해보자.

문지기노드는 신원을 확인하는 절차를 거친 후 해당 노드의 인증서를 최종적으로 발급한다. 문지기 노드가 서명한 이 인증서는 해당 노드의 신원을 공식적으로 인증하는 문서가 된다. 문지기 노드가 서명한 CA(Node Certificate Authority)를 발급받은 노드는 해당 인증서를 바탕으로 TLS 인증서를 포함한 두 개의 문서를 더 만든다.

마지막으로 노드는 자신의 주소와 신원이 담긴 문서를 만들어 네트워크 맵 서비스에 등록한다.

05 R3 코다 플랫폼의 구성 중 트랜잭션과 계약에 대하여 분석하라.

1. 트랜잭션

코다에서 트랜잭션이란 "원장을 업데이트 하는 상태의 원자적 변화"를 일컫는다. 이때 원자적이란 줄어들 수 없고, 쪼개질 수 없으며, 참이나 거짓 중 단 하나의 진리 값을 가지는 것을 뜻한다.

즉, 원자적인 트랜잭션은 1) 소비되었거나, 2) 소비되지 않았거나, 3) 아예 유효하지 않거나 로만 나뉘어야 하고 이는 상태가 모호하지 않고 결정적임을 의미한다. 코다는 비트코인처럼 UTXO(Unspent Transaction Output) 모델을 사용한다. 비트코인과 같이 코다의 원장은 소비되지 않은 상태의 집합이며, 트랜잭션의 아웃풋은 다음 트랜잭션의 인풋으로 쓰일 수 있다. 코다에서는 트랜잭션을 통해 세 가지 변화가 구현될 수 있다.

1) 발행

발행이란 새로운 상태를 원장에 기록하는 것이다. 비트코인은 채굴자들이 채굴을 하여 코인을 발행하지만 코다는 내부적인 화폐가 존재하지 않기 때문에 참여기관이 직접 상태를 발행해야 한다.

발행의 대표적인 예는 중앙은행이 국채와 통화를 발행하는 것, 시중은행이 예금을 기반으로 신용을 창출하거나 새로운 계약을 만드는 것 등이 있다. 때문에 상태를 신규로 발행할 때만큼은 상태의 인풋 레퍼런스가 필요하다.

2) 업데이트

업데이트는 발행된 상태가 다음 상태로 변화하는 것을 의미하는데 자산의 소유자가 바뀌는 것을 업데이트의 예로 들 수 있다. 상태가 업데이트 될 때에는 새로 만들어진 상태의 인풋이 기존의 아웃풋을 레퍼런스로 가지고 있어야 하며 이를 인풋 상태 레퍼런스(Input State References)라고 부른다.

인풋 상태 레퍼런스는 트랜잭션ID와 인덱스로 구성되어 있다. 트랜잭션ID는 상태를 생성한 트랜잭션의 해시값이고 인덱스는 아웃풋 값들의 리스트에서 상태의 포지션을 의미한다.

3) 종료

종료는 상태의 시퀀스를 종료함으로써 원장에서 상태를 삭제하는 것을 의미하며 채권의 만기일에 현금으로 환매하는 경우가 그 예이다.

코다에서 트랜잭션은 이 발행, 업데이트, 종료의 세 가지 변화가 유기적으로 일어난다. 복잡한 금융거래에 맞춰 이 세 가지 변화는 합쳐질 수도 있고, 다양한 상태들이 한 개의 트랜잭션 안에 포함될 수 있으며, 현금과 같은 대체가능한 자산을 나눌 수도 있다.

원장을 업데이트하기 전에 트랜잭션은 거래 참여자가 모두 서명을 하는 커밋(Commit) 과정을 거쳐야 한다. 전자서명은 아웃풋 상태의 비가역성을 강제하고 이미 커밋된 트랜잭션의 아웃풋 상태를 변경하기 위한 시도는 트랜잭션에 추가된 전자서명을 확인하여 쉽게 감지될 수 있다. 새로운 트랜잭션은 이전 트랜잭션의 해시를 참조하여 비가역성을 지니는 체인과 같은 구조로 만들어진다.

이더리움 및 IBM의 하이퍼레저 패브릭(Hyperledger Fabric)과 코다의 차이점은 트랜잭션은 원장을 업데이트하는 행위를 위한 지시가 아니라는 점이다.

이더리움이나 하이퍼레저 패브릭에서 원장을 업데이트하기 위해서는 각 피어들이 원장의 새 상태를 계산하는 코드를 작성해야 한다. 각각의 피어는 원장의 새로운 상태를 계산하기 위해 지시를 내리고, 원장이 업데이트되기 전에 각 피어의 결과 값을 비교한다.

트랜잭션은 코다에서 검증을 필요로 하는 제안이다. 거래의 제안자가 먼저 원장의 새로운 상태를 제안하고, 제안된 원장의 상태가 관련 있는 피어에게 전달한다.[16] 이후 피어가 계약코드를 통해 거래의 유효성을 검증한 후 서명하여 원장을 업데이트한다. 코다에서는 트랜잭션 제안자가 아웃풋 상태를 반영하는 업데이트된 원장을 계산하는데 이는 곧 아웃풋 상태들이 업데이트된 원장임을 의미한다.

2. 계약

상태 객체는 크게 1) 특정 시간의 계약 및 자산의 상태를 반영하는 속성, 2) 트랜잭션 안의 상태를 소비하는 참여자, 3) 트랜잭션을 검증하는 함수를 규정하는 계약 레퍼런스의 세 가지 요소를 포함하고 있다.

코다에서 각각의 상태는 항상 계약을 레퍼런스로 가리켜야 한다. 계약 레퍼런스는 계약 코드와 법률 언어로 구성된다. 계약 코드는 트랜잭션을 검증하고 거래에 참여하는 모든 피어로부터 실행되어야 하는 코드로서 코다는 계약 코드가 항상 동일한 아웃풋의 출력을 보장한다. 계약 코드는 피어로부터 항상 같은 결과 값을 도출해야 하기 때문에 랜덤 수를 발생시키는 등의 비결정적인 코드는 실행될 수 없다. 따라서 변형된 버전의 JVM인 샌드박스 형태의 환경에서 결정성을 보장받은 후에야 코다의 계약 코드가 실행될 수 있다.

1) 트랜잭션의 검증

트랜잭션은 모든 참여자의 서명이 있어야 검증할 수 있다. 하지만 특정한 트랜잭션이 필요한 모든 서명을 얻었다고 하더라도 계약의 내용상으로 참이어야 올바른 트랜잭션이라고 할 수 있다. 계약상의 검증은 다음과 같은 상황을 일컫는다.

① 모든 상태는 하나의 계약을 행하고 있어야 하며 계약의 내용과 합치해야 한다.
② 계약이 트랜잭션을 입력 값으로 받으면 트랜잭션 내부의 상태가 계약의 규칙과 합치하여 이루어졌는지 검증한다.
③ 모든 트랜잭션은 계약의 입력 상태와 출력 상태가 모두 계약의 규칙과 내용상에 부합하다고 판단될 때에만 참이라고 인식된다.

제1장 제2장 제3장 제4장 제5장 제6장 제7장 제8장 제9장 제10장 제11장 제12장

JVM으로 계약이 써졌기 때문에 모든 계약은 JVM을 지원하는 언어로 써져야 한다. 때문에 트랜잭션과 상태의 입력값, 출력값, 명령값, 시간에 대한 정보 및 이와 관련된 부가 정보에 대한 모든 접근 권한을 가질 수 있게 된다. 상수와 변수의 지정, 함수의 호출에 대한 모든 실행을 할 수 있으며 유사한 정보를 하나로 묶어 그룹으로 만들 수도 있다. 계약의 규칙과 맞지 않는 트랜잭션은 장부에 업데이트 되지 않기 때문에 참여 노드끼리 계약상으로 올바르지 않은 트랜잭션에 서명하더라도 장부상에는 올라가지 않는다. 이러한 과정을 통해 계약의 강제성이 실현된다.

2) 계약 샌드박스

모든 트랜잭션은 결정적 상태로 확증되어야 하며 모든 계약은 하나의 트랜잭션만을 승인 및 거절할 수 있다. 모든 트랜잭션은 해당 트랜잭션이 언제 실행되었는지에 대한 정보와 함께 계약이 실행될 때 담겨야 하는 정보의 양에 대한 서술이 반드시 포함되어야 한다. 이는 네트워크상의 모든 노드가 장부의 업데이트를 승인하기 위한 필요조건이다. 결정적 샌드박스는 계약의 트랜잭션 승인 여부를 판단하기 위해 활용된다. 이 샌드박스는 비결정적 요소가 될 수 있는 라이브러리를 계약에 들어오지 못하도록 막는데 궁극적으로 트랜잭션을 검증할 때 필요한 정보만 계약에 담아 실행될 수 있도록 한다.

3) 계약의 한계

계약 자체는 현실 세계와 접점을 가지기 쉽지 않아 계약은 내부의 정보만을 바탕으로 트랜잭션을 검증한다. 즉, 계약은 실제 외부 세계에서 합의된 사항에 대해서는 사전 계약에 조건으로 담기지 않은 이상 확인할 수 없다. 따라서 트랜잭션에 참가하는 노드들은 트랜잭션에 합의한 내용이 제대로 담겼는지를 서로 확인하고 서명을 해야 한다.

4) 오라클문제와 법률문제

오라클문제는 트랜잭션에 참가하는 당사자들끼리 결정되어야 하는 문제인데, 트랜잭션이 실제 상황을 반영하는 데에는 여러 가지 변수가 생길 가능성이 있다. 예를 들어 해당 트랜잭션이 환율을 반영해야 하는 해외송금이면 오라클이슈를 해결해줄 수 있는 노드가 반드시 존재해야 한다. 혹은 법률적 문제를 담은 계약의 경우 법률적 문서를 계약상에 작성한 다음 법률적 판단을 해줄 수 있는 상관없는 노드가 지정될 수도 있다.

06 코다 플랫폼의 구성 중 합의, 노드 및 법률언어에 대하여 분석하라.

1. 합의

하나의 트랜잭션이 장부에 반영되기 위해서는 유일성과 유효성이 검증되어야 한다. 유효성 검증은 트랜잭션에 참여한 노트끼리 검증을 한 후 서로 서명을 하는 것이며 유일성 검증은 검증인 노드에 의하여 검증된다.

1) 유효성 합의

유효성 합의란 계약의 입력상태와 출력상태에 의하여 트랜잭션이 승인되었는지를 판단하고, 필요한 모든 참여자의 서명을 받았는지 확인하는 과정을 뜻한다. 즉, 거래 당사자들끼리 거래내용에 만족하여 올바르게 거래가 처리되었음을 확인하고 각각의 서명을 통해 해당 트랜잭션이 유용하다는 것을 증명하는 것이다.

이 과정에서는 입력 트랜잭션 값을 생성시키도록 한 이전 트랜잭션의 모든 기록을 다 검사해야 하는데, 이를 체인 위를 걷는다(Walking the Chain)라고 표현한다. 예를 들어 장기국채에 대한 트랜잭션을 한 노드가 제안했다. 이때 채권이 다른 사람들에게 거래되었을 때 해당 거래가 올바르게 성사되었을 경우에만 채권의 거래가 유효하다고 볼 수 있다.이를 확인하기 위해서는 트랜잭션의 과거 기록을 모두 확인해야 한다. 트랜잭션 하나를 검증할 때 트랜잭션을 검증해야 하는 노드가 검증해야 하는 모든 기록을 보유하고 있지 않는 경우가 생길 수도 있다. 이 때, 해당 노드는 트랜잭션을 체인에 올리고자 하는 사람에게 자신이 보보유하고 있지 않는 트랜잭션의 기록을 요구한다. 트랜잭션을 체인에 올리기 위해 제안한 사람은 해당 트랜잭션을 과거에 검증할 때 트랜잭션의 과거 기록을 확인했기 때문에 해당 노드는 트랜잭션의 전체 기록을 가지고 있다.

2) 유일성 컨센서스

예를 들어, A는 시중은행에 1백만 달러의 예금을 들고 있으며 A는 두 개의 트랜잭션을 만들고자 한다.

① 1백만 달러를 B에게 주고 80유로를 받는 경우
② 1백만 달러를 C에게 주고 90파운드를 받는 경우

A는 자신의 1백만 달러를 두 번 사용할 수 있으며 유로와 파운드를 동시에 받았다. 따라서 위의 두 가지 트랜잭션에 대해 모든 참여자들이 합의했다고 하더라도 이중지불

문제가 발생할 수 있으므로 트랜잭션이 반드시 올바르다고 말할 수 없다. 이러한 상황을 예방하기 위해서 해당 트랜잭션은 오로지 한 번만 트랜잭션이 일어났다는 것을 증명하는 유일성을 반드시 보여주어야 한다. 이때 자신이 거래를 두 번이나 발생시키지 않았다는 사실은 자신이 아닌 대신 검증인 노드가 증명하게 된다.

3) 합의 알고리즘

코다 네트워크는 필요에 따라 원하는 합의 방식을 채택하는데, 이는 만약 검증인 노드 간에 합의를 이루었을 때 기존의 다른 블록체인에서 사용되고 있는 알고리즘을 활용할 수 있다는 뜻이다. 검증인 노드는 하나의 네트워크 노드일 수도 있고 여러 노드의 묶음일 수도 있다. 혹은 서로 믿지 못하는 배반의 노드 묶음이어도 괜찮다. 검증인 노드가 여러 노드의 묶음인 경우 노드들의 투표에 의해 거래를 보증하는 알고리즘을 사용할 수도 있다. 예를 들어 PBFT나 RAFT를 직접 차용하여 금융사들이 검증인 그룹을 결성하는 경우가 있다. 이 때 과반수에 이르는 동의가 있을 경우 해당 트랜잭션을 유효한 거래로 처리할 수 있다.

2. 노드

검증인 노드는 유일성을 검증해주는 노드로 주어진 트랜잭션에 대하여 다른 트랜잭션이 이루어지지 않았다는 사실을 보증하는 역할을 한다. 즉 다른 트랜잭션에서 특정 트랜잭션의 입력상태가 아직 소비되지 않았다는 것을 검증하는데 어떠한 트랜잭션을 검증해달라는 요청을 받은 검증인 노드는 두 가지 역할을 수행한다.

첫 번째, 만약 다른 트랜잭션이 요청을 받은 트랜잭션의 입력 상태를 소비하지 않은 경우 트랜잭션에서 소비한다.

두 번째, 만약 이중지불을 하려는 시도가 감지된 경우 트랜잭션을 파기한다.

이러한 과정을 통해 검증인 노드는 시스템 전반의 완결성을 보장하며 검증인의 서명이 포함되기 전까지 트랜잭션은 유효하다고 볼 수 없다.

만약 충돌되는 두 개의 트랜잭션이 동시에 존재할 경우 검증인 노드가 어느 하나의 트랜잭션이 유효하다는 평가를 내리기 전까지 해당 트랜잭션들은 승인되지 않는다. 반대로 검증인 노드의 서명이 포함된 경우 해당 트랜잭션의 입력 값이 이전 트랜잭션에 의해 소비되지 않았다는 것 또한 증명할 수 있다. 따라서 검증인 제도는 시스템 전체의 완결성을 보장해주고 모든 상태는 검증인이 있어야 하며 검증인은 자신이 맡은 트랜잭션의 검증인인 경우에만 해당 트랜잭션을 검증하는 역할을 하게 된다.

1) 검증의 생략과 수행

검증인 노드는 트랜잭션을 검증하기 전에 반드시 자신이 해당 트랜잭션을 검증할 것인지를 결정해야 하는데, 경우에 따라서 검증인 노드는 트랜잭션의 검증을 생략할 수도 있다. 트랜잭션을 검증하기로 한 경우에는 해당 트랜잭션의 모든 기록을 하나씩 유효한지 확인해야 하는데 이 때 검증인 노드는 다음과 같은 사항을 고려해야 한다.

(1) 트랜잭션의 검증을 생략한 경우

네트워크는 디도스 공격을 받을 가능성이 있다. 악의적인 노드가 고의로 유효하지 않은 트랜잭션을 대량으로 생산하여 검증인 노드에게 보내면 소비되지 않은 상태가 소비되었다고 처리될 가능성이 존재한다. 이러한 경우 트랜잭션에 참여한 모든 노드의 신원을 저장한 후 추후에 디도스 공격 등의 문제가 발생할 경우 검증인 노드는 책임을 묻게 된다.

(2) 트랜잭션을 검증한 경우

검증인 노드는 반드시 트랜잭션 전체의 기록을 검토하고 관련된 사항을 모두 꼼꼼하게 검증해야 한다. 이는 검증인 노드가 일부 기밀 정보를 유출할 수 있는 가능성을 갖게 된다는 것을 의미하는데, 이러한 경우 보증이 노드에게 새로운 공개키를 부여함으로써 검증인 노드가 거래인의 정보를 확인할 수 있는 범위를 제한할 수 있다.

2) 여러 검증인과 그에 따른 장점

각각의 코다 네트워크는 서로 다른 검증인을 가질 수 있으며 각자가 원하는 방식의 합의 알고리즘을 채택할 수 있다. 이러한 방식은 몇몇 장점을 가지고 있다.

(1) 프라이버시 보호

트랜잭션 전체를 검증하거나 검증하는 노드, 검증을 하지 않는 노드, 두 검증인 노드 모두를 같은 네트워크에서 보유함으로써 서로 다른 합의 알고리즘을 채택할 수 있도록 이끌 수 있다. 이러한 과정을 통해 특정 트랜잭션이 원하는 검증인과 합의 알고리즘을 적용하도록 할 수 있다. 이는 기밀을 지켜야 할 필요성이 있는 거래에는 그럴 필요가 없는 거래와는 다른 검증인과 합의 알고리즘을 채택할 수 있다는 수 있다는 의미이다.

(2) 속도의 제고

하나의 트랜잭션을 다양한 검증인 노드에게 보내 플랫폼 전체의 트랜잭션 속도를 제고할 수 있다.

(3) 낮은 대기시간

물리적으로 가까운 노드를 검증인으로 지정함으로써 대기시간을 현실적으로 낮출 수 있다.

3) 검증인의 교체

요청받은 트랜잭션의 입력상태를 보증할 수 있도록 검증인 노드는 사전에 지정되어 있어야 한다. 하지만 경우에 따라서 특정 상태의 지정된 검증인 노드를 교체해야 할 상황이 생길 수도 있다. 예를 들어 만약 하나의 특정 트랜잭션이 다양한 상태에 의해서 이미 소비되어 서로 다른 검증인이 이미 지정되어 있는 경우가 발생할 수 있다. 또한 트랜잭션을 보증해달라고 요청하는 노드가 프라이버시 문제나 효율성 문제로 인해 다른 검증인 노드가 승인해달라고 특별하게 요청하는 경우가 있다. 이러한 검증인 노드의 전환 요청은 특별히 생성되는 트랜잭션에 의해 처리될 수 있다.

3. 법률언어

법률언어는 계약코드와 함께 계약 레퍼런스를 구성하는 아주 중요한 요소이다. 법률언어는 상태객체에 포함되어야 하는데, 그 이유는 거래 과정에서 문제가 생겼을 때 법적으로 이를 해결하고 체결된 거래가 법적으로 용인되어야 하기 때문이다.

컴퓨터에 의해 실행된 계약 또한 법적 구속력을 지녀야 한다. 코다는 실제 법률계약서와 계약의 변수, 예를 들어 발행자, 이자, 금액, 기간 등 특정 계약에 맞는 변수값에서 도출된 해시값을 계약 레퍼런스에 입력한다. 즉 계약코드 단독으로는 충분하지 못한 상태를 계약서와 변수값의 해시 레퍼런스로서 입력하여 법적 유효성을 보장하는 것이다.

07 R3 코다 플랫폼의 활용분야에 대하여 분석하라.

1. 엑스칼리버[편집]

프로젝트 엑스칼리버는 2016년 05월에 개발된 스마트 계약 템플릿(Smart Contract Template)이다. 코다는 금융계약을 기록하고 관리하며 자동화하기 위해 처음 제작되었는데, 초기 개발자들은 설계를 위한 지침을 세우기 위하여 현금, 회사채, 신용 디폴트 스왑 등을 활용했다. 하지만 최초 실제 구현은 이들이 아닌 자산이었는데 그게 바로 금리스왑(IRS : Internet Rate Swap)이었다. 금리스왑이 코다에 적합하다고 검증하게 된 것은 코다가 올바른 프라이빗 블록체인을 디자인 했다는 것을 확인시켜주는 계기였다.

프로젝트 엑스칼리버는 바클레이스(Barclays) 투자부문 최고기술책임자(CTO) 리 브라인(Lee Braine)의 비디오 프레젠테이션에도 잘 설명되어 있다. 코다는 계약을 위한 거래를 추적하고 급리스왑 계약에 관련된 당사자 간의 거래 출처를 확인할 수 있도록 구현했다. 특히 실시간 협상을 수행하고 플랫폼 간에 개인적으로 명령을 공유하는 기능은 당시 다양한 프로젝트에 많은 영향을 주었다.

코다는 쌍방 간의 계약 확정을 기반으로 원장에 기록하는 과정을 통해 원자적 거래를 가능하게 한다. 코다 노드는 플로우 프레임워크(Flow Framework)라고 하는 포인트-투-포인트(Point-to-Point) 합의 방식을 통해 동일한 정보를 각자의 원장에 저장하게 된다. 코댑(CorDapp) 개발자는 플로우 프레임워크를 이용해서 유동적인 방식으로 참가자들의 트랜잭션에 대한 서명을 가능하게 한다.

프로젝트 엑스칼리버가 기업에게 주는 이점은 바로 부분결제에서 전체결제까지 이르기까지 모든 과정이 거래체인에 기록된다는 점이다. 이 사례의 스마트 계약 템플릿은 ISDA의 매개변수를 작성하고 이를 DLT에 반영하는 기능을 보여주었다.

2. 베가

프로젝트 베가는 공유된 표준 초기 마진 모델(SIMM : Standard Initial Margin Model)을 계산하는 프로젝트이다. 코다의 아키텍처는 이더리움과 달리 전통적인 UTXO 모델 기반의 스마트 계약이며, 인스트럭션의 실행에 의존하지 않는다. 스마트 계약 코드는 베리파이(Verify) 함수를 통해 입력상태(Input State)를 출력상태(Output State)로 정확하게 변환하기 위해 통한 거래의 유효성 검증과정을 거치게 된다.

표준 초기 마진 모델 프로젝트의 특정 사용 사례는 담보약정(CSA)에 대한 초기 담보 계산 규칙을 따른다. 여기서 오라클 노드는 거래의 당사자들이 공통된 기준 정보를 활용할 수 있도록 디자인되었으며 오픈 감마(Open Gamma : 회사이름)의 결정적 Java 라이브러리를 사용했다. 결과적으로 오라클 노드를 통해서 여러 가지 상태값을 받아 필요한 담보 금액을 계산하고, 아무런 대사과정 없이 거래 당사자들에게 전이된 값을 보낼 수 있었다. 이 오라클 디자인 패턴은 결정적 계산에 종종 사용되었지만 시장 데이터를 확인하는 데도 사용할 수 있다.

08 R3 코다 플랫폼과 일반 블록체인과 비교에 대하여 분석하라.

1. 정보전파

기본적으로 블록체인은 정보의 위변조 및 삭제가 불가능하기 때문에 최대한 많은 참여자의 합의를 받기 위해 모든 정보를 거래에 참여하고 있는 모든 참여자에게 공유한다.

간단한 예를 들어, A가 B에게 돈을 지급했을 경우 그 거래의 정보를 전체 네트워크에 공개함으로써 거래를 검증하는 것이다. 비트코인 및 이더리움과 같은 퍼블릭 블록체인은 거래를 검증하는 주체는 전 세계에 분포된 익명의 컴퓨터인 반면에 프라이빗 블록체인은 거래 검증의 주체를 특정한 네트워크의 참여자로 제한한다.

블록체인 기술과 같이 정보를 연관성이 없는 참여자에게까지 전달하고 그들에게 검증까지 받게 되면 확장성이 떨어지는 것은 너무나도 당연한 결과이다. 다수의 합의를 도출해야 하는 구조이기 때문에 블록체인 네트워크의 속도는 항상 하향평준화, 즉 가장 느린 컴퓨터의 속도에 맞춰지게 된다. 따라서 초당 수천, 수만 건이 일어나는 금융 산업에서 블록체인은 적합하지 않다. 그 외에도 거래당사자와 관련이 없는 불필요한 정보를 기록하고 검증하며 관리해야 하기 때문에 업무가 많고 보안이 중요한 금융사 간 이해관계에도 블록체인 기술은 적합하지 않다.

블록체인과 다르게 코다는 해당 정보와 관련이 있는 당사자들에게만 정보를 전달한다. A와 B의 거래를 관련 없는 C와 D에게 공유하지 않으며 해당 거래가 유효한지에 대한 검증을 요청하지도 않는다. 모든 거래를 모든 개체가 공유하는 블록체인 방식과 다르게 코다는 관련이 있는 거래만 참여자에 한해서 공유한다.

2. 합의

코다는 거래의 합의를 거래당사자 간의 딜(deal) 단위에서 일으킨다. 앞서 언급한 것과 같이 블록체인 네트워크에서는 모든 참여자가 거래를 검증하는 반면에 코다는 합의를 유효성과 유일성으로 나눈다. 여기서 유효성이란 거래당사자 간의 거래내용을 만족하고 각각 서명하여 거래가 유효함을 확인하는 것이고, 유일성이란 그 거래가 두 번 쓰이지 않았는지에 대한 검증을 의미한다. 기존 블록체인은 합의의 유효성과 유일성을 구분하지 않아 거래의 유일성이 곧 유효성이다.

현실에서 금융거래의 유효성은 비즈니스적인 측면에서 이루어진다. 즉 금융거래에서는 거래당사자 A와 B가 모두 동의한 거래여야만 체결될 수 있다.

하지만 기존의 블록체인에서는 과반수이상의 합의를 도출하면 거래의 유효성이 인정되어 거래가 체결된다. 이를 금융시장에 대입해보면, 다섯 개의 은행이 참여한 동일한 거래에서 두 은행이 동의하지 않더라도 과반수에 의한 합의를 무조건 따라야 하는 강제성을 지닌다는 뜻이다. 이는 금융 비즈니스의 성격과는 매우 거리가 멀다.

코다는 거래의 유효성과 유일성을 분리한다. 거래의 유효성은 거래당사자 간의 합의이고 거래의 유일성은 노터리(Notary)라는 개념을 도입하여 보장한다.

거래당사자 간 거래가 두 번 사용되지 않았다는 사실은 보장할 수 있지 않기 때문에 노터리가 대신 검증하는 것이다. 노터리는 국가마다 다르지만 결제원이나 중앙은행과 같은 산업기구나 규제감독기구가 단독적으로 될 수도 있고, 금융기관들이 그룹(pool)을 구성하여 탈중앙화 된 형태로 직접 유일성을 검증할 수도 있다. 만약 금융기관들이 그룹을 구성하는 후자의 경우, 과반수의 선택에 따르는 프랙티컬 비잔틴 장애 허용(PBFT)이나 래프트(RAFT) 기반의 합의 알고리즘을 선택할 수 있으며, 코다는 이 밖에도 다양한 합의 알고리즘을 지원할 예정이다.

3. 프라이버시

기존의 블록체인은 앞서 얘기한 것과 같이 거래를 거래당사자뿐만 아니라 모든 네트워크 참여자에게 공유한다. 제도권 블록체인을 개발하는 몇몇 기업들은 이러한 정보들을 암호화하여 공유하는 방식을 사용하지만 이러한 방식에도 여러 문제점들이 있다. 확장성, 금융정보의 기밀성, 키 분실과 같은 보안 문제가 발생할 수 있으며 암호화 된 정보들을 복호화 할 가능성도 배제할 수 없다. 또한 관련 없는 데이터를 저장 및 관리하는 문제 또한 발생할 수 있다.

한편 블록체인 및 분산원장에서 기밀성은 1) 계좌(고객정보) 프라이버시, 2) 거래기록(역사) 프라이버시, 3) 잔고(자산) 프라이버시의 세 가지 영역으로 나눌 수 있다.

코다는 이 세 가지 프라이버시를 모두 보호한다. 현재 시스템과 마찬가지로 기밀성이 보장되는 정보들은 거래당사자 간 need-to-know 기반으로 전달된다.

이러한 정보의 프라이버시를 보호할 수 있는 이유는 합의 과정에서 거래의 유효성과 유일성을 분리해놓았기 때문이다.

4. 법적 구속력

법적 구속력이란 체결된 거래가 법적으로 용인될 수 있고 이 거래 과정에서 문제가 발생했을 경우 법적으로 해소할 수 있음을 뜻한다.

블록체인에서의 법적 구속력은 법률 계약 기반의 금융거래에 대한 이해와 체결, 실행을 스마트 계약으로 대신할 경우를 법적으로 인정하느냐의 문제이다. 자연어로 작성되는 계약서를 컴퓨터 언어로 바꾸는 것이 현재 기술로 완벽하게 구현하지 못했을 뿐더러 설령 이를 완벽하게 구현했다고 하더라도 법정이서 인정하기가 어렵다는 문제가 있다. 법은 계약의 참여자와 판단하는 사람이 공통의 언어를 사용해야 하기 때문이다.

따라서 R3는 블록체인의 개발자들이 주장하는 "코드가 곧 법이다(Code is law)"라는 개념에 동의하지 않는다. 코다는 '코드=법'보다 '코드+법'이라는 개념 하에 개발된다. 코다에서 금융계약은 법률언어를 컴퓨터 코드와 유기적으로 연결하여 계약의 상태에 두 개의 레퍼런스(컴퓨터 코드와 법률문서)를 담는다. 법률문서는 계약으로서의 법적 구속력을 담당하며 컴퓨터 코드는 계약의 실행을 담당한다. 여기에서 더욱 흥미로운 점은 거래당사자 간 금융계약을 상호적으로 단 한 번만 기록 및 보관하고, 계약의 상태가 변화는 과정에서 계약의 체결과 실행이 자동으로 이루어진다는 것이다. 기존처럼 계약을 맺고 대사를 하거나 계약의 상태가 변한 후에 또 다시 같은 과정을 거칠 필요가 없어진다.

09 R3 코다 플랫폼과 하이퍼레저 패브릭과 비교에 대하여 분석하라.

R3 코다와 함께 가장 많은 관심을 받는 블록체인 프로젝트인 하이퍼레저 패브릭은 리눅스재단에서 주도하는 블록체인 프로젝트인 하이퍼레저 소속 프로젝트로, 금융권뿐만 아니라 범용 블록체인을 표방하고 있는 프로젝트이다.

하이퍼레저 패브릭은 범용 블록체인을 표방하고 있지만, 이는 금융권을 포함하고 있지 않는다는 의미는 아니며 금융권의 요구사항을 대부분 만족하고 있다.

코다는 하이퍼레저 패브릭보다는 더 금융업에 초점이 맞춰진 분산원장 플랫폼이기 때문에 금융권의 요구사항을 만족하고 있다. 다음은 각각의 이슈에 대한 코다와 하이퍼레저 패브릭을 비교한 것이다.

1. 프라이빗 채널

코다와 하이퍼레저 패브릭은 특이한 구조를 통해 프라이빗 채널을 해결한다. 바로 이해관계가 있는 노드만 합의하는 방식인데, 패브릭의 경우 이해관계가 있는 노드로만 채널을 구성하여 다른 채널의 노드는 해당 내용을 알 수 없다. 반면 코다의 경우 애초에 스마트 계약을 실행할 때 이해관계자끼리만 내용을 공유하여 문제를 해결한다.

2. 노드별 권한

노드별로 다른 권한을 주는 이슈와 관련하여 하이퍼레저 패브릭은 COP이라 불리는 권한관리 모듈을 이용하여 내용 보관 노드, 순서 검증 노드, 트랜잭션 생성 노드, 내용 검사 노드 등으로 권한을 나누어 처리한다. 이러한 권한은 채널마다 상이하다. 반면 코다의 경우 각 스마트 계약에 관계된 노드들의 역할과 권한이 확실히 명시되어 있는데, 만약 거래에 판매자, 구매자, 감독기관이 필요하다면 코다는 스마트 계약을 실행하여 이 이해관계자들이 스마트 계약을 실행하는 방식이다.

3. 커스터마이징

하이퍼레저 패브릭의 경우 분산합의 알고리즘 변경, 체인코드 변경 등은 가능하다. 코다의 경우 엔진 자체를 변경하는 것은 어렵다. 다만 스마트 계약 변경과 각 스마트 계약의 합의 알고리즘은 커스터마이징이 가능하다. 두 프로젝트 다 엔진 자체의 커스터마이징은 불가능하지만 핵심 기능인 계약과 합의 알고리즘을 커스터마이징 할 수 있다는 공통점을 가지고 있다.

학습활동.5 교수 · 학습 방법

교수 방법

- 블록체인 프라이빗 플랫폼 R3 코다에 대한 관련 용어, 구성, 방식 이해 정도를 파악한 후 수업을 진행한다.
- 교수자의 주도로 블록체인 프라이빗 플랫폼 R3 코다 등의 내용을 PPT 자료로 제시한 후 설명한다.
- 가능하면 사전에 개인별 학습 자료를 준비하여 모든 학생이 참여할 수 있는 문제 해결식 수업, 협력 수업이 가능하도록 한다.
- 블록체인 프라이빗 플랫폼 R3 코다전 과정을 작업의 순서에 따라 단계적으로 실습이 이루어질 수 있도록 지도한다.
- 교재를 통해 수업을 준비하는데 있어서 필요한 모든 정보나 팁, 힌트 등 도움이 될 만한 내용들을 확인할 수 있다.
- 학생들이 만들게 될 각 모델들은 수업시간에 중점적으로 다뤄질 부분과 어휘, 질문, 답을 포함하고 있으며 또한 탐구할만한 추가적인 아이디어들도 포함하고 있다.

학습 방법

- 블록체인 프라이빗 플랫폼 R3 코다에 대한 관련 용어를 숙지하고, 블록체인 프라이빗 플랫폼 R3 코다에 대해 이해한다.
- 블록체인 프라이빗 플랫폼 R3 코다의 각 단계별 중점 사항을 체계적으로 학습한다.
- 블록체인 프라이빗 플랫폼 R3 코다의 수행순서의 전 과정을 실습한다.
- 블록체인 프라이빗 플랫폼 R3 코다의 내용을 이해한다.
- 블록체인 프라이빗 플랫폼 R3 코다를 이해하고 숙달이 될 때까지 학습한다.

학습활동.5 평가 및 피드백

평가 준거

- 평가자는 피평가자가 수행 준거 및 평가 내용에 제시되어 있는 내용을 성공적으로 수행할 수 있는 지를 평가해야 한다.

학습내용	평가항목	성취수준		
		상	중	하
블록체인 프라이빗 플랫폼 R3 코다	블록체인 프라이빗 플랫폼 R3 코다를 이해할 수 있다.			

평가 방법

- 작업 포트폴리오

학습내용	평가항목	성취수준		
		상	중	하
블록체인 프라이빗 플랫폼 R3 코다	블록체인 프라이빗 플랫폼 R3 코다를 이해할 수 있다.			

- 필기시험

학습내용	평가항목	성취수준		
		상	중	하
블록체인 프라이빗 플랫폼 R3 코다	블록체인 프라이빗 플랫폼 R3 코다를 이해할 수 있다.			

- 체크리스트를 통한 관찰

학습내용	평가항목	성취수준		
		상	중	하
블록체인 프라이빗 플랫폼 R3 코다	블록체인 프라이빗 플랫폼 R3 코다를 이해할 수 있다.			

- 피드백

1. 작업 포트폴리오
   - 제출한 보고서를 평가한 후 주요 사항에 대하여 표시하여 돌려준다.
2. 필기시험
   - 평가 결과 성적이 저조한 학생은 보고서 제출 기회를 부여한다.
3. 체크리스트를 통한 관찰
   - 실습 과정에서 평가한 후 개선해야 할 사항 등을 정리하여 돌려둔다.

참 | 고 | 문 | 헌

1. 백종찬, 〈R3, 넌 도대체 누구냐!〉, 《브런치》, 2016.12.03
2. 야옹메롱, 〈(블록체인) 블록체인에 대한 연구, R3과 코다〉, 《네이버 블로그》, 2017.12.12.
3. 데이비드 루터 링크드인, https://www.linkedin.com/in/daviderutter/
4. 제시 에드워즈 링크드인, https://www.linkedin.com/in/jesseledwards/
5. 토드 맥도널드 링크드인, https://www.linkedin.com/in/toddvmcdonald/
6. 임정빈기자, 〈기획 블록체인 4차 산업혁명의 핵심 인프라, 그 기술의 시작인 가상화폐는 사기?]〉, 《시사메거진》, 2018.04.05.
7. 정용환(한국정보통신진흥협회 부회장), 〈(시론) 블록체인 무한가능성에 주목해야〉, 《디지털타임스》, 2017.12.27.
8. 중소벤처기업부, TIPA 중소기업기술정보진흥원, NICE평가정보㈜, 〈중소기업 기술로드맵 2018-2020〉
9. 대박지군, 〈(블록체인 돋보기)②R3CEV 컨소시엄 · 하이퍼레저 · 이더리움...속도내는 블록체인 합종연횡〉, 《네이버 블로그》, 2017.01.22.
10. LG CNS 홍보팀, 〈세계 최대 금융 블록체인 컨소시음 R3과 손잡은 LG CNS〉, 《엘지씨엔에스》, 2017.05.30.
11. 야옹메롱, 〈(금융과 블록체인) 활용과 규제 어떻게 해야할까?〉, 《네이버 블로그》, 2018.12.13.
12. WELCOME Decent, 〈(20181206) 데일리 외신 번역〉, 《네이버 블로그》, 2018.12.06.
13. 전략품목교육센터, https://itdcenter.blog.me/221168917458, 《네이버 블로그》, 20187.12.22.
14. 행동촉발 노란초, 〈블록체인 재밌는 프로젝트들(1)〉, 《브런치》, 2018.06.21.
15. 코다 공식 홈페이지, https://www.corda.net/
16. 백종찬, 〈R3의 분산원장 코다(Corda) 이해하기 pt.1〉, 《브런치》, 2017.04.17.
17. _____, 〈R3의 분산원장 코다(Corda) 이해하기 pt.2〉, 《브런치》, 2017.04.13.
18. _____, 〈R3의 분산원장 코다(Corda) 이해하기 pt.3〉, 《브런치》, 2017.04.27.
19. Jin Hyung Park, 〈R3 Corda의 주요 컨셉 이해하기 — 1부〉, 《미디엄》, 2018.10.27.
20. 블록체인 코다(Corda), 〈우리는 블록체인 코다(Corda)로 어떤 문제를 해결하고자 하는가?〉, 《미디엄》, 2018.07.01.
21. 야옹메롱, 〈(블록체인) 블록체인에 대한 연구, R3와 코다〉, 《네이버 블로그》, 2017.12.12.
22. Ian Allison, 〈금융을 넘어 글로벌 블록체인의 표준을 꿈꾸는 R3〉, 《코인데스크코리아》, 2018.04.18.
23. 가빈아빠, 〈(블록체인 플랫폼) R3의 분산원장 코다(Corda) 이해하기 pt.1〉, 《네이버 블로그》, 2017.06.26.
24. Skkrypto, 〈#Hyperledger#1〉, 《브런치》, 2018.11.23.
25. http://wiki.hash.kr/

학습 1	블록체인의 개념 및 특징
학습 2	블록체인의 알고리즘 및 기술
학습 3	블록체인의 개발환경구축
학습 4	블록체인 플랫폼 하이퍼레저
학습 5	블록체인 프라이빗 플랫폼 R3 코다
학습 6	**블록체인의 사업성 검토**
학습 7	블록체인의 암호화폐 응용
학습 8	블록체인의 금융분야 응용
학습 9	블록체인의 공공과 민간부문의 응용
학습 10	블록체인의 산업분야 응용
학습 11	코인을 어디에 보관하지?
학습 12	코인을 사고 팔려면 어떻게 하지?

학습 목표	1. 블록체인의 사업성 검토를 이해할 수 있다.

6-1 블록체인의 기반 프로젝트 개요

1. 블록체인의 프로젝트 개요

전세계적인 IT 화두로 자리잡은 블록체인 기반 프로젝트는 산업별, 사안 별로 진척도가 다르지만 대부분 산업에서 PoC(Proof of Concept) 단계를 넘어 PoP(Proof of Provenance) 단계에 접어들었다. 하지만 프로젝트를 실패하는 사례도 만만치 않게 존재한다. 블록체인 기반 프로젝트는 기존 IT 시스템 구축 프로젝트와는 큰 차이점이 존재하기 때문에 제대로 알지 못하면 구 축시 어려움을 겪을 수 있다.

이에 기존 사업영역 또는 신규 사업영역에 블록체인 기술을 적용하기 위해서는 개발에 대한 타당성 분석 및 정확한 방향성 선정이 필요하며, 프로젝트의 성격에 따른 다양한 유즈케이스 분석, 요건분 석 및 시스템 구축, 블록체인 서비스 설계, 테스트 운영 및 상용화 등 많은 절차와 노력이 필요하다.

인터넷 시대가 열린 이후, 가장 유망한 기술로 각광 받고 있는 블록체인은 간단히 말해, P2P(Peer-to-Peer) 네트워크를 통해 복제되는 분산원장 데이터베이스 유형이다. 이런 개념은 중앙 데이터베이스 관리자가 없는 다른 유형의 분산 데이터베이스에도 적용될 수 있다. 하지만 블록체인은 네트워크 내의 모든 참여자가 공동으로 거래 정보를 검증하고 기록, 보관함으로써 공인된 제3자가 없어도 거래 기록의 무결성 및 신뢰성을 확보하는 기술이라는 점에서 다른 분산 데이터베이스와 차이가 있다.

블록체인 기술은 암호화, P2P, 합의 알고리즘 등 기존 기술과의 조합으로 공급망이나 추적 등과 같이 여러 조직이 연계하는 영역에서 새로운 비즈니스 프로세스를 구현한다. 블록체인 기반 프로젝트는 기존 IT 시스템의 구축 방식과는 큰 차이가 있다.

블록체인 기반 프로젝트의 경우, 기본적으로 개념 증명, 파일럿, 상용화 과정을 거치게 된다. 우선 블록체인 기반 사용사례를 선정하고 이 사용사례가 기능적으로 구현 가능 여부를 판단하기 위해 개념증명(PoC) 프로젝트를 수행한다. 기능검증이 확인되면 파일럿 프로젝트를 진행하면서 상용화 이전에 고려해야 할 모든 상황에 대해 검토한다. 파일럿을 통해 검토가 완료되면 상용화 서비스를 구축하고 오픈한다.

이런 단계를 거치기 전에 기업은 블록체인 사용사례를 선정해야 하는데, 사실이 과정이 가장 어려운 부분이다. 대부분의 기업이 이 단계에서 어려움을 호소하고 있으며, 상당히 많은 프로젝트가 여기서부터 실패했다.

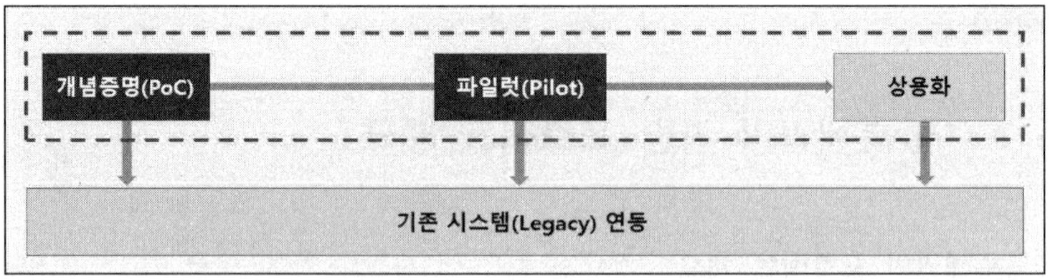

[그림 6-1] 블록체인 기반 프로젝트 진행 프로세스

참고 : IDG IBM 허강욱

지난해 중국에서 블록체인 기술을 기반으로 한 8만 개 프로젝트 가운데 겨우 8%만이 활동적이며, 92%는 이미 실패했다. 그 이유는 블록체인 기술과 적용 서비스를 사전에 제대로 파악하지 않고 무턱대고 도입했기 때문이다. 신기술의 경우, 실패가 좋은 밑거름이 될 수도 있지만, 굳이 일부러 실패를 경험할 필요는 없다.

최근 기업들은 자사의 블록체인 프로젝트가 블록체인에 적합한지 여부를 제3자에게 검증받길 원하며 상당한 논의를 거친 이후에야 POC를 진행하게 된다. 블록체인 기반의 프로젝트는 기존 시스템 중에서 다른 업체나 계열사와 연관성이 있거나, 협력업체나 비즈니스 파트너 간 프로세스가 있는 부분에서 문제가 있는 사항들을 자동화하거나 개선하는 것으로 블록체인 프로젝트의 80% 이상이 기존 시스템과 연동되는 케이스이다. 특히 국내 기업의 경우, 기존 시스템이 잘 구축되어 있어 블록체인 기술 기반으로만 구축되는 프로젝트는 사실상 거의 없다.

블록체인 적용을 위한 사전 검토 프로세스는 정보보안 관점(Information Security), 시장규제 관점(Market Regulation), 가치창출 관점 (Value Creation), 비즈니스 관점에서 단계별 접근법을 통한 도입 검증 작업, 블록체인 도입 여부 결정을 위한 방법론 등으로 사전 검토 과정이 필요하다.

블록체인 기반 프로젝트 개발 방법은 사례분석 및 도입 검토, 요건 분석 및 개발환경 시스템 구축, 블록체인 서비스 설계 및 개발, 테스트 및 상용화 등으로 프로젝트를 개발하면 될 것 같다.

상기 사전 검토 프로세스 및 개발 방법에 따라 다양한 기업의 요구사항을 수용한 개발 프로젝트 진행으로 3가지 방향으로 진행이 가능할 것 같다.

① 이더리움,이오스, 트론 등 기존 메인넷을 이용한 Dapp 형태 개발
- 메인넷 개발에 대한 투자 비용 절감
- 다양한 형태의 사업형태 수용 가능(DEX : Game, Social, Marketplace, Casion, Wallet, other)
- 검증된 메인넷을 이용한 Dapp 서비스 안정성 제공
- Dapp 개발을 위한 스마트컨트랙 및 개발 프로세스 제공

② 하이퍼렛져를 이용한 프로젝트(공공사업 ,기업체 등)
- 공공사업 및 기업체의 다양한 요구사항의 수용이 가능
- Consortium블록체인 및 Private블록체인에 적합한 구성 및 오픈소스 솔루션 개발이 활발하고 기능의 완성도 및 기존 응용사례가 다양함

③ 자체 메인넷 개발 프로젝트
- 타겟 비즈니스의 적합한 자체 메인넷 개발

6-2 네트워크 기준의 블록체인 프로젝트 분류

블록체인 프로젝트는 크게 퍼블릭 블록체인과 프라이빗 블록체인으로 나누는 것이 일반적이며, 구현 형태는 네트워크 형태 또는 프로젝트 규모 기준으로 상당히 다양한 형태로 나눠진다. 블록체인 프로젝트는 네트워크 기준으로 [그림 9-2]와 같이 파운더 리드 네트워크(Founder-Led Network), 조인트 벤처 네트워크(Joint Venture Network), 컨소시엄 네트워크(Consortium Network), 비즈니스 에코시스템 (Business Ecosystem) 등으로 나눌 수 있다.

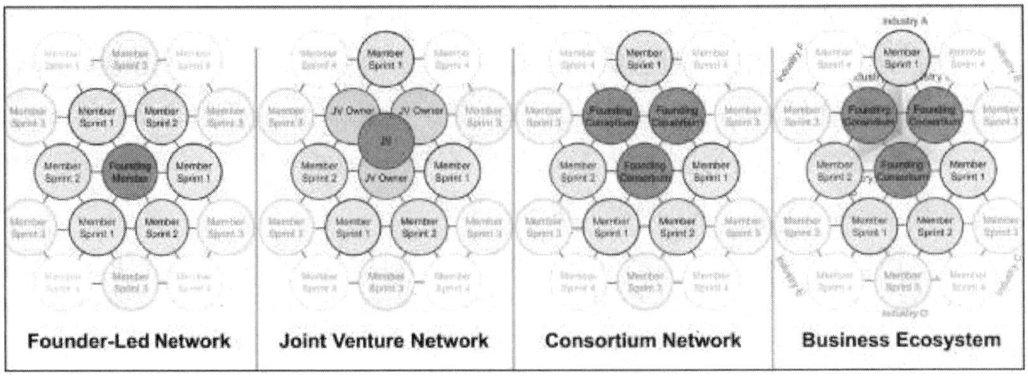

[그림 6-2] 네트워크 기준의 블록체인 프로젝트 분류

참고 : IDG IBM 허강욱

1. 파운더 리드 네트워크

파운더 리드 네트워크는 초기 블록체인 네트워크를 구축할 때 파운더가 주도하는 형태로, 소규모 업체나 대기업과 같은 계열사나 내부 시스템 간 연동 시 많이 나타난다.

2. 조인트 벤처 네트워크

조인트 벤처 네트워크는 대기업에서 그룹사와 연관되는 기업이나 협력 기업간 블록체인 네트워크를 구축하는 형태다. 어느 정도 규모가 있는 기업 간 협력을 통해 특정 비즈니스나 협력 관계에서 블록체인 네트워크 IBM의 경우, 머스크 사례가 있는데, 올해 1월 IBM과 머스크가 조인트 벤처를 설립해 함께 물류 관련 플랫폼을 구축하는 것이다.

3. 컨소시엄 네트워크

컨소시엄 네트워크는 특정 산업 분야나 서비스를 중심으로 블록체인 네트워크를 구축하는 형태다. 이는 소규모 업체가 주도하기엔 어려운 점이 있어 일반적으로 대기업이 주도하고 중소기업이 참여하는 구조다. 특정 목적이나 산업분야, 특히 금융에서 컨소시엄 형태가 많은데, 국내에서는 은행연합회 사례가 대표적이다. 암호화폐에서는 리플(Ripple)이라는 특이한 가상화폐가 컨소시엄 네트워크이며, 코다(Corda)나 이더리움(Ethereum) 역시 컨소시엄 네트워크 형태다.

4. 비즈니스 에코시스템

비즈니스 에코시스템은 좀 더 큰 네트워크 형태로, 여러 산업분야와 연계한 대규모 블록체인 네트워크다. 비즈니스 에코시스템은 컨소시엄도 있고, 조인트 벤처 등 여러 블록체인 서비스나 네트워크가 결합한 혼합된 형태다. 지금까지 블록체인 네트워크는 자금과 규모의 문제로 대기업 위주로 형성되어 왔다. 특히 컨소시엄 네트워크의 경우, 회원 가입을 제한하는 경우도 있으며 상당한 비용이 청구되기도 한다.

6-3 규모 기준의 블록체인 프로젝트 분류

프로젝트 규모 기준으로 블록체인을 분류하면, [그림 6-3]과 같이 컨소시엄 기반의 네트워크(Consortium Based Network), 파운더 감독 기반의 네트워크(Founder Directed Network), 커뮤니티 기반의 네트워크(Community Based Network) 등 세 가지 형태로 나눌 수 있다.

1. 컨소시엄 기반의 네트워크

컨소시엄 기반의 네트워크는 대기업 주도의 서비스로, 타 대기업과 중소기업을 컨소시엄으로 묶어 블록체인 네트워크를 공동으로 사용하는 구조다. 파운더가 여러 개로 규모가 크기 때문에 프로젝트 수행은 대기업이나 정부가 주도한다.

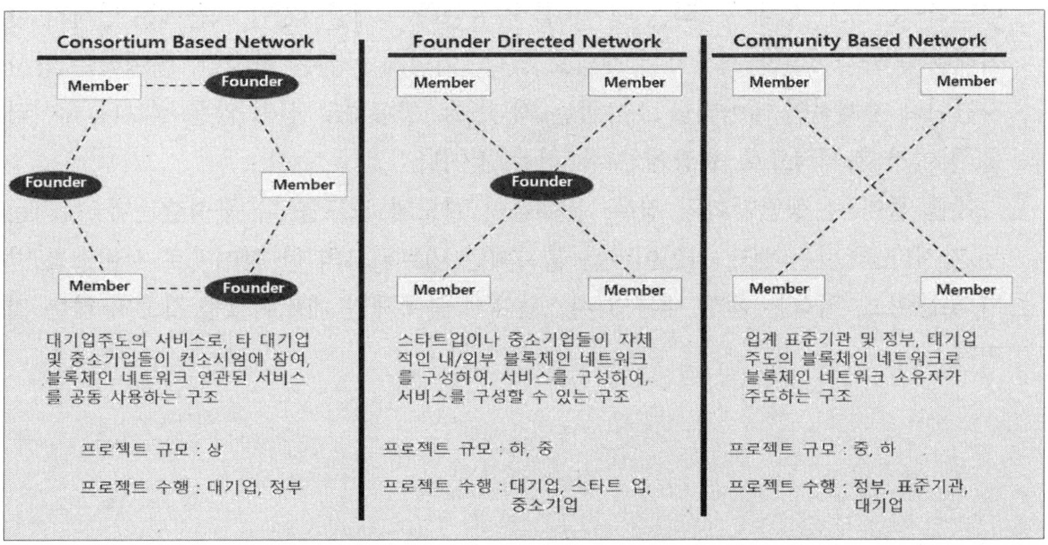

[그림 6-3] 규모 기준의 블록체인 프로젝트 분류

참고 : IDG IBM 허강욱

올해 초 발표한 관세청의 수출통관 물류 서비스가 컨소시엄 네트워크 구조와 비슷하다. 관세청은 수출화물에 대한 수출신고와 적하목록 제출절차에 블록체인 기술을 적용하는 것이 가능하다는 것을 검증하고 5월 시범 사업을 위해 총 60개사를 모집했다.

이에 수출입자, 물류창고업자, 화물운송주선업자 등도 시범 사업에 신청해 충분한 사업자를 확보했다. 이 프로젝트는 해외 관세청과의 공동 투자를 통해 보다 큰 규모의 블록체인 네트워크를 형성할 수도 있다.

2. 파운더 감독 기반의 네트워크

파운더 감독 기반의 네트워크는 파운더가 하나로 스타트업이나 중소기업들이 자체적인 내외부 블록체인을 구성해 서비스하는 구조다. 개인이 자신만의 가상화폐를 만들어 블록체인 네트워크를 구축할 수도 있다. 초기에는 내부 서비스로만 사용하다가 외부 업체를 참여시키거나 내부에서도 확대해나가는 구조라고 볼 수 있다. 프로젝트 규모는 하・중 규모로 상대적으로 작다.

3. 커뮤니티 기반의 네트워크

커뮤니티 기반의 네트워크는 업계 표준기관, 정부, 네트워크 서비스를 직접 제공하는 대기업이 주도하는 블록체인 네트워크로, 파운더는 없지만 참여자간 합의를 통해 네트워크 서비스 소유자가 주도로 구성된다. 일반적으로 생각하는 블록체인 네트워크는 모든 업데이트되는 데이터를 공유한다는 개념이지만 최근에는 당사자 간 거래는 당사자끼리만 저장하는 개념도 있다. 이렇게 공유는 하지만, 데이터는 당사자간이나 자체적인 데이터를 소유하는 개념으로 공유하고 싶지 않은 정보나 데이터를 참여자 자체적으로 원장에 보유 하는 것이다.

예를 들어, 은행연합회의 경우, 은행들이 별도의 노드를 다 구성했는데, 목적은 두 가지다. 하나는 뱅크 사인이라는 블록체인 네트워크의 한 참여자로 서비스를 받기 위함이고, 하나는 은행 내부의 시스템에서 블록체인 네트워크를 갖고자 하는 것이다.

6-4 블록체인 기반 프로젝트 수행방법

블록체인 기반 프로젝트는 1단계 사용사례 선정, 2단계 요건 정의 및 시스템 구축, 3단계 블록체인 서비스 설계 및 개발, 4단계 테스트 및 운영으로 구성한다.

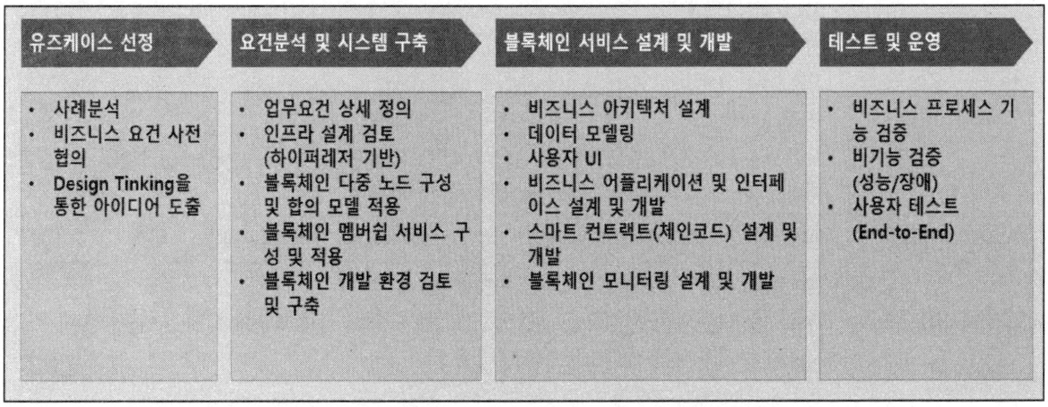

[그림 6-4] 블록체인 기반 프로젝트 수행단계

참고 : IDG IBM 허강욱

1. 사용사례 선정

4단계 중에서 가장 중요한 단계는 1단계인 사용사례분석 및 도입검토 선정이다. 사용사례 목적에 따라 퍼블릭 블록체인이나 프라이빗 블록체인 적용 여부를 판단하게 되는데, 사용사례 도출을 위한 시간적인 투자가 필요하다. 퍼블릭 블록체인과 프라이빗 블록체인 선택에 따라 전체 블록체인 구성 방안이 달라진다.

이후 선정된 사용사례를 기반으로 효과적인 블록체인 도입을 위한 업무별 IT 현황과 데이터 처리 현황 파악이 중요한데, 블록체인 적용 범위에 따라 시스템 구축 방식이 달라지기 때문이다.

일반적인 구축 프로젝트와 달리 블록체인이라는 신기술을 실제 비즈니스에 접목하기 위해서는 사례분석 및 도입 검토 단계가 중요하다. 만약 기업이 구축하기 위한 프로젝트와 유사한 사례를 찾지 못하거나 비즈니스 요건에 부합되는 케이스를 선정하지 못하면 해당 블록체인 프로젝트는 실패할 가능성이 높아진다.

기업은 우선 자사의 어떤 비즈니스에 블록체인 기술이 적용할 것인지 파악해야 한다. 각종 유즈 케이스를 통해 자사가 갖고 있는 문제점을 블록체인 기술을 접속했을 때 개선할 수 있거나 비용 측면에서 ROI가 창출되는 등의 효과를 확인할 수 있어야 한다.

〈표 6-1〉 블록체인 적용 시나리오

적용 분야	활용 방안
금융 서비스	- 블록체인 환경에서 주식, 채권, 예금증서, 기업어음 등의 금융수단을 보다 빠른 결제 처리와 보다 낮은 거래 비용으로 이전시킴으로써 현재의 서비스를 보다 효율적으로 제공할 수 있음 - 장기적인 블록체인 금융의 비전은 시장 내에서 발생하는 자연적인 행위들에 직접적으로 임베딩됨으로써 그 자체로 작동하는 금융시장이 되는 것
블록체인 금융과 결합한 자동차 생태계	- 자동차 산업 생태계의 모든 것이 담긴 기록을 호스팅하는 블록체인을 운영함으로써 소유권, 금융, 등록, 보험과 서비스 거래 등을 모두 추적 - 무인 자동차 제조업체는 택시 운송 사업자들에게 차량을 공급한 후, 탑승객이 요금을 지불할 때마다 파이낸싱이 임베딩된 블록체인의 스마트 계약을 통해 제조업체와 수익을 분배할 수 있음 - 제조업체는 소비자에게 차량을 판매할 필요가 전혀 없으며, 자신들이 상품에 의해 수행되는 모든 거래에서 나오는 분배금으로 현금 흐름을 확보할 수 있어 은행 금융도 필요하지 않게 됨
의료정보 생태계	- 전체 의료 정보의 생태계가 보험사, 의료기관, 환자를 연결하는 블록 체인의 형태로 이뤄질 수 있음
디지털 저작권 보호	- 음악 파일의 사용 기록을 공공 블록체인에 기록할 수 있음 - 아티스트는 자신들의 음악을 블록체인 기반 음악 생태계에 출시하고, 데이터와 이용 조건을 관리할 수 있으며, 로열티는 스마트 계약을 통해 실시간으로 분배할 수 있음
저가 자산을 위한 새로운 신용 시장	- 거래 비용으로 인해 대출할 때 담보로 사용할 수 있는 자산에 대해서는 실질적인 하한선이 설정되어 있음 - 블록체인은 거래 비용의 상당 부분을 제거할 수 있기 때문에 저가 자산을 기반으로 한 새로운 등급의 대출을 현실화할 수 있음
성과 기반 과금	- 스마트 계약을 활용해 성과 정도에 따른 지급 계약을 실행할 수 있음 - 피자가 30분 이내에 도착하지 않으면 무료로 해주던 서비스가 블록체인에 의해 부활할 가능성이 있음 또는 차등제도 활성화할 수 있음
세금 과세	- 실시간으로 기록되는 디지털 거래의 세계에서 불법 거래를 은폐하기는 매우 어려워짐
산업 매시업 (Industrial Mash-ups)	- 블록체인은 기업간 유동적으로 협력하는 완전히 새로운 세계를 실현할 수 있는데, 이를 '산업 매시업'이라 부름 - 산업 매시업 형태의 제휴에서 한쪽 기업은, 상대방이 그들의 고유 비즈니스 목적을 위해 자산과 역량을 지속적으로 사용하는 것에 영향을 미치지 않으면서, 상대방이 가진 자산과 기능을 활용하여 새로운 비즈니스 가치를 창출할 수 있음
산업용 IoT	- 블록체인 기술을 이용하여 산업 매시업과 IoT가 융합함으로써 기업이 소유한 고가의 산업용 자산의 활용도를 높일 수 있음 - 운송 컨테이너, MRI 장비, 건설 장비 등 모든 자산을 실시간 디지털 마켓플레이스로 연결함으로써, 기업들은 장비를 가동하지 않는 유휴 시간을 기업간에 거래할 수 있음

자사의 목적에 따라 유즈케이스를 기반으로 블록체인 유형을 선정하면 데이터 관리 방식의 유형은 크게 4가지로 나눌 수 있다.

전통적인 관리 방법은 데이터 중앙집중형이다. 그 다음이 퍼블릭 블록체인, 프라이빗 블록체인, 그리고 혼합형 블록체인이다.

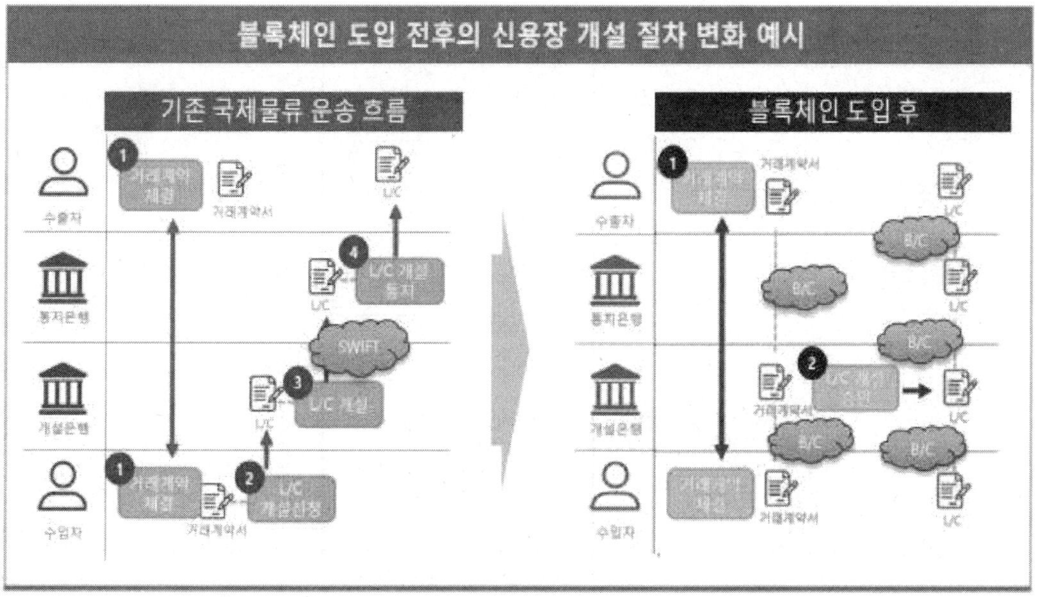

[그림 6-5] 블록체인 도입 검토

블록체인 유형별로 장단점을 갖고 있어 유형 선정은 신중해야 한다. 퍼블릭 블록체인의 경우, 가상화폐 기반의 트랜잭션은 기업에서 원하는 데이터를 올리기에는 블록 크기가 너무 작고 올 릴 때마다 가상화폐를 소모해야 하기 때문에 이에 대한 비용처리 부분이 발생 한다.

프라이빗 블록체인은 기업이 원하는 퍼블릭 블록체인과 같은 코인 기반의 서비스는 어려우며, 최근에 프라이빗 블록체인 기반의 토큰 서비스가 구체화 되고 있지만 아직 기다림이 필요하다.

혼합형 블록체인은 퍼블릭과 프라이빗을 함께 사용하는 개념인데, 최근 혼합형으로 많이 이동하는 추세다.

핵심 비즈니스 서비스는 스마트 컨트랙트를 이용해 프라이빗 블록체인으로 구성하고 결제나 포인트 서비스와 같은 경우에는 퍼블릭 블록체인 기반의 가상화폐를 사용하는 형태다. 멤버십 서비스의 경우, 프라이빗 블록체인 네트워크일 경우가 많은데, 이는 폐쇄형이기 때문에 인증서를 어떻게 발급할 것인지부터 고민해야 한다. 기업에서 블록체인 유형을 선정했다면 이후 어떤 네트워크로 구성할 것인지 비즈니스 확장성 및 구축 리소스 등을 종합적으로 고려해 인프라 구축안을 선정한다.

사용사례를 선정하기 위해서는 먼저 비즈니스적, 기술적, 법률적 고려사항을 살펴봐야 한다.

유형	Public 블록체인	Consortium 블록체인	Private 블록체인
관리 주체	• 모든 거래 참여자 (탈중앙화)	• 컨소시엄에 속한 참여자	• 한 중앙기관이 모든 권한 보유
거버넌스	• 한번 정해진 법칙을 바꾸기 매우 어려움	• 컨소시엄 참여자들의 합의에 따라 상대적으로 용이하게 법칙을 바꿀 수 있음	• 중앙기관의 의사결정에 따라 용이하게 법칙을 바꿀 수 있음
데이터 접근	• 누구나 접근 가능	• 허가 받은 사용자만 접근 가능	• 허가 받은 사용자만 접근가능
식별성	• 익명성	• 식별가능	• 식별가능
거래증명	• PoW, PoS와 같은 알고리즘에 따라 거래 증명자가 결정되며, 거래 증명자가 누구인지 사전에 알 수 없음	• 거래 증명자가 인증을 거쳐 알려진 상태이며, 사전에 합의된 규칙에 따라 거래 검증 및 블록 생성이 이루어짐	• 중앙 기관에 의하여 거래 증명이 이루어짐
솔루션	• Bitcoin, Ethereum	• Hyperledger Fabric	• Hyperledger Fabric, Ethereum

[그림 6-6] 블록체인 종류 선택

① 우선 블록체인 프로젝트에서 비즈니스 적합 여부를 파악하는 요소는 다음과 같다.

- 디지털 기반의, 혹은 디지털화된 자산에 적합한가?
- 당사자 간에 신뢰가 필요한가?
- 실시간 처리 기반의 결제 시스템이 필요한가?
- 현재 서비스 아키텍처에 수작업이 다수 포함되어 있는가?
- 결제 관련 서비스가 운영상의 이유로 프로세스 처리에 많은 시간이 걸리는가?
- 고객, 참여기관, 규제 당국에 자료의 투명성 및 보고가 필요한가?

② 블록체인 프로젝트에서 기술적 적합 여부를 파악하는 요소는 다음과 같다.

- 가상 암호화폐나 자체적인 코인 또는 토큰 처리기반 프로세스가 핵심요소인가?
- 블록체인을 통해 전자화된 자산의 결정적 결제 완결성(Deterministic Settlement Finality)을 보장할 수 있는가?
- 결제(Settlement)가 블록체인을 통해 청산되는가, 블록체인을 기반으로 청산되는가?
- 자산 생애주기 추적, 결제보고, 아이덴티티 관리, 담보 자산 관리 등의 다양한 필요 요건을 충족시키는 시스템을 가지고 있는가?
- 기존 시스템과 통합될 수 있는가?
- 기관 간의 네트워크 동의가 이뤄지는 동시에 데이터 정보가 공유되지 않게 프라이버시를 보장하는가?
- 규제기관이 관찰자(Observer)로서 참여할 수 있는가?

③ 블록체인 프로젝트에서 법률적 적합 여부를 파악하는 요소는 다음과 같다.

- 블록체인을 통해 전자화된 자산의 결제완결성이 '법적으로' 보장될 수 있는가?
- 전자화된 현물 자산의 법적 보증을 누가 할 것인가?
- 법률적으로 정해진 예탁 또는 청산기관의 역할은 무엇인가?
- 스마트 컨트랙트가 법률적 효력을 가지는가?
- 한 예로 외환 송금시, 외환법에 위배되지 않고 서비스가 가능한가?
- 고객 정보를 블록체인 분산원장에 저장, 공유할 경우 법적으로 보장받을 수 있는가?

2. 요건 분석 및 개발환경 시스템 구축

2단계에서는 주요 IT 영역을 중심으로 시스템 구축 계획을 수립하고 비즈니스 확장성과 구축 자원 등 종합적 상황을 고려해 인프라 구축안을 선정한다.

유즈케이스가 선정되는 과정에서 해당 기업에 어떤 비즈니스가 있는지 파악하고 블록체인을 적용하는 데 어떤 요건들이 필요한지 분석한다. 인프라를 설계하는 등 블록체인 개발 환경을 검토하고 구축한다. 이 단계에서는 블록체인 다중 노드 구성 및 합의 모델과 멤버십 서비스를 구성하고 적용한다. 그리고 마지막으로 이 단계에서 중요한 것이 블록체인 개발 환경 검토 및 구축이다.

현 단계에서 첫 번째로 고려할 사항은 업무별 IT 현황 진단이다.

우선 업무별 IT 현황을 파악하고, 수작업 처리 부분과 자동화 프로세스 영역을 분류한다. 블록체인의 수많은 유즈 케이스가 대부분 수작업 프로세스를 블록체인 기반의 인터페이스를 통해 자동화한 것이다.

이후 블록체인 네트워크와 연계 가능한 범위를 진단한다. 블록체인 네트워크를 만들긴 했지만 실제 비즈니스와 접목할 때에는 맞지 않는 구조도 있는데, 이를 미리 진단해야 한다. 그렇지 않으면 만들어 놓고 아무도 사용하지 않는 무용지물이 될 수 있기 때문이다.

블록체인 데이터 영역 현황 진단에서는 업무별 데이터 보유 여부 진단이 상당히 중요한 부분이며, 블록체인 원장에 어떤 데이터를 저장할 것인지 파악해야 한다.

일부 기업은 RDBMS 데이터 스키마를 가져와 이를 분류해 데이터를 다 저장할 것이라고 요구하기도 한다. 이 경우, 레코더당 기본 2MB~5MB라고 해도 상당히 큰 규모의 데이터가 발생한다. 그래서 기업은 해당 비즈니스에 어떤 데이터를 사용하고 있는지, 어떤 데이터를 저장하고 활용하고 있는지 파악해야 한다.

이 데이터 중에서 공통적으로 사용할 부분도 도출해야 한다. 업무별 데이터 식별

부분도 데이터 기반의 연관 애플리케이션 보유 현황을 파악하는 것으로, 기존에 서비스하던 애플리케이션 부분도 파악해야 한다.

일부 프로젝트 경우에는 기존에 했던 서비스를 어느 정도 갖고 오는 경우가 있으며, 완전히 블록체인으로 전환하지 않는 경우도 있다. 이럴 때 어느 시점에서 블록체인과 연관되는지 파악하는 것이 중요하다. 유즈 케이스를 기반으로 한 필요 데이터 간 격차(Gap)분석이다.

기업이 도출한 데이터와 선정한 유즈 케이스에서 필요한 데이터 사이에는 격차가 존재한다. 이런 경우, 기존 데이터 중에서 공유하는 데이터와 비즈니스 프로세스 데이터를 분류, 도출해야 한다.

블록체인 애플리케이션 영역 전환 진단에서는 기존 애플리케이션 서비스 중 에서 블록체인 서비스로 전환할 부분을 파악하고, 수작업/자동화 부분을 분류 해 굳이 블록체인으로 사용할 필요가 없는 자동화 부분을 파악해야 한다.

즉 스마트 컨트랙트로 적용할 부분을 파악하는 것이다.

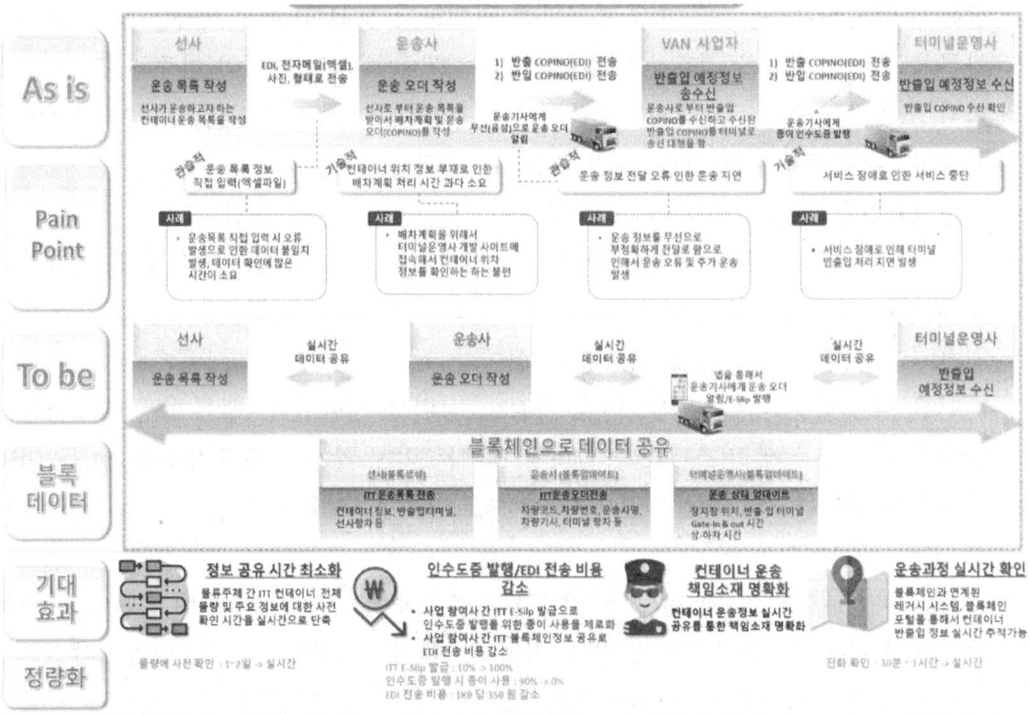

[그림 6-7] 요건정의 분석 및 기본 구조 설계 예시

3. 블록체인 서비스 설계 및 개발

3단계에서는 도출된 요구사항을 기준으로 체인코드 기능 및 KVS(Key Value

Store) 설계 방식에 따라 효율적인 블록체인 처리 방식을 설계, 개발한다. 개발 단계에서 블록체인 모니터링과 체인코드 개발은 아주 중요한 요소다.

비즈니스 아키텍처 설계, 데이터 모델링, 사용자 UI, 비즈니스 애플리케이션 및 인터페이스, 스마트 컨트랙트(Smart Contracts), 블록체인 모니터링 등을 설계, 개발한다. 해외 지사나 해외에 있는 기업과 비즈니스가 연결되어 있다면 해외에도 노드를 구성해야 하며, 그 노드 간 네트워크를 어떻게 연결할 것인지, 네트워크가 전용망인지 아닌 지에 따라 구축 난이도는 달라진다.

그래서 가장 간단한 방법으로 VPN 서버를 설치해 연결하긴 하는데, 정작 VPN을 설치하더라도, 여러 가지 난제로 인해 프로젝트를 진행하기 어려운 경우도 있다.

그래서 이런 경우, BaaS(Blockchain as a Service)를 선택하는 것도 하나의 방법이다. 예를 들어, 한 프로젝트를 진행하고 주도하는 기업의 내부 시스템과 연결이 필요하다면 BaaS와 내부 시스템 간 인터페이스를 통해 연결만 해주면 된다. 이렇듯 기업은 BaaS를 사용할 것인지 자체 구축 방식을 선택할 것인지 등 인프라를 고민해서 여러 가지 요소들을 구성해야 한다.

UI/비즈니스 애플리케이션/RDB 설계는 블록체인 서비스를 처리하기 위해 프론트엔드 범위에서 진행된다.

GUI(Graphical User Interface)를 만들기 위해 웹 디자이너가 필요한 경우도 있다. 블록체인 프로젝트를 진행하는 인력에는 IT 운영팀이 있는데, 이들은 구축된 블록체인 네트워크를 담당 운영해야 한다. IT 운영팀은 블록체인 네트워크가 정상적으로 동작하는지, 참여 노드가 여러 개가 있으면 정상적으로 블록이 동기화되고 분산원장이 동기화되는 지를 한눈에 보기를 원한다.

하지만 블록체인 기술은 코어에서 처리되는 프로세스이기 때문에 이를 보여주기 위해서는 별도의 UI가 필요하다. 그래서 일반적으로 IT 운영팀의 요구조건을 수용하기 위해서는 블록체인 모니터링을 별도로 만들게 된다.

아예 UI가 없이 내부 시스템간의 비즈니스를 처리 목적의 인터페이스만을 처리하기 위한 블록체인 사례도 있는데, 이럴 경우엔 웹 서버가 필요하지 않다.

UI는 웹 서버를 구성하기 위한 항목으로, HTML 등 여러 가지 방식이 있다. 그리고 웹 URL를 처리하기 위한 비즈니스 애플리케이션, 이에 대한 필요한 데이터를 조회하거나 저장할 수 있는 RDBMS를 구성한다.

RDBMS를 설계, 개발할 때에는 블록체인과 연관된 설계 부분에서 앞서 설명한 대로 RDBMS에 저장된 데이터와 분산원장에 저장된 데이터를 구분해야 한다.

보통 블록체인 Explorer 이나 이더스캔이 이에 속한다.

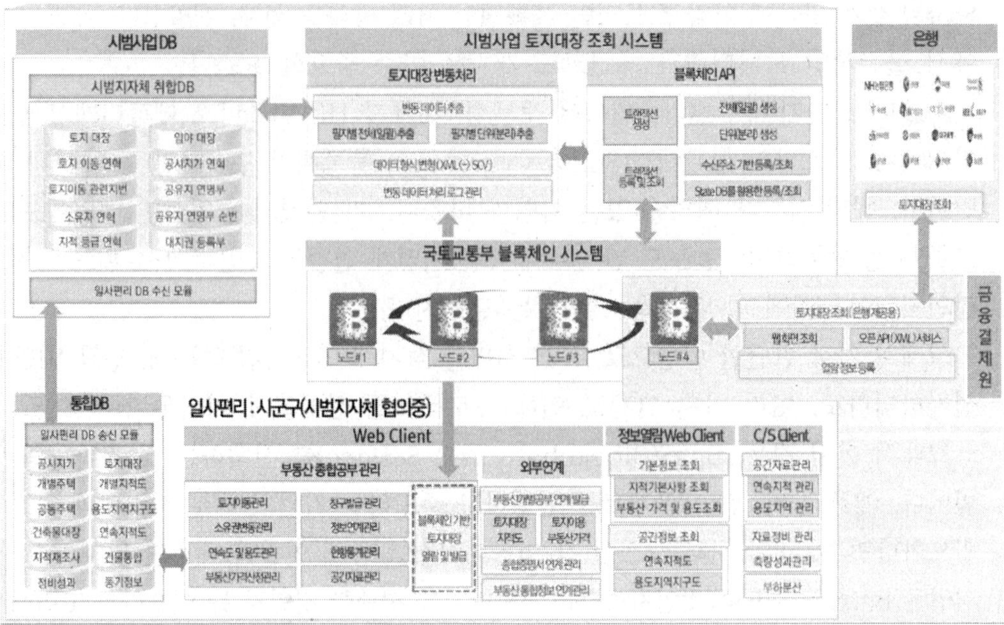

[그림 6-8] 블록체인 서비스 설계 예시

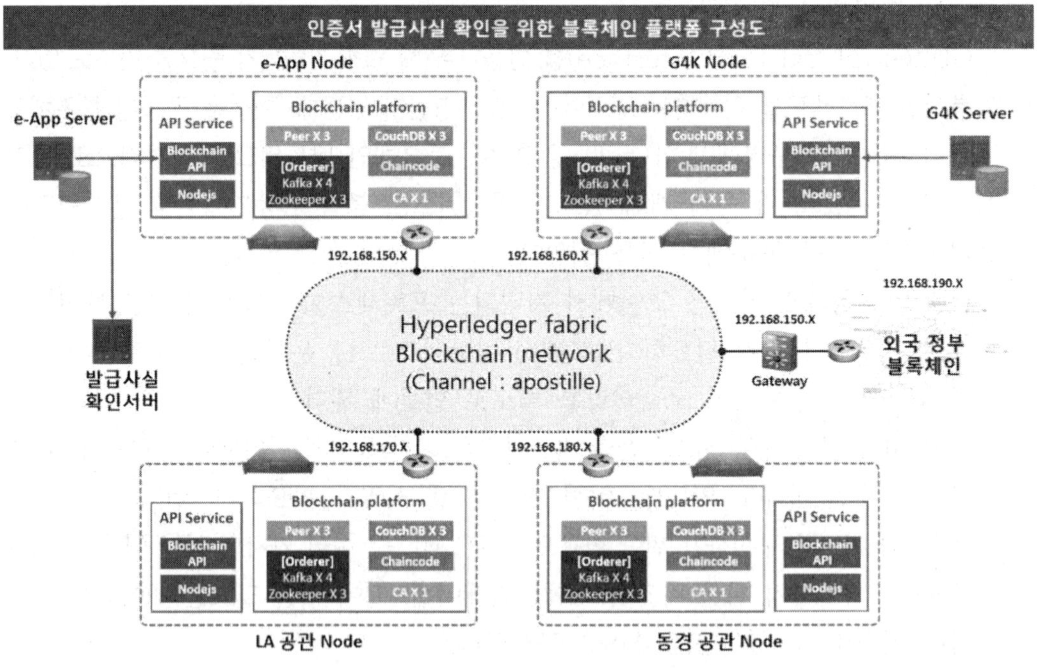

[그림 6-9] 블록체인 시스템 구성 설계 예시

4. 테스트 및 운영

블록체인 서비스 테스트는 기능, 비기능 검증으로 구분되며, 기능처리 부분과 성능/장애 항목 검증이 필요하다. 테스트 결과를 기반으로 블록체인 기반의 실제 서비스 운영 가능 여부를 판단한다. 또한 블록체인 성능 및 장애 테스트에 대한 시나리오 준비가 중요하다.

전체적으로 6개월~1년 정도 소요된다. 사례 분석 및 도입검토 단계는 1개월, 요건 분석이나 개발 단계는 3개월~7개월, 테스트 및 운영 단계는 1.5개월 정도이나, 프로젝트의 규모에 따라 개발 단계의 기간은 가변적으로 적용한다. 또한 블록체인 프로젝트 상용서비스 운영을 위한 시스템 구축 시 추가적인 비용과 기간을 산정하여 고려해야 한다.

블록체인 테스트 및 상용화 단계에서는 개발이 다 끝난 이후에 실제 서비스별 단위 테스트나 운영을 한다.

GUI의 경우 당연히 업무별 기능을 확인할 것이고, 그 다음 레거시 시스템에 데이터가 제대로 넘어가는지 확인한다. 이렇듯 각 단위 별로 기능을 검증하고 확인하는 절차를 밟는다. 이 단계가 끝나면 비기능 검증으로 넘어간다,

여기서는 성능과 장애 항목에 대한 각각의 시나리오를 만들어 테스트한다. 이후 업체별 통합 테스트까지 통과하면 실제 운영 단계로 진행되고, 상용화 시스템을 구축하고 실제 상용화를 통해 프로젝트를 완성시킨다.

수행 내용

재료 · 자료

- 지갑 및 블록체인 관련 자료

기기(장비 · 공구)

- 컴퓨터, 프린터, 주변기기

안전 · 유의사항

- 컴퓨터 및 주변기기의 전원을 관리한다.

수행 순서

01 블록체인 기반 프로젝트 수행시 고려사항을 분석하라.

블록체인 기반 프로젝트를 수행하기 위해 알아야 할 사항 가운데 대표적인 4가지는 다음과 같다.

① 블록체인은 모든 데이터를 저장, 처리하는 분산 저장 데이터베이스가 아니다.
② 블록체인 기술 도입시, 효과 여부를 사전에 파악해야 한다.
③ 블록체인 프로젝트 수행 범위 중, 비용 절감 영역과 비용 증대 영역을 사전에 검토해야 한다.
④ 감사(Audit) 및 중앙에서 데이터 관리가 필요한 체계가 필요한 지 여부를 검토해야 한다.

블록체인은 모든 데이터를 저장, 처리하는 분산 저장 데이터베이스가 아니다. 많은 사람이 블록체인 자체를 데이터베이스라 생각하는데, 블록체인은 일반적으로 알고 있는 RDBMS 방식이 아니라 NoSQL 방식이다. RDBMS 방식에서 NoSQL 방식으로의 전환은 어려우며, 그룹핑하기도 어렵다. 또한 블록체인은 모든 데이터를 저장, 처리하는 분산 저장 데이터베이스가 아니다. 물론 모든 데이터를 저장할 수 있긴 하지만 불필요한 데이터를 굳이 저장할 이유는 없다. 앞서 설명한 대로 레거시 시스템과 연동한다면 NoSQL에 분산 원장 데이터, 즉 필요한 데이터만 저장하고 나머지는 RDBMS에 저장하는 등의 하이브리드 방식으로 구성하게 된다.

또한 기업은 기존 업무 시스템 개선 및 확장, 혹은 신규 서비스를 구축하는데 블록체인 기술을 도입해 얻을 수 있는 효과를 사전에 확인해야 한다. 무작정 블록체인 프로젝트를 구현한다고 해서 효과를 얻을 수 없다. 중요한 것은 어떤 문제가 있는지, 이를 해결하는 것인지, 개선하는 것인지, 또는 확장하는 것인지 도입 이유가 명확해야 한다는 점이다.

비용절감효과, 비용증대영역, 사전 검토, 그리고 감사와 관련된 부분, 중앙에서 데이터 관리가 필요한 부분에서도 블록체인 효과가 있는지 확인해야 한다. 특히 금융권에서 블록체인 프로젝트에는 감사 기관이 일부로 참여하게 된다. 이 감사 기관은 데이터를 지켜보는 역할만 한다. 실제 2개 이상의 업체나 은행들이 블록체인을 통해 서로 데이터를 주고받을 때, 감사기관은 해당 데이터를 계속 지켜보는 것이다. 모니터링 중에 애매한 것이나 문제가 되는 것이 있다면 바로 확인한다는 개념이다. 현재까지는 금융 분야에서만 감사 기관이 참여하는 경향이 있지만 제조 등 다른 분야에서도 참여하려는 움직임을 보이고 있다.

02 블록체인 클라우드 서비스(BaaS)의 개념, 장점, 플랫별 특징 및 활용사례에 대하여 분석하라.

1. BaaS 개념

클라우드 기반으로 블록체인 서비스를 개발, 테스트할 수 있도록블록체인 시스템의 구성요소(분산 네트워크, 통신 프로토콜 등) 및 필요기능(거래정보 검증, 합의, 노드관리 기능 등)을 제공하는 환경이다

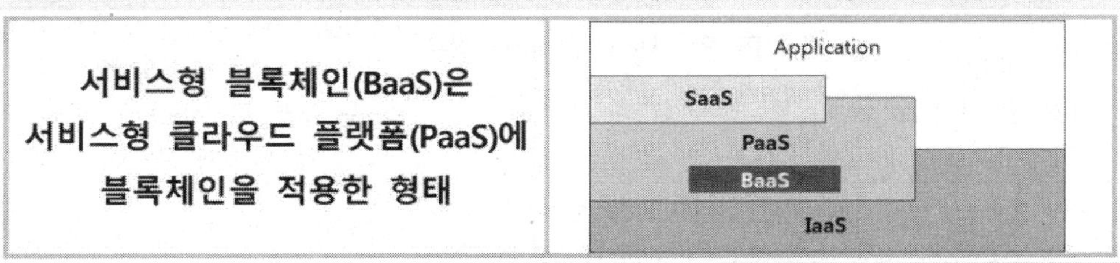

[그림 6-10] BaaS(Blockchain as a Service) 구성

블록체인 서비스 개발 시 클라우드를 활용함으로써 개발 편의성과 서비스 간 상호 호환성, 안정성 확보가 가능하다.

2. BaaS 장점

1) 유연한 자원관리

HW, SW자원을 보유하지 않아도 블록체인을 생성할 수 있는 손쉬운 개발·운영환경 제공한다.

사용자의 요구에 맞게 시스템 자원을 할당, 배치, 배포해 두었다가 필요시 시스템을 즉시 사용할 수 있는 상태로 미리 준비가 가능하다.

2) 탄력적인 확장성

블록체인 네트워크에 노드 추가·제거가 단순하다.

3) 글로벌 가용성

클라우드 환경에서는 세계 어떤 지역에서도 블록체인 인프라 및 서비스 구성이 가능하다.

3. BaaS 플랫폼별 특징 및 활용사례

BaaS 플랫폼은 마이크로소프트의 EBaaS, IBM의 IBM Blockchain, 아마존의 블록체인 템플릿 등이 있다.

〈표 6-2〉 BaaS 플랫폼별 특징 및 활용사례

주체/플랫폼명	특 징	활용사례
마이크로소프트/ EBaaS (Ethereum BaaS)	• 자사 클라우드 시스템 Azure 활용 • Ethereum 블록체인 개발 환경 제공	• R3CEV 컨소시엄 내 11개 금융회사 : 금융회사 간 송금·결제 • 웹젯 : 온라인 여행 결제 서비스
IBM/ IBM Blockchain	• 자사 클라우드 시스템 Bluemix 활용 • Hyperledger 블록체인 개발 환경 제공	• 월마트 : 식품 공급망 내 추적 및 투명성 확보를 위해 블록체인 적용 • 노던 트러스트 : 사모펀드 거래의 명확성 확보를 위해 블록체인 적용
아마존/ 블록체인 템플릿	• 아마존 클라우드 시스템 AWS 활용 • Ethereum과 Hyperledger 블록체인 템플릿을 통한 네트워크 구축 제공	• 블록체인 기반 분산앱(DApps) 구축·관리 지원

03 블록체인 사용사례를 선정하기 위하여 고려사항을 분석하라.

사용사례를 선정하기 위해서는 먼저 비즈니스적, 기술적, 법률적 고려사항을 살펴봐야 한다.

1. 비즈니스적 고려사항

우선 블록체인 프로젝트에서 비즈니스 적합 여부를 파악하는 요소는 다음과 같다.

① 디지털 기반의, 혹은 디지털화된 자산에 적합한가?
② 당사자간에 신뢰가 필요한가
③ 실시간 처리 기반의 결제 시스템이 필요한가
④ 현재 서비스 아키텍처에 수작업이 다수 포함되어 있는가
⑤ 결제 관련 서비스가 운영상의 이유로 프로세스 처리에 많은 시간이 걸리는가
⑥ 고객, 참여기관, 규제 당국에 자료의 투명성 및 보고가 필요한가

기업 시스템 상 데이터 흐름에는 빌링 시스템이 함께 할 수 있다. 예를 들어, 주문이 내려오면 내부적으로 빌링 시스템에 주문하고 돈이 오고 갈 때 실시간 처리가 필요한 상황인지 판단한다. 또한 현재 서비스가 수작업, 즉 비자동화된 작업이 어느 정도 포함되어 있는지 파악한다. 이미 자동화되어 있는 시스템을 굳이 블록체인으로 전환할 필요는 없으며, 수작업이 많을수록 블록체인 프로젝트 효과는 올라간다. 블록체인은 인터페이스나 네트워크를 만드는 것으로, 블록체인 네트워크에 참여하는 기업이나 기관은 데이터를 함께 받을 수 있는 것이다.

2. 기술적 고려사항

프라이빗 블록체인은 퍼블릭 블록체인과 달리, 참여자가 원하는 대로 블록 생성주기와 데이터 크기, 블록 크기를 지정할 수 있는 점이 가장 큰 장점이다. 프라이빗 블록체인 프로젝트에서 기술적으로 고려해야 할 사항은 다음과 같다.

① 가상 암호화폐나 자체적인 코인 또는 토큰 처리기반 프로세스가 핵심요소인가
② 블록체인을 통해 전자화된 자산의 결정적 결제 완결성(Deterministic Settlement Finality)을 보장할 수 있는가
③ 결제(Settlement)가 블록체인을 통해 청산되는가, 블록체인을 기반으로 청산되는가

④ 자산 생애주기 추적, 결제보고, 아이덴티티 관리, 담보 자산 관리 등의 다양한 필요요건을 충족시키는 시스템을 가지고 있는가
⑤ 기존 시스템과 통합될 수 있는가
⑥ 기관 간의 네트워크 동의가 이뤄지는 동시에 데이터 정보가 공유되지 않게 프라이버시를 보장하는가
⑦ 규제기관이 관찰자(Observer)로서 참여할 수 있는가?

사실 이전에는 디지털화된 자산, 즉 가상화폐(Crypto Currency) 부분에서 '퍼블릭 블록체인에 있는 코인이 왜 프라이빗 블록체인에는 없냐'는 질문에 대해 대답하기 어려웠다.

IBM 사용사례 가운데 위트레이드(we.trade)는 중소기업들이 믿고 거래할 수 있는 환경을 만들기 위해 유럽 9대 은행이 구축한 블록체인 기반의 국제 금융 거래 플랫폼이다. 위트레이드 플랫폼은 무역을 위한 디지털 원스톱 쇼핑몰로, IBM의 블록체인 플랫폼과 하이퍼레져 패브릭(Hyperledger Fabric) 기술을 사용해 중소기업들이 간단한 사용자 인터페이스에 접속해 혁신적인 스마트 컨트랙트(Smart Contract)를 활용해 거래를 한다.

기업 간 거래 서비스인 이 플랫폼에서 돈이 오가는 것은 당연한 프로세스였지만, 프라이빗 블록체인 네트워크에서는 코인이 없기 때문에 데이터만 이동하고 돈은 별도로 보내야 하는 비효율적인 구조였다. 그래서 최근에 패브릭 코인(Fabric coin)이라는 실물 자산 기반의 토큰이 탄생했다. 이 토큰은 자산 평가 당시 가치를 기반으로 토큰을 발행하게 된다. 하지만 발행한 조직 또는 기관의 자산 가치가 떨어지면 해당 토큰의 가치도 떨어져야 하는데 그렇지 않다는 것이 문제가 된다. 또한 해당 자산을 폐기처분했을 시 이를 기반으로 한 토큰을 어떻게 처리할 것이냐는 문제도 발생한다.

최근 IBM은 스텔라 기반의 스테이블 코인 '스트롱홀드 USD(Stronghold USD)'를 준비하고 있다고 발표했다. '스테이블 코인'이란 가상화폐의 단점인 가치 변동성을 줄이기 위해 기존 정부 발행 화폐와 연동시킨 안전한 암호화폐를 의미한다.

이처럼 블록체인을 통해 전자화된 자산에 대해 결제 완결성 보장 여부와 전자화된 자산의 실물 자산 유효 여부도 판단해야 한다. 결제 완결성이란 참여자들의 지급 지시에 따라 지급 시스템을 통해 이뤄진 결제는 어떠한 상황에서도 취소(revocable)되거나 재지급(repaid)되지 않고 지급결제 시스템의 운영규칙에 의거해 무조건적(unconditional)으로 성사되는 것을 의미한다. 여기에는 해당 자산에 참여하는 기관이나 업체간 공동 합의가 있어야 하는데, 서로간 보내는 데이터에 대해 동일한 자산으로 판단하겠다는 법률적 검토가 내재되어야 한다.

이와 함께 기술적으로 중요한 것은 기존 시스템과 통합 가능 여부다. 기존 시스템이 제공하는 인터페이스나 API, 관리하는 데이터에 따라 어떤 방식으로 통합할 것인지 사

전에 고려해야 한다. 블록체인에서 제공하는 기능들이 제한적이기 때문에 기본적으로 중간에 에이전트를 만들어 공유하는 사례가 많다. 또한 기관 간 네트워크 동의가 이뤄지긴 했지만, 동시에 데이터가 공유되지 않도록 하는 것도 중요하다. 앞서 설명한 대로 블록체인 기반 프로젝트는 상당히 다양한 형태로 구축할 수 있기 때문에 필요한 데이터만 공유하거나 3, 4개의 네트워크 구조로 만들 수 있다. 전체 공유 데이터, 당사자 간 공유 데이터, 컨소시엄 형태에서의 내부적 그룹핑, 그룹 간 공유 데이터, 자체적으로 저장하는 데이터 등은 기술적으로 처리하는 방식이 다르기 때문에 확인이 필요한 사항이다.

3. 법률적 고려사항

현재 법률적 고려 사항에 대해서는 아직 정의가 명확하게 규정되지 않아 상당히 많은 논의를 하고 있다. 특히 국내에서는 법률적 논의 자체가 많이 늦은 상황이며 최근 문제가 되고 있는 부분은 스마트 컨트랙트(Smart Contract)다.

① 블록체인을 통해 전자화된 자산의 결제완결성이 '법적으로' 보장될 수 있는가
② 전자화된 현물 자산의 법적 보증을 누가 할 것인가
③ 법률적으로 정해진 예탁 또는 청산기관의 역할은 무엇인가
④ 스마트 컨트랙트가 법률적 효력을 가지는가
⑤ 한 예로 외환 송금시, 외환법에 위배되지 않고 서비스가 가능한가
⑥ 고객 정보를 블록체인 분산원장에 저장, 공유할 경우 법적으로 보장받을 수 있는가

스마트 컨트랙트는 계약 정책이나 처리 프로세스를 작성한 후, 조건에 따라 계약 내용을 자동으로 실행할 수 있는 디지털 계약서다. 기존 서면 계약서에서는 계약 조건을 실제 사람이 계약서 내용대로 수행해야 하지만, 스마트 컨트랙트는 계약 조건이 갖춰지면 자동적으로 계약이 체결되고 동시에 이행된다. 이런 스마트 컨트랙트의 거래 방식은 민법에서부터 전자거래기본법에 이르기까지 총 5개법에 적용되는데, 법마다 해석이 제각기 다르다.

예를 들어, 스마트 컨트랙트는 계약 성립과 이행을 구분하도록 한 민법과 개념이 정면으로 대치되기 때문에 법 개정 없이는 활용하기 어려운 상황이다. 또한

① 스마트 컨트랙트의 주체를 결정하는 문제
② 계약 내용 로직에 대한 당사자간 합의 여부 문제
③ 계약 유효 및 성립 시기 문제
④ 계약 보증과 실수로 인한 책임 소재 및 보상 문제 등 해결해야 할 사안들이 복잡하고 다난하다.

특히 국내에서는 스마트 컨트랙트를 실제 전자문서로 인식할 것이냐는 사안조차 정확히 정의되지 않았다.

이와 함께 실제 송금시 블록체인 네트워크를 통하면 국가와는 관계없이 큰 돈이 거래될 수 있는데, 이로 인해 외화 송금시 외환법에 위배되는 경우가 발생한다. 국내에서는 지난해 말부터 외화 송금 금액을 제한하고 있다.

그리고 고객 정보 관련 문제도 사전에 고려해야 할 사안이다. 최근 EU에서 시행한 GDPR이나 국내 클라우드 법에서 개인정보는 해당 국가 위치에 저장되어야 하는데, 블록체인 네트워크에서의 저장 위치는 특정되지 않기 때문에 위배될 소지가 있다. 최근 국내에서는 개인정보를 국내뿐만 아니라 국외 클라우드에도 저장할 수 있도록 법안을 개정하려는 시도가 있다. 하지만 개인정보 저장 문제는 생각보다 간단치 않다. 개인정보 저장 방법에서부터 관리 방식, 그리고 GDPR과 같은 각국의 컴플라이언스를 피하기 위한 방법 등 많은 사안이 논의되고 있다.

04 퍼브릭 블록체인 프로젝트 고려사항에 대하여 분석하라.

퍼블릭 블록체인 프로젝트를 진행하기 위해서는 키 관리, 참여자 권한 관리, 거래 검증 및 합의, 블록체인 소프트웨어 보안, 서비스 보안 등 총 5가지 항목에서 사전 검토가 필요하다.

퍼블릭 블록체인에서 가장 중요한 문제는 키(Key)다.

자신이 보유한 키를 분실 혹은 도난당하는 순간, 모든 것을 잃게 된다. 그래서 보유키가 유출되지 않도록 안전하게 보관할 필요가 있는데, 최근 월렛 기반의 USB 스틱이나 월렛 기능을 탑재한 스마트폰을 사용하는 이들이 많아졌다. 또한 키 도난 및 분실시, 다중서명 방식의 복구 절차가 필요하다.

퍼블릭 블록체인은 불특정 다수가 참여자이기 때문에 당사자가 해당 서비스를 이용할 때는 상당히 제한적이다. 블록체인에서 51% 공격은 전체 네트워크의 해시파워를 절반이상 보유한 경우 데이터를 변조할 수 있다는 구조적 약점으로 알려져 있지만, 사실 변조할 수 있는 데이터는 자신이 올린 데이터만 가능하다.

그런 의미에서 거래와 무관한 제 3자 접근 통제가 필요하다. 불특정 참여자들로 구성되다보니, 자기가 원하는 거래자와 거래할 수 있는 사례는 드물다. 그래서 블록체인의 참여자 권한은 사실상 제한적인 셈이다. 또한 거래무결성 확인을 위한 정보 외에 개인정보 침해가 우려되는 정보를 관리할 필요가 있다.

블록체인의 거래 검증 및 합의는 대부분 마이닝 방식으로 되어 있기 때문에 실제로 리스크가 많으며, 내외부 사이버공격으로 부터 노드 유효성 조작에 대한 방지책이 필요하다. 많은 참여자가 거래 검증에 합의하는 구조 검토가 필요한데, 합의에 대한 이중 지불이나 긴 블록 우선권 문제를 해결하기 위해 이더리움은 POW(Proof Of Work) 방식에서 POS(Proof Of Stake) 방식으로 바꾸려고 한다.

블록체인 소프트웨어는 보안 취약점에 대한 검토가 필요하다. 시큐어 코딩, 코드 검토, 보안 테스팅 등 보안 사항 검토가 필요하며 DDoS 공격과 같은 대량의 트랜잭션 공격에 대응 가용성 문제를 검토할 필요가 있다. 그리고 상호운용성을 위해 비정상거래 탐지 및 차단 방안이 검토해야 한다.

05 인증서 관리가 중요한 프라이빗 블록체인 프로젝트의 고려사항에 대하여 분석하라.

프라이빗 블록체인은 퍼블릭 블록체인과는 달리 허가받은 특정 노드만 참여할 수 있는 블록체인 네트워크로, 프로젝트 진행시 총 5가지 항목에 대해 사전 검토해야 한다.

① 인프라 : 사용사례를 기준으로, 참여 노드의 환경 및 분산원장 저장 데이터 형태, 자체 시스템 구성 여부에 따른 인프라 환경 구성이 필요하다. IBM 블록체인 플랫폼의 경우, 기업이 사용사례를 선정하면 그에 따른 시스템 환경이 결정하고 제공하기 때문에 기업은 인프라와 관련한 여러 가지 고려 사항들을 신경쓰지 않아도 된다.

② 네트워크 : 시스템 및 노드 간의 복잡한 네트워크 구간의 암호화 및 전송 데이터 암호화가 필요하다.

③ 인증서 관리 : 프라이빗 블록체인은 폐쇄형으로 네트워크에 접속, 참여하는 노드와 클라이언트의 인증 절차는 필수적이다. 또한 인증서를 발급받은 참여자만이 조인할 수 있기 때문에 인증서 관리는 무엇보다 중요하다. 신뢰할 수 있는 당사자가 해킹당하면 블록체인 보안은 사라지기 때문이다. 그래서 인증서가 유출되지 않도록 별도의 HSM(Host Security Module) 장비에 저장하거나, 좀더 안전한 환경에서 인증서를 저장하는 사례도 있다.

④ 스마트 컨트랙트 : 스마트 컨트랙트는 조건이 충족되면 자동으로 실행되고 이는 되돌릴 수 없다. 즉, 문제를 실행 취소하고 실수를 수정하거나 사기(frauds)를 되돌리기가 매우 어렵다는 걸 의미한다. 지난해 가을 누군가의 실수로 멀티파티 이

더리움 계약을 잠궜는데, 그 결과 3억 달러 상당의 통화가 손실된 적이 있다. 그래서 비즈니스와 연관된 참여자 간의 협의된 로직 구성 및 디버깅을 통한 코드 오류 항목에 대한 사전 검토가 필요하다.

⑤ 데이터(분산원장) : 분산원장에 개인정보 및 공유불가 데이터에 대한 저장 및 처리 방식을 사전에 검토할 필요가 있다.

06 IBM 블록체인 플랫폼에 대하여 분석하라.

IBM 블록체인 플랫폼은 비즈니스 네트워크 개발 및 거버넌스, 그리고 운영 관리 효율성 증대를 위해 최적화된 기업용 블록체인 플랫폼이다.

이를 통해 기업은 비즈니스 네트워크 활성화 및 참여자 통제 기능을 통한 관리 능력이 향상되고, 상시 비즈니스 네트워크를 구축할 수 있다. 기업이 일반적인 온프레미스 방식으로 도커 이미지를 직접 다운로드 받아 구축하면 많은 어려움을 겪게 된다. 하지만 IBM 블록체인 플랫폼은 기본적으로 5분 내로 원하는 네트워크 환경 구축이 가능하다.

IBM 블록체인 플랫폼은 총 3가지의 특징을 갖고 있다.

첫 번째, 하이퍼레저 기술을 통한 블록체인 애플리케이션 개발 지원이다. 일반적으로 IBM은 하이퍼레저 패브릭 기술을 주도하고 있으며, 이를 기반으로한 경험 또한 상당하기 때문에 블록체인 애플리케이션 개발 지원이 가능하다. 이를 통해 비즈니스와 개발 기간을 단축시키고 오픈소스 툴과 언어를 활용해 블록체인 애플리케이션을 빠르게 구축할 수 있으며, 누구나 쉽게 학습하고 개발할 수 있다.

두 번째, 새로운 블록체인 네트워크를 간편하고 빠르게 구축할 수 있다. 기본정책을 통해 블록체인 네트워크를 효율적으로 관리할 수 있으며, 스마트 컨트렉트, 네트워크 참여자 및 트랜잭션 기반의 채널을 탄력적으로 구성할 수 있다. 또한 기본 구축된 룰 및 정책을 통해 빠른 환경 구성과 커스터 마이징이 용이하다.

세 번째, 우수한 보안 및 성능의 블록체인 네트워크 구축 및 확장이다. IBM 블록체인 플랫폼을 통해 기업은 작은 규모로 시작해 참여자가 증가하거나 트랜잭션 볼륨 증가에 맞춰 빠른 네트워크 확장이 가능하다. 또한 IBM 전용 하드웨어 펌웨어, 소프트웨어 기능이 포함된 우수한 보안 환경을 제공하며, 네트워크 확장 및 업그레이드 시에도, 서비스 중단 없이 상시 운영이 가능하다.

IBM 블록체인 플랫폼을 크게 2가지 방식으로 제안하는데, 스타터 플랜(Starter Pla

n)과 하이 시큐리티 비즈니스 네트워크(High Security Business Network, HSBN) 기반의 엔터프라이즈 플랜(Enterprise Plan)은 클라우드 상에서 블록체인 플랫폼을 구현하는 방식과 나머지 한가지는 기업 내에 자체적인 시스템 구축을 하는 온프레미스(On-Premise) 구축 방식이다. 스타터 플랜은 개발 부문에서 필요한 사례를 간단히 구축해 테스트하는 환경이며, 엔터프라이즈 플랜은 엔터프라이즈 서비스에 맞는 구조로 선택해 구성할 수 있는 계획을 제공한다. 온프레미스는 도커 이미지를 깔아서 직접 구축하는 방식이다. 현재 IBM 블루믹스(https://console.bluemix.net/catalog/services/blockchain)에서 스타터 플랜을 신규 등록하면 제공되는 500달러 크레딧으로 블록체인을 무료 체험해 볼 수 있다. IBM은 총 600개 이상의 다양한 사용사례와 경험을 토대로 어떤 서비스에 블록체인을 최적화할 수 있는지 컨설팅과 하이퍼레저 패브릭 기술을 토대로 실제 클라우드 기반에 최적화되도록 커스터 마이징 한 블록체인 플랫폼을 제공한다.

07 블록체인의 사업성 준비(IEO 등)를 위한 검토사항에 대하여 분석하라.

1. 비즈니스

① 해당 비즈니스는 기존의 Web이나 App으로 서비스되고 있던 모델인가?
② 궁극적으로 탈 중앙화된 모델로 진화할 수 있나:

2. 구매자

기관 구매자(V.C 또는크립토 펀드)의 투자를 받았나?

3. 인력

① 해당 비즈니스 경력자가 전체 인력의 10% 이상 포함하고 있나?
② 참여 개발자의 경력에 해당 비즈니스 관련 개발 경험이 있나?

4. 재무 및 회계

① CFO 및 내부견제제도가 있는가?
② 외부 회계 법인의 감사를 받나?

5. 마케팅

① 토큰 세일을 위한 대행사와 계약에 의해 도움을 받고 있지 않나?

* 외부 대행사의 도움을 받는 경우 마이너스 요인이고 안받는 경우 플러스 요인이다. 외부 대행사의 도움이 불필요한 과자 경비 지출로 마이너스 경우이다.

② 사용자 확대를 도울 파트너 회사나 마케팅 전문가가 내부에 있나?

08 블록체인의 사업준비(IEO 등)시 메인넷 기술 개발 진행시 기술적 구비사항에 대하여 분석하라.

1. 성능(Performance)

① Main Net 있는가?

② 타사의 메인넷을 참조했나?

③ 블록체인의 블록타임은 얼마인가?

④ 블록체인의 블럭별로 처리건수는 몇 TPS인가?

⑤ 합의 알고리즘이 PoW, PoS, DPOS, 기타 어떤 형식인가?

⑥ 51% 이상의 공격을 받은 가능성이 있나?

2. 검증 투명성(Verification Transparency)

① Smart Contract로 만들어진 토큰 발행 소스코드를 권위있는 제3자 감사기관을 통해서 받은 적이 있나?

② 기술백서가 있나?

③ Source Code를 GitHub에 공개하였나?

④ 거래소의 기술평가팀이 방문하여 프로젝트 진행 기술팀과 인터뷰를 할 수 있나?

3. 개발역량(Development Capability)

① 내부개발자 중에 1년 이상의 블록체인 개발자가 있나?

② 외부개발자 혹은 외부개발업체와 협업을 하나?

③ CTO가 있나?

④ 기술 Advisor의 역활이 있나?

4. MVP(Minimum Viable Product)

① PoC를 공개할 수 있나?
② 실행 이미지 빌드 및 실행에 대한 도큐먼트가 있나?
③ 합의 알고리즘의 동작을 위한 테스트 환경 구축에 대한 도큐먼트가 있나?
④ 자동화된 테스트 케이스 혹은, 테스트 실행을 위해서 필요한 조치 문서가 있나?
⑤ 테스트 결과를 보여줄 수 있는 로그 수집 방법은 있나?
⑥ 생성된 블록을 보여줄 수 있는 방법이 존재하니?
⑦ 이미 구축된 테스트 환경이 있다면 접근할 수 있는 URL 및 접속방법이 있나?
⑧ 구축된 테스트 환경에서 생성된 블록을 보여줄 수 있는 방법이 있나?
⑨ 구축된 테스트 환경의 로그 기록이 확인할 수 있나?
⑩ GitHub Source Code의 변경 기록 최소 1개월치(변경 횟수/변경) 있나?
⑪ 투입인력의 프로필을 공개하였나?
⑫ 블록체인의 토큰 이코노미가 설계되었나?

5. 윤리

① 오픈소스의 라이센스 수칙을 준수하고 있나?
② 허락받지 않은 기술의 표절이 없나?
③ 타사의 기술을 모방한 부분이 있나?

09 블록체인의 사업준비(IEO 등)시 Dapp 기술 개발 진행시 기술적 구비사항에 대하여 분석하라.

1. 성능(Performance)

① DApp 있는가?
② 사용할 메인넷은 결정했나?
③ 협업할 블록체인의 블록타임은 얼마인가?
④ 협업할 블록체인의 블럭별로 처리건수는 몇 TPS 인가?
⑤ 합의알고리즘이 PoW, PoS, DPOS, 기타 어떤 형식인가?

2. 검증 투명성(Verification Transparency)

① Smart Contract로 만들어진 토큰 발행 소스코드를 권위있는 제3자 감사기관을

통해서 받은 적이 있나?

② 기술백서가 있나?

③ Source Code를 GitHub에 공개하였나?

④ 거래소의 기술평가팀이 방문하여 프로젝트 진행 기술팀과 인터뷰를 할 수 있나?

3. 개발역량(Development Capability)

① 내부개발자 중에 1년 이상의 블록체인 개발자가 있나?

② 외부개발자 혹은 외부개발업체와 협업을 하나?

③ CTO가 있나?

④ 기술 Advisor의 역활이 있나?

4. MVP(Minimum Viable Product)

① 공개된 DApp가 있나?

② 실행 이미지 빌드 및 실행에 대한 도큐먼트가 있나?

③ 공개가 불가능할 경우 서버 이미지에 해당하는 Docker와 같은 가상머신 이미지 제공 및 실행 방법 기술이 있나?

④ 구축된 테스트 서버의 주소 및 접속 방법(없다면 디앱 빌드 및 실행 방법)이 있나?

⑤ 비지니스 모델에 핵심 기능에 대한 테스트 케이스 및 실행 결과가 있나?

⑥ 지갑 생성 및 토큰(코인) 생성/사용/제거에 대한 방법 및 실행 결과가 있나?

⑦ 서비스 기획서가 있나?

⑧ 블록체인이 꼭 필요한 기술인가?

⑨ 블록체인의 토큰 이코노미가 설계되었나?

5. 윤리

① 오픈소스의 라이센스 수칙을 준수하고 있나?

② 허락받지 않은 기술의 표절이 없나?

③ 타사의 기술을 모방한 부분이 있나?

10 블록체인의 사업준비(IEO 등)시 구매자 보호를 위한 구비사항에 대하여 분석하라.

1. 기본 항목 내용을 공시하였는가

① 목표 사업에 대한 상세 기술(백서 이외의 방법으로 일반 투자자가 쉽게 이해할 수 있는 사업에 대한 설명)
② 백서 및 백서의 버전별 변경 내력(백서의 현재 내용뿐 아니라 변경 내력까지 포함)
③ 마일스톤의 제시 및 변경 내력(주요 마일스톤에 대한 명확한 기술)
④ 메인넷 혹은 주요 플랫폼에 대한 비기술 용어 해설 및 변경 내력(메인넷의 보유 혹은 이에 준하는 주요한 기술 개발 부분에 대한 별도 기술)
⑤ 토큰 발행 내력 및 소각 내력(사전 세일 기간도안 토큰 발행에 대해 일목요연하게 기술)
⑥ 무상 발행 및 무상 지급 내력 및 무상 토큰 보유자 명단(무상 지급이 토큰 가격에 미치는 영향을 감안하여 성실하게 사전 공지)
⑦ 회사 보유분을 포함한 회사 임의 처분 가능한 자기 지분 보유 명단 및 보유량(사실상 회사 보유분으로 여겨지는 보유량을 표기.)
⑧ 타 거래소 상장 내역 및 상장 조건(상장 비용, 상장 조건, 가격 형성을 위한 계약 등)
⑨ 타 거래소 상장 폐지 및 폐지 사유(상장 폐지 및 철회의 사유 기술)

2. 경영진 및 주요 이해관계자에 대한 공시를 하였는가

① 주요 경영진 등 내부 토큰 보유자의 명단(주요 관계자에 대한 세부 명단 및 보유 코인 수의 기술)
② 3% 이상 토큰 보유자의 명단(토큰의 주요 보유자 명 및 보유 지분 명기)
③ 코인 발행자와 특수관계인과의 계약 및 거래 내용(현금 거래 혹은 코인 거래 포함. 주요 개발 계약, 마케팅 계약 등.)
④ 코인 발행자와 주요 이해관계자 (코인 보유량 3% 이상)와의 거래 및 계약(협약 등을 통해 연계된 파트너십간의 주요 거래 및 계약)
⑤ 특수관계자 혹은 이해관계자의 재무건전성, 현금 흐름 등에 대한 보고.(주요 관계자의 현금 흐름 악화에 따른 편법 자금 이동의 감시)
⑥ 특수관계자 혹은 이해관계자의 감사보고서, 감사의견(주요 관계자의 재무 건전성 악화에 따른 편법적 권리 이전의 감시)
⑦ 주요 보유자의 토큰 거래 및 변경에 대한 보고(주요 이해관계자의 토큰 변경 감시)

3. 선별 정보 항목 및 차등 제공 대상에 대해 사전 공지를 하였는가?

① 토큰 보유량 별 차등 정보 제공 유무 및 사전 공지(내부정보, 주요 토큰보유자 대상 정보, 회원 정보 및 일반인 제공 정보에 대한 명확한 정의)
② 회원 및 비회원에게 차당 제공하는 정보에 대한 공지
③ 토큰의 전망 예측 향후 계획 등 가격에 영향을 미치는 민감한 사항에 대한 공지 절차
④ 선별적 차등 정보 공개 대상에 대한 선정기준 및 공지 방법

4. 내부정보 이용 거래에 대한 제한 규정이 있는가?

① 내부정보 이용 거래 방지 조치
- 내부 정보 이용을 통한 부당거래 방지에 대한 자율적 조치

② 주요 공시 정보에 대한 공시기간 동안 주요 토큰 보유자 거래 금지 조치
- 주요 정보 공시 기간 동안 내부자의 토큰 거래 방지를 통한 투자자 보호

5. 구매자 이외 일반에 대해 정기적 공지를 하는가?

① 기본 공시에 대한 정기적 보고 항목 및 방식에 대한 내부 규정
- 정기적 공시 내용의 확정

② 자체적인 판단에 따른 자율적인 공시 항목에 대한 내부 규정
- 자율적 공시 내용의 확정

6. 공시 방법 및 질의 소명 절차가 있는가?

① 공시 방법 및 일시에 대한 사전 공지
② 공시 일정을 지키지 못한 사유에 대한 고지
③ 공시 내용이 허위로 판단된 경우 받은 제제 사항에 대한 공지
④ 공시 내용을 번복한 경우 소명
⑤ 풍문 보도내용에 대한 질의 창구 및 답변. 추후 번복하는 경우에 대한 해명
⑥ 소비자 이의 제기에 대한 소명
⑦ 거래소 규정에 따른 제한, 위반 등에 대한 공지, 해명
⑧ 소송 이의 신청 법률 제제에 대한 조치에 대한 공시

7. 외부 전문가의 검토 의견을 받고 공지 하는가?

① 법률자문. 국가별 토큰 발행 절차에 대한 적법성 검토의견 공시

② 법률자문. 국가별 투자 참여 방법에 대한 적법성 검토의견 공시
③ 법률자문. 유사수신 다단계 행위 해당 없음에 대한 법률전문가 검토의견 공시
④ 법률자문. 위탁판매시 판매 조건, 보수, 수수료에 대한 적법성 공시
⑤ 법률자문. 토큰 발행 법인 및 주요 이해관계자의 법률 위반 및 제재 사항 공시
⑥ 기술자문. 토큰 이코노미의 적정성에 대한 3자 검토의견 공시
⑦ 기술자문. MVP의 기술적 검증, 구현 가능정도에 대한 3자 검토의견 공시
⑧ 기술자문. 보안 취약성 검토에 대한 3자 검토의견 공시
⑨ 기술자문. 보안 진단 및 내부 보안체계에 대한 3자 검토의견 공시
⑩ 기술자문. 개인정보 보호에 대한 3자 검토의견 공시
⑪ 재무자문. 해당 토큰의 주요 이해관계자에 대한 공인 회계사의 감사 감사의견
⑫ 경영자문. 주요 공시내용에 대한 외부 감사인의 검수 의견

8. 가격 안정화 조치를 취하는 내부 장치 및 제도가 있는가?

① 토큰 발행 조지 회사의 주요 경영자, 주요 임직원, 주요 보유자에 대한 락업 공지
② 어드바이저 등 토큰 무상 지급 대상자에 대한 락업 공지
③ 가격 하락 방지를 위한 대량 보유자의 판매 방법규정 - 거래소 및 장외 거래 포함
④ 대량 보유자의 코인 판매에 대한 공시 및 판매 사유 게시
⑤ 토큰 판매 단가에 대한 판단 기준 공지
⑥ 토큰 판매 단가에 대한 3자 평가 의견 공지
⑦ 특정 기관에 대한 토큰 할인 판매시 적절성에 대한 판단 근거 제시
⑧ 코인 무상지급 에어드롭 방법 및 절차에 대한 사전 공지

11 블록체인의 사업준비(IEO 등)시 법적 구비사항에 대하여 분석하라.

1. 회사의 지배구조와 프로젝트 참여자들의 구성이 적정한가?

① 직계 모회사, 자회사 및 협력업체를 공개할 수 있는지
② 주요 관리자를 포함한 프로젝트 경영진의 인적사항, 학력, 경력, 다른 구성원과 관계 및 이들의 주식 소유 비율이 공개돼 있는지
③ 주요 주주를 포함해 5% 이상 주식을 보유한 자 및 모회사의 주식을 보유한 주주 명단을 공개할 수 있는지

2. 적절한 내부통제를 갖추고 있나?

① 회사의 이사, 직원 및 제휴회사가 귀사의 토큰에 대한 거래를 허용하는지, 거래제한을 부과했는지 그 방침 및 절차, 그 방침이 언제부터 적용되고 있는지
② 회사의 방침, 절차, 경영 및 회계에 대해 회사 또는 제3자의 회계감사 또는 감독을 실시하고 있는지, 그 감독의 범위/빈도/방법
③ 회사가 모집(발행)한 토큰의 관리절차 및 감사기록에 대한 절차
④ 모집(발행)한 토큰의 사용 및 발행한 토큰의 배분 및 관리에 대해 감사를 받은 적이 있다면 감사자의 신원 및 감사 결과

3. 자금세탁방지/이용자 보호 정책을 공개하고 있나?

① 귀사의 토큰 취득에 참여한 자의 신분을 모두 확인하였는지, 그 정책 및 절차
② 그 밖에 귀사의 토큰을 이용한 자금세탁방지를 위한 정책 및 절차
③ 개인정보 보호방침 및 개인정보처리에 적절한 동의를 받고 있는지
④ 이용자에게 제공되는 플랫폼의 이용약관 및 조건

4. 관할권에 따른 준법통제를 하고 있나?

① 회사의 준법검토를 위한 조직(없을 경우 외부 법률사무소 활용계획)
② 회사가 발행한 토큰의 마케팅 절차 및 방법이 유사수신, 다단계판매에 관한 법률에 저촉되는지 검토하였는지, 그 절차 및 방법
③ 회사가 발행한 토큰이 발행지의 법률에 위배되는지 검토하였는지, 그 절차 및 방법

5. 고객보호 절차를 갖추고 있나?

① 백서의 내용과 현재 개발 중인 내용은 중요한 부분에서 변경이 없는지, 변경이 있다면 그 내용을 고객들에게 충분히 알렸는지
② 회사의 백서, 이용약관, 개인정보보호방침이 공개된 홈페이지 주소
③ 회사가 공개한 연락처가 진실한지, 고객센터를 운영하고 있는지
④ 회사가 백서에 정해진 개발을 완수하지 못했을 경우 발행한 디지털 토큰에 대해 환매정책이 있는지

12 블록체인의 사업준비(IEO 등)시 생태계의 보안을 위한 구비사항에 대하여 분석하라.

1. 취약점(Vulnerability) 점검 및 대응 방안이 준비되었는가?

① 외부 기관 및 전문가로부터 취약성 점검을 받았는가?
② 정기적으로 점검 계획이 편성되었는가?(예 반기 1회)
③ 개발단계부터 시큐어 코딩이 적용되었는지?
④ 신뢰할 수 있는 알려진 방법론과 툴을 사용하였는가?
⑤ 취약점 제보 포상 제도를 운용하는지?(예 상한선 1만/USD)

2. 공인된 인증 획득 및 강화된 인증 수단을 확보 하였는가?

① 어떤 종류의 인증을 획득하였는가요?(예 ISMS 등)
② Multi Factor 인증이 적용되었는가?(예 사용자 인증단 OTP 등)

3. 적절한 시스템 보안 정책과 솔루션을 확보 하였는가?

① 보안 정책 설계 또는 가이드라인을 준용하였는가?(예 한국/금융보안원/금융보안 가이드라인 등)
② 서버단과 서비스단에 최소한의 보호를 위한 보안 솔루션을 2종 이상 도입하였는가?
③ 보안 솔루션이 적용되었다면 어느 구간에 어떤 종류와 구성인가?(예 DMZ구간 F/W 등)
④ 시스템 보안을 위한 조치를 실시 하였는가?(예 패치 매니지먼트, 보안 OS, 서버 보안, 망분리 등)
⑤ 앱 보안을 위한 조치를 실시하였는가?(예 난독화, 암호화, 입력 보안 등)
⑥ 제공 서비스에 해당되는 컴플라이언스를 준용하였는가?(예 HIPPA 등)

4. 개인정보 보호 정책과 대응 방안을 준비 하였는가?

① 개인정보보호 조치를 적용하였는가?(예 개인정보 암호화, GDPR 대응 준수 등)

5. 보안 인력(전담)을 지정하여 보안 활동을 수행하고 있는가?

① 보안 최고 책임자 또는 보안 담당관이 지정되었는가?(예 2명/ 정보보안기사 등)

6. 보안 관제 및 모니터링 활동을 상시화 하고 있는가?

① 상시 모니터링을 수행하는가?(예 보안관제 위탁, 모니터링 자동화툴 등)

7. 재난 대응 절차(메뉴얼)와 대응 방안을 확보 하였는가?

① 백업/복구 장비(솔루션)이 적용되었는가?(예 고객 DB 보호용 백업 스토리지 등)
② 재난대응 메뉴얼이 준비되었는가?

8. 전체 IT 사업 예산중 보안 전용 예산을 확보 하였는가?

① 전체 IT 사업 예산중 보안 투자 예산 비율이 7% 이상인가?(예 10% 이상)

학습활동.6 교수 · 학습 방법

교수 방법

- 블록체인의 개념 및 기술에 대한 관련 용어, 구성, 방식 이해 정도를 파악한 후 수업을 진행한다.
- 교수자의 주도로 블록체인의 개념 및 기술 등의 내용을 PPT 자료로 제시한 후 설명한다.
- 가능하면 사전에 개인별 학습 자료를 준비하여 모든 학생이 참여할 수 있는 문제 해결식 수업, 협력 수업이 가능하도록 한다.
- 블록체인의 개념 및 기술 전 과정을 작업의 순서에 따라 단계적으로 실습이 이루어질 수 있도록 지도한다.
- 교재를 통해 수업을 준비하는데 있어서 필요한 모든 정보나 팁, 힌트 등 도움이 될 만한 내용들을 확인할 수 있다.
- 학생들이 만들게 될 각 모델들은 수업시간에 중점적으로 다뤄질 부분과 어휘, 질문, 답을 포함하고 있으며 또한 탐구할만한 추가적인 아이디어들도 포함하고 있다.

학습 방법

- 블록체인의 개념 및 기술에 대한 관련 용어를 숙지하고, 블록체인의 개념 및 기술에 대해 이해한다.
- 블록체인의 개념 및 기술의 각 단계별 중점 사항을 체계적으로 학습한다.
- 블록체인의 개념 및 기술의 수행순서의 전 과정을 실습한다.
- 블록체인의 개념 및 기술의 내용을 이해한다.
- 블록체인의 개념 및 기술을 이해하고 숙달이 될 때까지 학습한다.

학습활동.6 평가 및 피드백

평가 준거

- 평가자는 피평가자가 수행 준거 및 평가 내용에 제시되어 있는 내용을 성공적으로 수행할 수 있는 지를 평가해야 한다.

학습내용	평가항목	성취수준		
		상	중	하
블록체인의 개념 및 기술	블록체인의 개념 및 기술을 이해할 수 있다.			

평가 방법

• 작업 포트폴리오

학습내용	평가항목	성취수준		
		상	중	하
블록체인의 개념 및 기술	블록체인의 개념 및 기술를 이해할 수 있다.			

• 필기시험

학습내용	평가항목	성취수준		
		상	중	하
블록체인의 개념 및 기술	블록체인의 개념 및 기술를 이해할 수 있다.			

• 체크리스트를 통한 관찰

학습내용	평가항목	성취수준		
		상	중	하
블록체인의 개념 및 기술	블록체인의 개념 및 기술를 이해할 수 있다.			

• 피드백

1. 작업 포트폴리오
   - 제출한 보고서를 평가한 후 주요 사항에 대하여 표시하여 돌려준다.
2. 필기시험
   - 평가 결과 성적이 저조한 학생은 보고서 제출 기회를 부여한다.
3. 체크리스트를 통한 관찰
   - 실습 과정에서 평가한 후 개선해야 할 사항 등을 정리하여 돌려둔다.

참 | 고 | 문 | 헌

1. 최선미 · 김현진 · 송근혜 · 민대홍 · 박종현 · 민수진 · 박경진 · 조진실 · 최가은, "블록체인 어디에 응용하고 있나?(응용 사례와 분야별 특성을 중심으로)" ETRI Insight, 2018.6.30.
2. IDG 허강욱, '블록체인 기반 프로젝트 ', 2017.7.
3. 고려대학교 암호화폐연구센터, KBIPA, 사) 한국블록체인스타트어협회, "IEO 가읻라인", 2018.11.01.

• 웹사이트

https://kr.bandisoft.com/bandizip/
http:/factom.org/
http:/gamecredits.com/
http:/getstarted.with.pink/
http:/nem.io/
http:/newcoinschedule.com/
http:/syscoin.org/
http:/vergecurency.com/
http:/www.augur.net/
http:/www.monero.c/
https:/akasha.world/
https:/bitcoingold.org/
https:/bytebal.org/
https:/bytom.io/?S=zw2m5cbemlc
https:/coinmarketcap.com/
htps:/crushcrypto.com/analysis-of-bitdegre
https:/enterprise.gem.co/health/
https:/eos.io/
https:/ethereumclasic.github.io/
https:/exergy.energy
https:/litecoin.com/
https:/neo.org/
https:/omg.omise.co/
https:/ont.io/
https:/qtum.org/en/
https:/riple.com/
https:/storj.io/
https:/streamium.io
https:/tron.network/
https:/www.bitcoin.com/
https:/www.bitcoincash.org/
https:/www.cardano.org/en/home/
https:/www.cn.com/

https:/www.coindesk.com/
https:/www.dash.org/
https:/www.enterpriseinnovation.net/egov
https:/www.ethereum.org/
https:/www.everledger.io/
https:/www.iota.org/
https:/www.potcoin.com/
https:/www.provenance.org/
https:/www.stelar.org/
https:/xage.com/product/
https:/z.cash/

학습 목표

1. 블록체인의 암호화폐 응용을 이해할 수 있다.

7-1 암호화폐 응용 현황

1. 개요

상장 암호화폐(暗號貨幣, Cryptocurrency)는 2000종 넘는 것 중 시총 상위 30위권 이내 암호화폐가 전체 시총의 80% 이상을 점유하고 있다.

암호화폐는 해시라는 암호화 기술을 이용하여 만든 전자화폐의 일종이다. 대개의 암호화폐는 탈중앙 P2P 방식의 블록체인 기술을 이용하여 가치를 저장・전송한다.

① 비트코인의 암호화폐 시장 점유율은 38.8%이며, 상위 30위 외의 경우 시장 내 비중이 미미한 수준(2018.5.30 기준)이다.

② 전자화폐, 실시간 결제시스템, 익명성 확보 화폐 등의 형태로 제공되는 서비스가 거래소 상장 암호화폐 전체 시총의 약 57.6% 이상을 차지하고 있다.

2. 응용 현황

전자화폐 및 결제시스템 분야에 한정적이었던 암호화폐는 플랫폼 성격의 기술이 등장하며 산업 전 분야에 범용기술로 적용되는 추세이다.

① 응용 첫 사례인 비트코인이 시사하는 금융 시장 응용 가능성 및 성장 잠재력으로 인해 전자화폐 분야 응용이 압도적 비중을 차지하고 있다.

② 전자화폐 분야에 쏠림 현상을 보이던 암호화폐 시장 시총은 초기(80% 이상) 대비 점진적으로 다양한 산업에 분산되는 경향이 있다.

③ 특히 분산플랫폼 성격의 프로젝트를 활용하여 IoT, 클라우드 컴퓨팅, 빅데이터 및 모바일 등 다양한 분야에 응용되며 관련 생태계가 확장 중이다.

- 이더리움, 이오스, 퀀텀, 네오 등 분산플랫폼 기술은 엔터테인먼트, 채용, 게임, 광고, 헬스 등 다양한 분야의 응용 기술을 확보하고 있다.
- 기부, 지식 나눔 등의 비영리 분야에서도 광범위하게 활용 중이다.

3. 시사점

암호화폐는 블록체인 기술로 신뢰 기반 분산합의 시스템을 확보하기 위한 필요 수단으로 인터넷 기반의 전 산업에 응용 및 확산되는 추세이다.

암호화폐의 특징은 다음과 같다.

비트코인은 암호화폐 생태계 내에서 기축 통화로 널리 활용 중이나, 타 화폐 대비 확고한 기술적 우위를 갖지는 못하는 상황이다.

다양한 암호화폐가 전송속도, 저렴한 수수료, 익명성 등 다양한 차별화된 특성을 내세우며 상용성을 높이기 위해 경쟁 중이다.

〈표 7-1〉 암호화폐별 특성 및 응용현황

암호화폐명	성격 (코인/토큰)	중점응용분야	시가총액 (백만 달러)	비중
비트코인	코인	전자화폐	127,684	38.9%
비트코인 캐시	코인	전자화폐	17,048	5.2%
라이트코인	코인	전자화폐	6,797	2.1%
비트코인골드	코인	전자화폐	740	0.2%
리플	코인	실시간 결제시스템	23,759	7.2%
스텔라루멘	코인	실시간 결제시스템	5,287	1.6%

암호화폐명	성격 (코인/토큰)	중점응용분야	시가총액 (백만 달러)	비중
오미세고	이더리움 토큰	실시간 결제시스템	1,074	0.3%
대쉬	코인	익명성 확보화폐	2,567	0.8%
모네로	코인	익명성 확보화폐	2,541	0.8%
지캐시	코인	익명성 확보화폐	1,003	0.3%
버지	코인	익명성 확보 실시간 결제시스템	580	0.2%
이더리움	코인	분산플랫폼	56,800	17.3%
이오스	이더리움 토큰	분산플랫폼	10,877	3.3%
에이다	코인	전자화폐/분산플랫폼	5,435	1.7%
네오	코인	분산플랫폼	3,412	1.0%
이더리움클래식	코인	분산플랫폼	1,562	0.5%
퀀텀	코인	분산플랫폼	1,169	0.4%
아이오타	코인	IoT	4,493	1.4%
트론	이더리움 토큰	콘텐츠 엔터테인먼트	4,340	1.3%
뉴이코노미무브먼트	코인	분산 플랫폼	2,163	0.7%
온톨로지	네오토큰	분산 모듈 시스템 네트워크	835	0.3%
바이텀	이더리움 토큰	예측	637	0.2%
어거	이더리움 토큰	예측	416	0.1%
시스코인	코인	전자상거래	18	0.1%
팩텀	코인	문서증명	135	0.0%
바이트볼	코인	데이터 변조방지	109	0.0%
스토리지	이더리움 토큰	클라우드 저장 플랫폼	98	0.0%
게임크레딧	코인	게임 결제	67	0.0%
팟코인	코인	대마유통	19	0.0%
핑크코인	코인	기부	7	0.0%
총계	-	-	281,844	85.8%

주 : 자료정리 기준은 ①응용분야, ②시가총액 순('18.5.30 기준)
자료 : coinmarketcap.com 참고 작성

7-2 ERC 2.0 암호화폐의 특징 및 응용

1. ERC 20의 개요

① 블록체인 기술은 현재 도입과 확장을 거쳐서 확산기에 있다. 기본적인 실험들은

끝나고 플랫폼산 본격적인 경쟁이 시작된 단계에 있다. 어느 기준으로 표준화가 이루어지는냐에 따라서 경쟁의 승자가 될 것이다.

현재 블록체인 오픈소스 프로젝트는 이더리움, 리플, R3 및 하이퍼레저(Hyperledger) 등이 있다.

② ERC 20(Ethereum Request for Comment 20)을 이더리움 블록체인 네트워크상에서 발행되는 토큰의 표준인데 스마트 컨트랙트(Smart contract) 이용해서 새로운 코인을 만드는데 이러한 암화화 화폐들을 탈중앙화 어플리케이션(Dapp, Decentralized Application)이다.

20은 EIPs 게시판(https://eips.ethereum.org/EIPS/eip-20)에 ERC 카테고리로 올라온 20번 글이고, 이 요청에 부여된 번호이고 이 아이디어는 2015년 파비안 보글스텔러가 제안한 것으로 이더리움 토큰이 따라야 하는 규칙을 정의했다. 대충 현재에 이 개념에 따른 토큰이 존재하는 암호 화폐는 10만개 이상 존재하고 있다.

③ 수많은 Dapp들이 존재하고 있고 계속해서 생겨나고 있다. 이러한 Dapp들은 ERC20 토큰의 표준을 따르고 있다.

④ ERC20은 이더리움 창시자인 비탈릭이 직접 제안한 "이더리움 스마트 콘트랙트로 코인을 만들 땐 다음과 같이 만들어라!"라는 코인 표준안이다. 구현된 코드가 있는 것은 아니고 어떻게 만들라는 인터페이스 규약만 정의되어 있다.

⑤ 별도의 플랫폼을 만드는 프로젝트의 ERC20 토큰은 새롭게 플랫폼, 자체 블록체인이 나오면 1 : 1로 교환해 주겠다는 보증 수표에 불과하다. 실제 토큰으로는 할 수 있는 게 교환 밖에 없다. 그래서 ICO참여하고 나서 토큰으로 받고 나서 이런 코인들은 나중에 자체 코인이 나오면 바꾸기 신청을 해야 한다. 보통 메인넷이 나오면 자체 지갑과 ERC20토큰들을 교환해야 한다. 마이이더월렛과 같은 개인 지갑에 보관하고 있다면 반드시 신청해야 한다.

2. ERC 20 토큰의 특징

ERC-20 토큰의 6가지 기본기 능을 갖는 특성을 나타낸다.

이러한 6 기능을 사용하면 새 토큰을 만들고 플랫폼 및 지갑을 개발하는 것이 매우 간단하다. 이 표준은 이미 수천 개의 다른 프로젝트에서 사용되었다.

① Total Supply(총 발행량) : totalSupply () 함수는 생성되어 순환에 사용할 수 있는 총 발행량은 토큰이 총 몇 개나 있는지 알려 준다.

② Transfer(송금) : transfer () 함수 는 초기 토큰 배포를 지정된 지갑으로 실행한다.

송금을 통해 토큰을 총 발행 주소에서 개인 계정으로 송금할 수 있다.

③ Balance Of(잔액) : balanceOf () 함수는 모든 지갑의 토큰 균형을 추적하는 기능은 계정에 있는 토큰을 반환한다.

④ Transfer From(유저간 송금) : transferFrom () 함수는 측정 토큰은 사용자가 전송하고 교환할 수 있다. 이 함수는 지갑 주소, 수령인, 송금액을 얻은 중개인처럼 자동한 다음 거래를 수행한다. 사용자는 "송금" 기능을 사용하여 토큰을 다른 사용자에게 송금할 수 있다.

⑤ Approve(승인) : approve () 함수는 최대 토큰 수를 유지 관리하고 어떤 지갑에 어떤 토큰이 있는지 추적한다. 승인 기능은 사람들이 위조 토큰을 만드는 것을 방지한다. 토큰의 총 발행량을 확인하여 트랜잭션을 허용하거나 거부한다.

⑥ Allowance(허용) : allowance () 함수는 트랜잭션 유효성을 측정하여 사용자가 보낼 수 있는 것보다 더 많이 보낼 수 없다. 모든 트랜잭션은 트랜잭션이 실행되기 전에 유효한지 이중으로 확인된다. 누군가가 시스템을 속이고 본인이 소유한 것보다 더 많은 토큰을 보내고자 하는 상황을 생각해 본다. "허용" 기능 덕분에 사용자들은 자신들이 가진 것보다 더 많은 토큰을 보낼 수 없다. 거래가 이루어지면 취소된다.

3. ERC 20 토콘의 종류

① ERC-223 : ERC-20는 ERC-20와 호환되지 않는 컨트렉트 주소로 보내는 경우, 영원히 잃어버린다. ERC-223은 이러한 문제점을 개선하였고, 필요한 gas 양을 반으로 낮추었으며, ERC-20와 호환 가능하고, 호환되지 않는 ERC-20를 거절할 수 있다.

② ERC-621 : ERC-20의 토큰 공급과 감소가 불가능한 점을 개선하였다.

③ ERC-721 : 수집형 토큰이다. 해당 형식의 토큰은 모두 고유한 토큰이며 대체할 수 없는 고유함을 지니고 있다. 해당 표준을 사용한 가장 유명한 DAPP은 '크립토 키티'이다.

④ ERC-777 : ERC-777은 ERC-820 기능을 가져와 모든 사람들이 스마트 컨트렉트 주소를 볼 수 있게 하고 그것들의 기능을 체크할 수 있게 한다. ERC-20에 대한 해결책이면서 ERC-223 같이 고유의 혜택도 제공한다.

⑤ ERC-820 : ERC-820 표준은 ERC-777 토큰 표준을 사용하여 현명한 계약을 쉽게 검토할 수 있게 해주는 본질적으로 중앙 레지스트리이므로 심각한 수준의 투명성을 제공한다. ERC-XNUMX 토큰 표준은 유례없는 수준의 계약 기능을

실행 및 검증한다.

⑥ ERC-998 : ERC-721과 함께 사용되는 기술로 플레이어들이 모든 통계, 항목 및 토큰을 포함한 전체 캐릭터를 한 번에 전송할 수 있게 한다.

⑦ ERC-1155 : 단일 계약을 통해 대체 가능한(Fungible) ERC-20나 대체 불가능한(Non-fungible) ERC-721를 무한히 발행할 수 있다. 복잡한 게임 아이템 시스템에 쓰일 수 있다.

이러한 토큰 표준은 시작일 뿐이다. 플랫폼이 발전하고 더 많은 솔루션이 제공됨에 따라 현재 사용할 수 있는 토큰 및 개선된 버전을 더 많이 볼 수 있다.

수행 내용

재료 · 자료

• 지갑 및 블록체인 관련 자료

기기(장비 · 공구)

• 컴퓨터, 프린터, 주변기기

안전 · 유의사항

• 컴퓨터 및 주변기기의 전원을 관리한다.

수행 순서

01 암호화폐 비트코인, 바트코인 캐시의 특징 및 응용에 대하여 분석하라.

1. 비트코인

비트코인 계열의 암호화폐는 그로스톨코인 · 도지코인 · 라이트코인 · 모나코인 · 버트코인 · 비트코인 · 비트코인골드 · 비트코인 다이아몬드 · 비트코인에스브이 · 비트코인 캐시 · 아인스타이늄 · 옴니레이어(마스터코인) 등이 있다.

1) 개요

(1) 등장배경

① 2008년 1월, 암호화 기술 관련 메일링 리스트에 사토시 나카모토라는 신원미상의 인물이 발표한 논문에서 시작하였다.

② 비트코인은 P2P 네트워크상에서 구현한 가상화폐로 개념적 시도는 과거에도 있었으나, 실제 사용 가능한 수준에 도달한 사례로는 최초이다.

③ 개념적 시도 사례 : 'Blind Signiture', David Chaum(1983), 'B Money', Wei Dai(198), 'Bitgold', Nick Szabo(205)

(2) 특징

P2P 기술과 공개키 암호 및 해시 함수 등 암호 기술을 기반으로 구현되었으며, 분산형 시스템으로 운영 주체가 존재하지 않는 것이 특징이다.

① Lyra2RE 합의 알고리즘

Lyra2RE는 scrypt-N과 달리, 시간비용과 메모리 비용이 분리돼 있어 두 매개 변수에 대해 독립적으로 통제할 수 있다. ASIC 역시 Lyra2RE보다 Scrypt-N을 개발하는 것이 훨씬 쉽다. 왜냐하면 Scrypt의 N-factor를 증가시키는 것은 단순히 알고리즘의 더 많은 반복을 수반하기 때문이다.

반면 Lyra2RE는 시간 비용을 늘리는 데에만 반복이 더 많이 필요하므로 메모리 요구량을 증가시키는 것은 잠재적인 ASIC 장치가 각 스레드마다 더 많은 메모리를 가지고 물리적으로 설계되어야 한다는 것을 의미한다.

그렇기 때문에 Lyra2RE를 위한 ASIC이 개발된다면, 더 높은 메모리 요구사항 때문에 포크를 해야 해서 ASIC은 더 이상 제대로 작동하지 않게 된다. 하지만 Lyra2RE를 구현한 이후, 2015년 8월 10일 또 다른 하드포크로 Lyra2RE를 v2로 업그레이드했다. 봇넷이 네트워크 해싱 파워의 50%를 장악했기 때문에 이 업데이트가 필요했다. 이렇듯 Lyra2RE v2는 지금까지 ASIC 채굴자들을 저지하기 위해 일을 해왔다. 현재 유일하게 실행 가능한 채굴 하드웨어는 GPU와 CPU뿐이다.

② 채굴

버트코인의 가장 특징 중 하나는 바로 독점적으로 거대한 하드웨어를 운영하는 채굴 방식에 반기를 든다는 것이다. 버트코인은 비트코인이 시작한 후로 그와 같은 거대한 채굴 업체가 힘을 갖는 것에 우려를 표하며 자신만의 목적을 정한 것이다.

보통 지분을 많이 가지고 있는 사람에게 더 많은 혜택이 돌아가는 코인이 대부분이다. 하지만 버트코인은 채굴의 공정성을 중점적으로 두고 있다. 이런 코인을 안티 에이식(ANTI ASIC) 코인이라고 한다. 안티 아식스 코인인 버트코인은 저가로 지급한다거나 무료 지급은 전혀 없다. 채굴이 쉽고 모두가 공평한 코인이다. 오직 GPU에 의해서만 채굴이 가능하기 때문에 세계 어디에 있는 컴퓨터도 GPU만 있으면 손쉽게 공평하게 채굴할 수 있다. 때문에 정말 공평하게 모두가 같은 시작점에서 시작하여 채굴할 수 있도록 시스템을 구축해 두었다.

- 원 클릭 마이너(OCM) : 암호화폐를 채굴하고 싶어하는 대부분의 사람들은 블록체인 시스템의 복잡성 때문에 채굴에 대해 겁을 먹는다. 그래서 가이드를 읽거나, 비디오를 보거나, 커뮤니티에서 질문하거나, 용어를 이해하려는 등의 불편한 노력들을 해야만 한다. 이에 버트코인은 채굴을 쉽게 할 수 있는 방법에 대해 연구하여 한 번의 클릭으로 채굴을 할 수 있도록 만들었다. 채굴 방법은 아래와 같다.

사용하고자 하는 채굴 장치, 즉 AMD, NVIDIA 또는 CPU 중에서 선택한 후, 채굴할 풀 주소를 입력하고, 그런 다음 Worker/Wallet Address에 지갑 주소를 입력한다. 다시 장치로 돌아가서 AMD, NVIDIA 또는 CPU 중 선택했던 것을 클릭하면 바로 채굴이 시작된다. 풀이 블록을 발견하자마자 지갑에 지불금을 받기 시작할 것이다. 또, 원 클릭 마이너에서 직접 p2pool 노드를 실행할 수도 있다. 원 클릭 마이너의 또 다른 흥미로운 점은 마이너들이 OCM 자체를 업데이트하지 않고도 업데이트를 추진할 수 있기 때문에 채굴자들은 몇 분 안에 업데이트를 적용할 수 있다.

- 두 종류 채굴 방식 : 버트코인을 사용하면, 직접 리그를 설치한 곳에서 채굴 작업을 개별적으로 할 수도 있고, 버트코인 채굴 풀에 가입할 수도 있다. 채굴장은 새로운 블록을 더 빨리 발견하고 깰 수 있는 하나의 거대한 리그를 만들기 위해 서로 각자 채굴 장치를 추가한 개인들로 구성되어 있다. 두 가지 옵션은 장단점이 있다.
  예를 들어, 버트코인을 개별적으로 채굴하기로 결정한다면, 유지 보수비를 지불하고, 강력한 채굴 장치를 세우는 데 더 많은 돈을 투자해야 한다. 반면, 채굴 풀 옵션을 선택하기로 결정한다면, 성공적으로 채굴된 각 블록에 대해 얻은 보상을 공유해야 한다.

③ 버트코인 반감기

버트코인은 GPU(Graphics Processing Unit)로 구성된 채굴 장치를 사용하여 채굴된다. 다른 암호화폐와 마찬가지로 채굴은 거래를 검증하는 과정이다. 그 후, 검증하는 주체는 그들의 일에 대해 보상을 받는다. 2017년 12월 12일에 버트코인의 보상 반감기가 일어났다. 버트코인의 540,000번째 블록에서 반감(VTCember)이 일어나 보상으로 받는 코인의 양이 반으로 줄어들었다. 즉, 기존에는 하나의 블록 당 제공되는 보상이 50코인이었으나 이때부터는 25코인으로 줄어든 것이다.

현재 버트코인 채굴자들은 블록이 추가될 때마다 25개의 코인을 보상받는다. 이 보상금은 4년마다 또는 840,000개의 새로운 블록이 추가 된 후 반감된다. 반감기가 실행된다고 버트코인의 전체 양이 변하는 것은 아니기 때문에 보상으로 주어지는 양만 줄어든다. 버트코인은 시장 내에서 공급량을 줄인 만큼 코인의 회소성을 높여 가격 상승에도 영향을 줄 수 있다고 판단한 것으로 보인다. 실제로 가격이 오르기도 했다.

④ LIT(멀티코인 라이트닝 네트워크)

LIT(Multi-Coin Lightning Network)는 LND/Eclair(볼트 패밀리)와는 별개의 라이트닝 네트워크 구현이므로 구축 방식에 차이가 있다. 각 코인 당 하나씩 서로 다른 라이트닝 네트워크를 가지고 있는 대신, LIT는 모든 코인들을 하나의 프로토콜로 구현하여 라이트닝 네트워크의 파편화된 하위 집합이 아닌 단일 통합 멀티코인 라이트닝 네트워크를 만든다. LIT는 MIT-DCI의 라이트닝 네트워크 백서의 공동 저자인 Tadge Dryja가 이끌고 있다.

버트코인은 라이트닝 네트워크의 가장 큰 단점을 해결했다. 현재 라이트닝 네트워크는 트랜잭션, 즉 P2P 전송이 일어날 때 A와 B가 모두 온라인이어야 한다는 단점이 있다. 그 해결방안 중에 한 가지는, 바로 제 3자에게 자산을 맡겨 그들이 관리할 수 있게 만드는 방법이다.

두 번째는 장치를 사용해 라이트닝 트랜잭션을 관리할 수 있게 만드는 것이다. 버트코인은 리트박스(LitBox)를 통해 라이트닝 네트워크에 해결책을 제시했다.

버트코인은 탈중앙화를 궁극적으로 추구한다. 개개인이 소유하고 있는 자산들을 중앙은행에서 컨트롤 받지 않도록 하기 위해 개발되었고, 채굴자들에게 쉬운 채굴을 할 수 있도록 만들어준다. 또한 버트코인은 라이트닝 네트워크를 통해 P2P 전송을 가능하게 한다.

⑤ 원자 교차 체인[편집]

원자 교차 체인은 2013년 티어 놀란(Tier Nolan)이 창시하였다. 자유롭게 교환 가능하도록 설계되어 있어 더 원활한 거래를 할 수 있다.

A가 200LTC을 가지고 있다고 가정해보자. 그러나 1BTC를 선호한다. 그리고 B는 1BTC를 가지고 있지만 200LTC을 선호한다. 그래서 A와 B는 거래에 동의한다. 그러나 A와 B는 서로를 신뢰하지 않으므로 둘 중 누구도 코인을 먼저 보내고 싶어하지 않는다. 다른 사람은 호의를 반환하지 않을 수 있다. A와 B가 원자 교환을 설립한 이유이다.

원자적 교환은 해시 시간 잠금 계약으로 알려진 스마트한 트릭을 사용하며 이는 차례로 다중 서명 주소 및 시간 잠금의 잠재력을 활용한다. 이 모든 기능은 비트코인과 라이트코인을 포함한 대부분의 알트코인에서 발견되는 기본 스크립트 언어를 통해 가능하다.

⑥ 크립토 앱

크립토 앱(Crypto App)은 버트코인 프로젝트다. 이것들은 암호화폐, 라이트인 거래 또는 온체인 거래와 관련된 모든 어려운 부분을 처리하며 이 모든 것은 휴대전화를 통해 제어되는 간단한 사용자 인터페이스로 추상화한다. 그것은 오늘날 우리 모두가 알고 있고 피아트 은행, 카드 결제 시스템과 꽤 유사하지만 암호화되어 있다. 이 시스템의 모든 부품은 사용 가능하며, 사용자가 조립할 수 있다. 자체적인 '크립토 박스(Crypto Boxes)'와 '크립토 단말기(Crypto Terminals)'을 조립해 판매 사업을 할 수도 있다. 이 시스템은 현재 피아트 결제 시스템의 UX를 확장 및 일치시킬 수 있는 기반이다. 또한 이 시스템은 풀 노드, 라이트닝 노드 역할을 하므로 가능한 많은 사람이 전체 노드를 실행하고 있으며 사용자들은 항상 자신의 개인키를 관리한다. 이 시스템은 LIT 라이트닝 네트워크에서 실행된다. 법정통화와 암호화폐 지불을 모두 수용하는 하이브리드 단말기도 실현 가능하다.

2) 응용 현황

(1) 개발 동기

① 정부, 중앙은행의 개입 하에 발행 및 유통되는 화폐시스템에 대한 불신 또는 반감이 개발의 동기인 것으로 추정한다.

② 2008년 9월 서브프라임 모기지 사태 이후 파산위기에 처한 금융기관 등의 구제에 각국 정부가 공적자금 투입 등을 통한 재정 원조이다.

③ 납세자가 금융위기에 따른 손실분을 간접적으로 분담하게 되어 부당한 책임 전가가 이루어진 것으로 해석 가능하다.

④ 나카모토 사토시는 정부의 필요에 따라 발행량 증가가 가능한 현재의 화폐 시스템을 개혁하고자 온라인 포럼에 비트코인 프로젝트 발표하였다.

⑤ 개발 동기는 명시적으로 알려진 바는 없으나, 비트코인 첫 블록 여백에 영국의 공적자금 투입을 통한 은행 재정 원조 관련 타임스 기사 내용이 포함되어 있어 이를 통해 추정 및 회자되는 說이 있다.

(2) 응용주체 및 시기

2009년 1월 3일, 사토시 나카모토로 추정되는 인물이 비트코인 프로그램을 실행하여 첫 번째 블록(Genesis Block) 채굴하였다.

① 2009년 1월 9일, 비트코인 코어를 공개하여 비트코인을 누구나 자유롭게 보존·거래하고 블록을 생성하는 생태 구축하였다.

② 비트코인 코어 : 비트코인의 오픈소스 소프트웨어이다.

(3) 응용분야 및 방법

① 전자화폐시스템 분야에서 "은행과 같은 중앙 기관을 경유하지 않고 P2P 네트워크에서 1 : 1 교환이 가능한 전자화폐시스템"을 구현하였다.

② 상거래, 특히 인터넷 상의 거래에 있어 금융기관을 제3자 신용기관으로 하는 신용기반의 전자지불방식이 필수적이나, 암호화 기술을 통해 제3자 개입 없는 직접거래 구현 가능하다.

③ 네트워크 참가자는 소유한 컴퓨터의 CPU 자원 등 하드웨어 자원을 상호 제공해 네트워크에서 동일 시스템의 일부인 것처럼 작동하며, 다양한 노드가 거래를 전산적으로 입증하고 제어한다.

④ 기존 화폐시스템을 보완 또는 대체 가능한 시스템으로 향후 기술 발전을 통해 송금뿐 아니라 소액결제, 증권거래 등 다양한 분야에 확장이 가능하다.

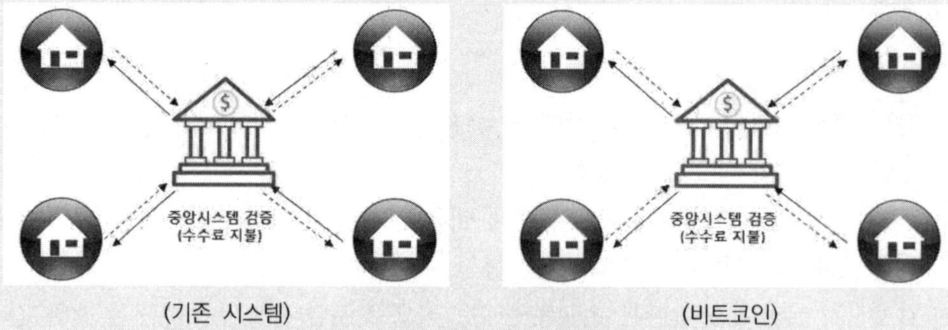

[그림 7-3] 기존 화폐시스템과 비트코인 간 차이

자료 : ETRI 미래전략연구소 기술경제연구본부 자체 작성

Tip 응용 특징

- 은행과 같은 중앙 기관을 경우하지 않고 P2P 네트워크에서 1:1 교환이 가능한 전자화폐 시스템으로 주목하고 있다.
- 기존 화폐시스템을 보완 또는 대체가 가능하여 화폐가 활용되는 대부분 분야에 적용 가능하나, 현실적으로 전송속도, 거래 수수료 및 확장성 등 기술적 개선이 필요하다.

2. 비트코인 캐시

1) 개요

(1) 등장배경

① 비트코인의 거래승인 지연문제 개선안 합의 중 ASIC 채굴 머신 최대 유통사인 Bitmain社와 뜻을 함께 하는 이익집단이 하드포크(hardfork : 기존 블록체인과 호환이 불가능한 업그레이드)하여 생성하였다.

② 비트코인 생태계 급성장에 따른 거래량 증가로 인해 높은 수수료를 지불하지 않으면 거래 승인이 지연되는 문제 발생하였다.

③ 개선안으로 세그윗과 블록크기 증대라는 두 가지 안이 제시되었으며, 이 중 블록크기 증대 안의 지지자들이 하드포크 단행하였다.

(2) 특징

① 비트코인에서 하드포크로 분화된 코인으로 블록크기 확장, 리플레이 공격방지 등 기능을 추가하였다.

② 태생적으로 Bitmain社를 이끄는 우지한의 영향력이 큰 암호화폐이다.

③ 암호화폐를 거래 매체로 개선하는 것은 비트코인이 항상 보장하는 높은 수준의

보안을 유지하면서 트랜잭션 속도를 향상시키는 데 달려 있다. 비트코인은 계속해서 높은 보안을 유지할 수 있지만 트랜잭션 속도가 얼마나 향상될지는 확실하지 않다. 비트코인 캐시(Bitcoin Cash)는 일단 난이도가 조정되면 2분 30초 안에 거래가 처리될 수 있다. 즉, 거의 무료로 하루 24시간, 365일 언제 어디서나 전 세계 어느 곳으로나 돈을 보낼 수 있다.

④ 키프로스와 그리스에서 발생한 계좌 보유자의 자본 압류 사태를 보면, 개인의 은행 예금이 정치 지도자의 결정에 의해 그다지 안전하지 않다는 것을 보여 주었다. 은행들은 실수를 하거나, 자금을 압류하거나, 계좌를 동결시킬 수 있으며, 돈에 접근하지 못하게 할 수 있다. 또한 은행은 거래를 차단하거나 수수료를 부과하거나 경고 없이 계정을 폐쇄할 수 있다. 반면 비트코인 캐시는 전 세계 어디에서든 자유롭게 액세스할 수 있으며 자금에 대한 완전한 통제를 제공한다.

⑤ 비트코인 캐시 프로토콜은 코인이 2,100만개를 넘지 않도록 보장한다. 정부는 지속적으로 돈을 인쇄하고, 끊임없이 공급을 부풀려 모든 사람들의 저축을 평가 절하한다. 반면 비트코인 캐시는 공급이 고정되어 있어 정부에 의한 인위적인 인플레이션 우려가 없는 건전한 자금이라고 할 수 있다.

⑥ 비트코인 캐시는 비트코인 주소를 누가 관리하는지 알 수 없어서 은행 송금 및 신용카드 결제와 같은 기존 결제 방식보다 개인정보보호와 익명성 유지에 더 뛰어나다. 비트코인 캐시는 사용 방법에 따라 다양한 수준의 프라이버시를 제공한다. 비트코인 캐시를 개인정보보호 목적으로 사용하고자 한다면, 사용 전에 철저히 교육받는 것이 중요하다.

⑦ 많은 가맹점은 비트코인 캐시로 결제 시 할인 혜택을 제공할 수 있다. 왜냐하면 비트코인 캐시가 신용카드 수수료를 없앴고, 비트코인 캐시라는 새로운 지불 시스템의 채택을 촉진하기 때문이다.

⑧ 비트코인 캐시는 허락이 필요 없는 개방된 네트워크이다. 비트코인 캐시는 전 세계 사람들이 누군가의 관여 및 침범 없이 그들의 동료들과 자유롭게 교류할 수 있게 해준다. 그것은 분권적이고 자발적이며 비공격적이다. 사용량이 증가함에 따라 낡은 권력 구조는 무너지는 반면, 새로운 사상이 꽃을 피울 것이다. 그것은 세계가 이제까지 알고 있었던 것 중 가장 위대한 평화 혁명을 이끌어내는데 도움이 될 수 있다.

2) 응용 현황

(1) 개발 동기

① 비트코인 코어측이 지지하던 세그윗 업데이트시 ASIC 채굴기가 갖는 특수 기능이

동작하지 않게 되어 Bitmain社 중심의 채굴집단이 반발하였다.

② 직접적 탄생 동기는 채굴 채산성 악화 회피이며, 이후 이익 극대화를 위해 블록 사이즈 무한 증가 등 다양한 논의 진행

③ 현재, 블록크기를 2MB부터 8MB까지 유동적으로 확장할 수 있는 Bitcoin ABC 기술을 적용하는 등 더 낮은 수수료, 더 빠른 전송 구현을 추구

(2) 응용 주체 및 시기

우지한을 필두로 하는 채굴집단 중심의 블록크기 증대안 지지자들에 의해 2017년 8월 1일, 10시 16분에 생성된 47858 블록을 기점으로 UAHF가 활성화되어 비트코인과 비트코인 캐시로 분화하였다.

Tip UAHF(User Activated Hard Fork)

- 세그윗을 활성화하지 않고 블록크기 2MB로 증가하였다.
- 탄생 당시 비트코인 생태계 훼손을 우려한 거래소들이 상장을 거부하였으나, ViaBTC 등 일부 거래소에서 거래가 시작되자 상장 확대되어 독립적 생태계 확보하였다.

(3) 응용분야 및 방법

① 사실상 비트코인과 동일한 "전자화폐시스템" 분야를 응용 대상으로 하고 있으며, 기술적으로 유사한 방식을 적용

② 비트코인 캐시측은 비트코인이 "전자화폐시스템 구현"이라는 최초의 목표를 수행하지 못하고 있다고 주장

③ 더 낮은 수수료, 더 빠른 전송을 구현하여 블록체인이 추구한 초기 응용 목표를 달성하겠다고 표명

[응용 특징]

- 비트코인에서 분화되어 비트코인이 갖는 수수료 및 속도 한계 극복을 위한 화폐
- 소액결제 등 실생활에서 화폐를 대체하여 활용되기 위한 실효적 기능 확보가 중요

Tip 비트코인 골드(Bitcoin Gold)

- 개요 : 2017년 10월 24일 생성된 491,406번 블록을 기준으로 스냅 샷(snap shot : 특정 시점에 보유한 암호화폐의 잔고를 기록하는 과정)된 또 다른 비트코인 분화 코인
- 특징 : 특수 회로기판인 ASIC 칩을 활용하여 채굴되는 비트코인 캐시와 달리 그래픽카드(GPU)로 채굴
  - ASIC 하드웨어 제조사의 독점을 방지하고 일반인이 쉽게 채굴할 수 있도록 하여 보다 분산화된 환경을 구축하고자 함
  - 매 블록 생성시점에 난이도를 조정하여 비트코인의 난이도 조정 기간인 2주 대비 매우 짧은 주기를 갖는 특성
- 응용분야 : 비트코인 및 비트코인 캐시와 동일한 전자화폐시스템

02 암호화폐 이더리움과 이더리움 클래식의 특징 및 응용에 대하여 분석하라.

이더리움(Ethereum) 계열의 암호화폐는 레이든 · 비트셰어(비트쉐어) · 스테이터스 네트워크토큰(SNT) · 오에스티 · 이더리움 · 이더리움 클래식 · 이더제로 · 질리카 · 카르다노(에이다) 등이 있다.

1. 이더리움

1) 개요

(1) 등장배경

① 2005년 7월, 비탈릭 부테린을 필두로 블록체인 기반 분산 애플리케이션 제작 지원 프로그램이자 이더리움 분산 네트워크 애플리케이션 기축 코인으로 탄생

② '신뢰할 수 없는 컴퓨터 인터넷 환경에서 고도로 발달한 계약을 준수하는 실행'인 스마트 컨트렉트(Smart Contract)를 구현

③ 제3자의 개입 가능성 없이 협약, 투표 등을 분산화 시키거나 안전하게 상거래에 사용 가능하게 지원하여 기존의 중앙집중식 시스템인 세계에서 구현이 어렵거나 복잡하며, 많은 비용이 소요되던 문제를 해결

(2) 특징

① 다양한 애플리케이션을 구동할 수 있는 확장성, 다양한 언어 지원이 가능한 튜링 완전(Turing-Complete) 언어 기반의 스마트 컨트렉트 코딩 지원이 가능한 플랫폼

- 스마트 계약 : 비탈릭 부테린은 비트코인에 사용된 핵심 기술인 블록체인에 화폐 거래 기록뿐 아니라 계약서 등의 추가 정보를 기록할 수 있다는 점에 착안하여, 스마트 계약 기능을 구현했다. 스마트 계약(Smart Contract)이란 블록체인 기반으로 금융거래, 부동산 계약, 공증 등 다양한 형태의 계약을 체결하고 이행하는 것을 말한다. 블록체인 2.0이라고도 한다. 1996년 닉 재보(Nick Szabo)가 처음 제안했으나 실제 구현하지는 못하였다.
  2013년 비탈릭 부테린이 비트코인의 블록체인 기술을 이용하여 대금결제, 송금 등 금융거래뿐 아니라 모든 종류의 계약을 처리할 수 있도록 기능을 확장하면서 스마트 계약이 구현되었다. 부테린은 원래 새로운 암호화폐를 만들지 않고, 기존 비트코인의 소스 코드를 일부 수정하여 스마트 계약 기능을 구현하고자 하

였다. 그러나 비트코인 커뮤니티에서 자신의 요구가 받아들여지지 않자, 비트코인을 포크하여 새로 이더리움이라는 암호화폐를 만들고 스마트 계약 기능을 구현하였다.

스마트 계약은 코드에 적힌 계약 조건이 만족되면 그 즉시 계약이 성사된다. 이때 계약 상대방이 믿을만한 사람인지, 중간에 신뢰를 보증할 제3자가 필요한 것은 아닌지, 계약이 안전하게 처리됐는지를 고민할 필요가 없다. 모든 과정은 자동으로 이뤄진다. 즉, 스마트계약은 어떠한 다운타임, 검열, 사기 행위, 제3자 간섭 없이 프로그래밍된 대로 정확히 실행되는 프로그램이다. 코드로서 블록체인에 기록되기 때문에 누구도 처음에 명시된 조건을 바꿀 수 없다.

이더리움은 블록 안에 거래 기록뿐 아니라 조건문과 반복 명령어 등 실행 코드를 포함하는 것이 가능해 금융 결제뿐만 아니라 다양한 분야에서 사용할 수 있다. 그래서 비트코인과는 달리 이더리움에서는 각 비즈니스 로직에 따른 복잡하고 다양한 계약 패턴을 소화할 수 있다. 스마트 계약 기능을 사용하면, 개발자가 직접 계약 조건과 내용을 코딩할 수 있기 때문에, 원칙적으로 인간이 상상할 수 있는 모든 종류의 계약을 이더리움 플랫폼을 이용해 구현할 수 있다.

- 플랫폼 : 이더리움은 다른 탈중앙 분산 애플리케이션인 디앱(DApp)을 개발하고 운영할 수 있는 플랫폼이다. 모든 암호화폐는 기본적으로 매우 유사한 방식으로 작동하기 때문에, 프로그램 소스 코드의 상당 부분이 동일하게 재사용될 수 있다. 새로운 암호화폐를 개발할 때마다 매번 반복하여 새로 프로그램 소스 코드를 작성하지 않고, 기존 암호화폐를 기반으로 몇 가지 차이점에 해당하는 부분만 새로 개발하는 것이 효율적이다. 비탈릭 부테린은 이런 특징을 고려하여, 여러 가지 암호화폐에서 공통적으로 사용할 수 있는 특징들을 모아 이더리움 플랫폼을 구성했다.

개발자는 이더리움 플랫폼 위에 다양한 분산형 애플리케이션(DApp)을 구축할 수 있다. 이 디앱은 익명성, 무국적성, 탈중앙화, 분산화 등 블록체인의 특성을 고스란히 가지고 있어서 국가에서 직접적으로 통제하는 것이 불가능하고, 스마트 계약을 통해 각 사물 그리고 수많은 주체들과 계약을 체결하여 자동화된 경제 생활도 누릴 수 있는 등 많은 가능성을 안고 있다. 현재 무수한 소규모 블록체인 디앱이 이더리움 위에서 운영되고 있고, 그 수는 점차 늘어나고 있는 추세다. 경제뉴스 사이트인 파이낸스 매그닛(Finance Magnate)의 보도에 따르면, 2017년 기준으로 총 1,090개의 분산 앱(DApp)과 700개 이상의 암호화폐 토큰이 이더리움 플랫폼 기반으로 개발되었다고 한다. 덕분에 이더리움은 비트코인 다음 가는 블록체인으로 꼽히지만, 과거에 비해 전송 속도가 느려졌다.

ERC-20은 이더리움 내에서 만들어지는 토큰의 표준이다. 호환성 및 관리를 쉽게 하기 위해 토큰도 일정한 표준을 따른다. 표준을 따름으로써, 디앱들간의 상호 작용을 증진시키고 다른 토큰 간 통합 시 오류와 버그 가능성을 줄일 수 있다. ERC-20은 대체 가능한 암호화폐를 지원한다.

② 어떤 컴퓨터가 튜링 머신(Turing Machine)이 할 수 있는 일을 내부 동작은 다르더라도 결과가 똑같은 일을 할 수 있을 때 그 컴퓨터를 Turing Complete라 한다.

2) 응용 현황

(1) 개발 동기

① 비트코인의 기반인 블록체인 기술을 금융거래 이외의 분야에 적용하기 위해 개발된 이더리움 플랫폼에서 활용하는 암호화폐로 개발

② DApp(Decentralized Application : 탈중앙화된(분산) 어플리케이션) 개발자들과 스마트 컨트랙트(분산원장기술)* 이용자들이 활용하며 사용자가 직접 정의한 계약 및 자산을 취급할 수 있는 유연성이 높은 화폐,

③ 세상을 하나의 컴퓨터 기반 탈중앙화된 자율 세계로 만드는 것이 목표

④ DApp의 온체인과 오프체인

⑤ 디앱의 세계에서는 온체인(On-Chain)과 오프체인(Off-Chain)을 명확하게 이해할 필요가 있다. 온체인은 앱의 데이터를 블록체인 상에 기록하는 행위를, 오프체인은 블록체인 밖에, 즉 해당 앱의 중앙 서버에 기록하는 행위이다.

(2) 응용주체 및 시기

① 2015년 7월, 비탈릭 부테린에 의해 유통되었으며 분산화된 DApp을 통해 응용 확장되는 생태계이다.

② 이더리움 플랫폼을 활용하여 스마트 컨트렉트 코딩이 가능하며, 다양한 서비스를 제공하는 DAp 구현 가능하다.

③ 이더리움 생태계에 참여하여 DApp을 구현하고 ERC20 토큰을 발행하는 기업들이 모두 응용주체이다.

(3) 응용분야 및 방법

① 금융, 공유경제, SNS, 탈중앙화 자유조직 등 다양한 분야에 적용 가능하며, 이더리움 기반의 프로그래밍 표준인 ERC20에 맞춰 DApp을 설계한 후 토큰을 발행하여 활용한다.

---

* 분산원장기술(DLT : Distributed Ledger Technology)에서 거래의 일정 조건을 만족시키면 당사자 간에 자동으로 거래가 체결되는 기술

② 이더리움의 DApp은 약 1,206개, 관련 토큰은 67,367개에 달한다.

[응용 특징]
- 스마트 컨트렉트 기반의 분산 플랫폼 대표 주자로 최대의 생태계 확보
- 금융 외에 예측, 메신저, 광고, 사물인터넷, 대출 등 다양한 분야에 응용

〈표 7-2〉 이더리움 응용(ERC 20 토큰, 시가총액 기준 상위 50개, 4/9)

토큰(Token)	응용 분야	토큰(Token)	응용 분야
EOS(EOS)	분산애플리케이션을 위한 인프라	Golem(GNT)	슈퍼컴퓨터
Tronix(TRX)	콘텐츠 엔터테인먼트 시스템	Nebulas(NAS)	분산검색프레임워크
BNB(BNB)	금융/거래소	ELF(ELF)	클라우드 컴퓨팅 네트워크
VeChain(VEN)	IoT 통합/물류	Ethos(ETHOS)	지갑, 커뮤니티, 세금보고등 복합 플랫폼
OmiseGO(OMG)	금융	Substratum(SUB)	오픈소스 네트워크
ICON(ICX)	네트워크 간 연결(금융/보험/병원/대학 등 루프체인 구성 커뮤니티간 연결)	Revain(R)	피드백플랫폼
Bytom(BTM)	자산이전	FunFair(FUN)	게임플랫폼
Populous(PPT)	인보이스 금융거래	KyberNetwork(KNC)	디지털 자산 교환
DGD(DGD)	투표/유틸리티 토큰	Storm(STORM)	게임용 마이크로 태스크 플랫폼, 디자인 번역 등 태스크 완성 보상형 복합 플랫폼
RHOC(RHOC)	공공컴퓨팅 인프라	Salt(SALT)	대출
Maker(MKR)	분산화된 자치 조직	Power Ledger(POWR)	재생에너지
Aeternity(AE)	확장형 스마트 계약	DENT(DENT)	모바일 데이터 매매
Status Network(SNT)	오픈소스 메시징 플랫폼 및 모바일 브라우저	Nucleus Vision (nCash)	IoT 기반 비접촉 식별 시스템
ZRX(ZRX)	토큰 거래를 위한 프로토콜	Chain Link Token (LINK)	데이터, 은행 지불 및 API 액세스 권한 기반 스마트 컨트렉트
Ziliqa(ZIL)	대량거래 처리 플랫폼	Enigma(ENG)	개인 정보 보호 프로토콜
REP(REP)	예측	Request(REQ)	지불 네트워크(금융거래)
IOSToken(IOST)	보안 및 확장성 강화 스마트서비스	Bancor(BNT)	차세대 스마트 토큰

토큰(Token)	응용 분야	토큰(Token)	응용 분야
Loopring(LRC)	오픈 프로토콜 및 거래소	WAX Token(WAX)	가상자산을 위한 글로벌 분산 마켓 플레이스
AION(AION)	확장 및 보안 강화를 위한 다중 계층 블록 체인 시스템	Dentacoin(Dentacoin)	글로벌 치과산업 솔루션
Walton(WTC)	사물인터넷	Storj(STORJ)	분산 객체 저장
Veritaseum(VERI)	자본시장	TenXPay(PAY)	지불결제
BAT(BAT)	광고	Cindicator(CND)	집단지성 기반 예측
QASH(QASH)	핀테크	Kin(KIN)	메신저
Centrality Token(CENNZ)	인터넷서비스	Genaro X(GNX)	분산 객체 저장
Dragon(DRGN)	블록체인 통합 솔루션	ICONOMI(ICN)	자산운용

자료 : coinmarketcap.com 및 각 사 웹사이트 참고 작성

3) 이더리움 표준

이더리움은 다양한 서비스 플랫폼 또는 프로젝트들이 이더리움의 오픈소스 프로토콜 ERC-20, ERC-223, ERC-621, ERC-721, ERC-1155를 토대로 서비스 사이트를 만들고 토큰을 발행할 수 있는 플랫폼이다.

ERC는 Ethereum Request for Comment의 약자로서, 이더리움 RFC, 즉 이더리움 기능 개발을 위한 요구사항을 담은 문서 규약이라는 뜻이다.

(1) ERC-20

현재까지 가장 대중화된 표준이다. 개발도 용이하고 많은 암호화폐 거래소에서 지원하는 표준이다.

(2) ERC-223

ERC-20의 문제를 개선한 차세대 표준이라 알려져 있지만, 널리 쓰이고 있지는 않다.

(3) ERC-621

토큰 공급량을 증가시키거나 감소시킬 수 있는 표준으로서, 예측할 수 없는 공급 유통량에 대하여 토큰으로 구현하는 경우에 유용하다.

(4) ERC-721

고유성을 가지는 수집형 토큰에 사용되는 표준이다. 가장 대표적인 케이스는 크립토키티라는 블록체인 고양이 게임이다.

(5) ERC-1155

ERC-20과 같은 고유성이 없는 토큰과 ERC-721처럼 고유성이 있는 토큰을 무한히 생성할 수 있는 표준이다.

2. 이더리움 클래식(Ethereum Clasic)

1) 개요

(1) 등장배경

① 2016년 6월, 이더리움 기반 프로젝트 중 하나인 다오(DAO) 시스템 상의 코드 오류를 이용해 신원미상의 인물이 부당이득을 취한 사건에서 시작

② DAO 토큰 보유자가 이더를 환불받을 수 있게 하는 splitDAO 기능이 재귀호출(recursive caling)*에 취약함을 발견

③ 해킹을 통해 약 360만개 이더리움을 탈취하였으며, 거래 무효화 하드포크에 반대하던 측이 기존 체인에 잔류하여 생성

(2) 특징

다운타임, 검열, 사기 또는 제3자 간섭 가능성 없이 프로그램된 대로 정확히 실행되는 응용프로그램인 스마트 계약을 실행하는 분산 플랫폼

2) 응용 현황

(1) 개발 동기

① 이더리움 재단이 분산자율조직(DAO : Distributed Autonomous Organization) 해킹 사태를 해결하기 위해 하드포크 하기 전의 이더리움, 즉 이더리움의 오리지널 체인

② 유효한 거래라면 지워지거나 잊혀져서는 안된다는 철학적 배경을 바탕으로, 다양한 이해관계자의 이해관계에 따라 탄생

③ 최근 이더리움과 독립적인 생태를 구성하며 새로운 기술을 구현하기 위해 로드맵을 발표하는 등 자생력 확보를 위한 활동 전개

(2) 응용주체 및 시기

① 2016년 7월 20일 이더리움의 1,920,00번째 블록을 기준으로 이루어진 하드포크에 반대한 약 10%의 사람들이 기존 이더리움에 잔류하여 블록을 생성하였고 ETCDEV(ETC

---

* 재귀호출 : 하나의 명령문으로 자신을 다시 호출하여 작업을 수행하는 방식

Development Team)가 기술도입 등 생태계 운용
② 해당 블록 이전의 모든 블록 및 거래 내역은 기존의 이더리움과 동일
③ 버려지고 없어져야 할 체인이 활성화되어 폴로닉스(poloniex)를 비롯한 다수 거래소에 상장 및 활용된 것
④ 오랜 기간 동안 개발코드 수정이나 기술발전이 없다가 '17년 10월 개발인력들이 자체 결성한 ETCDEV가 본격 개발

(3) 응용분야 및 방법
① 사실상 이더리움과 동일한 "스마트 컨트랙트/DApp을 통한 플랫폼 확장"을 추구
② 하드포크 이전의 이더리움 블록체인을 유지한 것이므로, 사용하는 프로토콜이나 기술 및 응용분야는 이더리움과 유사
③ 이더리움의 무제한 발행에서 고정 공급방식으로 정책을 변경해 최대 2.3억개로 발행량을 제한하였으며, 보상은 50만 블록 당 20% 감소
④ 단기, 사이드체인을 통한 확장성 확보, IoT 용도로의 확장 등이, 2~3년 내 난이도 폭탄 제거, 모바일용 지갑 제공, Dap SDK(에메랄드 프로젝트)릴리즈, 타 블록체인과의 상호 운용성 확보 등을 목표

[응용 특징]
- 이더리움 하드포크 이전의 오리지널 체인으로 스마트 컨트렉트 구현 플랫폼 코인
- 개발자들의 자발적 참여에 의해 로드맵 배포 및 기술적 응용 범위 확장 중
- 이더리움과의 호환성 확보를 위한 코드 활성화 및 타 블록체인과의 호환성 확보를 위한 기술적 개선을 이루기 위한 다양한 시도 진행 중

3) 주요 프로젝트

(1) 이더리움 클래식 Geth
ETCDEV는 하드포크 이후 Geth를 유지하고 개선해 왔으며, 아키텍처 모듈화, 성능 향상 및 그리고 비즈니스 환경에 더욱 친숙하게 사용되도록 작업을 계속하고 있다. 업무 환경에서 Classic Geth는 이더리움 Geth의 포크이지만, 2016년 10월 이후 별도로 개발되었다. 현재 코드의 최대 50%가 다시 작성되거나 교체되거나 제거되었다.

(2) 맨티스(Mantis)
스칼라(Scala) 프로그래밍 언어를 사용하여 처음부터 완전히 새로 구축된 노드 클라이언트이다. 스칼라는 함수형 프로그래밍을 지원하는 프로그래밍 언어로서, 불변성을 선호한다. 또한 개발자에게 테스트 및 예측 가능성을 쉽게 제공한다. 클라이언트는 사용자에게 자금을 액세스하고 관리할 수 있는 UI를 제공하고, Daedalus 지갑과도 호환된다.

맨티스는 이더리움 클래식의 향후 혁신을 위한 토대를 마련한다.

(3) 스푸트니크 가상머신(Sputnik Virtual Machine)

SputnikVM은 이더리움 가상머신(EVM) 보다 훨씬 효율적이고 접속 가능하다. 블록체인과 독립적으로 작동할 수 있고, 저전력 장치에서도 작동할 수 있는 독립형 가상머신이다. 앞으로 초저전력 장치를 사용할 계획이다.

(4) 에메랄드 플랫폼(Emerald Platform)

이더리움 클래식에서 실행되는 앱을 만드는 툴킷에는 UI 구성 요소, 자바스크립트 및 러스트, 아이콘, 빌드 도구 등이 포함되어 있다. 데스크톱, 모바일, 웹 및 셸 스크립트와 같은 다양한 플랫폼을 대상으로 한다.

(5) 사이드체인(Sidechain)

사이드체인은 이더리움 클래식의 인프라 및 프로토콜의 기본적인 부분이 될 것이다. 사이드체인은 이더리움 클래식의 확장성을 높이고, 블록체인을 다양한 초소형 기기 및 사물인터넷(IoT) 장치 그룹에 처음으로 제공한다.

03 암호화폐 라이트코인, 리플, 스텔라 루맨, 오메세고, 대쉬의 특징과 응용에 대하여 분석하라.

1. 라이트코인

라이트코인(Litecoin)은 비트코인을 기반으로 만들어진 작고 가벼운 암호화폐이다. 간략히 라코라고도 한다. 중국어로는 라이터비(莱特币, litb)라고 한다.

비트코인이 디지털 골드(gold)라면, 라이트코인은 디지털 실버(silver)이다. 라이트코인은 '은색 비트코인'이라고도 불린다. 라이트코인의 화폐 단위는 LTC이다. 2011년 중국계 미국인인 찰리 리(Charlie Lee)가 C++ 언어로 개발했다. 스크립트(Scrypt) 해시 알고리즘 기반의 작업증명(PoW) 방식으로 채굴한다.

1) 개요

(1) 등장배경

① 비트코인의 거래승인 지연문제, 채굴파워 집중 문제 등을 개선하고 유동성 제공 및 다양한 기술적 시도를 보다 원활히 하는 등 비트코인 보완

② 가치의 저장 개념이 강한 비트코인 대비 보다 일상적인 거래 처리를 위한 화폐기능 구현을 위해 개발

③ 기술적인 면에서 비트코인과 거의 동일한 알고리즘을 활용하므로 사실상 비트코인의 파생화폐

(2) 특징

블록체인 기반의 암호화폐는 거래할 때마다 서로의 거래 내용을 블록체인에 올려야 거래가 마무리된다. 그런데 비트코인의 거래량이 늘어나다 보니 거래 속도가 크게 떨어졌다. 다중 장부로 블록체인 특성상 저장해야 할 거래 내용이 많아지다 보니 처리 속도가 느려진 것이다. 뿐만 아니라 거래 수수료도 가장 큰 문제 중 하나이다.

라이트코인은 이 문제들을 해결하며 등장했다. 바로 라이트닝 네트워크(lightning Network) 솔루션을 도입했는데, 라이트닝 네트워크 거래는 오프체인(Off-Chain) 거래라 불리며, 이는 모든 거래 내용을 오프체인에 등록한 뒤 모든 거래 내역을 종합해 최종 결과만 온체인(On-Chain)에 업로드하는 방식이다. 블록체인 상에서 거래가 이루어지지 않기 때문에 승인 대기 시간이 생략되며 거래가 즉시 완료된다. 또 오프체인 거래를 함으로써 채굴자에게 수수료를 주지 않아도 되기 때문에 거래 수수료는 제로에 가깝게 낮아진다.

이러한 라이트닝 네트워크에서는 다중 키(Multi-Signature)와 시간 잠금 계약(Hashed Timelock Contract)을 활용해 신뢰를 확보한다. 가령 A와 B라는 두 사람이 공동 계좌를 만들고 다중 키로 설정한다. 블록체인에서 이 장부를 변경하기 위해서는 두 사람 모두의 비밀 키가 필요하다. 오프체인에서는 둘의 합의만으로 갱신해 나가다가 장부를 청산할 때 다중 키를 이용해 온체인한다. 둘 사이에 합의된 거래는 시간 잠금 계약을 걸기 때문에 한 사람이 합의를 뒤집고 자신에게 유리한 상태로 장부를 온체인할 수 없는 구조이다.

2) 응용 현황

(1) 개발 동기

① 소액 거래 중심의 실결제 수단으로 활용되기 어려운 비트코인의 한계를 개선하여 보다 상용화가 쉬운 암호화폐로 개발

② 채굴파워의 집중을 막기 위해 ASIC 저항성이 있는 Scrypt 알고리즘 적용
이후, 스크립트 알고리즘 전용 ASIC 장비 등장으로 본래의 목적 달성에는 실패

(2) 응용주체 및 시기)

2011년 10월 구글의 전 SW엔지니어이자 코인베이스(Coinbase)의 디렉터였던 찰리 리(Chalie Le)에 의해 공개되었으며, 라이트코인 재단을 통해 생태계 운용

(3) 응용분야 및 방법

비트코인과 동일한 "전자화폐시스템" 분야가 응용분야이나, 비트코인을 보완하여 실거래 활용성을 높이는 것이 목적

> **[응용 특징]**
> - 비트코인, 비트코인 캐시 등과 같은 전자 화폐시스템이 핵심 응용분야
> - 소액결제 등 실 상용화 기능 확보에 중점을 두어 비트코인의 보완적 성격 보유

2. 리플

리플(Riple) 계열의 암호화폐는 나노(레이블록)·리플·모비우스·스텔라루멘 등이 있다.

리플은 전 세계 여러 은행들이 실시간으로 자금을 송금하기 위해 사용하는 프로토콜 겸 암호화폐이다. 리플코인(Ripple Coin)이라고도 한다. 중국어로는 루이보비(瑞波币, rubōb)라고 한다. 리플의 화폐 단위는 XRP이다. 2013년 크리스 라슨(Chris Larsen)과 제드 맥케일럽(Jed McCaleb)이 C++ 언어로 공동 개발했다.

타원곡선 디지털서명 알고리즘(ECDSA)을 사용하며, 채굴이 없이 합의에 의해 운영된다. 리플은 프라이빗 블록체인으로서 암호화폐를 발행한 사례에 해당한다. 리플은 리플랩스(Ripple Labs) 회사에 의해 관리·운영되고 있다. 리플랩스의 대표는 브래드 갈링하우스(Brad Garlinghouse)이고, 기술이사(CTO)는 데이비드 슈워츠(David Schwartz)이다.

1) 개요

(1) 등장배경

① 2004년 라이언 퍼거(Ryan Fuger)가 실시간 자금송금을 위한 서비스로 리플페이를 개발하고 상용화에 실패한 이후, 이를 개선하여 '13년 리플 거래 프로토콜(RTXP) 기반의 XRP(리플 거래 토큰) 유통

② 리플페이는 신용라인과 잔고 기록 장부가 중앙에 통제되는 중앙화SW로 이용자수가 제한적이며 소규모로 상용화에 실패

③ 리플페이의 근본적 문제를 해결하기 위해 제드 맥 케이랩 주도하에 시스템 멤버 간 합의에 의한 화폐 시스템으로 리플을 개발

(2) 특징

오늘날 세계는 연간 155조 달러 이상을 국가간 송금한다. 그럼에도 기본 인프라는 여전히 구식이며 결함을 갖고 있다. 리플은 은행, 결제 서비스 제공업체, 디지털 자산 거래소를 리플넷(RippleNet)으로 연결하여 마찰 없는 글로벌 송금 서비스를 제공하고

있다. 즉, 글로벌 결제를 현대화하고(Modernize) 있다는 것이 리플의 가장 큰 특징이다. 더 낮은 수수료, 더 빠른 속도, 더욱 단순한 연결구조 하에서 사용자간 금융거래를 보다 쉽고 효율적으로 제공한다.

① 은행 송금 : 은행들은 27개국 간에 글로벌 송금이 실시간으로 가능하며, 그 동안 비용이 많이 들어 진출하기 어려웠던 신규 시장으로의 송금 서비스 역시 가능하다. 이외에도 글로벌 서비스에 대한 고객의 요구를 손쉽게 충족시킴으로 새로운 수익을 창출할 수 있으며, 유동성 요구사항을 줄여 총 거래비용은 낮아지고, 다른 리플넷(RippleNet) 회원 은행과도 거래가 가능하다. 뿐만 아니라 은행은 처음으로 글로벌 기업들이 온 디맨드(On-Demand) 결제를 전 세계로 보내도록 도울 수 있다. 앞으로 은행이 할 일은 해외결제금액의 더 큰 부분을 확보하는 것이다. 또 리플은 멕시코나 인도나 태국 등 다양한 신흥시장에서 고객들이 자신의 가족들에게 송금하는 것을 돕고 있기 때문에 은행은 이렇게 큰 규모로 성장하고 있는 시장의 점유율을 높여야 한다.

② 결제 서비스 제공 업체 : 리플은 전세계로 더 빠르고, 더 투명하며, 예측 가능한 결제 서비스를 고객들에게 제공한다. 고객들에게 차별화된 실시간 국가간 송금 서비스를 제공하므로 결제량이 증가하고, 리플넷(RippleNet)을 사용하는 모든 금융 기관과 연결되므로 범위는 확장된다. 또 투명한 수수료 및 요금과 결제의 확실성이 보장된 실시간 결제에 액세스할 수 있다. 많은 당방계정을 만들어 관리하기를 원하지 않는 은행을 위해 리플은 통화변환(FX) 및 지불 인계 서비스(Deliver Payments)를 제공하고, 기업을 위해서는 대량의 주문형 글로벌 결제를 포함한 부가가치 서비스를 제공한다. 반면 고객들에게는 완전한 투명성, 추적 가능성 및 실시간 정산을 통한 저렴한 송금 서비스를 제공한다.

③ 디지털 자산 거래 : 기업용으로 구축된 XRP는 은행과 결제 서비스 제공 업체에게 송금의 유동성 확보를 위해 안정적인 방법을 제공한다. 글로벌 송금을 위한 디지털 자산으로서 XRP는 거래소로 하여금 신규 수량과 유동성에 액세스하게 만들고, XRP를 통한 지불 흐름은 거래소와 관련된 시장 참여자들에게 안정된 수량을 공급한다. 또 XRP는 비트코인이나 다른 디지털 자산보다 500배 이상 빠르게 결제되기 때문에 거의 즉각적인 상호 교환이 가능하다. XRP를 사용해야 하는 또 다른 이유는 설립 이래, 모든 3,000만개의 원장이 아무런 문제 없이 마감됐을 정도로 안정적이고, 처리량은 초당 50,000 거래 이상으로 빠르기 때문이다. 현재 비트코인의 송금은 1시간 이상이 걸리고, 이더리움은 2분 이상 소요되지만, XRP는 4초 안에 해결한다. 또 리플은 결제 자산으로서 기술적 우위와 확장성을 갖추었고, 오픈소스 코드 기반 및 전담 엔지니어 팀으로 구성되어 있어 신뢰할 수 있다. 리플에는 분산화를 위한 55개 이상의 글로벌 거래 검증 서버(Validators)가 있다.

④ 기업 송금 : 전 세계적으로 기업들은 국가간 송금을 처리하는데 연간 최대 1조 6천억 달러의 운영 비용을 지출하며, 지급 서비스를 위해 100개 이상의 다양한 통합을 필요로 한다. 전 세계의 결제 네트워크를 통해 자본을 고정하고 맞춤형 통합을 구축하여 직원, 공급업체, 상인, 개발자에게 돈를 지급하는 것은 비용이 많이 드는 작업이다. 이런 문제 해결을 위해 리플은 지불 결제를 간소화하는, 비용 효과적인 시스템을 갖추었다. 리플넷(RippleNet)은 기업을 금융기관 및 유동성 공급업체와 연결하여 글로벌 송금을 신뢰 가능하고 언제든지 요청 가능하게 만든다. 지갑과 같은 종래와는 다른 네트워크에서도 추적 및 지급 확인과 함께 주문 결제를 처리할 수 있고, 현재 외환 거래 계정에서 유휴 상태인 자본을 확보하여 더 많은 자본 자원을 활용할 수 있으며, 결제에 첨부된 송장 등을 포함한 풍부한 데이터 전송을 통해 조정 프로세스를 크게 개선하였다.

2) 응용 현황

(1) 개발 동기

① 은행 간 정산 거래의 중앙집권적 성격, 특허 받은 SW상에서 운영되는 결제 시스템과 독립적 네트워크의 존재 등으로 인해 느리고, 비싸며, 복잡해진 결제 시스템 개선
② 다수의 정산소(Clearing House)가 필요한 현재의 자금 전송 시스템은 SWIFT 또는 전자이체(Wire Transfer) 시 높은 결제처리 수수료가 요구
③ 중앙집권 네트워크 상의 전송은 운영비용을 위해 수수료가 필요하고, 이에 덧붙여 이익이 부가되기 때문이며, 그 외 잘못된 결제 요청 및 통신 해킹에 따른 결제 실패 위험 등이 상존
- 국제은행간통신협회(SWIFT) : 2007년 유럽과 미국 시중은행들이 국가 간 자금 거래를 위해 설립한 것으로 20여개 국 1만 1천여개 이상 금융기관이 암호화한 특수 금융메시지를 통해 자금을 거래하는 시스템

(2) 응용주체 및 시기

① 2013년 4월, 리플社에 의해 유통되었으며, 총량의 62%에 달하는 코인을 사측이 보유하고 사업개발 단계에 따라 유통하며 활용
② 초기 총 1천억 개가 발행되었으며, 리플社 중심의 중앙 집중화된 발행, 유통 구조로 유통 체계가 리플社 재량하에 따라 유동적으로 변화 가능

(3) 응용분야 및 방법

① "실시간 결제 시스템(RTS)"으로 금융거래를 위해 활용되며, 송금 시스템에 가까운 특성이 있어 일반적 암호화폐와 다소 차이가 존재

② 개인사업자들을 위한 결제서비스(PG) 사업, 은행 간 국제송금, 기업 간 국제송금, 은행 지점들 간 내부 송금 등 다양한 금융거래에 활용

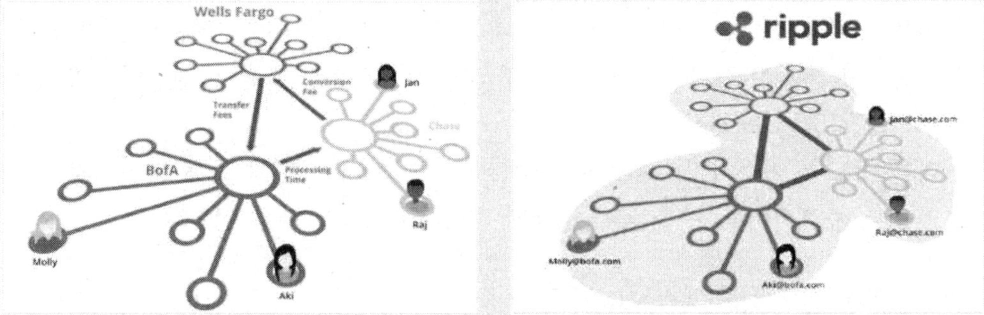

(기존 시스템) (리플)

[그림 7-1] 기존 금융거래 시스템과 리플 간 차이

출처 : 리플 프로토콜 기본서, 리플社

③ 단순 이체와 환전을 넘어 이종 화폐 및 유가물 거래가 가능하며, 인터레져 프로토콜(Interledger Protocol, ILP)을 통해 가상화폐 지갑, 국가 간 지불시스템, 블록체인 원장 등을 모두 연결 활용 가능
(예 항공사 마일리지, 달러, 원화, 비트코인 등 모든 형태의 화폐와 유가물이 교환될 수 있음)

④ 거래 당 0.001XRP가 수수료로 차감되며, 수수료로 지불된 토큰은 소멸되어 전체 토큰 수량이 서서히 줄어드는 구조

[응용 특징]
- 실시간 결제 시스템으로 사용자 간 금융거래 용도의 코인
- 중앙집권적 특징이 있으며, 기존 시스템의 효율성 증진 용도로 활용된 사례

3. 스텔라 루멘

스텔라 루멘(Stellar Lumen, 恒星币)은 리플에서 분리된 국제 송금용 암호화폐이다. 간략히 스텔라(Stellar)라고 한다. 스텔라루멘의 화폐 단위는 XLM이다. 2014년 제드 맥케일럽(Jed McCaleb)이 기존 리플에서 하드포크하여 개발했다. C와 C++ 언어를 사용하여 개발했다. 채굴이 없이 스텔라 합의 프로토콜(SCP, Stellar Consensus Protocol)을 따라 신규 코인이 발행된다. 리플이 프라이빗 블록체인 방식으로 운영되는 것과 달리, 스텔라루멘은 누구나 참여할 수 있는 퍼블릭 블록체인 방식으로 운영된다.

스텔라루멘 기반의 암호화폐로는 레포코인(Repo Coin)과 한국의 보스코인(BOScoin) 등이 있다.

1) 개요

(1) 등장배경

① 리플社 개발자들과의 다양한 이해관계 및 방향성의 충돌로 인해 2014년 리플 공동창업자 Jed McCaleb이 Joyce Kim과 함께 스텔라 루멘을 설립하고 암호화폐 루멘(XML)을 출시

② 리플 코드 베이스이나, 개발 도중 네트워크 노드가 의도치 않게 분열되자 노드를 없애고 중앙서버를 구축 후 SCP라는 새로운 합의방식 도입

> **Tip** SCP(Stelar Consensus Protocol)
>
> - 쿼럼 배치(quorum configuration)를 다운받은 구성원 모두가 합의구조에 참여할 수 있는 탈중앙화된 합의 알고리즘
> - 리플은 확률적 투표이론(probabilstic voting)을 이용한 전용 투표 시스템을 활용하여 선택된 일부만이 합의 구조에 참여

(2) 특징

수수료로 사용된 코인도 소각되지 않으며, 내부 시스템에서 매년 총액의 1%가 추가 발행되고, 주요 고객이 개인 및 제3국의 금융소외계층이다.

① 스텔라 합의 프로토콜

제드 맥케일럽은 리플랩스에서 일한 경험을 되살려 스텔라루멘을 개발했기 때문에, 스텔라루멘 역시 리플 코드를 기반으로 하고 있다. 이처럼 초기에 제드는 리플의 코드를 포크해 스텔라를 개발했는데, 네트워크 노드들이 분열되면서 두 갈래로 나눠져 하드포크하게 되었다. 결국 스텔라는 2015년 11월부터 리플의 프로토콜을 개선한 새로운 합의 매커니즘인 스텔라 합의 프로토콜(SCP, Stellar Consensus Protocol)을 사용하기 시작했다. 스텔라 합의 프로토콜인 SCP는 연합 비잔틴 동의(FBA : Federated Byzantine Agreement)라는 합의 알고리즘을 기반으로 개발되었다. 스텔라 합의 프로토콜에 사용된 새로운 프로토콜은 미국 스탠퍼드 대학교 컴퓨터 과학 교수인 데이비드 마지어스(David Mazieres)가 개발한 프로토콜이다.

트랜잭션이 몇 초 내에 확인된다는 것은 스텔라가 채굴보다는 합의 플로토콜을 기반으로 한다. 이렇게 네트워크를 이용해 단순한 메시지를 전달하는 것이다 보니 연산력과 에너지 소모가 적다. 또한 거래자 자산을 스텔라 화폐인 스텔라루멘으로 바꿀 필요없이 기존 법정화폐나 다른 암호화폐 등에 바로 전송할 수 있다. 스텔라 합의 프로토콜(SCP)은 금융 거래를 정확하게 기록하기 위해 폐쇄된 시스템에 의존하지 않고 합의에 이르는 방법을 제공한다. SCP는 수명보다 안전성을 최적화할 수 있는 입증 가능한 안전한 속

성을 갖고 있다. 노드가 분열되거나 오작동하는 경우, 합의에 도달할 때까지 네트워크의 진행이 중지된다. SCP는 분산 제어, 짧은 대기 시간, 유연한 신뢰 및 비대칭 보안과 같은 4가지 주요 속성을 갖추고 있다.

SCP는 사용자가 누구를 신뢰할 것인지 직접 선택을 하고 이를 바탕으로 형성된 신뢰망을 이용하여 합의에 도달하는 방식이다. SCP를 이해하려면 노드(Node), 쿼럼(Quorum), 쿼럼 슬라이스(Quorum Slice)라는 개념이 필요하다. 쿼럼 슬라이스는 어떤 동의에 이르기 위한 일반 노드들의 집합이자 쿼럼의 하위 집합이다. 그리고 결정되어 결코 변할 수 없는 합의가 쿼럼이다. 즉, 신뢰할 수 있다고 선택된 노드 집단이다. 사용자(노드)는 쿼럼 슬라이스라는 것을 분산된 방식으로 계속 중첩적으로 선택하여 쿼럼을 결정하면서 특정 메시지에 대한 합의에 도달하게 된다. 예로, 노드1과 노드2는 은행을 신뢰하지 않도록 설정된다. 따라서 은행과의 합의는 노드가 신뢰할 수 있는 다른 쿼럼 슬라이스를 요구한다. 그 후 합의가 이루어질 때, 쿼럼이 만들어진다. 모든 노드에 동일한 설정 파일이 있는 것이 아니므로 쿼럼 슬라이스와 쿼럼은 다이나믹하게 형성된다.

2) 응용 현황

(1) 개발 동기

① 비영리단체인 스텔라재단 및 결제관련 대형 유니콘 기업인 Stripe의 지원 하에 보다 탈중앙화된 금융거래 시스템을 도입하기 위해 개발

② 리플과 동기는 유사하나 보다 탈중앙화된 시스템이며, 완전한 탈중앙화를 추구한다기보다 은행 간 상호 운영을 염두

③ 스텔라 분산 교환 시스템(SDEX)*과 라이트닝 네트워크(Lightning Network) 개발을 통해 스텔라루맨만의 고유 생태계 구축 중

(2) 응용주체 및 시기

① 2014년 7월, Jed McCaleb이 Joyce Kim과 함께 스텔라를 발행했고, 2015년 네트워크 업데이트와 함께 루멘으로 명칭 변경 후 운용

② 나이지리아, 필리핀, 인도 등의 금융소외계층을 대상으로 런칭

③ 스텔라 네트워크와 비영리단체인 stelar.org 간 명칭 혼동을 피하기 위함

- 총 공급량 1천억 개 중, 5%는 스텔라 재단의 운영비용으로, 50%는 수요자, 25%는 금융소외계층, 20%는 비트코인 소유자에게 배포

---

* SDEX(Stela Decentralized Exchange)
- 다양한 토큰을 프로토콜 수준에서 거래할 수 있으며, 자산 교환시 최소비용이 드는 경로 제시, 낮은 거래비용, 최종 소비자의 암호키 제어 등이 가능
- 라이트닝 네트워크 상에서는 전송자 서명만으로 즉시거래 가능

(3) 응용분야 및 방법

① 리플과 동일한 "실시간 결제 시스템이 응용 핵심 분야로 상용화 대상이 개도국 중심이라는 점만 다소 차이

② 결제 네트워크 플랫폼인 스텔라에서 암호화폐 루멘을 활용하여 송금, 소액결제 등이 가능

③ 사람들이 보유한 예금에 대해 스텔라 네트워크에서 신용을 발급하고 신탁하는 앵커(Anchor)를 통해 거래의 보증이 이루어짐

④ 스텔라 대시보드에서 실시간 구매 및 판매 상황을 확인할 수 있으며, 통화를 매매하기 위해 만든 제안을 저장 가능

> **[응용 특징]**
> • 리플과 같이 실시간 결제 시스템으로 사용자 간 금융거래 용도의 코인
> • 리플 대비 분산화된 구조로, 합의 알고리즘 등 세부적인 사항에 있어 다소 차이

4. 오미세고

결제 코인의 암호화폐는 다빈치코인 · 델리오 · 레드코인 · 리퀘스트 네트워크 · 링카 · 메탈코인 · 모네로스 · 베잔트 · 사이버마일즈 · 시스코인 · 에이비비씨 · 엠유에프지코인(MUFG코인) · 오미세고(Omisego) · 유비코인 · 일렉트로늄 · 제이피엠코인(JPM코인) · 코인덕 · 크립토닷컴(모나코) · 테라 · 텐엑스 · 펀디엑스 · 페이코인 · 퓨즈엑스 · 해피코인 · 휴페이엑스 등이 있다.

오미세고(嫩模币)는 이더리움 기반의 실시간으로 암호화폐, 법정화폐, 상품권 및 포인트 등의 자산을 거래하는 암호화폐이다. 이러한 암호화폐 플랫폼을 토대로 은행계좌 없이 사용할 수 있는 미래금융서비스를 만들고자 한다.

1) 개요

(1) 등장배경

① 태국, 싱가폴, 일본, 인도네시아를 주 지역으로 '13년부터 지불 서비스를 운영하던 태국의 오미세(Omise)라는 기업의 자회사이자 프로젝트로 시작

② 개선된 성능의 전자지갑(e-wallet)과 지불 플랫폼을 개발을 위해 고안

(2) 특징

이더리움 기반의 금융거래 플랫폼 지향 코인으로 빠르고 저비용의 거래 처리가 가능할 뿐 아니라 보다 확장성이 높고 분산화된 시스템이다.

① 분산 네트워크

오미세고 프로젝트의 슬로건은 “Unbank the Banked”으로, 중앙 집중화된 은행 시스템에서 벗어나 온라인 거래를 하는 모든 사람들의 전자지갑 간 결제기능을 제공한다. 이는 은행 인프라가 없는 지역의 사람들도 전자금융서비스를 이용할 수 있도록 해주며 오미세고를 사용하여 거래할 경우 실시간 이용이 가능하며, P2P 방식으로 제공되기에 탈중앙화가 이루어져 전자결제 업체나 기업뿐만 아니라 개인간의 거래까지도 가능하다.

② 퍼블릭 블록체인

이더리움 기반의 금융 플랫폼인 오미세고 네트워크는 대용량 및 저렴한 비용으로 퍼블릭 블록 체인에서 분산된 교환을 가능하게 함으로써 통화 및 자산 유형에 상관없이 운영되는 차세대 가치 이동 서비스를 제공한다. 오미세고 블록체인은 이더리움 기반으로 더욱 안정적이며 누구나 실시간으로 지불, 송금, B2B 상거래, 기타 금융 거래를 은행계좌 없이 보다 빠르게 수행할 수 있다. 오미세고 네트워크는 토큰을 스테이킹하여 네트워크의 안전성을 제공하는 토큰 보유자에게 낮은 수수료, 빠른 전송 시간, 현금 인출의 보상을 제공한다.

③ 화이트라벨 지갑 SDK

화이트라벨 지갑 SDK(White-label Wallet Software Development Kit)는 오미세고 네트워크에서 현금, 암호화폐, 카드, 포인트, 게임 크레딧 등의 지갑 간의 트랜잭션을 지원한다. 누구나 쉽고 자유롭게 사용할 수 있으며 비즈니스의 일환으로 온라인 자산 교환이 필요한 사람들이 OMG 네트워크에 원활하게 연결될 수 있도록 해준다. SDK는 디지털 지갑 서비스 공급자에게 표준화 된 기능을 제공하고, 많은 이용 케이스에 맞게 지불 솔루션을 향상, 추가 및 맞춤형으로 제공할 수 있는 유연성을 제공한다.

④ 탈중앙화 거래소(DEX)

탈중앙화 거래소(Decentralized Exchange)에서 모든 거래가 이뤄지고 관리가 된다. 토큰을 보유하고 있는 사용자들만이 거래할 수 있으며, 이에 대한 수수료를 결정할 수 있다. 또한 오미세고 플랫폼에서는 실질 통화와 암호 화폐, 포인트 등이 모두 사용가능하며 모든 이더리움 토큰과 모든 체인 연결이 가능해 상호 운용성을 제공한다. 즉 달러 결제소에서 원화로 결제하거나, 비트코인 결제소에서 원화나 포인트로 결제를 할 수 있으며 이로써 다양한 금융거래가 가능하다. 이더리움의 라이트닝 네트워크라고 불리는 레이든(Raiden), 하이드라체인, 골렘, 텐더민트, 코스모스 등과 협업하고 있다.

⑤ 플라즈마

오미세고는 이더리움 관련 라이트닝 네트워크의 일환인 플라즈마 기술을 최초로 도입한 코인이다. 조셉 푼과 비탈릭 부테린이 공동 개발한 플라즈마는 이더리움 블록체인 기반이므로 네트워크 보안을 보장하고, 블록체인 기술의 단점인 블록 처리 속도에 의한 지연 현상을 극복할 수 있게 해준다. 이는 비자(Visa)네트워크에 버금가는 순간처리량을 가능케 해줌으로써 결제 네트워크 기능을 강화해줄 수 있다. 플라즈마가 작동하는 방식은 다수의 계산을 각 블록체인에서 연쇄적으로 수행하고, 결과를 취합하여 최종 머클 증명을 이더리움 네트워크에 보고하는 것이다.

⑥ 텐더민트 합의 알고리즘

텐더민트(Tendermint) 합의 알고리즘은 지분증명(PoS)에 비잔틴 장애허용(BFT : Byzantine Fault Tolerance)을 혼합한 BFT-PoS 알고리즘이다. 검증자(Validator)의 자산을 담보로 받기 때문에, 만일 검증자가 악의적인 행동을 하는 경우, 담보로 받은 지분을 몰수하는 페널티(Penalty)를 부과함으로써 Nothing at Stake 문제를 막을 수 있다. Nothing at Stake는 검증자들이 여러 체인에 참여를 할 수 있는데, 이런 경우, 여러 체인에 참여하는 것에 대한 페널티가 없어 하나의 체인으로 합의가 일어나지 않을 수 있는 문제가 있다. 게다가 네트워크 참여자들은 플라즈마 구조 내에서 누구나 노드의 악의적인 행동에 대한 증거를 이더리움 블록체인에 제출할 수 있으므로, 이에 대한 페널티를 부과하여 보안성을 강화한다. 향후, 위임지분증명(DPoS)의 합의 알고리즘으로 전환할 계획이다.

⑦ 청산소

청산소(Clearinghouse)는 서로 다른 거래자들 간의 트랜잭션을 확인하는 보증인 역할을 한다. 하드포크로 블록체인이 분리되는 경우, 네트워크 혼란을 방지하며 트랜잭션의 신뢰성을 준다. 청산소는 게이트웨(Gateway) 역할을 수행하여 블록체인과 오미세고 블록체인을 연결한다. 그리고 라이트닝 네트워크(Lighting Network)를 적용하여 빠른 거래 처리가 가능하도록 한다.

2) 응용 현황

(1) 개발 동기

① 기존 은행서비스를 대체할만한 서비스 제공을 위해 개발

② 별도의 계좌 개설 없이 실질 통화와 암호 화폐를 모두 제약 없이 거래할 수 있는 디지털 지갑을 제공

③ 이더리움 기반의 금융플랫폼으로 실시간 P2P거래를 낮은 수수료 및 강력한 보안 체계 하에 처리할 수 있도록 지원

④ 모회사의 기반이 넓은 동남아시아를 중점으로 'Unbank the Banked'라는 슬로건 하에 개발을 추진

(2) 응용주체 및 시기

① 20117년 7월, 준 하세가와(Jun Hasegawa)를 필두로 한 오미세고에서 발행되었으며, 이더리움 창시자인 비탈릭 부테린이 고문

② 핵심 소비자층은 금융서비스를 누리지 못하는 인구 비중이 70% 이상인 동남아시아로 모회사인 오미세가 기 확보한 은행 시스템이 확장 기반

③ 발행량의 65.1%는 프리세일로, 5%는 이더리움 보유자에게 에어드랍(Airdrop : 특정 코인을 보유한 사람에게 추가로 다른 코인을 지급해주는 것)으로 분배되며, 약 30%가 스마트 계약 및 개발팀 분배용으로 활용

(3) 응용분야 및 방법

① 리플, 스텔라 등과 같이 "실시간 결제 시스템"이 응용 핵심 분야로 동남아시아 지역이 핵심 타깃

② 탈중앙화 기반으로 주문기록 매칭과 처리, 청산, 고도화된 확장이 가능한 결제네트워크로 기능하는 솔루션

③ 단일 기업 각각에 집중되어 있던 전자결제 사업 구조를 바꾸어 고성능이며 공개된 네트워크에서의 전자지갑 간 거래를 지원

④ 이를 통해 자산담보(Fiat-Backed) 가치를 갖는 전자지갑의 탈중앙화된 플랫폼 매커니즘을 구현

⑤ PoS 기반의 합의 알고리즘을 사용하여 OMG 보유개수가 많고 결제 빈도가 높은 참여자에 보상이 주어지는 형태로 운영

[응용 특징]
- 리플, 스텔라루멘과 같은 실시간 결제 시스템으로 사용자 간 금융거래 용도의 코인이나, 핵심 타겟 시장이 동남아시아 지역임
- 중앙통제 하에 있는 거래소 혹은 리플과 같은 코인과 달리, 보다 분산화된 거래 기능을 제공할 수 있는 잠재력을 확보

5. 대쉬

프라이버시 코인 암호화폐는 그린코인 · 대시 · 머큐리 · 모네로 · 바이트코인 · 버지 · 불워 · 스마트캐시 · 스타크웨어 · 지캐시(제트캐시) · 지코인 · 지클래식(제트클래식) · 코모도 · 파티클코인 · 피벡스 등이 있다.

대시(Dash, 达世币)는 익명성을 보장하는 프라이버시 코인 계열의 암호화폐이다. 대시(Dash)는 디지털캐시(digital cash)의 약자이다. 대시를 사용하면 전 세계 수천명의 사용자가 호스팅하는 안전한 오픈 소스 플랫폼에서 온라인 또는 오프라인 결제가 즉시

가능하다. 2014년 에반 더필드(Evan Duffield)와 카일 헤이건(Kyle Hagan)이 C++ 언어로 공동 개발했다. X11 채굴 알고리즘 기반의 작업증명(PoW)과 지분증명(PoS) 방식으로 채굴한다.

1) 개요

(1) 등장배경

① 비트코인이 갖는 보안성에 사생활 보호 전송(Private Send) 기능을 제공하여 더 나은 익명성을 보장하고자 등장

② 초기에는 엑스코인(Xcoin), 다크코인(DarkCoin)으로 명명하였으나, 이미지 제고를 위해 대시(Dash)로 변경

(2) 특징

비트코인 대비 강화된 익명성(Private Send)과 신속한 전송속도(Instant Send)를 실현한다. 대시 플랫폼은 세계 최초의 자율자금조달(Self-Funding) 및 자율관리(self-Governing) 프로토콜이다. 대시는 언제, 어디에서든 사용할 수 있는 디지털 화폐이다.

① 마스터노드

일반적으로 노드(Node)는 P2P 네트워크에서 실행되는 개별 서버로서, 피어(Peer)가 네트워크에서 발생하는 일들에 대한 업데이트를 수신하는데 사용한다. 이러한 노드는 막대한 양의 트래픽과 상당한 비용이 수반되는 기타 리소스를 필요로 한다. 그 결과 비트코인 네트워크에서 노드의 양은 꾸준히 감소하고 있다. 이유는, 이를 실행하기 위한 인센티브의 부족 때문이다. 시간이 지남에 따라 네트워크 사용량이 많아지면서 전체 노드를 실행하는 비용이 증가하여 운영자에게 더 많은 비용을 부담하게 된 것이다. 그 결과 운영자들은 서비스를 통합하여 더 저렴하게 실행하거나 경량 클라이언트를 운영하게 되었다. 하지만 이것은 네트워크에 전혀 도움이 되지 않는다.

대시는 마스터노드(Masternode)라는 보조 네트워크를 추가하는 방법을 고안했다. 마스터노드를 실행하려면 노드가 1,000 대시를 담보 금액으로 가지고 있어야 한다. 즉, 네트워크 참여를 위한 담보물을 지불하고, 일정 수준의 서비스를 제공해야 한다. 담보물인 1,000 대시는 묶여 있는 돈이므로 시장에 공급되지 않으며, 마스터노드가 작동하는 동안 안전하다. 이를 통해 마스터노드는 클라이언트에게 네트워크상의 서비스를 제공하고 투자에 대한 이자 수익을 얻는다. 이자 수익율은 대략 연 8% 정도이다.

마스터노드는 직접 관리해도 되지만, 전문 업체에 위탁하여 관리대행을 맡길 수도 있다. 노드40이라는 회사는 대시 마스터노드의 운영 및 관리를 대행해 주는 전문업체이다.

마스터노드는 쿼럼(Quorums)이라는 매우 안전한 클러스터에서 작동하는 네트워크 서버의 새로운 레이어(Layer)로 보면 된다. 쿼럼은 저비용 네트워크 공격의 위협을 제거하면서 즉각적인 트랜잭션, 개인정보보호 및 거버넌스와 같은 다양한 분산화 서비스를 제공한다.

② 인스턴트 송금

마스터노드는 네트워크에 여러 가지 추가 서비스를 제공할 수 있다. 첫째로 구현된 것이 프라이빗 송금(PrivateSend)과 인스턴트 송금(InstantSend)이다.

대시는 인스턴트 송금(InstantSend)이라는 기술을 통해 1초 내에 결제할 수 있다. 때문에 대시는 지불수단의 용도로 특화되어 있는 코인이라고 볼 수 있다. 대시는 익명성을 띄면서 초당 트랜잭션이 높은 암호화폐로 실시간 이체 기능을 탑재하고 있다.

③ 프라이빗 송금

대시는 마스터노드에 의한 프라이빗 송금(PrivateSend)이라는 방식을 사용해 익명성을 보장하고 있다. 프라이빗 송금은 거래가 여러 당사자들에 의해 형성될 수 있고, 그 당사자들이 이후에 연결 해제할 수 없는 방식으로 자금을 병합하는 방식이다. 현재 프라이빗 송금을 사용하려면 최소한 3명의 참가자가 필요하다. 3명의 사용자가 자금을 공동 거래로 제출한다. 즉, 대시는 일반 블록체인의 노드와는 달리 최소 3개 이상의 거래를 묶는 마스터노드라는 새로운 형태의 노드를 사용한다. 그리하여 프라이빗 송금은 코인들이 오가는 거래를 임의로 뒤섞어 버린다. 여러 거래가 묶여서 한꺼번에 처리되기 때문에 개별 거래내역을 정확히 파악할 수 없게 되는 것이다. 이렇다 보니 자금 추적을 피하기가 쉽다.

수동 모드로 실행되는 프라이빗 송금(PrivateSend)은 세션당 1,000 대시로 제한되기 때문에, 상당한 금액의 돈을 철저히 익명으로 송금하기 위해서는 여러 세션을 필요로 한다.

④ 자율관리

대시는 자율관리(Self-Governing) 방식으로 운영된다. 대시 커뮤니티에 속한 모든 사용자는 플랫폼을 개선 방법에 대한 제안서를 네트워크에 제출할 수 있다. 그러면 마스터노드 운영자가 제안서에 대해 찬반 투표를 진행한다. 현재 대시 네트워크는 2014년 출시 이래로 4,800명의 마스터노드를 보유하고 있다.

아무리 작은 지분을 가지고 있더라도 대시를 소유한 사람이라면 누구든 투표에 참여할 수 있다. 이로 인해 대시 사용자는 높은 주인 의식을 가지게 되고, 이는 대시의 장기적인 성장에 큰 영향을 미칠 것으로 본다.

⑤ 보상 시스템

블록체인의 지속 가능성을 위해 네트워크는 새로운 블록이 생성될 때 승인 작업을 수행한 사람에게 대가로 코인을 발행하여 보상한다. 보상은 블록체인 자체가 어떤 개인의 통제를 넘어서는 자체 보존 메커니즘을 갖게 된다는 측면에서 중요하다. 대시에서 채굴자는 작업증명(PoW)에 대한 보상을 받으며, 마스터노드는 사용자에게 블록체인의 유효성 검증과 저장 및 제공, 즉 서비스 증명에 대한 보상을 받는다.

마스터노드 운영자는 관리자의 역할을 하고, 투표에 의한 네트워크의 유지 및 확장을 위해 일하고 보상을 받는 것이다. 그러면 채굴자, 마스터노드 운영자, 투자자 및 사용자를 포함한 모든 이들에게 유익한 선순환을 만들어 내면서 신속하게 개발 홍보까지 가능해진다.

⑥ 개인정보 보호

프라이빗 송금(Privatesend)은 금융 정보와 관련된 사용자의 활동 내역과 잔고를 비공개로 보호한다.

⑦ 안전성

200테라 해시의 X11 채굴 알고리즘 기반의 에이식(ASIC) 컴퓨팅 파워와 전 세계에 4,500대 이상의 서버가 호스팅하여 거래를 확인한다. 이를 통해 강력한 보안을 제공한다.

2) 응용 현황

(1) 개발 동기

① 현금의 특징인 익명성과 빠른 거래를 디지털 세계에 구현하는 것을 목적으로 개발

② 비트코인의 트랜잭션이 송금자와 수신자의 개인정보가 모두 공개되어 익명성이 부족하고 전송속도가 느리다는 점을 보완

③ 거래 시 마스터노드가 3개 이상의 거래 내역을 섞어서 송금하는 코인조인(Coinjoin) 방식을 사용하므로 추적이 어려움

Tip 마스터 노드(MasterNodes) : 4가지 자격조건

① 1,00대시 이상 보유

② 리눅스 서버 사용

③ 고정IP 사용

④ 대시 프로그램 설치)을 만족하면 마스터노드가 되어 네트워크에 기여 할 수 있으며, 대시의 여러 기능(㉠ 사생활 보호 기능, ㉡ 빠른 코인 송수신, ㉢ 예산집행 결정권한)을 구현하기 위해 필수적인 존재

(2) 응용주체 및 시기

① 2014년 1월에 에반 더필드(Evan Dufield)가 실시간 결제수단으로 개발하였고 Dash Foundation에 의해 유통 활용

② 주로 익명성 보장 이슈가 중요하게 취급되는 자금거래 이용자들이 활용

(3) 응용분야 및 방법

① 실시간 결제 시스템으로 도입되어 온라인, 오프라인 가맹점으로 확대되고 있으며, 직불카드의 형태로 편의성이 향상

② 2017년 3월 대시를 통한 직불카드 계획을 발표한 이후, 다양한 직불카드 서비스 업체(shakePay, Wirex, UQUID, Bitwala 등)로 가상·실물 대시 충전 후 물건 구매가 가능

③ '즉시 전송(Instant Send)' 기술을 통해 익명성을 유지하면서 신속한 거래(트랜잭션, Transaction)의 처리가 가능

> **[응용 특징]**
> • 실시간 결제 시스템 분야에 응용되며 익명성을 극대화한 것이 특징
> • 익명성과 빠른 처리속도를 강점으로 온·오프라인 활용이 활발한 코인

04 암호화폐 모내르, 지캐시, 버지, 이오스, 에이다의 특징과 응용에 대하여 분석하라.

1. 모네로

모네로(Monero, 门罗币)는 개인정보보호와 익명성을 보장하는 프라이버시 코인 계열의 암호화폐이다. 모네로(Monero)라는 이름은 에스페란토어로 동전을 뜻하는 단어에서 유래되었다. 모네로의 화폐 단위는 XMR로 표시한다. 2014년 4월 모네로 코어 팀(Monero Core Team)이 C++ 언어로 개발했다. 핵심 개발자 겸 리더는 리카르도 스파그니(Riccardo Spagni)이다. 크립토나이트(CryptoNight) 해시 알고리즘 기반의 작업증명(PoW) 방식으로 채굴한다. 모네로의 시가 총액은 2018년 기준 20억 달러로서, 13위이다.

1) 개요

(1) 등장배경

① 비트코인이 갖는 프라이버시 문제를 해결하기 위한 프로젝트로 2012년 7월, 개발된 바이트코인(Bytecoin)에서 포크(Pork : 블록체인의 업그레이드를 말하며 기존 블록체인과의 호환 가능여부에 따라 소프트포크와 하드포크로 나뉨)되며 등장

② 익명성을 기반으로 한 크립토노트라는 프로토콜을 만들고, 그 프로토콜로 바이트코인이 만들어 진 후 이로부터 분화

(2) 특징

암호화폐 중에서도 익명성의 보장을 강화하였으며, 크립토 나이트(Crypto Night)라는 독자적 작업증명 기법을 사용하여 ASIC 저항성을 확보한다.

모네로는 '링 서명'(Ring Signature)과 '링 기밀 거래'(RingCT : Ring Confidential Transaction) 및 '스텔스 주소'(Stealth Address)를 사용하여 철저히 개인정보를 보호한다. 모든 거래의 송신자, 금액 및 수신자 역시 숨길 수 있다. 이러한 철저한 익명성은 비트코인이나 이더리움 등 다른 암호화폐와 다른 모네로만의 특징이다.

① 링 서명

모네로는 일회용 공개 대상(Destination) 키로 전송된다. 링 서명 메커니즘을 통해 발신인은 다른 그룹 멤버의 개인키들과 함께 해당하는 개인키를 사용할 수 있다. 따라서 공개 대상 키와 발신인 그룹에 속하는 구성원의 개인키를 결합한 여러 개의 트랜잭션 키들이 생긴다. 이 기능은 발신인을 익명으로 유지하는 데 도움이 된다. 다시 말해, 모네로는 공개 대상 키와 사용자들의 계정 키를 결합해 서명자의 링을 만듦으로써 발신자가 그 그룹의 구성원이라는 것을 알 수 있을 뿐, 구체적으로 누구인지까지는 정확하게 알 수 없게 만든다. 일단 거래가 시작되면 특정 그룹 안에서 키가 섞이게 되고, 거래내역을 확인하려면 그룹 내의 개인 키를 발급받아야 하는데 이는 불가능하다. 이 기술을 사용할 경우, 외부 사용자는 임의대로 서명을 특정 사용자에게 연결할 수 없다. 이렇듯 링 서명과 일회용 키 사용이라는 새로운 기술을 도입해, 모네로는 추적이 불가능한 익명 거래를 가능하게 만들었다.

② 스텔스 주소

스텔스 주소는 모네로의 고유한 개인정보 보호의 중요한 부분이다. 이 기능을 사용하면 보낸 사람이 받는 사람을 대신하여 모든 트랜잭션에 대해 임의의 일회용 주소를 만들 수 있다. 수신자는 하나의 주소만 게시할 수 있지만 수신되는 모든 지급액은 수신자의 게시 주소 또는 다른 거래 주소로 다시 연결할 수 없는 블록체인의 고유 주소로 이동한다. 스텔스 주소를 사용하면 보낸 사람과 받는 사람만 지불이 전송된 위치를 결정할 수 있다. 수신자가 단일 주소를 알려주면 수신한 거래는 별도의 고유 주소를 가지고 이동하게 되는데, 스텔스 주소를 사용하면 송신자 간의 주소가 연결되지 못해서 추적이 어려워진다. 이렇게 거래 금액뿐만 아니라 주소의 송신 및 수신도 기본적으로 난독화되어 모네로 블록체인의 트랜잭션은 특정 사용자 또는 실제 아이디(ID)에 연결될 수 없다.

③ 대체 가능성

대체 가능성은 "동일한 가치의 두 금액 간에 차이가 없다"는 돈의 단순한 속성이다. 두 사람이 각각 10을 주거나 또는 2를 5번 주는 것으로 해서 교환하면 아무도 손해를 보지 않는다. 하지만, 모든 사람이 그 10이 이전에 랜섬웨어 공격에 사용되었다는 것을 알고 있다고 가정해 보자. 다른 사람들이 여전히 그 10으로 거래를 할까? 아니다. 심지어 그 10을 갖고 있는 사람이 랜섬웨어와 더 이상 연결되어 있지 않더라도 거래하려 들지 않을 것이다. 이것이 문제가 되는 것은 돈을 받는 사람이 그 돈이 오염된 돈으로 끝나지 않기 위해 지속적으로 확인해야 하기 때문이다. 하지만 모네로는 금액 대체가 가능하며, 이는 사람들이 이러한 회피 노력을 할 필요가 없음을 의미한다. 모네로는 기본적으로 익명 상태이기 때문에 이전 거래에서 그들의 연관성 때문에 공급 업체나 교환에 의해 블랙리스트에 오르지 않는다.

2) 응용 현황

(1) 개발 동기

① 개인정보보호를 위한 사용자 익명성 강화를 위해 개발

② 크립토노트(CryptoNote) 프로토콜, 링 시그니처(ring signature)*, 일회성 주소(One-Time Keys, Stealth Adres : 거래할 때 송금자만 이용 가능하도록 발급되는 주소)와 링CT의 3가지 기술을 이용하여 익명성을 구현하는 것으로 기존 바이트코인의 기술을 차용. 단, 링CT(ringCT) 기술은 바이트 코인에 없던 새로운 익명 강화 기술로서 거래에 참여한 사람의 암호화 서명을 다른 서명으로 버퍼링해 익명으로 처리

④ 보안 취약점으로 상당수 거래의 거래 액수와 발신(송금) 주소가 추적 가능하게 되었으나, 수신주소는 여전히 추적이 어려운 상황

⑤ 거래할 때 송금자만 이용 가능한 일회성 주소가 발급되기 때문에, 코인을 받는 사람도 누가 보낸 건지 추적할 수 없게 된다. 모네로는 이렇게 거래자의 신원을 보호하는 한편, 링CT 기술로 거래액도 보안 될 수 있는 서비스를 제공하고 있다.

- Litecoin Dark Web Adoption Rises as Monero Privacy Flaw is Exposed(MAR 28, 2018)

(2) 응용주체 및 시기

2014년 4월 바이트코인(Byte coin)에서 포크된 후 대시와 마찬가지로 익명성 확보가 필요한 자금거래 이용자들에 의해 활용

(3) 응용분야 및 방법

① 거래내역을 파악할 수 없도록 하여 거래의 익명성을 보장하기 위한 분야에서 활용

---

* 링시그니처(ring signature) : 거래자의 결제키를 블록체인에서 접근 가능한 퍼블릭 키들과 섞어 잠재적 사용자들의 키를 링으로 만들어 보여주는 방법으로 외부자가 거래의 대상자를 특정할 수 없게 만든다.

되고 있음

② 이러한 특징 때문에 마약거래, 자금세탁 등 사이버 범죄자들의 자금거래 용도로 선호되는 것으로 알려져 있다.

③ 마이 모네로(My Monero)를 이용하여 별도의 설치 없이 웹에서 바로 모네로를 실행할 수 있고, 모네로를 설치할 경우 더 많은 서비스를 이용할 수 있음

> **[응용 특징]**
> • 실시간 결제 시스템 분야에 응용되며 대시와 마찬가지로 익명성 극대화가 특징
> • CPU 채굴이 가능하여 해커들의 부당한 채굴 시도가 잦은 코인

2. 지캐시(Zcash)

지캐시(Zcash) 또는 제트캐시는 익명성을 보장하는 프라이버시 코인 계열의 암호화폐이다. 지캐시의 화폐 단위는 ZEC이다. 2016년 주코 윌콕스(Zooko Wilcox)가 C++ 언어로 개발했다. 이퀴해시(Equihash) 알고리즘 기반의 작업증명(PoW) 방식으로 채굴한다. 지캐시는 다른 코인들처럼 재단법인이 아니라, 제로코인 회사(Zerocoin Electric Coin Company)가 관리하고 있다. 지캐시를 하드포크하여 지클래식(ZClassic)이 등장했다.

1) 개요

(1) 등장배경

① 2013년 존스 홉킨스 대학의 연구프로젝트로 제로 코인(Zerocoin)이 개발된 후, 개선을 통해 제로캐시(Zero Cash)로 발전하였고 창업주인 주코 윌콕스(Zoko Wilcox)에 의해 2016년에 지캐시(Zcash)가 유통

② 암호학 관련 스타트업 경험이 풍부한 주코 윌콕스와 암호학의 대가인 데이비드 차움(David chaum)이 공동으로 개발하였으며, JP모건과의 파트너십으로 큰 관심을 받았음

(2) 특징

① 영 지식 증명(Zero-Knowledge Prof)을 기술적으로 구현함으로써 익명성을 강화

② 지캐시는 거래내역을 공개블록체인에 기록하지만 거래시 보낸 사람, 받는 사람, 금액 등은 암호화

③ 이를 영지식 증명* 프로토콜인 zk-SNARKs(zero-knowledge sucinct non- interactive

---

* 영지식 증명(Zero-knowledge prof) : 비대화형 영지식 증명 프로토콜로서 정보를 공유하지는 못하지만 자신이 그것을 알고 있다는 것을 증명해야 할 때 활용. "A가 B에게 어떤 사항을 증명할 때, 그것이 참 혹은 거짓인지의 여부만 노출하고 그 외의 모든 것은 드러나지 않게끔 진행되는 형식의 암호화 방법

arguments of knowledge)로 유효성 검증하는 체계로 거래의 프라이버시를 보장

④ 작동 원리 : 지캐시는 암호 산업의 최신 기술 발전을 기반으로 암호 전문가 팀이 개발한 영지식 스나크(zk-SNARK)라는 제로 지식 증명구조를 사용한다. 이러한 구조를 통해 네트워크에서 사용자 및 거래금액을 공개하지 않고도 잔액 장부에 대한 보안을 유지할 수 있다. 지급 권한 및 거래액을 공개적으로 보여주는 대신 거래 메타데이터를 암호화하고 영지식 스나크(zk-SNARK)를 사용해 부정 행위 및 도용 행위가 없음을 증명한다. 모든 지캐시의 거래가 비공개로 처리되는 것은 아니다. 지캐시를 사용하면 비트코인처럼 공개적으로 거래할 수도 있다. 지캐시는 거래 내역을 공개하는 공개 계좌(transparent account)와 비공개 계좌(shield account)를 모두 지원하므로, 사용자는 지캐시 전송 시 공개 여부를 선택할 수 있다. 또한 공개 계좌와 비공개 계좌 간의 거래도 가능하다. 비공개 계좌에서 공개 계좌로 전송된 내역에서는 공개 계좌로 수신된 정보는 볼 수 있지만, 비공개 계좌의 정보는 확인이 불가능하다.

⑤ 영지식증명 : 지캐시는 영지식 암호화의 새로운 형태인 영지식 스나크(zk-SNARK)의 최초 응용 프로그램이다. 영지식 스나크는 영지식증명(zero-knowledge proof)으로 알려져 있다. 지캐시의 개인정보보호는, 블록체인에서 거래가 암호화되었음에도 불구하고 영지식 스나크 증명을 사용함으로 네트워크의 합의 규칙에 따라 거래가 유효하다는 사실에서 비롯된다. 영지식 스나크(zk-SNARK)는 zero-knowledge Succinct Non-interactive Argument of Knowledge의 약자로서, 송신자가 특정 정보의 소유권을 증명할 수 있는 구조를 나타낸다. 지캐시는 블록체인 내에 트랜잭션을 숨길 수 있기에 송신자와 수신자 외에는 그 누구도 해당 거래와 관련된 정보를 알 수 없다. 뿐만 아니라 송신자가 제공하는 정보 외에 수신자는 그 어떤 정보도 알 수 없다. 그러면서 해당 거래의 유효성을 확인할 수 있게 설계했다. 즉, 증명자(송신자)가 거래내역의 숫자에 대한 정보를 공개하지 않고서도, 검증자(수신자)에게 그 숫자가 실제로 존재할 뿐만 아니라 그 숫자를 알고 있다는 것을 확신시킬 수 있다. 다시 말해, 거래하는 두 당사자 간에 해당 정보가 무엇인지 밝히지 않고도, 어떤 특정한 정보를 가지고 있다는 것을 상대방에게 증명할 수 있다.

영지식증명을 쉽게 이해하기 위해 장 자크 키스케다는 '어린이들을 위한 영지식증명'이라는 논문에서 동굴의 비유를 들어 설명했다. 찰리는 증명자(prover)이고 스미스는 검증자(verifier)라고 가정하자. 찰리와 스미스 모두 비밀문이 있는 동굴 가까이에 왔다. 동굴은 원형이며 입구는 정면에 있고, 비밀문은 A쪽 경로와 B쪽 경로 사이를 막고 있다. 찰리는 스미스에게 비밀문의 암호를 알고 있다고 말했다. 하지만 찰리는 스미스나 다른 누구에게도 그 암호를 밝히고 싶지 않다. 이에 대해 스미스는 믿을 수 없다며 찰리에게 암호를 알고 있음을 증명하라고 한다.

동굴에는 두 개의 경로만 있다. 왼쪽에는 A가, 오른쪽에는 B가 있다. 찰리는 A와 B 중 어느 한 쪽을 선택해서 들어가고, 검증자인 스미스는 찰리의 경로 선택을 보는 것이 허락되지 않기 때문에 동굴 밖에서 기다린다. 몇 분 후 스미스가 동굴로 와서 A나 B 가운데 하나의 통로를 고른 후 그쪽으로 나오라고 찰리에게 외친다. 찰리는 그 말을 듣고 스미스가 고른 통로에 나타난다. 만약 찰리에게 비밀문의 암호가 있다면, 스미스가 어떤 통로를 고를지라도 찰리는 그 통로로 나올 수 있다. 그러나 찰리에게 비밀 문의 열쇠가 없다면 찰리는 처음 골랐던 통로로만 나올 수 있으므로, 스미스의 요구를 만족할 수 없다. 그래서 타당성을 시험하기 위해서 이 실험은 여러 번 수행된다. 매번 올바른 경로로 찰리가 나타난다면, 스미스는 찰리가 암호를 알고 있다는 것을 검증할 수 있다.

한편 비트코인에서 트랜잭션은 보낸 사람 주소, 받는 사람 주소 및 퍼블릭 블록체인의 입력 및 출력 값을 연결하여 유효성을 검사한다. 지캐시는 영지식 스나크(zk-SNARK)를 사용하여 주소 또는 값에 대한 중요한 정보를 공개하지 않고도 충족되었다는 것을 증명함으로 유효성을 검사한다.

2) 응용 현황

(1) 개발 동기

① 비트코인의 불완전한 익명성을 보완하고, 대시와 모네로의 단점으로 지적되던 투명성을 확보하고자 개발

② 대시(Dash)의 마스터 믹싱과 모네로(Monero)의 링 서명은 거래주체를 특정할 수 없게 하였지만 거래의 투명성도 보장할 수 없는 한계

(2) 응용주체 및 시기

① 2016년 6월, ZECC社(Zerocoin Electric Coin Company)에 의해 유통되었으며, 총 발행한도는 21,00,00 코인으로 한정

② 거래 자체는 공개 블록체인에 기록되지만, 송금자, 수신자 및 금액 등은 완벽히 보안되는 구조로 익명성 확보가 필요한 거래자에 선호

(3) 응용분야 및 방법

① 익명성이 확보되며, 추적이 불가능한 보안 전송 기반의 금융 거래에 활용

② 지캐시에서 적용된 영지식증명 프로토콜(zk-SNARKs)은 현재까지의 익명화 기술 중 앞선 것으로 평가받고 있으며, 다른 블록체인에도 적용될 예정

③ 뛰어난 익명성을 제공하며, 사용자가 익명 서비스의 사용 여부를 거래마다 선택 가능한 구조

④ 이더리움은 Metropolis 업그레이드를 통해 zk-SNARKs 프로토콜을 도입할 예

정이며, 또 다른 스마트 컨트랙트 플랫폼인 Tezos 또한 Zcash의 설립자 주코 윌콕스의 자문을 받아 관련 기술을 도입할 계획

⑤ 익명성과 투명성을 동시에 확보한 보안 전송 가능 화폐

[응용 특징] • 영지식증명을 구현한 프로토콜을 사용하여, 익명성과 투명성을 동시에 확보 • 영지식 증명 프로토콜(zk-SNARKs)은 다양한 블록체인에서도 활용될 것으로 전망

3. 버지

버지(Verge)는 완전한 익명성을 보장하는 프라이버시 코인 계열의 암호화폐이다. 버지코인이라고도 한다. 2014년 저스틴 수네록 발로(Justin Sunerok Valo)가 C 및 C++ 언어로 개발하여 2016년 2월에 출시했다. 버지의 화폐 단위는 XVG이다. 스크립트(Scrypt), X17, 그로스톨(Grøstl), 블레이크(blake2s), lyra2rev2 해시 알고리즘 기반의 작업증명(PoW) 방식으로 채굴한다. 총발행량은 165억 개로 현재 약 140억 개 정도가 유통되었다. 시가총액은 2018년 10월 기준 2억 1천 억 달러, 즉 2,310억 원으로 전체 암호시장에서 41위를 차지하고 있다.

1) 개요

(1) 등장배경

2014년 잭슨 팔머(Jackson Palmer)가 dogecoindark라는 이름으로 개발한 후, 2016년 verge라는 명칭을 변경하여 유통

(2) 특징

멀티 알고리즘을 사용하여 유저 개인정보보호에 중점을 두었으며, Doge코인 및 비트코인의 대중성과 대시(Dash) 코인의 익명성을 혼합

① RSK 스마트 계약 도입

RSK 스마트 계약((Rootstock Smart Contract)은 스마트 계약 기능을 버지코인에 접목한 사이드체인으로 즉각적인 결제를 위해 오프체인 프로토콜을 도입했다. 자체토큰이 없는 독립적인 블록체인이므로 버지코인과 같은 기존 플랫폼에 의존한다. 버지(Verge)코인은 RSK 스마트 계약을 추가하여 플랫폼 코인으로 거듭나려 한다. 모든 응용프로그램을 버지코인과 연동해 블록체인 기반의 애플리케이션으로 수익을 창출하고 개인정보보호 및 익명성을 강화한다. 또한, RSK는 확장이 가능하다는 이점을 가지고 있다. RSK는 현재 초당 400건의 거래를 달성하고 있으며, 이는 현재 통상적인 거래 속도인 초당 100건의 거래와 비교했을 때 뛰어난 성능을 발휘하는 것이다.

② 다양한 지갑 지원

버지는 최초로 두 가지의 지갑을 개발해 다른 익명성 코인과는 차별화했다. 그 중 하나는 TOR(The Onion Router Network)에서만 운영되며 다른 하나는 I2P(The invisible Internet Project)에서만 운영된다. 버지의 Tor, I2P는 모두 익명성을 전제로 구축되었으며 클리어넷을 통해 사용자의 정보에 접근할 수 있는 기능이 없다.

버지는 Tor+I2P 네트워크와 같은 다중 암호화 네트워크 기술을 활용하여 완전히 난독화된 IP 주소로 익명성을 추구하고 단일지분증명기술(SPV)을 통해 5초 이내에 거래를 확정하는 초고속 전송속도를 가진다. 비트코인의 백서에도 나와 있듯 이 기술은 전체 트랜잭션을 다운로드할 필요 없이 블록에 특정 트랜잭션이 포함되어 있는지를 확인하는 방법을 통해 트랜잭션을 증명할 수 있게 한다. 이는 비트코인의 지갑인 일렉트럼(Electrum)이 작동하는 방식과 같다.

③ 레이스 프로토콜

레이스 프로토콜(Wraith Protocol)은 버지코인이 다른 프라이버시 코인보다 앞서 나간다는 것을 증명한다. 완벽한 익명성이 보장되는 이유는 버지가 프라이버시 코인 중 유일하게 레이스 프로토콜 기술을 가지고 있기 때문이다. 레이스 프로토콜의 레이스(wraith)는 유령이란 사전적 의미를 가지고 있어 유령처럼 개인정보와 관련된 내용이 사라지도록 한 프로토콜이라는 의미를 가지고 있는 것으로 보인다. 레이스 프로토콜(wraith proto col)은 암호화원장과 일반원장의 공존이 가능하여 사용자가 On기능(개인원장)과 Off기능(공용원장)을 선택할 수 있는 기술이다. 따라서 최종적으로 사용하는 사용자에게 선택권, 유연성 및 확실한 보안을 보장한다. 레이스 프로토콜은 스텔스 어드레싱을 이용해서 송수신 주소 해독이 불가능한 블록체인 탐색기를 사용하여 거래를 공개할 수 없으며, 발신자와 수신자 모두의 IP주소를 완전히 모호화시켜 완벽한 익명성을 보장한다.

비트코인은 전 세계의 범죄조직이나 자금세탁으로도 많이 사용되고 있어 장부의 익명화가 필수 조건으로 여겨지고 있는데 버지코인이 이런 조건을 충족시켜 수요가 증가하고 가격 향상에 매우 기대되는 프라이버시 코인으로 인정받는다.

④ 멀티 알고리즘

버지는 멀티 알고리즘을 사용하여 다양한 채굴 장비를 보유한 사람들이 코인 채굴에 동등하게 접근할 수 있도록 설계되었다. 스크립트(Scrypt), X17, 그로스톨(Grøstl), 블레이크(Blake2s), lyra2rev2 5개의 멀티 알고리즘을 사용하여 다양한 마이닝풀에서 채굴을 진행하고 있다. 알고리즘과 마이닝풀이 다양해져서 노드의 협의 과정이 복잡해질수록 해킹은 더욱 어려워지기 때문에 한 곳에서 채굴하지 않고 분산화한 것은 보안을 유지하기 위한 중요한 요소이다. 멀티 알고리즘을 지원하여 보안성을 높일 뿐만 아니라 채굴자들에게 동등한 분배를 추구한다.

2) 응용 현황

(1) 개발 동기

① 개인정보보호 및 향상된 보안 제공이 가능한 코인 개발

② 트랜잭션을 추적할 수 없도록 사용자IP 주소를 난독화하는 익명 중심의 네트워크(Tor*, I2P**)를 사용하는 블랙홀 기술을 사용

③ 멀티 알고리즘 채굴 지원(Multi-algorithm mining support)을 활용하여 보안성을 향상시키고 채굴자에게 균등한 코인의 분배를 지원

(3) 응용주체 및 시기

2016년 2월, Dogecoin에 의해 유통되었으며, 총 165억 개의 코인이 발행되어 유통

(4) 응용분야 및 방법

① 버지 코인은 다양한 호환성을 갖춘 수많은 보안지갑을 제공함으로써 접근성과 편의성을 확보

② PC뿐만 아니라 모바일(iOS, Android)에서도 호환되는 익명성을 갖춘 지갑 제공

③ 그러나 2018년 4월, 해커가 블록 채굴 타임스탬프를 도용하여 불법 블록 채굴을 진행하는 대형 해킹 사건으로 신뢰성에 문제

[응용 특징]
- 실시간 결제 시스템 분야에 응용되며 익명성을 극대화한 것이 특징
- 해커에 의한 부당 채굴이 진행되어 현재 긴급 하드포크 등 수정 방안 강구중

4. 이오스(EOS)

이오스(EOS)는 위임지분증명(DPoS) 방식을 사용하는 제3세대 암호화폐이다. 중국어로는 요우즈비(柚子币, yuzǐb)라고 한다. 이오스의 화폐 단위는 EOS이다. 2017년 5월부터 미국 블록원(Block.one) 회사의 브렌든 블루머(Brendan Blumer) 대표이사(CEO)와 댄 라리머(Dan Larimer) 기술이사(CTO) 등이 이더리움 기반으로 개발했고, 2018년 6월 이더리움에서 벗어나 자체 메인넷을 오픈했다. 웹어셈블리(WebAssembly), 러스트

* Tor(The Onion Router) : 계층화된 회로 기반 네트워크에서 익명 통신을 가능케 해주는 IP 암호화 서비스로써 토르의 인기 있는 기능 중 하나는 클라이언트에게 익명성을 제공하는 것이지만 서버에도 비슷하게 이용할 수 있다. 토르 네트워크에 서버를 물리면 네트워크 경로를 알 수 없도록 만드는 게 그것인데 서버에서도 클라이언트와 마찬가지로 숨겨진 서비스를 이용하려면 토르 클라이언트도 필요하다.

** I2P(Invisible Internet Project) : 어플리케이션이 서로에게 가명으로 안전하게 메시지를 보낼 수 있게 해주는 다크넷이다. 익명 웹 서핑, 채팅, 블로깅과 파일 전송도 할 수 있다. 본래 위치를 공개하지 않고 서버를 관리할 수 있는 서비스를 제공하기 위해 제작 되었으며, 트래픽이 특정 경계선 안에서만 이동되도록 하는 '인터넷 안의 네트워크'를 구현하려고 했다는 점에서 Tor과 차이점이 있다.

(Rust), C, C++ 등 다양한 프로그래밍 언어를 사용하여 개발했다. 이오에스 또는 이오스아이오(EOS.IO)라고도 부른다.

1) 개요

(1) 등장배경

① Block.one이 이오스 소프트웨어(EOS.IO) 개발자금을 무상으로 기부받는 대신, 스마트 계약에 따라 배포한 이더리움 호환 토큰이다.

② 이오스 소프트웨어는 2016년 개발에 착수한 오픈소스 소프트웨어로서 블록체인 아키텍처 중 하나이다.

(2) 특징

이오스는 디앱의 수직적 및 수평적 확장을 지원하도록 설계된 새로운 블록체인 아키텍처를 도입했다. 이는 애플리케이션을 구축할 수 있는 운영체제 구조를 생성함으로써 가능하다. 이오스는 많은 CPU 코어 또는 클러스터에 걸친 앱 스케줄링 기능과 계정, 인증, 데이터베이스, 비동기 통신 기능을 제공한다. 이로 인해 이오스 블록체인은 궁극적으로 초당 수백만 트랜잭션으로 확장될 수 있고, 사용자 수수료를 없애며, 블록체인 환경에서 디앱을 쉽고 빠르게 배포하고 유지 및 관리할 수 있게 한다.

① 이더리움에 비해 매우 빠른 트랜잭션 처리가 가능한 DPOS*(Delegated Prof of Stake : 위임된 지분증명) 방식을 채택하였다.

② 사용자는 수수료를 지불하지 않고 개발자가 이오스를 지불하는 사용자 친화적 수수료 무료 정책을 실시하고 있다.

2) 응용 현황

(1) 개발 동기

① 이더리움 플랫폼과 경쟁하기 위해 개발되었으며, 이더리움 상에서 개발된 DAp은 이오스 플랫폼에서도 작동한다.

② 독점적 채굴 문제를 해소하기 위해 코인 홀더들의 투표를 통해 21명의 대표 노드들을 선정하고 균등하게 역할을 분배(DPOS 방식)한다.

---

* DPOS 방식

- PoS가 일정한 지분을 가진 모든 노드에게 블록 생성 권한을 주었던 반면, 비트쉐어에서 사용하는 DPoS에서는 네트워크를 구성하는 모든 노드들의 투표 결과에서의 상위 101 개의 노드에게만 권한을 부여하여 합의에 대한 권리를 위임한다.
- 투표에 의해 선출된 대표자들의 신뢰를 바탕으로 블록을 생성하기 때문에 합의에 걸리는 시간과 비용이 적게 소요되고, 단위 시간동안 생성되는 블록의 개수도 PoW 와 PoS에 비해 상대적으로 많다.

(2) 응용주체 및 시기

① ERC-20 스마트 계약에 의거해 '17년 6월 26일 13:0 UTC부터 '18년 6월 1일 2:59:59 UTC까지 기부자들에게 배포하였다.

② 이오스 SW는 마이크로소프트사의 브렛츨리, IBM사의 하이퍼렛저 패브릭, 텔레그램사의 톤 블록체인 등과 같은 블록체인 아키텍처의 일종이다.

③ 이오스는 2017년 6월 26일부터 2018년 6월 1일까지 약 360일 간 ICO를 진행중이며 이러한 긴 ICO를 통해 토큰을 커뮤니티에 분산 분배한다.

(3) 응용분야 및 방법

① 스마트 컨트랙트 등을 웹 브라우저 상에서 빠르게 실행할 수 있으며, 이더리움의 킬러 코인이라는 별명에 걸맞게 이더리움이 작동하는 모든 분야 대체 가능하다.

② 네트워크 참가자는 소유한 컴퓨터의 CPU 자원 등 하드웨어 자원을 서로 제공해 네트워크에서 마치 하나의 시스템의 일부인 것처럼 작동한다.

③ 거래에 사용료로 gas가 소진되는 이더리움과 달리 이오스 사용자는 거래 자체에 비용을 내는 것이 아니라 DAp 제공자가 보유해야 하는 구조이며, 토큰 홀더는 DApp 개발자에 토큰 임대가 가능하다.

[응용 특징]
- 스마트 컨트렉트 기반의 분산 플랫폼으로 이더리움과 경쟁
- 사용자 친화적 수수료 정책으로 인해 이용자의 잠재적 선호가 높을 것으로 추정

〈표 7-3〉 이오스 응용(ERC20 토큰)

토큰(Token)	응용 분야	토큰(Token)	응용 분야
IRYO Network	의료정보 플랫폼	Chaince	분산 거래소
EOS Cafe	카페 네트워크	MEET.ONE	자산관리
Carmel	교육 플랫폼	Everipedia	탈중앙화 백과사전
eosDAC	분산자율조직	Scatter	신원확인 및 지갑

자료 : coinmarketcap.com 및 각 사 웹사이트 참고 작성

5. 에이다

카르다노(Cardano)는 이더리움을 넘어선 차세대 블록체인 플랫폼을 위한 암호화폐이다. 중국어로는 카얼따누오(卡尔达诺, kǎ ěrd nu)라고 부른다. 블록체인 플랫폼인 카르다노 기반의 암호화폐를 에이다(ADA)라고 부른다. 중국어로는 에이다를 아이다비(艾达币, idb)라고 부른다. 즉, 카르다노는 블록체인 플랫폼이고, 에이다는 그 플랫폼

위에서 작동하는 암호화폐의 이름이다. 2015년 찰스 호스킨슨(Charles Hoskinson)과 제러미 우드(Jeremy Wood)가 홍콩에 설립한 IOHK 회사가 개발했다. 에이다 개발을 위해 하스켈(Haskell) 언어를 사용했다. 에이다는 채굴이 없이 우로보로스 지분증명(Ouroboros PoS) 방식으로 신규 코인이 발행된다. 에이다는 암호화폐 시가총액이 최상위권까지 가파르게 오른 메이저 알트코인으로서, 2018년 7월 기준으로 시가총액은 45억 달러, 약 4조 9천억원으로서 8위이다.

1) 개요

(1) 등장배경

① 카르다노(Cardano) 재단에서 관리하는 암호화폐 플랫폼으로 비트코인 핵심 개발진이자 전 이더리움재단 CEO였던 찰스 호킨스가 '15년 초부터 개발에 참여한 것으로 유명해졌다.

② 찰스 호킨스는 암호화 기술을 통해 평등한 세상을 만들겠다는 철학을 바탕으로 카르다노재단을 설립하고 모바일 가상화폐 플랫폼 카르다노(Cardano)와 가상화폐 에이다(ADA)를 개발하였다.

(2) 특징

2세대 블록체인이 기존의 비트코인에 기능을 더했다면, 에이다는 정해진 틀 안에서 변화를 인정하는 유연하고 효율적인 코인으로 소프트 포크를 통해 합의 등 프로토콜 변경 결정 가능하다.

IOHK 팀은 분산 시스템, 메커니즘 설계 및 암호화폐와 같은 분야를 결합함으로 가장 정밀하게 설계된 암호화폐를 만들어오고 있다.

카르다노는 우로보로스(Ouroboros)라는 획기적인 지분증명 프로토콜을 적용했고, 프로그래밍 언어 중 가장 난해하면서도 높은 안전성으로 평가받고 있는 함수형 언어인 하스켈(Haskel)로 구축된 암호화폐다.

에이다는 보안성은 물론이고 수십억 명의 인구가 사용할 수 있는 글로벌 인프라로서 안전성 및 확정성이 뛰어나다. 전반적으로 프로토콜의 설계는 규제기관의 요구를 고려하는 동시에 사용자의 개인정보보호 권리를 보장하는 방향으로 설계되었다. 이렇게 함으로써 카르다노는 요구 사항에 대해 효과적인 방식으로 균형을 맞추는 최초의 프로토콜로서 암호 에 대한 새로운 접근법을 개척했다.

① 화폐우로보로스 지분증명

카르다노는 우로보로스(Ouroboros)라는 새로운 지분증명(PoS) 알고리즘을 사용한다. 이 알고리즘은 카르다노 블록체인을 지원하는 인프라의 핵심 부분이자 블록체인 기술의 주요 혁신이라 할 수 있다. 우로보로스(ουροβόρος)는 고대 그리스 신화에서 자기 꼬리를 입에 물고 있는 큰 뱀으로서, 무한(∞) 또는 영원을 나타내는 상징적 동물이다. 에이다는 기존 지분증명(PoS) 방식의 문제점인 한 사람이 다수의 코인을 보유함으로써 발생할 수 있는 문제점을 극복하고자 한다. 우로보로스는 소수에 의한 지분 독점을 막기 위해 블록을 만드는 대표 선출 방법인 지분증명 방식에 랜덤성(randomness)을 추가했다. 이것은 자격요건을 충족한 대표가 무작위적으로 선정되어 블록을 검증・생성하는 방식이다.

우로보로스에는 에포크(Epochs)과 슬롯(Slot)이 있다. 에포크는 다수의 슬롯으로 구성되어 있으며, 각 슬롯별로 대표가 선정되는데, 각 슬롯마다 선정된 대표는 슬롯 내 최대 1개의 블록을 생성할 수 있다. 슬롯 대표의 자격을 얻으려면 에이다(ADA)를 정해진 기준 수량 이상으로 보유해야 한다. 지분 독점을 막기 위해 일정한 자격요건을 충족한 후보자들 가운데 임의로 대표자가 선정된다. 임의의 숫자 하나를 지정해 그 숫자에 지정된 후보가 대표자가 되는 것이다.[5] 즉, 우로보로스는 지분증명 방식의 장점을 유지하면서, 소수에 의한 지분 독점을 막기 위해 임의로 대표를 선출하는 방식을 사용하고 있다.

우로보로스는 해시 코드를 사용할 필요가 없기 때문에 채굴 기능을 제거했다. 블록체인 확장성에 장애물이 되고 에너지 소비가 많은 작업증명(PoW) 방식의 채굴 기능을 제거함으로써 더 많은 사용자들을 끌어들일 수 있다. IOHK 팀의 수석과학자이자 에딘버러 대학교 교수인 아겔로스 키아이아스(Aggelos Kiayias)가 설계한 우로보로스는 수학적으로 안전성이 입증된 최초의 지분증명 프로토콜이다. 우로보로스는 세계적인 암호학 컨퍼런스인《크립토 2017》(Crypto 2017)에서도 채택되어 학술적으로 그 안전성을 입증받은 블록체인 플랫폼이다.

우로보로스는 많은 프로토콜이 조합될 수 있도록 모듈화되고 유연하게 설계되어 있다. 우로보로스가 보여주는 보안 수준은 비트코인 블록체인의 보안 수준과도 견줄 만하다. 이러한 모듈 방식은 위임, 사이드체인, 구독 가능한 체크포인트, 경량 클라이언트를 위한 더 나은 구조, 다른 형태의 난수 생성, 심지어 다른 동기화에 대한 가정과 같은 것들을 가능하게 했다. 수천수백만 그리고 수십억 명의 사용자가 참여하는 거대한 네트워크로 확장되면, 프로토콜의 합의 알고리즘 역시 변화할 것이다. 그렇기 때문에 이러한 변화를 수용하고 암호화폐의 미래에 대비할 수 있는 충분한 유연성을 확보하는 것이 중요하다.

카르다노 플랫폼은 이미 견고하게 구성되어 있지만, 시대의 요구에 맞게 적응하고 발전시켜야 할 필요성을 인식하고 있다. 카르다노는 기능 개선이 필요한 경우 하드포크 없이 오직 소프트포크를 통해 업그레이드를 할 수 있는 시스템을 설계하였으며, 프로토콜의 지속가능성을 보장하는 재무 시스템도 갖추고 있다. 효율성과 확장성을 염두에 두고 설계된 에이다 에코 시스템은 지금까지 구축된 어떤 암호화폐보다 완전하고 유용한 암호화폐 프로젝트라고 할 수 있다.

② 레이어 분리

카르다노는 멀티 레이어 프로토콜이라는 고급 기능을 수행한다. 카르다노는 회계 레이어와 컴퓨팅 레이어를 분리하였으며, 그에 맞게 결제 레이어(CSL)와 컴퓨팅 레이어(CCL)를 가지고 있다.

- 결제 레이어(CSL : Cardano Settlement Layer) : 결제 레이어는 계정 단위를 가지고 트랜잭션 처리를 담당하는 회계 레이어라서 원장 거래를 지원한다.
- 컴퓨팅 레이어(CCL : Cardano Computing Layer) : 컴퓨팅 레이어는 스마트 계약을 실행하고 디앱을 관리한다. 컴퓨팅 레이어는 신원을 인식하고, 규정 준수를 지원하며 예를 들어 블랙리스트 작성을 허용하도록 프로그래밍되었다. 사이드체인은 CSL과 CCL간의 트랜잭션을 연결하는 데 사용된다.

  기존 레이어에서는 트랜잭션과 스마트 계약이 동시에 처리되어 트랜잭션 코드만 고치고 싶어도 결국 전체 레이어를 점검하거나 중지해야 하기 때문에 꽤 많은 시간과 에너지가 소모되었다. 하지만 CSL과 CCL을 분할하면 필요한 부분만 고치고 나머지 부분은 영향을 받지 않고 계속 실행될 수 있다.

  대부분의 암호화폐들은 하나의 전체로 이루어져 있기에 유지와 개선에 매우 취약한 반면, 카르다노는 각각의 기능을 모듈화함으로써 유지관리가 매우 효율적이다. 카르다노에서 사용되는 프로그램은 마치 부품처럼 각각을 떼어내 필요한 부분만 유지보수가 가능하도록 설계되어 있기 때문에 기술의 진보에 맞추어 새로운 기능을 추가하거나 확장성을 높이는 것이 훨씬 수월하다.

③ 다이달로스 지갑

다이달로스(Daedalus) 지갑은 에이다 암호화폐를 위한 안전한 멀티 플랫폼이자 계층적 결정형(Hierarchical Deterministic) 지갑이다. 다이달로스(Daedalus, 그리스어 : $\Delta\alpha\acute{\iota}\delta\alpha\lambda o\varsigma$)[9]는 그리스 신화에 나오는 뛰어난 장인(匠人)의 이름이다. 계층적 결정형 지갑 또는 HD 지갑(Hierarchical Deterministic Wallet)이란 하나의 마스터 시드키를 사용하여 무수히 많은 주소를 생성할 수 있는 지갑이다. 기존의 암호화폐 지갑은 필요할 때마다 매번 새로 생성해야 해서 매우 번거롭고 불편했지만, HD 지갑을 사용하면 하나의 마스터 키에서 다수의 지갑을 생성할 수 있어서 매우 편리하다.

다이달로스 지갑은 카르다노의 암호화폐인 에이다를 보유하고, 다른 지갑 주소로 전송할 수 있는 유일한 지갑이다. 에이다를 사용하려면 다이달로스 지갑을 다운로드해야 한다. 에이다 지갑은 아래와 같은 특징이 있다.

- 암호화된 개인키 및 비밀번호를 사용하여 멀웨어(Malware) 같은 보안 위협으로부터 지갑을 보호한다.
- 지갑은 종이 인증서로 내보낼 수 있어 자금을 콜드 스토리지(Cold Storage)에 넣을

수 있는 최대 보안 옵션을 제공한다.

- 에이다 상환은 다이달로스에 직접 내장되어 있으며 암호화 및 암호화되지 않은 상환 증명서를 지원한다.
- 구성 가능한 트랜잭션 보증 레벨 모니터링으로 트랜잭션이 되돌릴 수 없을 때 사용자가 확인할 수 있다.

④ 모바일 플랫폼

카르다노는 모바일에 최적화된 암호화폐 플랫폼으로 만들어졌다. 카르다노는 장기적인 관점에서 합리적이고 안전한 사용자 경험을 통해 모바일 기기에서 작동할 수 있도록 암호화폐를 설계했다. 기존 암호화폐 중에서도 웹과 모바일에서 모두 사용할 수 있는 플랫폼은 많지만 모바일 전용으로 특화시켜 탄생한 플랫폼이라는 점에서 카르다노는 특별하다. 우리 주위에는 점점 더 다양한 모바일 기기가 생겨나고 있고, 모바일 기기들의 성능이 컴퓨터 못지 않게 발달하고 있다. 카르다노 개발자 역시 모바일 기기에서 사용 환경이 중요하다고 생각하고, 그런 모바일 기반 시장에서 자체 생태계를 구축하기 위해 노력하고 있다.

카르다노 플랫폼에서 각각의 모바일 기기는 하나의 네트워크 노드가 되어서 로컬에 필요한 파일 서버나 데이터베이스를 저장할 수 있으며, 이를 통해 기존 IT 대기업들인 마이크로소프트, 애플, 구글 등에 의존하지 않고도 유통과 커뮤니티를 육성할 수 있는 기술을 제공할 수 있다. 또한 여느 블록체인 플랫폼이 그러하듯이, 카르다노 역시 블록체인상에서 파일 위변조에 대한 자동 검증이 이루어지며, 이 검증 프로세스는 독자적으로 커스터마이징이 불가능한 파이프라인에 의해 구축된다.

모든 암호화폐 사용자들이 가장 두려워하는 것이 해킹 피해이다. 이러한 문제에 대비하여 카르다노는 모바일 기기의 위치 정보를 SNS 계정과 연동함으로써 어떠한 외부 공격에도 방어가 가능한 안정성을 확보했다. 즉, 모바일 기기의 위치 정보를 페이스북이나 트위터와 같은 기존 SNS 계정과 연계시켜 얻은 공개키와 링크된 아이디(ID)를 블록체인에 항상 보관하여 그 보안성을 유지한다.

⑤ 세이자

2019년 4월 1일 카르다노 개발 및 투자 업체인 일본의 이머고(Emurgo)는 카르다노 기반의 블록체인 확산을 위해 세이자(Seiza)라는 블록체인 익스플로러(Blockchain Explorer)를 출시할 것이라고 밝혔다. 세이자는 일본어로 성좌(星座), 즉 '별자리'라는 뜻으로서, 영어로는 콘스텔레이션(Constellation)이라고 한다. 사용자들은 세이자를 사용해, 카르다노 블록체인 내에서 발생하는 다양한 트랜잭션을 모니터링하고 지갑 주소와 잔액을 확인할 수 있다

2) 응용 현황

(1) 개발 동기*

① 금융기관을 이용하지 않아 신용등급이 없는 사람들도 자유롭게 금융거래를 할 수 있는 환경을 만들고자 개발하였다.

② 하드 포크가 아닌 소프트 포크(시스템 변화 후에도 과거 시스템과 연속성을 갖는 작업방식)를 통해 새로운 기능을 도입하고 코인 보유자의 의사를 반영하기 용이하다.

③ 2세대 블록체인의 경우 공유할 거래내역의 세부 지정이 어려웠으나, 에이다는 '관심사항의 분리'라는 설계원칙을 채택해 필요한 정보만 공유할 수 있게 되어 비효율적인 트랜잭션 용량의 문제를 해결한다.

④ 모든 거래 참여자 중에서 투표시스템을 통해 블록 생산자를 선출하고, 득표수에 따라 선출된 블록생산자가 블록을 생산하여 효율성 향상('우로보로스(Ouroboros) 지분위임증명(DPOS : Delegated-Prof-of-State)' 방식)

(2) 응용주체 및 시기

① 2017년 10월, IOHK(Input Output Hong Kong)社에서 최초 발행하였으며, 총 발행량 450억 개 중 260억 개가 유통할 계획이다.

② 주로 일본 카지노 및 온라인 카지노에서 활용되며, 비트코인과 함께 일본 내에서 현금 인출기가 작동할 예정이다.

③ 모바일에서 최적화되어 있으며, 실질적인 송금, 환전이 시행할 예정이다.

(3) 응용분야 및 방법

① 금융 및 기타 다양한 분야에 응용 프로그램을 실행할 수 있는 플랫폼 상의 화폐로 활용한다.

② 이더리움 클래식을 넣은 '스마트 컨트랙트 넷'을 런칭할 계획으로 이더리움과 경쟁 구도를 형성할 전망이다.

③ 개발도상국 금융 시스템에 카르다노 플랫폼을 어떻게 적용할지 논의하기 위해 에티오피아 정부 관계자와 논의하고 있다.

④ 향후 카르다노와 엔터프라이즈 카르다노 프레임워크 상호 운용성을 개선해 기업, 대학, 정부가 같이 하는 생태계를 구성할 예정이다.

⑤ "먼저 생태계를 구축하고 2020년 정도에는 은행과 비슷한 거버넌스를 만들 것이라고 했다."(2018. 3. 13, 블록체인 지식 공유 컨퍼런스 '캠업'의 강연)

---

* ADA 개발 동기 : "많은 사람들이 금융 서비스 접근권이 없는데, 카르다노는 신원 관리자(Identification Manager)로서 소비자 상환 가능성을 평가하기 위해 필요한 신원 확인을 해줄 것이다." (2018. 3. 13, 블록체인 지식 공유 컨퍼런스 '캠 업'의 강연)

〈표 7-4〉 에이다 응용(DAp)

토큰(Token)	응용 분야
Traxia	미수금 회수

출처 : coinmarketcap.com 및 각 사 웹사이트 참고 작성

⑥ 일본 내에 비트코인처럼 현금 인출이 가능한 인출기가 작동 중이며, 카르다노 플랫폼을 활용 이더리움과 경쟁하는 플랫폼 성격이다.

⑦ 관련 DAp이 1개로 플랫폼으로써의 경쟁력은 생태계 확장 관점에서 미미한 것으로 확인된다.

[응용 특징]

- 결제, 송금 등 화폐와 플랫폼으로서의 기능이 동시에 존재
- 현재까지는 1개의 Dapp만 존재하므로 화폐의 기능이 보다 강한 것으로 확인

05 암호화폐 네오, 퀀텀, 아이오타, 트론, 뉴 이코노미 무브먼트, 온톨로지, 바이텀의 특징과 응용에 대하여 분석하라.

1. 네오

네오(NEO, 小蚁币)는 중국 최초의 블록체인 기반 암호화폐이다. '중국의 이더리움'이라고 불린다. 중국어로는 샤오이비(小蚁币, 작은개미화, Xiao Yi Bi, xiǎo yǐ b)라고 부른다. 2014년 중국의 다홍페이(Da Hongfei)가 기존 비트코인과 이더리움의 장점을 결합하여 C# 언어로 네오를 개발했다. 네오는 SHA-256과 RIPEMD160 해시 알고리즘 기반으로 한 위임 프랙티컬 비잔틴 장애 허용(dPBFT : delegated Practical Byzantine Fault Tolerance) 방식의 합의 알고리즘을 따른다. 네오 개발팀은 중국 상하이에 있고, 직원은 약 30명이다.

1) 개요

(1) 등장배경

① 2015년 10월 중국기업 온 체인의 CEO인 Dao Hongfei가 발행하였으며, 2016년 8월 ICO를 진행했다.

② 중국 최초의 가상화폐로 유일하게 중국정부의 규정을 준수하며, 이더리움 대항마로 부상하고 있다.

(2) 특징

JAVA, 파이썬, C#과 같은 주류 프로그래밍 언어를 사용하고, 안전한 블록체인 플랫폼 구현을 위해 DBFT*(Delegated Byzantine Fault Tolorance)라는 독특한 합의 방식을 사용한다.

① 스마트 경제

네오는 자산을 디지털화하기 위해 블록체인 기술과 디지털 아이디(ID)를 사용하고, 디지털 자산을 자체 관리하는 데 스마트 계약을 사용함으로 분산 네트워크를 통해 "스마트 경제"를 실현한다. 다시 말해, 실물 자산을 디지털 자산화하고, 해당 디지털 자산의 소유권을 블록체인 위에 올려 디지털 자산을 마치 실물처럼 교환할 수 있게 하는 것이다. 이러한 디지털 자산들은 스마트 계약를 통해 사고팔 수 있다. 그리고 이런 소유권은 블록체인 네트워크를 통해 투명성과 안정성이 보장된다.

- 디지털 자산 : 디지털 자산은 전자 데이터 형태로 존재하는, 프로그램 작동이 가능한 자산이다. 블록체인 기술을 통해 디지털화된 자산은 분산화되고, 신뢰할 수 있으며, 추적 가능하고, 투명하며, 중개자로부터 자유로워질 수 있다. 네오 블록체인에서 사용자는 여러 유형의 자산을 등록·교환 및 배포할 수 있다. 디지털 아이디(digital identity)를 통해 디지털 자산과 물리적 자산 간의 연결을 증명할 수도 있다. 검증된 디지털 아이디를 통해 등록된 자산은 법률에 의해 보호된다.
- 디지털 아이디 : 네오의 디지털 아이디 시스템은 PKI X.509 표준을 기반으로 한다. 디지털 아이디는 전자적 형태로 존재하는 개인과 조직 및 기타 실체의 신원 정보를 말한다. 오늘날 디지털 신원 검증 시스템은 PKI X.509를 국제적 표준으로 정하고 있다. 네오는 이러한 PKI X.509 국제 표준에 맞추어 디지털 신원을 발급하고 이 정보를 블록체인으로 보호하는 것을 목적으로 하고 있다. 네오는 PKI X.509와 호환되는 디지털 아이디 표준을 구현할 것이다. 이를 통해 인증서 발급 외에도 웹 신뢰(Web of Trust) 지점 간(point-to-point) 인증서 발급도 지원할 것이다.
- 스마트 계약 : 네오 컨트랙트(NEO contract)라는 스마트 계약 시스템은 기존 개발자 생태계를 원활하게 통합하는 중요한 기능이다. 개발자는 새로운 프로그래밍 언어를 배울 필요가 없다. 네오(NEO)는 자바(Java)와 파이썬(Python), 마이크로소프트의 닷넷(.NET) 등 다양한 프로그래밍 언어를 지원하기 때문에, 개발자들은 평소 자신이 사용하던 개발 언어를 그대로 사용할 수 있다. 하지만 스마트 계약 개발, 디버깅 및 컴파일을 위해 친숙한 통합개발환경(IDE)인 비주얼 스튜디오(Visual Studio)와 이클립스(Eclipse) 등에서 C#, 자바(Java) 및 기타 주류 프로그래

* DBFT : 기존 블록체인 참여자의 51% 합의방식이 아닌, 네오 참여자들이 투표를 통해 일반 블록체인 사용자와 노드를 운영하는 북 키퍼를 선출하고, 북 키퍼의 6% 이상이 검증에 동의 할 때 새로운 블록이 생성되는 방식이다.

밍 언어를 사용할 수 있다. 네오의 범용 경량 가상머신(Universal Lightweight Virtual Machine)인 NeoVM은 높은 확실성, 높은 동시성 및 높은 확장성을 제공한다. 이를 통해 네오 플랫폼에서 서로 다른 여러 작업들이 중첩되어 진행될 수 있다. 네오 컨트랙트라는 스마트 계약 시스템은 전 세계 수백만 개발자들이 신속하게 스마트 계약 개발을 수행할 수 있도록 돕는다.

② 거버넌스

네오는 질서있는 블록체인 유지를 위해 2개의 운영 방식을 채택했다.

- 온체인 거버넌스 : 네오 코인 보유자는 네오에서 생성된 가스(Gas)를 사용하여 네트워크에서 투표를 하고 네트워크를 운영하는 네트워크 소유자 및 관리자이다.
- 오프체인 거버넌스 : 네오위원회는 네오 프로젝트의 창립 멤버들로 구성되어 있다. 관리위원회는 전략적 의사 결정, 기술위원회는 기술적 의사 결정, 사무국은 구체적인 구현을 담당한다. 네오위원회는 네오 커뮤니티의 활성화와 네오 생태계의 발전에 대한 책임이 있다.

③ 합의 알고리즘

네오가 사용하는 위임 프랙티컬 비잔틴 장애 허용(dPBFT; delegated Practical Byzantine Fault Tolerance) 합의 알고리즘은 네오 코인 소유자들로부터 위임을 받은 대리인들이 투표를 통해 합의에 대규모로 참여할 수 있게 하는 메커니즘이다. 간략히 위임 비잔틴 장애 허용(DBFT; Delegated Byzantine Fault Tolerance)라고도 한다. 노드를 운영하는 북키퍼(Book Keeper)의 60% 이상이 동의할 경우에만 합의가 이루어지는 방식이다. 이를 위해 먼저 네오 코인 사용자들은 투표를 통해서 대표자인 북키퍼를 선출한다. 위임 프랙티컬 비잔틴 장애 허용(dPBFT) 방식을 통해 선출된 북키퍼들은 블록을 검증할 때마다 랜덤으로 그 중에서 다시 블록 생성자(BP)들이 결정되고, 이 중 3분의 2 이상의 북키퍼들이 검증에 동의하여 합의가 이루어지면, 새로운 블록이 생성된다.

위임 비잔틴 장애 허용(DBFT) 방식을 통해 네오는 높은 효율성과 빠른 속도라는 장점을 취할 수 있다. 투표는 특정한 시간에만 이루어지는 것이 아니라, 실시간으로 계속 진행된다. 위임 비잔틴 장애 허용(DBFT) 알고리즘에서는 새로운 블록을 생성하는 데 약 15~20초 정도가 소요되며, 트랜잭션 처리량은 1초에 최대 1,000건까지 가능하다. 적절한 최적화를 통해 앞으로 네오는 10,000 TPS에 도달할 수 있을 것으로 예상하고 있으며, 이를 기반으로 대규모 상업용 디앱을 지원하려고 한다.

위임 비잔틴 장애 허용(DBFT) 알고리즘은 디지털 아이디 기술과 결합되어 있기 때문에 북키퍼는 개인 또는 기관의 실명으로 활동이 가능하다. 따라서 사법적 결정으로 인한 동결, 취소, 상속, 회수 및 소유권 이전이 가능하다. 이것은 네오 네트워크에서 컴플라이언스 금융 자산의 등록을 용이하게 한다. 즉, 네오는 디지털 아이디 등 법 규제를 준수하게끔 만드는 컴플라이언스 솔루션을 갖추고 있어, 실물 자산을 블록체인에 등록하고 거래하기 적합하다.

④ 네오가스

네오가스(NEO gas)는 각각의 새로운 블록과 함께 생성된다. 네오가스 또는 간략히 가스(Gas)는 네오 네트워크 리소스 통제를 실현하기 위한 연료 토큰으로서, 최대 발행량은 1억 개이다. 매년 약 200만 개의 블록이 생성되고, 초기에는 블록당 8개 가스가 생성된다. 매년 200만 블록이 지나갈 때마다 동시에 블록당 1개의 가스가 감소한다. 이러한 감소 추세는 블록당 1개의 가스가 남을 때까지 계속될 것이며, 약 22년 동안 이 비율로 유지될 것이다. 4,400만개의 블록 생성 이후, 여기에서 생성된 총 가스는 1억 개에 달할 것이며, 이 시점부터는 새로운 블록에서 더 이상 가스가 생성되지 않을 것이다.

네오 네트워크는 스마트 계약의 운영 및 저장 비용을 가스로 부과함으로써 북키퍼를 위한 경제적 인센티브를 창출하고 자원 남용을 방지한다. 이 외에도 가스는 1,000개의 네오 코인을 네오(NEO) 전용 지갑에 보유만 하고 있어도, 하루에 0.5개의 가스가 이자로 생성되기 때문에, 새로운 이윤을 추구할 수 있다. 네오 가스는 네오(NEO)를 거래할 때 수수료로도 쓰이며, 네오(NEO) 코인으로도 변경이 가능하다.

⑤ 발행량

네오 코인은 총 1억개의 코인을 발행했는데, 그 절반 정도는 크라우드펀딩을 통해 배부가 되었고, 나머지 절반은 네오위원회에서 관리하고 있다. 아직 유통되지 않은 4,000만 개의 네오 코인은 세계 블록체인 시장 개발 및 네오 프로젝트의 장기적인 운영과 생태계를 지원하는 데 사용할 예정이다.

2) 응용 현황

(1) 개발 동기

① 2008년 9월 리먼 사태 이후 미국 및 영국 등 정부와 중앙은행이 취한일련의 의사결정에 대한 불신이 동기인 것으로 추정

② 리먼사태 당시 금융기관 등의 구제를 위해 공적자금이 투입됨에 따라 납세자가 금융위기에 따른 손실분을 간접 분담

③ 추정 사유는 비트코인의 첫 번째 블록 여백에는 영국이 공적자금 투입을 통해 은행 재정을 원조하는 타임스 기사 내용이 포함

(2) 활용 구조

① 독립적인 스마트 컨트랙트 기술인 '네오컨트랙트'를 기반으로 스마트자산 플랫폼을 운영하며, 이더리움처럼 네오 버츄얼 머신(VM) 위에서 실행됨

② 네오 블록체인에서 북키퍼 선출 투표권을 갖는 코인인 네오(NEO)와, 스마트 컨트랙트나 거래 등 네트워크 작동을 위해 사용하는 코인인 가스(GAS)로 구성
③ 네오를 전용지갑에 보관하면 암호화폐 가스를 이자처럼 지급하는 시스템이며, 하드포크가 불가능

(3) 응용분야 및 방법
① 네오 블록체인상 디지털 ID를 보유한 사람들이 등록된 디지털 자산을 스마트 컨트렉트를 통해 거래하는 스마트 이코노미 구현
② 알리바바, MS 등과 협력, 유저 커뮤니티가 매우 활발
③ 양자 컴퓨터에 대응하기 위해 NeoQS(Quantum Safe)라는 격자구조의 암호를 통해 양자 컴퓨터에 대응할 수 있는 알고리즘을 갖춤

[응용 특징]
- 분산 블록체인 플랫폼으로 다양한 언어를 지원하여 손쉽게 스마트 컨트렉트 작성이 가능하므로 이더리움와 동일 시장에서 경쟁
- 계약, 금융뿐 아니라 광고, 인증, 마케팅 및 복권에 이르는 다양한 분야에서 활용

〈표 7-4〉 네오 응용 (DAps)

토큰(Token)	응용 분야	토큰(Token)	응용 분야
NEX	금융거래	Neo Raffle	추첨
Monlight	인력 및 분석 프로젝트 관리 플랫폼	NepSwap	자산 거래
Red Pulse	중국 기업 및 경제의 시장이벤트 예측	Smart Promise	스마트약속 전자저널
AdEx	광고	Sunny dApp	날씨 보상
NeoAuth	인증	NEO Name Service	분산도메인 이름서비스
Zeepin	자산 유통	THEKEY	신원확인
Qlink	분산모바일네트워크	蓝鲸淘	자산관리
Neo Smart IoT	사물인터넷	TRINITY	결제 및 개인정보보호
Imusify	음악관련 디지털 콘텐츠 플랫폼	CONCIERGE	여행
Chain Line	택배 플랫폼	ORBIS	모바일 매쉬 네트워킹 플랫폼
Phantasma	콘텐츠 제어 플랫폼	Narrative	콘텐츠
NeoTrade	네오 스마트거래	Aphelion	분산 교환 자산원장
Turing Complete Smart Contract	스마트거래	Bridge Protocol	ICO 표준

토큰(Token)	응용 분야	토큰(Token)	응용 분야
Krypton	스마트거래	Effect.AI	인공지능
Switcheo	스마트 자산거래	Thor Token	긱 이코노미
TripShares	여행	Senno	AI 기반 정서분석
BlockSaver	계약 저장	Alphacat	로봇어드바이져
Lucky NEO	추첨	FTW	복권
Neo Fund	클라우드 펀딩	Gagapay.network	마케팅

※ 출처 : coinmarketcap.com 및 각 사 웹사이트 참고 작성

2. 퀀텀

큐텀(QTUM) 또는 퀀텀(Quantum)은 중국의 이더리움으로 불리는 암호화폐이다. 중국어로는 리앙즈리앤(量子链, 양자련, 량자련, liàng zǐ liàn)이라고 부른다. 큐텀의 창시자는 패트릭 다이(Patrick Dai)이다. 큐텀은 비트코인과 이더리움의 장점을 결합한 하이브리드 분산형 블록체인 플랫폼이다. 큐텀은 비트코인의 최대 약점인 느린 처리 속도를 보완하여 빠른 전송 속도를 보장하고, 이더리움의 스마트 계약 기능까지 추가하여 다양한 디앱(DApp) 적용이 가능한 플랫폼이다. 큐텀은 지분증명(PoS) 합의 알고리즘을 사용하며, 스마트 계약 가치 전송 프로토콜에 기반해 있으며, 세계 최초로 암호화폐 인공위성을 발사하여 큰 관심을 받기도 했다. 큐텀의 화폐 단위는 QTUM이다. 큐텀재단은 싱가포르에 있다. 큐텀의 시가총액은 2018년 9월 기준으로 3억 5000천만 달러, 약 3,900억 원으로 27위이다.

1) 개요

(1) 등장배경

① 2016년 싱가포르에서 패트릭 다이(Patrick Dai)가 퀀텀재단을 설립하면서 오픈소스 블록체인 프로젝트가 시작

② 비트코인과 이더리움을 결합한 하이브리드 블록체인 플랫폼

(2) 특징

비트코인의 결제시스템(UTXO : Unspent Transaction Output)과 이더리움의 버추얼머신(EVM : Ethereum Virtual Machine)을 연결하여 이더리움 플랫폼처럼 산업별 특성에 맞춘 블록체인 운영 가능하다.

큐텀은 비트코인의 안정적인 블록체인 위에 이더리움의 스마트 계약을 연결하는 다리 역할을 한다. 이것은 큐텀(QTUM)이 비트코인의 블록체인 위에 스마트 계약을 가능케 하는 이더리움 가상머신(EVM : Ethereum Virtual Machine) 버전을 실행한다는 것을 의미한다.

① AAL

큐텀의 주요 목표 중 하나는 최초로 지분증명의 UTXO에 기반한 스마트 계약 시스템을 구축하는 것이다. 문제는 비트코인과 이더리움이 데이터를 저장하는 방식이 근본적으로 달라서 비호환적이라는 것이다. 이 문제 해결을 위한 큐텀의 핵심 기술을 AAL(Account Abstraction Layer)이라고 한다.

AAL은 비트코인의 결제 시스템인 UTXO과 이더리움 가상머신(EVM)을 결합하여 만들었다. 이더리움 블록체인 원장은 은행과 마찬가지로 계좌 잔고를 사용한다. 그러나 비트코인 원장은 '미사용 트랜잭션 출력'(UTXO)으로 금액 표시를 한다. 큐텀 팀에 따르면, UTXO를 사용하면 트랜잭션의 유효성을 검사하는 것이 더 쉽고 동시에 여러 트랜잭션을 처리할 수 있어 안전하고 확장 가능하다. 그래서 큐텀은 비트코인 UTXO 기반 계정 모델로 설계되었고, AAL을 통해 이더리움 가상머신 사양을 지원하는 스마트 계약을 시행한다. AAL은 UTXO 계정을 이더리움 가상머신 계약 계정에 적용하고, UTXO 트랜잭션 출력을 사용하여 체인에서 스마트 계약을 생성하고, 거래를 계약 계정으로 보내 계약 실행을 작동시킨다.

AAL 덕분에 계약 개발자는 계약 작업과 관련된 UTXO 변환 세부 사항을 신경 쓸 필요가 없으며, 이더리움 가상머신 기능을 사용하여 기존의 이더리움 스마트 계약을 개발하고 호환을 할 수 있다.

② UTXO

큐텀은 비트코인의 결제 시스템인 UTXO를 사용한다. UTXO는 Unspent Transaction Outputs의 약자로서 미사용 트랜잭션 출력값을 말한다. 비트코인은 이더리움의 '계좌 잔고 모델'(Account Balance Model)과 달리 계정이나 잔고가 없고, 블록체인에 기록된 "소비되지 않은 출력값"을 통해 거래의 유효성을 검사하여 코인의 존재 여부를 확인한다. 비트코인은 누군가로부터 받은 금액을 UTXO로 저장한다. 예를 들어, A와 B로부터 각각 1비트코인과 3비트코인을 받아 총 4비트코인을 갖게 되었으면, 지갑에는 4비트코인이 한꺼번에 묶여 있지 않고 1비트코인, 3비트코인을 각각 UTXO로 저장한다. 다시 UTXO 안에 있는 금액을 송금할 때는 새로운 UTXO을 생성하기 때문에 기존 UTXO는 파기한다. 예를 들어, 4비트코인이 있는 UTXO에서 2비트코인을 타인에게 송금하면 2비트코인을 송금한 UTXO와 남겨진 2비트코인에 대한 UTXO가 새로 생성된다.

③ 이더리움 가상머신(EVM)

- 이더리움의 한계 : 현재 스마트 계약 솔루션을 선도하고 있는 이더리움은 작업증명(PoW) 유효성 확인을 위해 많은 비용을 사용하고 있다. 또, 이더리움과 제휴를 맺은 솔리디티의 스마트 계약이 공식 검증을 위한 도구 상태 문제로 인해 해킹되었다.

이로 인해 약 5천만 달러의 손실이 발생해서 결국 이더리움은 두 개의 버전으로 하드포크되어, 이더리움과 이더리움 클래식으로 분리되었다. 이렇듯 앞으로도 이더리움은 하드포크가 여러 번 있을 것으로 예상된다. 결국 이더리움의 스마트 계약은 작업증명 트랜잭션 검증 때문에 확장성이 저하되고, 해킹 문제 때문에 안정성과 실용성도 저하되고 있다.

이외에도 많은 이유로 이더리움의 광범위한 채택이 제한될 수밖에 없다. 예를 들어 조직간 정보 물류를 자동화할 수 있는 능력 부재, 거래 검증을 위한 지분증명의 더 나은 블록체인을 위한 가상머신 결여, 공식적으로 확인 가능한 스마트 계약 언어 부재, 간단한 결제 검증의 스마트 계약을 위한 모바일 장치 솔루션(SPV)의 결여 때문이다.

- 이더리움 문제 해결 : 큐텀은 비트코인과 이더리움 생태계와 호환되며 이더리움 가상머신(EVM)과 호환성을 갖춘 다양한 비트코인을 생성하는 것을 목표로 하고 있다. 이더리움과는 달리 지속적으로 역호환도 가능하다. 원래 비트코인과 이더리움은 결제를 처리하는 방식이 달라 호환이 어려운데, 큐텀은 이를 해결해 하이브리드를 만드는 데에 성공한 것이다. 큐텀은 이더리움의 작업증명 방식의 문제점을 해결한 지분증명 합의 알고리즘을 제공하는 첫번째 블록체인이다.

  현재 큐텀은 이더리움 가상머신(EVM)을 사용하여 부족한 부분을 처리하고 있지만, 이더리움 가상머신은 다음과 같은 결함을 가지고 있다. 이전에 경험한 잘못된 예외 및 종속성에 대한 공격, 예를 들면 거래 주문, 타임스탬프 등이 있다. 그러므로 큐텀은 산업의 확장성을 위해 사이드체인 및 간격 트랜잭션 출력, UTXO(미사용 출력값), 비트코인 또는 컬러드코인(colored coin)과 같은 다른 블록체인 시스템과의 호환성, 또한 비트코인 라이트닝 네트워크의 기능을 통한 양방향 마이크로 페이먼트 채널, 안정적인 역호환 가능한 스마트 계약 시스템을 통해 지불확인기술(SPV)을 지원하는 모바일 지갑과 함께 조직간 정보-물류 통합 자동화를 확보하려고 한다.

  이를 통해 큐텀은 비트코인과 이더리움에 비해 훨씬 높은 차원의 안전성과 확장성을 제공하는 서비스로 이름을 알리고 있다. 이런 점은 큐텀이 다양한 시장에 적용될 수 있는 빠르고 유연한 블록체인이 되는 기반이 된다. 큐텀의 궁극적인 목표는 비즈니스 친화적인 블록체인을 추구하고, 퍼블릭 블록체인으로서 금융업, 제조업, 모바일 텔레콤 등을 비롯한 여러 시장에 진출하는 것이다. 뿐만 아니라 큐텀은 모바일을 지원하고, 방대한 양의 사물인터넷(IoT)에 접속할 수 있게 도와준다. 이처럼 큐텀은 다양한 분야와 기관이 블록체인과 쉽게 연계될 수 있도록 돕고, 내부의 토큰을 생성해서 공급망의 관리를 자동화하는 역할을 하고 있다.

2) 응용 현황

(1) 개발 동기

① 비트코인과 이더리움 각각의 장점을 결합함으로써 안정성과 확장성을 확보한 블록체인 플랫폼을 개발

② 이더리움의 Acount 모델이 아닌 비트코인의 UTXO 모델을 채택함으로써 거래를 검증하는 과정이 더 간편하고 안정적

③ 이더리움 플랫폼에서처럼 스마트 컨트랙트가 사용되며, 기업들은 고유의 토큰을 만들 수 있어 산업별 특성에 맞춘 블록체인 운영 가능

(2) 응용주체 및 시기

2017년 3월에 이더리움 기반으로 ICO를 진행한 뒤 '17년 10월 이더리움 플랫폼에서 독립해 자체 플랫폼(메인넷)을 발족

(3) 응용분야 및 방법

① 비즈니스 친화적인 블록체인을 추구하여 퍼블릭 블록체인으로서 금융업, 제조업, 모바일 분야를 비롯한 여러 시장에서 진출을 목표

② DApp을 모바일 기기에서 실행할 수 있으며, 현존하는 이더리움 컨트랙트와 비트코인 게이트웨이 모두에서 호환이 가능

③ 에너지 거래, 헬스케어, 인공위성 및 예측시장 관련 DAp 등 다양한 응용 분야로 확장 중

〈표 7-5〉 퀀텀 응용

토큰(Token)	응용 분야	토큰(Token)	응용 분야
Energo	재생에너지 거래	bodhi	예측시장
Medibloc	헬스케어	Vevue	비디오콘텐츠
매치풀	채용시장	Qbao	퀀텀 모바일애플리케이션
잉크체인	지식상권	Wirelink	주문형IT시스템
빗클레이브	광고	Cfun	공동창작지원(IP, 지적재산권 관련)
스페이스체인	인공위성	StormX	게임화된 프리랜서 시장
할랄체인	할랄 식품 검증플랫폼	Robin8	검색엔진 플랫폼

출처 : coinmarketcap.com 및 각 사 웹사이트 참고 작성

3. 아이오타

사물인터넷의 암호화폐는 뉴클리어스비전 · 린피니티 · 아이오타(IOTA) · 아이오티체인 · 에스디체인 · 에이치닥 · 월튼체인 등이 있다.

아이오타(IOTA, 埃欧塔) 또는 이오타는 Internet of Things Application의 약자로서, 사물인터넷(IoT) 시대의 M2M 애플리케이션을 위한 암호화폐이다.

M2M(엠투엠)이란 Machine to Machine의 약자로서, 사물인터넷(IoT) 기술을 이용하여 기계와 기계가 서로 연결되어 상호작용을 하는 것을 말한다. 아이오타는 블록체인이 아닌 탱글(Tangle) 알고리즘 기반으로 개발되었다.

아이오타에는 블록도 없고 체인도 없으며, 탱글 알고리즘을 이용하여 다음 거래자가 이전 거래자 2명의 거래내역을 검증하고 승인하는 방식으로 작동한다. 아이오타 프로젝트는 2015년 독일에서 시작되었고, 2017년 독일 정부로부터 아이오타 재단에 대해 승인을 얻었다. 아이오타의 공동 창시자는 데이비드 손스테보(David Sønstebø), 도미닉 시너(Dominik Schiener), 세르게이 이반체글로(Sergey Ivancheglo), 세르게이 포포프(Serguei Popov)이다.

1) 개요

(1) 등장배경

① 소액결제가 어렵고 거래마다 높은 수수료를 지불하는 비트코인이 IoT 환경에서 부적합함을 인식하고 새로운 접근방법을 활용하여 개발

② 블록체인 기술이 아닌 DAG(Directed Acyclic Graph), 즉 탱글*이라고 부르는 기술 방식을 사용하여 IoT 환경 하의 거래에 활용

(2) 특징

새로운 기술 방식의 분산화 지갑인 탱글을 사용하여 수수료가 없는 결제를 목표로 보안 및 속도의 혁신을 확보한 시스템이다.

아이오타는 사무실과 가정에 있는 각종 전자기기들과 통신을 통해 다양한 활동을 할 수 있는 사물인터넷(IoT, Internet of Things)에 적합한 암호화폐 플랫폼이다. 아이오타는 아이오티(IoT)에 적합한 암호화폐라서 아이오티 코인(IOT coin)이라고 부르면 더 쉽게 기억할 수 있을 것이다. 아이오타(IOTA)는 기존의 블록체인 기술을 사용하지 않고, DAG의 일종인 탱글 알고리즘을 사용함으로써, 거래 수수료가 없고 빠른 트랜잭션과 확장성을 보장한다.

① 사물인터넷 코인

다양한 전자기기들 간의 통신 및 네트워크는 새로운 머신 이코노미(Machine Economy) 경제를 창출하고 있으며, 이러한 기술은 4차 산업혁명의 핵심 기술로 떠오

* 탱글(tangle) : 단방향 비순환 그래프(DAG) 구조로 생성된 거래 1개가 다른 곳에서 이루어진 2건의 거래를 컨펌하며 더 많은 거래가 일어날수록, 거래 속도가 빨라지는 형태의 시스템

르고 있다.

- 사물인터넷 코인 : 아이오타는 사물인터넷(IoT)을 위한 암호화폐 플랫폼이다. 사물인터넷이란 모든 사물이 인터넷으로 연결되는 것을 말한다. 스마트폰, 가전제품, 헬스케어, 자율 주행 자동차, 스마트홈, 스마트팩토리, 스마트팜 등에 사용되는 다양한 스마트 기기를 인터넷으로 연결하여 정보를 통합 관리할 수 있다.
- 소액 결제(Micro-Payments) : 사물인터넷의 특징상 소액 결제가 매우 빈번하다. 사물들 스스로 전기에 대한 요금을 납부하거나, 모바일 데이터를 사는 등의 다양한 M2M 소액 결제가 발생한다. 아이오타는 소량의 데이터로 여러 번의 트랜잭션을 처리하는데 최적화된 암호화폐 플랫폼이다.

② 탱글 알고리즘

탱글(Tangle)이란 새로 발생한 거래가 이전에 발생한 2개의 거래를 확인해 주는 방식으로 작동하는 알고리즘이다. 기존 블록체인 알고리즘과 달리, 탱글에는 블록도 없고 체인도 없다.

- DAG 기반 : 탱글은 방향성 비순환 그래프인 대그(DAG : Directed Acyclic Graph)를 기반으로 하는 완전히 새로운 알고리즘으로서, 기존 블록체인과 많은 차이가 있다. 탱글에서는 네트워크 참여가 트랜잭션을 발생시키는 동시에 이전 트랜잭션을 확인하는 검증자가 된다. 새로운 거래를 하기 위해서는 반드시 이전에 진행되었던 2개의 거래내역을 확인하고 검증을 진행해야 한다. 전체 트랜잭션 개수가 늘어날수록 네트워크 참여자 및 검증자들이 증가하면서, 시스템의 안전성과 확장성이 더욱 커진다.
- 작동 원리 : 탱글에서 트랜잭션을 처리하는 과정은 다음과 같다.

  첫째, 하나의 노드는 알고리즘에 따라 승인할 두 개의 트랜잭션을 선택한다. 이 때 두 개의 트랜잭션은 우연히 같은 것일 수도 있다. 이처럼 아직 승인되지 않은 두 개의 거래를 고르는 것을 팁 선택(Tip Selection)이라고 한다. 팁 선택을 위해 마르코프 체인 몬테 카를로(MCMC : Markov Chain Monte Carlo) 알고리즘을 사용한다. 둘째, 두 개의 트랜잭션이 충돌하지 않는지를 검사하며, 충돌하는 트랜잭션은 승인하지 않는다.

  셋째, 트랜잭션이 유효하려면, 노드는 반드시 암호화되어 있는 퍼즐을 풀어야 한다. 이는 비트코인 등 작업증명(PoW) 합의 알고리즘에서 사용하고 있는 채굴과 유사하다.
- 충돌 문제 : 일반적으로 네트워크는 비동기적(Asynchronous)이고, 따라서 노드는 반드시 동일한 트랜잭션의 세트를 보지 못할 수도 있다. 탱글은 충돌하는 트랜잭션을 포함할 수도 있다. 노드는 어떠한 유효한 트랜잭션이 원장(Ledger)에 적혀야 하는지 만장일치로 결정할 필요가 없다. 충돌하는 트랜잭션이 있는 경우에, 어떤 트랜잭션이 고아(Orphan) 상태가 될지를 결정해야 한다. 두 개의 충돌하는 트랜잭션에

대해서 노드가 사용하는 주된 규칙은 다음과 같다. 노드는 팁 선택 알고리즘을 여러 번 사용하며, 두 개 중 어떤 트랜잭션이 좀 더 간접적으로 선택된 팁에 의해서 승인되는지를 검사한다. 예를 들어, 만약 100번 이상의 팁 선택 알고리즘을 수행한 이후, 트랜잭션이 97번 선택되었다고 하면, 97퍼센트의 신뢰도로 확정(Confirmation)되었다고 말할 수 있다.

- 수수료 무료 : 탱글은 비트코인, 이더리움 등에서 문제가 되었던 거래 수수료와 트랜잭션 속도 저하 문제를 해결하고자 하는 새로운 시스템이다. 탱글은 채굴 기능이 없이 네트워크 참여자들이 이전 트랜잭션을 검증하게 함으로써, 거래 수수료를 없애고 트랜잭션 속도를 증가시킨다. 이러한 트랜잭션들이 네트워크 내에서 늘어나게 되면 보안이 더 강화되는 특징을 지닌다. 탱글은 데이터 전송 수수료가 없기 때문에 기기들 간의 송금 결제를 수수료 없이 완벽하게 처리할 수 있다. 또한, 참여자 하나당 2개의 검증이 발생되어, 참여자가 많아질수록 보안성과 확장성이 높아지는 구조로서, 사물인터넷을 통한 머신 이코노미에 적합한 기술이다.
- 플래시 네트워크(Flash Network) : 아이오타(IOTA)는 비트코인의 확장성 문제를 해결하기 위해 나온 대안들 중 하나인 라이트닝 네트워크(Lightning Network)와 유사한 플래시 네트워크 기능을 가지고 있다. 라이트닝 네트워크는 모든 거래를 블록체인에 올리지 않고, 특정 주소의 채널 상에서 먼저 거래를 마친 참여자들의 트랜잭션을 블록체인에 저장 생성하는 방식으로 속도를 개선한 플랫폼이다. 플래시 네트워크는 라이트닝 네트워크의 오프 채널 또는 사이드체인(Sidechain)과 마찬가지로, 탱글에 트랜잭션을 직접 올릴 필요 없이 별도의 플래시 채널에서 트랜잭션 승인을 얻음으로 인하여 빠른 거래가 이루어질 수 있게 한다.

③ 스냅샷

- 스냅샷(Snapshot) : 아이오타는 스냅샷 기능을 이용해 영(0, zero)이 아닌 잔액을 모두 저장하고 0의 값을 가지는 모든 주소를 삭제한다. 이것은 엉킴이 다시 확장할 수 있는 새로운 시작으로 작용한다. 스냅샷을 수행하는 이유는 네트워크를 가볍게 유지하고 저장된 상태의 크기를 줄이는 것이다. 이러한 스냅샷은 전체 노드에 대한 저장공간에 대한 이점을 제공하는데, 전체 노드의 기록을 저장할 필요가 없기 때문이다. 스냅샷은 블록체인 네트워크의 최종 블록과 매우 유사한데, 차이점은 분산된 채굴 네트워크 대신 코디네이터(Coordinator)라는 특수한 중앙 노드를 통해 처리된다는 점이다. 몇 명의 개인으로 구성된 중앙집권 조직인 아이오타 재단은 이 스냅샷에 대한 책임이 있으며, 이 스냅샷을 처리할 수 있다.[10][11]
- 라이트 클라이언트(Light Client) : 아이오타는 라이트 클라이언트에서 전체 탱글 네트워크와 상호작용하는 기능을 가지고 있다. 라이트 클라이언트를 전자지갑이라 부르기도

한다. 아이오타 사용자는 탱글에 접속하지 않으면 팁 선택이 불가능하다. 따라서 사물인터넷 장치 및 최종 사용자 전자지갑 소프트웨어와 같은 라이트 클라이언트가 전체 노드와 상호작용하여 팁 선택 및 알고리즘을 실행하면, 특정 노드에 저장된 탱글 부분에만 접속할 수 있다. 장기적으로 아이오타는 스냅샷을 넘어, 탱글 전체 기록을 저장하고 있는 전체 노드에 인센티브를 제공하는 것을 목표로 하고 있다.

④ 개인정보보호

- 믹서(Mixer) : 아이오타는 믹서 개념을 적용하여, 거래 참여자들의 개인정보를 보호한다. 비트코인 등 블록체인 기반의 분산원장을 사용할 경우, 네트워크에 참여한 사람이라면 누구나 장부 내용을 볼 수 있다. 하지만, 금융 관련 정보들은 매우 민감할 수 있으며 거래의 익명성을 보장해야 할 필요가 있다. 물론 비트코인에서 거래내역을 보더라도 지갑 주소만 알 수 있기 때문에 누가 누구에게 보냈는지는 알기가 어렵다. 하지만 거래가 발생한 일시, 액수, 지갑주소 등이 고스란히 드러나게 된다. 결국 비트코인 등 기존 블록체인 시스템에서는 개인정보를 보호할 수 없다. 이러한 문제를 해결하기 위하여 아이오타는 비공개 거래를 지원한다. 아이오타가 채택한 믹서(mixer) 기능은 양자 간의 거래를 제3자를 통해 뒤섞어 버리는 기술이다. 다시 말하면, 두 당사자 간의 거래를 제3자를 통해 섞어서, 실제 거래 당사자가 누구인지를 알 수 없게 만드는 기술이다. 물론 거래 당사자가 아닌 제3자를 신뢰할 수 있는지의 문제가 있기는 하지만, 여러 개의 트랜잭션을 모아 자동으로 섞을 수 있는 믹서 기술을 사용함으로써, 거래 당사자의 익명성을 보장할 수 있다.
- 맘 : 아이오타는 맘(MAM : Masked Authenticated Messages)을 사용하여 각종 사물인터넷 센서에서 수집한 데이터 스트림을 암호화해 전송할 수 있다. 마치 특정 주파수를 가진 사람들만이 청취할 수 있는 무전기나 라디오처럼, 허가된 사용자만 별도로 암호화된 데이터를 볼 수 있다. 아이오타는 맘 기술을 사용하여, 채널 아이디(ID)로 허용된 사람들만이 데이터에 접근할 수 있게 한다.

⑤ 아이오타 큐빅

아이오타는 큐빅(Qubic)을 통해 이더리움 같은 플랫폼 기능을 제공할 수 있다. 큐빅은 쿼럼 기반 컴퓨팅(Quorum-based Computation)의 약자인 QBC에서 생겨난 단어이다. 즉, 큐빅이란 쿼럼(Quorum)을 기반으로 하는 계산을 뜻한다. 쿼럼은 블록체인 시스템에서 합의를 이루기 위한 최소한의 투표수를 나타낸다. 즉, 쿼럼은 블록 생성을 검증받기 위해 필요한 노드들의 승인과 같다. 큐빅은 쿼럼을 기반으로 하는 아이오타의 프로토콜이다. 아이오타 큐빅은 스마트 계약, 오라클 머신, 컴퓨터 연산 아웃소싱으로 구성된다. 아이오타는 큐빅을 통해 단순 M2M 코인을 벗어나서, 스마트 계약 등을 수행할 수 있는 플랫폼 암호화폐로 발전할 수 있게 되었다. 이것은 마치 영화 아이언맨에서, 단순 철 갑옷에 불과한 아이언맨에 다양한 기능들이 탑재되어 최강의 머신이 되는 것과 같은 것이다.

- 스마트 계약(Smart Contract) : 사물간의 단순 거래에만 활용되던 아이오타가 스마트 계약 기능을 추가함으로써 플랫폼의 역할도 동시에 수행할 수 있게 되었다. 아이오타 기반으로 새로운 토큰 발행이 가능하게 되었고, 수수료가 전혀 들지 않고 높은 확장성을 가진 장점을 그대로 가지는 아이오타 플랫폼이 된 것이다. 이더리움이 해결할 수 있는 여러 가지 문제를 아이오타의 큐빅이 해결할 수 있는 환경을 조성하였다. 아이오타의 합의 알고리즘은 자원증명(PoR : Proof of Resources)인데, 다른 합의 알고리즘과도 함께 사용될 수 있는 에코 시스템의 개념을 가진다. 아이오타 탱글 네트워크에 컴퓨팅 파워와 저장 공간 등을 제공하는 노드들은 이에 대한 보상으로 아이오타 코인을 받을 수 있다.
- 오라클 머신(Oracle Machines) : 아이오타는 사물인터넷의 핵심 기술이 되기 위해 오라클 머신을 활용한다. 사물인터넷 기기에 부착된 작은 센서가 외부의 데이터를 수집할 수 있는데, 오라클 머신을 활용하면 그 데이터를 아이오타의 탱글에 옮길 수 있다. 즉, 아이오타는 오라클 머신을 활용함으로써 실생활에서 발생하는 다양한 데이터들에 접근할 수 있게 되며, 자신들만의 탱글을 벗어날 수 있다. 이를 통해 아이오타는 다른 블록체인들과도 통신할 수 있다. 아이오타는 탱글 알고리즘을 이용하여, 처리 속도가 빠르고 수수료가 없는 장점을 이용하여 다른 암호화폐와의 교환을 돕는 아토믹스왑(Atomic Swap) 기능을 제공할 수 있다.
- 컴퓨터 연산 아웃소싱(Outsourced-Computations) : 외부의 분산된 여러 개의 컴퓨터를 통해 일을 처리하는 것을 말한다. 아이오타의 스마트 계약은 여러 개의 컴퓨터를 통해 검증되는 방식이며, 남는 컴퓨팅 자원을 모아 수많은 연산 작업이 필요로 하는 사람에게 빌려줄 수도 있다. 이는 아이오타가 목표로 하는 사물인터넷에 활용이 될 경우, 자원의 낭비를 막으며 수많은 작은 기기들이 모여 다양한 활동을 할 수 있게 만들 수 있다. 아이오타의 컴퓨터 연산 아웃소싱 기능은 디피니티, 시아코인, 골렘, 파일코인, 스토리지코인, 소늠, 유토큰 등이 구현하고자 하는 분산 클라우드 컴퓨팅 기능과 유사하다.

2) 응용 현황

(1) 개발 동기

① 다양한 펌웨어와 IoT 기기에서의 사용을 염두에 두고, 소액결제 및 IoT 기기 간 정보 전달의 완전성 확보를 목적으로 개발

② 블록체인이 존재하지 않는 접근 방식을 활용하여 IoT 환경에 적합한 수수료 무료 시스템 구축

(2) 응용주체 및 시기

① 2015년 10월, 독일 기반의 비영리 단체인 IOTA 재단에서 발행하였으며, 다양한 기업과 IoT 환경에 활용하기 위해 조율

② 폭스바겐 및 독일 최대 전력공사 Inogy와 함께 응용 프로젝트를 수행하는 등 MoU를 포함한 다양한 파트너십 호재

③ Oslo2rome : 유럽 전역을 운전할 때 차문을 열 필요 없이 기계들끼리 정보를 주고받으며 충전소에서 자동으로 충전과 결제가 가능한 전기차 충전 인프라 확산에 활용을 고려

④ Carpass : 자동차 이력관리데이터를 저장 및 이용하여 중고차 구매시 데이터를 기반으로 신뢰할 수 있는 거래에 활용을 고려

⑤ 타이페이 : 스마트도시 프로젝트 등에 결합하여 정보 및 돈을 송금하는 네트워크를 구성하기 위해 MOU 체결

(3) 응용분야 및 방법

① IoT를 위한 새로운 거래 결제 및 데이터 전송 계층으로, 특히 소액 결제 거래, 즉 마이크로 페이먼트 분야 응용이 핵심

② 블록없는 아키텍쳐와 사람의 개입 없는 기기 간 정보, 결제 거래의 완성을 위해 새로운 분산원장인 탱글을 활용

③ 전송수수료가 무료이므로 기계 간 송금결제를 정확히 처리할 수 있으며, 네트워크 참여자가 많아질수록 보안성과 확장성이 증가하여 IoT를 촉진

④ 주차 및 톨게이트 비용 등 소액 결제 및 데이터 전송 시장 등 IoT 연관 시장에 확장성이 높음. 단, IOTA는 거래 제출에 수수료가 없지만 트랜잭션 확인 등에 계산 리소스를 활용해야 함

[응용 특징]
- 탱글 방식을 활용한 IoT 환경에 적합한 마이크로 페이먼트 구현 용도의 코인
- 전송수수료가 없는 시스템 확보

4. 트론

콘텐츠 토큰의 암호화폐는 드림캐쳐토큰 · 디튜브 · 모스트코인 · 뮤지카 · 미스릴 · 스노우닥 · 스노우메이커스 · 스타시아 · 스타체인 · 스토리체인 · 스팀 · 스페로 · 식스 · 심토큰 · 쎄타 · 아소비 · 에듀해시 · 에브리피디아 · 에토스 · 엘비알와이크레딧(LBRY) · 엠피코인(MP코인) · 오뎀 · 콘텐츠프로토콜토큰(CPT) · 퀴즈톡 · 타타투 · 톡 · 튜다 · 트론 · 팝체인 등이 있다.

트론(Tron, 波場币, 파장)은 콘텐츠 거래를 위한 암호화폐이다. 중국의 저스틴 선(Justin Sun, 쑨위천, 孫宇晨, 손우신)이 개발했다. 트론의 화폐 단위는 TRX이다.

1) 개요

(1) 주요내용

① 중국기업 '90허우'의 CEO 쑨위천(저스틴 선)에 의해 개발되었으며, 2017년 12월 29일 트론 프로토콜 오픈소스가 최초 공개

② 싱가포르 회계법인 ACRA에 의해 설립된 비영리단체 트론재단의 지원을 받아 분산 콘텐츠 엔터테인먼트 프로토콜을 목표로 개발

③ 쑨위천은 〈포브스〉가 선정한 '2017 중국 및 아시아를 움직이는 30대 이하 30인'에 뽑혔으며, 알리바바 기업의 마윈 회장의 제자로 알려짐

(2) 특징

이더리움 플랫폼에서 기능하며, 콘텐츠 제작자가 콘텐츠를 저장 및 배포하고 자산으로 등록하여 분산 콘텐츠 엔터테인먼트 생태계를 구축

① 콘텐츠

네트워크상에 블록체인 기술과 트론의 프로토콜로 분산된 콘텐츠 엔터테인먼트 생태계를 구축함으로써 사용자들은 자유롭게 자신의 콘텐츠를 제작하여 블록체인에 게시하고, 저장 및 소유할 수 있다. 이렇게 저장된 콘텐츠들은 트론의 플랫폼에 의해 전 세계적으로 배포되어 수익이 창출될 수 있도록 돕는다. 사용자들은 트론 코인으로 인터넷 라이브쇼, 소셜 네트워크, 온라인・모바일 게임 등 엔터테인먼트 콘텐츠를 구입하고 배포하는데 사용할 수 있다. 트론의 과제 중 하나는 "콘텐츠를 어디에서 보여줄 것이냐"는 점인데, 이는 저스틴 선이 설립한 페이워(陪我, Peiwo) 앱과 호환을 통해 해결했다.

트론은 2018년 초 중국에서 가장 큰 오디오 콘텐츠 커뮤니티인 페이워 앱과 결합했다. 페이워 앱의 핵심 사용자 층은 16세에서 25세 사이의 젊은이들이며, 그들은 중국의 주요 도시인 베이징, 상하이, 광저우 그리고 선전뿐만 아니라, 북미, 서유럽, 일본, 한국, 호주 그리고 전 세계 곳곳의 지역에 거주하고 있다. 오디오 라이브 방송 콘텐츠를 바탕으로 페이워 앱은 젊은 세대에게 얼굴을 드러내지 않고도 자기 자신을 표현할 수 있게 할 뿐만 아니라, 이용자가 플랫폼 상의 암호화폐 시스템을 통해 자아를 실현할 수 있는 기회를 제공하기도 한다. 일반적인 인터넷 방송과 달리 화면이 아닌 목소리만으로 진행되는 페이워의 특성에 따라, 이용자가 부담없이 콘텐츠를 이용할 수 있고, 트론을 통해 보상을 받는 시스템으로 이익 창출이 가능하다는 것이 저스틴 선의 주장이다.

② 플랫폼

트론 블록체인 플랫폼의 특징은 아래와 같다.

- 분권화 : 제3자나 중개자가 없고, 모든 노드는 동일한 권리와 의무를 가지며, 모든 노드가 작동을 멈추어도 전반적인 시스템 운영에 영향을 미치지 않는다.
- 신뢰성 : 트론은 믿을 수 있는 환경을 제공하므로, 시스템의 각 노드는 상대방에 대한 신뢰 없이도 거래를 진행할 수 있다. 데이터베이스와 전체 시스템의 운영이 개방적이고 투명하기 때문에 노드는 서로를 속일 수 없다.
- 일관성 : 노드 간의 데이터 정보는 일관성이 있다.
- 확장성 : 트론 블록체인은 사이드체인을 통해 확장될 수 있다. 통화 거래, 법적 구속력이 있는 계약 및 인증서뿐만 아니라 오디오 및 비디오 파일을 블록체인 데이터베이스에 저장할 수 있다.
- 비잔틴 장애 허용(BFT) : 트론 시스템은 전체 노드 중 3분의 1 이하의 비잔틴 장애를 허용할 수 있다.

③ 합의 알고리즘

블록체인이 정상적으로 구동하기 위해서는 새로운 블록을 만들어 체인에 연결해야 한다. 이때 "누가 새로운 블록을 만드느냐"라는 문제 해결을 위한 알고리즘을 합의 알고리즘이라고 g한다. 트론은 위임지분증명(DPoS) 방식으로 블록을 생성한다.

원래 트론은 이더리움 기반의 ERC-20 토큰을 사용했기 때문에 지분증명(PoS) 알고리즘을 목표로 했으나, 메인넷을 오픈하면서 위임지분증명(DPoS) 방식을 채택하게 되었다. 위임지분증명 방식의 경우, 작업증명(PoW) 방식과 같이 모든 노드가 서로 경쟁해 블록을 생성하는 대신, 선택받은 소수의 특정 노드가 마치 이오스(EOS)의 블록 생성자(BP)처럼 거래 내용을 검증하여 블록을 생성한다.

트론(TRX)의 경우, 이오스의 BP와 동일한 역할을 하는 블록 생성자들을 슈퍼 대표자(SR : Super Representative)라고 부른다. 트론을 소유한 사용자는 누구라도 슈퍼 대표자가 될 수 있다. 먼저 슈퍼 대표자 후보자는 트론 커뮤니티의 투표를 통해 선출된 100명 중에서 선택된다. 선거는 24시간마다 개최되는데, 모든 트론 소유자가 24시간마다 투표로 선출한 27명이 슈퍼 대표자가 된다.

2018년 6월 말 100만 명이 넘는 트론 생태계 참여자들의 투표로 총 27명의 슈퍼 대표자(SR)가 선출되었다. 슈퍼 대표자에게는 블록 생성에 대한 보상으로 1개 블록 생성마다 32트론(TRX)이 지급된다. 한국에서 트론 슈퍼 대표자(SR)로 선발되었던 트론코리아(Tron Korea)는 중국 커뮤니티와 한국 트론 이용자들의 소통 창구 역할을 하는 등 적극적 역할을 하고 있다. 트론코리아는 슈퍼 대표자 권한을 위임받았기 때문에 단순히 블록을 생성하고 토큰 보상을 받는 것 이상으로 큰 책임감을 가지고, 트론 생태계의 발전을 위해 커뮤니티를 관리하는 데 중요한 역할을 하고 있다.

④ 트론 가상머신

트론은 2018년 7월 30일 트론 가상머신(TVM : Tron Virtual Machine) 베타 버전을 론칭해 한 달 간 테스트를 거쳐 8월 30일 메인넷에 트론 가상머신을 성공적으로 구축했다. 트론 가상머신은 트론의 생태계 발전을 위해 설계된 경량의 튜링완전 가상머신이다. 트론 가상머신은 수백만 명의 글로벌 개발자들에게 효율적이고, 개발자 친화적이며, 최적화하기 쉽고, 안정적인 블록체인 맞춤형 시스템을 제공하는 것을 목표로 한다.

트론 가상머신은 개발자들이 트론 기반의 디앱(DApp)을 만드는데 필요한 도구이다. 트론 가상머신은 개발자에게 트론 네트워크에서 스마트 계약을 실행하는 디앱을 생성하는 데 사용하는 샌드박스를 제공한다. 게다가 트론 가상머신은 이더리움보다 더 빠른 속도와 더 낮은 수수료를 제공하면서도 이더리움과 완벽하게 호환된다. 개발자는 리믹스(Remix), 트러플(Truffle), Web3.js 및 브라우저 지갑 플러그인을 비롯한 주요 개발 도구를 사용하여 트론 네트워크에서 디앱을 쉽게 개발할 수 있다.

트론은 고유의 가상 메모리 메커니즘을 설계해 실제 사용된 메모리 양을 크게 줄이고, 개발자에게 거의 무제한 메모리 용량을 제공함으로써 디앱 운영 비용을 크게 절감할 수 있다. 컴파일러 최적화를 통해 코드를 더 높은 효율성으로, 더 빠르게 실행할 수 있으므로 리소스를 덜 사용할 수 있다. 그리고 명령어 세트를 최적화함으로써 사용자는 스마트 계약에서 투표, 동결, 거래 및 기타 기능을 쉽게 수행할 수 있다. 뿐만 아니라 트론 가상머신은 메모리, CPU 등의 베이스 개념을 차단하여 사용성을 최대로 높이면서, 디앱 개발에 필요한 학습 비용은 대폭 낮추었다. 이렇듯 트론은 생태계 확장의 새로운 단계로 진입하기 위해 효율적이고 간편하면서도 안전한 블록체인 전용 시스템을 개발했다.

⑤ 토큰

- TRC-10 Token : 트론 네트워크에서, 각 계정은 1024 TRX의 비용으로 토큰을 발행할 수 있다. 토큰을 발행하려면 발행자는 토큰명, 총자본금, 환율순환, 기간, 설명, 웹 사이트, 계정당 최대 대역폭 소비량, 총계 대역폭 사용량 및 고정 토큰의 양 을TRX로 지정해야 한다. 또한 각 토큰 발급도 각 계정의 최대 일일 토큰 전송 대역폭 포인트, 전체 네트워크의 최대 일일 수, 토큰 전송 대역폭 포인트, 총 토큰 공급량, 잠금 기간(일) 등 구성할 수 있다.
- TRC-20 Token : TRC-20은 스마트 계약에서 지원되는 토큰을 구현하는 데 사용되는 기술 표준이다. TRON 가상 시스템. ERC-20과 완전히 호환된다. 개발자의 관점에서 보면, TRC-10과 TRC-20 사이에는 몇 가지 차이점이 있다. 몇개의 주요 차이점 중 하나는 TRC-10 토큰이 API와 스마트 계약에 의해 액세스 가능하다는 것이다.

TRC-20 토큰은 인터페이스 사용자 지정을 허용하지만 스마트 계약 내에서만 액세스할 수 있다. 비용 측면에서는 TRC-10 토큰의 거래 수수료가 TRC-20 토큰보다 1000배 이상 저렴하다. 그러나 API 전송과 예금을 위한 대역폭 비용은 가지고 있다. TRC-10 토큰을 위한 스마트 계약의 전송과 예치금은 대역폭과 에너지 비용을 모두 부담한다.

2) 응용 현황

(1) 개발 동기

블록체인과 스토리지 기술을 이용해 글로벌 분산 콘텐츠 엔터테인먼트생태계 구축

(2) 활용방법

① 콘텐츠 저장 및 이에 기반한 엔터테인먼트 응용 산업에 활용 가능
② 이더리움 블록체인 기반으로 공식 토큰 트로닉스(Tronix)를 보유하여 TP(Tron Power를 획득하면 사용자는 분권화된 인터넷에서 데이터의 기본 소유권 확보
③ 트론 생태계 확산에 기여한 개인은 규칙에 따라 비례 이익을 얻을 수 있고, 모든 형태의 기여는 동일한 양적 가치를 지니며, 보상은 콘텐츠 제작자에게 제공
④ 통제되지 않은 상태에서 자유롭게 콘텐츠를 업로드하여 저장하고 배포 가능하며 이를 통해 디지털 자산을 확보하고 경제적 생태계를 구성
⑤ 개인이 ICO 형태로 디지털 자산을 자유롭게 배포할 수 있으며, 해당 자산을 구매한 개인은 자산 제공자의 지속적인 업데이트로 더 나은 혜택 향유

(3) 응용분야

① 트론 시스템에 등록된 콘텐츠를 자유롭게 교환할 수 있는 분산화된 거래 플랫폼을 구축하여 4.0세대 인터넷을 지향
② PoS 시스템 기반이며 콘텐츠를 무료로 즐길 수 있음
③ 탈중앙화된 분산 저장 기술을 활용하므로 안전한 데이터 저장 및 배포가 가능
④ 스마트 계약을 통해 다양한 경험을 제공

※ 게임 개발자는 트론을 통해 온라인 게임 플랫폼을 자유롭게 설계하고 시장규모를 예측할 수 있으며, 게임 개발에 필요한 자금을 일반인으로부터 확보할 수 있음

[응용 특징]
- 글로벌 분산 콘텐츠 엔터테인먼트 산업용으로 응용
- 안전하고 자유로운 환경에서 디지털 콘텐츠 업로드 및 배포 가능

5. 뉴 이코노미 무브먼트

넴(NEM, 新经币) 또는 젬(XEM)이란 뉴 이코노미 무브먼트(New Economy Movement)의 약자로서, 사용자별로 맞춤형 블록체인을 제작할 수 있는 스마트 자산 시스템을 위한 암호화폐이다. 간략히 뉴이코라고도 한다. 넴의 화폐 단위는 XEM이다. 2014년 유토피안퓨처(UtopianFuture)라는 가명을 쓰는 사람 또는 그룹이 자바(Java) 언어로 개발했다. SHA3-512 해시 알고리즘 기반이며, 아이젠트러스트(EigenTrust++) 평판 시스템을 이용한 중요도 증명(PoI) 합의 알고리즘을 사용한다.

1) 개요

(1) 등장배경

① 비트코인 토크포럼에서 UtopianFuture라는 개발자가 NXT 프로젝트를 하드포크하기 위해서 개발자를 모집한 것이 시초

② UtopianFuture는 NxT 프로젝트에 영감을 받아 자바(Java) 기반으로 개발 하던 중에 당초 계획을 바꿔 독립적인 블록체인인 NEM을 개발

(2) 특징

스마트 자산 플랫폼 기능을 하며, 보유 코인의 양과 거래 수행량에 따라 보상을 결정하는 POI* 도입하였다.

① 시스템 구성

넴은 노드(Node) 네트워크에서 구축되며, 모든 노드는 넴의 핵심 노드 서버 소프트웨어를 실행한다. 이러한 노드는 스마트 자산 거래를 수행, 검색 및 블록체인 원장에 완벽하게 기록하는 역할을 하며, 사용이 용이하고 안전한 플랫폼을 제공한다. 이를 위해 네트워크 노드는 다음과 같은 두 가지 필수 기능을 제공한다.

- API 게이트웨이 서버 : 각 노드는 애플리케이션이 블록체인과 그 기능에 접근하는 데 사용할 수 있는 API 게이트웨이를 제공한다. 즉, 애플리케이션이 복잡한 노드 소프트웨어를 실행할 필요가 없다. 모든 사용 기능은 네트워크 자체의 각 노드에 있는 API 인터페이스를 통해 사용할 수 있다. 다시 말해, 블록체인은 어떤 언어로든 경량 코드를 가지고 다양한 솔루션 아키텍처를 만드는 데 사용될 수 있다.
- 블록체인 노드 네트워크 : 각각의 넴 노드는 다른 노드와 함께 작동하여 P2P 블록체인 네트워크를 구축한다. 요컨대, 이 네트워크는 블록체인 자체를 생성하고 지원한다. 넴 노드 소프트웨어는 트랜잭션을 확인하고, 데이터베이스를 유지하며, 다른

* PoI(Prof of Importance) : 네트워크 내에서 보유 및 계정 처리양이 많을수록 네트워크 기여도가 상승하고 이에 따라 채굴량(수확량) 역시 상승하는 구조

노드와 동기화하고, 안정성과 신뢰도를 유지하여 빠르고, 안전하고, 확장 가능한 네트워크를 만든다.

② 중요도증명(PoI) 합의 알고리즘

넴을 만든 목적은 모든 사람에게 평등한 기회를 보장하는 새로운 경제 시스템을 만들기 위해서다. 넴의 합의 알고리즘은 중요도증명(PoI : Proof of Importance) 방식으로 각 사용자들의 네트워크 참여도에 따라 지급 보상 금액이 달라진다.

초기 버전인 엔엑스티(NXT)의 지분증명(PoS; Proof of Stake) 방식은 코인을 많이 가질수록 더 많은 부를 축적해 부가 몰리는 문제를 낳았다. 게다가 암호화폐를 많이 가진 사람들은 거래를 중단하고 보유만 하는 경향이 높아졌다.

이를 해결하기 위해 넴은 오래 보관하면서도 시스템 기여에 따라 보상을 주는 중요도증명(PoI) 방식을 채택했다. 중요도 증명(PoI)은 막대한 초기 자금이 들어가는 기존의 보상 시스템에서 자유롭도록 설계되었다. 암호화폐 채굴이나 보유량이 아니라, 넴의 양과 사용자가 지갑에서 얼마나 많은 거래를 하는지에 따라 보상이 결정된다. 계정이 처리하는 거래가 많을수록 중요성이 커지게 되고, 시스템에 대한 기여도가 높을수록 보수를 받을 확률도 커진다. 이러한 거래 기여도를 채굴(mining)이 아닌 수확(harvesting)이라는 용어로 표현한다. 수확을 하려면 1만 넴 이상을 보유해야 하고, 일정 기간이 지나야 한다. 송금 거래 역시 많을수록 더 많은 보상을 준다. 또 처리된 거래액의 0.01%만큼 수수료를 받는다.

넴은 아이젠트러스트(Eigentrust++) 알고리즘을 적용해 하나의 노드가 지능적으로 다른 노드를 판단해서 악의적인 행위자를 거부할 수 있도록 하는 평판 시스템을 사용했다. 네트워크 내 노드의 과거 동작을 모니터링하고 사용자를 평가해 악의적 참여를 배제하는 것이다. 이로써 네트워크 전반에서 최적의 밸런스가 유지된다.

③ 스마트 자산 시스템

넴은 사용자별로 맞춤형 블록체인을 제작할 수 있는 스마트 자산 시스템을 지원한다. 넴 블록체인은 스마트 데이터베이스(DB)를 사용한다. 넴은 API와 소프트웨어 개발 도구(SDK)를 제공하고, 새로운 프로그래밍 언어를 배울 필요 없이 누구나 쉽게 블록체인 서비스를 개발할 수 있도록 해준다. 자바, 자바스크립트로 작성된 코드를 기반으로 별도의 프로그래밍 없이 최소한의 개발로 사업화가 가능하다. 공개거래를 비롯해 데이터 저장, 전송, 신원확인, 타임스탬프 문서 등 임의의 디지털 자산 생성 등 다양한 기능도 지원해 다양한 영역에서 넴 시스템을 사용할 수 있다.

넴재단은 스마트 자산 시스템 방식의 블록체인 생태계 확산에 주력한다. 넴은 암호화폐뿐만 아니라 모든 종류의 애플리케이션 개발자를 위해 강력하고 효율적인 플랫폼으로 구축되었다. 애플리케이션에서 넴을 사용하는 것은 레스트풀(RESTful) 제이슨(JSON)

API 호출을 작성하는 것만큼 간단하므로, 자신만의 "스마트 자산"을 구성하고, 넴의 블록체인 플랫폼을 빠르고 안전하며 확장 가능한 솔루션으로 사용할 수 있다.

이처럼 블록체인 사용을 맞춤형으로 제작할 수 있는 시스템을 "스마트 자산 시스템"이라고 부른다. 넴은 사용자가 처음부터 자신만의 스마트 계약 코드를 작성하거나 비즈니스를 위한 맞춤형 자산을 정의하는 오프 블록체인(Off-Blockchain) 방법을 사용하도록 강요하는 대신, 블록체인 기능에 테스트되고 안전한 특정 셋에 API 접근을 제공한다.

넴의 스마트 자산은 밀접하게 연결된 네 개의 부분들로 구축된다.

- 주소 컨테이너 스마트 자산 : 넴 주소는 고유하고 업데이트가 가능한 단일 객체(Object)를 나타낼 수 있는 블록체인의 컨테이너 자산이다. 주소는 모자이크를 포함한다. 주소는 대부분의 블록체인처럼 동전으로 가득찬 사용자 계정만큼 간단할 수 있다. 그러나 배송될 패키지, 주택에 대한 증서, 공증될 서류와 같은 것들을 나타낼 수 있다. 넴 블록체인에서 직접 특별한 규칙을 사용하여 구성할 때 주소 자산은 정말 스마트해진다. 즉, 서로 관련이 있고 제어하는 방법과 내용을 업데이트 및 전송할 수 있는 방법을 정의한다. 중요한 규칙 유형 중 하나는 여러 당사자 간에 다양한 방법으로 주소 자산 소유권을 모든 블록체인에서 공유할 수 있도록 하는 다중서명("멀티시그") 제어이다.
- 모자이크의 고정된 스마트 자산 : 모자이크(Mosaics)는 스마트 자산 시스템을 독특하고 융통성있게 만드는 요소의 일부이다. 모자이크는 넴 블록체인의 고정 자산으로서, 변하지 않는 다수의 동일한 집합을 나타낼 수 있다. 모자이크는 토큰처럼 단순할 수 있지만, 보상 포인트, 주식 지분, 서명, 상태 플래그, 투표 또는 다른 통화와 같은 좀 더 전문화된 자산 집합을 나타낼 수도 있다. 각각의 모자이크는 이름, 설명, 수량, 분열성, 이동성 등과 같은 다양한 속성에 의해 정의된다. 모자이크는 주소 내에서 이루어지며, 넴 API를 사용하여 서명 등록, 항목 상태 업데이트, 투표 또는 코인 거래 전달과 같은 다양한 트랜잭션을 나타낼 수 있다.
- 개인화된 이름공간 : 이름공간(Name Space)을 사용하면, 넴 블록체인에 비즈니스 및 자산을 위한 고유한 공간을 생성할 수 있다. 이름공간은 인터넷 주소인 도메인(Domain) 이름과 마찬가지로 사용자가 선택한 고유한 이름으로 시작한다. 그런 다음 자신의 하위 도메인과 자산의 이름을 정의할 수 있다. 따라서 자산이 고유하고 사용하기 쉬우며 신뢰할 수 있다.
- 거래 : 거래는 스마트 자산을 실행하는 방법이다. 트랜잭션을 통해 주소 간에 모자이크를 전송, 주소 소유권(멀티시그 규칙 사용 포함) 구성, 메시지 전송 등을 수행할 수 있다. 넴 블록체인에는 합의 기반 시간 유지 기능이 내장되어 있어, 트랜잭션이

자동으로 정확하게 시간을 기록한다.

넴 스마트 자산 시스템 2.1 버전인 캐터펄트(Catapult)의 특징은 송금, 수신, 수수료 지급을 한 번에 처리할 수 있다는 점이다. 이러한 합쳐진 트랜잭션은 블록체인에서 여러 트랜잭션이 발생하도록 하여 처리 속도를 높이고 때로는 네트워크를 통해 트랜잭션 수수료를 크게 절감하는 데 기여할 수 있다. 또, 거래를 위해선 복수의 서명이 필요하다. 이처럼 다중서명(Multi-Signature) 계정, 암호화 메시징 시스템 등을 통해 해킹을 비롯한 부정적 행위에 매우 강력한 방어가 가능하다.

④ 트랜잭션 속도

넴은 빠른 거래 속도와 낮은 수수료 때문에 금융권의 활용도가 높다. 넴의 1 버전 TPS는 200 TPS로 하루에 총 17,280,000건을 처리할 수 있었고, 2 버전은 4,000 TPS로 하루에 총 345,600,000건을 처리할 수 있다. 뿐만 아니라 넴 노드는 네트워크가 대량의 트랜잭션에 의해 급증하는 것을 방지하는 내장된 스팸 필터를 구현하여 양호한 트랜잭션을 거부하지 않으면서도 처리량을 자동으로 보장한다.

⑤ 퍼블릭 및 프라이빗 블록체인 동시 지원

넴은 모든 노드가 사용 가능한 퍼블릭 블록체인과 미진(Mijin)이라는 허가형 프라이빗 블록체인을 동시에 제공한다. 둘 다 동일한 기본 코드를 사용하며, API와 100% 호환되므로 유연성을 보장한다.

넴의 퍼블릭 블록체인(Public Blockchain)은 스마트 자산 시스템 기능을 제공하며, 스마트 계약, 메시징, 문서의 공증 등 다양한 디앱(DApp) 구축에 활용할 수 있다. 넴의 프라이빗 블록체인(Private Blockchain) '미진'(Mijin)은 기본적인 코드와 구성은 퍼블릭 블록체인과 같지만, 빠른 처리 속도가 필요한 경우와 프라이버시가 우선 순위가 되는 경우에 사용하며, 금융 플랫폼을 구축할 때 활용할 수 있다.

프라이빗 블록체인의 노드는 매우 가볍기 때문에 특별한 하드웨어 혹은 백엔드(Back-End) 시스템을 필요로 하지 않는다. 현재 일본의 금융기관은 넴의 프라이빗 블록체인을 활용하고 있다. 테크뷰로사와 드래곤 플라이 핀테크사 등 일본과 동남아시아 지역 국가들도 넴 기술을 활용한 개발을 추진 중이다.

2) 응용 현황

(1) 개발 동기

최초 NXT를 업그레이드 시키기 위한 목적으로 시작하였으나, 기존의 합의 매커니즘이 갖는 모순점을 개선하고자 별도 개발하고, 보다 탈 중앙화된 플랫폼을 구현

(2) 응용주체 및 시기

비트코인 토크 포럼에서 시작하여, NEM 재단이 개발 운영을 중점 진행하고 있으며, 2015년 3월 31일 런칭

(3) 응용분야 및 방법

① 혁신적인 합의 매커니즘인 POI를 기반으로 기존 DB에 비해 보다 확장성 있고 빠르며 안전성 있게 거래할 수 있도록 개발된 플랫폼

② 거래 시 복수의 서명을 필요로 하는 다중서명 계정 및 노드의 자동검증 평판 시스템, 메시지 시스템, 모자이크 등의 기능을 지원하여 보안 강화

③ 일본의 상업용 블록체인인 미진에서 NEM을 소프트웨어로 활용 중이고, 테크뷰로사와 드래곤플라이 핀테크사가 일본과 동남아 국가들에서 NEM 블록체인 기술을 활용한 솔루션을 추진 중

④ 2018년 1월 일본의 암호화폐 거래소인 코인체크가 NEM을 탈취당해 신뢰성에 타격을 입음(NEM 5억 2,30만 개, 약 464억 엔 상당)

> **[응용 특징]**
> - 속도와 확장성을 강화한 블록체인 플랫폼의 일종으로 일본 금융기관 등에서 주목
> - PoI라는 혁신적인 합의 메커니즘을 도입하여, 보다 탈중앙화된 네트워크 제공

6. 온톨로지

데이터 토큰의 암호화폐는 덴타코인 · 덴트 · 레이팃 · 리베인 · 리빈 · 리퍼리움 · 림포 · 메디블록 · 베이직어텐션토큰 · 블루젤 · 세이프인슈어 · 아모 · 알파콘 · 애드엑스 · 애드토큰 · 에어블록 · 온톨로지 · 위블락 · 인슈어리움 · 지엑스체인 · 체인링크 · 캐리 · 큐브코인 · 필라코인 · 홈 · 힌트체인 등이 있다.

온톨로지(Ontology, 本体)는 신뢰 기반의 데이터 교환을 위한 차세대 멀티체인 퍼블릭 플랫폼이다. 리준(Li Jun)이 중국의 이더리움이라고 불리는 네오(NEO) 창시자인 다홍페이와 공동 창업한 온체인(Onchain) 회사에서 개발했다.

온톨로지의 토큰은 2종류로, 온톨로지(ONT) 토큰과 온톨로지가스(ONG) 토큰으로 구성되어 있다. 온톨로지(ONT) 토큰은 네트워크의 의사결정을 위해서 사용하고, 온톨로지가스(ONG) 토큰은 스마트 계약 실행을 매개하는 역할을 한다. 2018년 6월 27일 온톨로지 메인넷을 론칭하였다. 2019년 1월 기준, 코인마켓캡에 따르면, 온톨로지토큰(ONT)은 시가총액 약 2,100억 원으로 31위를 기록하고 있고, 10억 개의 ONT 총발행량 대비 약 2억 9백개가 유통되어 거래되고 있다. 온톨로지가스(ONG)의 시가 총액은 2019년 1월 기준으로 약 2,000억 원으로 27위를 차지하고 있다.

1) 개요

(1) 등장배경

① 2017년 중국의 온체인(Onchain)社가 발행한 코인으로 탈중앙화된 신원확인 시스템을 기반으로 다양한 산업별 모듈을 결합한 퍼블릭 블록체인 네트워크

② 온체인은 블록체인 시스템을 연구, 개발 및 운영하는 중국기업으로, 기업대표인 다홍페이(Dahong Fei)는 네오(NEO)의 창립자이기도 함

(2) 특징

① 온톨로지는 기존 IT 시스템을 기본 계층으로 지원할 수 있는 분리된 아키텍처를 사용하여 확장성 및 유연성이 뛰어남

② 기업, 개인 및 기관이 자신의 전문화된 신뢰 네트워크를 구축할 수 있도록 지원하며, 신원확인, 데이터 교환 등을 결합한 고유한 분산형 신뢰 시스템을 구축하는 도구를 제공함

③ 온톨로지 생태계 : 온톨로지는 효율적인 조직화와 데이터 시스템 간의 연결, 다양한 디앱을 지원하는 신뢰 생태계를 조성하기 위해 다양한 블록체인과의 연결 메카니즘을 구축하고 여러 산업의 다양한 상황에 맞는 디앱 개발을 위해 다른 프로젝트와 협력을 할 수 있다. 이를 위해 기술 생태계, 거버넌스 생태계, 애플리케이션 생태계 3가지로 나누어서 관리한다.

- 기술 생태계 : 온톨로지 기술 생태계는 개발을 위한 상호 독립적인 팀들과 파트너들로 구성되어 있다. 팀들은 중국 최고의 개발 분야 전문가와 금융 전문가들로 퍼블릭 플랫폼의 운영을 지원하는 분산 원장 기술을 구축하고, 스키마에 대해 개념 검증 및 기능 실현 등과 관련된 기술을 축적하고 있다. 파트너들은 열린 기술 파트너십으로 유지되며, 체인 네트워크와 프로토콜과 모듈을 업그레이드하고, 애플리케이션을 개선하여 온톨로지를 통합·유지 보수하는 데 기여한다. 이를 통해 다양한 산업 분야에 블록체인 기술이 도입될 것이다.
- 거버넌스 생태계 : 거버넌스 생태계의 구성원은 온톨로지 패밀리로 모든 엔티티(entity)가 된다. 그 중 엔티티 인증 서비스 제공자는 CA나 eID 같이 잘 알려진 엔티티 확인 서비스가 포함된다. 조직, 법인, 커뮤니티, 개인은 그들의 분야와 신뢰 수준에 따라 엔티티 인증 서비스를 제공할 수 있다. 산업 애플리케이션 팀은 온톨로지 생태계 조성에 중요한 역할을 할 수 있으며, 온톨로지 패밀리를 이끄는 주요 원동력이다. 개인은 다른 사람들을 보증하고 자신의 아이덴티티 프로필을 만들어 온톨로지의 신뢰 시스템에 참여할 수 있고 기술적 버그에 대한 피드백을 한다.

- 애플리케이션 생태계 : 온톨로지 인프라는 다양한 산업의 파트너와 생태계를 연결함으로써 새로운 비즈니스 모델이 실현될 수 있도록 돕는다. 온톨로지 플랫폼은 유연성, 실행 가능성, 혁신이라는 원칙을 지키며 다양한 산업의 애플리케이션을 연결시킨다. 이러한 애플리케이션 생태계 위에 다양한 디앱들이 개발된다. 여러 종류의 디앱, 즉 신원 확인, 사물 확인, 분산화된 자산 운용, 분산 커뮤니티 관리, 분산 콘텐츠 생성과 거래 등이 온톨로지 플랫폼에서 개발될 수 있다.

④ 프레임워크 기술 : 온톨로지는 스마트 계약과 보안 프로토콜을 갖춘 완전히 탈중앙화된 장부 시스템이다. 모든 시스템은 주요 프로토콜을 지원하는 분산된 엔티티 관리 기능을 가진다. 또, 온톨로지는 안전한 데이터 저장소, 하드웨어 키 관리 옵션, 암호화된 데이터 분석을 위한 시스템을 제공하여 이를 통해 모든 종류의 디앱 플랫폼을 구성한다. 또한, 온톨로지는 디앱 관련 프로토콜과 API, SDK, 기타 모듈을 활용하여 탈중앙화된 데이터 교환, 협력 시스템, 콘텐츠 공유, 평판 시스템 등 모든 종류의 디앱을 위한 프레임워크를 제공한다.

- 온톨로지ID 검증과 인증 : 신뢰 네트워크를 구축할 때 가장 중요한 것은 데이터 프라이버시를 보장하는 ID 확인 시스템이다. 온톨로지의 ID 확인 시스템은 블록체인 기술로 탈중앙화되어 있으며, 온톨로지에 참여하는 모든 주체가 여러 공급원에서 가져온 자신의 신원 정보를 검증 서비스를 통해 확인 받아서 자신의 정보와 연결할 수 있다. 이렇게 되면 중앙화된 기관에 의해 신원을 확인할 필요 없이 디지털 신원을 만들 수 가 있다. 이렇듯 온톨로지의 모든 엔티티(개체)는 제3자의 개입 없이 개인, 조직 및 물리적 개체에 대한 ID 확인 시스템을 위해 다양한 ID 확인 시스템을 제공한다.

  온톨로지의 탈중앙화된 신뢰 시스템은 기존의 신뢰 시스템이 할 수 있는 것 외에도 다음과 같은 것을 구현할 수 있다. 첫째, 커뮤니티 신뢰로, 커뮤니티 신뢰는 ID 확인에 있어서 여러 커뮤니티와 개인들이 적극적으로 개입하는 효율적인 시스템이다. 둘째, 신뢰 중재자로, 신뢰 중재자란 ID 확인을 맡도록 권한을 부여받은 엔티티로, 신뢰 중재자의 신뢰가 높을수록 네트워크에서의 신뢰도 높다. 셋째, 스테이트먼트(Statement)란 커뮤니티 신뢰의 매개체로, 온톨로지에서 하나의 엔티티가 다른 엔티티에게 보내는 승인이다. 정보를 검증하기 위해서는 오직 하나만의 스테이트먼트만 있으면 된다. 상대 ID가 요구하는 정보를 보내고 스테이트먼트를 받음으로써 신뢰가 전송된다. 개인이 자신의 ID 정보를 보내거나, 이전에 제출된 정보들로 다중 ID 확인 포트폴리오를 형성할 수 있다.
- 분산 원장 기술 : 온톨로지는 모든 비즈니스를 지원하고, 여러 다른 산업의 요구를 충족시키기 위해 블록체인, 스마트 계약, 분산화된 검증, 데이터 교환 등을 위한

프로토콜과 API를 제공하여 사용자가 쉽게 분산화된 서비스를 이용하고 개발할 수 있다. 온톨로지는 조작할 수 없는 원장에서 구현되며, 여러 참여자 간에 신뢰를 공유한다. 이를 위해 스마트 컨트랙트를 사용하고, 분산화된 네트워크 · 신뢰할 수 있는 데이터 저장소, 데이터 보안성, 그리고 다양한 모듈을 활용한다. 구체적으로 설명하자면, 스마트 계약을 통해 여러 프로토콜을 사용하여 비즈니스를 성장시킬 수 있고, 온톨로지 상의 모든 엔티티는 데이터를 교환할 수 있어서 사용자는 자신의 데이터에 대한 완전한 통제권을 가지며, 그들이 원하는 프라이버시 수준을 조절해 거래할 수 있다. 또, 분산 장부 시스템은 데이터를 저장하고, 사용처를 기록한다. 각각의 데이터의 요청, 데이터 매칭, 데이터 전송, 데이터 사용은 장부에 기록되기 때문에 데이터 사용에 대해 완전한 보안이 가능하다.

- VBFT 합의 알고리즘 : 온톨로지는 2018년 6월 메인넷 출시 이후 VBFT로 합의 알고리즘을 바꿨다. VBFT는 지분증명(PoS), VRF(Verifiable Random Function), 비잔틴 장애 허용(BFT)를 결합한 새로운 합의 알고리즘이다. VBFT는 Verifiable Byzantine Fault Tolerance의 약자이다. VBFT 알고리즘은 검증 가능한 무작위 함수인 VRF 관점에서 비잔틴 장애 허용 알고리즘에 대한 개선으로 볼 수 있다. VBFT는 합의 그룹의 확장성을 지원하고, VRF은 합의 생성을 위한 무작위성 및 공정성을 보장하여 결국 최종 성취에 신속하게 도달할 수 있도록 보장한다. VBFT 알고리즘에서 중요한 매개변수는 합의 네트워크 노드의 PoS 표이다. VBFT 작동 프로세스 중에 모든 노드가 먼저 현재의 합의 PoS 표에 따라 합의에 참여하는 노드를 임의로 선택한 후, 각 합의 라운드마다 VRF를 사용해 무작위로 세 개의 노드 그룹을 선정한다. 첫 번째 그룹은 담당한 블록을 만들고, 두번째 노드 그룹은 해당 블록은 검증하고 처리 순서를 결정한다. 세 번째 노드 그룹은 마지막으로 해당 블록의 투표를 진행하며 원장에 기록하는 것을 담당한다. VRF가 도입한 랜덤성으로 인해 각 라운드의 블록 생성 노드/검증 노드/확인 노드가 서로 다르며 예측하기 어려우며, 이에 따라 합의 알고리즘에 대한 공격에 대한 저항이 크게 개선되었다. 온톨로지는 현재 초당 5,300건의 거래를 처리하고 있으며. 온톨로지는 메인 블록체인의 구조를 위협하지 않는 한 보조 블록체인에서는 다양한 거버넌스 방식과 의사결정 메커니즘을 허용할 계획이다.

⑤ 분산 데이터 거래 : 엔티티 사이의 데이터 트랜잭션을 위한 분산 데이터 거래는 트랜잭션과 관련한 두 관계자의 이익을 위해, 트랜잭션 합의 과정에 보증인의 역할을 하는 중개인과 같은 프로토콜이 있도록 고안되었다. 온톨로지는 프로토콜이 중간자의 역할을 적절히 수행하여 분산 원장의 퍼블릭, 탈중앙 관리 기능들을 실현하도록 구성되었다.

⑥ 다른 주요 기능

- 온톨로지 암호 패키지(OCP) : 온톨로지는 ID 인증, 분산 데이터 거래 및 분산 프로세스 프로토콜을 포함한 영역에서 일련의 암호화 및 데이터 보안 모듈 지원을 제공한다. 이는 암호화된 데이터 전송, 키 공유 프로토콜, 다중 참여자 키 관리, 링 시그니쳐(Ring Signature) 모듈, 블라인드 시그니쳐(Blind Signature) 모듈, 비밀 공유(Secret Sharing) 메커니즘을 포함한다. ID와 데이터 검증에서 영지식 증명과 동형 암호(Homomorphic Encryption)가 사용되며 블록체인에 기록된다.
- 온톨로지 마켓플레이스 : 온톨로지 마켓플레이스(Ontology Marketplace)는 데이터 세트, 알고리즘, 모델로 구성된 분산 데이터 거래소다. 온톨로지를 확장하여 구매 가능한 데이터 정보, 데이터 예측 및 데이터 컴퓨팅 리소스를 제공한다. 동시에 마켓플레이스는 다른 주요 크로스체인 시스템과 호환하여 거대한 데이터 거래 플랫폼을 조성한다. 온톨로지가 제공하는 디앱을 통해 다양한 산업 분야 간 데이터 거래 마켓을 조성할 수 있다.

⑦ 디앱을 위한 프로토콜과 모듈 제공 : 온톨로지는 다양한 요구 사항에 대해 공통적인 부분과 맞춤형 부분을 나누는 개념으로 온톨로지 커먼(Ontology Common)과 온톨로지 커스텀(Ontology Custom)이라는 명칭을 사용하여 표준화된 개발이 가능하도록 했다.

- 온톨로지 커먼(Ontology Common) : 온톨로지 커먼은 공통 모듈과 프로토콜을 제공함으로써 블록체인 상의 다양한 데이터를 원활하게 교환하고 통합적으로 관리하여 다양한 산업에 적용시킬 수 있는 기초가 된다. 네 가지 공통 모듈인 신원 관리 모듈, 데이터 공급원 관리 모듈, 스마트 계약 거래 모듈, P2P 커뮤니케이션 모듈로 설계되었다. 온톨로지 커먼은 프로토콜 설계, 모듈 설계, 규칙 설계를 바탕으로 기술적 설계가 되어 있다. 프로토콜 설계의 특징은 다른 프로토콜과의 호환성과 확장성이 있는 형태로 개발 중이다. 모듈 설계는 파트너가 블록체인을 활용하여 애플리케이션을 제작할 수 있도록 많은 기본 모듈(Basic Modules)을 고안했다. 다른 블록체인 프로토콜 사이에 정해진 규칙을 사용하여 분산 신원 확인, 분산 데이터 거래, 분산 신뢰 전송 등이 정확하고 빠르게 진행이 되도록 하여 파트너 사이의 협업과 사업 협력을 원활히 할 수 있도록 하였다. 그리하여 인프라 환경의 제약이 없고, 기술적 지식 레벨이 깊지 않은 개발자들이 쉽게 적용하여 만들 수 있는 커먼 모듈을 제공한다. 온톨로지의 컨센서스 모듈을 이용하여 성능과 탈중앙화 사이의 인프라 레벨의 적절한 균형점을 찾을 수 있다. 다른 암호화폐 프로젝트들 중에는 리스크, 이오스트, 부모 등과 유사하다.

- 온톨로지 커스텀(Ontology Custom) : 온톨로지 커스텀은 다양한 분야의 요구사항 등에 대해 맞춤형 프로토콜과 모듈을 제공한다. 기술별, 애플리케이션별, 거버넌스별 맞춤형 설계가 가능하다. 온톨로지 커스텀은 사용자 정의가 가능하고 다양한 사업분야에도 블록체인을 유연하게 지원한다. 온톨로지 커스텀은 약한 커플링(Loose Coupling) 설계, 단일 모듈 단일 기능 설계, 수평적 확장성을 기초로 기술적 설계가 되었다. 약한 커플링(Loose Coupling) 설계는 모듈화, 플러그형과 쉽게 확장이 가능한 형태의 유연한 디자인을 갖춘 구조를 가지면서도 확장성 있게 개발되고 있다. 단일 모듈 단일 기능 설계로 다양한 모듈을 제작하여 다양한 상황에서 적용이 될 수 있도록 한다. 수평적 확장성을 위해 다양한 퍼블릭 블록체인과 디앱이 협업이 가능하도록 한다.
  이 외에도 온톨로지는 개발자 친화적인 플랫폼으로 거듭나고자 플랫폼을 통한 개발을 더 쉽게 만들기 위해 'Smart X'라는 스마트 계약 도구까지 만들어 C#, VB.Net, F#, Java, Kotlin, Python, C, C++ 언어를 제공한다. 추후에는 Rust, Golang까지 지원할 예정이다.

2) 응용 현황

(1) 개발 동기

① 온톨로지는 신원확인, 데이터 교환 등을 결합한 분산형 신뢰 시스템을 구축하는데 필요한 도구를 제공하는 것이 목적

② 온체인社는 온톨로지가 금융, 미디어, 보험, IoT 및 정부 영역에서 유용한 도구로 활용되고, 신뢰 기반 생태계를 발전시키는데 기여할 것이라고 예상

(2) 응용주체 및 시기

① 2018년 3월에 온체인社가 NEO 소지자를 대상으로 에어드랍(Airdrop)을 통해 2,00만 개를 유통하며 활용

② 온톨로지와 NEO는 별도의 프로젝트에서 시작된 코인이나 온톨로지를 개발한 온체인사는 중국의 유명 금융그룹인 푸싱(Fosun)사의 펀딩을 받는 상황

(3) 응용분야 및 방법

① 온톨로지는 다양한 산업의 요구를 충족시키기 위해 유연한 설계 구조를 모듈화하고, 플러그가 가능하여 시스템, 산업, 응용단계, 제품으로 활용범위 확장 가능

② 분산 네트워크에 대한 지식이 없는 기업도 자사가 보유한 인프라에 온톨로지를 적용하여 비즈니스 요구에 맞는 신뢰 네트워크 조성 가능

[응용 특징]
- 다양한 산업별 모듈을 결합한 블록체인이자 분산 처리 네트워크의 일종
- 데이터를 교환하거나 데이터의 결합 및 프로토콜 등 백엔드 영역의 모듈 역할을 하여 향후 상호 간 결합 등을 통해 확장해 나가는 구조

7. 바이텀

1) 개요

(1) 등장배경

① 2017년 6월, 중국계 싱가포르 회사에 의해 개발되었으며 실물세계(Atomic Aset)와 가상세계(Byte Aset) 자산을 연결하는 것이 목표

② 바이텀(Bytom)의 개발자인 두안 신싱(Duan Xinxing, 바이텀 연합 창시자, okcoin 부사장), 창 지아(Chang Jia, SF작가, 8btc.com 운영자), 랑 유(Lang Yu, 알리바바 알리페이 개발자)를 포함한 7명은 중화권에서 암호화폐의 전문가임

(2) 특징

① 기존의 작업증명 방식이 가지고 있던 에너지 과소비 문제를 해결하기 위해 인공지능 ASIC CPU을 충분히 활용할 수 있는 합의 알고리즘을 사용

② ASIC*에 친화적인 코인으로 계획되었기 때문에 GPU채굴기보다 ASIC으로 채굴하는 것이 효율적임

③ 바이텀 코인 채굴 수익의 1%는 인공지능 논리연구 재단 등 공익조직에 기부

2) 응용 현황

(1) 개발 동기

전 세계적으로 제일 큰 공유플랫폼을 구축하고 부동산 유형의 자산과 블록체인의 결합을 통해 자산유동성, 안전성, 가치 등을 높이고자 함. 바이텀은 현존하는 가치 속성의 바이트(Byte)정보 · 자산의 유동능력을 제공하며 새로운 바이트(Byte) 자산을 생성할 계획

(2) 응용주체 및 시기

① 2017년 6월, 바이텀 재단에 의해 유통되었으며 전체 코인 중 20%를 재단이 보유하여 바이텀 프로젝트 개발에 활용할 예정

---

* ASIC : 채굴 전용으로 제작된 기계로, 채굴만 할 수 있는 기계이지만, GPU 채굴기보다 고성능

② 초기 바이텀에 자원을 공급해준 기관과 투자자들에게 7%를 배분하고, ICO를 통해 30%(590BTC), 상업확장(코인 거래소 상장비용, 기술표준 제정, 생태계 유지)에 10%, 채굴을 통해 3%를 분배

(3) 응용분야 및 방법

① 바이텀 코인은 유가증권, 채권, 배당금, 디지털 자산이나 다양한 계약기반의 상호운용 정보를 제공하는 플랫폼으로 활용되고 있으며, 중국내・외의 기업들과 협력을 통해 확장을 준비 중

② 중국정부가 블록체인 기술에 대한 진흥계획을 발표하자, 중국 내 대기업들도 바이텀 프로젝트에 참여하고 있으며 합작 협약을 체결함

③ 미국의 obEN(미국 개성화 인공지능 기업)과 공동으로 블록체인 실험실을 설립하여 블록체인 기술을 통해 PAI(Personal AI, 개성화 인공지능) 상업화 연구를 진행 중

④ 바이텀 코인은 유가증권, 채권, 배당금, 디지털 자산이나 다양한 계약기반의 상호운용 예측 정보를 제공하는 플랫폼 코인

> **[응용 특징]**
> - 유가증권, 채권, 배당금, 디지털 자산이나, 다양한 계약기반이 상호운용 예측 정보를 제공하는 플랫폼 코인
> - 블록체인 대중매체 및 거래소 등 개발 및 후원진이 화려하여 서비스 제공 기반이 견고

06 암호화폐 어거(Augur), 시스코인, 팩텀, 바이트볼, 스토리지, 게임크레딧, 팟코인, 핑거코인의 특징과 응용에 대하여 분석하라.

1. 어거

1) 개요

(1) 등장배경

① 기존의 예측 시장은 중앙집권 형태로 법적 제재나 외부의 압력으로 부터 자유롭지 못하여 기존의 가장 큰 업체인 Intrade.com 역시 중단된 바 있어, 블록체인 기반의 분산화된 집단지성 활용 체제 도입

② 블록체인은 중앙서버가 없는 P2P로 예측 시장 내에서 조작, 실수 혹은 법/정치적 외압에서 상대적으로 자유로운 구조

(2) 특징

집단지성에 기반한 예측 프로그램으로 중앙 기관의 개입없이 예측 시장을 공유하고 결과의 옳고 그름에 따라 보상으로 코인을 얻거나 잃는 플랫폼

2) 응용 현황

(1) 개발 동기

① 집단지성 기반으로 다양한 이슈에 대해 예측하기 위해 개발
② 군중의 지혜, 즉 집단 지성이 소수 전문가들의 예측보다 통계적으로 더 정확하다는 이론에 근거해 개발

(2) 응용주체 및 시기

① 2016년 10월, Jack Peterson과 Joey Krug가 공동 설립자로 런칭하였으며, 예측시장의 이벤트 등록자 및 트레이더 등이 응용 주체
② 이벤트를 등록하는 사용자, 이벤트에 대해 의견을 반영하여 옳고 그름에 투자하는 트레이더가 참여
③ 다양한 미래의 이벤트에 대해 참여자들의 지식이 취합되는 구조

(3) 응용분야 및 방법

① 미래 예측이 필요한 모든 이슈에 대해 적용할 수 있으며, 미래사건에 대한 일종의 베팅 서비스로 활용
② 어거 플랫폼은 이더리움의 스마트컨트렉트 기반으로 구현되어 베팅 코인은 이더리움이며, 어거코인은 베팅머니가 아닌 리워드를 크게 만드는 아이템 성격으로 활용

[응용 특징]
- 미래사건에 대한 예측에 베팅하여 결과를 얻는 집단지성 기반 예측 플랫폼으로 사행성 도박시장과 응용 범위가 맞닿아 있음
- 예측 시장의 참여자가 받는 보상과 패널티가 예측의 정확도와 연계되는 구조

2. 시스코인

1) 개요

(1) 등장배경

① 2014년 3월, 세바스찬 세피스(Sebastian Schepis)가 개발을 시작
② 초기에는 비트코인의 프로토콜을 기반으로 개발되었지만 기능을 확장하여 자체

블록체인 기반을 구축하며 성장함

(2) 특징

① 시스코인(Syscoin)의 스마트 컨트랙트(Smart Contract)는 비트코인 프로토콜과의 양립성을 유지하는 동시에, 닉네임 신분 시스템과 중재된 에스크로(Escrow) 기능으로 안전한 거래행위가 가능

② 시스코인은 비트코인 스크립팅 시스템 내에서 테스트를 거치고, 이에 의거한 일련의 스마트 컨트랙트 기반이기 때문에 비트코인과의 호환성이 뛰어남

③ 발송자와 수신자의 닉네임이 암호화에 사용되는 키를 결정하는데 사용됨으로써, 오직 닉네임 소유주들만이 네트워크 내에서 다중 서명, 결제 확인 및 잔금 결제유지, 이체를 시행할 수 있도록 보장됨

③ 판매자들의 자금이 시스코인의 중재된 에스크로 서비스를 통해 안전하게 보장되며, 필요할 경우 판매자들은 제품·서비스가 수송중인 동안 자금을 보호하기 위해 상호 합의된 당사자 명시 가능

2) 응용 현황

(1) 개발 동기

위치에 상관없이 전 세계 어디에서나 누구나 즉시 결제가 가능한 블록체인 기반의 전자상거래 수단을 만들기 위해 개발

(2) 응용주체 및 시기

① 2014년 7월에 Molah.io라는 에스크로 에이전트를 통해 1개의 시스코인당 0.000465개의 비트코인으로 판매(프리세일)되었으며, 이후 ICO를 거쳐 유통

② 분권화된 시장이라는 블록체인의 개념을 구현하고자 하였으며, 실제로 초기 시스코인은 분권화된 시장생성 하에서 스마트 컨트랙트, 닉네임 신분 시스템 등을 추가

(3) 응용분야 및 방법

① 시스코인의 특징들은 안전한 상거래를 필요로 하는 상업 종사자들에게 이상적인 대안으로 부각

② 초기에는 분권화된 시장, 스마트 컨트랙트, 분권화된 증명성 발급 및 이체, 분권화된 데이터 저장 및 회수와 같은 서비스를 제공

③ 2014년 8월 이후로 시스코인 1.0과 2.0은 전자상거래 분야에서 활용

④ 2018년 초에 출시될 시스코인 2.2는 기존 시스코인의 기능에 블록체인 경매가 추가되어 에너지·부동산·소매품·자동차 거래에 적용

[응용 특징]
- 비트코인과의 호환성, 스마트 컨트랙트, 닉네임 신분 시스템, 에스크로 및 결재기능 등 전자상거래 분야에 특화 응용
- 전 세계 어디에서나 즉시 결제가 가능한 전자화폐로 기능

3. 팩텀

1) 개요

(1) 등장배경

① 2015년 이후, 블록체인 기술을 바탕으로 어느 누구도 해킹하거나 손댈 수 없는 기록물 보관 플랫폼을 추구하며 등장

② 팩텀(Factom)의 애플리케이션을 이용하면 각종 문서 등을 블록체인과 연결시켜 팩텀 이용자 모두에게 공유시키며 해킹이나 위변조 위험 방지

(2) 특징

블록체인 기술을 데이터의 투명성 및 지속성 유지에 활용한 사례로, 영원히 변하지 않는 기록물을 생성 가능

2) 응용 현황

(1) 개발 동기

① 데이터의 투명성과 지속성을 유지할 수 있는 서비스 제공을 목적으로 개발

② 블록체인을 이용하여 애플리케이션 또는 다양한 프로그램 개발을 가능하게 해주지만 타 개발 플랫폼과는 달리 문서 관련 사항이 중점

(2) 응용주체 및 시기

Paul Snow가 CEO이며 '15년 9월 런칭한 후, 기록물 보관이 필요한 다양한 분야에 범용적으로 적용 가능한 플랫폼으로 성장

(3) 응용분야 및 방법

① 오픈소스 데이터 프로토콜로, 문서의 검증 및 증명 서비스 분야가 중점

② 팩텀 플랫폼 내에서는 중요한 계약서, 서류 관리와 함께, 계약서 증명과 위조 방지 같은 기능을 수행하는 애플리케이션이 개발 및 구동 가능

③ 팩텀 레이어를 사용하여 관련 결정들을 공정하게 투표로 가능하게 하며, 이는 PC, 모바일 어디서나 가능

④ 팩텀 시스템에서는 일정량의 돈/코인을 지불/소멸시키는 방식으로 스팸을 차단하며, 돈의 지불은 팩텀으로 바로 이뤄지는 것이 아니라 소프트웨어 토큰인 EC로 이루어짐
⑤ EC는 플랫폼 안에서 FCT로 구매할 수 있으며 모두 소멸
⑥ 선거의 투표시스템, 의료진단기록, 법률 서류 등의 작성 보관에 활용 가능

> **[응용 특징]**
> • 데이터 검증 및 위조 방지 등 문서 증명서비스 및 플랫폼으로 구동

4. 바이트볼

1) 개요

(1) 등장배경
① 블록체인보다 거래의 안전성을 더욱 확보하기 위한 목적으로 2016년 9월 Anton Churyumov가 바이트볼社를 설립하고 '17년 4월 암호화폐 바이트(BYTE)를 비트렉스에 상장
② IOTA와 마찬가지로 방향성 비사이클 그래프 (Directed Acyclic Graph) 방식을 통해 거래가 이루어짐
③ 현재 비트코인에서 사용하는 암호 알고리즘인 '타원곡선 전자서명 알고리즘(ECDSA : Elliptic Curve Digital Signature Algorithm)을 활용하나, 양자컴퓨팅에 대비하기 위해 격자기반 암호 알고리즘을 개발 및 적용할 예정

(2) 특징
① 거래내역을 기록하고, 과거사건을 점검하며, 이중지불을 금지하는 목격자(Witness) 기능과, 익명네트워크 토어(Tor)를 통해 P2P 거래가 가능한 블랙바이트 전용 거래소 존재
② 목격자 주소는 모든 유닛*에 포함되어 있음
③ 블랙바이트는 바이트볼(Bytebal) 지갑에서 구매할 수 있으며, 무료로 배포되기도 함

* 유닛(Unit) : 바이트볼의 최소단위로 데이터(지불내역), 서명, 참조값으로 구성되어 있음. 각 유닛은 직전에 완료된 유닛을 참조해야만 바이트볼 데이터베이스에 등록됨. 익스플로러를 통해 유닛이 서로를 참조하여 바이트볼 데이터베이스를 만드는 과정을 확인할 수 있음.

2) 응용 현황

(1) 개발 동기

통화, 재산 및 주식 등 다양한 데이터에 대한 변조방지 저장을 목적으로 개발

(2) 응용주체 및 시기

① 2016년 9월 TedyID社의 CEO인 Anton Churyumov가 러시아에 바이트볼社를 설립

② 에어드롭, 캐시백 등의 방식으로 바이트가 발행되었으며, 비트코인 소유자를 대상으로 2016년 12월 25일 총 공급 물량의 10% 배포

③ 현재까지 배포된 공급량은 64.5%에 달함

(3) 응용분야 및 방법

① 조건부 스마트계약, P2P 보험, 예측시장, P2P 베팅, 텍스트코인, 신분증명, 채팅으로 P2P 결재, 봇 상점 등의 데이터 변조방지 저장에 응용 가능

② 대다수의 암호화폐는 결제 플랫폼이 분리되어 있으나, 바이트볼은 자체 웹 결제 플랫폼을 지원

③ 수신자의 바이트볼 지갑을 모르더라도 메시지, 이메일 등을 통해 바이트를 전송할 수 있는 '텍스트코인(Textcoin)' 기능을 보유

④ 스마트 컨트랙트를 단순화하여 일반 사용자들도 메신저를 통해 바이트를 편리하게 거래할 수 있는 '오라클'* 기능을 보유

⑤ 2018년 1월 기준 최신 지갑 애플리케이션에는 본인인증, 비행지연 보험, 바이트볼

⑥ 비트코인거래소 등 다양한 스마트 컨트랙트를 사용할 수 있는 기술이 개발됨

> **[응용 특징]**
> - 임의의 데이터(통화, 재산 제목, 부채, 주식 등)에 대한 변조방지 저장에 응용
> - 코인 생산방식이 PoS나 PoW가 아닌 보유 비트코인이나 바이트볼 양에 따른 배포

5. 스토리지(Storj)

1) 개요

(1) 등장배경

① James Prestwich, Jim Lowry, John Quinn, Shawn Wilkinson, Tome

* 오라클(Oracle) : 바이트볼의 거래, 환전, 정보 확인 등 다양한 작업을 수행할 수 있는 챗봇

Bosheviski가 2015년 스토리지랩社를 설립한 후, 2017년 7월 토큰인 스토리지(SJCX)를 최초 발행

② 이더리움 기반이며, P2P 네트워크를 활용

(2) 특징

분산화된 네트워크와 샤딩*을 사용하여 기존의 클라우드 서버보다 보안기능이 한층 강화됨

2) 응용 현황

(1) 개발 동기

잉여의 하드디스크 용량을 소유한 공급자(Farmer)가 하드디스크 용량수요자(Rent)에게 스토리지(SJCX)를 받고 공간을 제공하는 것이 목표

(2) 응용주체 및 시기

2012년 비트코인 광산 및 개발에 참여한 Shawn Wilkenson이 2014년 오픈 소스를 시작하였고, 2015년 스토리지랩社 설립

(3) 응용분야 및 방법

① 일종의 분산화 클라우드 저장 플랫폼으로 응용

② PoR(Prof-of-Retrievability) 작업방식**을 활용하여 사용자가 자신이 업로드한 데이터의 저장여부를 확인 가능

③ 파일 업로드 : 수요자가 스토리지 네트워크에 파일 업로드를 요청하면, 암호화된 샤드가 다수의 공급자에게 무작위로 배포되어 파일이 업로드되며, 이 때 audit*** 이 완료되면 수요자는 자신의 샤드를 보유하고 있는 공급자에게 대여로를 지급

④ 파일 다운로드 : 수요자가 스토리지 네트워크에 과거 업로드한 파일을 다운받을 것을 요청하면, 해당 파일에 audit을 실시하고, 요청한 파일에 해당하는 샤드를 보유한 공급자들이 수요자들에게 자신이 가지고 있는 샤드를 전송

⑤ 정상적인 클라우드 스토리지의 운영을 위해 주기적으로 데이터의 무결성을 점검하는 참여자들에게 토큰을 보상으로 지급

⑥ Microsoft Azure, Heroku와 연동하여 서비스를 제공

---

* 샤딩(Sharding) : 네트워크 암호화 기술로, 파일을 암호화한 후 암호화된 파일을 다양한 샤드로 나눠 보관하므로, 네트워크가 확장될수록 암호키 없이 파일을 열어볼 수 없음

** PoR 작업방식 : 만약 공급자(Farmer)가 저장하고 있는 샤드에 수요자가 원하는 Pre-Leaf를 소유하고 있으면, 수요자(Rent)가 머클루트(Merkle root)를 이용자에게 전송하고, 공급자는 머클루트를 통한 검증결과를 수요자에게 전송하는 방식

*** audit : Profs-of-Retrievabilty를 스토리지 네트워크에서 지칭하는 표현

[응용 특징]
- 분산화 클라우드 저장 플랫폼
- 디스크의 잉여 공간을 공유하는 시스템으로 클라우드 네트워크의 분산화를 꾀함

6. 게임 크레딧(Game Credits)

1) 개요

(1) 등장배경

① 2013년에 개발되었던 게이머즈코인에서 기초하여 만들어진 코인

② 게임이용자의 게임 아이템거래와 자산 관리가 편리하게 구현되어 있고, 관련 결제 한도가 높으며, 예금 옵션도 존재하여 익명 송금 가능

(2) 특징

게임 관련 결제 및 거래가 안전하고 빠르며, 게임의 아이템이나 콘텐츠 매매시장에 적용될 수 있고, 개발자 및 이용자 모두에게 득이 되는 형태의 구조

2) 응용 현황

(1) 개발 동기

① 게임의 결제 플랫폼에 블록체인 기술을 결합하여 새로운 지불방식을 도입하기 위해 개발

② 게임산업 활성화를 위해 기존의 지불 시스템과 수수료 시스템을 변경하였으며, 게임 개발자와 이용자 둘 다 득이 되는 구조를 설계

(2) 응용주체 및 시기

Sergey Sholom이 CEO이며, 2014년 9월 런칭한 후 시스템 적용 확장을 위해 모바일고(MGO)라는 P2P 스마트코인을 개발

(3) 응용분야 및 방법

① 게임 이용자들이 신용카드로 복잡하게 결제하지 않고도 게임 크레딧 코인을 활용하여 대금 지불 및 자산 관리를 할 수 있도록 지원

② 게임크레딧 코인의 대금처리는 60시간으로 앱스토어나 구글플레이스토어처럼 대금일이 길지 않아 개발자에 편의 제공

③ 수수료 역시 기존의 30%에서 10%정도로 변경되어 게임 개발 비용 부담을 줄이

며, 강화된 보안을 제공하여 사기 결제 방지

④ 연관 플랫폼인 MGO는 코인을 별도로 가지고 있으나, 게임크레딧 코인과 연동

> **[응용 특징]**
> • 아이템 거래 및 자산관리 기능을 탑재한 게임 결제 플랫폼
> • 적용 확장을 위해 별도의 플랫폼을 확보

7. 팟코인(Potcoin)

1) 개요

(1) 등장배경

① 암호화폐 PotCoin(POT)는 2014년 1월 닉네임 Hasoshi, Mr.Jones, Smokemon 514가 개발하고 GitHub을 통해 상장되었으며, '18년부터 Potcoin foundation인 Newco를 통해 운영

② 합법적인 대마초 산업을 위한 비즈니스 플랫폼 개발이 주요 목적

③ Newco : 전 세계에 퍼져 있는 PotCoin 개발자들의 백본으로 기능하며, 변동성 문제를 해결하고, 종단 간 비즈니스 거래 플랫폼을 제공

- 2017년 6월, PotCoin은 북한에도 다녀온 전직 NBA 스타 Denis Rodman으로부터 지원을 받음

(2) 특징

① 라이트코인-QT로부터 하드포크했으며, 블록생성시간이 더욱 단축되고, 최대 발행 가능한 코인수가 증가함

② POSV 시스템에서는 40초마다 블록이 생성되고, 201개의 PotCoins을 보상으로 지급하며, 최대 4억2천만 개의 PotCoin을 공급

③ 2016년부터 PotCoin Sed Bank에서 PotCoin을 통해 실제 대마초 씨앗을 구입할 수 있으며, 이러한 과정을 통해 참여자들에게 인센티브를 제공

④ Newco는 대마초 관련 벤처기업에게 대출 및 투자를 지원하며, 재단 수익은 커뮤니티에서 보상으로 배분됨

2) 응용 현황

(1) 개발 동기

① 암호화폐 기술을 활용하여, 대마초와 마리화나의 합법적 생산 및 유통 권한을 위임받기 위한 목적으로 개발됨

② 현금거래를 없애고 블록체인 시스템을 통해 커뮤니티 멤버들 간 투명하고 안전한 거래를 운영하기 위함
③ 유희적 목적뿐만 아니라 의료용 목적으로 대마초와 마리화나를 재배하고 거래할 수 있는 합법적인 산업을 육성하기 위함

(2) 응용주체 및 시기

암호화폐 PotCoin(POT)은 2014년 1월 닉네임 Hasoshi, Mr.Jones, Smokemon 514가 개발하고 GitHub을 통해 상장되었으며, 2018년부터 Potcoin foundation인 Newco를 통해 운영

(3) 응용분야 및 방법

① PotCoin 재단은 이더리움 플랫폼을 적용하여 보안을 강화할 뿐만 아니라, 스마트 컨트랙트, 대마초 추적시스템, DAO 조직을 통한 펀딩 체계를 구축할 예정
② Data Hub : 복제할 수 없는 거래 데이터와 의학데이터를 연구 목적으로 무기명으로 공유
③ Marketplace : 대마초 관련 제품 및 서비스를 위한 전자상거래를 개발하고, PotCoin은 모든 구입항목에 대해 소개료로서 수익창출
④ Bil Payment : 대마초 판매자들은 자신들이 수용하는 지불방식(토큰)으로 운용비용을 지불
⑤ Crowdfund : 혁신적인 대마초 비즈니스, 제품, 서비스 제작을 위해 클라우드펀딩을 활용하고, PotCoin은 서비스 수수료로서 기능
⑥ Peged Value Trading Token : 모든 거래가 모든 플랫폼(예: 시장, 치료소)에서 실행될 수 있는 안정적이며 휘발성이 낮은 디지털 토큰 개발
⑦ Debit Card : 모든 플랫폼에서 거래할 수 있고, 신용화폐로서 기능할 수 있도록 만드는 지불카드 시스템 개발

[응용 특징]
- 대마초, 마리화나 등의 합법적 생산 및 유통 권한 위임을 위해 개발
- 관련 추적 시스템 및 보안 강화 체계 확보 및 투명한 거래 생성을 위해 활용

8. 핑크코인(Pinkcoin)

1) 개요

(1) 등장배경

① 2014년 5월 Redinger와 Johnson이 공동개발 및 상장한 후 2017년 5월 핑크

재단(Pink Foundation)을 설립하고 핑크코인을 재런칭하였음

② 자선 클라우드펀딩 시스템과 소규모 기부 캠페인 방식에 변화를 주는 동시에 암호화폐 시장에 이타적 정신을 확산하기 위해 개발

(2) 특징

① 핑크코인의 보상시스템은 PoW*, PoS, FlashPoS, Side Staking의 네 가지로 이루어져 있으며, 각 방식에 따라 채굴보상이 상이함

② PoS를 통해 기부를 지속적으로 수행할 수 있으며, FlashPoS는 하루에 4번 stake하여 지갑에 지급

③ Side Staking은 기부방식을 용이하게 만드는 보상 시스템으로, 수령한 모든 Single Stake를 비율에 따라 배분하고 네트워크 상 다양한 주소로 전송할 수 있게 함

2) 응용 현황

(1) 개발 동기

자선 클라우드펀딩 시스템과 소규모 기부 캠페인 방식에 변화를 주는 동시에 암호화폐 시장에 이타적 정신을 확산하기 위해 개발

(2) 응용주체 및 시기

2014년 5월 Redinger와 Johnson이 공동개발 및 상장한 후 '17년 5월 핑크 재단(Pink Foundation)을 설립하고 핑크코인을 재런칭함

(3) 응용분야 및 방법

① 자선**, 안전, 정보제공 등을 통해 확보된 이익을 활용하여 자선 클라우드 펀딩, 소액 기부 캠페인 등을 진행

② 직간접적으로 기부하는 Funds와, 네트워크 유지에 기여하는 사람들에게 보상을 지급하는 Rain Forest 두 가지 방식으로 응용

③ Funds가 가능한 PoI로 자선단체, 핑크코인 재단 행정팀(개발*** 및 마케팅****), 교육, 환경관리, 그리고 휴머니즘 단체 등이 있음

- 수혜자(Recipient) : 해당 주소에 주조된 모든 코인이 커뮤니티에 의해 선택된 수혜자에게 전송되는 경우
- 국제(International) : 어떤 분야에 자선할지를 커뮤니티 단위에서 상호결정하는 경우

---

* PoW : Prof-of-Work, PoS: Prof-of-Stake, FlashPoS: Flash-Prof-of-Stake

** 자선(Charity) : 해당 주소에 주조된 모든 코인이 특정 자선대표에 전송되는 경우

*** 개발(Development) : 모든 staked된 코인이 핑크코인 개발팀에 의해 관리되는 지갑에 전송되는 경우

**** 마케팅(Marketing) : 모든 staked된 코인이 핑크코인 마케팅팀에 의해 관리되는 지갑에 직접 전송되는 경우

④ 소지한 핑크코인을 직접 기부하거나 side-staking을 통해 기부하면 영원히 stake를 수행하는 active cold storage walet에 저장되고, stake가 발생하면 필요한 사람에게 기금이 전달됨

⑤ 총기금액이 1,00,00 핑크코인에 도달하면 영원히 staking이 이루어져 한번 stake을 할 때마다 수령자에게 기금이 전송됨

⑥ Rain forest는 핑크코인을 소유하거나 지갑을 활용함으로서 네트워크 활성화를 지원하는 노드들에게 보상을 주는 체계로 Rain Cloud, Elder Tre, Acorns의 세 가지 방식으로 나뉨

- Rain Cloud : Rain Cloud가 fund를 stakes할 때마다 네트워크 상 다른 누군가에게 보상이 전달됨
- Elder Tre : Elder Tre가 stakes할 때마다 네트워크를 지원하는 지갑에 랜덤으로 보상이 전송됨
- Acron : 기금이 핑크코인을 stakes할 때마다 네트워크 상 가장 작은 지갑에게 보상이 전달

[응용 특징]
- 자선 클라우드 펀딩 시스템으로 소액 기부 방식에 변화 도입

07 암호화폐 큐브체인의 특징과 응용에 대하여 분석하라.

1. 큐브체인의 차별성

1) Cube Chain은 보안성이 뛰어나다.

모든 블록은 바로 전 블록의 Hash값을 기준으로 생성된다. 앞뒤 블록이 Hash값으로 연결되어 있고, 이를 블록체인이라 부른다. Hashing이란 데이터를 정해진 길이에 무작위로 이루어진 문자열로 변환시키는 작업을 의미하며, 블록의 내용이나 크기에 상관없이 32바이트 결과값으로 치환한다.

Hashing된 Hash값은 암호화되어 그 다음 블록과 연결된다. Cube Chain에서는 이렇게 1차암호화된 블록체인 27개를 연결하여 하나의 큐브로 만들어진다.

Cubing 작업이 완료되면, 하나의 큐브에 해당되는 새로운 Hashing작업이 이루어지며, 그 다음 큐브와 연결되는 2차 암호화작업이 이루어진다. 2중 암호화작업으로 더욱 우수한 보안성을 가진다.

2) Cube Chain은 동일 시간 대비 거래장부 처리량이 많다.

기존 블록체인은 정해진 시간에 1개의 노드만 거래장부를 처리하지만, Cube Chain은 24개의 노드가 거래장부를 처리할 수 있기 때문에 블록체인에 비해 시간 대비 거래장부 처리량이 훨씬 많다.

3) Cube Chain은 에스크로 기능을 탑재했다.

에스크로 기능을 탑재한 Cube Chain은 코인으로 트랜잭션을 할 때 제3자를 개입시켜 승인을 해줘야만 사용이 가능한 비트코인 등 기존의 많은 코인들이 불가능했던 안전한 신용결제가 가능하다.

4) Cube Chain의 채굴방식은 보다 효율적이다.

Cube Chain은 POW+POS Hybrid 방식을 응용하여 기존의 블록체인을 기반으로 한 채굴방식에 비해 소요되는 자원을 획기적으로 줄이고 있다.

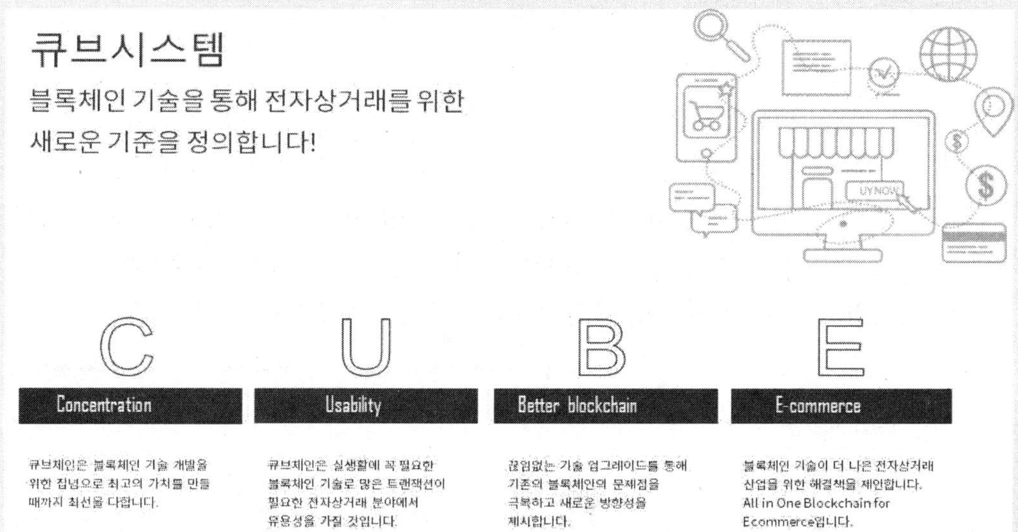

2. 큐브체인 엔진

큐브체인 엔진은 크게 4가지 역할을 한다.

① P2P 네트워크 : 노드 형성, 노드 연결, 노드 동기화
② 채굴 : POW, POS에 대한 보상
③ 체인을 구성 : 블록형성 과정, 특수블록 생성 과정, 블록을 큐브화하여 체인으로 연결 과정
④ rpc서버 : rpc를 사용할 수 있게 하여 api를 제공하는 서비스

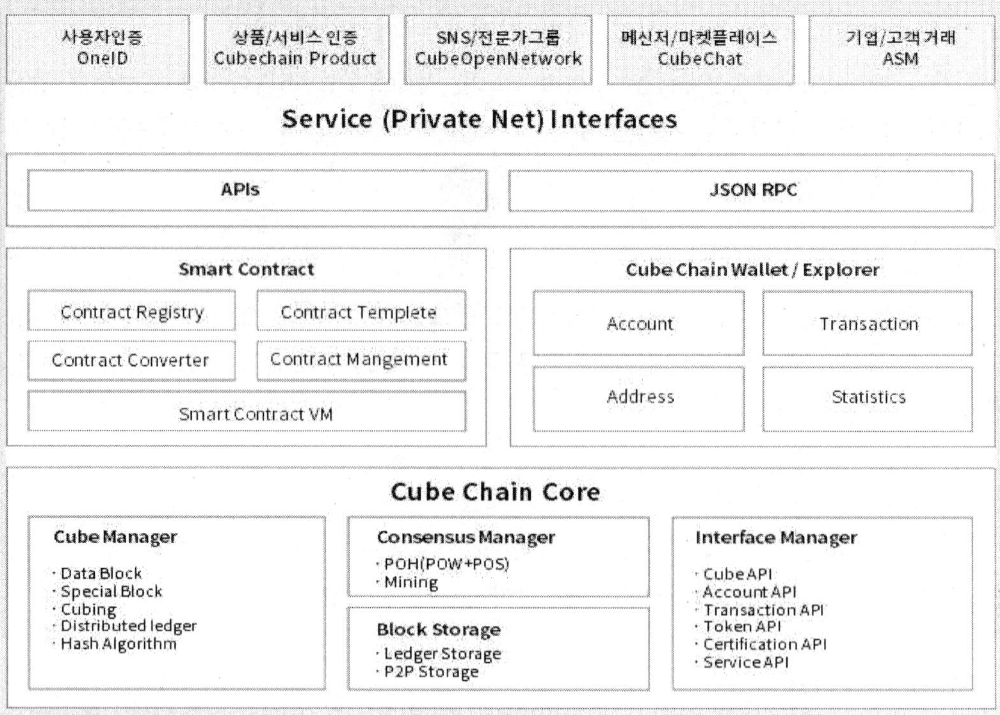

큐브체인 엔진은 먼저 P2P 네트워크를 형성하고 노드를 지정한 형태로 구성한다. 인접 노드를 서치하여 네트워크를 구성하며 노드간의 동기화를 진행시킨다.

전달된 데이터를 취합하여 데이터의 검증과정을 진행하며 채굴에 대한 보상을 지급한다. 블록을 형성하고 각 노드간 데이터를 취합 검증하여 큐빙을 진행한다.

RPC 서버의 역할을 하여 외부에서 api를 사용할 수 있도록 한다.

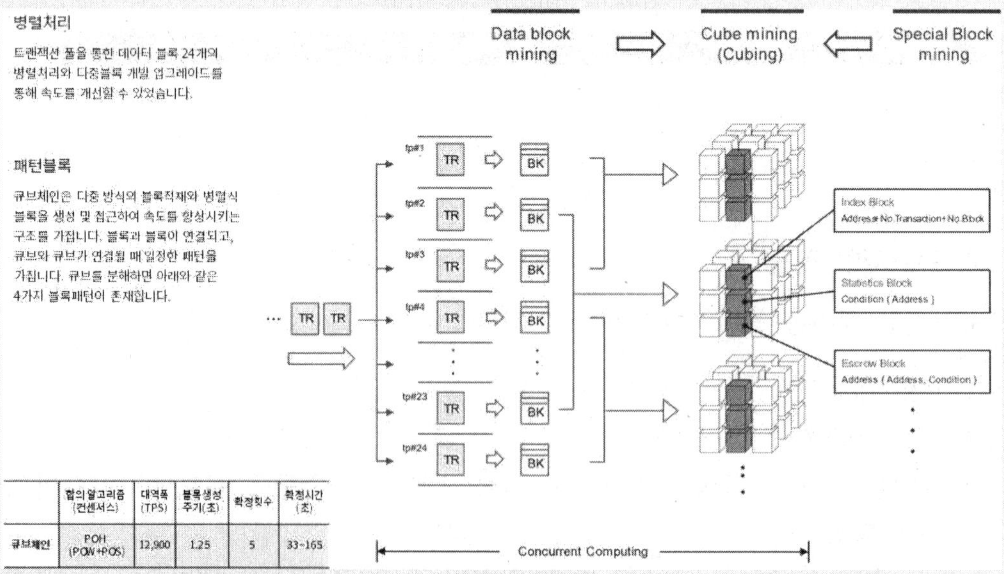

	합의알고리즘 (컨센서스)	대역폭 (TPS)	블록생성 주기(초)	확정횟수	확정시간 (초)
큐브체인	POH (POW+POS)	12,900	1.25	5	33~165

3. 큐브체인 서비스

1) 큐브체인 지갑 서비스

큐브체인 지갑 서비스에는 이체 및 내역관리의 기본적인 서비스 외에 여러가지 특징적인 지갑 서비스를 제공한다.

(1) 큐브코인 지갑주소의 지갑 도메인 서비스

특정 아이피 주소를 지정된 도메인 주소로 연결시키듯이 특정지갑주소를 지갑이름으로 매칭해주는 서비스이다.

이를 활용하면 외우거나 전달하기 어려운 주소를 손쉽게 전달하는 편리성을 증대시킬 수 있다.

지갑 도메인으로 개인이 사용하는 핸드폰 번호나 이메일 주소를 사용할 수 있으므로 편리한 사용환경을 제시할 수 있게 된다.

(2) 큐브코인 지갑 그룹화 서비스

그룹화 서비스는 하나의 지갑에 여러개 지갑을 지정된 형태로 묶어주는 서비스이다.

대표 지갑주소는 노출되지 않으면서 연결된 지갑주소만 노출되는 형태의 서비스이다.

이를 활용하면 여러 목적의 지갑주소를 만들 수 있고 각각 내역을 연결된 지갑별로 분류할 수 있어 편리하다.

그룹지갑 서비스를 자동이체 서비스와 연결 지으면 연결된 지갑주소를 손쉽게 관리할 수 있다.

(3) 큐브코인 자동이체 서비스

특정 지갑에서 지정된 지갑으로 지정된 시간이나 액수나 잔고비율로 전송하는 기능이다.

(4) 큐브코인 메시징 서비스

① 특정 지갑 주소를 사용하는 사용자에게 메시지를 전달할 수 있다.

② 거래후 메시지를 전달할 수 있다.

③ 잘못 전달된 거래에 대해 반환을 요구하는 용도로도 사용될 수 있다.

2) 큐브체인 서비스

큐브체인 서비스는 큐브체인을 활용하는데 있어서 api를 적용 응용한 은 블록체인을 사용하는 사용자에게 기본적인 기능외에 다음과 같은 서비스를 수행한다.

(1) 큐브체인 개인정보 인증 서비스

큐브체인에 개인의 이메일, 핸드폰, 핀번호 등을 이용하여 범용적으로 사용할 수 있는 개인 인증 서비스이다. 큐브체인에 저장된 개인정보는 보호된 데이터를 기반으로 인증 시에만 오픈된다.

큐브체인 개인 정보 활용은 원하면 인터넷상에 오픈 할 수 있고 이를 통해 큐브체인 인증 서비스를 이용하는 앱이나 사이트에서 간단하게 연동된다.

(2) 큐브체인 메시징 서비스

큐브체인 기반 메시징 서비스는 기존 메시징 서비스와 다르게 P2P로 서비스가 진행됨과 동시에 큐브체인 데이터로 전송되어 저장된다. 메시징 서비스 특성상 당사자간의

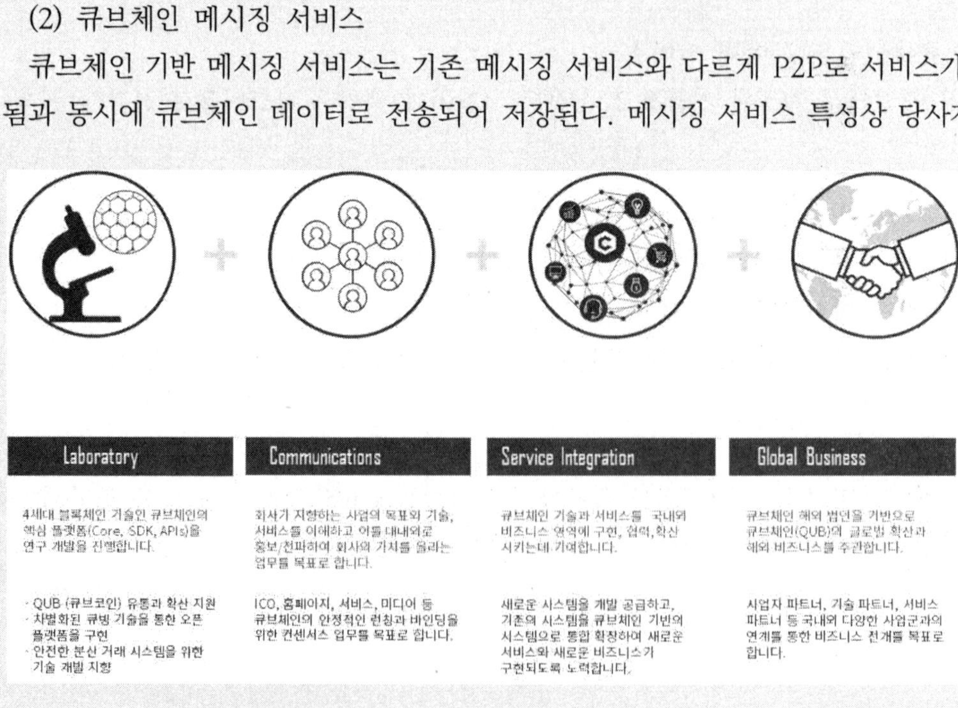

진행은 원할하게 하고 데이터의 저장은 후순위로 진행된다. 데이터의 저장은 큐브체인으로 분산 저장되며 이때 사생활 보호 기능을 이용하면 인증자에게만 오픈하여 데이터를 보호한다. 메시징 서비스는 api를 통해서 채팅방 개설, 참여자 설정, 참여자 대화 내용 전달을 할 수 있다. 이를 통해 사생활 보호된 안정된 채팅 서비스를 구축할 수 있다.

(3) 큐브체인 파일저장 서비스

큐브체인 파일 저장 서비스를 사용하면 사용자가 특정 파일을 큐브체인을 이용하여 분산 저장하여 특정 파일을 공공의 목적으로 사용하거나 공인된 파일로 등록할 수 있다. 문서파일나 이미지 파일을 등록하는 서비스를 통해 사용자는 중요한 파일을 안전하게 보관할 수 있다. 템플릿 앱과 연동되는 서비스를 통해 파일의 활용성을 높일 수도 있다.

(4) 큐브체인 데이터베이스 서비스

큐브체인의 데이터베이스 서비스는 블록체인의 데이터를 데이터베이스처럼 활용성 높게 사용하기 위한 서비스이다. 큐브체인의 편집블록과 정규화 블록을 사용하여 데이터를 구조화시켜 관리할 수 있는 장점을 제공한다. 데이터를 관리하는 것을 표준 SQL 문을 통해서 저장, 수정, 삭제가 가능하도록 api를 제공한다.

학습활동.7 교수 · 학습 방법

교수 방법

- 블록체인의 암호화폐 응용에 대한 관련 용어, 구성, 방식 이해 정도를 파악한 후 수업을 진행한다.
- 교수자의 주도로 코인을 어디에 보관하지 등의 내용을 PPT 자료로 제시한 후 설명한다.
- 가능하면 사전에 개인별 학습 자료를 준비하여 모든 학생이 참여할 수 있는 문제 해결식 수업, 협력 수업이 가능하도록 한다.
- 블록체인의 암호화폐 응용 전 과정을 작업의 순서에 따라 단계적으로 실습이 이루어질 수 있도록 지도한다.
- 교재를 통해 수업을 준비하는데 있어서 필요한 모든 정보나 팁, 힌트 등 도움이 될 만한 내용들을 확인할 수 있다.
- 학생들이 만들게 될 각 모델들은 수업시간에 중점적으로 다뤄질 부분과 어휘, 질문, 답을 포함하고 있으며 또한 탐구할만한 추가적인 아이디어들도 포함하고 있다.

학습 방법

- 블록체인의 암호화폐 응용에 대한 관련 용어를 숙지하고, 블록체인의 암호화폐 응용에 대해 이해한다.
- 블록체인의 암호화폐 응용의 각 단계별 중점 사항을 체계적으로 학습한다.
- 블록체인의 암호화폐 응용의 수행순서의 전 과정을 실습한다.
- 블록체인의 암호화폐 응용의 내용을 이해한다.
- 블록체인의 암호화폐 응용을 이해하고 숙달이 될 때까지 학습한다.

학습활동.7 평가 및 피드백

평가 준거

- 평가자는 피평가자가 수행 준거 및 평가 내용에 제시되어 있는 내용을 성공적으로 수행할 수 있는 지를 평가해야 한다.

학습내용	평가항목	성취수준		
		상	중	하
블록체인의 암호화폐 응용	블록체인의 암호화폐 응용를 이해할 수 있다.			

평가 방법

- 작업 포트폴리오

학습내용	평가항목	성취수준		
		상	중	하
블록체인의 암호화폐 응용	블록체인의 암호화폐 응용를 이해할 수 있다.			

- 필기시험

학습내용	평가항목	성취수준		
		상	중	하
블록체인의 암호화폐 응용	블록체인의 암호화폐 응용를 이해할 수 있다.			

- 체크리스트를 통한 관찰

학습내용	평가항목	성취수준		
		상	중	하
블록체인의 암호화폐 응용	블록체인의 암호화폐 응용를 이해할 수 있다.			

- 피드백

1. 작업 포트폴리오
   - 제출한 보고서를 평가한 후 주요 사항에 대하여 표시하여 돌려준다.
2. 필기시험
   - 평가 결과 성적이 저조한 학생은 보고서 제출 기회를 부여한다.
3. 체크리스트를 통한 관찰
   - 실습 과정에서 평가한 후 개선해야 할 사항 등을 정리하여 돌려둔다.

참 | 고 | 문 | 헌

1. 최선미 · 김현진 · 송근혜 · 민대홍 외 “블록체인 어디에 응용하고 있나?(응용 사례와 분야별 특성을 중심으로)”.
2. IBK경제연구소, ‘블록체인의 이해와 금융업의 활용에 대한 고찰’, 2017.7.
3. IBM, ‘IBM 블록체인 플랫폼 기술 개요’, 2017.1.
4. KDB산업은행, ‘R3CEV(글로벌 블록체인 컨소시엄) 최근 동향’, 2017.7.17.
5. 블록체인 2.0의 출현과 금융시장의 변화, 2017.9.
6. KISA, ‘국내외 블록체인 기술 적용분야 및 사례 연구’, 2016.12.
7. KISTEP, ‘블록체인 생태계 분석과 시사점’, 2017.9.
8. NIA, ‘블록체인 활용 전자투표’ 주요사례 및 시사점’, 2017.04.24.
9. NIPA, ‘블록체인 기술의 이해와 개발 현황 및 시사점’, 2018.3.28.
10. STEPI, ‘블록체인(Blockchain) 기술동향과 시사점’(2017.7.25.) 3
11. 교보증권, ‘블록체인, 거인의 어깨 위에 서서’, 2017.9.5.
12. 금융보안원, ‘블록체인 응용기술 개발 현황 및 산업별 도입 사례’, 2017.1.25.
13. 박세열, ‘블록체인! 가상화폐를 넘어 산업생태계의 혁신을 선도하다’, 2018.3.7.
14. 박지영, ‘자본시장의 새로운 생태계를 주도하는 블록체인 2.0’, 주간기술동향, 2017.2.15.
15. 리플, ‘리플 프로토콜 기본서’, 2014.8.
16. 삼성SDS, ‘삼성SDS 블록체인 플랫폼 NexledgerTM’, 2017.
17. 삼정KPMG, ‘블록체인이 가져올 경영 패러다임의 변화, 금융을 넘어 전 산업으로’, 2019.9.
18. 울산발전연구원, ‘울산, 블록체인 기술로 산업 · 공공분야 스마트화 촉진을’, 2017.12.19.
19. 유성민, ‘블록체인을 활용한 효율성 향상 적용 사례’, 주간기술동향, 2018.2.21.
20. 유진투자증권, ‘블록체인(Blockchain)과 디지털 경제’, 2017.1.16.
21. 임명환, ‘블록체인 특징과 암호화폐 투자’, 2017.9.2
22. 피넥터, ‘분산원장 산업동향과 통계’, 2017.
23. ‘블록체인 기술의 발전과정과 이해’, 2016.
24. 한국은행, 분산원장 기술과 디지털통화의 현황 및 시사점, 2016.1.
25. 한국인터넷진흥원, ‘국내외 블록체인 기술 적용분야’, pp.19-54, 2017.01.04.
26. 한국지식재산연구원, ‘블록체인(BlockChain)기술의 산업동향 및 특허동향’, 2017.4.27.
27. automotive, ‘자동차 산업에 침투하는 ‘블록체인’’, 2018.3.
28. BitWeb, ‘바이텀-원자 세계에서 바이트 세계로의 자산 이동을 목표로 하는 코인’, 2018.3.12.
29. Block Media, ‘나스닥, ‘이전과 다른’ 비트코인 선물 상품 개발 중’, 2018.1.26.
30. CCN, ‘10% Blockchain for Dubai Government by 2020’, 2016.10.5.
31. ‘Abu Dhabi Securities Exchange Launches Blockchain e-Voting Service’, 2016.10.17.
32. CIO, ‘MS, '블록체인 기반 ID 시스템‘ 대규모 테스트’, 2018.2.14.
33. ‘호주 커먼웰스은행, ‘상용화된 블록체인’ 도입한다’. 2018.2.13.

34. Global Auto News, '2017 프랑크푸르트쇼 - ZF-UBS-IBM, 전자 결제 플랫폼 공동 개발', 2019.9.14.
35. IT뉴스, '마이크로소프트, 기업용 블록체인 '코코 프레임워크' 공개', 2017.8.1.
36. IT조선, '[암호화폐 2018] SBI 홀딩스 "블록체인 기술 활용한 비즈니스 본격화"', 2018.3.29.
37. KB금융그룹, 'KB은행, 비대면 실명확인정보 보관에 블록체인 적용', 2017.4.29.
38. KINEWS, 'IBM-MS-오라클, '블록체인' 플랫폼 경쟁 본격화', 2017.10.26.
39. Kotra, '美 블록체인 기술의 응용현황과 전망', 2018.2.16.
40. '블록체인으로 미래를 설계하는 네덜란드', 2018.1.24.
41. LG CNS, 'LG CNS, 블록체인 기반 국내 최초 전자증권 발행', 2015.1.23.
42. Mckinsey, 'Using blockchain to improve data management in the public sector', 2017.02.
43. Ryan Osgod, 'The Future of Democracy: Blockchain Voting', 2016.12.
44. skuchain, 'Skuchain uses blockchain and IoT for new suply chain platform', 2018.1.24.
45. Smaet DUBAI, 'DUBAI BLOCKCHAIN STRATEGY', Smart DUBAI, 2016.12.
46. ZDNET Korea, '신한 등 6개 은행, 블록체인 인증 시범 서비스', 2018.3.5.
47. '오라클, 클라우드 블록체인 서비스 내놓는다', 2017.10.13.
48. '중국 국가 차원 '블록체인 플랫폼' 출범', 2018.3.28.
49. 글로벌경제신문, "[글로벌마켓분석-일본] IBM '실생활서 무역까지' 블록체인 혁명'스타트' ", 2017.9.12.
50. '美 블록체인 기술 전망 긍적적, 개발자 참여 증가 예상', 2018
51. 글로벌이코노믹, '[기묘한 재테크] 해킹당한 NEM은 어떤 암호화폐일까', 2018.1.31.
52. 뉴스1, '세계 첫 블록체인 대선, 아프리카에서 실시됐다', 2018.3.25.
53. '中 유니온페이-IBM, 블록체인 기반 '포인트 거래소' 개발', 2018.3.25.
54, '카카오, 일본에 블록체인 자회사 '그라운드X' 설립', 2018.3.27.
55. 디지털데일리, '"더 안전하고 편리해진 블록체인 인증"… IBM의 '블록체인 1.0' 전략', 2017.16.
57. '[2018 블록체인⑦] 공공분야에 구현, 전자정부서비스 진화 빨라진다', 2018.3.20.
58. 디지털데일리, '블록체인' 주도권 잡자…글로벌 IT기업 행보 주목', 2018.2.20.
59. 매일경제, '"항저우를 현금·종이없는 블록체인 도시로"…中의 飛上', 2017.2.6.
60 '블록체인 기술, 금융 넘어 정부시스템 혁신 이끈다', 2017.1.21.
61. '삼성SDS, 블록체인서 미래먹거리 찾는다', 2018.1.16.
62. 물류매거진, '관세청, 세계최초 블록체인 기반 수출통관 서비스 기술검증 완료', 2017.12.26.
63. 삼성SDS, '[보도자료]삼성SDS, AI·블록체인 기반 스마트 물류 혁신 이끌어', 2018.3.7.
64. 서울경제, '[신비한 코인사전]〈5〉 '평등한 세상'을 지향하는 에이다', 2018.2.2.
65. '구글 '소비자 보호' vs. IBM '산업 표준화.. 블록체인 경쟁', 2018.3.26.
66. 시사저널e, '블록체인 기반 SNS '스팀잇' 화제…'좋아요' 받은 만큼 가상화폐로 보상', 2018.1.31.
67. '은행, 블록체인기반 송금서비스 도입 초읽기', 2018.3.15.
68. 아이뉴스, '[블록체인이 온다]② IT기업 블록체인 플랫폼 확보戰', 2017.5.4.
69. 아주경제, '삼성SDS, AI·블록체인 기반 '스마트 물류' 혁신 드라이브', 2018.3.8.

70. 우정연구경영센터, '4차 산업혁명과 해외 우정: 미국 우정청(USPS)의 블록체인 기술 검토', 2017.09.20.
71. 이데일리, ''블록체인 전도사', 홍원표, "판매수요 예측, AI로 10분만에 해결"', 2018.3.8.
72. 전자신문, '[4차 산업혁명 시작 '블록체인']〈8〉글로벌 표준화..정보 공유가 여는 상생 산업구도', 2018.3.27.
73. '"[4차 산업혁명 시작 '블록체인']〈10〉미완의 대안, 암호화폐', 2018.3.29.
74. '"3세대 블록체인 '카르다노' 3년 내 금융 서비스 적용"', 2018.3.13.
75. 조선Biz, '"카카오가 왜 블록체인 하냐고요? 해외서 성공할 마지막 기회이기 때문"', 2018.4.12.
76. '우리銀, 리플 블록체인 활용한 해외송금 2차 테스트.."성공해도 도입시기 빨라야 연말"', 2018.1.18.
77. 주간경향, '블록체인, 물류혁명 가져다줄까', 2018.1.16.
78. 중앙일보, '경기도, G마크 농산물 인증에도 블록체인 기술 적용 검토', 2017.3.8.
79. '비트코인골드 탄생, 채굴의 민주화 성공할까', 2017.10.
80. 테크M, '블록체인으로 개방형 전자정부 완성한다', 2017.9.5.
81. '비트코인·이더리움 한계 극복한 차세대 블록체인 속속 등장', 2018.3.2.
82. 한국경제, '머스크-IBM 블록체인 합작사 만든다', 2018.1.18.
83. 한국경제TV, '해외선 '크립토 네이션' 도약 채비..한국은 시늉만', 2018.2.28.
84. 한국경제매거진, '월마트, 블록체인으로 '유통 혁명' 실험', 2018.2.7.
85. '통신·SI·금융업계 "블록체인 신시장 잡아라"', 2018.2.7.
86. '하나은행, 블록체인으로 '글로벌 결제 허브' 만든다', 2018.2.7.
87. 한국금융, '신한·하나은행, IT와 연대 블록체인 기술 확보', 2018.3.5.
88. 박정호, "블록체인 산업현황 및 동향", 2018.4.30.
89. Bitcoin: A Peer-to-Peer Electronic Cash System(Satoshi Nakamoto, 2008. 11.)
90. 과학기술정책연구원(STEPI) '블록체인(Blockchain) 기술동향과 시사점'(2017.7.25.) 3
91. 금융보안원, '블록체인 및 비트코인 보안 기술', 2015.11.23.
92. ________, '블록체인 응용기술 개발 현황 및 산업별 도입 사례', 2017.1.25.
93. ________, 금융권 블록체인 활용 방안에 대한 정책 연구, 2016.11.07.
94. 전자신문, 코인플러그, 블록체인 패밀리특허 세계 2위. IBM 1위, 2017.5.30.
95. 소프트웨어정책연구소, 블록체인 활성화를 위한 정책 제언, 2018.2.27.
96. 비트코인 캐시 공식 홈페이지, https://www.bitcoincash.org/
97. Jake Frankenfield, "Bitcoin vs. Bitcoin Cash: What's the Difference?", Investopedia, 2018.06.26.
98. 비트코인 캐시, 《나무위키》
99. 고란 기자, 〈'운명의 날' 태어난 비트코인 캐시, 하루만에 시총 3위로 껑충〉, 《중앙일보》, 2017.08.03.
100. 박근모 기자, 〈새롭게 출범한 비트코인 캐시(BCH), 향후 전망은?〉, 《키뉴스》, 2017.08.02.
101. Jared Newman, 〈비트코인 내부 갈등 심화…"기술적으로 붕괴 직전"〉, 《CIO Korea》, 2016.01.18.
102. 비트웹 편집국, 〈비트코인 캐시 - 블록사이즈 확장, 낮은 수수료와 빠른 컨펌, 트랜잭션 리플레이 공격 불가〉, 《비트웹》, 2018.01.23.

103. 머니넷스탭, 〈비트코인 캐시(BCC) 개념 및 특징)〉, 《머니넷》, 2018.01.16.
104. black, 〈비트코인 캐시(BCC) 개념 및 특징)〉, 《머니넷》, 2017.08.01.
105. 머니넷스탭, 〈비트코인 캐시(Bitcoin Cash) 하드포크 개념 및 특징)〉, 《머니넷》, 2017.11.04.
106. 머니넷스탭, 〈비트코인 세그윗2X(B2X) 개념 및 특징〉, 《머니넷》, 2017.10.28.
107. 머니넷 지음, 〈#03 – 비트코인 캐시(BCH)〉, 《알면 돈 되는 알트코인 30선》, 위클리비즈, 2018년 2월
108. 코인지기, 〈비트코인 세그윗에 대하여〉, 《네이버 블로그》, 2017.07.25.
109. 키뉴스, 〈비트코인 세그윗2X 하드포크 '취소'〉, 《네이버 포스트》, 2017.11.09.
110. 박병화 기자, 〈비트코인 캐시, 하드포크 발표 "블록 크기 32MB 증가"〉, 《코인리더스》, 2018.04.06.
111. 박병화 기자, 〈비트코인 캐시 하드포크, ABC와 SV 양분 속 '비트코인스태쉬(Bitcoin Stash)' 주목〉, 《코인리더스》, 2018.11.13.
112. 이정훈 기자, 〈비트코인 캐시 전쟁, 결국 법정行…"네트워크 강탈" 로저버 · 우지한 피소〉, 《이데일리》, 2018.12.08.
113. 윤해리 기자, 〈끝나지 않은 비트코인 캐시 하드포크 논란, 로저 버 · 우지한 등 피소〉, 《데일리토큰》, 2018.12.10.
114. 핵심만 콕콕! 암호화폐 분석, 〈비트코인 캐시(Bitcoin Cash)는 무엇인가? 비트코인의 진화 버전〉, 《블록센스》, 2018.06.21.

• 웹사이트

http:/factom.org/
http:/gamecredits.com/
http:/getstarted.with.pink/
http:/nem.io/
http:/newcoinschedule.com/
http:/syscoin.org/
http:/vergecurency.com/
http:/www.augur.net/
http:/www.monero.c/
https:/akasha.world/
https:/bitcoingold.org/
https:/bytebal.org/
https:/bytom.io/?S=zw2m5cbemlc
https:/coinmarketcap.com/
htps:/crushcrypto.com/analysis-of-bitdegre
https:/enterprise.gem.co/health/

https:/eos.io/
https:/ethereumclasic.github.io/
https:/exergy.energy
https:/litecoin.com/
https:/neo.org/
https:/omg.omise.co/
https:/ont.io/
https:/qtum.org/en/
https:/riple.com/
https:/storj.io/
https:/streamium.io
https:/tron.network/
https:/www.bitcoin.com/
https:/www.bitcoincash.org/
https:/www.cardano.org/en/home/
https:/www.cn.com/
https:/www.coindesk.com/
https:/www.dash.org/
https:/www.enterpriseinnovation.net/egov
https:/www.ethereum.org/
https:/www.everledger.io/
https:/www.iota.org/
https:/www.potcoin.com/
https:/www.provenance.org/
https:/www.stelar.org/
https:/xage.com/product/
https:/z.cash/

학습 1	블록체인의 개념 및 특징
학습 2	블록체인의 알고리즘 및 기술
학습 3	블록체인의 개발환경구축
학습 4	블록체인 플랫폼 하이퍼레저
학습 5	블록체인 프라이빗 플랫폼 R3 코다
학습 6	블록체인의 사업성 검토
학습 7	블록체인의 암호화폐 응용
학습 8	**블록체인의 금융분야 응용**
학습 9	블록체인의 공공과 민간부문의 응용
학습 10	블록체인의 산업분야 응용
학습 11	코인을 어디에 보관하지?
학습 12	코인을 사고 팔려면 어떻게 하지?

학습 목표	1. 블록체인의 금융분야 응용를 이해할 수 있다.

8-1 금융기관 블록체인 응용 현황 및 시사점

1. 개요

① 기존 금융시스템의 처리 소요시간, 절차 및 보안 개선 등을 위해 블록체인 기술 도입하였다.

② 기관 간 송금, 결제 등 거래시 중개 기관이 신뢰를 담보하던 기존 시스템의 번거로움을 제거하고, 상호 신뢰 하에 빠르고 간소화된 금융 서비스가 가능 하도록 시스템을 개선했다.

2. 블록체인 응용현황

① 계약체결, 고객 정보 공동 관리, 송금·결제, 채권발행 및 주식거래 등 금융서비스 대부분에 적용 시도하였다.

② 은행 간 송금망에 블록체인 기술을 적용하여 중개 은행 없이도 상호 신뢰 하에 직접 거래하여 절차를 간소화하고 관련 수수료 비용을 절감을 꾀하였다.

③ 고객관리에 블록체인 기반 단일 인증서를 적용하고 실시간 공유하여, 고객이 금융사마다 인증서를 확보해야 하는 번거로움을 제거하였다.
④ 초기 R3CEV와 같이 컨소시엄 중심으로 기관 간 협력 하에 개발이 진행된다. 최근 은행 단독 혹은 일부 기관 간 협업에 의한 R&D 증가하고 있다.

3. 시사점

① 기업(금융사 등)과 스타트업의 지속적 연구와 컨소시엄을 통한 협력 연구 등을 통해 블록체인 기반 금융 서비스는 지속적으로 확장될 전망이다.
② 컨소시엄 : 다수 기업이 컨소시엄을 이탈하며 기관 단독 혹은 기관 간 합종연횡을 통한 독자 플랫폼 개발 진행 중이다.
③ 은행/증권 : 해외 기업은 국제/국내 은행 간 거래 전체를 대상으로 활발한 활동을 전개 중인데 반해, 국내는 국제 은행 간 거래에 보다 초점을 맞추고 있다.
④ 스타트업 : 컨소시엄, 은행 등 기관이 추진하기 어려운 영역에서 기존 산업의 미비점을 보완하고 이를 통해 가치 창출을 시도하고 있다.
⑤ 해외 대비 국내 기업 및 스타트업의 활동은 미흡한 상황으로 국내 은행/증권의 기술 도입 장려, 스타트업 지원, R&D 투자 확대 등 보다 적극적인 기술 도입 환경 조성이 필요하다.

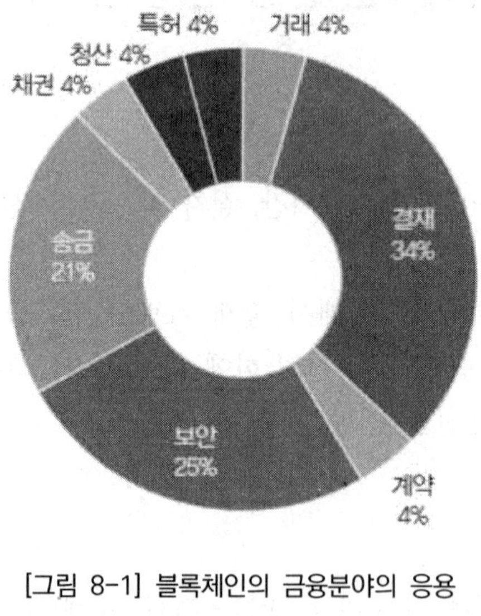

[그림 8-1] 블록체인의 금융분야의 응용

출처 : 블록체인 투데이

8-2 블록체인 컨소시엄(Consortium) : R3CEV

1. R3CEV 개요

1) 설립목적

① 2015년 9월, 글로벌 금융 서비스 개발 스타트업인 R3가 금융 서비스에 세계 최대 규모의 특화된 분산원장 플랫폼 개발 프로젝트를 위해 금융기관과 연합하여 구성하였다. R3의 코다 플랫폼 위에 다양한 기술기반 스타트업들에 금융 앱들을 개발할 수 있지만 R3 durtl 독자적으로 금융서비스를 개발한다.

② Barclays, UBS, Bank of America, Goldman Sachs, JP Morgan Citi, Deutsche Bank, Morgan Stanley 등 세계 최대 금융기관 43개 및 청산소, 거래소, 기술업체 등 50개 이상 기업이 참여하였다.

③ 회원 및 비회원사로부터 투자를 받아 기술을 개발하며, 적극적인 협업을 통해 복잡하고 비용 집약적인 현재의 금융 시스템 개선하고자 현재가지 은행의 청산 시스템과 중개 과정 그리고 전산처리 과정이 너무나 복잡하고 비용 집약적이었기 때문에 이를 혁신하기 위해 전세계 금융망을 하나로 통합하는 거대 프로젝트를 발제하였다. 프로젝트는 몇 번의 파일럿 테스트 이후에 상당히 구체화 되었고, 현재는 이더리움 블록체인에서 영감을 받아 'CORDA'라는 이름의 완전히 새로운 전용 아키텍처가 설계되고 있다.

2) 특징

① R3가 기본 R&D를 담당하고, 회원사가 각사 API와 R3 시스템을 연결해 활용하며 금융전산처리 비용 및 인력 효율 확보하고자 한다.

② 2016년 온라인 분산원장시스템인 Corda를 개발하여 금융 기관 간 전송 정보에 대한 기밀성을 강화하고 금융 감독 지원 등 특화 기능 지원한다.

③ Corda가 블록체인의 합의 및 공개 없는 상향식 접근법을 취하고 있어 기존의 블록체인 플랫폼과는 차이가 있다는 논란 진행 중이다.

④ 비트코인에서 처음 도입되었고, 이더리움에 의해 응용성이 높아진 블록체인을 이용하는 방법인데, 향후 금융기관이 다루는 금융자산을 블록체인 위해서 발행하고 거래하며 마감하는 방식으로 비용을 절감하고자 한다.

2. 응용 현황

1) 금융 계약 체결

① 장외파생 금융상품 거래, 무역 계약 등 스마트 계약 기술을 활용한 다양한 실증 실험이 진행 중이다.

② 노무라홀딩스, 다이와 증권그룹 본사 등 일본 금융기관 5사가 연대하여 장외 파생상품 거래에 Corda 활용 가능성을 실증하고 있다.

- 장외파생금융상품 거래 기본계약서인 ISDA(국제 스왑 파생상품 협회) 마스터 계약 관련 메일 확인 작업 생략 및 거래 확인이나 합의 내용을 시계열로 기록, 보관 가능함을 확인한다.

③ 무역 거래 시 발급해야 하는 신용장* 발급 및 관련 계약 절차 등을 분산원장을 통해 스마트 계약으로 처리한다.

④ 기타 대출, 보험증서 등의 계약 체결에 활용한다.

2) 고객 정보 공동 관리

① 은행마다 고객확인 절차를 거쳐야 하는 불편 개선을 위해 고객확인 정보 CDD** EDD***를 Corda로 공동 관리한다.

② 국내 5개 시중은행(국민, 신한, 우리, 하나, 기업 은행)이 Corda 기반으로 고객 정보를 공유하고 공동 관리하는 프로젝트를 진행한다.

③ 은행 한 곳에서 고객확인 절차를 거치면 이를 타 은행과 공유하여 관련 절차 간소화 및 개선을 한다.

3) 송금 및 결제

① 토큰화된 자산(Tokenized Asets) 또는 가상통화 등을 기반으로 은행 간 송금, 결제 업무를 진행한다.

② 컨소시엄 소속 금융회사 간 공동으로 송금・결제 기술을 개발하여 실험하며 중개/청산은행 개입 없이 분산원장에서 실시간 청산 가능성을 확인한다.

---

* 신용장(leter of credit) : 무역거래시 수입회사의 신용상태 증명을 위해 은행이 발행하는 증서로 이를 바탕으로 어음발행 및 대금지급 등 금융거래가 생성한다.

** CDD(Customer Due Dilgence : 고객확인제도)란 금융회사가 제공하는 금융상품 서비스가 자금세탁 등 불법행위에 이용되지 않도록 고객의 실제 명의, 주소, 연락처, 금융거래 목적 등을 확인하는 제도이다.

*** EDD(Enhanced Due Dilgence : 강화된 고객확인) : 자금세탁 위험이 높은 것으로 평가된 고객 또는 서비스에 대해서는 신원확인 외에 고객의 실제 당사자 여부 및 금융거래 목적과 거래자금의 원천 등 추가적인 정보를 확인한다.

〈표 8-1〉 R3CEV 컨소시엄 참가 기관 및 동향

시기	기관수	기 관
2015.9.15	9개 참여	Barclays, BBVA, Commonwealth Bank of Australia, Credit Suisse, Goldman Sachs, J.P. Morgan, Royal Back of Scotland, State Street, UBS
2015.9.29	13개 참여	Bank of America, BNY Melon, Citi, Commerzbank, Deutxche Bank, HSBC, Mitsubishi UFJ Financial Group, Morgan Stanley, National Australia Bank, Royal Bank of Canada, Skandinaviska Enskilda Banken, Societe Generale, Toronto-Dominion Bank
2015.10.28	3개 참여	Mizuho Bank, Nordea, UniCredit
2015.1.19	5개 참여	BNP Paribas, Wels Fargo, ING, MacQuarie, the Canadian Imperial Bank of Commerce
2015.12.17	12개 참여	BMO Financial Group, Danske Bank, Intesa Sanpaolo, Natixis, Nomura, Northern Trust, OP Financial Group, Banco Santander, Scotiabank, Sumitomo Mitsui Banking Corporation, US Bancorp, Westpac Banking Corporation
2016.4.25	3개 참여	SBI Holdings of Japan, Hana Financial of South Korea, Bank Itau of Brazil
2016.7~8	2개 참여	Toyota Financial Services, MetLife
2016.11	3개 탈퇴	Goldman Sachs, Santander, Morgan Stanley 탈퇴
2016.12.14	1개 참여	Credicorp
2017.4	1개 탈퇴	JpMorgan Chase 탈퇴
2017.8	1개 참여	The Colombian central bank Banco de la República Colombia이 R3와 파트너십 협약
2017.10	4개 참여	BNP Paribas, BNY Melon, State Stret, ING와 R3가 파트너십 협약
2017.12. 6	1개 참여	Amazon Web Services (AWS)이 R3와 파트너십 협약
2017.12	1개 참여	Nonghyup(NH) Bank

※ 자료 : Wikipedia

③ 캐나다 중앙은행 및 타 은행 간 가상통화 기반의 은행 간 결제 기술을 개발하는 등 관련 컨소시엄 내에서 다양한 시범테스트 진행 중이다.

- R3CEV(Reduce Risk in Reference - Crypto, Exchanges and Venture practice) 외 다양한 컨소시엄들이 블록체인과 금융 산업의 융합을 통한 금융 서비스혁신을 위해 활동 중이다.

〈표 8-2〉 기타 컨소시엄 동향

컨소시엄	출범시기	주최사	활동 내용
WSBA (미국)	2015	-	• 목적 : 금융 시장 전반에 걸친 분산원장기술 확대 • 고객과 기관이 블록체인 · 분산원장 · 스마트 계약 등의 기술로 중개인 없이 직접 소통하는 구조 정착
Chain (미국)	2014	Chain	• 목적 : 모든 자산을 디지털화하여 보다 효율적이고 상호 연결된 금융시스템 구축 • 선도적인 기관들과 블록체인 네트워크를 협력 개발하여 혁신적인 금융상품 및 서비스 제공 플랫폼 확보
Swiss Industry Consortium (스위스)	2016.9	-	• 목적 : 장외주식 거래 활성화를 위한 블록체인 기술활용 • 블록체인 기술 기반 장외주식 청산, 결제, 보고를 위한 프로토타입 개발
PTDL 그룹 (스위스)	2016.5	Ernst & Young Norton Rose Fulbright	• 목적 : 금융 산업 참여자에 신뢰성있는 협업 및 정보 공유 환경 제공 • 분산원장 기술 정착을 통해 금융산업에 미칠 긍정적파장에 대해 검토
리플 일본 은행 컨소시엄(일본)	2016.8	SBI Ripple Asia	• 목적 : 리플 기술을 사용한 국내/외 결제 등 분산원장기반 금융 시스템 구축 • 회원 및 소비자에게 비용절감효과와 동시에 24시간 작동을 지원하는 결제시스템 제공
블록체인 스터디 그룹(일본)	-	Deloitte	• 목적 : 은행 간 지급결제를 위한 기술 협력 시범 연구 • 지급 결제 및 청산 등 다양한 부문에서 상호 협력
뱅크레저 (중국)	2012	Bankledger	• 목적 : 블록체인 기반의 클라우드 프로젝트로 실시간디지털 자산 발행 · 스마트 계약 체결 · 거래 지원 • 블록체인 솔루션 개발 및 교육훈련 진행

※ 출처 : 기관별 웹사이트

[응용 특징]

- 컨소시엄을 통한 은행 간 중개/청산은행 없는 효율적 금융 시스템 구현이 목적이다.
- R3CEV의 경우 초기 참여기업인 골드만삭스, 모건스탠리, JP모건체이스 등이 컨소시엄을 이탈하는 등 이해 관계에 따른 컨소시엄 간 이합집산 활발하다.
- 향후 상황에 따라 기관 단독 혹은 기관 간 합종연횡에 따른 편차가 나타날 것으로 추정되며, 국내 금융기관 역시 국내 · 외 환경변화에 적극 대응할 필요하다.

수행 내용

재료 · 자료

- 지갑 및 블록체인 관련 자료

기기(장비 · 공구)

- 컴퓨터, 프린터, 주변기기

안전 · 유의사항

- 컴퓨터 및 주변기기의 전원을 관리한다.

수행 순서

01 R3CEV 프로젝트를 이해하기 위하여 현재 은행 시스템의 구조에 대하여 분석하라.

1. 은행 결제시스템

1) 은행 내 거래

은행 내 거래의 경우, 동일한 은행에 계좌를 가진 두 사람이 거래를 하는 경우이다. 홍길동이가 이대한에게 10만원을 보내고 싶다면, 홍길동이는 계좌이체를 하고 은행 내 전산에서는 이에 대해, 홍길동의 계좌에서 10만원을 차감하고 이대한의 계좌에 10만원을 더 한다.

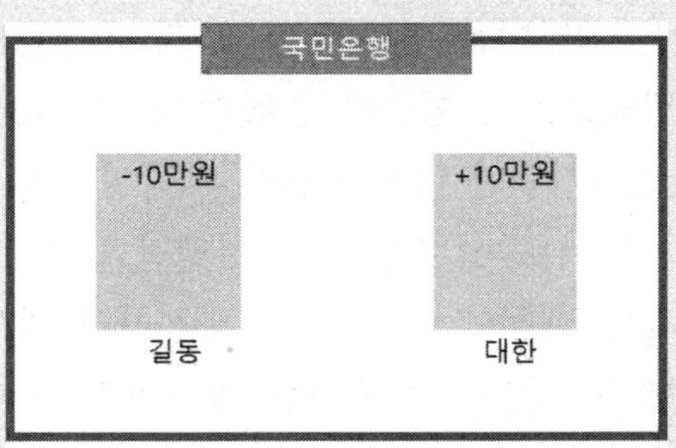

은행 내 거래

2) 은행 간 거래

은행 간 거래는 어떠할까? 서로 다른 은행의 계좌를 사용하는 두 사람에게 어떻게 정산을 해주어야 할까? 각 은행은 업무 시간, 행태, 전산망 등이 전혀 다를 수 있다.

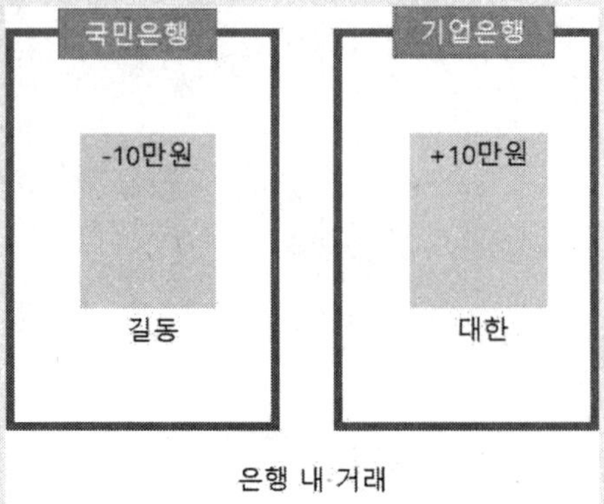

3) 중개기관의 개입으로 은행 간 거래 청산

이 경우 가운데 중개기관이 개입하여 각 은행간 거래내역을 '청산(Clearing)'하게 된다.

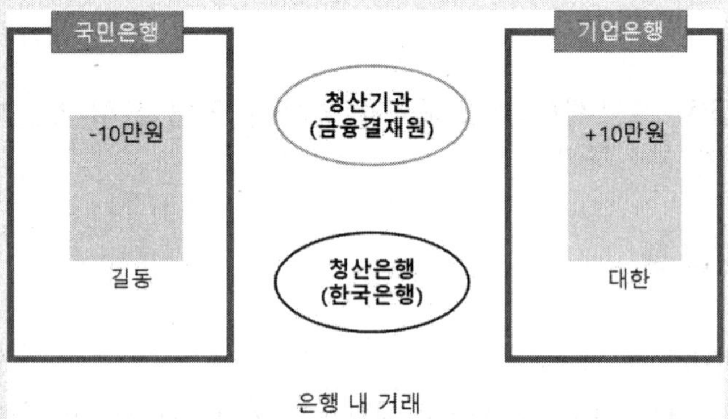

국민은행과 기업은행은 관련된 모든 정보를 청산기관(금융결제원)에 보내고, 금융결제원에서는 이를 종합하여 타당성 검증 및 금액계산을 한다. 이 결과를 다음 영업일에 각 은행과 그 은행들의 당좌예금계좌를 관리하는 청산은행(한국은행=중앙은행)에 전달한다. 그러면 한국은행은 전달받은 정보에 따라, 각 은행들의 당좌예금 계좌에 자금을 입금하거나 인출하는 방식으로 은행들간의 결제(Settlement)를 완결시켜주게 된다.

각 거래를 일일이 완결시키자면 너무나 많은 시간과 자원이 소모되므로, 하루 간 발생한 수많은 거래 건들을 서로 상계하여 그 차액만을 결제해주게 된다.

이러한 중개기관의 개입 때문에 내/외부 정산절차가 필요하므로, 은행은 고객에게 즉시 계좌청산을 이행해주지만, 은행은 바로 청산받지 못한다.

즉 대한이는 길동이에게서 받은 10만원을 즉시 수령하여 사용할 수 있지만, 국민은행은 기업은행이 보낸 돈을 즉시 받을 수 없다. 청산기관과 은행을 거쳐야 하기 때문에 이르면 익일 정도에나 한국은행으로부터 해당 금액을 결제받게 된다.

4) 외환거래의 경우

그렇다면 외환거래의 경우는 어떠할까? 외환거래에서는 업무행태나 시차 등은 물론이고 전혀 다른 화폐로 이동해야 하기 때문에 더 복잡한 요소들이 개입이 된다.

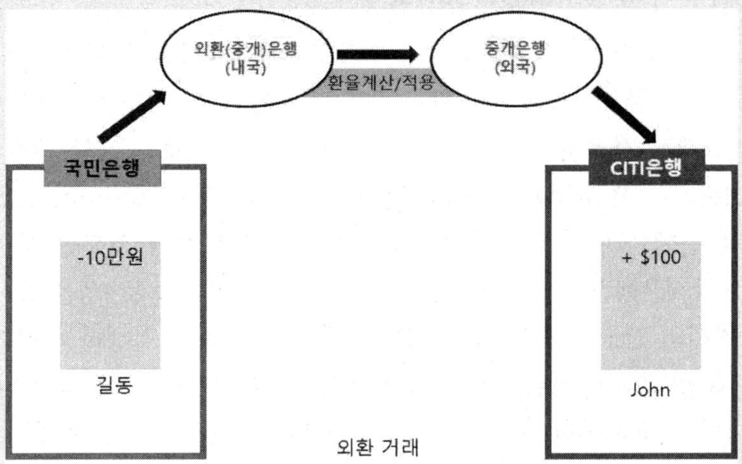

예컨대, 국민은행 고객인 길동이 미국의 CITI 은행의 고객인 John에게 10만원을 달러로 바꾸어 보내고자 한다고 가정해보자. 국민은행은 CITI 은행을 모르는 상황이기 때문에 무턱대고 보낼 수가 없다(물론 현실에서 CITI 은행은 매우 거대한 금융기관이기 때문에 충분한 신뢰를 구축하고 있다). 이 경우, 국민은행은 국내의 믿을 수 있는 중개은행(외환은행)에 중개를 요청한다. 그러면 외환은행은 미국에 있는 외환은행이 믿을 수 있는 중개은행을 구하게 된다. 해당 중개은행이 CITI은행과 신뢰관계구축*하고 있다면 이 상태에서 그대로 거래가 이루어질 수 있겠지만, 해당 외국의 중개은행이 CITI은행과 신뢰관계가 없다면, 또 다시 CITI은행과 해당은행의 신뢰를 동시에 받는 중개은행을 찾아야만 한다.

그래서 '최초의 이체보내는 은행(국민은행)'과 '받는 은행(CITI은행)'이 동시에 서로 신뢰할 수 있는 중개기관(또는 중개기관들의 고리)을 찾아내야만 하는 것이다.

이러한 계좌를 통해 해당일에 있었던 거래를 상계하여 차액만을 하루에 한 번씩 정산한다. 위 거래의 경우, 국민은행은 길동에게서 10만원을 입금받은 뒤, CITI은행에게 Jhon에게 $100를 이체해 줄 것을 요청하고, CITI은행과는 자신의 은행에 등록된 국민은행 계좌에

* 신뢰관계의 구축이란, 각 은행들이 서로의 은행에 계좌를 트는 것 을 의미한다. 은행이 실제로 서로 돈을 송금하지는 않는다. 국민은행과 CITI은행의 신뢰관계를 구축했을 경우, 국민은행에는 CITI은행명으로 된 '마이너스(예치환)계좌'가, CITI은행에는 국민은행 이름으로 된 '마이너스(예치환)계좌'가 있다는 뜻이다.

'-$100'를 표시하고 Jhon에게 해당 금액을 보내준다.

이를 국민은행 외환 트레이딩 부서에서 외환시장에서 $100를 구매해 채워넣어 잔고를 '0'으로 만들어 두는 것이다.

그러면, 결국 국민은행은 길동이로부터 받은 10만원이 있고, CITI은행의 마이너스계좌의 $100를 외환시장에서 구입해 갚은 형태가 되는 것이다.

5) 회환 거래 시 국제은행 간 통신협정인 SWIFT 프로토콜을 사용하는 경우

서로 간에 언어가 다르고 서류 양식이 다르고 관행이 다르기 때문에 통일된 공통의 언어를 사용해야만 금융사고나 자잘한 실수가 터지는 것을 막을 수가 있고 책임추궁이 가능해진다. 그래서 사용하게 되는 통일된 프로토콜이 바로 '국제은행간 통신협정'인 'SWIFT(Society of Worldwide Interbank Financial Telecommunication) 프로토콜'이며, 각 은행은 여기에서 사용자계좌번호와 같은 은행 코드를 부여받게 된다.

스위프트는 국제은행간 주고 받는 메시지 통신 규정이다. 중계은행을 통해 상호적으로 관리하는 환거래의 잔고를 인출 및 입금하면서 돈의 흐름이 발생하는 것이다. 단지 문제는 비용과 유동성이다. 스위프트는 비산 네트워크이기 때문에 금액의 많든 적든간에 송금할 때 마다 사용해야만 한다. 그러므로 많은 은행간 원활한 송금을 하려고 하면 많은 자본이 묶여 있어야 하으로 유동성 문제가 발생하게 된다.

이러한 문제를 해결하기 위하여 차감결제시스템(DNS : Deferred Net Settlement system)이라는 청산기관(금융결재원)이다.

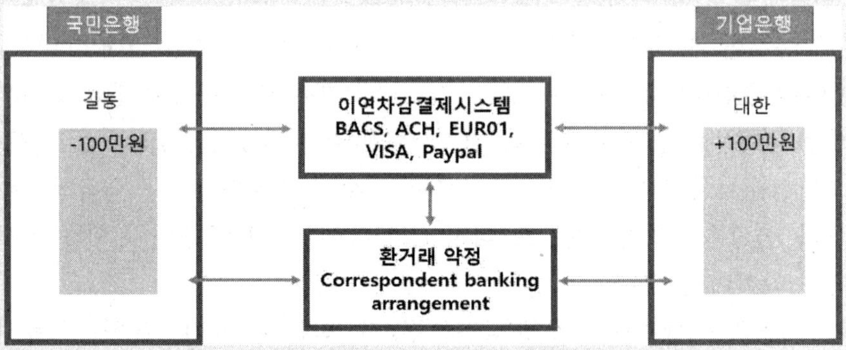

그러므로 스위프트 메시지를 매번 서로 보낼 필요 없이 이 청산기관에서 모든 결재를 기록하고 밸런스를 청산하기 때문에 은행들은 더 적은 자본을 환거래 은행에 예치할 수 있다. 은행들은 스위프트 대신 스케줄에 맞게 결재를 기록하고 계산하는 청산기관(BACS,ACH, EUROI, VISA, Paypal 등)에 메시지를 보낸다.

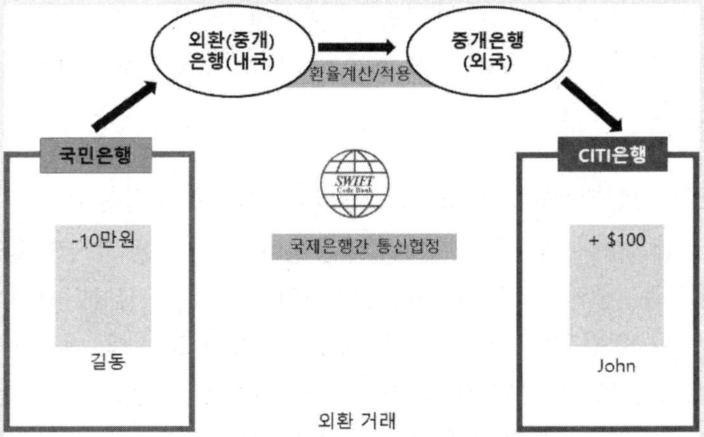

해당 코드와 이체 프로토콜을 사용해 외국은행과도 자금 정산 할 수 있게 된다. 이러한 이체가 이루어지면 규정된 국제청산은행 또는 국가 간 지명된 청산은행에서 해당 은행들에 청산을 해주게 된다. 얼마전에 중국 현지 원화청산은행으로 하나/우리은행이 선정된 바 있으며, 원-위완화 직거래시장 청산은행으로는 중국의 인민은행(중국중앙은행)과 교통은행 서울지점이 지정된 바 있다.

하지만 이연차감결재 시스템이 역시 큰 문제를 가지고 있다. 결재의 완결(Settlement Finality)이 불가능하기 때문이다. 결재완결성이란 지급결재시스템을 통해 이루어지는 결재가 기관의 파산과 같은 상황에서도 취소하지 않고 해당 지급결재시스템의 운영규칙에 따라 무곤 청산되는 것을 뜻한다.

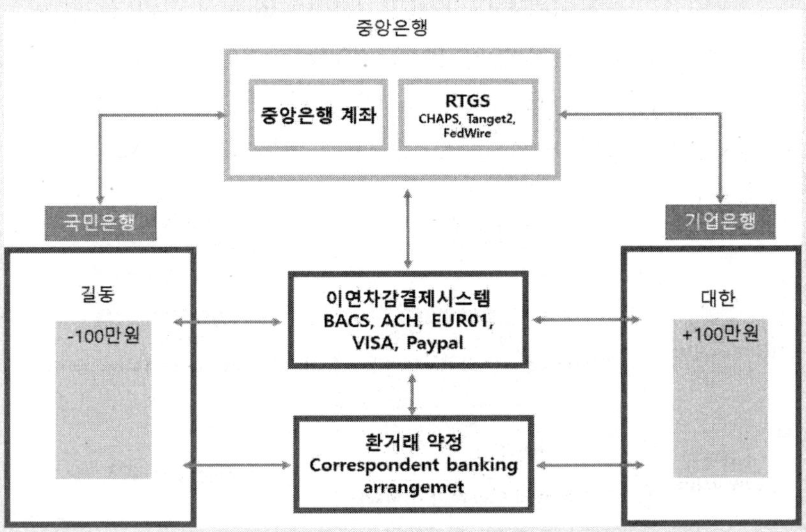

무역거래 시에도, 비슷한 프로토콜이 사용된다. 각 국의 서로 다른 환경과 언어 그리고 관행 등으로 인해 자율적인 기업 간의 수출입은 거의 불가능하다.

따라서 국제상업회의소(ICC) 제정한 무역거래 조건 프로토콜인 '인 코텀 즈(INCOTERMS : ICC rules for the use of domestic and international trade terms)'를 사용하고 있다.

6) 각 국가의 청산기관(Clearing House)인 국가의 중앙은행

각 국가의 청산은행이 곧 각 국가의 중앙은행이다. 이러한 각국의 중앙은행들 간의 이체를 청산해주는 '중앙은행들의 중앙은행'이라 불리우는 금융기관이 있다.

은행들이 모두 중앙은행에 계좌를 열고 중앙은행에게 그 은행 계좌들의 잔고를 입출금 하라고 메시지를 보내면 은행간의 거래는 훨씬 간단해진다. 이 시스템을 총액결재시스템(RTGS : Real-Time Gross Settlement System)이다.

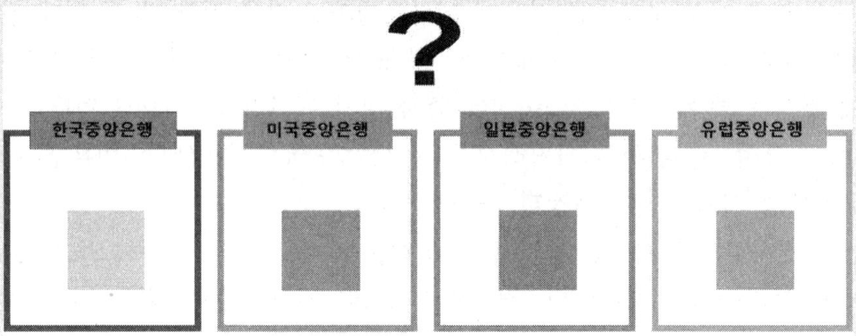

각 국 중앙은행 간 거래

총액결재시스템(RTGS)을 이용하면 빠르고 상환이 없는 완결된 결재가 가능하다. 단점은 비싸고 고액의 결재에만 사용된다. 소액결재가 가능한 자동청산기관(ACH)에서 가능하다. DNS와 ACH는 거래를 누적한 후 정해진 ㅅ케쥴에 따라 결재를 하기 때문에 느릭지만 RTGS는 누적없이 실시간으로 결재해서 빠르다.

	누적 결제 (Batches)	단순 결제 (Single payments)
고액결제 (High value)	이연차감결제시스템 DNS (Deferred Net Settlement)	즉시총액결제시스템 RTGS (Real Time Gross Settlement)
소액결제 (Low value)	자동 청산 기관 ACH (Automated Clearing House)	실시간 소액 결제

7) 스위스 바젤에 있는 국제청산(결재)은행의 역할

바로 스위스 바젤에 위치한 '국제청산(결제) 은행(BIS : Bank for International Settlements)'이라 불리우는 곳이다.

주식에서 많이 사용되는 자기 자본율은 사실, 국제청산은행에서 'BIS 자기자본비율'이라는 이름으로 금융기관들의 자기자본비율(청산능력)을 규정하기 위해 공표하는 비율*이다.

국제청산은행의 역할은

① 전세계금융기관들의 청산능력을 위한 자기자본비율을 지정하며,
② 각 국가간 적정 환율을 지정한다.

사실상 세계 경제 전체를 관장하는 곳들 중 하나라고 볼 수 있다.

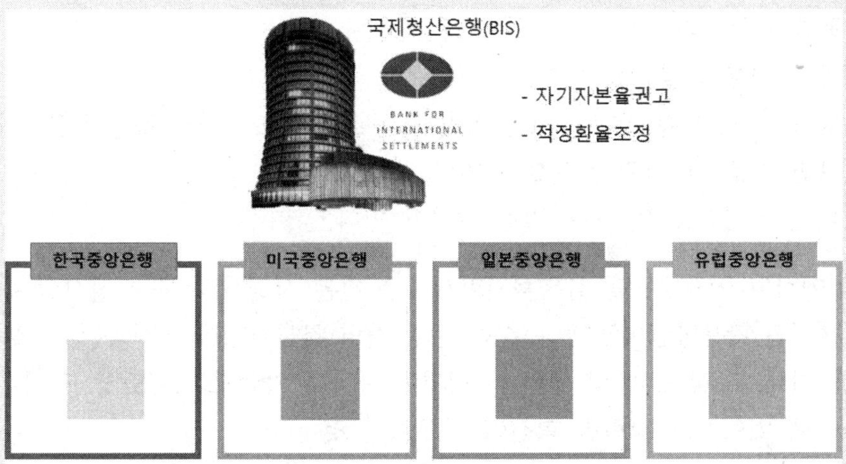

각국 중앙은행 간 거래

일부 사람들은 BIS가 1차 세계대전 후와 2차 세계대전 중에 독일에 막대한 자금을 지원하였는데, 애초에 세계대전을 발발시키기 위한 목적이었고 그것 때문에 세계대전 중에 BIS가 위치했던 스위스가 중립국으로 남을 수 있었다고 설명을 한다.

8) 은행 간 결제 특징은 다음과 같다.

① 조건이 많으며 복잡하고 까다롭다.
② 은행 간 '거래 상대방 리스크(Counterparty)'를 진다.
③ 즉시 결제가 아니기 때문에 유동성이 묶인다.
④ 외환거래나 유가증권 등의 경우, 절차가 더욱 복잡하고 까다롭다.

---

* 현재 이 기준비율은 8%인데, 산업은행과 수출입은행의 경우 2015년 말 기준, 각각 14.2%, 9.8%로 부실한 수치를 보이고 있어 한국은행에 지원을 요청하는 상황이다

9) 응용 블록체인인 R3 코다(Corda)를 도입했을 때 효과는 다음가 같다.

이 복잡한 은행 시스템은 연간 20-30조원 가량 순전히 금융기관 간 결재를 청산하는 데 사용한다. 그래서 은행들이 R3CEV를 비롯한 열 블록체인 스타트업에 기웃거리는 이유도 이 때문이다.

중복되는 금융정보의 매칭 비용을 없애고 고비용의 느린 은행 메시지 네트워크를 대체하기 위해 공유 장부 시스템(블록체인)을 분산 보관하여 수 조원의 비용을 절감하고 하는 것이다.

① 즉시 결제 : 청산은행이 개입할 필요가 없으며 블록체인 안에서 실시간 청산이 가능하다.
② 완전 자동결제 : 모든 업무가 합의되고 공개된 실행 코드(오픈 소스 OPCODE)로 자동화 가능하다.
③ 중개/청산은행 불필요 하다.
④ 은행 간 신뢰 이슈 제거 - 모든 것이 오픈 소스이므로 서로 동일한 블록체인 안에 있다면 서로 간 신뢰할 필요가 없다.
⑤ 막대한 절차감소 및 비용 절감 효과가 있다.

은행권에서의 이체내용을 블록체인화시키는 것은 사실상 누구나 상상할 수 있었던 가장 기본적인 활용방안이었다. 단순히 은행 간의 청산과정을 혁신하는 것 뿐 아니라, 금융상품 판매, 고객 응대 및 서비스, 심지어 국가나 기업의 채권발행, 중앙은행의 통화발행 등에 있어서도 강력한 혁신이 이루어질 것이다.

그 외에도 수많은 블록체인의 활용방안이 논의/연구되고 있으며, 여러 프로젝트가 진행 중 에 있다. 이러한 금융권은 블록체인 도입은 시작에 불과하며, 앞으로 산업 전반에 걸쳐 많은 부분들이 혁신되어 갈 것이다. 앞으로의 사회가 점점 더 탈중앙화되고 민주적이 되어가길 기대해 본다.

02 IBM의 현재의 대표적인 금융시스템인 OLTP와 CICS가 블록체인으로 대체 가능성을 이유로 IBM 금융 플랫폼에 대하여 분석하라.

블록체인을 가장 활발히 연구하는 IT기업은 아마도 IBM이고 금융기업은 UBS이다.

1. 블록체인과 IBM의 OLTP와 CICS 비교

IIBM의 OLTP와 CICS는 수천만건의 대용량 거래를 빠른 시간에 처리하기 때문에 경제생활에 있어서 없어선 안될 아주 중요한 소프트웨어로써 현재의 금융전산의 핵심이라고 볼 수 있다.

그런데 IBM이 블록체인을 연구하는 이유는 블록체인이 OLTP를 대체할 가능성이 보이기 때문이다. 최근에는 IIBM의 글로벌 분산 OLTP인 DCTP(Distributed Transaction Processing)를 출시하고 있지만 블록체인이 IBM의 OLTP를 대체할 가능성이 보이기 때문이다.

미리 선정된 노드만이 거래 처리 권한을 가지는 프라이빗 블록체인이 OLTP 기반 금융전산 시스템과 비교하였을 때 나은 점은 세 가지이다.

① 개별 데이터 처리(Independent Processing) 및 투명하게 검증(Audibility)이 가능한 거래 확인(Transaction Verification)
② 블록체인의 참여자/참여기관이 자유롭게 데이터 또는 자산을 직접입력(Direct Write-Access)
③ 청산기관과 같은 중간 매개(Intermediary)의 존재 이유가 없음(특정 노드에 대한 신뢰가 불필요함) → 비용 절감, 리스크 분산

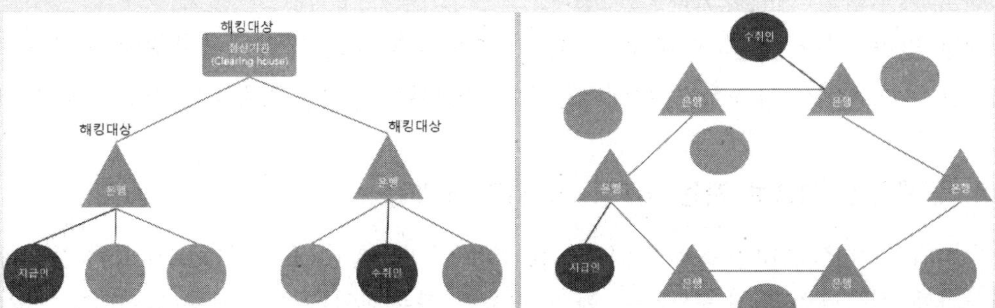

현재 금융시스템 구조 　 블록체인 금융시스템 구조

만약 실제로 많은 기업들이 블록체인을 사용하는 이유가 비용절감, 보안, 투명성 등의 이유이지만 실제는 이를 상상하는 것보다 더 많은 변화를 가져온다.

금융을 위한 저비용, 대용량 데이터베이스를 블록체인으로 새롭게 설계하면서 파장되는 융합시장은 엄청나기 때문이다.

IBM도 막대한 자본과 기술력을 통해서 트랜잭션 처리 기술변화에 뒤처지지 않으려고 CISC보다 기술의 성숙도와 속도, 확장성을 가질 수 있도록 노력하고 있다.

2. 금융전산시스템 OLTP

온라인 트랜잭션 처리(OLTP : Online transaction processing)는 트랜잭션 지향 애플리케이션을 손쉽게 관리할 수 있도록 도와주는 정보 시스템의 한 계열로서, 일반적으로 데이터 기입 및 트랜잭션 처리를 위해 존재한다. 즉 온라인 거래처리 과정에서 여러 과정이 나 연산이 하나의 단위 프로세스로 실행하도록 하는 프로세스이다.

예를 들면 과정1 : 길동이 계좌에서 10만원을 감소시킨다.

과정2 : 현금을 인출해 준다.

과정3 : 명세서를 출력해 준다.

이러한 과정은 하나의 단위로 이루어져야 한다는 의미이다.

컴퓨터 환경에서 트랜잭션을 데이터베이스 트랜잭션으로 해석할 수도 있고 비즈니스 분야에서 금융 거래로 정의할 수 있다. 또, OLTP는 시스템이 사용자 요청에 즉각 반응하는 처리를 가리키는 용어이다. 은행의 현금 자동 입출금기(ATM)가 상용 트랜잭션 처리를 응용한 하나의 예로 볼 수 있다.

3. 데이터 베이스 CICS 플랫폼

IBM 메인프레임 시스템에서 주로 구동되는 트랜잭션 서버이다. 고속의 대용량 온라인 트랜잭션 처리를 지원하도록 설계됐다.

지난 30여 년간 개발되어온 CICS는 약 7만 5촌 개의 서버와 1천 8백만 사용자를 보유한 전 세계에서 가장 많이 판매되는 단일 소프트웨어 제품으로서 IBM의 킬러 앱이다.

4. 블록체인 기술로 자동 IoT의 ADEPT 플랫폼

IBM의 ADEPT(Autonomous Decentralized Peer-to-Peer Telemetry) 플랫폼은 가상화폐 비트코인을 작동시키는 핵심 기술인 블록체인을 응용해 사물인터넷 기기가 서로 직접 소통하는 P2P 네트워크를 꾸릴 수 있다.

이는 비트토렌트의 파일 공유와 이더리움의 스마트계약 실행 방식, 그리고 P2P 메시지 전달 프로토콜인 텔레해시(Telehash)를 결합시킨 플랫폼으로 P2P 방식으로 주문하고 전자화폐로 결제를 하고, IoT 디바이스 간 데이터 교환으로 운영이 최적화되며, 제품 생산 완료 및 판매 시점이 공유되어 전체 공정 과정이 관리될 수 있다. 또한, 보안성과 안정성도 향상된다.

블록체인은 모든 비트코인 거래 내역이 기록된 공공 장부다. 기록과 검증에 모든 비트코인 사용자가 참여하기 때문에 한 번 생성한 거래기록은 위조나 변조가 불가능하다. 비트코인을 사용하는 이가 늘어날 수록 안정성이 강화된다.

IBM의 3가지 P2P 서비스는 P2P 파일 공유 서비스 비트토렌트와 P2P네트워크로 아마존웹서비스(AWS)같은 IaaS를 구현한 에테리움, P2P 암호화 메신저 텔레해시 이다.

IBM이 블록체인 네트워크 위에 사물인터넷 플랫폼을 꾸린 방식은 다음과 같다.

삼성전자가 똑똑한 세탁기를 만든다고 치자. 삼성전자는 그 세탁기를 사물인터넷 블록체인에 등록한다. 이때 등록된 블록체인 주소는 세탁기 고유번호가 된다. 블록체인에 등록된 세탁기는 가상화폐 지갑도 함께 갖는다.

집주인이 똑똑한 세탁기를 집에 설치하고 인터넷을 연결한다. 세탁기는 사물인터넷 블록체인과 통신하며 자신의 위치를 확인하고 주변에 다른 기기를 찾는다. 세탁기는 늘 전원이 켜져 있고 늘 인터넷에 연결된다. 부피가 크니 많은 컴퓨팅 자원도 포함할 수 있다.

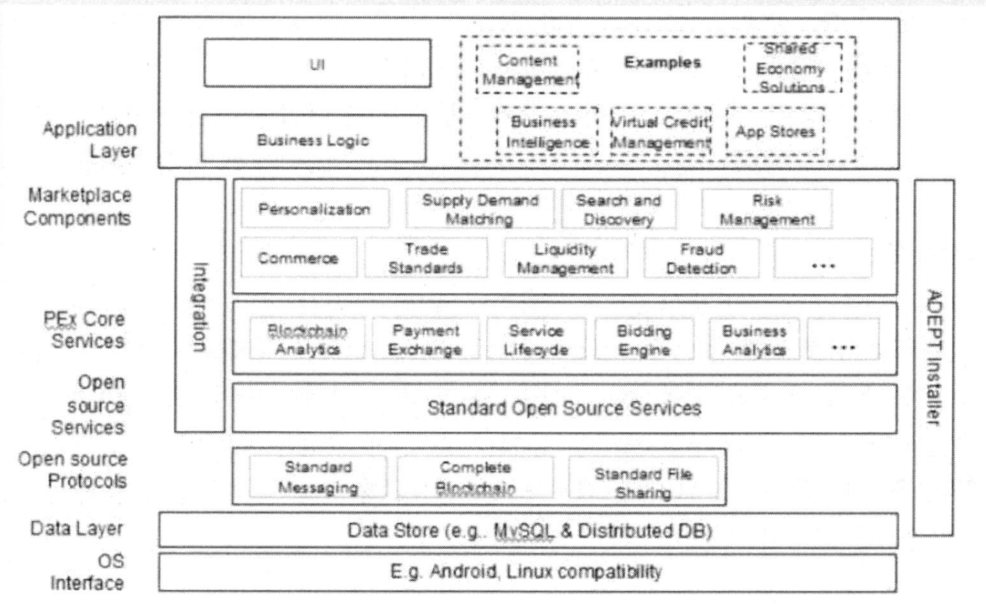

[그림 8-2] ADEPT 구조

그래서 IBM은 세탁기를 집안 사물인터넷 허브로 꼽았다. 똑똑한 세탁기는 사물인터넷 블록체인을 모두 복사하고 검증하며 집안 다른 기기에 공유해 준다. 또 다른 기기기 자원을 공유하고 가상화폐로 서로 가치를 주고 받는 시장 역할도 한다.

하지만 모든 사물인터넷 기기에 세탁기 같은 역할을 기대하긴 어렵다. 기껏해야 물 온도를 확인해주는 똑똑한 컵에 수십GB에 달하는 블록체인 데이터를 저장하는 것은 불필요하다.

그래서 IBM은 사물인터넷 기기를 크게 3가지 단계로 나눴다. 간편 기기(Light Peer)와 표준 기기(Standard Peer), 기기 거래소(Peer Exchange)다. 세탁기는 3번째 기기 거래소 역할을 한다.

03 은행과 증권 분야에서의 블록체인의 응용에 대하여 분석하라.

1. 개요

1) 응용목적

① 기존 스위프트(SWIFT)망을 이용한 해외 송금 소요기간 및 절차 효율화, 금융 보안 서비스에 대한 소비자 니즈 충족을 위해 도입하였다.

② 은행 간 송금망에 블록체인을 적용 시 분산원장 정보 공유를 통해 중계 절차 없이도 해외 송금 및 관련 수수료 절감이 가능하다.

③ 증권가의 경우, 블록체인 기반 인증시스템을 통한 단일 인증서 적용으로 고객이 금융사마다 공인인증서를 등록하여 사용해야 하는 기존 시스템의 번거로움 제거할 수 있다.

2) 특징

① 위・변조가 불가한 분산원장을 활용하여 참여 은행 간 중개/청산 은행 없는 직접 거래로 상호 신뢰 하, 절차감소, 수수료 절감, 실시간 결제를 시행할 수 있다.

② 기존 은행 간 결제는 복잡하고 까다로우며 즉시 결제가 아니므로 유동성 문제가 발생하였으나, 블록체인 도입을 통해 기존 청산 과정을 혁신할 수 있다.

③ 이를 통해 금융상품 판매, 고객응대 및 서비스, 기타 통화발행 등 금융 제반의 혁신 기반 조성이 가능하다.

2. 응용 현황

1) 해외

① 주로 송금, 결재 및 거래 간소화 분야 응용 사례가 많으며, 도입 초기 컨소시엄 참여가 활발했던 데 비해 최근 독자적인 플랫폼 구축에 집중하고 있다.

② 미국, 일본, 유럽계 은행의 움직임이 활발하며, 새로운 형식의 전자화폐 개발을 위해 은행 간 협업하거나 독자적인 개발 횡보를 진행하고 있다.

③ 주문 → 결산 → 승인 → 이체 등 다단계 프로세스를 거치는 주식 거래 혹은 국제 송금 등의 절차를 간소화하고 보안을 강화하고 있다.

④ 분산장부 노드를 은행과 공유하고 각 은행이 정보에 접근해 효율을 높이는 방식을 추진하고 있다.

⑤ 현재 대부분 시범적 적용 단계로 본격적 상용화를 위한 다양한 실험이 전개되는 중이다.

〈표 8-3〉 해외 금융분야 응용 현황

응용주체	세부 응용분야	응용 현황
비자 (미국)	해외 송금, 결제	• 블록체인 기술 스타트업 체인(CHAIN)과 제휴(2016년): '비자 B2B 커넥트' 개발하고 있다. - 국내의 신한은행을 비롯해 미국 커머스뱅크, 필리핀 유니온뱅크, 싱가포르 은행 등이 참여하고 있다. ('18년 중순 상용화 목표) • 비자 B2B 커넥트는 체인이 개발한 기업용 프라이빗 블록체인인 '체인 코어 블록체인 플랫폼'을 은행 간 송금에 적용하고 있다. - 참여자 누구든 자산을 정의하고 발행할 수 있는 '발행 프로그램(Isuance program)'을 운영한다. - 신규 발행 자산은 '컨트롤 프로그램(Control program)'을 통해스마트 계약화되어 송금이 가능하다.
골드만삭스 (미국)	금융 보안	• 블록체인 기반 '세틀코인(SETLcoin)' 특허를 출원('15년)하며 플랫폼 선점을 통한 수익 창출이 기대된다. • 세틀코인은 주식·채권 등의 실시간 거래뿐만 아니라 거래 내역을 분산 원장에 기록해 이력 확인 용이성 확보 및 위·변조 방지한다.
나스닥 OMX 그룹 (미국)	금융보안, 거래 간소화	• 2015년 말 비상장 주식 거래에 블록체인 기술 시범 도입한다. - 장외시장 거래 플랫폼인 '링크시스템'에 블록체인을 도입한다 - 기존 미국 3일, 유럽 2일이 소요되던 '주문-결산-승인-펀드이체' 프로세스가 10분으로 단축한다.
시티은행 (미국)	청산, 결제	• 운영 중인 나스닥 시장 내 암호화폐 선물거래 상장 고려 중이다. • 블록체인 기술을 활용한 자체 '시티코인(Citcoin)' 시스템 개발('15년) - 전자화폐를 통한 금융거래 청산 및 결제 표준 마련 시도
SBI 홀딩스 (일본)	기업 결제	• 분산장부 노드를 클라우드 컴퓨팅을 통해 공유하고, 각 은행이 정보에 접근해 업무 효율을 높이는 방식의 비즈니스 추진 • BtoB 형식의 은행 간 송금에는 리플(XRP)을 활용하고, BtoC(기업-소비자) 송금에는 자체 발행하는 S-코인 상용화 예정 - 일본 핀테크 스타트업과 협업해 암호화폐를 여러 기업이나 지방자치단체가 자유롭게 발행하는 형태
미쓰비시/도쿄U FJ 은행(일본)	결제 시스템	• 자체 전자통화 'MUFG코인' 개발 착수함('16.2) • 히타치제작소와 협력을 통해 블록체인을 이용한 전자수표 결제 시스템의 프로토타입 개발하였으며, 본격적인 실증테스트 진행(2016.8)
도이치 은행(독일)	금융 보안, 지급 결제	신용화폐 지급결제, 자산등기, 파생상품, 규제보고, 자금세탁 방지, 주식 매매시스템 서비스 개선 등 다양한 사용 사례 연구 중
Comm Bank(호주)	채권 발행	• 호주 커먼웰스 은행(Commonwealth Bank of Australia)은 남아공에서 R3 기반의 블록체인 솔루션을 적용 • 향후 블록체인을 이용한 채권 발행 예정('18)

※ 자료 : Wikipedia

2) 국내

① 주로 비대면 실명확인 등 개인인증 시스템 구축에 응용하고 있으며, 송금거래 및 결제의 경우 국제거래 부문에 집중 활용하고 있다.

② 다수 은행이 블록체인 기술 도입 예정 또는 진행 중인 것으로 알려져 있으나 참여 은행이 한정적이며 대부분 실험/시범서비스 단계이다.

③ 특히 해외 은행과 마찬가지로 송금, 결재 및 거래 간소화 분야 응용에 대한 고려를 하고 있음에도 국내 은행 간 서비스 제공은 미미한 수준이다.

〈표 8-4〉 국내 금융분야 응용 현황

응용주체	세부 응용분야	응용 현황
신한은행	해외 송금, 결재	• 국내 금융권 최초로 블록체인 기술을 활용한 그룹사 모바일 애플리케이션을 통합 인증 서비스 '신한통합인증' 개발 진행 중(2018년) • 비자와 공동으로 해외 기업 송금서비스 시범사업 참여(2017년 12월 시행) - 미국・싱가포르・필리핀 등에 위치한 10개 금융기관이 참여하며 국내에서는 신한은행이 단독으로 참여 ('18년 상용화 목표) - 비자(VISA) B2B 커넥트 시범사업의 은행 간 테스트 완료 후 기업 고객 간 테스트 진행 예정
하나은행	결제 허브 구축	• 블록체인을 통한 골드바 보증서 위・변조를 방지 • '글로벌 로열티 네트워크(GLN : Global Loyalty Network)' 컨소시엄 구축을 통한 블록체인 기반 새로운 글로벌 결제 허브 구축 - 일본, 대만 등 10여 개국 30여 개 업체와 함께 GLN 구축 (2017.12) - 하나멤버스 포인트(하나머니)를 GLN에 참여한 은행과 기업이 제공하는 포인트로 교환 가능('18년 상반기 출시 예정) - 회사들은 동일한 원장을 보유함으로써 거래와 정산이 실시간으로 이루어질 수 있는 업무 프로세스 구축 예정 • 디지털 자산 교환 등 프로젝트의 결과물 모듈화를 통해 컨설팅 및 판매 진행 예정 우리은행 해외 송금 • 우리은행-LG CNS간 협약('18년) - 블록체인과 AI 기술을 활용하기 위한 공동 플랫폼 구축 추진
KB 금융그룹	해외 송금, 보안	• 은행과 IT기업의 시스템 구축 노하우를 활용하여 공동 투자・개발・운영에 대한 로드맵 마련 예정 • 리플 블록체인을 활용한 해외 송금 2차 테스트 실시 - 테스트 중인 해외 송금 기술은 리플사의 블록체인 기술 적용 - 가상화폐 '리플'을 사용하지 않음
예탁결제원	고객인증	• 국내 최초로 블록체인 기반 해외 송금 거래 기술검증 성공('16년) • 블록체인 스타트업과 제휴 - 블록체인 핀테크 스타트업 코인플러그와 협업을 통해 비대면 실명 확인 정보를 블록체인에 기록하는 '비대면 실명확인 증빙자료 보관 시스템' 구축

응용주체	세부 응용분야	응용 현황
		• 증권사들은 블록체인 기술을 활용한 개인인증 시범서비스 실시 (2017.10) - 인증서를 발급받으면 모든 금융 업무 처리 가능 • 예탁결제원은 유가증권 발행, 관리 업무의 전자화를 위한 블록체인 전자증권시스템 구축 ('19년 9월까지 구축 예정)

※ 자료 : Wikipedia

[응용 특징]

- 초기 컨소시엄 참여를 통한 개발이 활발히 전개되었으나, 최근 은행/증권사 단독개발을 통한 플랫폼 구축 경향이 뚜렷하다.
- 금융보안 확보, 중개/청산 절차 간소화, 결제 및 고객 인증 등에 초점을 두어 개발 및 도입 진행 중이다.
- 국제/국내 은행 간 거래 전체를 대상으로 활발한 활동을 벌이는 해외 기업에 비해 국내 기업은 상대적으로 국제 은행 간 거래에 보다 초점을 맞추고 있다.
- 국내는 해외 대비 관련 규제 정비 및 기술 개발이 늦어 향후 기술 격차가 우려된다.

3. 예상 파급효과

1) 블록체인의 신뢰도 상승

직접적으로 돈을 다루고 신뢰의 중요성이 높으며 보수적인 금융권에서 블록체인 기술을 상용화하여 사용한다면, 블록체인 자체에 대한 기술적 신뢰도가 성립된다.

2) 블록체인 기술자 보급

많은 블록체인 개발자들이 시장에 유입될 것이다.

3) 블록체인 서비스 기틀 마련

가장 자주 사용되는 금융서비스가 블록체인화 된다면, 다른 서비스들도 충분히 블록체인화되는 것이 가능하다.

4) 법안, 인프라 관련 이슈 진전

블록체인을 사용하는 기타의 가상화폐들(비트코인, 이더리움 등)이 법적지위를 갖추게 되고 취급될 날이 앞당겨 질 것이다.

5) 탈중앙화 시대/개인의 정보보호 시대 초석

개인정보를 요구하지 않는 블록체인 기술 특성상 개인정보 보호 방면이 발달할 것이고, 어떠한 한 기관에서 통제를 할 수 없는 탈중앙화 서비스들이 대거 등장할 것이다.

04 금융산업의 업무 중 일부를 블록체인을 통해 간소화하려는 스타트업에 대하여 분석하라.

1. 스타트업의 응용현황

1) 응용현황

① 기존 금융산업의 업무 중 일부를 블록체인을 통해 간소화 하려는 스타트업이 대부분이다.

② 은행 및 은행거래 당자자 등 소비자에 접근하기 어려운 스타트업의 특성으로 인해 개발 단계부터 은행 및 컨소시엄 등과 협업하는 경우가 빈번하다.

③ 기존 산업의 대체보다 기술적 미비점 보완 및 가치 창출 움직임이 활발하다.

2) 특징

미국 스타트업들의 시장 점유 비중 및 진출 빈도가 높은 편이며 국내 스타트업의 경우 대부분 영세한 수준이다.

〈표 8-5〉 허가형 분산원장 스타트업 사례

기업명	산업분류	위치	개발 내용
Hijro Digital Aset	금융서비스	미국	송장 처리 및 결제 특화
Holdings	금융서비스	미국	분산원장에 특화된 스마트 컨트랙트 실행
Gem	금융서비스	미국	허가형 블록체인 기반 분산애플리케이션 제공
Axoni	금융서비스	미국	비상장 주식스왑 후선 업무(Back ofice) 지원(테스트중)
PAXOS	금융서비스	미국	후선업무용 분산원장 기반 플랫폼
PEERNOVA	인프라 기술	미국	주식거래소용 분산원장시스템
Skuchain	무역 금융	미국	BtoB 무역 및 공급망금융(Suply Chain Finance) 지원
MONAX	종합서비스	미국	오픈소스 기반 하이프리드 금융 플랫폼 제공

기업명	산업분류	위치	개발 내용
Setl	금융서비스	영국	스마트 신원인증 및 디지털 결제 지원
Symbiont	인프라 기술	영국	금융기관을 위한 스마트 계약 시스템
Clearmatics	금융서비스	스위스	• 후선업무 지원용 청산 플랫폼 개발 • 공용결제화폐를 통한 해외 송금 지원
wave	무역 금융	캐나다	금융거래 용도의 문서 작성 지원
Coinplug	종합서비스	한국	금융거래 용도의 프라이빗 블록체인 플랫폼

※ 자료 : 금융보안원, 블록체인 응용기술 개발 현황 및 산업별 도입 사례, 2017

[응용 특징]
- 미국 기반의 블록체인 스타트업이 업계를 주도하고 있다.
- 개발 단계부터 은행 등 금융기관과 협업하며 개발을 진행하는 경우가 빈번하며, 기존 산업의 미비점을 보완하고 가치를 창출하기 위해 상호 경쟁 중이다.

05 컨소시업 블록체인 플랫폼인 코다에 대하여 분석하라.

1. 개 요

2016년 11월, R3CEV가 금융권에 특화된 블록체인 플랫폼인 'Corda'를 정식 공개하였다. 코다(Corda)는 데이터의 보관 위치에 상관없이 다수가 금융계약의 변화를 상호간 컨트롤할 수 있는 플랫폼을 구현하고자 한다.

2. Corda의 주요 특징

Corda는 금융권에 특화된 블록체인 플랫폼으로서 블록체인 기술 도입 시 요구되는 거래정보의 기밀성, 향상된 처리성능 등을 제공한다.

기존의 블록체인 플랫폼은 등록된 거래정보에 모든 노드가 접근 가능하며 거래 확정을 위해 일정 시간(약 10분)이 소요된다.

주요 특징으로는 차별화된 블록체인 네트워크 구성 및 합의 방식을 제공, 스마트 계약 기능 강화, 시스템 간의 통합 지원 등이 해당된다.

컨소시엄 블록체인의 대표적인 예시로 하이퍼렛저 프로젝트와 R3 Corda가 주로 꼽히고는 한다.

R3 Corda는 특히 금융권에서 컨소시엄 블록체인을 활용하고자 하는 수요를 고려하

여 제작한 블록체인 플랫폼이다. R3는 기존의 퍼블릭 블록체인 플랫폼은 금융권에서 사용하기에 프라이버시 문제, 확장성 문제, 법률적 이슈 부재, 그리고 결제 완결성의 한계 때문에 사용하기 어렵다.

따라서 R3는 코다라는 새로운 플랫폼을 만든 후 이를 오픈소스화했다. 엄밀히 말하면 R3는 분산원장의 성격을 띄고는 있으나 엄밀한 정의에 의한 블록체인은 아니라고 말할 수 있다. 네트워크 참여자들 간에 필수적으로 정보가 공유될 필요는 없으며 거래 상대방이나 참여 기구만 해당 데이터를 열람할 수 있기 때문이다.

하지만 보증인 제도와 같은 부분에서 PBFT 알고리즘을 활용할 수 있는 등 여타의 블록체인이 지니고 있는 특성을 많이 도입하여 제작되어진 플랫폼이다.

3. R3 Corda Network

1) 개요

Corda Network는 Corda와 CorDapps를 구동하는 노드들로 이루어져 있다.

Corda Network는 허가형(Permissioned) 블록체인이며 문지기(Doorman) 권한을 가진 노드가 접근 권한을 통제한다.

노드 간의 통신은 점대점 구조(Point-to-Point)로 이루어져 있다.

2) 네트워크 구조

Corda Network는 사전에 협의된 노드끼리의 통신망이라고 할 수 있다. 각각의 노드는 Java EVM 환경에서 구동되는 Corda 서비스와 CorDapps라고 불리는 디앱을 구동할 수 있다.

노드 간의 모든 통신은 직접 연결되며, 미들웨어의 메시지 전달 시 표준 프로토콜로 활용되는 AMQP(Advanced Message Queuing Protocol) 1.0을 활용한다. 이 과정에서 메시지를 TLS 암호화하여 전송한다. 따라서 모든 메시지는 이해 관계자끼리만 공유되며, 네트워크 전체에 메시지를 전파하지 않는다(No Global Broadcasts).

각각의 네트워크는 Network Map Service라는 것을 지원하는데, 네트워크 상에 있는 노드와 통신할 수 있도록 모든 노드에 IP 주소를 부여하는 서비스이다.

해당 서비스는 노드의 신원을 보증하는 역할 역시 도맡게 된다. 일종의 전화번호부 역할을 한다고 생각하면 된다. 네트워크 상의 모든 노드에 연락할 수 있는 정보가 담겨 있다.

메시지를 받는 노드가 오프라인 상태라면 대기열(Queue)에 있다가 온라인이 되면 메시지가 전달된다. 이는 이메일과 비슷하다고 생각하면 된다. 따라서 모든 메시지는 수신자를 명시해야 하며, 발신자는 수신자와 수신자가 보게 될 내용을 모두 컨트롤할 수 있다.

3) 문지기

Corda Network는 사설 네트워크의 특징을 지니고 있다. 각각의 네트워크는 모두 문지기 역할을 하는 노드가 있어서 네트워크 내부의 노드가 지켜야 하는 규정을 강제하고 신규 네트워크 참여자의 신원을 확인하는 (KYC : Know-Your-Customer) 과정을 거치게 된다.

네트워크에 참여하기 위해서는 모든 노드는 반드시 문지기(The Doorman) 노드와 사전 연락을 취하고 필요한 정보를 공유해야 한다.

문지기 노드는 네트워크에 새로 참여하고자 하는 노드를 네트워크에 참여시킬 때 Trust Root CA 인증서를 발급한다. 해당 인증서는 네트워크 내부에서 다른 참여노드와 통신할 때 해당 노드의 신원을 인증하는 역할을 한다.

4) 네트워크 서비스

노드는 다음과 같은 역할을 수행할 수 있다.

(1) 보증인 역할(Notary Services)

최소 한 개 노드 이상이 될 수 있고 노드 갯수에는 제한이 없다. 보증인은 트랜잭션의 유일성을 최종적으로 확인하는 역할을 맡으며 트랜잭션의 유효성을 검증하는 역할을 한다. 보증인 노드는 특정한 하나의 노드와 함께 통신하거나, 혹은 여러 개의 노드 묶음과 함께 통신할 수도 있다.

(2) 오라클 역할(Oracle Services)

있어도 되고 없어도 되는 노드이다. 실제 세계에서 일어난 현상을 제대로 반영하여 트랜잭션에 올렸다는 사실을 검증하는 역할이다. 오라클 문제를 해결하기 위해 나타난 노드 역할이다.

4. 장부 이해하기

1) 개요

모든 장부는 노드에 따라 볼 수 있는 것이 다르다. 특정 노드가 다른 노드와 어떤 교집합에 있는지에 따라 내용이 모두 다르다.

교집합에 있는 노드는 서로 같은 내용을 공유하고 있으며 이는 공통된 장부 상에 올라와 있다.

2) 소개

Corda에서는 데이터를 중앙에서 관리하는 주체가 없다. 그 대신에, 각각의 노드는 자신들이 알고 있는 데이터를 별도의 데이터베이스에 관리한다. 결과적으로 하나의 노드는 전체 장부의 일부만을 확인할 수 있게 됩니다. 어떠한 노드도 전체 데이터를 열람할 수 없다.

예를 들어보면 5개의 노드가 통신하는 네트워크가 있다고 생각해보자.

벤 다이어그램으로 표현하면 이해하기 더욱 쉬울 것이다. 각각의 원 사이에 나타난 교집합은 노드 간에 공통된 사실을 공유한다는 의미이다.

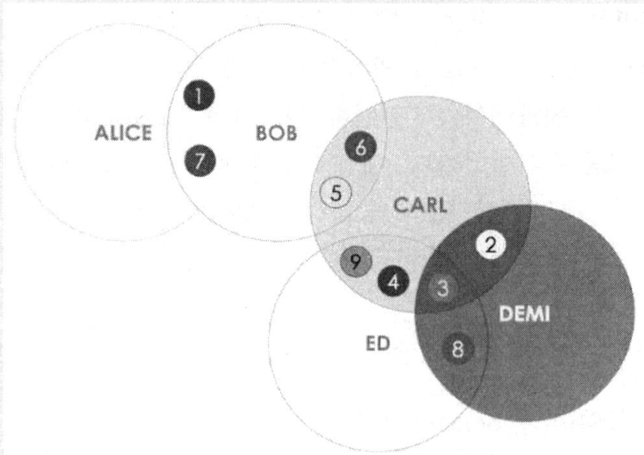

여기서 Carl과 Demi 그리고 Ed가 3번 항목을 서로 공유하고 있다는 사실을 발견할 수 있다. 이와 달리 Alice와 Bob은 3번 항목에 대해 접근할 수 없다.

Corda는 네트워크 상에서 특정한 사실을 서로 공유한 노드들끼리만 해당 사실에 대해 접근할 수 있도록 한다. 해당 사실과 전혀 관계없는 노드는 정보에 절대 접근할 수 없다.

정보를 서로 공유하게 되는 노드들은 특정 사실의 업데이트를 동시에 받아본다. 다시 말해서 공통된 버전의 사실을 실시간으로 공유하게 되는 것이다.

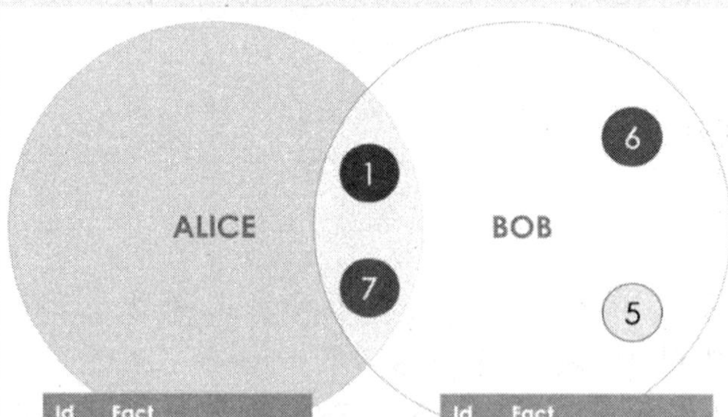

Id	Fact
1	"Much consensus"
7	"So bilateral"
11	"Wow ledger"

Id	Fact
1	"Much consensus"
6	"Very fact"
7	"So bilateral"
5	"amaze network"

위의 그림을 보면, Alice와 Bob은 정확히 같은 사실에 대하여 업데이트를 동시에 받아보게 된다. 그림에서는 1과 7이 되겠다. Alice는 Bob의 6번과 5번 정보를 접근할 수 있는 권한이 존재하지 않는다. 따라서 해당 정보는 공유되지 않는다.

5. 신원인증

1) 개요

Corda Network에 참여하는 모든 노드는 자신의 신원을 사전에 인증해야 한다. 해당 신원은 법적 지위를 가지거나 서비스 내부에서 신상을 보증하는 역할을 한다.

모든 신원은 X.509 인증서에 의하여 보증되어야 하며 해당 인증서는 문지기 노드 또는 신원이 확실하게 보장된 다른 노드가 서명한 것이어야 한다.

자신의 신원을 인증한 노드는 Network Map에 등재되는 주소를 발급받는다. 이를 통해 다른 노드와 함께 통신할 수 있게 된다.

비밀을 유지해야 하는 프라이빗 노드는 통신을 해야 하는 당사자들끼리만 해당 주소가 공개된다.

2) 네트워크의 두 가지 신분

Corda에 참여하는 모든 노드는 자신의 신원을 입증해야 한다. 네트워크 상에서 자신의 신분을 인증한 노드는 자신이 참여하는 서비스나 기구의 법률적 권리와 그 책임을 모두 짊어지게 된다. Corda에서는 두 가지 신원을 모두 입증해야 한다.

(1) 법률적 신원

실제로 자신이 누구인가를 인증해야 하는 것을 의미한다. 일종의 KYC(Know-Your-Customer)라고 생각해도 된다. 자신의 실제 신원을 인증했기 때문에 이에 합당한 역할과 책임이 생긴다. 예를 들어 금융거래를 실제로 네트워크 상에서 이행할 수 있게 된다.

(2) 서비스 신원

서비스 내부에서 자신이 어떠한 역할을 하는 지에 대해 인증한다. 법률적 신원은 자신의 실제 신분을 인증하는 것이라면 서비스 신원은 자신이 특정한 단체나 기구에서 어떠한 역할을 맡고 있는 지에 대해 인증하고 확인받는 것이다.

예를 들어 홍길동은 대한민국 서울 출신의 1958년생임을 네트워크 상에 인증할 수 있을 것이다. 이는 법률적 신원을 인증하는 것이다. 이와 별개로 홍길동은 어느 단체의 회장직을 역임하고 있을 수도 있다. 해당 단체가 Corda를 활용하고 싶다고 한다면, 네트워크에 회장직을 인증하여야 할 것이다. 이는 서비스 신원을 인증하는 것이다.

따라서 Corda의 분산 네트워크에서 하나의 노드가 여러 개의 네트워크에 참여할 수 있게 된다. Corda에 참여하는 모든 노드는 자신의 신원이 CompositeKeys 상에 올라가게 된다. 이는 서비스에 실제로 참여하고 있는 노드의 서명값을 모아둔 것이다.

모든 노드는 자신의 신원을 공개할 수도 있고, 아니면 네트워크 상에서 자기 자신을 숨길 수도 있다. 이는 자신이 처음 네트워크에 가입했을 때 어떤 종류로 참여했느냐에 따라 달라지게 된다. 자신의 네트워크 신원은 X.509 인증서에 담기게 된다.

① 신원을 모두 공개하는 노드는 (Well-Known Identities) 법적으로 효력이 있는 서비스를 활용할 수 있는 공개키를 부여받게 된다. 따라서 해당 노드에게 발급되는 인증서는 누구나 열람할 수 있다. 즉, 해당 노드의 존재 사실을 모든 노드가 확인할 수 있게 된다. 따라서 자신의 신원을 숨기고 비밀 통신을 해야하는 경우에는 적합하지 않다.

② 비밀 노드(Confidential Identities)는 자신의 신원을 꼭 확인해야만 하는 상대 노드에만 자신의 신분을 밝힐 수 있다. 해당 노드의 공개 키는 보증인 노드와 같은 제3자에게도 보여질 수 있지만 노드의 이름과 X.509 인증서 제공은 철저하게 제한된다. 설령 제3자가 암호화되지 않은 트랜잭션에 접근한다고 하더라도 비밀 노드에 대한 추가적인 정보가 주어지지 않는다면 해당 트랜잭션의 수신자 혹은 발신자가 누구인지 알 수 없다.

3) 인증서

노드들은 반드시 공개키의 소유자가 누구인지 인지할 수 있어야 하며, 신원을 확인하는 과정에서 X.509 인증서가 사용된다. 첫 번째 노드가 공개 키와 개인 키를 만들고 문지기 노드에게 서명을 요청하는 인증서를 네트워크 상에 제출한다고 해 보자. 문지기 노드는 신원을 확인하는 절차를 거친 다음에 해당 노드의 인증서를 최종적으로 발급하게 된다.

문지기 노드가 서명한 인증서는 해당 노드의 신원을 공식적으로 인증하는 문서(Node Certificate Authority, CA)가 된다. 문지기 노드가 서명한 CA를 발급받은 노드는 해당 인증서를 바탕으로 TLS 인증서를 포함한 두 개의 문서를 더 만들게 된다. 마지막으로 노드는 자신의 주소와 신원이 담긴 문서를 하나 만들어서 Network Map Service에 등록하게 된다.

서명된 인증서를 통하여 Corda Network를 이용하는 서비스는 공개 신원과 비공개 신원을 모두 활용할 수 있는 이점을 얻게 된다. 서비스의 판단에 따라 특정 노드의 등록 여부를 공개할 수도 있고 그러지 않을 수도 있다. 사업 상의 민감한 정보를 통신해야 할 경우에는 특정 노드의 신원을 공개하지 않는 편이 나을 수도 있을 것이다. 혹은 특정한 노드만 공유할 수 있는 Network Map Service를 별도로 만들어서 비밀 노드와 서로 통신할 수도 있다.

이와 달리 공개 노드는 모든 신원이 네트워크 상에서 공개되기 때문에 비밀 정보를 공유하기에는 여러 가지 한계점이 있을 것이다. 퍼블릭 메인넷을 활용하는 다른 블록체인과는 다르게 비밀 노드를 지정하고 해당 정보를 공유하지 않을 수도 있다는 점에서 R3 Corda는 차이점을 갖는다.

6. 상태

1) 개요

하나의 상태는 장부 상에서 공유되고 있는 정보를 나타낸다.

모든 상태는 현실 세계의 상황 변화를 반영한다. 비트코인에서 차용된 UTXO 모델을 그대로 가져오는데, 이전 상태는 모두 장부 상에 기록되고 지워지지 않는다. 대신 '처리됨'(historic)으로 적히게 된다. 새로운 상태는 이전 상태를 복사한 후 해당 상태의 변화를 새롭게 기록해서 장부의 첫 장에 담기게 된다.

모든 노드의 기록은 장부 상에 저장되며 현재 상태를 검증할 수 있는 이전 상태의 모든 정보가 축적되게 된다.

2) 개괄

하나의 상태는 특정 시점에서 트랜잭션의 참여자들끼리 공유된 정보를 나타낸다. 이는 장부 상에 올라가므로 절대 수정이 불가능하다. 모든 상태는 임의의 정보를 포함할 수 있으며 어떠한 종류의 정보도 반영할 수 있다. 주식 정보나 채권 정보, KYC 데이터, 신원 확인 정보 등 다양하다.

주지할 점은 하나의 정보를 담기로 정해졌으면 다른 종류의 정보를 담기로 해당 상태가 변경될 수 없다는 점이다. 예를 들어서 여러 상태를 담은 하나의 묶음이 시큐리티 토큰에 대한 소유권을 보여주는 상태들로 구성되었다고 해보자. 이 묶음이 갑자기 KYC 정보나 신원 정보를 담은 상태들의 묶음으로 바뀔 수 없다는 것이다.

하나의 예시를 들어보겠다. Alice가 Bob에게 X달러를 빌렸다고 가정해보자. 아래의 그림을 참고해보도록 하자.

그림에서 표현되어 있는 상태 묶음에는 Alice가 Bob에게 10파운드를 빌렸다는 사실이 나와 있다. 위의 상태 묶음에는 빌린 사실 뿐만 아니라 해당 상태가 변화해온 과정 자체를 보여주는 정보들이 담겨있다.

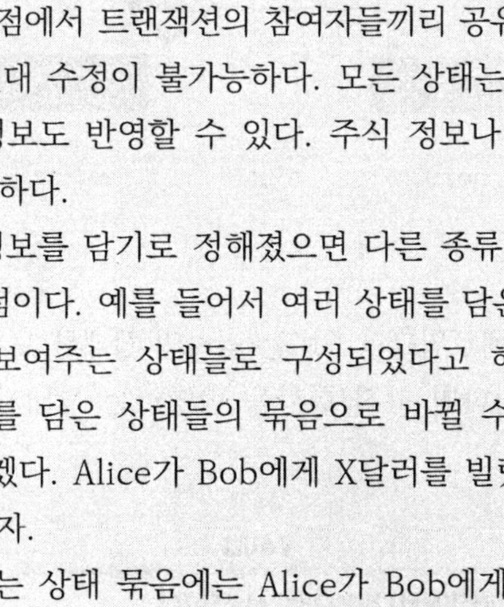

3) 상태의 변화 과정

모든 상태는 수정되거나 삭제될 수 없다. 하나의 상태 자체는 수정될 수 없으므로 현실 세계의 변화 과정을 직접적으로 반영할 수는 없다. 그 대신에 상태가 누적되는 과정(State Sequence)을 통해 현실을 드러낸다.

하나의 상태가 새롭게 반영되어야 한다면, 이전 상태를 그대로 복사하여 새로운 상태를 만든다. 이전의 상태는 '처리됨'(Historic)으로 표시된다. 대신에 새로운 상태에는 이전의 상태에서 어떻게 변화되었는 지에 대해 기록을 한 후 상태의 묶음에서 맨 위에 보여지도록 하자. 그리고 해당 상태를 최신의 상태라고 기록한다.

따라서 상태의 변화 과정은 모두 장부 상에서 확인할 수 있게 된다. 최신 상태를 드러내는 상태를 검증하기 위해서는 장부 상에 기록된 이전 상태를 하나씩 뜯어보면 된다.

상태의 변화 과정을 담는 아래의 그림을 참고하면 도움이 될 것이다.

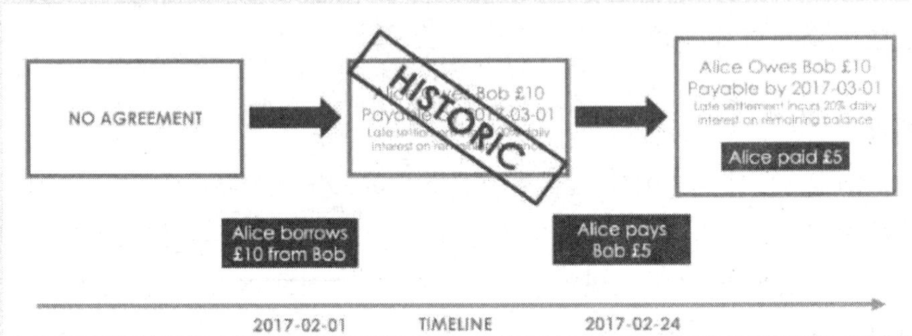

4) 상태의 기록 묶음

아까 언급하였듯, 모든 네트워크의 노드는 각자의 상태를 모두 기록하는 묶음(vault) 이 있다. 이러한 묶음을 확인하면 최신 현황을 반영하는 상태가 어떠한 변화를 겪어왔는지 알아낼 수 있다.

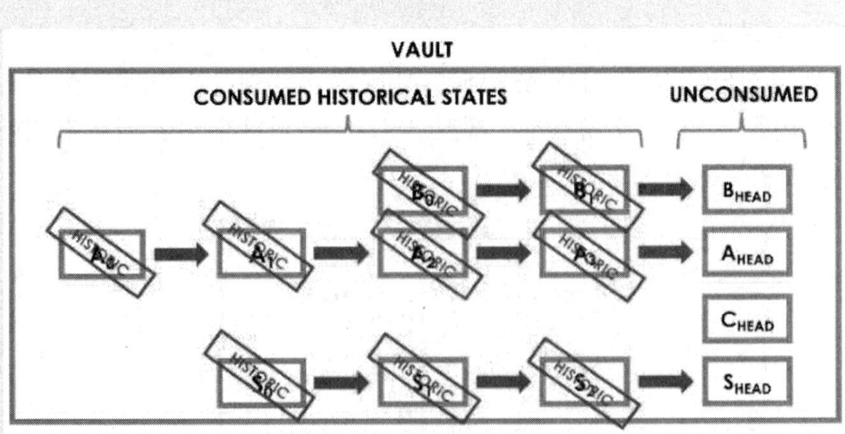

7. 컨트랙트

1) 개요

올바른 트랜잭션(트랜잭션은 상태의 묶음)은 컨트랙트의 인풋 값과 아웃 풋 값에 의하여 확인되어야만 한다.

모든 컨트랙트는 Java나 코틀랭처럼 JVM을 지원하는 언어로 쓰여져야 한다.

컨트랙트의 실행은 결정적이며(Deterministic) 트랜잭션의 최종 확정은 트랜잭션 내부의 내용이 올바른지에 따라 정해진다.

2) 트랜잭션의 검증

트랜잭션은 모든 참여자의 서명이 있어야 올바르다고 할 수 있다. 하지만 특정한 트랜잭션이 필요한 모든 서명을 얻었다고 하더라도 계약의 내용 상으로 참이어야 올바른 트랜잭션이라고 말할 수 있다.

컨트랙트 상의 검증(Contract Validity)은 다음과 같은 사항을 일컫는다.

① 모든 상태는 하나의 계약을 향하고 있어야 하며 또 컨트랙트의 내용과 합치해야 한다.

② 컨트랙트가 트랜잭션을 입력값으로 받으면, 트랜잭션 내부의 상태가 컨트랙트의 규칙과 합치하여 이루어졌는지 검증한다.

③ 모든 트랜잭션은 컨트랙트의 입력 상태와 출력 상태가 모두 컨트랙트의 규칙과 내용 상에 부합하다고 판단될 때만 참이라고 인식된다.

설명한 이야기를 한 번 그림으로 나타내보겠다.

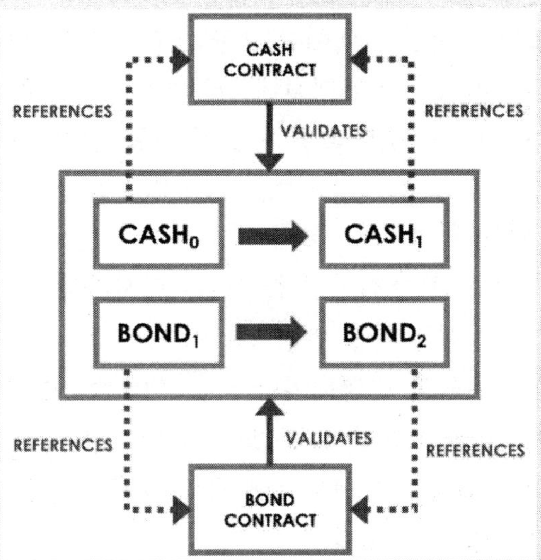

모든 컨트랙트는 JVM을 지원하는 언어로 쓰여져야 한다. JVM으로 컨트랙트가 쓰여졌기 때문에 트랜잭션과 상태의 입력값, 출력값, 명령값, 시간에 대한 정보, 그리고 이와 관련된 부가 정보에 대한 모든 접근 권한을 가질 수 있게 된다. 상수와 변수의 지정, 함수의 호출에 대한 모든 실행을 할 수 있으며 유사한 정보를 하나로 묶어 그룹으로 만들 수도 있다.

컨트랙트의 규칙과 맞지 않는 트랜잭션은 장부 상에 업데이트되지 않는다. 따라서 참여 노드끼리 컨트랙트 상으로 올바르지 않은 트랜잭션에 서명하기로 하더라도 장부 상에는 올라가지 않는다. 이러한 과정을 통해 컨트랙트의 강제성이 실현되게 된다.

3) 컨트랙트 샌드박스

모든 트랜잭션은 결정적 상태(Deterministic Condition)로 확증되어야 한다. 모든 계약은 하나의 트랜잭션을 항상 승인하거나 또는 거절할 수만 있다. 또한 모든 트랜잭션은 해당 트랜잭션이 언제 실행되었는지에 대한 정보와 함께 컨트랙트가 실행할 때 담겨야 하는 정보의 양에 대한 서술이 반드시 존재해야 한다. 이는 네트워크 상의 모든 노드가 장부의 업데이트를 승인하기 위한 필요조건에 해당한다.

컨트랙트는 트랜잭션의 승인 여부를 판단하기 위해 결정적 샌드박스(Deterministic Sandbox)를 활용한다. 해당 샌드박스는 비결정적 요소(a Source of Non-Determinism)의 요소가 될 수 있는 라이브러리를 컨트랙트에 들어오지 못하도록 막는다. 궁극적으로 트랜잭션을 검증할 때 필요한 정보만 컨트랙트에 담겨서 실행될 수 있도록 한다.

4) 컨트랙트의 한계점

컨트랙트 그 자체로는 실제 세계와의 접점을 가지기 쉽지 않다. 따라서 컨트랙트는 오직 내부의 정보를 바탕으로 트랜잭션을 검증한다(Internal Validity). 즉, 컨트랙트는 실제 외부 세계에서 합의한 사항에 대해서는(사전에 컨트랙트에 조건으로 담기지 않은 이상) 확인할 수가 없다. 따라서 트랜잭션에 참가하는 노드들은 트랜잭션에 합의한 내용이 제대로 담겼는지에 대해 서로 확인하고 서명을 하여야 한다.

5) 오라클 문제와 법률 문제

언급했듯이 오라클 문제는 트랜잭션에 참가하는 당사자들끼리 결정되어야 하는 문제이다. 그런데 트랜잭션이 실제 상황을 반영하는데 여러 가지 변수가 있을 수 있다. 예를 들어서 해당 트랜잭션이 환율을 반영해야만 하는 해외송금이라고 가정해보자. 이러한 경우에는 오라클 이슈를 해결해줄 수 있는 노드가 반드시 필요하다. 혹은 법률적 문제를 담은 컨트랙트의 경우 법률적 문서를 컨트랙트 상에 작성한 다음 법률적 판단을 해줄 수 있는 노드가 지정될 수도 있다.

8. 컨센서스

1) 개요

① 장부에 등재되기 위해서는 트랜잭션은 반드시 유효성과 유일성을 입증해야 한다.

② 유효성은 트랜잭션이 컨트랙트 상에서 유효하다는 것을 보여주는 것이다.

③ 유일성은 이중지불 문제에서 자유롭다는 것을 보여주는 것이다.

2) 두 가지 형태의 컨센서스

하나의 트랜잭션이 장부 상에 반영되기 위해서는 유일성과 유효성이 검증되어야만 한다.

① 유효성 검증 : 트랜잭션에 참여한 노드끼리 검증을 한 후 서로 서명을 한다.

② 유일성 검증 : 보증인 노드에 의하여 검증된다.

3) 유효성 컨센서스

① 유효성 컨센서스란 컨트랙트의 입력 상태와 출력 상태에 의하여 승인이 되었는지를 판단하고, 또한 필요한 모든 참여자의 서명을 받았는지 확인하는 과정을 의미한다. 즉, 거래 당사자들끼리 거래내용을 만족하고 올바르게 거래가 처리되었음을 확인하고 각각 서명하여 해당 트랜잭션이 유효하다는 것을 증명하는 행위이다.
또한 트랜잭션 하나만을 처리해서도 안될 것이다. 입력 트랜잭션 값을 생성시키도록 한 이전 트랜잭션의 모든 기록을 다 검사해야 한다. 이를 체인 상을 걷는다(Walking the Chain) 이라고 표현한다. 예를 들어서 장기 국채에 대한 트랜잭션을 어느 노드가 제안했다고 해보자. 다음의 경우가 만족했을 때 채권의 거래가 유효하다고 볼 수 있다.

② 채권이 다른 사람들에게 거래되었을 때 해당 거래가 올바르게 성사 되었는 지?

이 두 가지 경우를 모두 만족하는 지를 보기 위해서는 트랜잭션의 과거 기록을 모두 살펴보아야 한다. 이 과정을 도표로 시각화하면 다음과 같다.

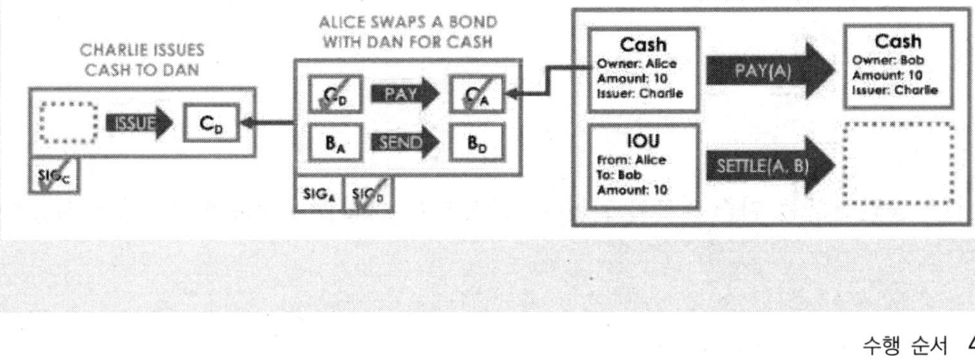

트랜잭션 하나를 검증할 때, 트랜잭션을 검증해야 하는 노드가 해당 트랜잭션의 검증해야 하는 모든 기록을 보유하고 있지 않을 수도 있다.

이러한 경우에, 해당 노드는 트랜잭션을 체인에 올리고자 하는 사람에게 자신이 보유하지 못한 트랜잭션의 기록을 요구한다. 트랜잭션을 체인에 올리고자 제안한 사람은 해당 트랜잭션을 과거에 성사시킬 때 트랜잭션의 과거 기록을 확인했을 것이다. 따라서 해당 노드는 트랜잭션의 전체 기록을 가지고 있을 것이다.

4) 유일성 컨센서스

만약 Bob이 1백만 달러의 시중 은행의 예금을 들고 있다고 해보자. Bob은 두 개의 트랜잭션을 만들고자 한다.

① 1백만 달러를 Charlie에게 주고 80파운드를 받는 경우
② 1백만 달러를 Dan에게 주고 90유로를 받는 경우

이 두 가지 트랜잭션에 대하여 참여자들이 모두 합의했다고 하더라도, 이중지불 문제로 인하여 트랜잭션이 올바르다고 말할 수 없다. Bob은 그의 1백만 달러를 "두 번"이나 사용하였기 때문이다. 그리고 영국 파운드와 유로를 동시에 받았다. 이 상황을 시각화하여 표현하면 다음과 같다.

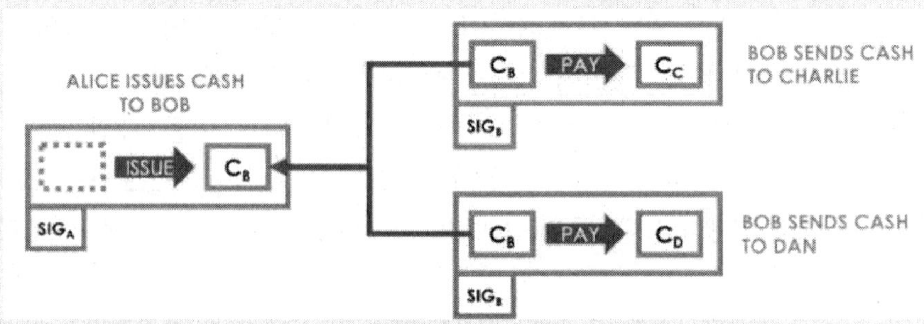

이러한 상황을 막기 위해, 해당 트랜잭션은 반드시 유일성을 증명해야 한다. 오로지 한 번만 트랜잭션이 일어났다는 것을 보여주어야 한다는 의미이다. 자신이 거래를 두 번이나 일으키지 않았다는 사실은 자신이 증명할 수는 없고, 대신 보증인 노드(Notary)가 증명하게 된다.

9. 보증인 노드

1) 개요

① 보증인 노드는 이중 지불이 일어나지 않았다는 사실을 보증하여 유일성을 검증한다.

② 보증인 노드는 트랜잭션을 검증하여 유효성을 검증할 수 있다.
③ 네트워크는 다양한 보증인 노드를 선택할 수 있고, 이들끼리 합의 알고리즘을 별도로 정할 수도 있다.

2) 개괄

보증인 노드란 유일성을 검증해주는 노드를 의미한다. 주어진 트랜잭션에 대하여 다른 트랜잭션이 이루어지지 않았다는 사실을 보증한다. 즉, 다른 트랜잭션에서 특정 트랜잭션의 입력 상태가 아직 소비되지 않았다는 것을 검증한다.

어떤 트랜잭션을 검증해달라는 요청을 받은 보증인은 다음과 같은 역할을 수행한다.

① 만약 다른 트랜잭션이 요청을 받은 트랜잭션의 입력 상태를 소비하지 않은 경우 트랜잭션에 서명한다.
② 만약 이중지불을 하려는 시도가 감지된 경우 트랜잭션을 파기한다.

이러한 과정을 통해 보증인 노드는 시스템 전반의 완결성(Finality)를 보장한다. 보증인의 서명이 포함되기 전까지 트랜잭션은 유효할 수 없다. 만약 충돌되는 두 개의 트랜잭션이 동시에 존재할 경우 어느 하나가 유효하다는 평가를 보증인 노드가 내리기 전까지는 승인되지 않는다. 하지만 보증인 노드의 서명이 포함된 경우 해당 트랜잭션의 입력 값이 이전 트랜잭션에 의해 소비되지 않았다는 것을 증명할 수 있다. 따라서 보증인 제도는 시스템 전체의 완결성을 보장해준다.

모든 상태(State)는 보증인이 있어야 하며 보증인은 자신이 맡은 트랜잭션의 보증인인 경우에만 해당 트랜잭션을 검증하는 역할을 맡게 된다.

3) 합의 알고리즘

Corda Network는 필요에 따라 원하는 합의 방식을 채택할 수 있다. 보증인 노드 간의 합의를 이룰 때, 기존의 다른 블록체인에서 사용되는 알고리즘을 활용할 수 있다는 뜻이다. 구체적으로 이야기를 하면 다음과 같다.

(1) 구조

보증인 노드는 하나의 네트워크 노드여도 괜찮다. 혹은 여러 노드의 묶음이어도 된다. 혹은 서로 믿지 못하는 배반의 노드의 묶음이어도 괜찮다.

(2) 합의 알고리즘

보증인 노드가 여러 노드의 묶음인 경우 노드들의 투표에 의하여 거래를 보증하는 알고리즘을 사용할 수도 있다. 예를 들어서 PBFT나 RAFT를 직접 차용하여 금융사들이 보증인 그룹을 결성할 경우 과반수에 이르는 동의가 있을 경우 해당 트랜잭션을 유효한 거래로 처리할 수도 있다는 것이다.

4) 검증의 생략과 수행

보증인 노드는 반드시 트랜잭션을 검증하기 이전에 자신이 해당 트랜잭션을 검증할 것인지 아닌지를 결정해야 한다. 경우에 따라서 보증인 노드는 트랜잭션의 검증을 생략할 수도 있고, 그냥 수행할 수도 있다. 트랜잭션을 검증하기로 한 경우 해당 트랜잭션의 모든 기록을 하나씩 유효한 지 따져보아야 한다.

해당 결정을 할 때, 보증인 노드는 다음과 같은 사항을 고려해야만 한다.

① 만약 트랜잭션의 검증을 생략한 경우, 네트워크는 DDoS 공격에 처해질 가능성이 있다. 어느 노드가 고의로 유효하지 않은 트랜잭션(어느 상태가 소비되었다고 거짓으로 적은 후) 을 대량으로 생산해서 보증인 노드에게 보내면 소비되지 않은 상태가 소비되었다고 처리될 가능성이 있다.
따라서 이러한 경우 트랜잭션에 참여한 모든 노드의 신원을 저장한 후 추후에 DDoS 공격 등의 문제가 생겼을 경우 책임을 묻게 된다.

② 만약 트랜잭션을 검증한 경우, 보증인 노드는 반드시 트랜잭션의 전체 기록을 검토하고 관련된 사항을 모두 검증해야만 한다. 이는 보증인 노드에게 일부 기밀 정보를 유출할 수 있는 가능성을 내포하게 된다. 이런 경우 보증인 노드에게 새로운 공개키를 부여함으로써 보증인 노드가 거래인의 정보를 확인할 수 있는 범위를 제한한다. 물론 해당 결정을 내릴 때는 추가적으로 고려해야 할 사항이 있는 것은 사실이다.

10. 여러 보증인

각각의 Corda Network는 서로 다른 보증인을 가질 수도 있고, 또한 각자가 원하는 방식의 합의 알고리즘을 채택할 수도 있다. 이러한 방식을 통하여 다음과 같은 장점을 얻을 수 있다.

1) 프라이버시 보호

트랜잭션 전체를 검증하거나 검증을 하지 않는 보증인 노드 모두를 같은 네트워크에서 보유함으로써 서로 다른 합의 알고리즘을 채택하도록 이끌 수 있다. 이러한 과정을 통하여 특정 트랜잭션에는 원하는 보증인과 합의 알고리즘을 적용하도록 만들 수 있다. 기밀을 지켜야 할 필요성이 있는 거래에는 그럴 필요가 없는 거래와는 다른 보증인과 합의 알고리즘을 채택할 수 있다는 의미이다.

2) 속도의 제고

하나의 트랜잭션을 다양한 보증인 노드에게 보냄으로써 플랫폼 전체의 트랜잭션 속도를 제고할 수 있다는 장점도 있다.

3) 낮은 대기 시간

보증인을 물리적으로 가까운 노드로 지정함으로써 대기 시간을 현실적으로 낮출 수 있다.

11. 보증인의 교체

보증인 노드만이 트랜잭션을 승인할 수 있다는 사실을 상기해 본다. 물론 요청받은 트랜잭션의 입력 상태를 보증할 수 있도록 사전에 지정이 되어 있어야 할 것이다. 하지만 경우에 따라서 특정 상태의 지정된 보증인 노드를 교체해야 할 상황이 생길 수도 있다. 다음과 같은 경우가 그럴 것이다.

① 만약 하나의 특정 트랜잭션이 다양한 상태에 의해서 소비가 되어서 서로 다른 보증인이 이미 지정이 되어 있는 경우
② 트랜잭션을 보증해달라고 요청하는 노드가 프라이버시 문제나 효율성 문제 때문에 다른 보증인 노드가 승인해달라고 특별하게 요청하는 경우

이러한 보증인 노드의 전환 요청은 특별히 생성되는 트랜잭션에 의해 처리될 수 있다.

학습활동.8 교수 · 학습 방법

교수 방법

- 블록체인의 금융분야 응용에 대한 관련 용어, 구성, 방식 이해 정도를 파악한 후 수업을 진행한다.
- 교수자의 주도로 코인을 어디에 보관하지 등의 내용을 PPT 자료로 제시한 후 설명한다.
- 가능하면 사전에 개인별 학습 자료를 준비하여 모든 학생이 참여할 수 있는 문제 해결식 수업, 협력 수업이 가능하도록 한다.
- 블록체인의 금융분야 응용 전 과정을 작업의 순서에 따라 단계적으로 실습이 이루어질 수 있도록 지도한다.
- 교재를 통해 수업을 준비하는데 있어서 필요한 모든 정보나 팁, 힌트 등 도움이 될 만한 내용들을 확인할 수 있다.
- 학생들이 만들게 될 각 모델들은 수업시간에 중점적으로 다뤄질 부분과 어휘, 질문, 답을 포함하고 있으며 또한 탐구할만한 추가적인 아이디어들도 포함하고 있다.

학습 방법

- 블록체인의 금융분야 응용에 대한 관련 용어를 숙지하고, 블록체인의 금융분야 응용에 대해 이해한다.
- 블록체인의 금융분야 응용의 각 단계별 중점 사항을 체계적으로 학습한다.
- 블록체인의 금융분야 응용의 수행순서의 전 과정을 실습한다.
- 블록체인의 금융분야 응용의 내용을 이해한다.
- 블록체인의 금융분야 응용를 이해하고 숙달이 될 때까지 학습한다.

학습활동.8 평가 및 피드백

평가 준거

- 평가자는 피평가자가 수행 준거 및 평가 내용에 제시되어 있는 내용을 성공적으로 수행할 수 있는 지를 평가해야 한다.

학습내용	평가항목	성취수준		
		상	중	하
블록체인의 금융분야 응용	블록체인의 금융분야 응용를 이해할 수 있다.			

평가 방법

• 작업 포트폴리오

학습내용	평가항목	성취수준		
		상	중	하
블록체인의 금융분야 응용	블록체인의 금융분야 응용를 이해할 수 있다.			

• 필기시험

학습내용	평가항목	성취수준		
		상	중	하
블록체인의 금융분야 응용	블록체인의 금융분야 응용를 이해할 수 있다.			

• 체크리스트를 통한 관찰

학습내용	평가항목	성취수준		
		상	중	하
블록체인의 금융분야 응용	블록체인의 금융분야 응용를 이해할 수 있다.			

• 피드백

1. 작업 포트폴리오
   - 제출한 보고서를 평가한 후 주요 사항에 대하여 표시하여 돌려준다.
2. 필기시험
   - 평가 결과 성적이 저조한 학생은 보고서 제출 기회를 부여한다.
3. 체크리스트를 통한 관찰
   - 실습 과정에서 평가한 후 개선해야 할 사항 등을 정리하여 돌려둔다.

참 | 고 | 문 | 헌

1. 최선미 · 김현진 · 송근혜 · 민대홍 외 "블록체인 어디에 응용하고 있나?(응용 사례와 분야별 특성을 중심으로)"
2. ASH Han(한승환), 〈블록체인이 가져오는 금융의 혁신 - R3CEV (Blockchain Application)〉, 《한승환 개인홈페이지》, 2016.05.12.
2. 백종찬, "https://brunch.co.kr/@jeffpaik/27" R3의 분산원장 코다 이해하기 2017.4.04.
3. 박진형, "https://medium.com/@jypthemiracle/r3-corca 주요 컨셉이해하기 2018.10.27.
4. KDB산업은행, 'R3CEV(글로벌 블록체인 컨소시엄) 최근 동향', 2017.7.17.
5. 블록체인 2.0의 출현과 금융시장의 변화, 2017.9.
6. KISA, '국내외 블록체인 기술 적용분야 및 사례 연구', 2016.12.
7. KISTEP, '블록체인 생태계 분석과 시사점', 2017.9.
8. NIA, '블록체인 활용 전자투표' 주요사례 및 시사점', 2017.04.24.
9. NIPA, '블록체인 기술의 이해와 개발 현황 및 시사점', 2018.3.28.
10. STEPI, '블록체인(Blockchain) 기술동향과 시사점'(2017.7.25.) 3
11. 교보증권, '블록체인, 거인의 어깨 위에 서서', 2017.9.5.
12. 금융보안원, '블록체인 응용기술 개발 현황 및 산업별 도입 사례', 2017.1.25.
13. 박세열, '블록체인! 가상화폐를 넘어 산업생태계의 혁신을 선도하다', 2018.3.7.
14. 박지영, '자본시장의 새로운 생태계를 주도하는 블록체인 2.0', 주간기술동향, 2017.2.15.
15. 리플, '리플 프로토콜 기본서', 2014.8.
16. 삼성SDS, '삼성SDS 블록체인 플랫폼 NexledgerTM', 2017.
17. 삼정KPMG, '블록체인이 가져올 경영 패러다임의 변화, 금융을 넘어 전 산업으로', 2019.9.
18. 울산발전연구원, '울산, 블록체인 기술로 산업 · 공공분야 스마트화 촉진을', 2017.12.19.
20. 유성민, '블록체인을 활용한 효율성 향상 적용 사례', 주간기술동향, 2018.2.21.
21. 유진투자증권, '블록체인(Blockchain)과 디지털 경제', 2017.1.16.
22. 임명환, '블록체인 특징과 암호화폐 투자', 2017.9.2
23. 피넥터, '분산원장 산업동향과 통계', 2017
24. 한국은행, 분산원장 기술과 디지털통화의 현황 및 시사점, 2016.1.
25. 한국인터넷진흥원, '국내외 블록체인 기술 적용분야', pp.19-54, 2017.01.04.
26. 한국지식재산연구원, '블록체인(BlockChain)기술의 산업동향 및 특허동향', 2017.4.27.
27. automotive, '자동차 산업에 침투하는 '블록체인' ', 2018.3.
28. BitWeb, '바이텀-원자 세계에서 바이트 세계로의 자산 이동을 목표로 하는 코인', 2018.3.12.
29. Block Media, '나스닥, '이전과 다른' 비트코인 선물 상품 개발 중', 2018.1.26.
30. CCN, '10% Blockchain for Dubai Government by 2020', 2016.10.5.
31. 'Abu Dhabi Securities Exchange Launches Blockchain e-Voting Service', 2016.10.17.
32. CIO, 'MS, '블록체인 기반 ID 시스템' 대규모 테스트', 2018.2.14.
33. '호주 커먼웰스은행, '상용화된 블록체인' 도입한다'. 2018.2.13.

34. Global Auto News, '2017 프랑크푸르트쇼 - ZF-UBS-IBM, 전자 결제 플랫폼 공동 개발', 2019.9.14.
35. IT뉴스, '마이크로소프트, 기업용 블록체인 '코코 프레임워크' 공개', 2017.8.1.
36. IT조선, '[암호화폐 2018] SBI 홀딩스 "블록체인 기술 활용한 비즈니스 본격화"', 2018.3.29.
37. KB금융그룹, 'KB은행, 비대면 실명확인정보 보관에 블록체인 적용', 2017.4.29.
38. KINEWS, 'IBM-MS-오라클, '블록체인' 플랫폼 경쟁 본격화', 2017.10.26.
39. Kotra, '美 블록체인 기술의 응용현황과 전망', 2018.2.16.
40. '블록체인으로 미래를 설계하는 네덜란드', 2018.1.24.
41. LG CNS, 'LG CNS, 블록체인 기반 국내 최초 전자증권 발행', 2015.1.23.
42. Mckinsey, 'Using blockchain to improve data management in the public sector', 2017.02.
43. Ryan Osgod, 'The Future of Democracy: Blockchain Voting', 2016.12.
44. skuchain, 'Skuchain uses blockchain and IoT for new suply chain platform', 2018.1.24.
45. Smaet DUBAI, 'DUBAI BLOCKCHAIN STRATEGY', Smart DUBAI, 2016.12.
46. ZDNET Korea, '신한 등 6개은행, 블록체인 인증 시범 서비스', 2018.3.5.
47. '오라클, 클라우드 블록체인 서비스 내놓는다', 2017.10.13.
48. '중국 국가 차원 '블록체인 플랫폼' 출범', 2018.3.28.
49. 글로벌경제신문, '[글로벌마켓분석-일본] IBM '실생활서 무역까지' 블록체인 혁명' '스타트' ', 2017.9.12.
50. '美 블록체인 기술 전망 긍정적, 개발자 참여 증가 예상', 2018.
51. 글로벌이코노믹, '[기묘한 재테크] 해킹당한 NEM은 어떤 암호화폐일까', 2018.1.31.
52. 뉴스1, '세계 첫 블록체인 대선, 아프리카에서 실시됐다', 2018.3.25.
53. '中 유니온페이-IBM, 블록체인 기반 '포인트 거래소' 개발', 2018.3.25.
54, '카카오, 일본에 블록체인 자회사 '그라운드X' 설립', 2018.3.27.
55. 디지털데일리, ' "더 안전하고 편리해진 블록체인 인증"… IBM의 '블록체인 1.0' 전략', 2017.16.
57. '[2018 블록체인⑦] 공공분야에 구현, 전자정부서비스 진화 빨라진다', 2018.3.20.
58. 디지털데일리, '블록체인' 주도권 잡자…글로벌 IT기업 행보 주목', 2018.2.20.
59. 매일경제, ' "항저우를 현금 · 종이없는 블록체인 도시로"…中의 飛上', 2017.2.6.
60 '블록체인 기술, 금융 넘어 정부시스템 혁신 이끈다', 2017.1.21.
61. '삼성SDS, 블록체인서 미래먹거리 찾는다', 2018.1.16.
62. 물류매거진, '관세청, 세계최초 블록체인 기반 수출통관 서비스 기술검증 완료', 2017.12.26.
63. 삼성SDS, '[보도자료]삼성SDS, AI · 블록체인 기반 스마트 물류 혁신 이끌어', 2018.3.7.
64. 서울경제, '[신비한 코인사전]〈5〉 '평등한 세상'을 지향하는 에이다, 2018.2.2.
65. '구글 '소비자 보호' vs. IBM '산업 표준화'.. 블록체인 경쟁', 2018.3.26.
66. 시사저널e, '블록체인 기반 SNS '스팀잇' 화제…'좋아요' 받은 만큼 가상화폐로 보상', 2018.1.31.
67. '은행, 블록체인기반 송금서비스 도입 초읽기', 2018.3.15.
68. 아이뉴스, '[블록체인이 온다]② IT기업 블록체인 플랫폼 확보戰', 2017.5.4.
69. 아주경제, '삼성SDS, AI · 블록체인 기반 '스마트 물류' 혁신 드라이브', 2018.3.8.
70. 우정연구경영센터, '4차 산업혁명과 해외 우정: 미국 우정청(USPS)의 블록체인 기술 검토', 2017.09.20.

71. 이데일리, ‘‘블록체인 전도사’ 홍원표 “판매수요 예측, AI로 10분만에 해결”’, 2018.3.8.
72. 전자신문, ‘[4차 산업혁명 시작 ‘블록체인’]〈8〉글로벌 표준화. 정보 공유가 여는 상생 산업구도’, 2018.3.27.
73. ‘“[4차 산업혁명 시작 ‘블록체인’]〈10〉미완의 대안, 암호화폐’, 2018.3.29.
74. ‘“3세대 블록체인 ‘카르다노’ 3년 내 금융 서비스 적용”’, 2018.3.13.
75. 조선Biz, ‘“카카오가 왜 블록체인 하냐고요? 해외서 성공할 마지막 기회이기 때문”’, 2018.4.12.
76. ‘우리銀, 리플 블록체인 활용한 해외송금 2차 테스트..“성공해도 도입시기 빨라야 연말”’, 2018.1.18.
77. 주간경향, ‘블록체인, 물류혁명 가져다줄까’, 2018.1.16.
78. 중앙일보, ‘경기도, G마크 농산물 인증에도 블록체인 기술 적용 검토’, 2017.3.8.
79. ‘비트코인골드 탄생, 채굴의 민주화 성공할까’, 2017.10.
80. 테크M, ‘블록체인으로 개방형 전자정부 완성한다’, 2017.9.5.
81. ‘비트코인 · 이더리움 한계 극복한 차세대 블록체인 속속 등장’, 2018.3.2.
82. 한국경제, ‘머스크-IBM 블록체인 합작사 만든다’, 2018.1.18.
83. 한국경제TV, ‘해외선 ‘크립토 네이션’ 도약 채비. 한국은 시늉만’, 2018.2.28.
84. 한국경제매거진, ‘월마트, 블록체인으로 ‘유통 혁명’ 실험’, 2018.2.7.
85. ‘통신 · SI · 금융업계 “블록체인 신시장 잡아라”’, 2018.2.7.
86. ‘하나은행, 블록체인으로 ‘글로벌 결제 허브’ 만든다’, 2018.2.7.
87. 한국금융, ‘신한 · 하나은행, IT와 연대 블록체인 기술 확보’, 2018.3.5.
88. 박정호, “블록체인 산업현황 및 동향”, 2018.4.30.
89. Bitcoin: A Peer-to-Peer Electronic Cash System(Satoshi Nakamoto, 2008.11.)
90. 과학기술정책연구원(STEPI), ‘블록체인(Blockchain) 기술동향과 시사점’(2017.7.25.) 3
91. 금융보안원, ‘블록체인 및 비트코인 보안 기술’, 2015.11.23.
92. 금융보안원, ‘블록체인 응용기술 개발 현황 및 산업별 도입 사례’, 2017.1.25.
93. 금융보안원, 금융권 블록체인 활용 방안에 대한 정책 연구, 2016.11.07.
94. 전자신문, 코인플러그, 블록체인 패밀리특허 세계 2위. IBM 1위, 2017 5.30.
95. 소프트웨어정책연구소, 블록체인 활성화를 위한 정책 제언, 2018.2.27.

• 웹사이트

http://www.seunghwanhan.com
http://wiki.hash.kr
http:/factom.org/
http:/gamecredits.com/
http:/getstarted.with.pink/
http:/nem.io/
http:/newcoinschedule.com/
http:/syscoin.org/
http:/vergecurency.com/

http:/www.augur.net/
http:/www.monero.c/
https:/akasha.world/
https:/bitcoingold.org/
https:/bytebal.org/
https:/bytom.io/?S=zw2m5cbemlc
https:/coinmarketcap.com/
htps:/crushcrypto.com/analysis-of-bitdegre
https:/enterprise.gem.co/health/
https:/eos.io/
https:/ethereumclasic.github.io/
https:/exergy.energy
https:/litecoin.com/
https:/neo.org/
https:/omg.omise.co/
https:/ont.io/
https:/qtum.org/en/
https:/riple.com/
https:/storj.io/
https:/streamium.io
https:/tron.network/
https:/www.bitcoin.com/
https:/www.bitcoincash.org/
https:/www.cardano.org/en/home/
https:/www.cn.com/
https:/www.coindesk.com/
https:/www.dash.org/
https:/www.enterpriseinnovation.net/egov
https:/www.ethereum.org/
https:/www.everledger.io/
https:/www.iota.org/
https:/www.potcoin.com/
https:/www.provenance.org/
https:/www.stelar.org/
https:/xage.com/product/
https:/z.cash/

학습 9 블록체인의 공공과 민간부문의 응용

학습 목표

1. 블록체인의 공공과 민간부문의 응용을 이해할 수 있다.

정부 차원 블록체인 진흥 업무를 맡고 있는 한국인터넷진흥원(KISA)이 블록체인 공공서비스 시범사업 범위를 민간 기업에까지 확대하고 있다.

혁신성과 파급력, 블록체인 기술 활용도에 초점을 맞춰 블록체인 시범사업을 추진하고 있다. 과기정통부와 한국인터넷진흥원(KISA)을 주축으로 한 정부 및 지자체의 사업 외에도 행정안전부는 전자정부 사업에 블록체인을 도입하는 것을 검토 중이며 한국조폐공사는 클라우드 기반의 블록체인 개방형 플랫폼인 '콤스코(KOMSCO)'를 개발 중이다.

또한 과기정통부의 블록체인 진흥 업무를 기존에는 한국인터넷진흥원(KISA)이 맡아왔지만, 2019년부터 한국인터넷진흥원(KISA)은 공공선도 시범 사업・민간 주도 국민 프로젝트, 정보통신산업진흥원(NIPA)은 전문기업 육성사업, 정보통신기술진흥센터(IITP)는 블록체인 연구개발 사업을 나누어 분담하게 되었다.

9-1 공공조직의 응용 현황

1. 개요

① 정부(중앙, 지방) 혹은 국가 차원에서 공공 행정 정보 및 국민 신원 관리, 자산거래 내역 공증, 복지서비스 제공 등에 적극적 도입을 진행하고 있다.

② 신기술이 갖는 불확실성과 도입 장벽 등을 제거하기 위해 국가 차원의 제도 개선, 성공 사례 확보, 기업 지원 및 협력 등을 다방면으로 진행하고 있다.

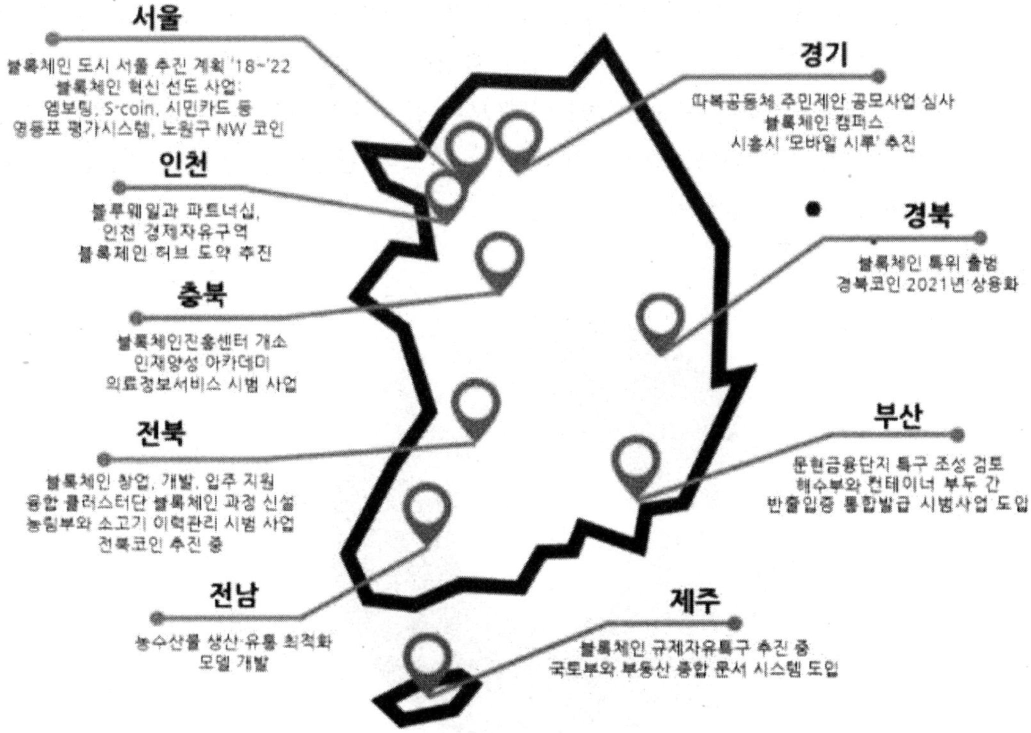

[그림 9-1] 대한민국의 지체별 블록체인 사업현황

2. 응용 현황

① 신원확인, 의료정보 제공, 투표, 치안, 공공서비스 제공, 자산이력 추적, 교통 및 전력 등 공공 인프라 관리에 적극적 활용을 시도하고 있다.

② 국민의 신분증명 및 개인정보 관리에 블록체인 기술을 접목하고 있으며, 이를 공공복지 혜택 제공을 위해 활용하고 있다.

③ 정부 지원 복지혜택의 수혜 현황을 실시간으로 확인하고, 이를 부처간 통합 정보망에 연동하여 처리 과정의 투명성과 공정성 확보하고 있다.

④ 일부 지방정부, 스마트 시티 사업 계획 등에 블록체인 기술 도입을 적극 추진함으로써, 보다 개선된 행정 서비스 제공 시스템 확보를 추진하고 있다.

3. 시사점

① 공공부문의 투명성・효율성 확보, 행정 절차 간소화 등를 통한 비용 절감으로 행정 효율성 및 국민 편익 증대, 나아가 국민 삶의 질 제고 기대하고 있다.

② 많은 나라에서 국가 차원의 적극적인 블록체인 도입을 결정하여, 규제 사전 정비 또는 규제 샌드박스 도입을 통한 혁신 기술 도입 장벽 완화, 정부-민간기업 협력 강화 등을 통해 기술 혁신 환경을 구축하고 있다.

③ 우리나라는 지방정부가 중앙에 비해 보다 블록체인 도입에 상대적으로 적극적인 것으로 파악되나, 블록체인 산업의 선도적 활성화를 위한 관련 법・제도 정비가 시급한 상황이다.

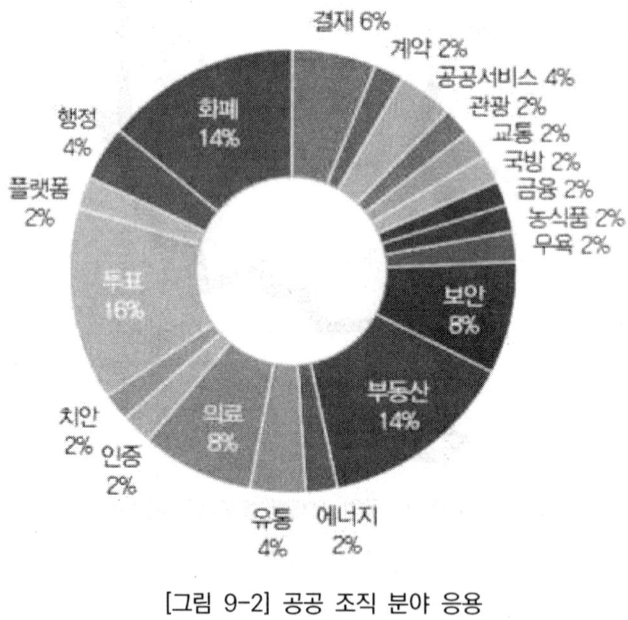

[그림 9-2] 공공 조직 분야 응용

출처 : 블록체인 투데이

9-2 민간기업 분야의 응용

1. '민간기업' 응용 개요

1) 개요

① 각 기업은 고객 이탈을 방지하고, 보안 및 분산화 등 보다 향상된 기능을 접목한 서비스 제공을 위해 블록체인 기술을 도입하고 있다.

② 기존에 고객을 확보하고 있던 기업 고유의 산업 영역에서 주로 진행하고 있다.

③ 업체별 특성에 따라 자체 서비스를 개발하거나, 서비스 개발을 원하는 기업에 기술 지원, 플랫폼 및 컴퓨팅 자원 제공 등을 진행하고 있다.

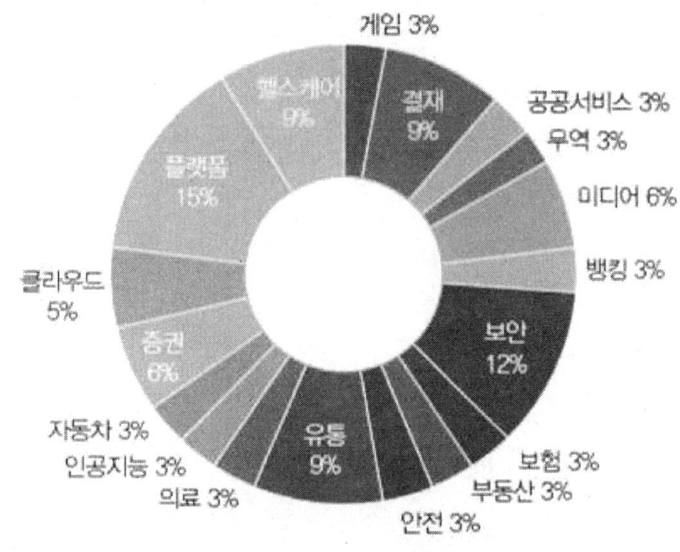

[그림 9-3] 민간 분야의 블록체인 응용

출처 : 블록체인 투데이

2) 응용 현황

① 범용 미들웨어 및 R&D 플랫폼 제공, 서비스 개발 기술 지원, 다양한 산업(증권, 유통, 헬스케어, 신원확인, 금융, 부동산 등) 분야에서 단독 또는 기업간 협업을 통한 응용 등을 진행하고 있다.

② IBM, 구글, MS 등 글로벌 IT기업들은 기존 컴퓨팅 및 플랫폼 제공 서비스를

블록체인 기술을 수용할 수 있도록 개선하고, 범용 미들웨어 및 자원을 제공하여 고객 확보 기반의 공고화를 추진하고 있다.

③ 아마존, 알리바바 등 대형 유통 기업의 경우, 기 확보한 고객 데이터를 기반으로 다수 기업과 협업하며 기존 사업을 확장하고 고객 이탈 방지를 추구하고 있다.

3) 시사점

① 각 기업은 블록체인 기술을 활용하여 신사업을 추진하기보다, 기존 제공 사업에 접목하여 서비스 품질을 제고하고, 용도를 확대하는데 주력하고 있다.

② 블록체인을 각 업체별 사업 추진전략 내 적극 도입하는 추세로 기존 사업에서 확보하고 있던 영향력을 확장 또는 공고히 하는 전략 기술로 활용하고 있다.

수행 내용

재료 · 자료

- 지갑 및 블록체인 관련 자료

기기(장비 · 공구)

- 컴퓨터, 프린터, 주변기기

안전 · 유의사항

- 컴퓨터 및 주변기기의 전원을 관리한다.

수행 순서

01 대한민국의 공공분야에 블록체인 도입현황을 분석하라.

1. 대한민국

1) 개요

(1) 현황

① 과학기술정보통신부는 블록체인 기술을 발전시켜야 한다는 기본적 입장을 표명하고 관련 정부지원예산을 확대하여 산업활성화를 촉진키로 추진하고 있다.

② 전자투표, 전자화폐, 통관, 유통 등 다양한 분야에서 블록체인을 접목한 공공서비스 시범 운영 중이다.

(2) 특징

① 범정부 차원의 대응보다 지역정부 차원에서 실시되는 공공서비스가 다수이나 향후 적용 범위를 확대할 것으로 예상된다.

② 미국, 중국이나 유럽에 비해 관련 법/제도 및 산업 육성 정책 수립이 다소 늦은 편으로 최근 사회 각 층이 관련 논의를 진행 중이다.

제1장 제2장 제3장 제4장 제5장 제6장 제7장 제8장 제9장 제10장 제11장 제12장

2) 응용 현황

(1) 전자투표

① 지역 공동체를 중심으로 투표 참여율 제고 및 투표의 투명성, 객관성, 신뢰성 확보 및 정책 수용성 효과 증진을 위해 블록체인 기술 도입하고 있다.

② 경기도 따복 공동체에서 주민제안 공모사업 심사 투표에 블록체인 기술을 활용하고 있다.

③ 703개 공동체의 1만 200여 명의 주민 중 공동체별 대표 1인만 현장에 참여하여 투표하고 나머지는 온라인 생중계를 통해 전자투표하는 시스템이다.

(2) 전자화폐

① 지역정부 차원에서 공공복지 프로그램이나 공공계약에서 활용할 예정으로 서울시를 중심으로 도입 활성화하고 있다.

② 서울시는 고유의 암호 화폐 S-coin 론칭을 예정하고 있으며, 이를 공공복지 프로그램이나 민간 하청업체 대금 지급에 활용할 예정이다.

③ 서울시 노원구는 자원봉사, 기부 등에 지폐나 상품권 형태로 제공되던 지역화폐를 대신하는 노원(NW) 코인을 발급・운용하여 지역 내 사회적 가치를 선순환 시키는 구조를 확보하고 있다.

(3) 통관

① 수출 기업이 서류를 블록체인 망에 공유하여 서류의 신뢰성을 담보하고 절차를 간소화하여 통관업무 효율 증진에 활용하고 있다.

② 관세청은 블록체인을 수출통관업무(수출신고 및 적하목록 제출 절차)에 적용하고 있다.

③ 수출통관・물류 및 FTA 국가 간 원산지 증명서 자료교환 서비스에 시범 적용 예정이다.

(4) 유통

① 우수농특산물을 블록체인 기반으로 인증하여 신뢰를 확보하고 관련 유통 정보 확인이 용이한 시스템 구축하고 있다.

② 경기도 인증 우수농특산물 인증 마크(G 마크) 발급에 블록체인을 활용하고 있다.

③ 농가현황, 소비자 의견 등 정보 제공 범위를 확대하고 QR코드로 출력해 제공하여 소비자가 실시간으로 정보를 확인할 수 있도록 지원하고 있다.

(5) 전력거래

① 잉여전력 판매자와 소비자를 연결하고 전기차 충전소 데이터 등을 관리하는 용도로

블록체인을 활용하고 있다.

② 한국전력은 블록체인 기반 이웃 간 전력 거래 및 충전 시범서비스를 시작하고 있다.

③ 실시간으로 잉여전력 판매자와 소비자를 연결하고 전기차 충전소 데이터, 충전 서비스 대외업무처리, 충전이용지원서비스 등을 통합 관리하고 있자.

(6) 부동산

① 부동산 거래 정보의 보안 강화를 위해 블록체인 기술을 계획하였으며, 향후 스마트 거래가 가능한 종합 시스템을 개발 활용할 예정이다.

② 국토부는 블록체인 기술 기반으로 스마트 거래를 제공하는 부동산종합공부시스템(KRAS) 개발 계획을 추진하고 있다.

③ 디도스 등의 해킹 위험 및 서면 기록물의 위・변조를 방지하여 국민의 재산권을 안전하고 투명하게 보호 할 수 있을 것으로 기대된다.

[응용 특징]

- 범정부 차원의 응용보다, 서울을 중심으로 한 지방정부의 블록체인 도입사례가 다수
- 금융권 및 부동산 거래 등 재산권 확보 관련 분야에서 활발한 논의가 진행 중이며, 전자투표, 지역화폐, 전력거래, 유통 등 다분야에 도입 시도 중

3) 2018년 정부의 6대 블록체인 공공 시범 사업

정부는 약 42억원을 투입하여 관련부처와 협업해 블록체인 시범 사업 6개를 진행했다. 정부는 블록체인 시범 사업을 통해 공공 및 민간 업무의 효율성을 높이고, 블록체인 산업 발전 생태계를 조성하는 것을 목표로 하고 있다.

(1) 관세청, '전자상거래물품 개인통관 시범 서비스'

과기부와 관세청이 협업한 '전자상거래물품 개인통관 시범 서비스'는 전자상거래업체의 주문 정보와 운송업체의 운송 정보를 블록체인에 실시간으로 공유한다. 그리고 시범 사업을 통해 통관 정보를 자동으로 취합해 정리하여 서류의 위, 변조 위험과 통관에 필요한 시간을 단축할 수 있게 된다. 따라서 현재 늘어나고 있는 개인의 소량 해외 직구 물품에 대한 신고 시간과 비용을 단축할 수 있을 것으로 기대된다. 해당 사업은 2018년 12월까지 구축이 완료되어, 2019년 1월부터 민간업체와 함께 시범사업을 시작할 예정이다.

관세청은 2018년도에 블록체인 6대 공공시범 사업인 '개인통관 서비스' 이외에도 행정안전부와 'e-C/O(전자원산지증명서) 발급・교환 시범사업', 과기부와 '블록체인 기반의 수출통관 물류 서비스'를 진행하기도 했다. 특히 관세청은 2017년부터 삼성 SDS 외 37개 기관이 협력한 '민관 합동 해운물류 블록체인 컨소시엄' 시범 사업에 참여하는

등 블록체인을 수출 통관 업무에 적용하기 위해 꾸준한 시도를 해왔다.

(2) 농림축산식품부, '블록체인 기반 축산물 이력 관리 시스템 시범사업'

'블록체인 기반 축산물 이력 관리 시스템 시범사업'은 블록체인과 IoT를 활용한 사업이다. IoT 디바이스로 수집된 정보를 블록체인에 자동으로 입력하고, 쇠고기 유통 단계별 이력 정보와 증명서를 블록체인에 저장, 공유하는 시스템을 구축하는 사업이다. 기존 시스템에서 쇠고기의 이력 신고 규정은 5일 내였는데, 신고 전에 문제가 발생하면 이력 조회가 어렵다는 한계점이 있었다. 블록체인과 IoT를 이용하면 실시간으로 유통 경로를 추적할 수 있기에 이러한 한계점을 해결할 수 있을 것으로 기대된다. 또한 해당 시범 사업은 내년 1월부터 전북지역에서 시범적으로 운영될 예정이다.

(3) 국토교통부, '블록체인 기반의 부동산 종합공부시스템 시범사업'

지금까지는 부동산을 매매하거나 혹은 대출하는 경우 은행, 국세청 등에 종이로 된 부동산 증명서를 제출했다. 이 경우 종이 증명서는 위, 변조에 쉽게 노출되기 때문에 범죄에 악용되는 경우도 있었다. 그러나 블록체인 기술을 활용할 시 부동산 정보를 데이터 형식으로 실시간으로 공유할 수 있어 위와 같은 문제점을 해결할 수 있을 뿐만 아니라, 사용자가 증명서를 발급받는데 걸리는 시간을 단축할 수도 있다. 2019년 1월부터 제주도 내 11개 금융기관에서 시범 운영되어, 추후 '부동산 거래 통합 서비스'로 확대 개편될 예정이다.

(4) 중앙선거관리위원회, '블록체인 기반 온라인 투표 시스템'

중앙선관위는 2013년부터 온라인 투표 시스템 '케이보팅(K-voting)'을 운영해오고 있다. 그러나 온라인 투표는 해킹과 조작의 위험이 있기에 중요성이 큰 선거에는 이용되지 못했다. 하지만 위, 변조가 어려운 블록체인 기술을 기반으로 온라인 투표 시스템을 구축한다면 이러한 한계점을 극복할 수 있을 것으로 전망된다. 그뿐만 아니라 쉽고 간편한 투표 참여로 투표율을 증대시킬 수 있으며 비용도 절감할 수 있을 것으로 기대된다.

현재 중앙선관위의 블록체인 기반 온라인투표 시스템은 개발이 완료되었다. 2018년 11월 29일 서울대학교의 블록체인 학회 운영 방안에 대한 투표에 중앙선관위의 블록체인 투표 시스템이 사용되기도 했다.

(5) 외교부, '블록체인 기반 재외공관 공증 발급체계 구축사업'

'블록체인 기반 재외공관 공증 발급체계 구축사업'은 블록체인상에 공문서의 정보와 인증서를 저장하고 공문서를 전자문서의 형태로 '국내기관(은행) - 외교부 - 재외공관 - 해외국가'가 공유함으로써 실시간으로 문서의 발급 사실과 내용을 확인할 수 있게 하는 사업이다.

해당 시범 서비스는 2018년 구축이 완료되어 2019년 1분기에는 주일본대사관, 주

LA총영사관과 국내 14개 금융기관에 우선적으로 시범 적용될 예정이다. 외교부는 해당 시범 사업을 2020년까지 모든 재외공관에 적용할 것이라고 밝혔다.

(6) 해양수산부, '블록체인 기반 컨테이너 반출입증 통합발급 서비스'

타 부두 환적시 필요한 정보를 블록체인상에 저장하여 선사, 운송사, 터미널 간에 공유하고자 하는 사업이다. 부산항의 환적 규모는 세계 2위에 해당하고, 선박의 화물을 부두에 내린 후 다른 선박에 옮겨 싣고 출항하는 타 부두 환적(ITT)이 전체 물동량의 16%에 달한다. 해당 시범 사업을 통해 환적 과정을 실시간으로 투명하게 공유하여 업무량과 대기시간을 줄여 효율성을 증대시킬 수 있을 것이라 기대된다. 2018년 12월부터 1년간 부산 신항에서 현대상선, 롯데글로벌로지스, 부산신항국제터미널 등 총 5개의 물류 업체를 대상으로 운영된다.

4) 지자체별 추진하는 블록체인 공공사업 현황

(1) 서울시 블록체인 혁신 선도사업

서울시는 14개의 '블록체인 기반의 행정서비스 혁신 선도사업'을 진행 중이다.

서울시는 행정 전반에 블록체인 기술을 적용할 수 있도록 '블록체인 표준 플랫폼'을 구축하여 전자 서식의 위변조 방지와 인증 등에 적용할 예정이라고 한다.

또한 블록체인 온라인 투표 시스템을 구축하여 투표 및 개표과정을 실시간으로 공유하여 투명성을 높이기 위한 사업('시민참여 직접 민주주의 실현')을 진행할 예정이며, 청년 주택 입주 및 복지 서비스 등 대상자로 선정되었을 시 자격 증명을 위하여 증빙서류를 발급할 필요없이 기관 간 정보조회로 자격을 검증하는 '서류 없는 온라인 자격검증'과 블록체인의 위, 변조가 불가능한 특성을 이용하여 29종의 온라인 민원 증명서를 블록화된 파일로 발급하는 '온라인 민원서류 위·변조 방지 사업'도 추진 중이다.

또한 카드 하나로 서울시 400여 개 공공시설을 이용할 수 있는 '서울시민 카드 앱'을 연내 도입할 것이라 밝혔다. 시민의 정책 참여에 대한 보상으로 지급되는 마일리지 S-코인을 서울시민 카드 앱을 통해 사용할 수 있으며(서울시 마일리지 통합 관리), 발급받은 증명서를 관리할 수 있다. 이외에도 블록체인을 통해 친환경 태양광 전력 거래를 관리하고 잉여 전력을 S-코인으로 결제할 수 있도록 연계되어 운영된다.

이외에 중고 자동차 매매(현재 장안평 중고차 매매단지에서 시범 사업 진행 중), 전기자동차 생애주기 관리, 하도급 대금 자동 지급, 기부 금품 관리명세 공유, 민간위탁금 관리 등이 블록체인을 통하여 운영될 예정이며, 시민의 개인의 건강 기록을 블록에 저장해 의료기관 간 공유하는 '시민주도 스마트 헬스케어 서비스'와 '스마트 노무사 앱'을 활용하여 시간제 노동자의 임금 체불 방지와 같이 노동환경 개선을 위한 시민 생활 밀착형 사업도 있다.

또한 서울시는 세계 블록체인 중심지 중 하나로 꼽히는 스위스 취리히주와 우호 도시 협정을 맺고, 2019년 9월 서울에서 '취리히, 서울과 만나다'를 개최할 예정이다.

(2) 서울시의 구 주도 블록체인 사업

① 영등포구, '블록체인 기반 제안서 평가시스템' 도입

'블록체인 기반 제안서 평가시스템'은 블록체인을 공공사업의 입찰 선정 과정에 활용한 사례이다. 해당 시스템을 활용해 제안서를 평가하면 자료 및 점수를 위변조할 수 없으며 심사 후 선정 결과가 홈페이지에 자동으로 공개되어 입찰 과정의 투명성과 신뢰성을 높일 수 있다. 이 사업은 2018년 11월8일 서울시 감사위원회가 주관한 '2018년 반부패 우수사례' 공모에서 최우수상을 받기도 하였다.

② 노원, 세계 최초의 블록체인 접목 지역 화폐 '노원(NW) 상용화'

노원구는 노원 지역 화폐인 노원 코인(NW)을 개발하였다. 서비스를 처음 시작한 2018년 2월 1천526명이었던 것이 6월 기준 5천403명으로 세배 이상 증가하였으며, 가맹점 수도 87개소에서 247개소로 늘었다. 노원 코인은 이외에도 자원봉사, 기부 등 사회적 가치 나눔에도 활용될 수 있다.

(3) 경기도

2017년도 2월, 경기도는 '따복공동체'의 '주민제안 공모사업'을 블록체인을 도입하여 심사하기도 했다. 이는 국내 최초로 블록체인을 공공영역에 도입한 사례이다. 또한 경기도는 2018년 3월 블록체인 공유경제 스타트업을 발굴하고 육성하기 위해 참여기업을 모집하기도 했다. 경기도경제과학진흥원은 2018년에도 상반기, 하반기 두 차례에 걸쳐 블록체인 전문 인력을 양성하기 위한 '블록체인 캠퍼스' 교육생을 모집했다. 일반인과 전문가를 대상으로 하는 과정으로 나뉘어 10~12월 간 진행되었다.

더불어 경기도는 2018년 11월1일과 2일, 이틀간 서울대학교와 '2018 경기도 4차 산업혁명 국제심포지엄'을 개최하여 인공지능과 블록체인 기술과 이를 행정에 적용할 수 있는 방안에 대해 논의했다. 또 같은 기간에 라트비아, 에스토니아와 '경제협력 실행계획'을 체결했다. 특히 에스토니아와 교류를 통해 블록체인 기술 뿐만아니라 인적 교류를 할 수 있는 물꼬를 텄다.

시흥시는 지역 화폐 '시루'를 발행하여, 지난 9월부터 유통했다. 시루는 지역 경제 활성화에 대한 공로를 인정받아 '지방 자치정책대상'을 수상하기도 했다. 시흥시는 한국조폐공사의 블록체인 기술을 활용하여 2019년 2월 '모바일 시루'를 출시, QR 코드 결제를 지원하고 있다.

(4) 인천광역시

2018년 11월 28일, 인천경제자유구역청(IFEZ)은 블록체인 기반 공유경제 프로젝트를 진행하는 '블루웨일'과 상호 협력을 맺었다. 이번 협약의 목적은 인천 경제자유구역을 블록체인 허브로 도약시키는 것이며, 인천경제자유구역청은 블록체인 기업 유치 및 지원 등 IFEZ에 블록체인 생태계 조성에 힘쓸 것이라 밝혔다.

(5) 제주특별자치도

제주도는 '지역특화발전특구에 대한 규제특례법'에 따라 규제 특례가 적용되는 블록체인 특구를 조성하기 위해 노력해오고 있다. 2018년 10월 8일 '규제 자유 특구'를 골자로 하는 지역특구법이 정부 국무회의에 통과되어, 2019년 4월부터 시행을 한다. 제주도는 이에 따라 2019년 5-6월 제주도를 블록체인 규제 자유 특구로 지정할 것을 신청할 계획이다.

또한 11월 28일 공고된 '블록체인 기술과 제주특별자치도의 정책 방향'에 따르면 제주도의 블록체인 정책 방향은 블록체인 서비스 모델 발굴 및 화산, 암호화폐 관련 규제 마련을 통한 산업 진흥, 인력 양성 및 투자 연계 등을 통한 산업기반 조성 등 세 가지로 요약된다. 특히 제주도는 ICO의 경우, 전면 허용이 아닌 기관 투자자부터 단계적으로 허용 범위를 넓혀가는 것을 지향하고 있다.

(6) 충청북도

충청북도는 2018년 10월22일 '충북 블록체인 진흥센터'를 개소했다. 충청북도는 진흥센터 개소와 함께 블록체인 인재양성과 블록체인 기반 의료정보 서비스 시범 사업을 추진할 것이다.

(7) 전라북도

전라북도의 '2018~2022 전라북도 정보화 기본계획'에 따르면 블록체인은 지역 발전을 위한 '6대 신성장 사업' 중 하나이다. 전라북도는 블록체인 SW 창업 기업 최대 3천만 원, 개발에 최대 1억 원을 지원할 예정이며, 블록체인 신규 창업 기업이나 전북으로 이전하는 블록체인 기술 기업에 '전북테크비즈센터' 우선 입주권을 부여할 예정이다. 또한 SW 융합클러스터 사업단에 블록체인 과정을 신설하여 인재를 양성할 계획이다. 그리고 노원 코인을 벤치마킹한 전북 코인 발행을 추진 중이며 올해 정부의 블록체인 시범사업 중 하나인 블록체인 축산물 이력 관리 시스템을 2019년 1월 도입하고 있다.

(8) 전라남도

2018년 4월 30일, 전라남도의 '블록체인 기반의 농수산물 생산·유통 최적화 모델 개발'이 과기정통부가 추진하는 'I-Korea 4.0 국가 디지털 전환 공모사업'에 최종 선정되었다. 이 사업은 2018년말까지 마스터 플랜을 세우고, 세부 사업계획을 위해 2억 원규모의 컨설팅 용역을 모집한 후, 2019년도부터 시스템 및 운영체계를 구축하고 있다.

(9) 경상북도

경상북도는 2018-2020년 '블록체인 크립토 밸리 특구 조성 및 시범사업'을 추진하고 있다. 2018년 11월14일 경북에서 '블록체인 특별위원회'가 발족했다. 특위는 블록체인 산업 육성 방안에 대한 자문과 관련 기업 발굴 및 사업 기획을 담당하고 있다. 또한 경북은 이스라엘 블록체인 프로젝트 '옵스'(ORBS)와 2018년 8월 블록체인 인력 양성 및 산업 생태계 조성을 위한 업무 협약을 맺었으며, 블록체인을 통한 지역 화폐인 '경북 코인'을 발행하여 2021년까지 상용화하겠다는 계획을 추진 중이다.

(10) 부산광역시

과학기술정보통신부와 해양수산부는 6대 공공 시범사업인 '블록체인 기반의 컨테이너 부두 간 반출입증 통합발급 시범사업'을 진행했다. 이 시범 사업은 2019년 1월부터 부산항에서 시범 운영되어, 부두 환전 물량을 대상으로 도입된다. 또한 부산광역시는 현재 한국증권선물거래소, 기술보증기금 등이 입주해 있는 문현금융단지에 블록체인 특구를 조성할 것이다.

O2 국가별의 공공분야에 블록체인 도입현황을 분석하라.

1. 에스토니아

1) 개요

(1) 도입배경 및 현황

① 2007년, 사이버 상에서 국가를 유지한다는 생각을 근간으로 블록체인 기반의 전자 정부 구축을 시작하고 있다.

② 2002년, 전 국민에 ID 번호를 부여하였고, 2007년 이후 디지털 국가 및 전자시민모델인 'e-Estonia' 모델 본격 도입하였다.

- e-Estonia: 에스토니아의 디지털 사회 시스템을 담당하는 기관으로 통합된 e-Service 제공하고 있다.

③ 블록체인 기반의 ID를 발급하여 시민권, 교육, 재무 및 헬스케어 등 다양한 공공서비스를 제공하고 있다.

④ 'e-Residence'라는 가상 시민권 서비스를 제공하고 있으며, 2025년까지 100만 명의 이용자 확보가 목표이다.

(2) 특징

① 정부가 직접 블록체인 기술을 개발하기보다 정부-기업 간 협력 네트워크를 구축하여 민간의 기술을 적극 활용하며 생태계 확장하고 있다.

② 도입 확산 초기, 기술도입에 대한 정부의 적극적 의지를 표명하여 기술확산을 장려하였고 공공부문 활용을 통해 성공사례를 제시한다.

③ 생태계 구축에 필요한 법적 규제들을 선제 정비하고, 정부 주도의 스타트업 엑셀러레이팅 시스템 및 기업과의 협력 네트워크 정비하고 있다.

2) 응용 현황

(1) 신분 증명

① 'e-residence'는 에스토니아 국민이 아니어도 소정의 심사 요건을 만족하면 누구든 발급받을 수 있는 가상 시민권 시스템이다.

② 디지털 ID카드 하나로 정부가 국민에게 제공하는 다양한 공공서비스를 편리하게 이용 가능하다.

③ ID카드에 내장된 IC칩이 개인인증과 전자서명 키 역할을 하며 블록체인의 암호화 기술이 적용돼 해킹, 도용 등의 범죄행위가 방지한다.

④ 결혼, 이혼 등 일부 행정절차를 제외하고 모두 온라인에서 처리 가능하다.

(2) 치안

① 2005년, 'e-Police'를 도입하고 모든 경찰 차량에 모바일 단말기를 설치하여 순찰 중 현장 정보를 즉시 확인할 수 있는 시스템을 구축하였다.

② 국민의 정보가 블록체인 장부에 기록되어 있어 즉시 확인이 가능하며 이를 통해 수배자 검거 및 관련 처리가 가능하다.

③ 수배자 정보 검색 등이 용이하여 검거 실적이 향상되는 등 치안 수준 제고이다.

(3) 의료

① 2008년, 블록체인 기술 의료현장 시범도입, 2010년 전자건강기록 시스템인 'e-Health record'를 운영하여 국가 건강관리 서비스를 제공한다.

② 전자건강기록시스템에는 환자의 진료 기록, 혈액형 등 신체 정보 등을 기록하며, 2017년 건강기록보관 정부데이터 시스템 X-load를 개발했다.

③ 어떤 병원에서도 의사가 환자의 정확한 상태를 확인 가능하며, ID카드 만으로 건강보험 가입여부, 진료기록, 병력 등을 확인 후 처방이 가능하다.

④ ‘e-Prescription’을 통해 약을 처방하여 투약/처방 기록 일괄 관리한다.

(4) 투표

① 2005년 이후 다양한 국가 투표 절차에 ID카드만으로 전자투표를 통해 참여 가능

② 전자투표 시 마감일 이전까지 투표하는 후보를 바꿀 수 있어 보다 합리적인 의사 결정 가능

③ 전자투표로 실시한 '1년 국회의원 선거에서는 이전 대비 약 5배 투표율이 증가하는 등 국민 참여율 향상

(5) 전자화폐

① 2017년 8월, 에스토니아 중앙은행은 국가 지원 암호화폐인 Estcoin 발행 및 ICO 진행을 천명

② Estcoin은 에스토니아의 공공 및 민간 서비스 이용비용 지불에 활용될 수 있으며, 전세계 어느 곳에서든 활용 가능한 통화로 기능

③ 현재까지는 활용 가능성을 확인 중인 단계로 도입 고려 중

[응용 특징]

- 정부 주도로 신원확인, 치안, 의료, 투표시스템 등 다양한 공공서비스에 블록체인을 적극 활용
- 제도 개선 및 공공서비스 적극 활용을 통해 기술도입에 대한 정부 의지를 적극 표명하고 있으며, 기술 개발은 민간과 협력하여 추진하며 생태계 확장

2. 미국

1) 개요

(1) 도입배경 및 현황

① 블록체인 활용을 위한 제도적 기반을 확보하기 위한 연방 및 주정부의 노력이 진행 중으로 2016년 이후 점진적 도입

② 연방정부는 ‘제4차 개방형 정부를 위한 국가전략’에 블록체인 기반 리포팅 시스템 활용을 명시

③ 버몬트(2016.6), 애리조나(2017.3), 네바다(2017.6) 등 다수 주에서 블록체인 기술 기반 계약의 법적 효력을 인정하는 법안을 통과시키는 등 다 부문 활용 기반 조성 중

(2) 특징

① 연방정부와 주정부의 관할 공공서비스 영역이 달라 통합 포럼 등을 개최하며 통합

적 활용방안을 모색하고, 주별 다양한 유형의 공공서비스에 대한 블록체인 적용을 별도 논의 및 검토

② 사례가 일관되게 적용되지는 않으나, 상호 통합포털 운영 등을 통해 논의하며 도입 확산해가는 추세

- 연방 블록체인 커뮤니티(Federal Blockchain Community), 아틀라스 포털(U.S. Emerging Citizen Technology Atlas) 등을 통해 연방 및 주정부 간 서비스 활용 방안을 자발적으로 교류

2) 응용 현황

(1) 전자화폐

① 2016년 5월, 우정청의 '블록체인 기술: USPS의 활용가능성 모색'이라는 보고서에서 블록체인 기반 포스트 코인 발표

② 포스트 코인을 활용하여 환전, 지급결제뿐 아니라 보다 빠르고 저렴한 비용으로 물류처리가 가능할 것으로 기대

③ 향후 글로벌 우편사업자들의 물리적 네트워크의 중심으로 국가 간 우편 송금 및 지불 플랫폼으로 성장시킬 예정

(2) 투표

① 2016년, 텍사스(Texas) 주와 유타(Utah) 주에서 공화당 대선후보 선정 시 전자투표에 블록체인 기술 활용

② 유타 주에서 실시한 선거가 미국 역사상 첫 인터넷 투표였으며, 편의성 및 프로세스 간소화로 투표율이 증가

(3) 금융

① 2016년, 델라웨어(Delaware)주는 '블록체인 이니셔티브(Blockchain Initiative)'를 출범하고, 블록체인 주식거래를 허용

② 블록체인 기술을 코인 거래 외 주식거래 체결시스템으로 확대하는 법안이 통과

(4) 계약

① 2016년, 버몬트(Vermont)주, '17년 애리조나(Arizona)주가 블록체인 기반의 거래기록이 법률적 효력이 있음을 규정

② 버몬트 주는 블록체인 상의 전자기록이 '버몬트주 증거법(Vermont Rules of Evidence)'상 거래기록으로 인정된다는 법률 제정

③ 애리조나 주는 '애리조나주 전자거래법(Arizona Electronic Transactions Act)'을 개정하고 블록체인 기반 서명・계약 및 거래기록의 법률적 효력을 규정

(5) 의료

미 헬스 IT 조정국(ONC : Ofice of the National Cordinator for Health Information Technology)은 의료정보 기록 및 보안 관리에 블록체인 기술을 도입할 예정임을 공표

(6) 국방

① 미국 국방부는 블록체인을 이용한 암호화 메신저 개발에 나섰다고 공표

② 다채널에서 전송된 정보 이력을 추적하고 보다 보안이 보장된 환경에서 정보 전달 가능한 대화 채널 확보

> **[응용 특징]**
> - 전자화폐, 투표, 금융, 계약, 의료 및 국방에 이르기까지 다방면에서 연방 및 주 정부가 협력하여 블록체인 기술을 활용하기 위한 노력 개진
> - 실질적인 활용성 제고를 위해 블록체인 관련 사항을 기존의 제도 내 편입하여 법적 효력을 가질 수 있도록 제도 개선 병행

3. 네덜란드

1) 개요

(1) 도입배경 및 현황

① 블록체인을 미래를 위한 핵심 기술로 판단하고, 관련 공공- 민간 협력 프로젝트에 투자하는 등 응용 활성화에 매진 중

② 공공의 이익 보장 및 투명성 · 신뢰성 · 안전성 제고가 주목적

③ 정부주도로 구성된 네덜란드 블록체인 연합(The Dutch Blockchain Coalition, Cutch Digital Delta)을 통해 '17년 1분기부터 블록체인 아젠다를 시행

(2) 특징

블록체인 기술 도입에 적극적인 나라 중 하나로, 공공-민간 간 협력 프로젝트를 통한 생태계 확장 노력이 활발

2) 응용 현황

(1) 개인정보 관리

① 국립개인정보당국(RvIG)은 델프트 공대, ING 은행 등과 협력하여 블록체인 기반 개인 정보 관리 시스템인 Identiteitspor 개발

- Rijksdienst vor Identieitsgegevens; 네덜란드 정부 산하 개인 정보 및 여행

문서 관리 감독 기관

② 개인 정보 통합 및 사용 내역 관리로 개인정보 관리시스템의 안정성과 편리성을 동시 제고

(2) 지급 결제

① 2014년, 아른헴시 블록체인 프로젝트 'Arnhem Bitcoin city'를 실시하여 상점 내 결제 수단으로 활용

② 지역 상점 내 비트코인 사용 활성화를 목적으로 시작되었으며, 현재 10여개의 상점이 결제 수단으로 인정

(3) 공공서비스

① 호로닝언시 블록체인 프로젝트인 'Stadjerspas Groningen'을 통해 공공부문 서비스 제공에 활용

② 흐로닝언시는 의료보험, 주택 보조금, 기초생활수급자 대상 생활 보조금을 블록체인 기반 디지털 화폐 형태로 제공하여 행정 절차의 효율성 향상

- 디지털 화폐는 특정기간 안에 사용되지 않으면 공급자에게 반환되도록 설계

(4) 자산 이력 등록/추적

① 자전거 등록청인 RDW(Netherlands Vehicle Authority)는 IBM과 협업하여 전기자전거 'e-bike'를 블록체인으로 기록하는 테스트 완료

- e-bike는 고가여서 도난 사고가 많이 발생하기 때문에 자산 이력 추적이 필요

② 블록체인참여자는 상점, 소유자, 지방정부, 경찰청, 보험기관 및 자전거 생산자로 구성

③ 보험, 수리, 도난 등 모든 이력이 실시간으로 기록

(5) 기타 응용

① 스마트인더스트리, 농식품 필드랩 등 부문에 블록체인 기술 도입 고려

② 로테르담시는 '블록체인에너지' 필드랩을 구축을 통한 스마트시티 조성 프로젝트를 시작

③ 네덜란드 중앙은행은 '16년 6월, 자체 개발한 디지털 통화인 DNBCoin을 여러조건 하에 시뮬레이션 중

[응용 특징]

- 개인정보관리, 지급결제, 공공서비스 및 자산 이력 등록/추적 등 다부분에서 블록체인 기술을 활용
- 타국가 대비 상대적으로 빨리 블록체인 기술의 잠재력을 인식하여 공공-민간 협력프로젝트에 투자하는 등 응용 부문 확장을 위한 정부 차원의 지원 적극 진행

4. UAE-두바이

1) 개요

(1) 도입배경 및 현황

① 블록체인 기반 전자정부 구현이 주목적이며 투명하고 간편한 행정서비스를 국민 및 관광객에 제공하기 위해 노력

② 2016년 이후 모든 문서 및 거래를 '20년까지 블록체인으로 전환하기 위해 '두바이 블록체인 전략(Dubai Blockchain Strategy)을 수립

③ 2018년 현재, 블록체인 응용분야 탐색을 위해 글로벌 블록체인 협의회를 설립하고 다양한 블록체인 관련 사업을 추진 중

(2) 특징

블록체인 협의회를 통해, 공공 및 민간 47개 회원사가 건강기록, 다이아몬드거래, 소유권 이전, 사업자 등록, 디지털 유언, 관광 계약 및 운송 등을 다루는 개념 증명 사업 추진 중

2) 응용 현황

(1) 전자문서

① 두바이는 스마트시티 사업을 추진하며 지역 내 공공 문서를 블록체인기반의 전자문서로 전환하는 작업 추진

② 블록체인 기반 전자문서를 통한 행정시스템은 부처 간 협업 시 공유 및 검토 시간을 단축하고 관련 문서관리 비용 및 환경 개선에도 긍정적 영향

(2) 개인 인증

① 2017년, 두바이 국제공항에 블록체인 기반 디지털 여권도입을 계획하고 국의 오브젝트테크와 계약 체결

② 의료정보시스템 : 진료 기록, 처방전, 환자의 병력 등을 블록체인에 저장하고 공유하는 블록체인 기반 의료정보시스템 도입 검토

(3) 유통

① IBM과 협업하여 무역 및 물류 솔루션을 위한 블록체인 활용을 테스트 중

② 두바이 세관과 무역기업 간 실시간 정보공유시스템을 구축하여 주요 이해 관계자가 상품 상태 및 선적 상태에 대한 즉각적인 정보 수신이 가능하도록 지원

③ 유통 과정을 간소화하고, 빠른 거래 정보 공유를 통해 업무 효율 향상

(4) 전자화폐

① 2018년, 암호화폐를 금융거래에 활용하는 사업을 시작하였으며, 중앙은행이 직접 암호화폐 발행에 나설 가능성 증대

② 아랍에미레이트 디르함 암호화폐(jAED)는 물론 달러, 원화, 유로화 등 다른 통화의 암호화폐도 발행하여 송금과 결제 등에 사용할 계획

③ 정부가 직접 발행하고 관리하는 자체 디지털 통화 'emCash'를 준비 중

(5) 관광

관광객 정보를 블록체인에 저장하는 방안을 구상 중으로, 관광객의 신원확보를 용이하게 하여 관광편의 향상을 추구

> **[응용 특징]**
> - 정부 차원의 블록체인 기반 전자정부 구축 사업이 진행 중이며, 글로벌 블록체인협의회를 구성하여 거래, 소유권 이전, 관광사업 효율 증진 등 다양한 부문에 응용 계획 수립 중
> - 스마트시티 사업과 병행하며 제반 시스템 내 블록체인을 광범위하게 활용

5. 중국

1) 개요

(1) 도입시기 및 현황

① 2016년, 개인정보 관리, 부동산, 의료 등 국가 산업 체계 개선을 위해 정부주도 블록체인 인프라 구축이 시작

② 국무원이 '제13차 6개년 국가정보화규획(2015-2020)'에 블록체인을 명시하였고, 중국 공업신식화부(CMIT)가 '중국 블록체인 기술과 응용발전 백서'를 발간

③ 2016년 이후부터 표준화위원회 설립 등 블록체인 기술 발전을 위해 정부차원에서의 적극적인 지원 진행

④ 개인정보 관리, 부동산, 의료 등 다양한 분야에서 블록체인 기술을 접목하고 있으며, 항저우(스마트시티), 충칭(산업도시) 등 지역을 블록체인 기반으로 지역체질 개선

- 저장(浙江), 장쑤(江蘇), 구이저우(貴州), 푸젠(福建), 광둥(廣東), 산둥(山東), 장시(江西), 네이멍구(內蒙古), 충칭(重慶) 등 다수 지방 정부가 블록체인 전략적 발전정책을 발표

(2) 특징

① 2018년 기준, 블록체인 관련 특허 보유 1위국으로 관련 산업을 정부 주도의 국가 주력

사업으로 지정하고 산업 생태계 조성에 적극 투자

② 자국 내 블록체인연합을 형성하여 블록체인 산업 활성화를 위한 정부-기업 간 네트워크를 구축하고 산업 생태계 조성 추진

2) 응용 현황

(1) 공공 플랫폼

① 정부 부처별 분산된 정보를 통합하고 보다 간소화된 절차로 부처 간 신뢰 가능한 데이터 생성 및 공유를 위해 블록체인 기술 도입

② 2018년 3월, 당국 기관 최초로 중국지폐 신용카드 산업발전 유한공사에서 정부 기관 블록체인 플랫폼 구축

③ 부처 간 협력을 통한 신뢰 증대, 관련 행정 비용 감소 등 효과 기대

(2) 부동산

① 가짜 집주인, 가짜 부동산 상품 등 부동산 거래 신뢰 미비로 인한 중국 부동산 업계의 문제 개선을 위해 블록체인 기술 도입

② 2018년 3월, 부동산 정보・거래 플랫폼이 중국 슝안신구에서 처음으로 도입

③ 부동산 소유자・거래대상자・임대계약 등과 같은 부동산 관련 정보를 기록하고 검증이 가능하여 기존 부동산 거래의 비효율 제거 가능

(3) 의료

① 개인 진료기록 확보 및 보안 강화, 의료 기관 간 공유를 통한 진일보한 공공의료 체계 확보를 위해 블록체인 기술 도입 검토

② 2017년, 알리바바 그룹의 알리헬스는 장쑤성 창저우시 의료기관과 협력하여 블록체인 기반 헬스 애플리케이션을 제공, 지역 의료서비스에 적용 추진

③ 2017년, 제약 유통체인에 블록체인 기술을 도입하여 항정신성 약물 유통 및 사용량 추적 및 유통기간 관리에 활용

(4) 신분 증명

① 기존 농촌 지역의 호구 조사 미비 등으로 인해 정부 기관 및 공공서비스 이용 제약이 만연하였으나, 블록체인 도입을 통해 통합 관리하여 인구 관리 및 신분 증명 용이성 확보

② 2018년, 허난성 란카오 현 정부는 공안부 및 발전개혁위원회와 협력하여 '렌신통'이라는 디지털 신분증을 제작한 것이 최초 도입 사례

③ 2019년부터는 해당 지역 빈곤구제 자금 지원 등에도 렌신통을 통한 신분 증명서 활용 예정

(5) 스마트시티 구현

① 지방정부 : 기업 간 협업을 통해 다수 도시를 스마트 시티로 구현 중이며, 블록체인을 핵심 기술로 활용

- 항저우 : 2015년부터 계획된 항저우 스마트시티는 완샹 그룹이 주도하고 있으며 2025년 완공이 목표
- 충칭시 : 2017년, 블록체인산업 발전 계획을 발표, 2020년에 블록체인 산업 생태계를 조성하는 것을 목표로 창업혁신기지, IoT 및 블록체인 연합 실험실, 소프트웨어 단지 등을 조성

② 항저우 내 IoT와 디지털 웰렛을 접목한 금융 거래, 서류 발급, 전기차 배터리 관리 등에 시스템을 도입하여 페이퍼리스(Paperles) 사회 구현

[응용 특징]
- 특허보유국 1위이자 국가 차원에서 지원이 상당한 수준이며 다양한 분야에서 블록체인 기술을 응용하고자 하는 움직임이 매우 활발
- 공공플랫폼, 부동산, 의료, 신분 증명 등 다양한 공공서비스에 블록체인 기술을 도입하여 활용 중

6. 스위스

1) 개요

(1) 도입시기 및 현황

① 2014년, 주크 시를 중심으로 블록체인 산업이 태동하여 '16년, 블록체인실리콘밸리인 '크립토밸리'를 선포하며 블록체인 기술 적용

② 주크 시는 비트코인을 보편적 결제 수단으로 활용하고 있으며, 스위스 국내 개인정보관리, 교통 등 공공서비스 분야 적용 확대 중

(2) 특징

① 2018년, 세계 최초의 암호화폐 활용 자금조달(ICO) 가이드라인을 작성하여 배포하는 등 국가 차원에서 주도적으로 산업 육성

② 블록체인 산업 주도권 확보를 위해 ICO 관련 법률 자문 제공 및 세율 정비 등을 통해 스타트업 육성

③ 스타트업 지원이 활성화되어 있어 다국적 스타트업이 다수 진출하여 활동하고 있으며 산업 생태계 견고

④ 특히 스위스 추크 시는 비트코인 스위스(Bitcoin Swis AG), 이더리움 재단

(Ethereum Foundation) 등의 설립지이자 주요 채굴 기업인 비트메인 (Bitmain)이 지사 설립을 진행하는 블록체인 산업 핵심 도시

2) 응용 현황

(1) 전자결제

① 비트코인을 공공서비스 이용에 적용한 이후, 상점 등 다양한 가게에서 결제 가능하도록 확대

② 2016년, 추크 시는 24만원(0.4BTC)이하의 공공서비스 이용 시 비트코인 결제를 시범적으로 허용

③ 상점, 시청, 와인가게 등 추크 시내 곳곳에서 비트코인 결제가 보편화되는 추세로 시의회는 결제 한도를 최대 20CHF(217천 원 정도)까지 확대

(2) 신분 증명

① 기존 신분증명을 이더리움 기반의 디지털 신분증명서로 대체하고 공공서비스 제공시 활용

② 2017년, 이더리움 블록체인 기반 디지털 신분증명을 도입하고 파일럿 테스트 진행

③ 온라인 투표, 거주증명서 발급, 도서관 대출, 자전거 대여 등 디지털 신분증명 기반의 공공서비스 제공을 점진적으로 확대할 예정

(3) 교통

① 스위스 철도회사 SB와 추크시 간 협약에 의해 셀프드라이빙 버스를 운영 중으로 블록체인 네트워크를 활용 통행량 및 최적경로 분석 및 파악

② 교통정보를 실시간으로 공유하여 시민 이용 편의 확보

[응용 특징]

- 주크시를 중심으로 시 행정 디지털화 및 공공서비스 제공에 블록체인을 적극 도입
- 스위스의 핀테크 기업에 대한 규제 샌드박스 제도로 인해 블록체인 산업의 주축이 되는 주요 재단이 다수 포진하여 활동 중인 블록체인 선도국

Tip 스위스 규제 샌드박스 제도

- 암호화폐를 포함한 핀테크 회사는 10만 스위스프랑(CHF, 한화 1억 5천여 만원)까지 은행 허가 없이 공공계좌를 보유하고 새로운 비즈니스 모델 실험 가능
- 핀테크 기업이 관리하는 전체 펀드 규모는 1억 CHF(161억원)를 초과해서는 안되며, 신규 허가 기업은 수탁펀드의 최소 5% 이상, 최소 30만CHF(3억원) 이상을 자본금으로 보유해야 함

7. 영국

1) 개요

(1) 도입시기 및 현황

① 2016년, 정부차원에서 'Distributed Ledger Technology : Beyond Blockchain'을 발표하고 블록체인 서비스를 공공서비스 전반에 확대

② 2014년, 세계 최초로 비트코인을 법정통화로 인정하고 비트코인 및 타 전자화폐의 편리한 거래를 위한 제도적 장치 모색

③ 공공영역에서 블록체인을 우선 적용하여 공공서비스 제공에 필요한 사항을 안전하고 투명하게 통합 관리할 예정

(2) 특징

중앙 정부가 블록체인 적용을 위한 보고서를 작성 · 제공함으로써, 공공서비스 제공의 투명성 확보를 위한 로드맵을 선도적으로 제시

2) 응용 현황

(1) 공공서비스 제공

① 블록체인 기반의 공공 서비스 제공 용도의 코인을 개발하여 이를 통해 관련 복지 수당을 제공

② 2016년, 노동연금부는 노동연금에 블록체인 기술을 접목시키고 GovCoin이라는 새로운 공공 서비스 시스템 개발을 진행

③ 실업연금 수령이 필요한 청구인은 모바일 애플리케이션을 통해 수당 수령 및 사용이 가능하며 거래기록은 분산 원장에 저장

④ 공정하고 투명하게 수당이 분배되므로 부정수급 방지 가능

(2) 기록물관리

① 2017년, 법무부는 블록체인을 활용하여 온라인상에서 증거를 안전하게 보존하고 활용할 수 있도록 시스템 도입을 계획 · 추진

② 각 디지털 증거 · 기록물을 블록체인 기반으로 작성하여 그 진위 여부를 판별 가능케 하고 위변조의 위험성에서 벗어나 투명하게 보존 · 공유

[응용 특징]
- 세계 최초로 비트코인을 법정 통화로 인정한 선도적 도입 국가로, 공공부문에서 블록체인을 적극 활용 중
- 노동연금 수령 및 법률 기록물 관리 등에 우선 도입하고 있으며 향후 응용 범위 확대

8. 기타 국가

1) 개요

일본, 싱가포르, 호주, 스웨덴, 스페인 등 다양한 국가들에서 결재, 부동산, 투표, 화폐 등 다양한 분야에서 블록체인 기술을 적용하는 노력들이 나타남

〈표 9-1〉 기타 국가별 블록체인 응용 현황

국가	응용분야	내용
일본	부동산, 입찰	2018년부터 토지대장 관리에 블록체인 기술을 시범 도입하고 있으며, 향후 물품 조달 및 공공사업 입찰까지 적용 확대 고려
싱가포르	실시간 결제 시스템	• 싱가포르 통화청(Monetary Authority of Singapore, MAS)은 싱가포르 달러의 토큰화와 국가 간 결제 네트워크 구축에 블록체인 기술을 도입하기 위해 Project Ubin 추진 - 2017년 은행 간 지불에 필요한 증명(Pilot of Prof) 파일럿을 완료하였으며, 절차 간소화, 소요시간 단축 및 유지비용 절감 노력 진행 중
호주	투표, 전자화폐	• 투표 : NVB(Neutral Voting BlocB)라는 기관에서 전자투표에 블록체인 기술을 도입하여 투표 기록과 의사결정 내용 검증 • '플럭스(FLUX)'라는 정당도 정책 투표에 블록체인 플랫폼 도입 - 당원에게 토큰을 발행하여 정책이나 법안에 대해 투표권으로 활용 • 전자화폐 : 중앙은행인 호주 연방은행은 리플랩스와 제휴하여 결제 인프라에 리플 코인 도입 검토
스웨덴	부동산, 전자화폐	• 부동산 : 정부 최초로 토지 등록 및 부동산 매매 거래에 블록체인 적용 - 토지 대장 등록 비용 및 절차 간소화를 통한 거래 시간 절감 효과 및 기관 및 부처 간 부동산 등록시스템 공유를 통한 정부 효율 제고 • 전자화폐 : 2017년 이후 중앙은행인 릭스은행에서 디지털 법정화폐로 e크로나 개발 관련 연구 진행 - 2009년 이후 40% 이상 감소한 현금 유통량에 대한 우려로 정부 최초로 디지털 화폐 발행 고려
스페인	투표	• '포모데스'라는 정당에서 의사결정에 블록체인 기반 전자투표 도입 - 아고라 보팅(Agora Voting)이라는 기술을 활용하여 검증 가능하고 투명하며 보안이 보장되는 투표 진행 - 제로 코인이라는 가상화폐를 활용하므로 익명성 역시 보장
덴마크	투표	'자유당(Danish Liberal Aliance)'은 '14년 당 내부 합의 도출에 블록체인 기반 전자투표를 도입
온두라스	부동산	• 2015년 이후 토지분야 거래 투명성 제고를 위해 토지계약시스템 적용 검토 - 토지 거래 투명성 및 신뢰성 확보의 일환으로 토지대장 조작을 통한 부패를 척결하기 위해 블록체인 도입 고려

국가	응용분야	내용
조지아	부동산	• 소유권 및 계약 변조 방지 목적의 토지소유권 확인 플랫폼 개발 진행 - 도입 실험결과, 평균 3~4일이 소요되던 조지아 국민의 토지 소유권 처리 프로세스에 약 2.5초 소요 - 초당 약 3천 건 가량의 거래 처리가 가능한 것으로 확인되었으며, 이를 통해 정부 업무의 신뢰도 제고
시에라리온	투표	• 2018년 대선에서 세계 최초로 블록체인 기반 전자투표를 실시 - 수개표 후 블록체인에 등록하여 집계결과의 변조 방지에 활용하였으나 향후 투표 단계부터 적용 예정 튀니지 전자화폐 • eDianr이라는 국가 전자화폐 발급에 블록체인 기술 적용 - eDianr은 가상의 계좌를 만들고 선불신용카드를 사용할 수 있는 플랫폼으로 기존 금융시스템과도 호환 - 향후 모바일 송금, 신원관리, 결제 등 활용분야를 확대할 예정
베네수엘라	전자화폐	• 2018년 1월, 암호화폐 페트로(PETRO)를 활용하여 원유 생산량 감소, 하이퍼 인플레이션, 실물통화 감소 등으로 인한 경제위기 타파 시도 - 정부는 공공요금, 세금, 이자 납부 등에 페트로를 활용하도록 하고 있으며 향후 용도를 확대할 예정

03 기업별 블록체인의 도입현황을 분석하라.

1. IBM

1) 개요

① 현황 : 하이퍼레저 패브릭(Hyperledger Fabric)과 하이퍼레저 컴포저(Hyperledger Composer)를 활용하여 블록체인 기반 플랫폼을 구현

- 하이퍼레저 패브릭(Hyperledger Fabric)은 오픈소스인 리눅스 재단의 모듈식 아키텍처 기반 블록체인 프레임워크
- 하이퍼레저 컴포저(Hyperledger Composer)는 비즈니스 네트워크의 핵심 구조를 반영, 스마트 계약 및 애플리케이션 개발을 촉진하는 툴

② 특징 : 일반적인 블록체인 플랫폼과 달리 IBM은 거래와 데이터 보호를 위한 기밀통신 지원 기능을 강화

2) 응용 현황

① 범용 미들웨어 제공 : 개발자에 익숙한 JavaScript 등을 활용한 플랫폼 제공으로 활용 기업들이 보다 간편하게 블록체인 기반 애플리케이션 및 서비스를 제공 가능하게 지원

- 개발자 친화적인 S/W 언어를 활용하는 특성으로 인해 개발 시간 단축 및 효율 확보가 가능하며 각 기업의 경영환경에 적합한 맞춤 서비스 제공이 용이
- 특히 참여 네트워크 규모 및 스마트 컨트렉트의 신규 설정이 간단하여 개발이 용이하고, 환경변화에 탄력적으로 대응 가능

③ 증권 : 증권 프로세스 개선이나 증권 발행 등 업무 프로세스 개선시 IBM의 플랫폼을 활용하는 경우 빈번

- 2016년 일본 미즈호금융은 해외 증권 프로세스 개선에 IBM의 블록체인 플랫폼을 도입
- 2017년 7월 런던증권거래소는 유럽 내 중소기업들이 민간증권을 디지털 상에서 발행하기 위한 블록체인 솔루션으로 IBM 플랫폼을 고려

④ 유통 : 유통 이력관리에 소요되는 시간 단축 및 제품 생산·유통 과정의 실시간 확인을 위해 IBM 플랫폼을 활용

- 2016년 10월 이후, 월마트는 IBM과 협력하여 돼지고기 생산 프로세스 관리에 사물인터넷(IoT)과 블록체인 기술을 적용
- 2017년 12월, IBM, 칭화대, JD.com(중국 소매유통업체)이 협력하여 농산물 생산지 파악을 위한 "블록체인 식품안전연합" 프로젝트 진행
  - IBM이 블록체인 플랫폼 및 기술 인력을 제공하고, 칭화대가 현지 적용을 돕는 방식으로 협업

⑤ 무역 : 수출입 추적 및 실시간 정보 제공 등을 통한 공급망 효율화에 IBM 플랫폼을 도입

- 2017년 2월, 두바이 정부는 IBM과 협력하여 수출입 추적, 선적 정보 제공 등을 위한 블록체인 기반 무역거래 시스템 구축 진행
- 2018년 1월, 해운회사 AP묄러머스크(A.P. Moler-Maersk)는 IBM과 합작벤처를 설립하여 무역거래시스템을 개발하고 공급망 전반 개선 추진

⑥ 포인트 거래 : 이용 및 관리가 어렵던 카드, 쇼핑 및 항공사 포인트 등을 교환 및 통합사용할 수 있도록 하는 관리 시스템 마련에 IBM 플랫폼 활용

- 2016년 9월, 중국의 유니온페이(UnionPay)는 IBM과 협력하여 자사 고객들의 카드 사용 포인트를 폭넓게 사용할 수 있도록 '카드포인트 거래시스템' 개발
- 각종 항공사 마일리지, 유통업체 쇼핑 포인트 등을 교환/통합사용/관리하는 시스템 마련에 IBM 플랫폼 활용 중

[응용 특징]
- 기밀통신 지원 기능이 강화된 블록체인 기반 플랫폼을 제공하여 범용 미들웨어로 활용할 수 있도록 협력 기업들을 지원
- 증권, 무역, 유통 및 포인트 통합 거래 등 다양한 부문에 활용 중으로, 기존에 확보하고 있던 거래사 네트워크를 기반으로 플랫폼 영향력 확대

2. Gogle

1) 개요

① 현황 : 2016년부터 클라우드 보안 향상 및 다양한 블록체인 기반 서비스를 호스팅할 수 있는 자체 블록체인 시스템을 개발

- 구글은 세계 최대 데이터 보유 기업으로, 데이터를 분산 저장하는 블록체인 기술을 응용한 신생 기업의 경쟁적 비즈니스 활동에 대응할 필요
  - ㉠ 암호화폐 스토리지(Storj)는 하드 디스크의 잉여 공간을 공유하는 분산화 클라우드 저장 플랫폼 기능을 제공하고 있어 구글과 클라우드 산업에서 경쟁
- 블록체인 기술을 활용 P2P 거래가 가능한 서비스를 제공하여 기존 클라우드 서비스 고객을 유지하고 차별화를 통해 경쟁우위 유지

[출처 : 블룸버그 기사]

② 특징 : 블록체인 기술을 응용할 사업 영역을 명시하고 있지는 않으나, 기존 클라우드 사업과 연계한 서비스 개발 및 헬스케어 등 미래 유망사업 진출이 가시화

- 특히 구글 VC는 유망기술을 확보한 신생기업에 투자하거나 적극적 M&A를 추진하여 공격적 기술 확보 추진 중
  - ㉠ 블록체인 지갑을 개발하고 있는 룩셈부르크 정부, 암호화폐 개발업체인 리플, LedgerX, Vem, Storj, 그리고 버트코인 등에 투자

2) 응용 현황

① 클라우드 컴퓨팅 : 보안 강화, 거래 기록 확인 등 다양한 클라우드 서비스 제공을 위해 블록체인 기술을 활용

- 기존 클라우드 사업과 블록체인 기술을 연계하여 데이터 저장 센터의 보안 강화
- 자체 클라우드 컴퓨팅 서버를 보유하고 있는 고객기업도 구글의 블록체인 서비스를 이용할 수 있는 환경 제공 예정
  - Third party 업체들이 구글의 분산원장 기술을 이용하여 거래를 기록하고 확인할 수 있는 블록체인 기반 클라우드 서비스 개발 중

② 헬스케어 : 의료정보시스템에 블록체인을 적용하여 데이터의 무결성을 보장하고 병원진료서비스를 개선하기 위한 개발 진행

- 자회사 딥마인드(DepMind)는 '17년 영국 NHS(National Health Service)와 연계하여 환자 데이터를 추적할 수 있는 블록체인 시스템 'Verifiable Data Audit' 추진 중

  ※ DepMine(딥마인드) : 구글이 2014년 인수한 영국의 AI 스타트업으로, 2016년 2월 DepMind Health 부서를 론칭한 이후 NHS 의료정보시스템을 지원

- 딥마인드와 파트너십을 체결한 병원 및 국가기관이 블록체인 시스템에 참여하기 때문에 신뢰할 수 있는 기관이 의료 데이터를 인증 가능
- 병원 또는 환자가 의료기록을 누가 어떤 목적으로 사용하고 있는지 실시간 조회가 가능하며, 비정상적인 데이터 사용을 추적 가능

③ 기타 : 기존 구글이 확보한 정보 및 기술을 활용하여 블록체인 기술의 사업 적용 가능성을 광범위하게 탐색 중

- 향후 블록체인 기술의 적용 분야를 인공지능(AI), 자율주행 분야로 확대할 것으로 예상

[응용 특징]
- 세계 최대의 데이터 보유업체로써 기존에 확보한 정보 및 기술을 블록체인과 접목하여 헬스케어, 인공지능 및 자율주행 분야 등에 활용 예정
- 광범위한 블록체인 신생기업에 투자 또는 M&A를 진행하며 핵심 기술 확보를 위한 노력 개진

3. Microsoft

1) 개요

① 현황 : 다양한 블록체인 기반 서비스를 호스팅할 수 있는 블록체인 플랫폼 제공을 목적으로 개발 진행

- 2016년 1월, 블록체인 플랫폼 Bletchely 1.0을 출시
- 2017년 3월, 인증 기술 등을 조합하여 기업운영에 최적화된 Coco 프레임워크를 출시하여 대규모 환경에서 금융·유통·헬스케어 등에 활용 지원

② 특징 : 기존 Azure 클라우드 서비스를 기반으로 파트너사 및 고객기업이 블록체인을 보다 쉽게 도입할 수 있도록 기반 조성 및 제공

2) 응용 현황

① 범용 미들웨어 제공 : 스토리지 보안, 애플리케이션 제공 등을 하나의 플랫폼에서 가능하도록 블록체인 기술 기반으로 제공

- Bletchely의 블록체인 미들웨어와 크립틀렛을 활용하여 MS 생태계 내의 다양한 기업이 블록체인 기술을 손쉽게 응용 가능하게 지원
  - Bletchely : MS의 클라우드 서비스 Azure에 Corda, 이더리움, 하이퍼레저 기반의 블록체인 기술을 적용한 모듈형 블록체인 아키텍쳐
  - 블록체인 미들웨어(Blockchain Midleware) : 핵심 클라우드 서비스(신원인증, 운영관리, 애널리틱스, 머신러닝 등)를 제공. Azure의 서비스 요소를 활용하고 3rd Party 개발사의 솔루션과 연동하는 기술
  - 크립틀렛(Cryptlets) : Azure 이외의 다른 클라우드 간 보안된 통신과 연동을 제공하여 서로 다른 고객사의 기술과도 연동을 가능하게 하는 기술
- Azure 마켓플레이스에서 블록체인 개발 템플릿 및 기능을 지원하고, 자바 · 파이썬 · MySQL 등 DB 및 애플리케이션과 호환을 지원
- Coco 프레임워크는 보다 진보된 기술로 다양한 운영 체제에서 작동하며 블록체인 개발 시간단축 및 개발 용이성 제고
  - MS의 코코프레임워크는 초당 1,60개의 거래를 처리

② 신원 확인 : MS의 클라우드를 기반으로 한 MS Authenticator(인증) 앱을 활용하여 신원 인증 서비스에 블록체인 기술 도입

- 2018년 1월, ID2020 얼라이언스에 가입하여 협력 연구를 통해 기존 기업 및 일반소비자에 인증을 지원하던 앱 기능을 개선
  - ID2020 얼라이언스 : 법적 신원확인 문제로 선거, 의료보험, 주거, 교육 등 기본권을 보장받지 못하는 사람들을 위한 디지털 신원시스템 개발 글로벌 프로젝트
- 향후 '자주적 디지털 신원 플랫폼' 활성화를 위해 타 기업 및 그룹과 협력 확대 예정
  - 자주적 디지털 신원 플랫폼(Self-Sovereign Digital Identity platform) : 신원인증 및 관련 데이터를 생성하고 상호작용하는 서비스 플랫폼

③ 기타 : MS의 블록체인 플랫폼은 대용량 처리, 짧은 처리시간, 산업표준인증 사용을 통한 데이터 보호 등 강점으로 인해 대규모 환경에 도입이 가능하여 향후 다양한 응용 부문에 플랫폼으로 활용 가능

> **[응용 특징]**
> - 단일 블록체인 서비스가 아닌 블록체인 기술 기반의 플랫폼 제공이 목적
> - 기존에 확보한 Azure 마켓플레이스를 적극 활용하여 블록체인 기술을 도입하고자 하는 기업들을 지원 중
> - 현재 신원 인증 서비스에 기술을 도입하여 운용

4. Intel

1) 개요

① 현황 : 2014년부터 하이퍼레저 Sawtoth Lake 프로젝트를 담당하여 블록체인 기술의 개인정보보호, 보안 및 확장성 향상에 기여

- Sawtoth Lake : 파이썬에서 C / C 언어를 암호화하여 기업이 블록체인 기술을 구축, 배포, 실행할 수 있도록 만들어진 모듈식 플랫폼
  - 합의 생성 방식으로 PoET (Prof-of-Elapsed-Time) 알고리즘 사용
- 2017년 블록체인 플랫폼 보안 기능 'Intel SGX(Software Guard Extensions)' 개발
  - 2018년 디지털 콘텐츠의 유통과정 추적이 가능한 블록체인 기반 디지털 저작권 관리 시스템 개발

② 특징 : 보안이 강화된 블록체인 기술을 적용하여, 민감한 개인정보 및 저작권 등의 데이터를 공유 · 거래 · 추적할 수 있는 기반 마련

2) 응용 현황

① 헬스케어 : 2016년 6월 DNA와 RNA의 핵염기 서열 데이터를 채굴하고 기록하는 블록체인 플랫폼 'SMP(Sequence Mining Platform)' 개발

- 핵염기 서열 데이터를 전 세계의 많은 연구기관이 원활히 공유하면서 공동연구를 진행할 수 있는 플랫폼 제공
  - 핵염기 서열 데이터는 용량이 비대하여 기존 클라우드 환경에서 접근하기 어렵다는 한계 존재
- SMP 참여자들은 PoW 합의 방식을 통해 DNA와 RNA 핵염기 서열을 규명하는 연구를 수행

② 기업 보안 : 2017년 10월 기업형 블록체인 애플리케이션을 위한 마이크로프로세서 기반 보안 기술 Intel SGX 개발

- Intel SGX는 멀웨어(Malware)로부터 시스템을 보호할 수 있는 Sandbox(격리공간)를 제공하여 소프트웨어의 보안성을 높이도록 설계된 하드웨어(CPU) 및

소프트웨어 기능

- 인텔과 MS는 파트너십을 체결하고 MS의 블록체인 플랫폼 '코코 프레임워크(Coco Framework)'에 Intel SGX를 통합하여 플랫폼의 보안, 성능 및 확장성을 향상
  - 블록체인 애플리케이션의 주요 부분을 격리하여 신뢰할 수 있는 실행환경 제공

③ 디지털 저작권 관리 : 2018년 3월 블록체인을 이용하여 온라인상에서 저작권 보호를 받는 디지털 콘텐츠를 추적하고 보호하는 디지털 저작권 관리 플랫폼 개발

- 이미지, 비디오 등 디지털 콘텐츠에 고유 ID를 부여하여 저작권자, 제작일시 등 저작권 보호 관련 속성을 기록 및 입증
  - 디지털 콘텐츠에 고유 ID를 부여하기 전, 인텔이 개발한 저작권 정책 평가 소프트웨어를 이용하여 해당 이미지에 적용되는 저작권 보호 정책을 파악하고 관련된 정보를 기록
- 고유 ID가 부여된 콘텐츠는 복사·저장에 대한 추적이 가능함
- 편집자는 콘텐츠의 저작권 보호 정책에 부합되는 수정만 할 수 있으며, 수정된 버전은 오리지널 버전과 다른 ID를 부여받음

[응용 특징]

- 인텔은 하드웨어 기술 경쟁력을 바탕으로, 블록체인 기술의 보안 향상에 집중함으로써 차별화를 구축하기 위해 노력
- 블록체인을 응용하여 헬스케어, 저작권 관리 등 기존 사업영역이 아닌 새로운 분야의 기술 개발을 추진하면서 블록체인 산업 생태계의 주도권을 노리고 있음

5. Amazon

1) 개요

① 현황 : 2016년 이후 아마존 웹서비스(Amaztion Web Services, AWS)의 컴퓨팅 자원을 활용한 맞춤형 블록체인 플랫폼 제공 및 기술 제공 진행

- 2018년 4월, 하이퍼레저(Hyperledger) 및 이더리움 블록체인 네트워크 개발을 지원하는 'AWS 블록체인 템플릿'을 출시하여 고객사 지원
- T-Mobile, Intel, Pwc, Pokitdok 등 다양한 산업에서 블록체인 기술을 도입하고자하는 업체와 파트너십을 맺고 기술지원 제공

② 특징 : AWS 블록체인 템플릿을 활용하면 아마존이 보유한 컴퓨팅 서비스를 블록체인 응용서비스에 자유롭게 활용 가능

- 별도의 요금 지불 없이 네트워크 실행에 필요한 리소스에 대해서만 과금하는

사업모델을 채택하여 템플릿 활용률을 향상

- 단순히 블록체인 기술 응용을 지원하는데 그치지 않고 고객의 실질적인 문제 해결을 지원하는 토탈 솔루션 제공 지향

2) 응용 현황

① R&D 템플릿 : 사용자가 이더리움과 하이퍼레저 패브릭(Hyperledger Fabric)의 블록체인 네트워크 환경을 손쉽게 설정할 수 있도록 지원하는 도구 제공

- 2018년 4월 '아마존 웹서비스(Amazon Web Services, AWS)'를 사용하는 고객이 블록체인 네트워크를 구축할 수 있는 AWS 블록체인 템플릿 출시
  - AWS는 사용자에게 온라인으로 컴퓨팅 파워, 비즈니스 분석, 데이터베이스(DB), 스토리지등의 서비스를 제공하는 클라우드 컴퓨팅 플랫폼
- AWS의 컴퓨팅 솔루션 서비스인 'Amazon EC2 또는 Amazon ECS'를 이용하여 블록체인 네트워크 구축 가능
  - 클라우드 상에서 안전하면서도 컴퓨팅 규모조정이 가능한 환경을 제공하여 개발자가 간단하게 컴퓨팅 작업을 설계할 수 있도록 지원하는 웹 서비스
- 개발자는 자체적으로 블록체인 네트워크 시스템을 구축하지 않아도 AWS 블록체인 템플릿을 이용하여 다양한 블록체인 애플리케이션(Dap) 테스트 가능

② 통합 솔루션 : 신원인증, 스마트계약, 헬스케어 등 다방면에 블록체인 기술을 활용하고자 하는 기업들에 인프라를 제공 및 기술지원 진행

- 신원인증 : 2017년, 통신업체 T-Mobile이 출시한 블록체인 기반 디지털 ID 및 인증 플랫폼 구축시 클라우드 컴퓨팅, 스토리지 등의 인프라 및 기술 지원
- 스마트계약 - 보험 : 2016년 이후 글로벌 회계법인 PwC와 파트너십을 체결하여 블록체인 기반 스마트 보험계약 시스템 구축을 지원하고 보험청구 및 지불요청자동화 시스템 개발
- 헬스케어 : Pokitdok과 파트너십을 체결하여 의료분야의 임상 및 금융 데이터를거래하고 개인식별정보를 영구 기록하는 플랫폼 구축 지원

[응용 특징]

- 직접적인 블록체인 서비스 도입보다 블록체인 기술 활용을 위한 R&D 템플릿 및 R&D 솔루션 제공을 통해 고객사가 아마존 클라우드 시스템을 지속 이용할 수 있도록 지원
- 신원인증, 보험계약시스템, 헬스케어 플랫폼 제공 등에 참여하여 기술 지원

6. 알리바바

1) 개요

① 현황 : 축적한 유통 정보를 활용하여 식품, 주류, 기타 물품 등 다양한 제품의 유통 채널 효율성 제고 및 산하 기업 제공 서비스 분야인 부동산 및 헬스케어 분야 정보관리에 블록체인 기술 도입 추진

- 투명한 정보 관리 및 상호 공유를 통해 장기적으로 고객 유치와 사업비용 절감 효과를 기대

② 특징 : 기존의 유통망 및 자회사 확보 인프라 및 데이터를 활용하여 블록체인 기술과 접목, 보다 신뢰성 있고 투명한 사업 체계 확보를 위한 기업 체질 개선 진행 중

2) 응용 현황

① 유통망 : 중국 내 만연한 식품 및 물류 사기 문제를 해결하기 위해 공급망을 추적하는 블록체인 플랫폼 시범 운영

- 식품 : 2018년 4월 27일 이후 블록체인 파일럿 프로그램인 '식품 신뢰 프레임워크(Fod Trust Framework)' 추진
- 주류 : 2018년 3월, 알리바바그룹 금융 계열사인 엔트파이낸셜은 마오타이주 제조사인 마오타이와 협력하여 정품을 구별해내는 추적 시스템 개발
  - 원산지, 발송항구, 운송방식, 수입항구, 검역, 통관 등의 정보를 블록체인으로 기록하여 정보의 위·변조가 불가능하도록 함으로써 정보의 신뢰성과 투명성 향상
- 물품 : 2017년 3월, 위조 상품 방지 시스템 개발을 위해 알리바바 호주지사-PwC-블랙모어스 간 파트너십 체결
  - 상품의 운송정보(원산지, 운송항, 운송수단, 도착항, 관세신고 세부사항 등)를 조작이 어려운 블록체인 네트워크에 기록하여 공급경로를 투명하게 공유하여 정보의 신뢰성 향상
- 온라인 상거래 : 2017년 2월, 알리바바의 온라인 상거래 부문인 티몰(T-Mal)은 물류업체 차이냐오(Cainiao)와 파트너쉽을 맺고 블록체인 기술을 국경 간 공급망에 전면 도입 추진

② 금융 : 엔트 파이낸셜은 알리바바의 모바일 결제 플랫폼인 '알리페이'에 블록체인 기술을 적용하여 2018년 내에 상용화할 계획

- 알리페이는 2016년 7월, 기부 서비스에 블록체인을 도입하여 자금의 흐름을 추적하는 기법으로 기부자를 찾아낸 사례가 있음

③ 부동산 : 부동산 정보, 부동산 보유자와 거래 대상자의 신분 정보, 부동산 임대 계

약 정보 등에 대해 다층적 검증 가능한 부동산 플랫폼 구축

- 2018년 2월, 알리바바 그룹의 앤트파이낸셜과 중국 건설은행, 부동산 거래사이 트렌자 등이 부동산 플랫폼 모델 구축

④ 의료 : 개개인의 진료기록과 의료데이터의 손상·유출 가능성 줄이고, 각 병원의 분산된 의료·진료 정보를 안전하게 공유하기 위해 블록체인 기술 도입

- 2017년 8월, 헬스케어 계열사 알리헬스는 장쑤성 창저우시 의료기관과 협력하여 블록체인 기술을 활용한 헬스케어 애플리케이션을 개발하여 지역 의료서비스에 적용

[응용 특징]
- 기존의 유통망 및 자회사 확보 인프라 및 데이터를 활용하여 블록체인 기술과 접목 추진
- 식품, 주류, 기타 물품 등 다양한 제품의 유통채널 제고 및 산하 기업 제공 서비스분야인 부동산 및 헬스케어 분야 정보관리에 블록체인 응용

7. 삼성SDS

1) 개요

① 현황 : 2016년부터 블록체인 솔루션 개발을 추진하여 '17년 4월 기업용 블록체인 플랫폼 'Nexledger' 출시

- 고객업체가 블록체인을 기반으로 디지털 인증, 거래, 결재, 계약 등을 처리할 수 있는 범용 플랫폼 제공이 목적

② 특징 : 기업 경영시스템에 최적화 가능한 설계를 위해 자체적으로 고안한 블록체인 적용 방법론(BVA : Blockchain Value Asesment)을 활용하여 허가형 블록체인 네트워크 제공

2) 응용 현황

① 범용 플랫폼 제공 : 금융, 전자, 제조, 물류, 공공 등 다양한 분야의 업체에게 관리 모니터링, 실시간 대량 거래처리, 스마트계약 기능 등 제공

- Nexledger는 지불결제, 신원인증, 전자문서 증명 등에 활용 가능
- 블록체인 네트워크의 동작 상태를 일목요연하게 파악할 수 있는 관리 모니터링 기능 제공
- 다수의 트랜잭션(Transaction : 거래)이 발생하는 서비스 영역에도 빠른 거래 기록 검증 및 참여자 간 공유 가능
- 단순한 거래 기록 공유를 넘어 자동화된 거래 실행 지원

② 유통 : 2017년 수산물 업체 삼진어묵은 삼성과 파트너십을 체결하고 Nexledger

플랫폼을 이용한 유통이력 관리시스템 도입

- 블록체인 기술을 이용하여 입고, 가공, 포장, 판매에 이르는 전 과정 공개
  - 제품정보(원산지, 제조사, 제조일, 유통기한 등)는 포장지의 QR코드를 찍어 확인이 가능하며, 모든 정보가 블록체인 플랫폼 상에서 관리되어 위·변조가 불가능

③ 보안 : 2018년 4월 은행연합회는 6개 은행(KB국민은행, 신한은행, KEB하나은행, IBK기업은행, 부산은행, 전북은행)을 대상으로 삼성의 Nexledger 플랫폼을 활용한 공동 인증서비스 시범운영

- 6개 은행의 임직원을 대상으로 시범운영 후, 2018년 7월부터 일반고객으로 확대할 계획이며, 고객들은 블록체인 네트워크에서 등록된 하나의 인증서로 6개 은행에서 사용 가능

④ 공공 : 2017년 1월 서울시는 삼성과 협력하여 Nexledger 플랫폼을 개인정보 활용이 필요한 복지, 안전, 교통 분야 등에 적용 예정

[응용 특징]

- 고객업체가 블록체인에 기반을 두고 디지털 인증, 거래, 결재, 계약 등을 처리할 수 있는 범용 플랫폼 제공 추진
- 유통, 보안 공공 등 다양한 부문에서 지방정부, 기업, 금융기관 등과 협업하여 서비스 플랫폼 제공 및 개발 지원

8. 기타 기업

텐센트, 바이두, 오라클, 카카오 등 다양한 사업영역에 존재하는 기업들의 블록체인 기술에 대한 관심 증가가 고유 비즈니스와의 융합을 촉진

〈표 9-2〉 기타 기업의 응용 현황

기업	응용분야	응용 현황
텐센트 (중국)	금융, 안전, 게임	• 금융 : 인터넷 은행인 웨이중은행, 화루이은행은 텐센트와 제휴하여 블록체인 청산 시스템 개발 - 신용대출인 웨이리다이의 결제 및 청산에 활용 • 안전 : 'QQ ALERT : HOPE NEVER DIE' 플랫폼을 개발 - 실종아동 추적 플랫폼으로, 실종 신고를 함과 동시에 실종아동의 신상 정보 등이 실시간으로 공유되어 실종자 추적 가능 • 게임 : 2018년 4월 23일에 블록체인 게임 플랫폼 '코드 Z' 출시
바이두 (중국)	디지털 미디어	• 이미지 지적 재산권 : 2018년 4월, 이미지 지적 재산권을 보호하기 위해 블록체인 기반의 스톡 사진 서비스 '토템' 출시 - 지적 재산권 침해 혐의 입증이 가능할 것이라 기대

기업	응용분야	응용 현황
오라클 (미국)	기업 비즈니스 플랫폼, 은행	• 클라우드 컴퓨팅 : 2017년 10월 2일 기업용 블록체인 클라우드 서비스'오라클 블록체인 클라우드 서비스' 출시 • 뱅킹 : 오라클은 블록체인 클라우드 서비스를 '오라클 플랫폼 포 오픈 뱅킹'에 포함시켜 출시할 계획 - 오라클 '플렉스큐브(FLEXCUBE)' 및 다른 뱅킹 솔루션과의 연결성을 제공 - 정보교환 과정상의 보안성, 규모가변성, 투명성을 높여 줄 것으로 예상
LG CNS (한국)	증권	• 증권 : 소규모 스타트업이나 비상장기업이 초기 투자자, 주주 등에게 문서형태로 발행하고 있는 미발행 증명서 대신 전자화된 증권 발행 - 발행한 전자증권을 블록체인 공개장부에 등재하여 비용 절감 및 투명성 확보 가능 - 5개 회사(블로코, 바이터 그룹, 슈퍼스트링, 오메카, 스마트포캐스트) 등 핀테크 스타트업 기업들은 '15년 1월에 비상장주식 유통 플랫폼을 통해 전자증권을 발행 - 향후 주요 주주의 지분매각 및 M&A, 외부 투자기관의 지분참여, 임직원 스톡옵션행사 등 전문투자자 대상 주식 거래로 확대 가능 - 정보 부족으로 투자에 어려움을 겪는 소액투자자들에게 국내외 기업 정보 및 빅데이터 기반 고급 투자정보를 제공할 계획 - 비상장 주식거래 이외에도 P2P대출, 클라우드 펀딩 투자 등의 금융 거래는 물론, 향후 세금 징수, 각종 공공자산의 등록 및 소유권 이전 기록 등 공공장부로서의 활용 등 다양한 분야에 활용 예상
카카오 (한국)	플랫폼	• 플랫폼 : 카카오의 주요 콘텐츠를 중심으로, 아시아의 블록체인 스타트업이 만든 서비스를 탑재한 블록체인 플랫폼 개발 예정 - 탈중앙화 방식의 장점과 별도의 서버를 두는 중앙화 방식의 장점을 혼합해 처리 속도가 빠른 블록체인 플랫폼 개발 계획 - 대형 컴퓨터 처리 방식을 도입해 효율성 극대화 예정 - 서비스 제작과 모객 능력으로 카카오 블록체인 플랫폼을 빠른 속도로 활성화시킬 것으로 예상 - 2018년 내에 카카오 블록체인 서비스를 출시하고 독자적인 암호화폐 출시와 함께 암호화폐 거래시장에 진출할 예정인 것으로 알려짐 - '그라운드 X'를 통해 블록체인 개발자 커뮤니티 조성 계획 중

학습활동.9 교수 · 학습 방법

교수 방법

- 블록체인의 공공과 민간부문의 응용에 대한 관련 용어, 구성, 방식 이해 정도를 파악한 후 수업을 진행한다.
- 교수자의 주도로 블록체인의 공공과 민간부문의 응용 등의 내용을 PPT 자료로 제시한 후 설명한다.
- 가능하면 사전에 개인별 학습 자료를 준비하여 모든 학생이 참여할 수 있는 문제 해결식 수업, 협력 수업이 가능하도록 한다.
- 블록체인의 공공과 민간부문의 응용 전 과정을 작업의 순서에 따라 단계적으로 실습이 이루어질 수 있도록 지도한다.
- 교재를 통해 수업을 준비하는데 있어서 필요한 모든 정보나 팁, 힌트 등 도움이 될 만한 내용들을 확인할 수 있다.
- 학생들이 만들게 될 각 모델들은 수업시간에 중점적으로 다뤄질 부분과 어휘, 질문, 답을 포함하고 있으며 또한 탐구할만한 추가적인 아이디어들도 포함하고 있다.

학습 방법

- 블록체인의 공공과 민간부문의 응용에 대한 관련 용어를 숙지하고, 블록체인의 공공과 민간부문의 응용에 대해 이해한다.
- 블록체인의 공공과 민간부문의 응용의 각 단계별 중점 사항을 체계적으로 학습한다.
- 블록체인의 공공과 민간부문의 응용의 수행순서의 전 과정을 실습한다.
- 블록체인의 공공과 민간부문의 응용의 내용을 이해한다.
- 블록체인의 공공과 민간부문의 응용을 이해하고 숙달이 될 때까지 학습한다.

학습활동.9 평가 및 피드백

평가 준거

- 평가자는 피평가자가 수행 준거 및 평가 내용에 제시되어 있는 내용을 성공적으로 수행할 수 있는 지를 평가해야 한다.

학습내용	평가항목	성취수준		
		상	중	하
블록체인의 공공과 민간부문의 응용	블록체인의 공공과 민간부문의 응용을 이해할 수 있다.			

평가 방법

• 작업 포트폴리오

학습내용	평가항목	성취수준		
		상	중	하
블록체인의 공공과 민간부문의 응용	블록체인의 공공과 민간부문의 응용을 이해할 수 있다.			

• 필기시험

학습내용	평가항목	성취수준		
		상	중	하
블록체인의 공공과 민간부문의 응용	블록체인의 공공과 민간부문의 응용을 이해할 수 있다.			

• 체크리스트를 통한 관찰

학습내용	평가항목	성취수준		
		상	중	하
블록체인의 공공과 민간부문의 응용	블록체인의 공공과 민간부문의 응용을 이해할 수 있다.			

• 피드백

1. 작업 포트폴리오
   - 제출한 보고서를 평가한 후 주요 사항에 대하여 표시하여 돌려준다.
2. 필기시험
   - 평가 결과 성적이 저조한 학생은 보고서 제출 기회를 부여한다.
3. 체크리스트를 통한 관찰
   - 실습 과정에서 평가한 후 개선해야 할 사항 등을 정리하여 돌려둔다.

참고문헌

1. 최선미 · 김현진 · 송근혜 · 민대홍 · 박종현 · 민수진 · 박경진 · 조진실 · 최가은, "블록체인 어디에 응용하고 있나?(응용 사례와 분야별 특성을 중심으로)" ETRI Insight, 2018.6.30.
2. IBK경제연구소, '블록체인의 이해와 금융업의 활용에 대한 고찰', 2017.7.
3. IBM, 'IBM 블록체인 플랫폼 기술 개요', 2017.1.
4. KDB산업은행, 'R3CEV(글로벌 블록체인 컨소시엄) 최근 동향', 2017.7.17
5. 블록체인 2.0의 출현과 금융시장의 변화, 2017.9.
6. KISA, '국내외 블록체인 기술 적용분야 및 사례 연구', 2016.12.
7. KISTEP, '블록체인 생태계 분석과 시사점', 2017.9.
8. NIA, '블록체인 활용 전자투표' 주요사례 및 시사점', 2017.04.24.
9. NIPA, '블록체인 기술의 이해와 개발 현황 및 시사점', 2018.3.28.
10. STEPI, '블록체인(Blockchain) 기술동향과 시사점'(2017.7.25.) 3
11. 교보증권, '블록체인, 거인의 어깨 위에 서서', 2017.9.5.
12. 금융보안원, '블록체인 응용기술 개발 현황 및 산업별 도입 사례', 2017.1.25.
13. 박세열, '블록체인! 가상화폐를 넘어 산업생태계의 혁신을 선도하다', 2018.3.7.
14. 박지영, '자본시장의 새로운 생태계를 주도하는 블록체인 2.0', 주간기술동향, 2017.2.15.
15. 리플, '리플 프로토콜 기본서', 2014.8.
16. 삼성SDS, '삼성SDS 블록체인 플랫폼 NexledgerTM', 2017.
17. 삼정KPMG, '블록체인이 가져올 경영 패러다임의 변화, 금융을 넘어 전 산업으로', 2019.9.
18. 울산발전연구원, '울산, 블록체인 기술로 산업・공공분야 스마트화 촉진을', 2017.12.19.
19. 유성민, '블록체인을 활용한 효율성 향상 적용 사례', 주간기술동향, 2018.2.21.
20. 유진투자증권, '블록체인(Blockchain)과 디지털 경제', 2017.1.16.
21. 임명환, '블록체인 특징과 암호화폐 투자', 2017.9.2.
22. 피넥터, '분산원장 산업동향과 통계', 2017.
23. '블록체인 기술의 발전과정과 이해', 2016.
24. 한국은행, 분산원장 기술과 디지털통화의 현황 및 시사점, 2016.1.
25. 한국인터넷진흥원, '국내외 블록체인 기술 적용분야', pp.19~54, 2017.01.04.
26. 한국지식재산연구원, '블록체인(BlockChain)기술의 산업동향 및 특허동향', 2017.4.27.
27. automotive, '자동차 산업에 침투하는 '블록체인' ', 2018.3.
28. BitWeb, '바이텀-원자 세계에서 바이트 세계로의 자산 이동을 목표로 하는 코인', 2018.3.12.
29. Block Media, '나스닥, '이전과 다른' 비트코인 선물 상품 개발 중', 2018.1.26.
30. CCN, '10% Blockchain for Dubai Government by 2020', 2016.10.5.
31. 'Abu Dhabi Securities Exchange Launches Blockchain e-Voting Service', 2016.10.17.
32. CIO, 'MS, '블록체인 기반 ID 시스템' 대규모 테스트', 2018.2.14.

33. '호주 커먼웰스은행, '상용화된 블록체인' 도입한다'. 2018.2.13.
34. Global Auto News, '2017 프랑크푸르트쇼 - ZF-UBS-IBM, 전자 결제 플랫폼 공동 개발', 2019.9.14.
35. IT뉴스, '마이크로소프트, 기업용 블록체인 '코코 프레임워크' 공개', 2017.8.1.
36. IT조선, '[암호화폐 2018] SBI 홀딩스 "블록체인 기술 활용한 비즈니스 본격화"', 2018.3.29.
37. KB금융그룹, 'KB은행, 비대면 실명확인정보 보관에 블록체인 적용', 2017.4.29.
38. KINEWS, 'IBM-MS-오라클, '블록체인' 플랫폼 경쟁 본격화', 2017.10.26.
39. Kotra, '美 블록체인 기술의 응용현황과 전망', 2018.2.16.
40. '블록체인으로 미래를 설계하는 네덜란드', 2018.1.24.
41. LG CNS, 'LG CNS, 블록체인 기반 국내 최초 전자증권 발행', 2015.1.23.
42. Mckinsey, 'Using blockchain to improve data management in the public sector', 2017.02.
43. Ryan Osgod, 'The Future of Democracy: Blockchain Voting', 2016.12.
44. skuchain, 'Skuchain uses blockchain and IoT for new suply chain platform', 2018.1.24.
45. Smaet DUBAI, 'DUBAI BLOCKCHAIN STRATEGY', Smart DUBAI, 2016.12.
46. ZDNET Korea, '신한 등 6개은행, 블록체인 인증 시범 서비스', 2018.3.5.
47. '오라클, 클라우드 블록체인 서비스 내놓는다', 2017.10.13.
48. '중국 국가 차원 '블록체인 플랫폼' 출범', 2018.3.28.
49. 글로벌경제신문, '[글로벌마켓분석-일본] IBM '실생활서 무역까지' 블록체인 혁명 '스타트', 2017.9.12.
50. '美 블록체인 기술 전망 긍적적, 개발자 참여 증가 예상', 2018.
51. 글로벌이코노믹, '[기묘한 재테크] 해킹당한 NEM은 어떤 암호화폐일까', 2018.1.31.
52. 뉴스1, '세계 첫 블록체인 대선, 아프리카에서 실시됐다', 2018.3.25.
53. '中 유니온페이-IBM, 블록체인 기반 '포인트 거래소' 개발', 2018.3.25.
54, '카카오, 일본에 블록체인 자회사 '그라운드X' 설립', 2018.3.27.
55. 디지털데일리, '"더 안전하고 편리해진 블록체인 인증"… IBM의 '블록체인 1.0' 전략', 2017.16.
57. '[2018 블록체인⑦] 공공분야에 구현, 전자정부서비스 진화 빨라진다', 2018.3.20.
58. 디지털데일리, '블록체인' 주도권 잡자…글로벌 IT기업 행보 주목', 2018.2.20.
59. 매일경제, '"항저우를 현금·종이없는 블록체인 도시로"…中의 飛上', 2017.2.6.
60. '블록체인 기술, 금융 넘어 정부시스템 혁신 이끈다', 2017.1.21.
61. '삼성SDS, 블록체인서 미래먹거리 찾는다', 2018.1.16.
62. 물류매거진, '관세청, 세계최초 블록체인 기반 수출통관 서비스 기술검증 완료', 2017.12.26.
63. 삼성SDS, '[보도자료]삼성SDS, AI·블록체인 기반 스마트 물류 혁신 이끌어', 2018.3.7.
64. 서울경제, '[신비한 코인사전]〈5〉 '평등한 세상'을 지향하는 에이다, 2018.2.2.
65. '구글 '소비자 보호' vs. IBM '산업 표준화'.. 블록체인 경쟁', 2018.3.26.
66. 시사저널e, '블록체인 기반 SNS '스팀잇' 화제…'좋아요' 받은 만큼 가상화폐로 보상', 2018.1.31.
67. '은행, 블록체인기반 송금서비스 도입 초읽기', 2018.3.15.
68. 아이뉴스, '[블록체인이 온다]② IT기업 블록체인 플랫폼 확보戰', 2017.5.4.

69. 아주경제, ‘삼성SDS, AI · 블록체인 기반 ‘스마트 물류’ 혁신 드라이브’, 2018.3.8.
70. 우정연구경영센터, ‘4차 산업혁명과 해외 우정: 미국 우정청(USPS)의 블록체인 기술 검토’, 2017.09.20.
71. 이데일리, “ ‘블록체인 전도사’ 홍원표 ‘판매수요 예측, AI로 10분만에 해결’ ”, 2018.3.8.
72. 전자신문, ‘[4차 산업혁명 시작 '블록체인']〈8〉글로벌 표준화..정보 공유가 여는 상생 산업구도’, 2018.3.27.
73. ‘“[4차 산업혁명 시작 '블록체인']〈10〉미완의 대안, 암호화폐’, 2018.3.29.
74. ‘“3세대 블록체인 ‘카르다노’ 3년 내 금융 서비스 적용”’, 2018.3.13.
75. 조선Biz, ‘“카카오가 왜 블록체인 하냐고요? 해외서 성공할 마지막 기회이기 때문”’, 2018.4.12.
76. ‘우리銀, 리플 블록체인 활용한 해외송금 2차 테스트, “성공해도 도입시기 빨라야 연말”’, 2018.1.18.
77. 주간경향, ‘블록체인, 물류혁명 가져다줄까’, 2018.1.16.
78. 중앙일보, ‘경기도, G마크 농산물 인증에도 블록체인 기술 적용 검토’, 2017.3.8.
79. ‘비트코인골드 탄생, 채굴의 민주화 성공할까’, 2017.10.
80. 테크M, ‘블록체인으로 개방형 전자정부 완성한다’, 2017.9.5.
81. ‘비트코인 · 이더리움 한계 극복한 차세대 블록체인 속속 등장’, 2018.3.2.
82. 한국경제, ‘머스크-IBM 블록체인 합작사 만든다’, 2018.1.18.
83. 한국경제TV, ‘해외선 ‘크립토 네이션’ 도약 채비..한국은 시늉만’, 2018.2.28.
84. 한국경제매거진, ‘월마트, 블록체인으로 '유통 혁명‘ 실험’, 2018.2.7.
85. ‘통신 · SI · 금융업계 “블록체인 신시장 잡아라”’, 2018.2.7.
86. ‘하나은행, 블록체인으로 ‘글로벌 결제 허브’ 만든다’, 2018.2.7.
87. 한국금융, ‘신한 · 하나은행, IT와 연대 블록체인 기술 확보’, 2018.3.5.
88. 박정호 “블록체인 산업현황 및 동향”, 2018.4.30.
89. Bitcoin: A Peer-to-Peer Electronic Cash System(Satoshi Nakamoto, 2008. 11.)
90. 과학기술정책연구원(STEPI) ‘블록체인(Blockchain) 기술동향과 시사점’(2017.7.25.) 3
91. 금융보안원 ‘블록체인 및 비트코인 보안 기술’, 2015.11.23.
92. 금융보안원 ‘블록체인 응용기술 개발 현황 및 산업별 도입 사례’, 2017.1.25.
93. 금융보안원 금융권 블록체인 활용 방안에 대한 정책 연구, 2016.11.07.
94. 전자신문 코인플러그, 블록체인 패밀리특허 세계 2위...IBM 1위, 2017.5.30.
95. 소프트웨어정책연구소 블록체인 활성화를 위한 정책 제언, 2018.2.27.

• 웹사이트

http:/factom.org/
http:/gamecredits.com/
http:/getstarted.with.pink/
http:/nem.io/
http:/newcoinschedule.com/
http:/syscoin.org/
http:/vergecurency.com/

http:/www.augur.net/
http:/www.monero.c/
https:/akasha.world/
https:/bitcoingold.org/
https:/bytebal.org/
https:/bytom.io/?S=zw2m5cbemlc
https:/coinmarketcap.com/
htps:/crushcrypto.com/analysis-of-bitdegre
https:/enterprise.gem.co/health/
https:/eos.io/
https:/ethereumclasic.github.io/
https:/exergy.energy
https:/litecoin.com/
https:/neo.org/
https:/omg.omise.co/
https:/ont.io/
https:/qtum.org/en/
https:/riple.com/
https:/storj.io/
https:/streamium.io
https:/tron.network/
https:/www.bitcoin.com/
https:/www.bitcoincash.org/
https:/www.cardano.org/en/home/
https:/www.cn.com/
https:/www.coindesk.com/
https:/www.dash.org/
https:/www.enterpriseinnovation.net/egov
https:/www.ethereum.org/
https:/www.everledger.io/
https:/www.iota.org/
https:/www.potcoin.com/
https:/www.provenance.org/
https:/www.stelar.org/
https:/xage.com/product/
https:/z.cash/

학습 1	블록체인의 개념 및 특징
학습 2	블록체인의 알고리즘 및 기술
학습 3	블록체인의 개발환경구축
학습 4	블록체인 플랫폼 하이퍼레저
학습 5	블록체인 프라이빗 플랫폼 R3 코다
학습 6	블록체인의 사업성 검토
학습 7	블록체인의 암호화폐 응용
학습 8	블록체인의 금융분야 응용
학습 9	블록체인의 공공과 민간부문의 응용
학습 10	**블록체인의 산업분야 응용**
학습 11	코인을 어디에 보관하지?
학습 12	코인을 사고 팔려면 어떻게 하지?

학습 목표

1. 블록체인의 산업분야 응용을 이해할 수 있다.

10-1 산업분야 응용의 개요

1. 개요

① 산업 생태계에 참여하는 이해 관계자들에 의한 정보의 생성/갱신/저장이력을 활용하여 새로운 비즈니스 가치를 생성하는데 초점을 맞추었다.

② 자동차, 유통, 헬스케어, 에너지, 미디어, 자선 등 다양한 산업 분야의 참여자들이 비즈니스 대상에 대한 정보 이력을 블록체인으로 연결하는 중이다.

③ 블록체인 정보 이용은 관련 비즈니스 생태계의 참여를 전제로 하기 때문에, 다양한 산업이 결합하는 산업 Mesh Up이 발생하였다.

- 대표적 예로 자동차 산업의 경우, 차량제작사, 정비업체, 보험사, 중고차 거래상 등 다양한 산업관계자들이 참여하는 산업 Mesh-Up 사업구조가 형성되었다.

2. 응용 현황

① 분산저장, 스마트 계약 기반으로 다양한 유형의 비즈니스 모델 등장하였다.

② '산업 Mesh-Up형' 비즈니스 모델 : 자동차(제조사, 정비사, 보험, 중고차 매매) 헬스케어(의료기관, 보험, 제약사), 유통(농수축산, 물류, 유통) 등은 연관 산업체간 협업을 기반으로 하는 비즈니스 모델이 생성 되었다.

③ '탈중개형' 비즈니스 모델 : 기존에 중개인을 통한 거래가 이루어졌던 미디어, 부동산, 에너지・광물 산업 등 스마트 계약을 통해 계약의 이행과 동시에 결재 및 정산의 자동화가 이루어지는 탈 중개형 비즈니스 모델이 탄생되었다.

④ '공동 인증형' 비즈니스 모델 : 교육, 클라우드 펀딩・자선 등 참여자간 공동인증으로 이력(History)의 투명성을 제고하여 가치를 창출하는 비즈니스 모델이 탄생되었다.

3. 시사점

① 블록체인 기술은 정보 비대칭 및 불확실성에 의한 시장의 비효율을 해소할 수 있기 때문에 이를 기반으로 기술 적용 산업의 재활성화에 기여한다.

② 공급자와 수요자간 제품・서비스 정보 흐름의 불확실성을 해소함으로써 정보 탐색 및 거래 비용의 최소화가 가능하여 산업 효율성 제고 기대한다.

③ 연결 신뢰성 확보로 산업생태계 참여자들을 확대시킬 수 있어 시장 활성화 및 혁신적 비즈니스 창출에 기여할 것으로 기대하고 있다.

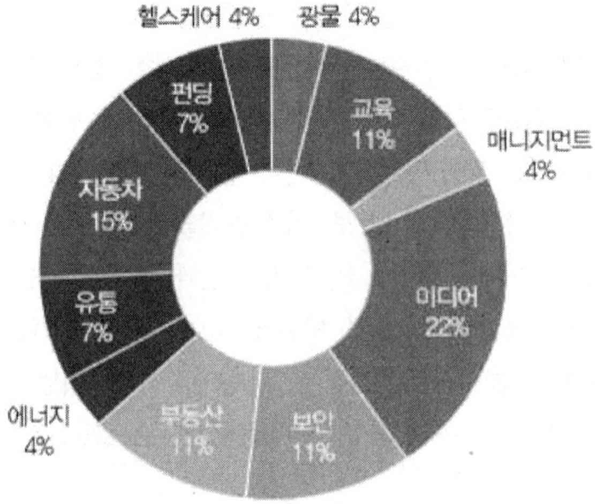

[그림 10-1] 블록체인 산업 특화 응용분야

출처 : 블록체인 투데이

10-2 제조분야의 블록체인의 가치

1. 개요

오늘날 우리가 알고 있는 제조업은 수세기에 걸쳐 거대 산업으로 발전해왔다. 산업혁명은 규모의 경제에서 이익을 얻었으며 문명의 새로운 시대를 맞이한 사회 발전을 가져온 대량 생산품을 위해 기회를 주었다.

산업 및 제조업은 산업 1.0에서부터 증기 동력의 사용에서 전기 및 조립 라인을 통해 2.0으로, 정보 컴퓨팅 기술을 사용하여 3.0으로 3세기 동안 더 발전했으며 현재 우리는 4.0 스마트 생산으로 전환 중이다. 이러한 변화를 촉진하는 기술 중 하나는 블록체인이지만, 그 응용이 제조 산업에 어떤 영향을 미칠 것 일까?

블록체인은 분산 원장 시스템을 기반으로 한다. 원장의 아이디어는 연쇄를 형성하기 위해 입력된 데이터가 복잡한 수학적 퍼즐(암호화 해시)에 의해 연대순으로 정렬 된 블록의 시스템에 저장되는 경우 무단 액세스로부터 보호된다.

따라서 블록체인이 기술은 가치 교환의 매개체로 사용되는 가상화폐인 비트코인에서의 응용으로 인기를 얻었는데 많은 산업 분야에 적용되어 중급(Disintermediate)에 적용될 수 있으므로 트랜잭션 효율성이 향상되었다.

블록체인 채택의 주요 원동력은 원가 절감, 제품 출처 추적 및 개선이다. 블록체인의 적용으로 큰 이득을 얻을 수 있는 산업은 제조 산업이다.

블록체인은 지금까지 금융 및 암호 분야에서 실제 적용 사례를 찾았지만 전반적인 제조 과정에서 가치를 비즈니스에 제공하는 것이 가장 큰 잠재력이라고 할 수 있다. 블록체인은 원자재에서 가공 및 조달, 제조품의 공급 및 유통, 기록에 이르기까지 제조의 모든 측면을 기록함으로써 완전히 새로운 비즈니스 모델을 창출 할 수 있기 때문에 투명성과 전체 제품 출처가 중요하다.

판매 시점의 오늘날 세계에서 소비자는 친환경적인 방법으로 생산 되었는지 여부에 관계없이 제품의 출처에 훨씬 더 많은 관심을 가지고 있다.

제조 분야에서 가장 유명한 업체는 3D 프린팅에서 블록체인 솔루션을 도입하기 시작했고 Moog Aircraft Group은 이미 솔루션을 도입했다.

사용처	예제	항목
공급망 관리 및 디지털 제품 메모리	Maersk	운송 과정 중 컨테이너 추적
	Provenance	모든 중요한 제품 정보를 전체 공급망에 기록
	Everledger	다이아몬드 인증 및 거래 내역 등록
IoT와 4차산업	Factom Iris	블록체인을 통한 IoT장치 확인
	Super Computing system	블록체인에서 데이터를 타임스탬프 처리하여 조작을 방지하는 센서
	Tile Data Processing	고객이 IoT장치에서 데이터를 판매할 수 있는 마켓 플레이스
3D프린팅	Genesis of Things	스마트 계약을 통한 3D인쇄를 가능하게하는 플랫폼
	Moog Aircraft Group	블록체인을 통해 항공기 부품의 안전한 3D인쇄보장

서비스로 제조 (MaaS)가 어려운 하드웨어 생산 문제 보다 레코드 관리 문제 크기 때문에 블록체인 덕분에 레코드 프로세스가 쉬워진다. 따라서 제품 제조 방법, 시기 및 장소에 대한 새로운 비즈니스 모델의 필요성이 촉진된다. 기업은 공급망 자산의 네트워크와 이전 프로세스와 새 프로세스의 혼합이 최적이 될지 결정해야 한다.

우주 항공과 같은 높은 가치가 있는 고위험 제조 부문은 파일럿 계획을 현실화할 가능성이 높다. 또한 솔루션을 공급 업체 컨소시엄의 개방형 생태계로 확대할 수 있다.

2. 블록체인 기반 제조의 잇점

블록체인을 사용하는 분산 원장을 구현하면 기존의 중앙 집중식 시스템에 비해 몇 가지 이점이 있다. 중앙 집중식 시스템은 인적 오류, 사기 및 기타 함정 사이에서 기록 손실에 취약하다. 그러나 블록체인 기반 솔루션은 다음을 제공하도록 설계되었다.

① 부품 단위로 신뢰성 추적 성을 갖춘 제품
② 부품 당 설계-제조-사용주기의 완벽한 이력(디지털 쌍)
③ 디지털 경로를 통한 안전한 데이터 전송
④ 디지털 저작권 관리, 라이선스 가능한 거래
④ 현명한 계약을 통한 프로세스 자동화

Blockchain이 IoT(Internet of Things), 기계 학습 및 기타 기술과 같은 다른

기술과 결합함으로써 얻을 수 있는 이점을 결합하여 제조 품목에 대한 완전한 데이터 세트를 완성하게 된다. 이 점에서의 가치는 고통의 지점과 비효율이 있는 곳을 이해하는 생산적인 관점에서 뿐만 아니라 소비자가 구입하는 품목의 제품 기원에 대해 더 많이 알게 되는 소비자 측면에서도 매우 중요하다.

제조사는 현재 블록체인을 가장 대규모로 구현하고 있지만 아직 준비 안 되는 것으로 보인다. 현재 막대한 비용의 블록체인 구현으로 인해 투자 수익률이 명확하지 않으며 블록체인이 초기 기술이므로 많은 기업들이 입증되지는 않았지만 널리 채택 된 기술을 통합하는 것을 꺼린다.

새로운 비즈니스 모델을 창출하고 기존 프로세스를 개선하는 것 외에도 제조 분야에서의 블록체인의 사용은 프로세스를 문서화하는 데 가치를 부여하여 투명성을 높인다.

이것은 많은 당사자들간의 거래들 사이의 현안으로 인해 현재 부과되는 "신뢰 세금"을 감소시킬 것이다. 블록체인은 모든 분야의 사회에서 구현할 수 없지만 제조와 같이 공유하고 액세스하는 데이터의 진실성에 의존하는 여러 당사자가 있는 산업에서는 분산화된 협업 네트워크를 구현할 가치가 있다.

수행 내용

재료 · 자료

• 지갑 및 블록체인 관련 자료

기기(장비 · 공구)

• 컴퓨터, 프린터, 주변기기

안전 · 유의사항

• 컴퓨터 및 주변기기의 전원을 관리한다.

수행 순서

01 자동차 분야의 블록체인 활용 사례를 분석하라.

1. Vehicle Lifecycle Blockchain(VLB) - 자동차

1) 개요

(1) 개념

① 차량 전 주기에 걸쳐 만들어지는 모든 기록을 탈 중앙집중적인 분산 원장에 기록하고 이를 활용할 수 있게 만든 블록체인 플랫폼

② 차량은 구입, 운행, 유지보수, 폐기 등 차량 보유 및 이용과정에서 생성된 기록을 블록체인化하여 공유함으로써 차량 보유 및 운행에 따른 복잡한 프로세스를 단순화

(2) 특징

스마트 컨트랙트 기능을 사용하여 모든 계약의 자동화가 가능하며, 이더리움 기반의 Vehicle Lifecycle Blockchain(VLB)

2) 응용 현황

(1) 현황

① 2017년 1월 ICO를 진행한 VLB는 2018년 12월 자동차 정비 및 수리 플랫폼 CarFix에 우선 적용을 목표로 하고 있음

② CarFix가 보유한 차량 소유자 정보, 그리고 수리점, 부품업체, 딜러들이 보유한차량 파손, 수리, 보험청구 등에 관한 이력을 블록체인화하여 상호 공유하고 통합할 예정

- 차대번호(VIN), 보증 식별자, 마일리지 기록, 수리점 식별자, OEM 식별자, 수리 부품 SKU 비용, 공임, 지불 정보를 하나로 묶어 분산 원장에 기록하면, 차량 소유자, 수리점, 차량 제조사, 수리 부품 제조사가 해당 거래 기록을 조회 가능

(2) 사업모델

① 정보제공자는 그 대가로 받는 VLB 토큰(이더리움 프로토콜 기반 유틸리티 토큰)을 받으며, 관련 참여자간 트랜잭션 접근 혹은 기록시 VLB토큰 사용

② 아직 정식으로 서비스화가 구현되지는 않았지만, 향후 ㉠ 보험금 허위청구 방지, ㉡ 보험청구의 자동화, ㉢ 자동차 정비 및 사고 이력 조작방지, ㉣ 부품 재고 유지 및 자동 주문, ㉤ 중고차 시세 판정, ㉥ 제조사가 차량 인도시 구매자 인증 등에 활용될 것으로 기대

[응용 특징]

- 블록체인 활용 기업/업체는 고객 응대 및 처리 프로세스의 간소화로 인하여 시간과 비용을 절감할 수 있으며, 스마트 컨트랙트 기능을 통해 지능화된 새로운 비즈니스 기회 확보가 가능
- 이용자는 차량 전주기적 정보를 이용하여 차량 운행 및 유지보수에 수반되는 노력을 최소화할 수 있을 뿐만 아니라, 허위정보나 정보의 누락 등 정보의 신뢰성 저하에 의해 발생할 수 있는 정보탐색 비용 및 거래 비용의 절감 효과를 기대할 수 있음
- 다양한 이해관계자를 생태계내로 포섭할 수 있는 산업 메쉬업(mesh up)이 가능한 블록체인

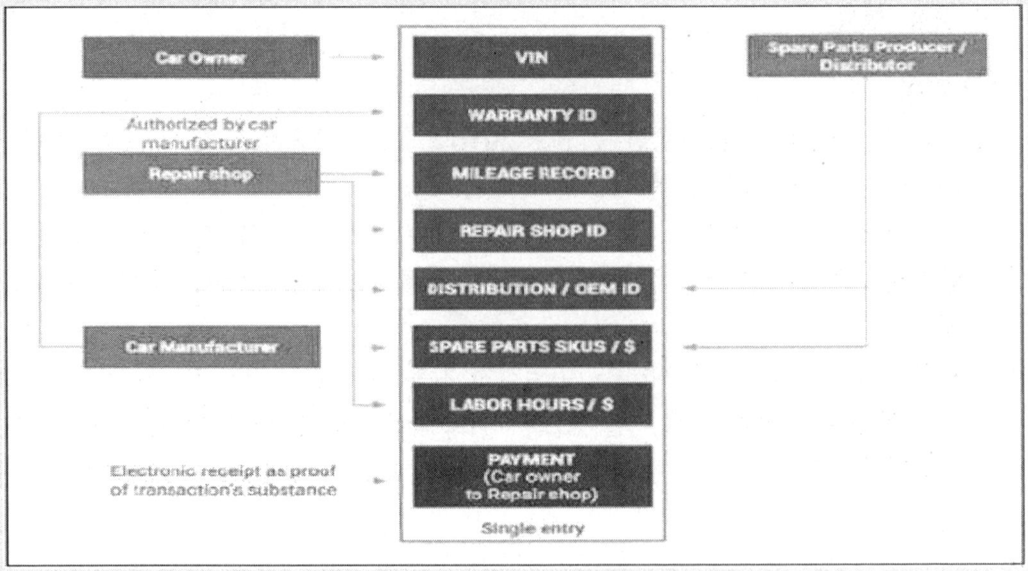

[그림 10-2] VLB의 활용 예

출처 : htp:/www.autoelectronics.co.kr/article/articleView.asp?idx=2701

2. VINChain - 자동차

1) 개요

(1) 개념

① 차량과 관련하여 여러 이해관계자 집단에 산재되어 있는 차량 이력정보를 블록체인화하고 이해관계자간 블록체인을 공유·분산 저장함으로써 프로세스 단순화와 중고차 거래의 신뢰성 확보를 목적으로 함

② 차량 제조사(차대번호), 보험사(보험 가입 및 청구 이력), 정비업체(사고 및 정비 이력), 차량(ODB 등 운행정보) 등으로부터 제공받은 정보를 블록체인화 하고 공유하는 블록체인 시스템

③ 생산년도, 사고여부, 마일리지, 시세 등에 따라 중고차의 가치가 달라지므로 시장에서 발생하는 정보조작 및 누락, 불성실 공시를 방지하여 중고차 시장의 투명화를 목적으로 함

(2) 특징

VINChain은 3세대 블록체인인 그래핀(Graphene)을 사용하여 암호화 및 보안 분산 기록 수행하며, 합의 알고리즘은 지분위임증명(Delegated Prof of Stake) 사용. 빅데이터나 인공지능과 같은 분석도구 도입 예정

2) 응용 현황

(1) 현황

① 2018년 2월 ICO를 진행한 VINChain은 2018년 3분기에 미국 시장 진출을 계획 중에 있으며, 4월 현재 알파 테스트를 거쳐 베타 테스트 중

② VINChain을 활용할 스마트폰용 VIN앱을 개발하였으며, 생태계 조성을 위해 차량 제조사, 자동차 딜러 및 중고차 매매상, 정비업체, 보험사 및 리스사 등과 파트너십을 맺어 차량 이력추적 및 관리에 활용 예정

(2) 사업모델

사업모델은 VLB와 유사하게 블록체인 구성을 위한 정보제공자에게 토큰을 제공하고, 정보 이용 및 거래시 해당 토큰을 이용할 수 있도록 함

[응용 특징]

- 분산된 자료의 통합과 공유, 토큰을 이용한 참여자 유도는 자동차 라이프사이클과 관련된 블록체인의 공통적인 요소이나, 축적된 정보를 분석 툴을 이용하여 블록체인 이용자에게 차별화된 정보를 제공할 수 있는 계기가 될 전망
- 2018년에는 유럽에서 차량 블록체인 신분증을 도입할 것으로 전망되어 활용가능성은 높게 판단됨

3. Swarm City – 자동차

1) 개요

(1) 개념

① P2P 협업형 카풀 블록체인인 Arcade City가 하드포크되어 확장된 블록체인으로 우버(Uber)에 대항하는 블록체인

② 우버의 시장독점으로 인한 무분별한 수수료 인상과 가격통제, 이용자 의지가 배제된 운전자 배정 등을 개선하고자 출범

③ 서비스 이용자와 운전자를 직접 연결함으로써 운전자는 더 많은 수익을, 이용자는 자신이 원하는 운전자와 계약 가능

(2) 특징

이더리움 기반 DAp으로 스마트 컨트랙트를 활용하여 네트워크 멤버십 부담 축소, 가장 효율적인 경제 제공, 최저가 Cost Position 제안이 가능한 탈중앙화된 공유경제 블록체인

2) 응용 현황

(1) 현황

① 2017년 2월 Arcade City의 개발자들이 독립하여 하드포크 되면서 탄생한 Swarm City는 전신인 Arcade City와 동일하게 카쉐어링 이용자와 운전자를 P2P로 연결해주는데 활용되고 있음

② Arcade City 토큰(ARC)을 Swarm City 토큰(SWT)으로 전환해주었으나, 이용자 서비스를 위한 앱은 미출시 상태

- 기존 Arcade City는 운전자가 모바일 앱을 통해 운임, 개인 서비스 정책, 지급방법 등에 대한 profile을 생성하면, 이용자는 운전자 profile 검색을 통해 이용 후 토큰으로 결재했음

(2) 사업모델

① 공유경제 차량을 이용하는 이용자와 운전자간 reputation을 매개로 P2P 연결을 통해 중개자 없이 자발적인 상거래를 유도

② SWT은 이용자의 직접구매 이외에 로열티 보상(이용빈도, 금액, 타인 소개 등), reputation score(참여도, 평가, 커뮤니티 참여 기간 등)를 통해 획득이 가능케 하여 이용자와 파트너의 참여 유도

[응용 특징]

- 공유경제 이용자들의 참여와 평판에 따라 보상을 제공하고, 평판과 참여를 기반으로 제3자(중재자)의 개입 없이 안전하고 자발적인 거래를 유도하는 상거래
- 공유경제 확대로 활용분야 역시 지속적인 확대가 예상되며, 개인간 직거래(P2P 거래)에서 안전성과 신뢰성을 담보할 수 있는 상거래 블록체인으로 확대될 가능성이 있음

4. ZF, UBS, IBM의 블록체인 기반 차량용 결재 플랫폼 – 자동차

1) 개요

(1) 개념

① 고속도로 통행료, 주차요금, 주유 및 전기요금을 현금없이 지불할 수 있는 블록체인 기반 플랫폼 공개

② 독일의 자동자 부품업체 ZF, 스위스 금융기업 UBS, IT기업 IBM이 협업을 통해 개발될 모빌리티 서비스 제공을 위한 블록체인

③ 결제 서비스를 위해 가상화폐 서비스인 Car eWalet을 개발하였으며, Car eWalet을 이용하여 주차요금, 주유료, 통행료 등을 지불가능

- 가상화폐가 거래되는 방식으로 Car eWalet으로 자동차에 대한 접근 권한을 타인에게 양도가 가능해 '열쇠' 역할도 겸할 수 있음

(2) 특징

하이퍼레저 패브릭 1.0을 기반으로 하는 UBM 블록체인을 사용하며, 카쉐어링, 충전 및 배달 서비스에도 사용될 예정

2) 응용 현황

(1) 현황

2017년 독일 프랑크푸르트에서 열린 International Automobil - Austelung에서 공개된 수준이며 구체적인 제품 출시 시점은 미정

(2) 향후 방향

현재는 결제 혹은 거래 플랫폼 수준에 그치고 있으나, 궁극적으로 사람의 입력 없이 자동차가 자율적으로 대응하고 자동 경로 탐색 및 차량 진단을수행하는 에이전트(agent)로 개발하는 것을 궁극적 목적으로 함

[응용 특징]
- 자동차 제조와 직접 관련된 자동차 부품업체가 개발에 참여함으로써 별도의 애플리케이션의 설치나 운영 없이 자동차에 built-in 형태로 장착될 가능성이 있음
- 차량 제조와 관련된 기업이 서비스 모델을 제시한다는 점에서, 자동차 관련 블록체인의 생태계 확장 가능성을 보여줄 뿐 아니라 시장의 주도권(hegemony)를 둘러싼 업체간 경쟁(자동차 제조 vs. 서비스기업 vs. 금융)이 심화될 수 있음을 시사

02 미디어 분야에 블록체인 활용 사례를 분석하라.

1. Streamium - 미디어

1) 개요

(1) 개념

① 스트리밍 서비스를 제공하는 브로드캐스터와 시청자간 미디어/콘텐츠를 스트리밍으로 중개·결제하는 블록체인 기반 분산형 비디오 스트리밍 결제 플랫폼

② 브로드캐스터는 중개자 없이 누구나 실시간으로 영상을 방송하고 비트코인 결제 프로토콜(Protocol)을 통해 요금을 받을 수 있으며, 시청자는 자신이 시청한 분량 만큼만 소액결제할 수 있음

③ 브로드캐스터는 거래 연결 전에 블록체인에 의해 확인하고 기록되기 때문에, 중개인 없이도 제공된 콘텐츠에 대한 시청자의 지불을 확신할 수 있게 됨

(2) 특징

P2P 가상화를 위한 webRTC, 비트 코인 (결재 수단), 비트코인 급속 조정소액 결제 채널 프로토콜 등을 활용하여 플랫폼을 구성하며, 합의방식은 존재증명(Prof of Existence) 방식을 사용

2) 응용 현황

(1) 현황

스타트업 Streamium이 2012년 Prof of Existence을 개발하고 2015년 블록체인 기반 스트리밍을 위한 애플리케이션을 선보임(현재는 실제 영업활동 미미)

(2) 서비스 모델

① 교사, 코치, 연예인, 스포츠맨 및 게이머 등이 다른 사람들과 온라인으로 연결하고 지불에 대한 신뢰를 통해 전 세계 모든 사람에게 그들의 서비스나경험을 방송할 수 있는 권한을 부여

② 방송사는 비트 코인 주소에 연결된 비디오 스트림을 쉽게 설정하고 시청자에게 청구할 요금을 선택하고, 시청자는 비트 코인을 사용하여 스트림에 액세스하고 콘텐츠 이용

[응용 특징]

- 전 세계적으로 인기를 끌고 있는 개인 미디어, 개인 방송을 플랫폼 사업자 없이도 시청자와 직접 접촉할 수 있고, P2P로 직접 결제까지 가능해 미디어 산업의 생태계를 변화시킬 것으로 기대
- 다만, 기존의 YouTube, Netflix, Twitch 등 거대 미디어 사업자와 경쟁에서의 생존, 그리고 무료 콘텐츠 이용에 익숙한 시청자들의 요금 지불 및 수용 여부가 관건

2. Mediachain – 미디어

1) 개요

(1) 개념

① 미디어(콘텐츠)와 미디어 관련 정보(연도, 제작자, 속성정보 등)를 상호 연결하고, 연결된 정보를 분산하여 공유함으로써 중앙데이터베이스 없이도 제작자의 권리 보호 및 이용 콘텐츠 검색이 가능한 블록체인 기술

② 콘텐츠 파일－속성정보(저작권 정보, 유형, 장르, 연도 등)－이용자 ID정보가 블록체인으로 연결되어 있어, 정당한 콘텐츠 사용여부에 대한 판별과 추적이 가능하며 indexing으로 원하는 콘텐츠 이용 가능 - 온라인 기반의 콘텐츠 확산에 따른 저작권 침해, 미디어 서버 및 라이브러리 투자액 증가의 문제를 동시에 해결하고자 탄생

(2) 특징

Mediachain은 이더리움 기술을 기반으로 하고 있는데, 이더리움 기반 dAp (Decentralized Ap) 기술을 이용하여 분산화된 데이터 베이스, 실시간 덱싱(Indexing) 및 쿼리(Query) 기능을 제공

2) 응용 현황

(1) 현황

Mediachain은 개발사인 Mediachain Lab(미. 브룩클린 소재)을 미국의 유명 온라인 음악서비스 업체인 Spofity가 2017년에 인수하면서 Spotify의 음원저작권 문제 해결을 위한 솔루션으로 사용될 예정 - Spotify의 유료가입자는 5,00만명에 이르고 있으며 Mediachain IPO는 2018년으로 예정되어 있음

Spotify는 저작권 사용에 대한 부정확한 정보 집계로 미국 전국 음악출판사 협회와 3,00만달러의 저작권 로열티 문제가 발생하는 등 법적인 문제에 취약

(2) 서비스 모델

아직 정확한 사업모델 및 적용방식은 공개되지 않았으나, 이더리움의 스마트콘트랙트 기능을 사용하여 콘텐츠 이용시 이용자-저작권자간 이용료가 직접지불되는 방식을 취할 것으로 예상

> **[응용 특징]**
> - 온라인 중심의 미디어 시장재편으로 문화 콘텐츠 산업의 고질적 문제로 지적받았던 저작권 문제를 블록체인 기술로 해결방안을 제시했다는 점에서 가치가 큼
> - 또한, 향후 스마트 콘트랙트 기술을 통해 전자결제와 연계되는 경우, 소규모 독립제작사의 창작 활동 활성화에도 기여할 것으로 기대

3. VOISE - 미디어

1) 개요

(1) 개념

① 음악 스트리밍 및 다운로드 플랫폼으로 고객과 저작권자간 직접 콘텐츠 이용거래를 가능케 하는 익명-분산기반 블록체인 음악 플랫폼

② VOISE 사용시 대형 음악 플랫폼의 중재없이 고객과 제작자가 직접 콘텐츠를 거래(P2P거래)를 할 수 있으며, 제작자가 가격을 직접 설정할 수 있음

- 일반적으로 대형 음악 플랫폼 사업자는 업로드 대가로 매출액의 상당부분을 수수료 형태로 가져갈 뿐만 아니라 가격정책에도 개입하여 제작자는 권한이 제한적

(2) 특징

① VOISE는 이더리움을 기반으로 하는 Voisuim이라는 토큰과 이더리움의 스마크 콘트랙트 기술을 이용하여 중간 개입자 없이 콘텐츠 제작자와 고객간 거래가 직접 성사

② Voisium와 이더리움간 트랜잭션 수수료를 제외하고는 제작자의 판매대금 10%를 보장하는 것을 기본목표로 하고 있음

2) 응용 현황

(1) 현황

① VOISE는 스위스의 음악분야 스타트업 VOISE가 2017년 3월 런칭하였으며, ICO를 통해 2012년 12월말 현재 6억 4,301만개의 토큰이 유통중이며 생태계 확장을 위해 더 많은 참여자들과 파트너쉽 구성 계획

② 현재는 알파버전 단계의 제품시 출시되었으나 2018년까지 지갑 및 광고기능이 추가된 정식으로 제품(ap) 출시를 목표로 하고 있음

- 장기적으로는 이더리움 뿐만 아니라 다른 암호화폐로 Voisioum 구매가능 환경 구현(서비스 모델) 정식 제품이 아직 출시되지 않아 정확한 사업모델 및 적용

방식은 불명확하나, △블록체인 기반 광고와 △암호화폐지갑 기반 수익모델을 고민중인 것으로 알려져 있음

> **[응용 특징]**
> - 생산자(제작자)와 소비자(서비스 이용자)간 거래에 있어 이더리움의 스마트 컨트랙트기술을 활용하여 이들 당사자간 직거래(P2P거래)가 가능한 디지털 콘텐츠 유통 및 거래 플랫폼
> - 향후, 미디어/광고 분야의 탈 중앙형 비즈니스 모델로의 발전 가능성이 높음

4. Akasha – 미디어

1) 개요

(1) 개념

① 탈중앙화된 소셜 미디어 네트워크로서 기존의 페이스북과 같은 SNS 뿐만아니라 정보의 저장, 유통, 축적이 가능한 정보 네트워크 프로젝트

② 중앙서버가 존재하지 않고 분산된 서버시스템을 이용하기 때문에 검열을 근본적으로 무력화하고, 유효한 노드가 남아있다면 서비스는 지속적으로 제공

(2) 특징

① 이더리움 네트워크와 IPFS(Inter-Planetary File Systme)을 사용하여 구동되며, 특정 단일 기술이 아닌 사회적 플랫폼을 표방

② 이용자들은 각자의 컴퓨터에서 Akasha DApp을 설치하고 실행시켜 각 노드가 서버의 역할을 수행하므로 검열이 불가능하며 무의미

③ 저장된 각 File을 유지하고 지속적으로 데이터를 제공하기 위한 Akasha의 인센티브로 토큰인 Filecoin 도입 예정(시기 미정)

2) 응용 현황

(1) 현황

① Akasha는 이더리움 공동설립자인 Mihai Alisie가 2015년 설립하고 이더리움 개발자 Vitalik Buterin이 자문가(Advisior)로 참여하고 있는 프로젝트로 알파 테스트(2016년 하반기) 및 베타 테스트(2017년 4분기)를 거쳐 2018년 3분기 혹은 4분기 정식 런칭 예정

② Akasha는 단일 기술이 아니라 다양한 경제주체가 작용하는 사회적 플랫폼을 지향하고 있으며, 다양한 Use Case를 고민중

- 향후 자체토큰 Filecoin과 Swarm을 연동시키는 등 다양한 적용 모델을 고민 중에 있음

③ 초기에는 자체 토큰은 발행하지 않고, 우선 플랫폼의 이용방법이나 기술력 확보에 집중할 예정으로 자체 토큰은 추후 자체 발행 예정

[응용 특징]

- Akasha는 표현의 자유, 정보접근권, 사생활 보호와 같은 기본적인 인권 보호를 위해 개발되고 있으며, 인터넷 통제 및 언론 통제로부터의 해방을 위해 기획되는 사회적 블록체인 플랫폼
- 페이스북, 트위터와 같은 SNS가 사생활 침해 이슈, 개인정보 유출 및 무단이용, 국가 언론통제에 대한 굴복 등 여러 사회적 이슈로부터 자유롭지 못한 단점을 해소할 수 있을 것으로 기대

5. Civil - 미디어

1) 개요

(1) 개념

① '월 구독료'가 익숙한 현재 디지털 결제 모델이 아닌 '기사' 단위와 '비디오 클립' 단위의 결제가 가능하며, 콘텐츠 생산자와 소비자를 직접 연결하는 블록체인 기반의 탈중앙 뉴스 플랫폼

② 뉴스 제작, 팩트 체킹 등이 지속 가능하도록 경제적 보상(CVL 토큰)을 주고 메시 네트워크를 만드는 것을 목표로 함

③ 뉴스룸은 ㉠ 저널리즘 자문위원회(언론계 전문가), ㉡ 관리자, ㉢ 뉴스제작자(언론 기자, 일러스트레이터 등), ㉣ 시티즌(소비자), ㉤ 팩트 체커(저널리즘 사실 확인)의 DAO(Distributed Autonomous Organization : 분산자율조직)로 구성

(2) 특징

① 이더리움 기반의 토큰(CVL)을 이용하여 기사검색 이용이 가능하며, 블록체인 기반의 공동 편집 작업을 통해 가짜뉴스로부터 자유롭고 광고의 압력에서도 해방될 수 있는 자유로운 저널리즘을 위한 글로벌 마켓 플레이스를 지향

② 실제 주류언론의 언론인을 참여시킴으로써 전문화된 프로페셔널 미디어 뉴스 서비스를 블록체인 기반으로 제공

2) 응용 현황

(1) 현황

2017년 Mathew Iles가 제안하여 설립하였으며 2018년 초까지 언론인 20명의 지원을 받아 1차 함대(1st Flet)을 구성하고, 백만달러를 지원할 예정

[응용 특징]

- 광고주에 언론의 예속, 가짜뉴스로 인한 언론/뉴스에 대한 신뢰성 하락을 차단할 수 있으며, 특정 정치/경제 세력에 예속 없이 독립적·중립적인 언론을 구축할 수 있는 기술 기반 마련
- 다양한 포털, 인터넷 뉴스를 통해 무료로 제공받는 기사를 토큰 이용하여 구독하는 만큼, 유료이용자에게 이에 합당한 프리미엄 서비스를 제공할 수 있는지가 중요한 경쟁 포인트

6. Stemit – 미디어

1) 개요

(1) 개념

① 암호화폐 중 하나인 Strem 블록체인에 기반하여 운영되는 블록체인 기반 SNS 시스템으로 검열 없는 SNS를 추구하는 분산화된 서비스

② 블록안에 컨텐츠가 저장되고 상호간의 작용에 의해 보상을 받을 수 있도록 한 SNS 서비스

③ Stem 코인은 이더리움의 ERC-20 토큰과 동일한 구조이며, Stemit 상에서 보다 많은 사람들이 컨텐츠를 작성·관리하고 투표할 수 있도록 하는 독특한 보상 알고리즘인 'Prof-of-Brain'을 도입

(2) 특징

Stemit은 게시자와 개발사가 디지털 컨텐츠에서 Stem으로 이익을 서로 공유하는 형태로, Stemit 커뮤니티내 이용자들의 활동이나 영향력에 따라 보상체계를 달리 설정하고 있는데, 다음의 3가지 암호화폐를 사용

① Steem : 거래소에서 시세가 결정되고 거래되는 대표적인 통화

② Steem Power : 커뮤니티 내 영향력 보상으로 Steem Power가 클수록 동일한 1표라도 더 많은 영향을 미침

③ Steem Dolar : 최소 1달러의 가치가 보장되도록 설계된 통화로 Steem의 급격한 가격 변동에 대응할 수 있는 기준점

• 콘텐츠 생산자들이 글을 올린 뒤 일주일이 지나면 일정 비율로 'SteemDolor'와 'SteemPower'를 받으며 채굴은 아무나 할 수 없는데, 이용자들의 투표로 선출된 증인 20명이 3초마다 돌아가며 블록을 만들고, 이 증인들은 투표로 바뀔 수 있음

2) 응용 현황

(1) 현황

① Ned Scot이 2016년 4월 발표하였으며 2018년 2월말 기준 베타테스트 중으로 10만명에 가까운 가입자를 확보

② 컨텐츠에 업 보팅(페이스북의 좋아요와 유사한 기능임)된 StemPower의 합에 비례하여 컨텐츠 제작자 혹은 추천자에게 Stem 이란 암호화페로 보상하는 시스템(수익의 75% 제작자, 25% 추천자에게 배분)

③ 총 발행량 2억6,01만 개이며 사용량에 따라 매년 10% Steemit 개발사에서 발행하며 보상이나 거래소를 통해 코인 획득

[응용 특징]

• 이용자간 실제 사용빈도가 높고 사용가치가 있는 정보 생산 및 평가 과정에 다수의 이용자들을 참여시켜 정보의 가치를 평가하는 블록체인 기술로 판단

• 블록체인 기반 대가 지급은 완전히 디지털 방식으로 이뤄지기 때문에, 중간 개입자가 없어 콘텐츠 보상에 의한 수익 창출이 가속화되어 광고 없이도 콘텐츠 시장에서 생산이 가능하기 때문에 시장진입장벽이 낮아질 것으로 기대됨

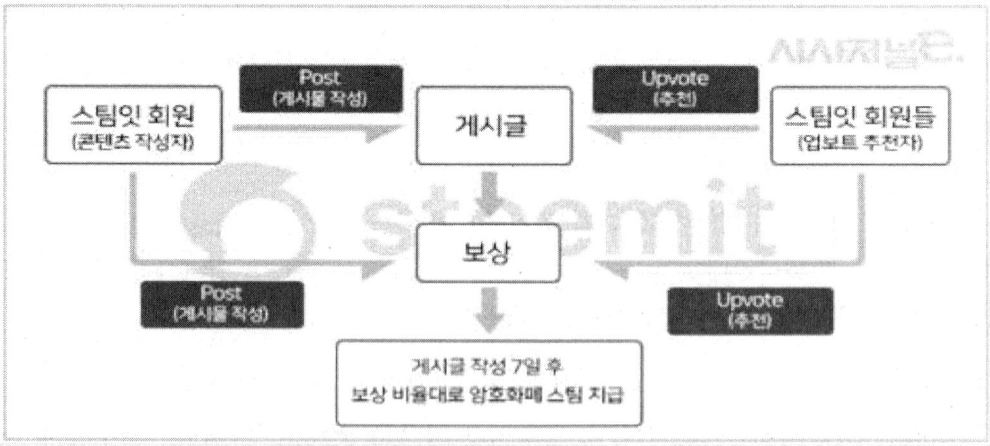

[그림 10-3] Steemit 개념도

출처 : htp:/www.sisajournal-e.com/biz/article/17943

03 유통, 광물 및 에너지 분야의 활용사례를 분석하라.

1. Provenance - 유통

1) 개요

(1) 개념

① 참치 등 물리적 제품의 공정 및 유통 과정의 기록을 이더리움 기반의 블록체인 기술로 추적하여 실시간으로 확인할 수 있는 공급사슬(suply chain) 추적시스템

② 공급사슬 전반에 걸친 제품 이력 및 규정준수 증명, 인증서의 이중 지출 방지, 소비자에 대한 정보 투명성 제고가 목적

(2) 특징

RFID 태그, QR코드, 로컬 인증 등을 이용하여 참치의 어획부터 고객의 구매(hok to fork)까지의 정보를 추적하고, 평판 시스템을 도입

2) 응용 현황

영국의 B2B 소프트웨어 스타트업인 Provenance는 2016년 5월 일본에 공급되는 인도네시아산 참치 2종의 공급사슬에 블록체인을 적용하는 프로젝트의 베타 버전 테스트를 수행

① 어부는 참치 어획 시 SMS 문자를 전송하여 문자 1건 당 영구적이고 고유한 어획 기록을 등록함으로써 새로운 토큰을 발행, ② 어부가 발행한 토큰은 어부와 공급자 간의 물리적 거래가 성사됨과 동시에 블록체인 시스템에서 어획 기록과 함께 공급자에게 전달되며, 이 때 물고기의 소유권이 이전됨, ③ 어부의 신원 및 공급 거래 기록을 블록체인 시스템에 영구히 저장
Provenance는 블록체인 기술이 중앙집중적 공급사슬관리 시스템이 없이 강력하고 안전한 데이터 생성 및 추적을 가능하게 함으로써 아시아 수산 유통망의 패러다임을 바꿀 것으로 기대하고 있음

② 현재까지 글로벌 식품 유통망의 신뢰/투명성 제고, 아시아 지역 노동 착취 근절, 식품 인증의 디지털화, 블록체인 기반 거래 증명에 대한 테스트를 수행

③ 향후 커피, 섬유, 재활용품 등의 공급사슬로 사업 확장 예정

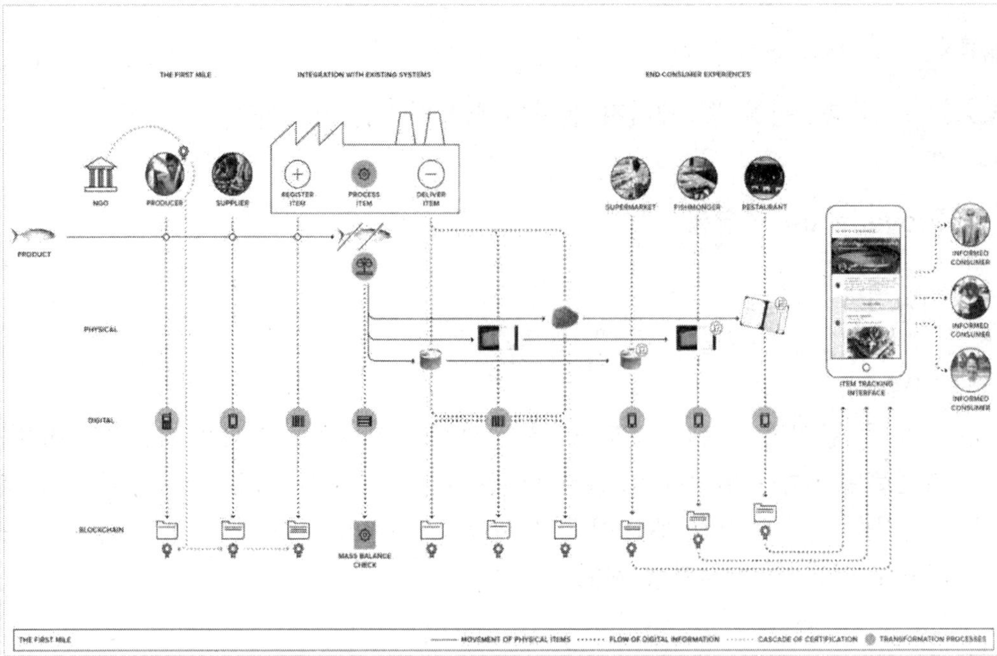

[그림 10-4] Provenance의 참치 공급망 추적 과정

출처 : htps:/www.provenance.org/

> **[응용 특징]**
> - 블록체인 활용 기업/업체는 생산업체, 공급업체, 유통업체, 최종 소비자가 참여하는 개방형 시스템을 안전하고 투명하게 구축함으로써 업무효율성과 브랜드 신뢰도를 제고할 수 있음
> - 소비자는 온라인과 오프라인 구매 시점에서 제품이 소비자에게 전달되기까지의 모든 과정을 투명하게 조회할 수 있음

2. Walmart - 유통

1) 개요

(1) 개념

① 하이퍼레저(Hyperledger) 기반의 블록체인 기술을 적용하여 식품의 가공 및 유통 과정에서 식품안전기록을 실시간으로 조회할 수 있는 공급사슬 추적시스템

② 돼지고기 등 육류의 산지, 도축 등 생산설비 및 유통과정에서의 보관 온도와 같은 식품이력의 신속한 조회 및 조작 방지가 목적

(2) 특징

하이퍼레저 패브릭(Hyperledger Fabric) 기반으로 거래기록 보안 및 인증 기술을 중국 돼지고기 유통망에 적용

2) 응용 현황

① 2016년 월마트는 IBM, 칭화대와 협력 관계를 구축하여 식품의 공급사슬 전반을 추적하는 시범 프로젝트를 시행하였음

② 파일럿 테스트를 위해 중국의 돼지고기 유통 부문을 선택하여 원산지에서부터 도축, 가공, 판매에 이르기까지의 과정에 대한 정보를 기록

③ 블록체인 기술을 적용하여 오염된 식품 유통이력 조회에 소요되는 시간을 2주에서 약 2.6초로 단축

- IoT 센서를 이용하여 축산업체는 돼지의 사육환경과 사육방식 데이터를 기록하며, 가공업체는 도축과정을 기록하고 운송업체는 유통과정의 온도와 습도, 물리적 충격 등을 측정하고, 도소매업체는 판매 환경 등의 관련 정보를 블록체인에 입력 월마트는 향후 다른 식품에 대해 추가적인 실험을 전개해 나갈 계획

[응용 특징]

- 블록체인 활용 기업/업체는 신선제품의 생산 및 유통과정을 영구적으로 투명하게 기록함으로써 식품안전 관련 기록을 신속하게 확인하고 식품공급망의 효율성을 개선할 수 있음
- 소비자는 신뢰할 수 있는 방식으로 기록된 식품 이력 정보를 조회함으로써 식품구매 시점에서 안심하고 소비 결정을 할 수 있음

3. Everledger - 광물

1) 개요

(1) 개념

① 다이아몬드, 고급 와인 등 높은 가치를 지닌 제품의 출처를 인증하고 유통과정을 안전하게 추적하는 블록체인 시스템

② 고가가치 자산의 거래 투명성과 신뢰성 보장이 목적

(2) 특징

① 공개(Public) 블록체인과 개인(Private) 블록체인을 병행한 기술모델을 개발하였으며, 하이퍼레저 패브릭 블록체인 기술에 기반을 두고 있음

② 블록체인과 함께 스마트 계약, IoT, 머신비전 기술을 사용

2) 응용 현황

① 2015년 4월 Lean Kemp에 의해 설립된 이후 보석 산업의 거래 투명성 제고를 위해 3년간 20만개 이상의 다이아몬드의 디지털 지문을 블록체인 기술로 등록

② 가공 과정에서 각 다이아몬드 고유의 디지털 지문을 등록하고 소유권 이전 내역을 영구적인 분산 원장에 기록

③ 2017년 다이아몬드의 출처, 가공과정, 감정과정에 대한 실시간 유통 데이터를 영구적으로 기록하는 원장인 '다이아몬드 타임랩스 이니셔티브(Dianmond Time-Lapse initiative)' 개발

④ Everledger는 ㉠ 고가자산 인증서 위조 문제 또는 출처 위조, 허위 보험사고 보고서 등 사기 문제와 ㉡ 전쟁지역 등 UN지정 분쟁지역에서 채굴된 다이아몬드의 거래를 원천봉쇄할 수 있을 것으로 기대하고 있음

- 거래되는 자산이 전쟁지역 등 UN지정 분쟁지역에서 채굴된 다이아몬드 또는 분쟁 지역에서 무기 조달에 사용된 '블러드 다이아몬드'인지 쉽게 확인 가능

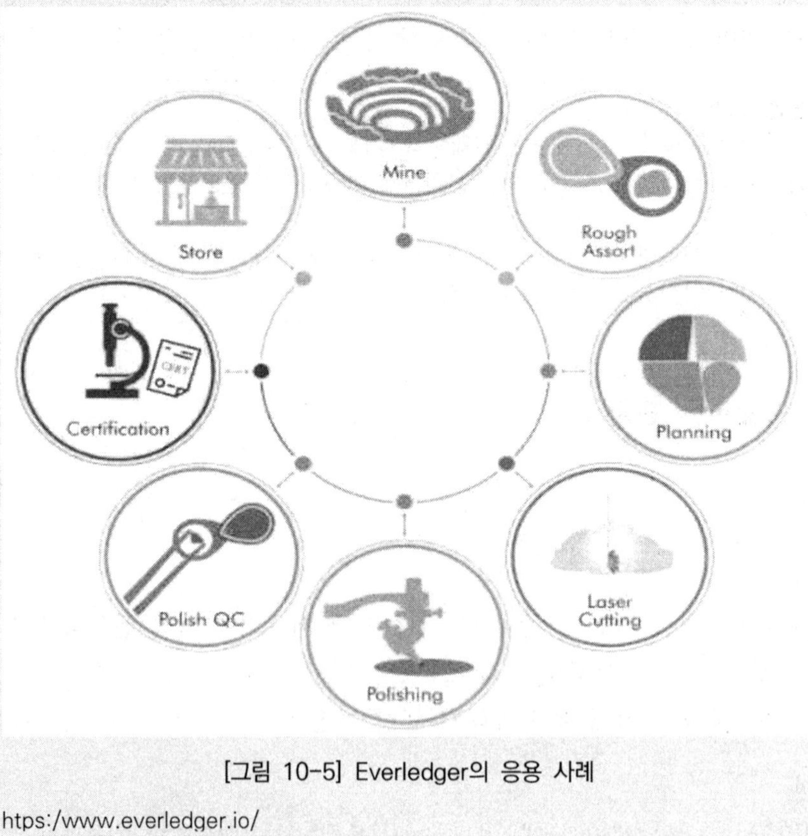

[그림 10-5] Everledger의 응용 사례

htps:/www.everledger.io/

[응용 특징]
- 블록체인을 활용하여 인증서를 관리하면 보험 회사는 연간 보험 사기로 인한 50억 달러 수준의 손해를 절감할 수 있음
- 구매자 입장에서는 전 세계에서 거래되는 고가가치 자산의 출처와 이전 소유 기록을 보증하여 인증서 사기 및 자산 절도 위험이 없는 안전한 구매가 가능

4. LO3 Energy – 에너지

1) 개요

(1) 개념

① 지역사회의 프로슈머들이 P2P 에너지를 유통할 수 있는 블록체인 기반 거래 플랫폼

② 비용을 절감할 수 있는 친환경 전기에너지 생산 및 최적화된 배분, 재난 상황에서의 지역사회·경제 보호, 지역 사회 인프라 개선 및 고용창출이 목적

(2) 특징

에너지 소비효율의 극대화를 위한 이더리움 기반 블록체인 시스템에서 'XRG'라는 토큰을 이용하여 저탄소-저비용의 분산에너지자원 공급자에 대한 인센티브 제공

2) 응용 현황

① 2016년 미국에서 설립된 LO3 Energy는 2015년부터 시범사업 인프라 개발을 시작하여 현재는 뉴욕 브루클린에서 에너지 블록체인 플랫폼 'Broklyn Microgrid(BMG)'의 프로토타입을 운영 중

- 블록체인을 이용하여 지역사회 내에서 여분의 태양열 에너지를 이웃에게 직접 공급·판매
- BMG 프로그램은 2016년 4월 Park Slope의 거주자 3명에 의해 성사된 최초의 래와 함께 시작되었으며 2017년 60개 거주지가 연결됨
  - 차대번호(VIN), 보증 식별자, 마일리지 기록, 수리점 식별자, OEM 식별자, 수리 부품 SKU 비용, 공임, 지불 정보를 하나로 묶어 분산 원장에 기록하면, 차량 소유자, 수리점, 차량 제조사, 수리 부품 제조사가 해당 거래 기록을 조회 가능

② LO3 Energy는 디바이스를 통한 수요 반영, 위치기반 가격 책정과 같은 서비스를 추가할 예정이며, 미국 내 다른 지역, 호주 및 유럽으로 프로젝트를 확대할 계획

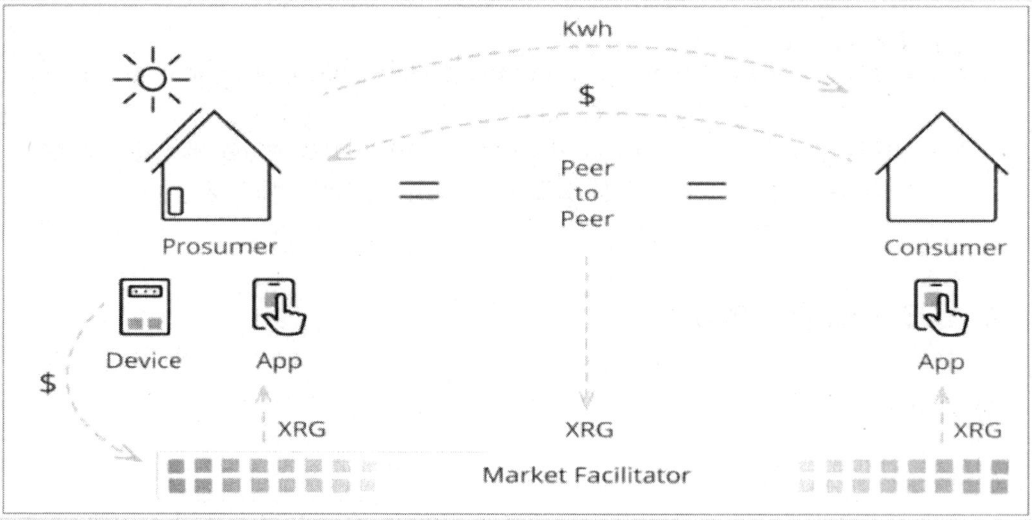

[그림 10-6] LO3 Energy의 에너지 P2P거래 시스템 구조 및 사례

출처 : https:/exergy.energy

[응용 특징]
- 블록체인을 활용하여 효율적이고 유동적인 에너지 가격 책정이 가능하며, 시장 참여자들이 자유롭게 전기를 판매하고 구매할 수 있는 솔루션을 제공

04 헬스케어 및 교육 분야의 블록체인 사례를 분석하라.

1. Gem Health - 헬스케어

1) 개요

(1) 개념

① 접근 권한이 부여된 의료기관과 보험회사, 환자 간에 탈중앙화되고 단일한 의료기록을 제공하는 블록체인 기반 운영시스템

② 정보 제공자와 이용자 모두가 신뢰할 수 있는 정보 인프라를 조작이 불가능하고, 상호운용가능하고, 안전하게 구축하는 것이 목적

(2) 특징

이더리움과 하이퍼레저 기반 블록체인 네트워크 모두에서 접근이 가능한 Gem OS에 기반을 두고 있어 다양한 블록체인 애플리케이션들이 Gem OS와 분산 원장으로 연결되어 정보교환 가능

2) 응용 현황

① 로스엔젤레스에 기반을 두고 있는 스타트업 Gem은 첫 번째 블록체인 프로젝트인 'Gem Health'를 2017년 공개
- 블록체인을 적용하여 개인신상과 의료정보를 암호화하고, 승인된 ID를 가진 사람이 실시간 정보를 투명하게 조회할 수 있음
- 의료기록 조회에 걸리는 시간과 비용을 절감하고 신속하고 정직한 보험처리가 가능해짐

② Gem OS는 의료 부문뿐만 아니라 공급관리, 자동차 보험 등 다양한 분야에 확장이 가능할 것으로 예상됨

> **[응용 특징]**
> - 블록체인을 활용하여 의료정보 인프라를 구축하면 의료정보를 기록하는 의료기관, 진단기록을 활용하는 보험회사 데이터 처리에 소요되는 시간과 비용을 절감할 수 있음
> - 개인정보를 제공하는 환자는 프라이버시 침해의 위험에서 벗어날 수 있으며, 보험처리 과정에서 설명의 의무가 경감될 수 있음

2. SGE Blockchain - 교육

1) 개요

① 교육 분야에서의 블록체인 기술은 성적 및 학력 위·변조 방지와 인증 등 교육 데이터에 대한 안정성 향상을 위하여 활용

② 기존 방식의 한계 극복을 위해 블록체인 기반의 학력 및 성적 등 위·변조에 안전한 데이터의 운영 및 관리

③ 뿐만 아니라 온라인 학습과 같은 개인 데이터를 신뢰도 높은 플랫폼에 저장함으로써 학습 내역 변경 방지, 여러 조직과의 데이터 공유 및 유연한 관리 가능

2) 응용 현황

① SONY의 자회사인 SGE(Sony Global Education)는 2017년 8월 고신뢰를 요구하는 교육 데이터를 위해 IBM 블록체인 기반의 시스템 개발

- 개발된 시스템은 교육기관의 학생 성적, 출결 데이터, 학사과정 및 수업 계획 등 교육 과정 전반에 대한 데이터를 운영, 관리
- 현재 교육 데이터를 개별 교육 기관에서 관리하는 방식에서 벗어나 투명한 관리가 가능하고, 입시・채용・면접 등에 필요한 신뢰도 높은 데이터를 학교, 기업 등이 원활하게 확인 가능
- 또한 AI를 이용한 데이터 분석과 이를 통한 도입 교육 기관 등에 교육 과정・ 관리에 대한 피드백 등을 제공

② SGE의 시스템은 시작한 Hyperledger Fabric 1.0을 통해 운영되며, IBM 클라우드를 통하여 제공

- Hyperledger Fabric 1.0은 리눅스 재단이 시작한 Hyperledger 프로젝트 중 하나로 교육 데이터에 대한 사용권 및 API를 통제, 증명하는 기능 수행

③ SONY와 IBM은 교육뿐 아니라 교통, 물류, 부동산 등 다양한 경제 부문까지 협업영역을 확대할 계획

- SGE의 시스템은 교육 분야뿐 아니라 IoT 기기의 제어 및 데이터 관리, 물류 계약, 디지털 콘텐츠 분야에서의 권리 및 배급 관리, 암호화 화폐의 통화 추적등 다양한 분야에 활용이 가능하다고 밝힘

[응용 특징]
- 교육 분야에서의 블록체인 활용은 인증서 발급 및 검증, 데이터 신뢰성 확보 등에 활용되고 있으며, 교육 분야 이외에도 투명한 데이터 관리가 필요한 모든 분야로 확대 중
- 최근 수익성 회복에 성공한 SONY는 과거 명성을 되찾기 위해 블록체인을 활용한 교육, 부동산 부문 등의 신산업 발굴에 주력하고 있으며, 수익 다각화를 위해 타 부문으로의 영역을 넓혀갈 전망

3. Blockcert - 교육

1) 개요

① 현재 디지털 인증서의 보안, 검증 및 복잡성 등에 대한 문제점을 해결하기 위하여 개발된 블록체인 기반 개방형 교육 인증 표준

- 디지털 문서는 검증을 위한 복잡성(상호운용성), 공유 방식에 대한 보안 및 위・변조, 개인정보 유출 등의 문제점이 존재
- 블록체인 기술을 활용한 인증서 발급은 중개자 없는 자격 증명이 가능할 뿐만 아니라 기존 디지털 인증의 문제점을 보완하여 가치를 더할 수 있음

② 디지털 기록의 평생 저장을 위한 기본 프로토콜을 Bitcoin으로 채택하고 있으며,

2017년 Ethereum으로의 확장 진행 중

- Blockcert는 개방형 오픈 소스 커뮤니티로 여러 개발자가 여러 블록체인 프로토콜로의 확장을 위해 노력 중

2) 응용 현황

① 2015년 MIT Media Lab 및 Learning Machine이 Bitcoin 기반 인증서 발급 및 자격 증명을 위해 개발한 Blockcert는 현재 블록체인 기반 인증서 발급 및 검증의 유일한 개방형 표준

- Blockcert는 교육 기관 및 정부 기관을 포함한 모든 사용자가 인증 발급 및 검증을 위한 자체 소프트웨어를 개발할 수 있는 기본 소스(코드)를 무료로 제공

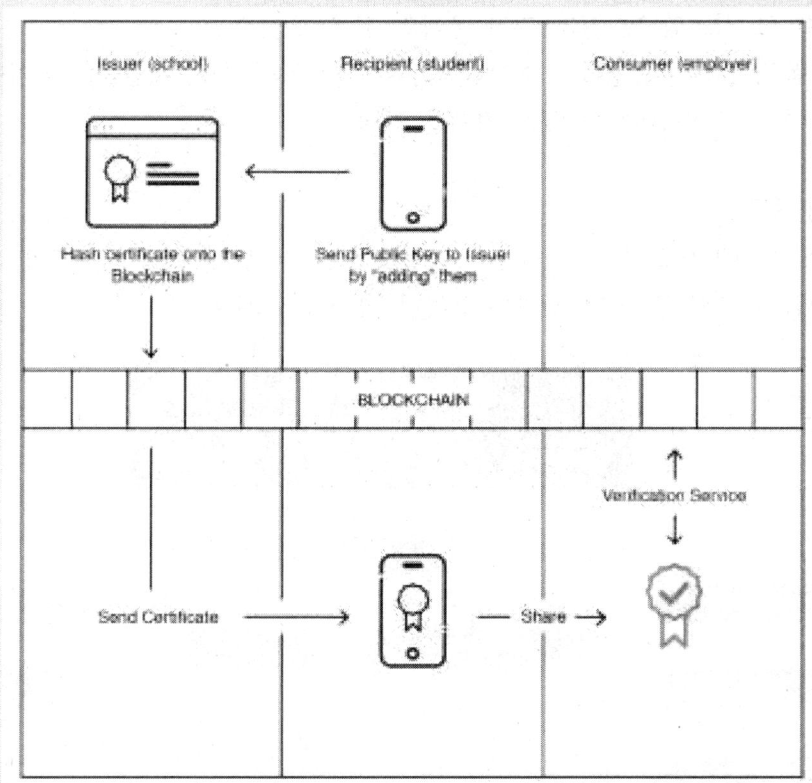

[그림 10-7] 블록체인 기반 인증 발급 및 검증 프로세스

출처 : Blockcerts

② 현재 Blockcert 커뮤니티는 IMS Open Badges, W3C Verifiable Claims 등의 디지털 인증 표준화 단체와 연계되어 있으며, MIT, Nicosia 및 Birmingham 대학 등은 이를 통한 자체 시스템을 개발 중

> **[응용 특징]**
> - 개방형 표준으로 누구나 개발하고 사용할 수 있어, 관련 분야에서 높은 확산 속도를 보일 전망
> - 현재 여러 표준화 커뮤니티 및 학교와 연계하고 있어, 향후 교육분 아니라 인증서 관련 부문의 주요 표준으로 부상 중

4. BitDegre – 교육

1) 개요

① BitDegre는 리투아니아의 블록체인 기반 글로벌 교육, 기술 분야 채용 등 관련 인센티브 시스템 및 성과 추적 온라인 교육 플랫폼

② 플랫폼을 통해 수강생들은 경쟁력 높은 기술을 습득하고, 기업들은 뛰어난 역량을 갖춘 인재를 영입할 수 있는 기회를 제공

2) 응용 현황

① 기술 부문에 특화된 BitDegre는 기업들이 교육 프로그램을 플랫폼에 개설하고, 이수한 수강생 중 일정 조건을 충족한 학생들을 채용

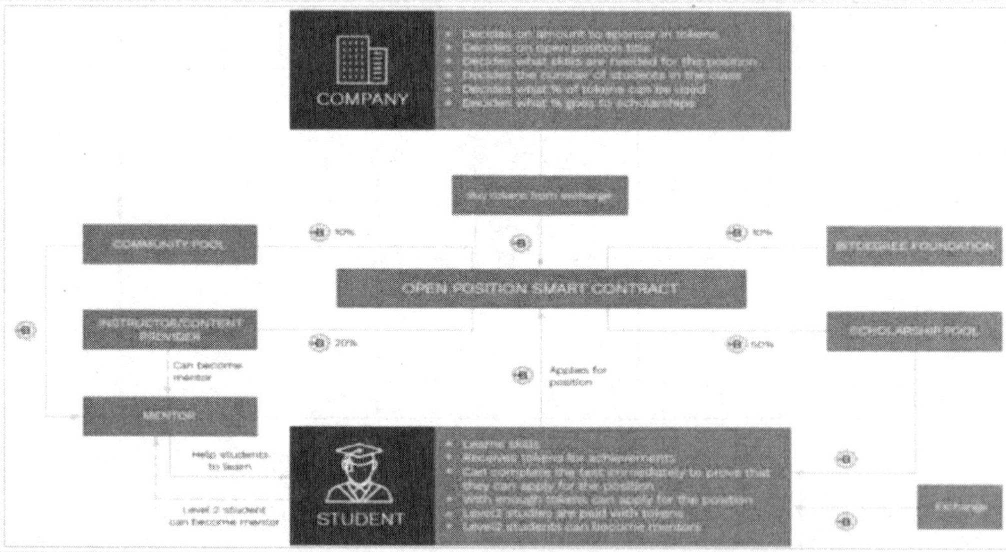

[그림 10-8] BitDegre 운영 프로세스

출처 : htps:/crushcrypto.com/analysis-of-bitdegre/

② BitDegre는 수업을 이수한 수강생들에게 블록체인 기반의 BDG 토큰을 장학금으로 지급하고, 관련 교육 과정의 추적이 가능한 것이 특징

③ 장학금으로 지급된 BDG 토큰은 다양한 교육 프로그램의 수강료 및 플랫폼에서의 강사 또는 멘토 등에게도 지급

④ 블록체인 기술을 교육뿐 아니라 자금 조달 목적으로 사용함으로써, 벤처 캐피탈 문화가 발전하지 못한 동유럽 지역 스타트업들에게 기회가 될 것으로 기대

> **[응용 특징]**
> - 교육 분야에서의 블록체인 기술은 주로 교육 데이터의 신뢰성 확보 및 온라인 교육 플랫폼으로 활용되고 있지만, 암호화 화폐를 수강료 및 장학금 등에 활용한 첫 사례
> - 교육 분야에서 다양한 용도로 블록체인 기술이 활용될 수 있는 사례지만, 불안정한 암호화 화폐의 가치가 교육 프로그램 등 콘텐츠에 영향을 미칠 요소가 존재

05 부동산, 클라우드 펀딩 및 자선 분야의 블록체인 활용 사례를 분석하라.

1. Ubitquity - 부동산

1) 개요

① 부동산의 경우 거래 및 등기부 작성·관리 등 복잡한 시스템으로 인해 이중 거래 및 사기 등의 문제점이 존재

- 또한 부동산 거래 결과는 일반적으로 정부기관과 같은 신뢰할 수 있는 제3자가 담당하고 있으며, 이러한 시스템에서는 등기부 보존을 담당하는 제3자의 신뢰도가가장 중요한 요소로 작용

② Ubitquity는 블록체인 기반 부동산 회사로 부동산 거래 및 토지 소유권, 재산증서, 유치권 을 기록하고 추적하는데 블록체인 기술을 활용

- 블록체인 기술은 공개된 원장을 모든 참여자가 조회할 수 있고, 참여자들의 합의에 따라 원장 기록이 관리 및 보존될 수 있어 사실상 기록의 변조 불가능

2) 응용 현황

① 부동산 소유권 추적을 위한 시스템 Ubitquity는 블록체인 기반의 부동산 계약 보

관 플랫폼으로 기존 종이 문서 시스템의 대체재로 부상
- 부동산 거래 전후 투명성, 많은 양의 서류 작업, 사기 우려 등 부동산 시장의 고질적 문제를 해결하기 위해 블록체인 기반 응용프로그램 개발

② Ubitquity는 블록체인 기술을 통하여 부동산 거래 결과를 정리, 현재 시점의 소유권에 대한 조회 및 확인이 가능하고, 문서 및 소유권 이전 절차의 투명성을 확보

> **[응용 특징]**
> - 부동산 분야의 블록체인 기술은 투명성이 강화된 전자거래원장으로 디지털 장부, 스마트 계약 등을 통하여 거래 프로세스를 혁신할 수 있음
> - 블록체인 기반 디지털 장부는 분산 원장으로 서버의 유지비를 절감할 수 있을 뿐 아니라 관련 정보는 항상 검증 및 갱신되어 최신 정보 이용이 가능
> - 스마트 계약은 자동으로 계약을 체결하고, 유지 및 관리되므로 부동산 중개자 없는 프로세스를 통해 수수료 절감이 가능하며, 계약 여부·과정 등이 확인/공유 가능

2. Lantmateriet - 부동산

1) 개요

① 스웨덴은 토지 장부 등록 시스템에 블록체인을 적용하는 과제를 추진하고 있으며, 2016년 6월 개발 가능성 테스트를 완료

② 토지 장부 등록 소요 시간 감축 및 비용 절감을 위해 블록체인 기술을 적용, 스타트업인 ChromaWay가 시스템을 개발

③ 기존 직렬 처리를 블록체인을 적용하여 관련 기관이 동시에 병렬 처리함으로써 시간 및 비용을 획기적으로 절감 가능

2) 응용 현황

① 스웨덴은 모든 부동산 거래를 블록체인 거래장부로 디지털화하여 개방성과 투명성을 높인 디지털 토지장부 Lantmateriet를 개발
- 이를 통해 위조 방지 및 사기 감소, 거래 촉진, 비효율적 프로세스가 개선될 것으로 전망하고 있으며, 디지털 토지장부 도입으로 연간 약 1억 유로의 예산이 절감될 것으로 예상

② 블록체인 기업 ChromaWay와 컨설팅그룹 Kairos Future가 프로젝트를 진행하고 있으며, SBAB, Landshypotek 등의 은행과 파트너쉽을 체결
- 현재 블록체인 기술과 스마트계약 기술을 1, 2단계에 걸쳐 테스트 중

[응용 특징]
- 토지관리 대장의 절차, 시간, 비용 및 부정·부패 방지를 위해 블록체인 기술을 활용하는 국가들이 등장
- 스웨덴의 경우 토지 대장 등록 시간 및 비용을 감축하기 위해 블록체인 기술(ChromaWay)을 활용하고 있으며, 온두라스는 정부 고위 관료들의 부정·부패를 방지하기 위해 블록체인 기술(Factom)을 활용
- 부동산(토지) 분야 블록체인 기술의 활용은 거래 단순화, 투명화뿐만 아니라 공공의 이익을 위해 국가적 차원의 공공장부 시스템 구축이 시도(스웨덴, 우크라이나, 온두라스, 조지아 등)

3. REX - 부동산

1) 개요

① REX는 민간 부문의 온라인 마케팅 REX Real Estate Exchange가 개발한 블록체인기반 글로벌 부동산 정보 제공 플랫폼

② 이더리움의 분산원장, 분산파일공유, 분산스토리지 기술들을 이용하여 중앙서버 없이 부동산 데이터를 배포 및 공유할 수 있는 프로세스

2) 응용 현황

① REX의 프로세스는 미국 1위 부동산 정보 플랫폼 Zilow와 비교하여, 비용 효율성 및 정보의 신뢰성 등을 개선

- P2P네트워크를 이용하여 중앙 집중형 서버 유지의 필요성이 없으며, 미국 MLS(Multiple Listing Service;부동산 유통시스템)를 사용하지 않고, 참여자들이 직접정보를 제공함으로써 거래수수료를 6%에서 2%로 인하
- 또한 블록체인 업데이트 기능으로 데이터를 실시간 동기화시키고 다른 참여자들에 의해 검증되므로 정보가 항상 최신의 상태를 유지하고 허위 매물을 제거

② 플랫폼의 다수 참여자 확보를 위해 REXCoin이라는 인센티브 프로그램을 도입, REXCoin을 통해 부동산 거래 등에 활용

- REXCoin은 정보 제공을 통해 보상되며, 2018년 2월 현재 REXCoin의 총 발행량 2,401만 개 중 약 86만 개가 유통

[응용 특징]
- 민간 부동산 매매 플랫폼에 블록체인을 활용하여 보안성을 부동산 데이터 검증에 응용, 기존 부동산 포탈(플랫폼)의 한계를 해결

- 부동산 거래 수수료 절감 및 허위매물, 사기 등 데이터의 신뢰성을 높였으며, 뿐만 아니라 암호화폐를 통한 인센티브 제도를 적용하여, 다수의 참여자의 확보함으로써 기존 부동산 시장 체계를 재편
- 부동산과 관련하여 블록체인 기술이 적용될 분야는 매물 리스트 공유 및 검증, 스마트 계약, 토지대장·등기 등 종합공부시스템, 이력관리, 감정평가, 담보대출과 송금, 건물관리, 공사 하도급, 물류관리, 전자세금계산서, 세금징수 등이며, 현재 매물 및 계약, 토지대장, 이력 관리 등에 우선 적용 중

4. Weifund – 클라우드 펀딩

1) 개요

① 블록체인의 스마트 콘트랙트 기능과 분산화 기능을 이용하여 중앙집중식 클라우드펀딩에서 탈피하고, 프로젝트를 기반으로 아이디어 제공자, 콘텐츠 제작자, 투자자를 연결하여 클라우드 펀딩을 조성하는 중개 플랫폼

- 스마트 콘트랙트를 수행하기 위해 이더리움 블록체인을 활용하여 콘텐츠 제작자와 혁신적 아이디어 제공자, 투자자를 상호 연결하여 프로젝트 수행에 따른 주식이나 지분을 자동 확보

② 스마트 콘트랙트 기능을 활용함으로써 ① 클라우드 펀딩 비용의 절감, ② 클라우드 펀딩의 용이성 확보, ③ 프로젝트 및 캠페인 템플릿(template) 제공, ④ 보안성을 확보할 수 있음

- 스마트 콘트랙트 기능을 구현하기 위해 이더리움 DAp을 활용함

2) 응용 현황

① Weifund는 Nick Dodson이 캐나다 토론토에 Consensys를 설립하고 GitHub가 2015년 개발한 플랫폼으로, 다양한 클라우드 펀딩 캠페인을 진행

② Weifund는 아직 프로토타입 단계에 있음에도 불구하고 다양한 방면에서 활용하려는 시도가 있음

③ 특히, 미국은 SEC의 규제로 헐리우드 영화의 클라우드 펀딩이 쉽지 않게 되자 Weifund에서 Braid라는 영화의 제작비 조성을 위해 사업을 추진하여 170만 달러의 펀딩 조성향후, Weifund의 기술을 활용하여 기술기업 및 스타트업 기업에 대한 엔젤투자 등 다양한 투자분야에 활용될 것으로 기대

[응용 특징]

- Weifund는 비영리 부분에 활용된 블록체인 기술로, 다양하고 혁신적 아이디어를 구현할 수 있도록 투자자와 아이디어 제안자를 스마트 콘트랙트 기능을 활용하여 프로젝트의 클라우드 펀딩에 따른 불확실성을 최소화
- 클라우드 펀딩의 문제점인 프로젝트의 불명확성과 프로젝트 성공시 투자자의 지분관계를 스마트 콘트랙트 기능을 통해 해소함으로써 활발한 클라우드 펀딩을 기대

5. Bitgive Foundation – 자선

1) 개요

① 비트코인으로 받은 기부금의 모금액수, 사용 계획 및 내역, 필요 금액 등을 블록체인으로 기록하여 실시간으로 확인할 수 있도록 한 프로젝트

② Bitgive는 자선금의 관리를 위한 플랫폼으로 'GiveTrack'이라는 블록체인 플랫폼을 도입

③ 기부자는 가상계좌에 비트코인을 입금하면, 기부자는 자신이 기부한 비트코인의 사용내역, 총 모금액 등에 대한 내용을 실시간 확인 가능

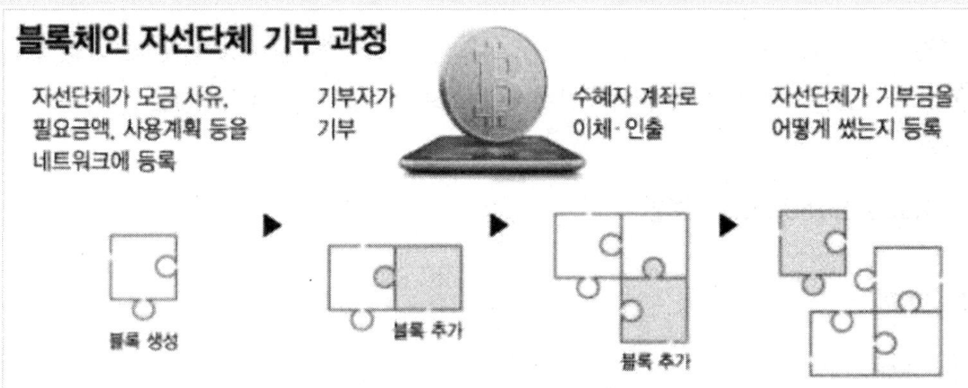

[그림 10-9] 블록체인 자선 개념도

출처 : 머니투데이, 2018.2.2

2) 응용 현황

① Bitgive는 2013년 Connie Galipi가 설립한 미국의 비영리 자선단체로, 2014년 미국 국세청으로부터 면세지위를 받음

② 2013년 설립 이래 기금보금을 통해 다양한 국제 구호활동에 참여하고 있으며, 대표적인 지원단체는 다음과 같음

- Mobile Medic : 네팔지진 발생시 14.84BTC/649USD 모금 지원
- The Water Project : 케냐에 새로운 우물개발을 위해 10,00 USD이상의 자선 모금 목표액 달성
- Save the Children : 필리핀의 태풍 피해 어린이 피해 지원 사업 및 에볼라 캠페인 자선사업 모금
- TECHO : 라틴아메리카의 청소년 주도 비영리 단체인 TECHO에 브라질 리우 데자네이로의 저소득층 주택 건축 자선사업에 모금
- 멕시코 장애우 지원 : 멕시코시티의 정신장애우 지원 자선사업 모금

[응용 특징]
- 글로벌·국제 단위의 자선사업에 소요되는 환전 수수료를 5%가량 절감한 것으로 나타나 자산사업에 수반되는 불필요한 비용을 절감하여 본래 목적사업에의 모금액 사용을 강화할 수 있음
- 블록체인 기술을 활용하여 자선모금액의 부정사용, 모금액 및 사용내역에 기부자들의 불신을 해소할 수 있어 자선사업에 대한 잠재적 기부자들의 참여를 독려할 수 있을 것으로 기대

06 보안 및 스포츠 엔터테인먼트 분야의 블록체인 활용 사례를 분석하라.

1. Xage Security - 보안

1) 개요

(1) 개념

산업 IoT를 위한 최초의 블록체인 보안 플랫폼

4차산업혁명 시대에 서로 연결되고 지능화된 수백만 개의 이기종 장치 및 응용 프로그램을 보호하기 위한 탈중앙화되고 자율적인 산업용 보안 기술 제공이 목적

(2) 특징

Xage 보안 패브릭의 장치등록 및 자격증명교체를 통해 바이러스에 감염된 장치 또는 응용프로그램을 식별하고 격리하는 자가치유(Self-Healing) 기능을 제공하여 데이터 무결성 및 강건성을 보장

2) 응용 현황

① 스타트업 Xage Security는 2017년 12월 세계 최초의 블록체인 기반 보안 플랫폼 'Xage Security Suite'을 발표하고, 애플 고위경영층 출신 Greatwod를 CEO로 영입하였음

② Xage Security Suite

- 블록체인 기술로 데이터를 장치네트워크 전체에 분산시켜 안전한 통신, 인증 및 위조방지
- 지속적인 조정을 통해 새로운 장치가 연결되거나 간헐적으로 장치가 연결될 때 네트워크를 보호
- 네트워크에 추가로 연결되는 노드가 증가함에 따라 Xage 보안 패브릭에 의해 보호되는 데이터 보호 범위가 함께 증가되며, 네트워크 규모가 커질수록 보안 수준도 증가

③ 고객사에게 Xage Management & Configuration Tol을 제공하여 전체 시스템 운영 및 모니터링, 공격감지 및 경고 서비스를 제공

④ Xage Security는 현재 전 세계적으로 산업, 에너지, 시설, 교통, 제조 분야의 1,000여개 업체를 고객으로 확보하고 있음

- AB Wireles, Del 등 IT업체와의 협력을 통해 에너지 분야의 프로젝트를 추진하거나, 보안 서비스를 제공 중에 있음
- 향후 농업, 유통, 헬스케어 등 여러 분야에 사업영역을 확장할 계획

> **[응용 특징]**
> - IoT 서비스 자동화의 가장 큰 도전과제 중 하나인 보안 문제를 블록체인과 보안기술의 결합을 통해 해결할 수 있는 솔루션을 제공
> - 향후 기업의 보안뿐만 아니라 교통, 자율주행차, 스마트공장, 원격건축, 원격의료, 무인 자동화시설과 같은 광범위한 시장에 파급효과를 미칠 것으로 전망됨

2. Obisidian - 보안

1) 개요

(1) 개념

① 블록체인 기술을 이용하여 SNS 사용자의 메타데이터를 보호하는 보안 메신저 플랫폼

② 안전한 메신저 응용프로그램과 분산된 통신 네트워크를 가능하게 하는 암호화폐를 결합하여 비공개 개인 메신저를 제공

(2) 특징

Stratis 플랫폼*에 기반한 Obsidian coin(ODN)을 사용하는 블록체인 기술을 통해 기존의 중앙집중적 커뮤니케이션 네트워크를 사용자들이 소유하는 분산 네트워크로 전환

2) 응용 현황

① 2017년 8월 최초의 Obsidian 블록이 발행되었으며, 2017년 7월 Obsidian Secure Mesenger(OSM)의 알파 테스트버전 공개

- 사용자의 메타데이터를 통신서버 대신 분산된 노드에 무작위로 저장하여 데이터를 외부의 침투로부터 안전하게 보호
- 데이터를 호스팅하는 노드에 ODN을 보상으로 제공
- 커뮤니케이션 메타데이터가 전 세계 사용자 네트워크에 분산되어 저장되기 때문에 누가 누구에게 메신저를 전달하는지 알아내기 어려움
- 사용자는 메신저를 사용하기 위해 사용자 계정, 이메일 등 기타 인증 방법을 사용할 필요가 없음

② OSM은 단순한 메신저가 아닌 안전한 커뮤니케이션, 간단한 송금, 통합된 챗봇/API 등의 멀티 기능을 제공하는 플랫폼을 지향

[응용 특징]
- 최근 대두된 SNS 이용자 개인정보 유출 문제를 원천적으로 예방할 수 있는 메신저 플랫폼을 블록체인을 응용하여 개발하였음
- 메신저 산업이 적극적으로 진출하고 있는 유망 분야(금융, 쇼핑, 검색, 인공지능 개인비서 시장 등)를 포괄하는 메신저 플랫폼에 블록체인이 적용된다면 보다 안전하고 신뢰할 수 있는 비즈니스모델 구축이 가능할 것으로 보임

3. REMME - 보안

1) 개요

(1) 개념

① 피싱, 서버 및 비밀번호 침해 및 해킹으로부터 기업 데이터를 보호하기 위한 분산 PKI(Public Key Infrastructure) 관리 기술

② 인증서의 손상/위조/해킹을 방지함으로써 신뢰할 수 있고 투명한 방식으로 관리하는 것이 목적

* 블록체인 업체들이 새로운 암호화폐 네트워크를 C#과 Microsoft.NET framework를 활용해 블록체인 Ap을 개발할 수 있는 비트코인 기반의 플랫폼

(2) 특징

내부적 운영을 유틸리티 토큰 'REM'을 이용하며, PoS(Prof-of Service)를 통해 안전하게 대규모 데이터 처리 가능

2) 응용 현황

① 영국 스타트업 REMME는 2015년 개발에 착수하여 2017년 12월 예비 ICO, 2018년 2월 ICO를 진행하였음

② 블록체인 기반의 분산된 PKI를 구축하여 각 장치에 고유한 SL 인증서를 부여해 인증서 위조를 원천적으로 차단

③ 블록체인을 응용하여 효율적이고 실용적으로 발급된 모든 인증서를 투명하게 제어·추적하고 데이터의 불변성을 보장

- 기존의 보안 방식은 암호가 도용당하면 공격자가 계성 소유자의 모든 데이터에 접근할 수 있다는 치명적인 결함이 존재함

④ 2018년 3분기에 공개 테스트를 계획하고 있으며, 4분기에 시스템 출시를 목표로 하고 있음

⑤ REMME는 금융거래, 원자력발전시설, IoT, 의료 분야의 보안 시스템에 진출하려는 목표를 가지고 있음

[응용 특징]
- 블록체인 기반의 인증서는 해킹, 위변조를 방지할 수 있으므로 공신력 있는 기관의 인증서를 대체할 대안으로서 주목받을 것으로 예상됨
- 자산, 생명, 안전과 직결되는 시스템의 접근권한을 보호하고 인증절차를 간소화함으로써 다양한 사회적 비용의 절감효과가 기대됨

4. Jetcoin Institute – 스포츠 및 엔터테인먼트 매니지먼트

1) 개요

(1) 개념

① 스포츠 및 엔터테인먼트 분야의 인재(Talent) 개발 지원 플랫폼

- 이더리움 기반의 스마트계약을 통해 음악, 스포츠, 미디어 분야의 셀럽(Celebrities, 유명인)과 투자업체의 계약시장을 팬에게 오픈하는 것이 목적
- 팬이 직접 셀럽에게 후원 및 투자할 수 있는 블록체인 서비스

(2) 특징

Jetcoin Institute와 협력사들은 유망한 인재의 데뷔에 팬들이 참여할 수 있게 'Jetcoin(JET)' 발행

2) 응용 현황

① 2014년 설립된 Jetcoin Institute는 현재까지 8,00만 개의 JET 토큰을 발행하였으며, 이 중 운영을 위한 토큰(총 발행량의 15%), 예비 판매(630만 JET) 등을 제외한 스포츠 후원이 160만 JET, 이벤트 후원이 40만 JET임

- Jetcoin Institute는 새로운 인재와 계약을 맺으면 인재의 브랜드 개발에 필요한 예산에 따라 JET 토큰을 발행하여 판매하며, 이를 ITO(Initial Talent Ofering)라고 함
- 팬들은 미래의 수익을 기대하며 'JET'을 구매함으로써 셀럽에게 투자 가능

[그림 10-10] ITO 프로세스 개념도

출처 : Jetcoin Instiute, Whitepaper

- JET를 구매한 팬은 셀럽의 캠페인이나 TV광고 계약이 성사될 때마다 JET 소유 비율에 따라 Jetcoin Institue의 수수료를 배분받음
- 미래의 성공을 공유함으로써 운동선수와 팬이 소셜 미디어 매니저가 되는 구조

[그림 10-11] Jetcoin Instiute의 수익배분 구조

출처 : Jetcoin Instiute, Whitepaper

② 2018년 세계 최대의 자동차 경주 스포츠인 Formula 1과 캐나다, 싱가포르 경기에서 협력하는 등 뛰어난 실적을 보이고 있음

- Jetcoin Institue는 향후 5년간 팬들에게 배분되는 수익이 약 8백만 달러에 이를 것으로 전망하고 있음

[응용 특징]

- 셀럽과 소속사 간의 폐쇄된 수익구조를 팬에게 오픈하여 투자를 받음으로써 셀럽의 브랜드가치를 높이고 마케팅할 수 있는 기회를 제공
- 팬들은 스마트계약을 통해 스포츠, 미디어, 음악 분야의 다양한 스포츠선수, 캠페인, 셀럽 등의 잠재적 '성공'을 공유함으로써 수익을 얻을 수 있음
- 단일 블록체인 플랫폼이 다양한 시장의 수익구조에 변화를 가져올 수 있음을 시사

학습활동.10 교수・학습 방법

교수 방법

- 블록체인의 산업분야 응용에 대한 관련 용어, 구성, 방식 이해 정도를 파악한 후 수업을 진행한다.
- 교수자의 주도로 블록체인의 산업분야 응용 등의 내용을 PPT 자료로 제시한 후 설명한다.
- 가능하면 사전에 개인별 학습 자료를 준비하여 모든 학생이 참여할 수 있는 문제 해결식 수업, 협력 수업이 가능하도록 한다.
- 블록체인의 산업분야 응용 전 과정을 작업의 순서에 따라 단계적으로 실습이 이루어질 수 있도록 지도한다.
- 교재를 통해 수업을 준비하는데 있어서 필요한 모든 정보나 팁, 힌트 등 도움이 될 만한 내용들을 확인할 수 있다.
- 학생들이 만들게 될 각 모델들은 수업시간에 중점적으로 다뤄질 부분과 어휘, 질문, 답을 포함하고 있으며 또한 탐구할만한 추가적인 아이디어들도 포함하고 있다.

학습 방법

- 블록체인의 산업분야 응용에 대한 관련 용어를 숙지하고, 블록체인의 산업분야 응용에 대해 이해한다.
- 블록체인의 산업분야 응용의 각 단계별 중점 사항을 체계적으로 학습한다.
- 블록체인의 산업분야 응용의 수행순서의 전 과정을 실습한다.
- 블록체인의 산업분야 응용의 내용을 이해한다.
- 블록체인의 산업분야 응용을 이해하고 숙달이 될 때까지 학습한다.

학습활동.10 평가 및 피드백

평가 준거

- 평가자는 피평가자가 수행 준거 및 평가 내용에 제시되어 있는 내용을 성공적으로 수행할 수 있는 지를 평가해야 한다.

학습내용	평가항목	성취수준		
		상	중	하
블록체인의 산업분야 응용	블록체인의 산업분야 응용를 이해할 수 있다.			

평가 방법

• 작업 포트폴리오

학습내용	평가항목	성취수준		
		상	중	하
블록체인의 산업분야 응용	블록체인의 산업분야 응용를 이해할 수 있다.			

• 필기시험

학습내용	평가항목	성취수준		
		상	중	하
블록체인의 산업분야 응용	블록체인의 산업분야 응용를 이해할 수 있다.			

• 체크리스트를 통한 관찰

학습내용	평가항목	성취수준		
		상	중	하
블록체인의 산업분야 응용	블록체인의 산업분야 응용를 이해할 수 있다.			

• 피드백

1. 작업 포트폴리오
   - 제출한 보고서를 평가한 후 주요 사항에 대하여 표시하여 돌려준다.
2. 필기시험
   - 평가 결과 성적이 저조한 학생은 보고서 제출 기회를 부여한다.
3. 체크리스트를 통한 관찰
   - 실습 과정에서 평가한 후 개선해야 할 사항 등을 정리하여 돌려둔다.

참 | 고 | 문 | 헌

1. 최선미 · 김현진 · 송근혜 · 민대홍 · 박종현 · 민수진 · 박경진 · 조진실 · 최가은, "블록체인 어디에 응용하고 있나?(응용 사례와 분야별 특성을 중심으로)" ETRI Insight, 2018.6.30.
2. IBK경제연구소, '블록체인의 이해와 금융업의 활용에 대한 고찰', 2017.7.
3. IBM, 'IBM 블록체인 플랫폼 기술 개요', 2017.1.
4. KDB산업은행, 'R3CEV(글로벌 블록체인 컨소시엄) 최근 동향', 2017.7.17.
5. 블록체인 2.0의 출현과 금융시장의 변화, 2017.9.
6. KISA, '국내외 블록체인 기술 적용분야 및 사례 연구', 2016.12.
7. KISTEP, '블록체인 생태계 분석과 시사점', 2017.9.
8. NIA, '블록체인 활용 전자투표' 주요사례 및 시사점', 2017.04.24.
9. NIPA, '블록체인 기술의 이해와 개발 현황 및 시사점', 2018.3.28.
10. STEPI, '블록체인(Blockchain) 기술동향과 시사점'(2017.7.25.) 3
11. 교보증권, '블록체인, 거인의 어깨 위에 서서', 2017.9.5.
12. 금융보안원, '블록체인 응용기술 개발 현황 및 산업별 도입 사례', 2017.1.25.
13. 박세열, '블록체인! 가상화폐를 넘어 산업생태계의 혁신을 선도하다', 2018.3.7.
14. 박지영, '자본시장의 새로운 생태계를 주도하는 블록체인 2.0', 주간기술동향, 2017.2.15.
15. 리플, '리플 프로토콜 기본서', 2014.8.
16. 삼성SDS, '삼성SDS 블록체인 플랫폼 NexledgerTM', 2017.
17. 삼정KPMG, '블록체인이 가져올 경영 패러다임의 변화, 금융을 넘어 전 산업으로', 2019.9.
18. 울산발전연구원, '울산, 블록체인 기술로 산업 · 공공분야 스마트화 촉진을', 2017.12.19.
19. 유성민, '블록체인을 활용한 효율성 향상 적용 사례', 주간기술동향, 2018.2.21.
20. 유진투자증권, '블록체인(Blockchain)과 디지털 경제', 2017.1.16.
21. 임명환, '블록체인 특징과 암호화폐 투자', 2017.9.2
22. 피넥터, '분산원장 산업동향과 통계', 2017.
23. '블록체인 기술의 발전과정과 이해', 2016.
24. 한국은행, 분산원장 기술과 디지털통화의 현황 및 시사점, 2016.1.
25. 한국인터넷진흥원, '국내외 블록체인 기술 적용분야', pp.19~54, 2017.01.04.
26. 한국지식재산연구원, '블록체인(BlockChain)기술의 산업동향 및 특허동향', 2017.4.27.
27. automotive, '자동차 산업에 침투하는 '블록체인' ', 2018.3.
28. BitWeb, '바이텀-원자 세계에서 바이트 세계로의 자산 이동을 목표로 하는 코인', 2018.3.12.
29. Block Media, '나스닥, '이전과 다른' 비트코인 선물 상품 개발 중', 2018.1.26.
30. CCN, '10% Blockchain for Dubai Government by 2020', 2016.10.5.
31. 'Abu Dhabi Securities Exchange Launches Blockchain e-Voting Service', 2016.10.17.
32. CIO, 'MS, '블록체인 기반 ID 시스템' 대규모 테스트', 2018.2.14.
33. '호주 커먼웰스은행, '상용화된 블록체인' 도입한다'. 2018.2.13.

34. Global Auto News, '2017 프랑크푸르트쇼 - ZF-UBS-IBM, 전자 결제 플랫폼 공동 개발', 2019.9.14.
35. IT뉴스, '마이크로소프트, 기업용 블록체인 '코코 프레임워크' 공개', 2017.8.1.
36. IT조선, '[암호화폐 2018] SBI 홀딩스 "블록체인 기술 활용한 비즈니스 본격화"', 2018.3.29.
37. KB금융그룹, 'KB은행, 비대면 실명확인정보 보관에 블록체인 적용', 2017.4.29.
38. KINEWS, 'IBM-MS-오라클, '블록체인' 플랫폼 경쟁 본격화', 2017.10.26.
39. Kotra, '美 블록체인 기술의 응용현황과 전망', 2018.2.16.
40. '블록체인으로 미래를 설계하는 네덜란드', 2018.1.24.
41. LG CNS, 'LG CNS, 블록체인 기반 국내 최초 전자증권 발행', 2015.1.23.
42. Mckinsey, 'Using blockchain to improve data management in the public sector', 2017.02.
43. Ryan Osgod, 'The Future of Democracy: Blockchain Voting', 2016.12.
44. skuchain, 'Skuchain uses blockchain and IoT for new suply chain platform', 2018.1.24.
45. Smaet DUBAI, 'DUBAI BLOCKCHAIN STRATEGY', Smart DUBAI, 2016.12.
46. ZDNET Korea, '신한 등 6개 은행, 블록체인 인증 시범 서비스', 2018.3.5.
47. '오라클, 클라우드 블록체인 서비스 내놓는다', 2017.10.13.
48. '중국 국가 차원 '블록체인 플랫폼' 출범', 2018.3.28.
49. 글로벌경제신문, '[글로벌마켓분석-일본] IBM '실생활서 무역까지' 블록체인 혁명 '스타트' ', 2017.9.12.
50. '美 블록체인 기술 전망 긍정적, 개발자 참여 증가 예상', 2018.
51. 글로벌이코노믹, '[기묘한 재테크] 해킹당한 NEM은 어떤 암호화폐일까', 2018.1.31.
52. 뉴스1, '세계 첫 블록체인 대선, 아프리카에서 실시됐다', 2018.3.25.
53. '中 유니온페이-IBM, 블록체인 기반 '포인트 거래소' 개발', 2018.3.25.
54. '카카오, 일본에 블록체인 자회사 '그라운드X' 설립', 2018.3.27.
55. 디지털데일리, ' "더 안전하고 편리해진 블록체인 인증"… IBM의 '블록체인 1.0' 전략', 2017.16.
57. '[2018 블록체인⑦] 공공분야에 구현, 전자정부서비스 진화 빨라진다', 2018.3.20.
58. 디지털데일리, '블록체인' 주도권 잡자…글로벌 IT기업 행보 주목', 2018.2.20.
59. 매일경제, ' "항저우를 현금 · 종이없는 블록체인 도시로"…中의 飛上', 2017.2.6.
60. '블록체인 기술, 금융 넘어 정부시스템 혁신 이끈다', 2017.1.21.
61. '삼성SDS, 블록체인서 미래먹거리 찾는다', 2018.1.16.
62. 물류매거진, '관세청, 세계최초 블록체인 기반 수출통관 서비스 기술검증 완료', 2017.12.26.
63. 삼성SDS, '[보도자료]삼성SDS, AI · 블록체인 기반 스마트 물류 혁신 이끌어', 2018.3.7.
64. 서울경제, '[신비한 코인사전]〈5〉 '평등한 세상'을 지향하는 에이다, 2018.2.2.
65. '구글 '소비자 보호' vs. IBM '산업 표준화'.. 블록체인 경쟁', 2018.3.26.
66. 시사저널e, '블록체인 기반 SNS '스팀잇' 화제…'좋아요' 받은 만큼 가상화폐로 보상', 2018.1.31.
67. '은행, 블록체인기반 송금서비스 도입 초읽기', 2018.3.15.
68. 아이뉴스, '[블록체인이 온다]② IT기업 블록체인 플랫폼 확보戰', 2017.5.4.
69. 아주경제, '삼성SDS, AI · 블록체인 기반 '스마트 물류' 혁신 드라이브', 2018.3.8.
70. 우정연구경영센터, '4차 산업혁명과 해외 우정: 미국 우정청(USPS)의 블록체인 기술 검토', 2017.09.20.

71. 이데일리, ''블록체인 전도사' 홍원표 "판매수요 예측, AI로 10분만에 해결"', 2018.3.8.
72. 전자신문, '[4차 산업혁명 시작 '블록체인']〈8〉글로벌 표준화...정보 공유가 여는 상생 산업구도', 2018.3.27.
73. '[4차 산업혁명 시작 '블록체인']〈10〉미완의 대안, 암호화폐', 2018.3.29.
74. '"3세대 블록체인 '카르다노' 3년 내 금융 서비스 적용"', 2018.3.13.
75. 조선Biz, '"카카오가 왜 블록체인 하냐고요? 해외서 성공할 마지막 기회이기 때문"', 2018.4.12.
76. '우리銀, 리플 블록체인 활용한 해외송금 2차 테스트.."성공해도 도입시기 빨라야 연말"', 2018.1.18.
77. 주간경향, '블록체인, 물류혁명 가져다줄까', 2018.1.16.
78. 중앙일보, '경기도, G마크 농산물 인증에도 블록체인 기술 적용 검토', 2017.3.8.
79. '비트코인골드 탄생, 채굴의 민주화 성공할까', 2017.10.
80. 테크M, '블록체인으로 개방형 전자정부 완성한다', 2017.9.5.
81. '비트코인 • 이더리움 한계 극복한 차세대 블록체인 속속 등장', 2018.3.2.
82. 한국경제, '머스크-IBM 블록체인 합작사 만든다', 2018.1.18.
83. 한국경제TV, '해외선 '크립토 네이션' 도약 채비..한국은 시늉만', 2018.2.28.
84. 한국경제매거진, '월마트, 블록체인으로 '유통 혁명' 실험', 2018.2.7.
85. '통신 · SI · 금융업계 "블록체인 신시장 잡아라"', 2018.2.7.
86. '하나은행, 블록체인으로 '글로벌 결제 허브' 만든다', 2018.2.7.
87. 한국금융, '신한 · 하나은행, IT와 연대 블록체인 기술 확보', 2018.3.5.
88. 박정호 "블록체인 산업현황 및 동향" 2018.4.30.
89. Bitcoin: A Peer-to-Peer Electronic Cash System (Satoshi Nakamoto, 2008. 11.)
90. 과학기술정책연구원(STEPI) '블록체인(Blockchain) 기술동향과 시사점'(2017. 7. 25.) 3
91. 금융보안원 '블록체인 및 비트코인 보안 기술', 2015.11.23.
92. 금융보안원 '블록체인 응용기술 개발 현황 및 산업별 도입 사례', 2017.1.25.
93. 금융보안원 금융권 블록체인 활용 방안에 대한 정책 연구, 2016.11.07.
94. 전자신문 코인플러그, 블록체인 패밀리특허 세계 2위...IBM 1위, 2017.05.30.
95. 소프트웨어정책연구소 블록체인 활성화를 위한 정책 제언, 2018.02.27.

• 웹사이트

http:/factom.org/

http:/gamecredits.com/

http:/getstarted.with.pink/

http:/nem.io/

http:/newcoinschedule.com/

http:/syscoin.org/

http:/vergecurency.com/

http:/www.augur.net/

http:/www.monero.c/
https:/akasha.world/
https:/bitcoingold.org/
https:/bytebal.org/
https:/bytom.io/?S=zw2m5cbemlc
https:/coinmarketcap.com/
htps:/crushcrypto.com/analysis-of-bitdegre
https:/enterprise.gem.co/health/
https:/eos.io/
https:/ethereumclasic.github.io/
https:/exergy.energy
https:/litecoin.com/
https:/neo.org/
https:/omg.omise.co/
https:/ont.io/
https:/qtum.org/en/
https:/riple.com/
https:/storj.io/
https:/streamium.io
https:/tron.network/
https:/www.bitcoin.com/
https:/www.bitcoincash.org/
https:/www.cardano.org/en/home/
https:/www.cn.com/
https:/www.coindesk.com/
https:/www.dash.org/
https:/www.enterpriseinnovation.net/egov
https:/www.ethereum.org/
https:/www.everledger.io/
https:/www.iota.org/
https:/www.potcoin.com/
https:/www.provenance.org/
https:/www.stelar.org/
https:/xage.com/product/
https:/z.cash/

학습 1	블록체인의 개념 및 특징
학습 2	블록체인의 알고리즘 및 기술
학습 3	블록체인의 개발환경구축
학습 4	블록체인 플랫폼 하이퍼레저
학습 5	블록체인 프라이빗 플랫폼 R3 코다
학습 6	블록체인의 사업성 검토
학습 7	블록체인의 암호화폐 응용
학습 8	블록체인의 금융분야 응용
학습 9	블록체인의 공공과 민간부문의 응용
학습 10	블록체인의 산업분야 응용
학습 11	**코인을 어디에 보관하지?**
학습 12	코인을 사고 팔려면 어떻게 하지?

학습 목표

1. 코인을 어디에 보관하지를 이해할 수 있다.

11-1 어느 지갑을 사용할 것인가

암호화폐를 처음 접하면 어떤 지갑을 사용해야 할지 조금 당황스러울 정도로 여러 가지 옵션들이 많다. 코인(비트코인, 이더리움 등)의 사용 용도에 따라 어떤 암호화폐지갑(Cryptocurrency Wallet)을 고르면 좋을까? 암호화폐 지갑이란 비트코인, 이더리움 등의 암호화폐를 보관할 수 있는 계정을 말한다. 간략히 지갑 또는 월렛이라고 한다.

다른 코인과는 달리 이더(Ether)는 단순한 지불수단용 암호화폐의 기능에 국한되지 않는다. 이더리움을 바탕으로 그 위에 여러 가지 탈중앙화된 어플리케이션(Dapp)을 돌릴 수 있고, 많은 Dapp들은 독자적인 토큰을 사용한다. 이 때문에 이더리움 지갑은 다른 코인들을 위한 단순 지불용 지갑과는 다른 기능이 필요하다. Dapp 토큰을 인식하고, 스마트 계약(Contract)에 직접 액세스할 수 있는 기능이다. 하지만, 모든 지갑이 이런 기능을 다 지원할 필요는 없고 사용 용도에 따라 하드웨어 지갑, 온라인지갑(웹 지갑), 데스크 탑 지갑 등을 선택할 수 있는 여러 가지 옵션들이 있다.

11-2 장기 보관용 안전 지갑

암호화폐 지갑은 지갑 주소와 암호로 구성되어 있다. 지갑의 주소는 다른 사람들이 암호화폐를 송금할 수 있도록 공개해도 되지만, 개인 암호는 오직 지갑 소유자 본인만 알고 있어야 한다. 암호화폐 지갑은 비트코인 지갑, 이더리움 지갑 등 각각의 암호화폐 종류별로 따로 가지고 있어야 한다.

코인지갑은 크게 콜드월렛과 핫월렛으로 나눈다. 코인 월렛을 나누는 기준은 인터넷 연결 유무인데, 핫월렛 또는 온라인 지갑은 인터넷 주소가 네트워크에 연결되어 있어 온라인 상태에서만 거래를 주고 받을 수 있으며 실시간으로 거래 정보를 주고 받다 보니 Hot하다고 표현한다.

반면 콜드웰렛은 온라인에 연결되어 있지 않고, 오프라인 상태에 있기 때문에 거래가 아예 안 되어 오프라인 지갑, 하드웨어 지갑이라고 부른다.

이렇게 각각 장단점이 있는데, 핫웰렛은 인터넷을 통해 실시간으로 편리하게 이용 가능하지만, 개인키를 온라인에 연결해서 입력하기 때문에 해킹 등 보안 문제에 취약하다.

반면 콜드월렛은 인터넷이 차단된 하드웨어 장치에 암호화폐를 보관하고, 개인키를 오프라인에서 처리해서 보내기 때문에 보안 측면에서 더 안전하나 실시간 거래가 불가능해 불편하다.

많은 양의 이더리움을 장기적으로 안전하게 보관하는 것에는 하드웨어 지갑과 종이지갑으로 구분한다. 장기 보관용인 경우 다음의 2가지 옵션들을 추천한다.

1. 하드웨어 지갑

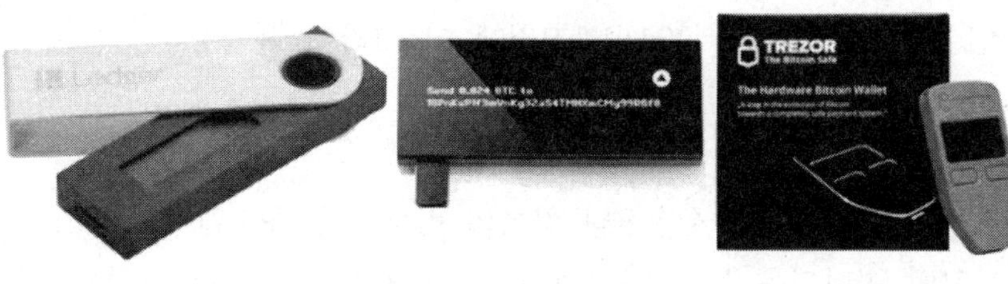

[그림 11-1] 하드웨어 지갑

하드웨어 지갑은 물리적인 전자장치로 개인키(또는 프라이빗 키)를 생성하고 오프라인으로 저장하면 안전하게 보관할 수 있도록 설계된 전문화된 장치로써 사용 중인 컴퓨터가 해커에게 장악되는 경우라도 개인키를 빼낼 수 없도록 설계되어 있다. 또한 지갑을 분실하거나, 고장과 같은 유사시 원래의 키를 복구할 수 있는 단어 리스트를 별도로 저장할 수 있게 되어 있다.

하드웨어 지갑의 장점은 다음과 같다.

① 개인키는 컴퓨터 환경에 절대로 노출되지 않는다.
② 여러 종류의 암호화폐(비트코인, 이더리움 등)를 가장 안전하고 쉽게 보관하는 방법이다.
③ 간편하게 백업 및 보호할 수 있다.
④ 컴퓨터에 쉽게 설치하고 오류 가능성이 전혀 없다.
⑤ 컴퓨터 바이러스의 영향을 받지 않는다.
⑥ 코인을 전송하기 전에 하드웨어에(컴퓨터의 앱을 통해서가 아닌) 직접 전송을 확인시켜줘야 한다. 즉, 원격으로 하드웨어 지갑의 코인을 빼낼 수 없다.
⑦ 대부분의 하드웨어 지갑은 PIN 숫자로 암호화되어 보안이 한층 강화되어 있다. 카드 비밀번호라고 생각하면 된다.
⑧ 하드웨어 지갑에 사용되는 소프트웨어는 오픈소스이다. 사용자에게 장치의 작동 과정이 투명하게 공개되어 있다.

하드웨어 지갑의 단점은 지갑 구입을 위한 추가적인 비용이 들고, 이더리움 Dapp들을 직접 실행하는데 이용할 수는 없다.

대부분의 하드웨어 지갑은 비트코인과 이더리움뿐만 아니라 주요 인기 코인들을 동시에 지원한다. 가장 널리 사용하는 대표적인 하드웨어 지갑은 로저 나노 S(Ledger Nano S), 트레저(Trezor), 킵키(KeepKey) 3가지가 있다.

1) 로저 나노S

3개의 하드웨어 지갑 중에서 가장 저렴한 제품이다. 잘 알려진 비트코인 보안회사 중 하나인 로저(Ledger)가 2016년 8월에 이 지갑이 출시했다.

2) 트레저

트레저(TREZOR)는 2014년 8월 최초의 비트코인 하드웨어 지갑으로 출시되어 코인(비트코인 이더리움 등) 저장기능과 최신 지갑의 편리성을 함께 제공한다.

트레저 티는 기존의 모델보다 좀 더 사용자 경험을 더 직관적으로 (사용하기 쉽게) 만들어졌다.

[그림 11-2] 로저 나노S(https://www.ledgerwallet.com/)

트레져 모델 티의 가장 큰 특징은 '컬러 터치스크린'이다. 기존 모델 트레저 원은 OLED 화면+좌우버튼 2개이다. 기존 모델의 OLED 화면도 텍스트 6줄을 표현할 수 있어서 렛저나노 S보다는 좀 더 보기 편했다. 새로 나온 모델은 아예 터치스크린으로 업그레이드되어서 버튼도 없애고 좀 더 편하게 사용할 수 있는 모델로 나왔다.

그리고 기존 모델은 USB 2.0 케이블이었고, 새로운 모델은 케이블선이 USB-C를 사용한다. 'Trezor Core'라는 새로운 펌웨어로 실행된다.

그리고 마이크로SD카드를 추가해서 저장용량을 늘린다. 마이크로SD에 코인 자체를 저장한다는 개념이 아니라, 코인 지갑 어플리케이션을 설치하는 데에 용량 제한이 있는 것을 없애겠다는 취지이다. 렛저 나노 S는 동시에 코인 지갑을 설치할 때 용량 때문에 한 번에 다 설치하지는 못할 때가 많았다.

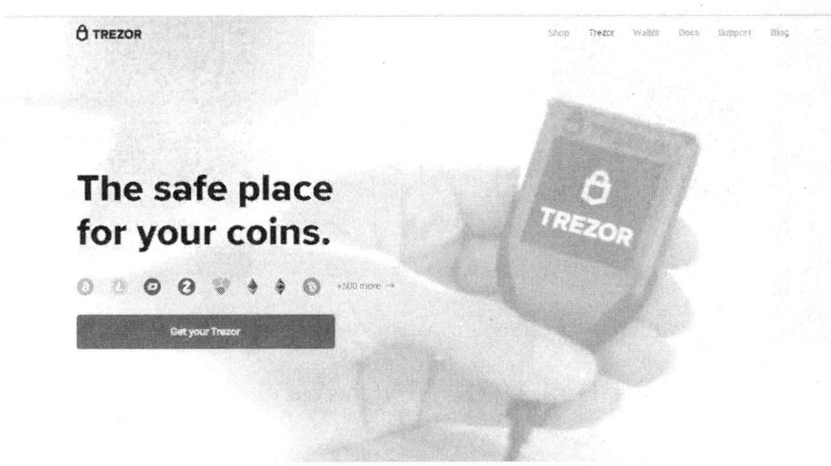

[그림 11-3] 트레저(https://trezor.io/)

3) 킵키

킵키(KeepKey)는 2015년 9월에 출시되었고 2번째 하드웨어 비트코인 지갑이었다. 킵키의 더 큰 화면은 나노 S와 트레저에 없는 몇 가지 추가 보안기능을 제공한다.

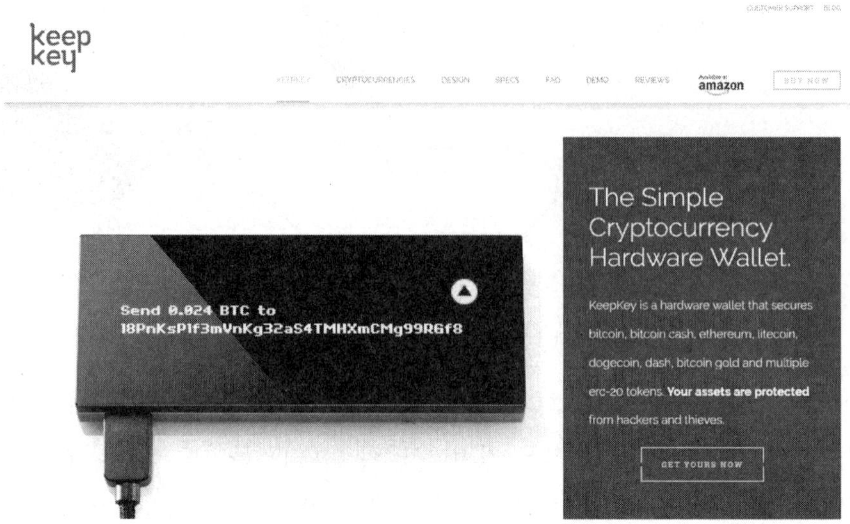

[그림 11-4] 킵키(https://www.keepkey.com/)

2. 종이지갑/MyEtherWallet

MyEtherWallet.com에서 지갑을 생성하고 키를 다운로드 받아서 USB 등에 여러 카피를 안전하게 보관하는 방법이다. 별도로 종이지갑으로 프린트해서 보관할 수도 있다.

[그림 11-5] 종이지갑 / MyEtherWallet

11-3 이더리움을 안전하게 보관하는 방법

얼마 전 거래소 해킹건 등으로 인해서 거래소에 이더리움을 보관하고 계신 분들께서 불안해하는 것 같다. 보통 안전을 생각하는 사람들은 거래소에 이더를 보관하고 있지 않는다.

왜냐하면 과거에 민트팔 거래소 문닫는 사건을 직접 겼었기 때문이다.

당시 민트팔이 민트색을 내세운 깔끔한 UI와 빠른 성능으로 지금의 폴리니엑스의 자리를 차지하고 있던 거래소의 거물이었다.

한번 당해보니, 거래는 거래소에서 하되, 실제 보관은 개인 지갑을 따로 만들어서 쓰는 것이 안전하다고 판단했다. 여러 가지 방법이 있는데, 현재 가장 쉬운 방법은 마이 이더 월렛과 메타 마스크를 이용하는 방법이다.

자금 관리 방법은 거래소 등에서 사용하는 방식과 비슷하게 콜드 웰렛과 핫 웰렛 방식으로 자금을 분할시켜 놓는 것이 좋다.

1. 핫 월렛과 콜드월렛

1) 핫 웰렛

핫 월렛(Hot Wallet)은 인터넷으로 연결되는 모든 지갑으로써 이 코인지갑은 해킹의 위험에 존재한다. 일반적인 사람들이 사용하는 지갑이며 예금계좌, 적은금액 또는 단기투자용으로 사용된다. 핫월렛은 실시간으로 편리하게 쓸 수 있지만 해킹, 보안위험 등에 노출될 가능성이 높다. 즉, 해커는 네트워크 연결 상태에서 실시간 거래가 이뤄지는 핫월렛을 공격해 이용자 개인키를 탈취하는 것이다.

2) 콜드 월렛

콜드웰렛(Cold Wallet)은 USB저장 장치처럼 생긴 하드웨어 지갑으로 내부 전용 암호칩 등이 내장되어 개인키(Private Key)를 보관한다.

콜드월렛은 고액투자자나 코인을 안전하게 보관하기 위한 목적으로 쓰이게 된다. 즉, 해킹 위험에서 벗어날 수 있다는 것이 장점이다.

콜드월렛을 통한 암호화폐 전송은 1. 거래내역 생성, 2. 개인키로 서명, 3. 전송의 순서로 이뤄진다. 거래내역 생성이나 개인 키로 서명 단계는 콜드월렛에서 자체적으로 처리하게 되며 최종 전송에서만 별도의 키를 만들어 전송하게 된다. 여기서 콜드월렛을 통한 전송은 개인키가 온라인에 노출되지 않고 서명된 트랜잭션 코드를 붙여 놓고 전송하기 때문에 보안성이 높은 것이다. 최근 잦은 해킹사고로 보안성 강화를 위해 국내 암호화폐거래소에 암호화폐 예치금의 70% 이상을 콜드월렛에 넣어둘 것을 권고하고 있다.

다만 핫 월렛처럼 빠르게 처리가 안 되기에 빈번한 거래가 어렵다는 점과 디바이스를 분실했을 경우 보관 중인 코인도 함께 날아간다는 것이 단점으로 지적되었다. 하지만, 이 분야에 대한 관심이 고조되며 기존 월렛 대비 빠르고, 분실해도 새로운 기기에서 이어서 사용이 가능한 업그레이드 된 제품들이 속속 출시되고 있다. 외형적으로 초기 USB형태에서 현재는 지문인식, 근거리무선통신(NFC), 고화질 디스플레이 등 기술이 접목된 스마트 디바이스 형태다.

기술적 진보와 보안성이 담보되기에 개인뿐만 아니라 거래소도 콜드 월렛을 적극 활용 중이다. 코인베이스와 훠비(火幣, 후오비) 등 거래소는 98%에 달하는 이용자 자산을 콜드월렛에 저장한다.

2. 국내 및 해외의 콜드 월렛

1) 국내 콜드웰렛

(1) 펜타 크립토월렛

펜타 시큐리티 시스템는 '펜타 크립토월렛'을 개발했다. 가상화폐 환경 중 가장 취약한 사용자 키 관리를 담당한다. 펜타 크립토월렛은 지갑 안에서 키를 통한 인증을 독립적으로 수행한다. 펜타 크립토월렛은 디바이스나 카드 형태로 나온다. 디바이스 타입은 키 생성부터 거래까지 전 과정을 자체 수행한다. 카드 타입은 '펜타 모바일 월렛' 앱과 연동해 키 관리와 거래 전반 인증 보안을 유지한다.

펜타시큐리티시스템은 모바일 암호화폐 지갑 '팔레트(Pallet)' 안드로이드 버전을 내놓았다.

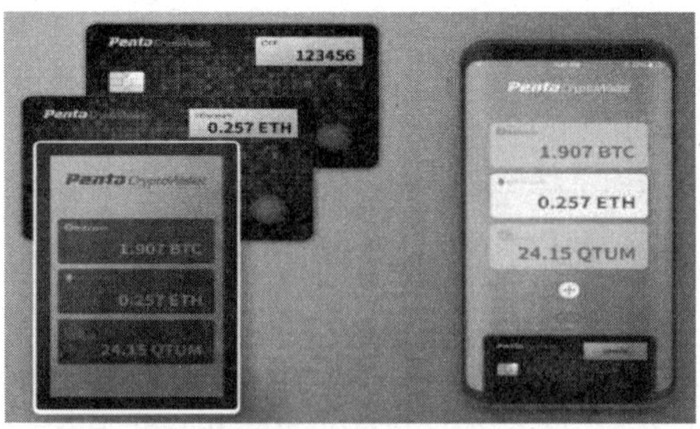

[그림 11-6] 펜타시큐리티시스템의 '펜타 크립토월렛'

팔레트 안드로이드 버전은 초보자도 쉽게 사용 가능하도록 단순하고 간결한 기능 구성에 초점을 맞춰 개발된 모바일 어플리케이션 타입 암호화폐 지갑이다. 회원가입 등 번거로운 절차 없이 간편하게 자기 지갑을 생성할 수 있으며 사용자가 직접 암호화폐를 관리할 수 있다.

다중 지갑 기능 및 마이이더월렛(MyEtherWallet) 등 외부 지갑 불러오기가 가능해 기존에 다른 지갑을 사용하던 사용자도 여러 지갑을 한데 모아 간편하게 통합 관리할 수 있다.

팔레트는 통신 전 채널을 암호화해 해킹 위험성을 최소로 낮추고, TEE(Trusted Execution Environment, 신뢰실행환경) 영역을 활용해 키 관리 안전성을 높였다. 또, 생체인증 등 기능으로 보안성과 편의성을 개선했다. 블루투스, NFC 등 통신 채널을 통해 여타 하드웨어와 연동할 수 있다.

또, 팔레트는 비트코인과 이더리움, 펜타시큐리티 자회사 'AMO 랩스(AMO Labs)'의 AMO(아모) 암호화폐를 지원하며, 향후 안전성이 충분히 검증된 플랫폼의 코인과 토큰들을 추가로 지원할 방침이다.

안드로이드 버전에 이어 iOS 버전이 곧 출시되고 카드 및 디바이스 등 하드웨어 지갑이 추가로 출시를 앞두고 있다.

팔레트는 암호화폐 거래소 보안 토탈 솔루션 '크립토X체인트(CryptoXchange)'와 연동함으로써 암호화폐 환경 전체에 걸쳐 처음부터 끝까지 빈틈없이 완전한 E2E 보안을 이룬다.

(2) 키페어

키페어는 자체 개발한 알고리즘을 별도 전용 보안칩에 적용한 '키월렛 시리즈'를 내놨다. 보급형 키월렛 판매를 시작했다. 키페어는 지문인식을 적용한 토큰형 '키월렛 프로'와 근거리무선통신(NFC)으로 스마트폰에 터치해 서명하는 카드타입 제품도 내놓는다. 개인은 물론 거래소용 제품까지 영역을 넓힌다.

[그림 11-7] 키페어의 보급형 콜드월렛 '키월렛

[그림 11-8] 키월렛 터치

(3) 케이사인

케이사인은 자회사 에스씨테크원과 함께 '터치엑스월렛'을 개발하고 올해에 출시했다. 터치엑스월렛은 지문인증 기능과 금융보안칩(SE)을 내장해 안정성을 갖췄다. 비트코인, 이더리움, 리플 가상화폐 3종을 지원한다. 스마트폰 애플리케이션과 BLE(Bluetooth Low Energy)통신을 통한 전자서명 기능을 제공한다. 향후 비트코인 캐시, 에이다 등 다양한 가상화폐를 지원한다. 터치엑스월렛 분실에 대비한 지갑 보관 서비스도 제공한다.

[그림 11-9] 에스씨테크원의 터치엑스월렛

(4) 현대 페이

현대 페이는 지난해 하드웨어 월렛 인 카세를 출시했다. 이 제품은 보안칩(CC : Common Criteria)보안인증 EAL5+ 등급의 칩)을 적용한 하드웨어 월렛으로 비트 코인, 이더리움, 이더리움 클래식, 리플 등 11종의 암호화폐를 공식 지원한다. KC인증과 더불어 미국 FCC(Federal Communications Commission), 유럽 EC(European Community) 인증도 받았다.

(5) 미래테크놀러지

다움키움그룹 인증보안 업체인 미래테크놀 로지도 하드웨어 월렛 사업을 위해 대만 카드 생산 업체 스마트 디스플레이어 테크놀로지(SD)와 손을 잡았다.

미래테크놀로지가 보안 솔루션 부분을 담당하여 개발하고, 스마트 디스플레이어 테크놀로지(SD)는 카드형 기기 제조 및 생산을 담당한다. 미래테크놀로지가 개발한 카드형 하드웨어월렛은 카드 내부 보안 영역에 개인키(Private Key)가 보관된다. 카드 디스플레이를 통해 암호화폐 내용을 쉽게 확인할 수 있다. 블루투스 기능도 지원해 스마트폰과 연결해 거래할 수도 있다. 무선 충전도 지원한다.

(6) 지란지교 시큐리티

지란지교시큐리티는 '디센트(D'CENT)' 출시하였다. 디센트는 오프라인으로 가상화폐를 안전하게 보관하는 콜드월렛 방식의 암호화폐 하드웨어 지갑이다. 비밀번호가 필요 없는 생체인증(FIDO UAF) 방식을 채택하였다. 보안 운영체제(OS)와 별도의 보안 칩을 통한 개인 키관리로 콜드월렛의 보안성을 충족했다.

사용자 편의기능으로 블루투스를 통한 P2P거래를 지원한다. OLED 디스플레이를 탑재해 카페, 편의점, 상점을 포함한 P2P가맹점에서 QR코드로 직접 결제할 수 있으며 P2P간 암호화폐 교환도 가능하다. 또한 모바일 월렛앱을 제공해 디센트와 동기화를 통해 거래 편의성을 제공한다.

디센트는 스마트카드에서 지문 매칭이 직접 이뤄진다. iOS, 안드로이드 기기의 동시 무선 지원을 위해 BLE(Bluetooth Low Energy) 인터페이스를 장착했다. 디센트는 별도 지갑인 하드웨어 디바이스형과 모바일 전용 제품인 마이크로 SD카드형으로

[그림 11-10] 콜드월렛 디센트(D'CENT)

구성된다. 비트코인, 이더리움, ERC-20Token, 모나코인, 리플을 지원하며 올해 3분기까지 지원화폐를 최대 20종으로 확대할 예정이다.

디센트 클라우드 백업 서비스는 월렛 복구, 관리자를 통한 앱 설치 및 제거, 보안 업데이트 등 개인별 특화된 관리 기능을 제공한다.

2) 해외 콜드지갑

(1) 콜드라

중국 스타트업 '콜드라(库神, Coldlar)'는 이 시장 가장 앞단에 위치한 기업이다. 모바일 하드웨어 월렛을 처음 선보인 업체이자 동명의 콜드월렛 브렌드로 유명하다.

콜드라의 최신 모델군은 시드암호와 결제 암호를 통해 1차 보안을 하고 지문인식과 패턴인식을 지원해 2차 방어선을 만들어 여타 모델 대비 더 촘촘하게 보안책을 마련해 놨다.

디바이스 분실, 파손, 교체 시 시드키만 기억하고 있으면 새로운 디바이스에서 자산 손실없이 사용이 가능하다. 아울러 모바일 어플리케이션을 통해 하드웨어 지갑에 저장된 자산을 실시간으로 모니터링할 수 있으며, 출입금 및 지갑 업데이트는 QR코드와 비전자기파 채널을 통해 진행된다.

여타 제품군이 한정적으로 코인을 지원하는 것에 비해 콜드라 콜드월렛 제품군은 이더리움 기반 토큰(Ethereum Request for Comments, ERC20)을 비롯해 수백여 종의 암호화폐를 담을 수 있다.

콜드라의 장점은 대부분의 콜드월렛 제품이 USB형태로 PC에 꽂아 사용하는 반면 콜드라는 스마트폰 외형의 하드웨어 월렛과 연동되는 어플리케이션 서비스를 제공한다. 인터넷과 연결을 하지 않고 QR코드를 통해 하드웨어에 전송되고 기록이 된다.

보안은 시드암호와 결제 암호, 지문인식과 패턴인식을 지원해 해결한다. 콜드라의 콜드월렛은 단순히 저장만 하는 것이 아니라 연산까지 가능하다. 디바이스를 분실해도 시드암호만 기억하고 있으면 자산을 계속 사용할 수 있다.

콜드라는 메이저급 코인을 비롯해 퍼블릭 체인에 있는 코인은 모두 다 지원한다. 사용자 수만 보장이 된다면 새로운 코인도 수용 가능하다. ERC 20코인은 자동으로 등록된다.

(2) 렛저

프랑스 회사인 렛저(Ledger)는 암호화폐 및 블록체인 응용 프로그램을 위한 보안 및 인프라 솔루션을 공급한다. 렛저는 다양한 제품군으로 구성됐다. 렛저 나노는 가벼워 휴대성이 우수하고, 렛저 블루는 터치스크린으로 설계됐다.

USB나 블루투스를 사용해 컴퓨터 또는 스마트폰에 연결할 수 있다. 렛저 나노S와 렛저 블루는 비트코인, 이더리움, 이더리움 클래식 및 라이트코인 등을 포함해 다양한 암호화폐를 저장할 수 있다.

(3) 트레저

체코 프라하에 소재한 사토시랩이 공급하는 트레저는 온라인 및 오프라인 위협으로부터 사용자 개인키를 보호한다. 트레저는 비트코 인, 비트코인 캐시, 이더리움 등을 저장할 수 있다.

(4) 킵키

킵키는 USB 형태의 기기로 렛저와 트레저 등 하드웨어 지갑과 비슷한 기능을 제공하지만 개인키를 킵키에 저장할 필요가 없는 것이 특징이다.

비트코인, 비트코인 캐시, 라이트코인, 이더리움 및 대시 등 다양한 암호화폐를 보관할 수 있다.

3. 마이이더월렛

마이 이더 월렛(My ether Wallet)은 클라이언트 사이드 이더리움 지갑 서비스이다.

서버에 키에 대한 정보를 저장하지 않고 로컬에 저장하기 때문에 백업만 잘 해두면 서버가 공격당해 분실되거나 도난될 염려는 없다.

이번 단계를 통해서 만들어지는 데이터는 총 4가지이다.

① 비밀번호
② JSON파일
③ Private Key(혹은 Private Key QR코드)
④ 이더리움 주소

4번을 제외한 나머지는 모두, 꼭, 절대로 잊거나 잃어버리면 안 된다!!

그럼 영영 이더리움를 찾을 수 없게 된다.

① 시작하겠다. https://www.myetherwallet.com/
② 마이 이더 월렛에 접속하여 암호를 입력한다(이 암호를 절대로 잊어서는 안 된다).

제1장 제2장 제3장 제4장 제5장 제6장 제7장 제8장 제9장 제10장 제11장 제12장

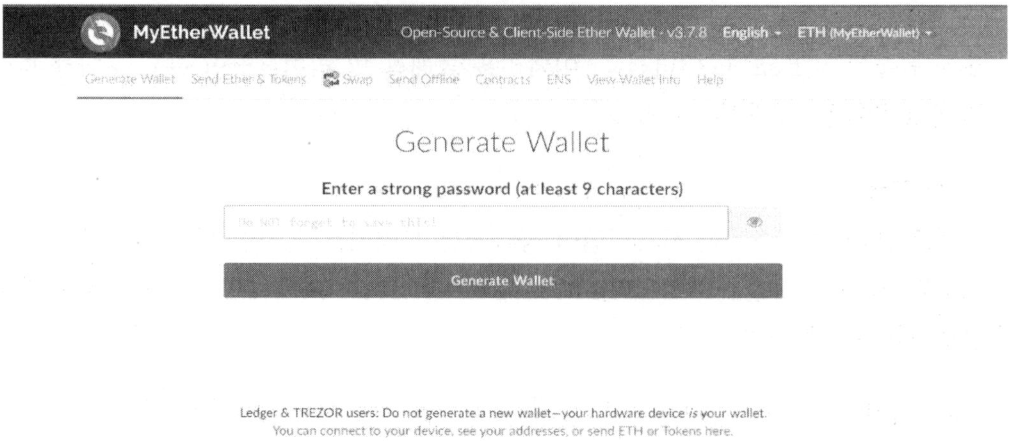

[그림 11-11] 마이 이더 월렛에 접속하여 암호를 입력

③ 입력한 후 Generate Wallet버튼을 누른다.

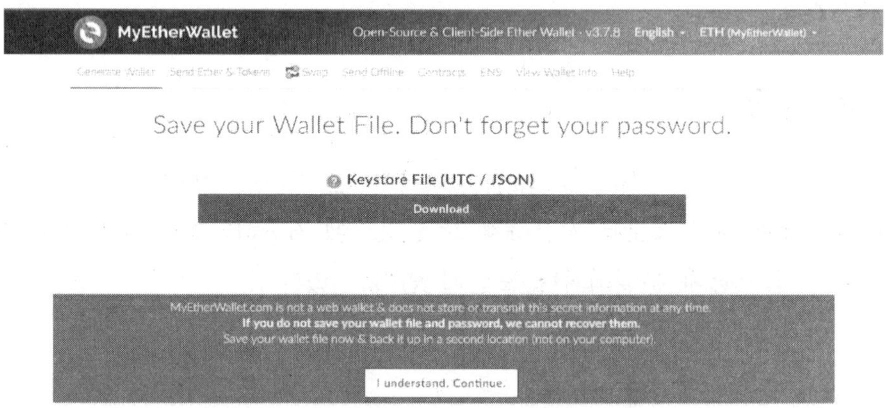

[그림 11-12] 입력한 후 Generate Wallet 버튼 클릭

④ Download버튼을 누르면 ~~.json 파일이 다운로드 된다. 이렇게 다운로드 된 json파일을 여러 곳에 백업을 해 둔다. USB를 여러 개 구매하셔서 나눠서 넣어두어도 좋다. 이 파일을 절대로 분실하면 안 된다!! USB도 오래되면 문제가 되는 경우가 많다. 그래서 보통 이 파일 자체를 프린트해서 보관해 놓기도 한다.

⑤ I understand. Continue버튼을 누르면 다음 화면이 나온다.
Private Key는 개인키를 뜻한다. 아래의 QR코드는 이를 큐알 코드로 바꾼 것이다. 이 페이지에서 생성된 데이터를 복사해서 잘 보관해 둔다.
Private Key는 개인키를 뜻한다. 아래의 QR코드는 이를 큐알 코드로 바꾼 것이다. 이 페이지에서 생성된 데이터를 복사해서 잘 보관해 둔다.
Private Key는 다른 사람에게 절대로 보여주면 안 된다. 이 정보만 가지고도

[그림 11-13] I understand. Continue버튼을 누르면 다음 화면이 나옴

주소를 알아낼 수 있고, 이 정보만 가지고도 거래를 발생시킬 수 있다. 다른 사람에게 보여주지 마라!!

⑥ Next : Save your Address버튼을 누르면 이더리움 주소가 나타난다. 잘 적어둔다.

⑦ 마이 이더 월렛은 주소를 생성하는 과정에서 비밀번호를 한번만 입력한다. 그래서 종종 비밀번호를 잘못 입력하는 경우가 있다, JSON파일을 한번 방금 전에 입력한 비밀번호로 풀어보겠다.

⑧ 왼쪽 위에 Send Ether & Tokens버튼을 누른다.

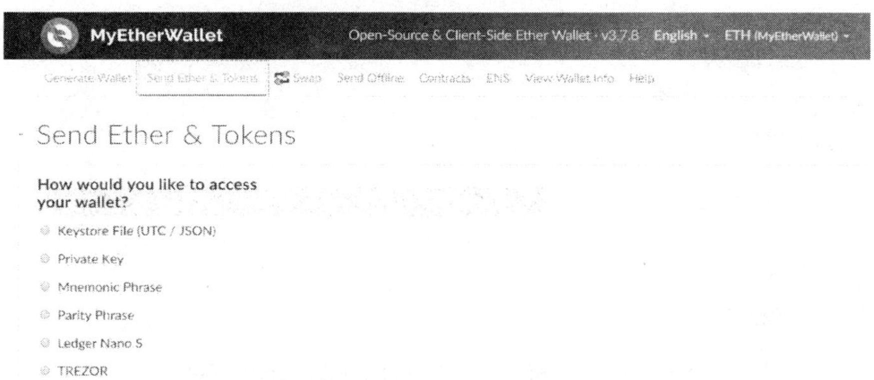

[그림 11-14] 왼쪽 위에 Send Ether & Tokens버튼 클릭

⑨ 여기서 Keystore File(UTC/JSON)버튼을 누른다.
그러면 가운데에 SELECT WALLET FILE버튼이 나타난다.

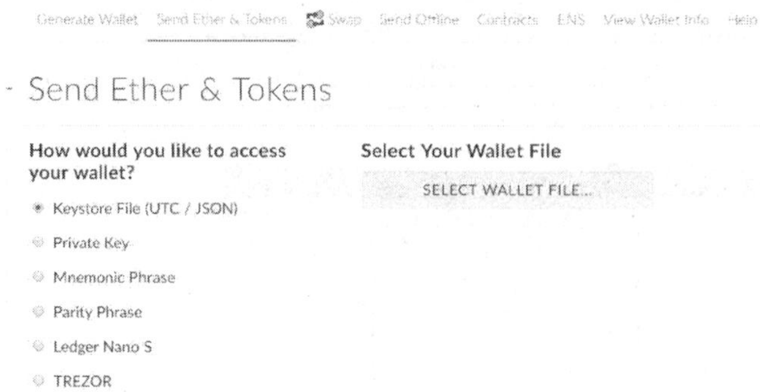

[그림 11-15] SELECT WALLET FILE버튼

여기서 Keystore File(UTC/JSON)버튼을 누른다. 그러면 가운데에 SELECT WALLET FILE버튼이 나타난다.

⑩ SELECT WALLET FILE...버튼을 누르고 아까 다운로드 받은 ~~.json파일을 선택한다. 그러면 비밀번호를 입력하라고 한다, 처음 주소를 생성할 때 입력했던 비밀번호를 적는다.
다음 화면이 나오면 비밀번호가 정확하게 입력된 것이다.

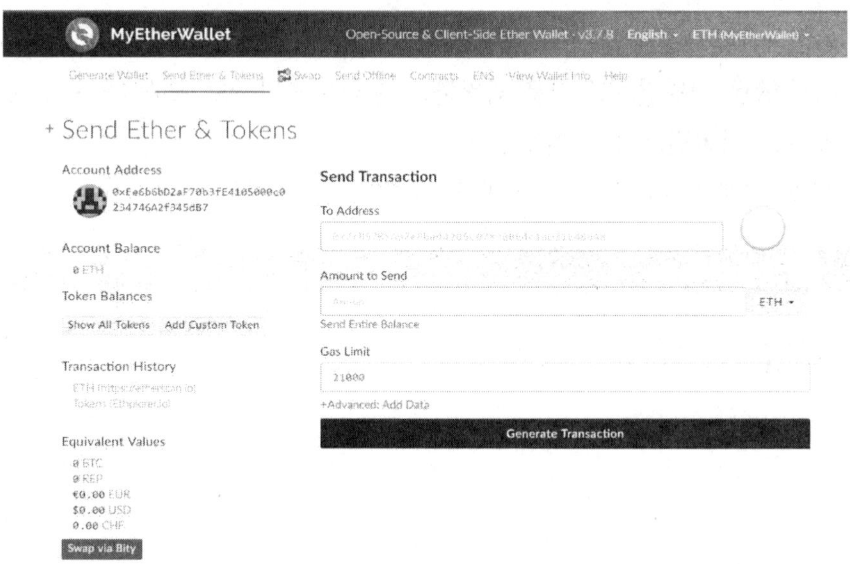

[그림 11-16] SELECT WALLET FILE...버튼 클릭

SELECT WALLET FILE...버튼 클릭 후 ~~.json파일을 선택

⑪ 이 화면은 향후에 이더리움을 보낼 때 이용한다. 정리를 한번 하겠다.

① 입력한 비밀번호
② 생성된 json파일
③ Private Key(개인키, QR코드)
④ 이더리움 주소

이렇게 생성된 ①~④번까지 정보는 모두 백업을 하고 보관해야 한다.

①, ②번은 USB 5개 이상에 넣어 놓고 여기저기 숨겨놓고, 3번은 종이에 프린트해서 금고에 넣어 둔다.

④번은 에버 노트 같은 온라인 메모장에 적어 놓는다.

여기서 ①, ②번을 잃어버리셨어도 ③번을 가지고 있으면 이더리움을 분실하지 않는다.

③번을 잃어버려도 ①, ②번을 가지고 있으면 이더를 분실하지 않는다.

이렇게 백업을 해두면, ④의 이더 주소로 거래소의 이더를 옮긴다.

처음에는 큰 금액을 한 번에 옮기시지 말고 조금만 옮겨서 Send Transaction이 되는지 꼭 확인을 해 보기 바란다.

그렇게 모든 이더를 이더마이월렛을 통해 만들어진 주소로 옮기셨으면, 컴퓨터에 json파일을 지우면 된다.

혹시나 화재에 의해 분실할 것을 대비해서 ③ 개인키를 판금해주는 서비스도 있다.

USB 타잎의 이더리움 하드웨어 지갑을 판매도 한다. 근데 가격이 상당하다.

몇 가지 유의사항만 지켜주면 비용 안들이고도 안전하게 직접 이더리움을 보관할 수 있고, 이렇게 하면 핵전쟁이 발발해도 개인키만 가지고 있으면 자산을 잃어버리지 않는다.

이 지갑 역시 dapp을 돌리는데는 사용할 수는 없다.

11-4 Dapp을 돌리기 위해 자주 사용할 지갑

여러 가지 이더리움 Dapp들을 직접 돌려보고 활용해 볼 목적이라면, dapp 브라우징을 지원하는 지갑을 사용해야 한다.

Dapp을 서포트하기 위한 이더리움 전용지갑들이 있는데, 우선 접근하기 가장 손쉬운 지갑은 메타 마스크이다.

1. 메타마스크

메타마스크(Metamask)는 이더리움을 보유하고 송금 및 관리할 수 있는 암호화폐 지갑이다. 메타마스크는 구글, 크롬 웹브라우저에서 플러그인 방식으로 사용하는 크롬 확장 프로그램이다.

메타마스크(MetaMask)란 이더리움(Etherum) 개인지갑을 편리하고 안전하게 관리할 수 있는 구글 확장프로그램이다. 그래서 모바일에서는 사용이 불가능하고 pc 브라우저인 크롬으로만 사용이 가능하다. 메타마스크를 이용하여 전체 이더리움 노드를 실행하지 않고도 브라우저에서 이더리움 디앱을 바로 실행 할 수 있으며, 이더리움 송금과 토큰을 확인하고 관리할 수 있다.

메타마스크에는 보안 ID 볼트가 포함되어 있어 서로 다른 사이트에서 사용자의 ID를 관리하고 블록체인 트랜잭션을 서명할 수 있는 사용자 인터페이스를 제공한다.

또한 메타마스크 추가 기능을 Chrome, Firefox, Opera 및 새 Brave 브라우저에 설치할 수 있다. 개발자라면 오늘부터 메타마스크로 개발을 시작할 수 있다. 메타마스크의 임무는 가능한 한 많은 사람들을 위해 이더리움을 사용하기 쉽게 만드는 것이다

크롬브라우저 익스텐션 형식으로 작동하기 때문에 반드시 크롬브라우저가 있어야 한다.

자세한 사용 방법은 다음의 정보들을 확인해 본다.

"Metamask 설치/사용하기"이다.

메타마스크에는 너무 많은 코인을 올리지 말고, 소액의 금액만 올리고 여러 가지 dapp들을 이용하는 목적으로 활용하면 가장 좋다.

이번에 소개할 지갑은 크롬 브라우저에 익스텐션으로 추가하는 메타마스크이다.

https://metamask.io/

이 지갑은 단순 송금 기능 이외에 미스트와 같이 다른 여러 가지 dApp을 브라우저에서 바로 실행할 수 있도록 해준다.

또한 블록체인 데이터를 직접 다운 받지 않기 때문에 설치 후 바로 사용할 수 있다.

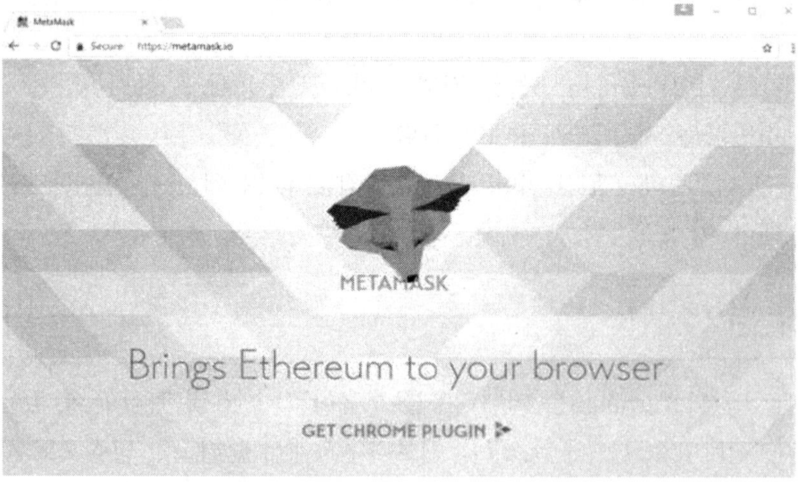

[그림 11-17] 일단 메타마스크 사이트에 가셔서 플러그인을 다운

다만 아직은 충분한 테스트가 완료되지 않기 때문에 작은 금액만 옮겨 놓고 시험해보는 것이 좋을 듯하다.

자 그럼 메타마스크 설치 과정을 살펴본다.

일단 메타마스크 사이트에 가셔서 플러그인을 다운 받는다.

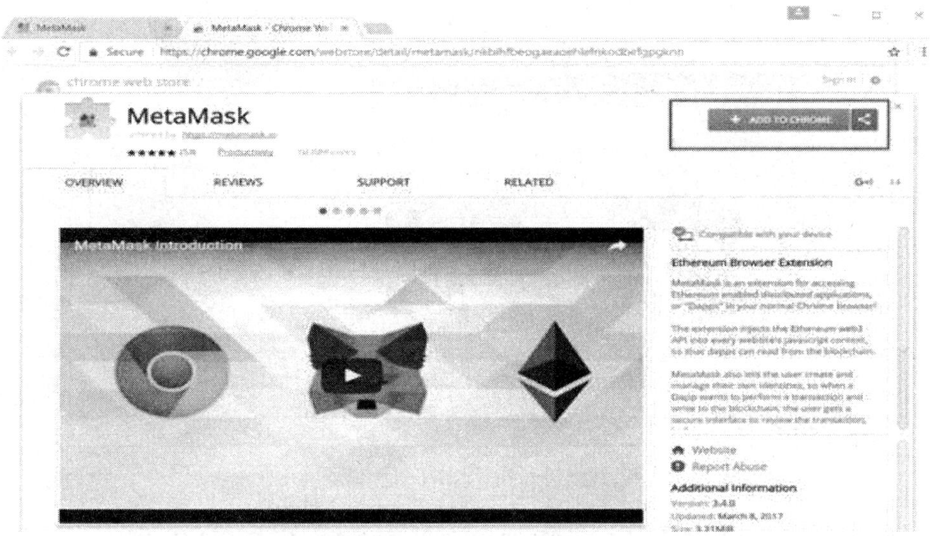

[그림 11-18] 설치가 끝나면 브라우저 오른쪽 상단에 여우 아이콘이 뜸

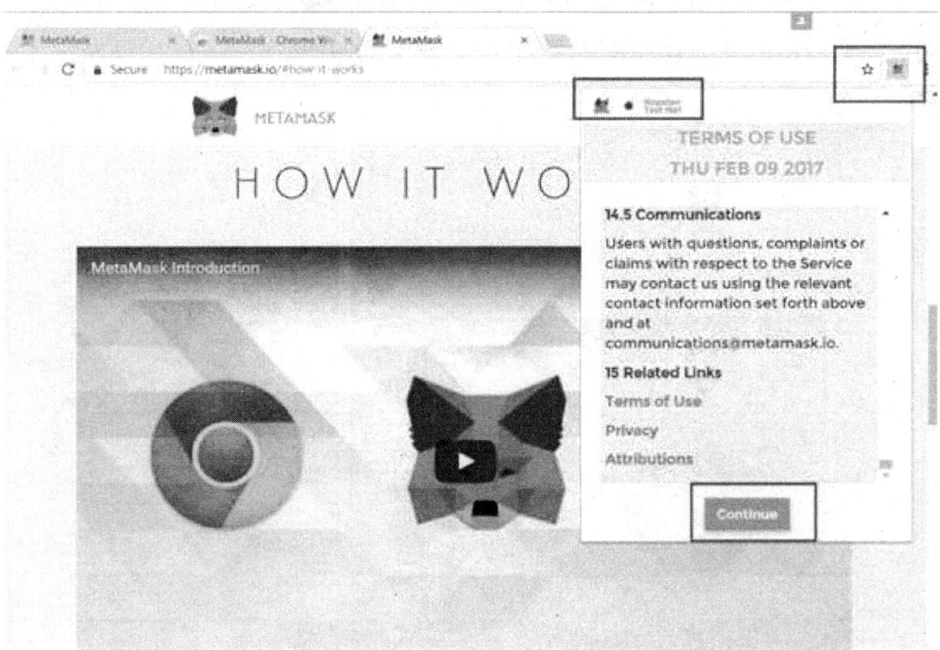

[그림 11-19] 이것을 클릭하면 약관동의 화면

일단은 메인 네트워크가 아닌 테스트 네트워크로 접속이 된다.

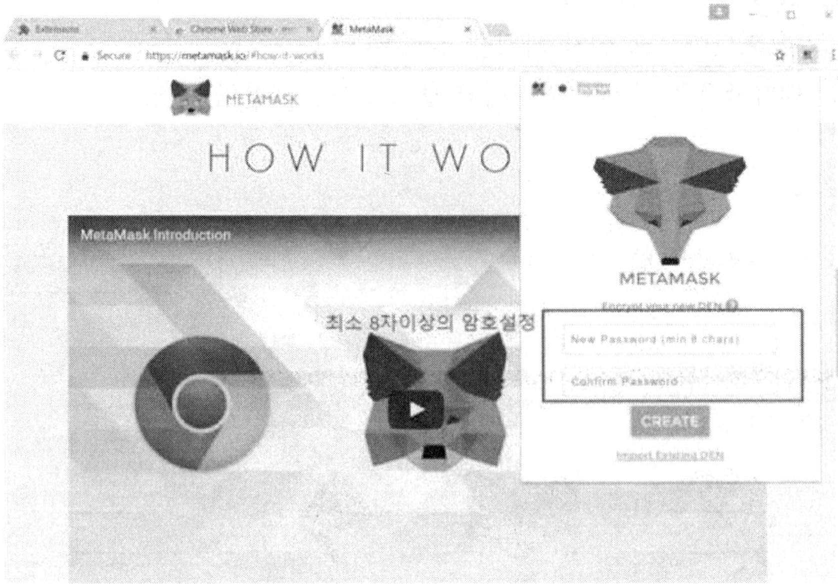

[그림 11-20] 패스워드를 설정

8자 이상을 하되 특수기호, 대소문자 등을 섞어서 하는 것이 좋다.
별도의 곳에 따로 잘 보관하시기 바란다.
패스워드를 잃어버려도 다음에 나오는 문자열을 알면 복구할 수 있는 방법이 있기는 한다.
다음에 나오는 12 단어 문자열이 가장 중요하다.

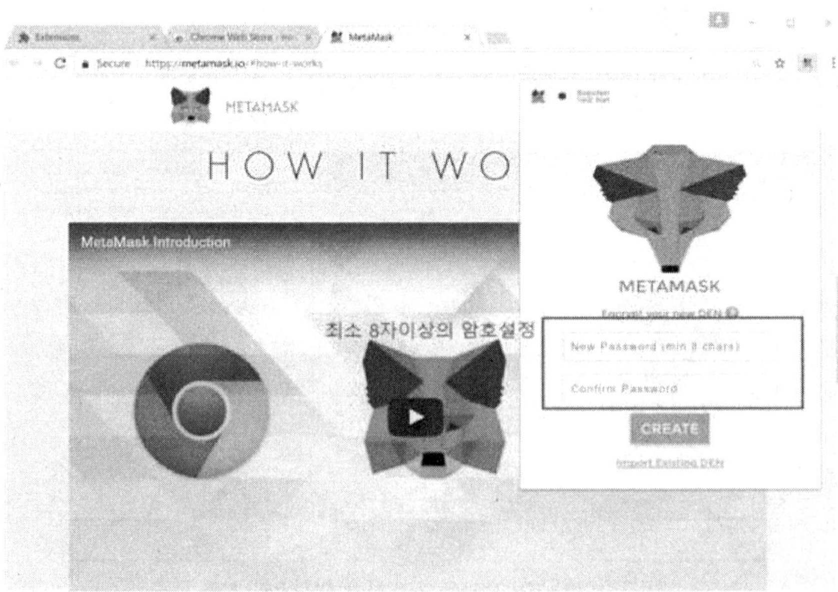

[그림 11-21] 왼쪽 위 상단에 보면 테스트넷에 물려 있는 것을 볼 수 있는데 여길 클릭하면 다른 곳에 연결

지갑의 개인키를 생성시키는데 사용하는 문자열이다.

이 문자열만 있으면 앞의 화면에서 설정한 패스워드를 몰라도 패스워드를 재설정할 수 있다. 이 문자열을 잃어버리면 지갑은 복구할 수 없다.

누군가가 이 문자열을 알면, 이 지갑은 기본적으로 그 사람의 것이 된다.

USB 드라이브 등을 사용해 별도로 보관한다.

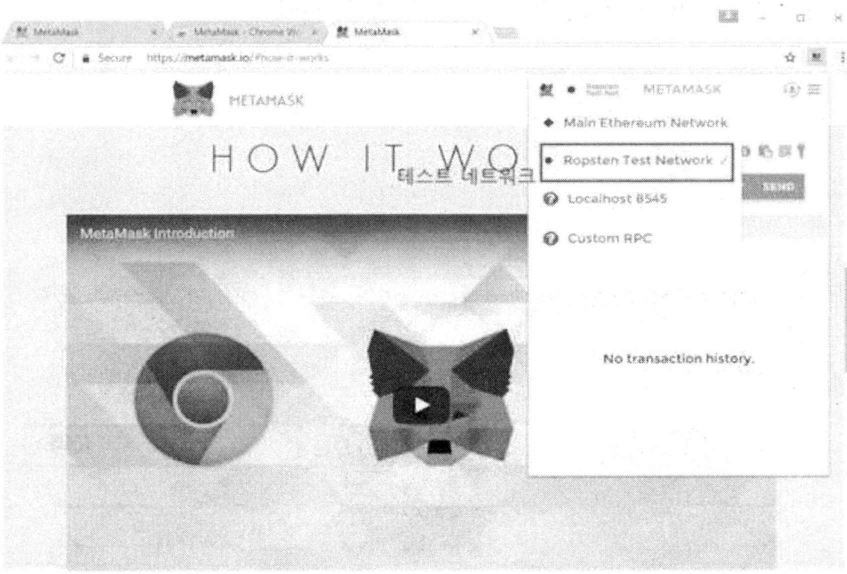

[그림 11-22] 이 1 이더리움은 테스트를 위한 것이지 어떠한 금전적 가치는 없음

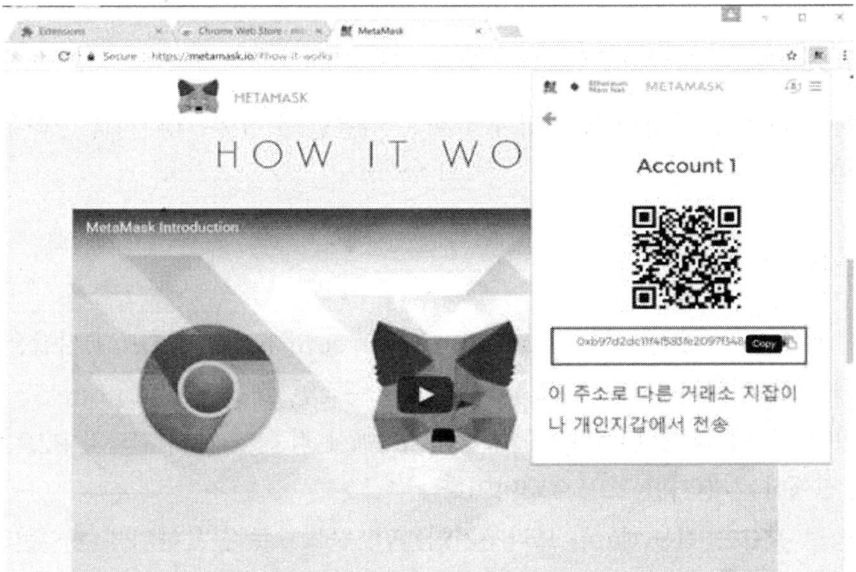

[그림 11-23] 자신의 지갑주소는 QR 코드 아이콘을 클릭

참고로 이렇게 주어진 문자열을 사용해 지정된 개인키를 생성하는 방식을 HD 월렛이라고 한다.

메인 네트워크에서 사용하기 위해서는 Main Ethereum Network으로 바꾸어 주어야 한다.

테스트 넷에서는 1 이더리움을 무료로 준다.

코인을 송금 받고 싶으면 이 주소로 보내면 된다.

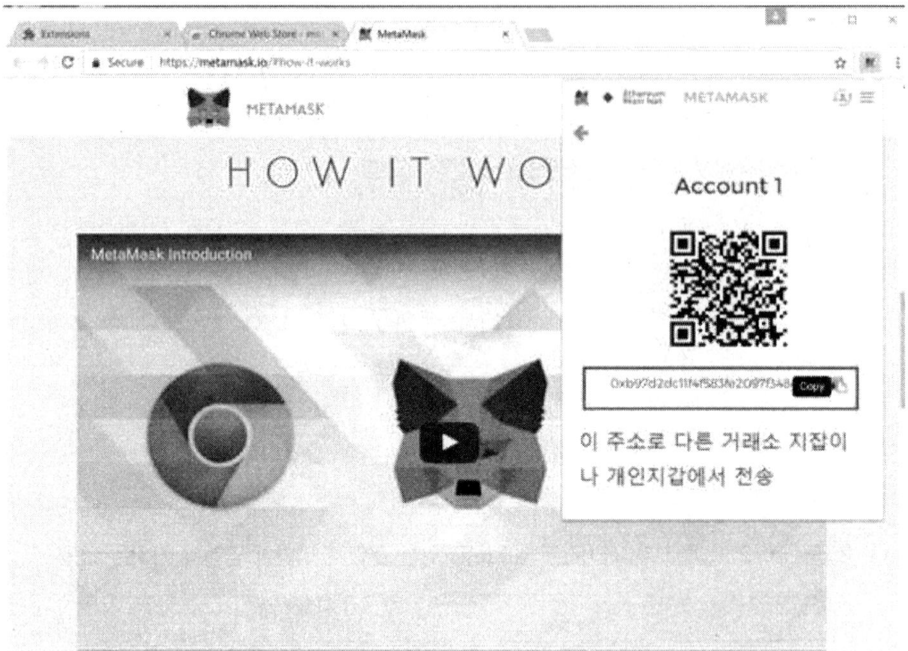

[그림 11-24] 크롬 브라우저는 dApp을 로딩해서 바로 사용할 수 있는 이더리움 브라우저로 변신

크롬 브라우저는 dApp을 로딩해서 바로 사용할 수 있는 이더리움 브라우저로 변신된다.

2. 미스트

미스트(MIST : https://github.com/ethereum/mist/releases)지갑은 설치와 실행을 하면 이더리움 네트워크 내의 가장 표준적인 풀 노드(Full node)로 작동하는 지갑이다. 즉 이더리움 네트워크 블록생성 과정에서 검증 및 거래 결과의 P2P 릴레이를 모두 진행하는 웹기반 소프트웨어이다.

미스트 지갑은 전용 dapp 브라우저이지만, 풀노드로 사용하기에는 일반인들에게 싱크시간과 저장 공간 면에서 다소 부담스럽다.

그래서 미스트는 이더리움 네트워크의 다양한 기능을 지원하여도 단순한 인터페이스로 빠르게 싱크하려면 다음 옵션을 주고 하면 geth를 시작된다. 만일 이미 이전에 일부 싱크를 받고 있었다면, 체인 데이터 디렉토리에 있는 파일들을 먼저 다 지우고 시작해야 한다.

```
geth --fast --cache=1024 --jitvm
```

미스트를 직접 실행하지 말고, 미스트 디렉토리 아래에 geth 파일이 들어 있는 폴더에 가서 위의 명령어를 실행해야 한다. 한번 싱크가 완료되고 나면, 그 이후부터는 그냥 미스트를 바로 실행해도 된다. 시스템 메모리가 충분하다면, --cash=2048 옵션을 주면 속도가 좀 더 개선될 수 있다. 만일 풀노드를 포기하고 가능한 시간을 단축하고 싶다면, geth를 라이트클라이언트 모드로 실행할 수 있다.

```
geth --light
```

이 옵션을 써서 실행하면 수분 내로 바로 지갑을 사용할 수 있게 해준다.
geth가 아닌 미스트에서 직접 이 옵션을 줄 수도 있다.

```
mist --node-light
```

미스트와 이더리움 월렛은 동일한 코드 베이스이고 dapp 브라우징을 기본으로 켜 놓은 이더리움 웰렛이 미스트이다.

3. 패러티

패러티(Parity ; https://parity.io/parity.htm)는 미스트와 마찬가지로 이더리움 풀노드(Full node)를 위한 지갑이고 dapp 브라우저이다. 패리티를 사용하는 이유는 인터페이스가 다소 복잡하지만 다양한 기능을 지원한다. 미스트의 기본적인 지갑기능을 모두 지원하면서 특정시간 예약 송금/특정 블록 생성시 이후에 송금 등 유용한 기능들이 내장되어 있다.

패리티는 풀노드 지갑임에는 불구하고 백그라운드에서 돌아가므로 미스트에 비해 메모리 사용량이 적고, 속도도 다소 더 빠르지만, 익숙해지는데 좀 더 시간이 걸리다.

풀노드 모드와 라이트 클라이언트 모드 모두 지원한다.

[그림 11-25]

11-5 송금과 ICO의 참여를 위한 지갑

1. MyEtherWallet.com/CX

https://www.myetherwallet.com/

자주 이더를 송금 하거나 ICO 등에 참여를 많이 하지만, 특별히 dAppp 사용 필요성이 별로 없을 경우 MyEtherWallet이 가장 많이 사용되고 있고, ICO에 의해 발행되는 토큰을 손쉽게 주고받을 수 있다.

메타마스크 또는 미스트와 같이 사용하면 거의 모든 경우에 잘 활용할 수 있다.

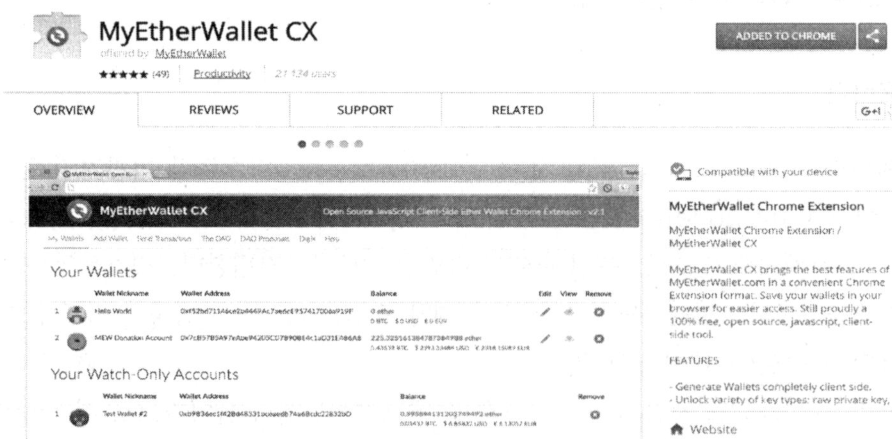

[그림 11-26] 송금과 ICO의 참여를 위한 지갑

11-6 모바일 환경에서 사용할 수 있는 지갑

1. 아임토콘(imToken(https://token.im/)

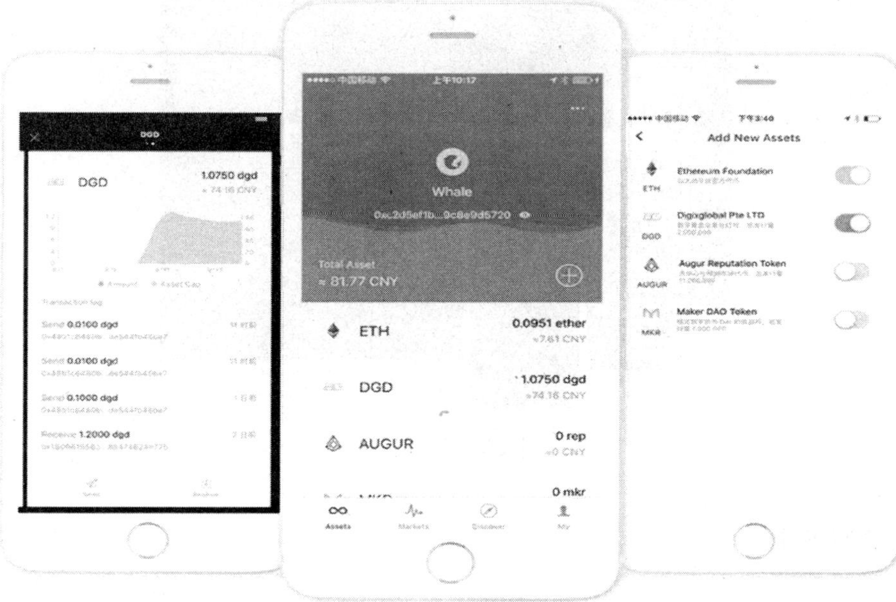

[그림 11-27] 모바일 환경에서 사용할 수 있는 지갑

모바일 전용지갑으로서 이더리움뿐만 아니라 대부분의 ERC 20 호환토큰을 주고받을 수 있고, 여러 ICO에 참여하는데 사용할 수 있다. 일부 dApp 기능도 가지고 있다고 한다.

2. 작스 Wallet

작스(Jaxx) 지갑(https://jaxx.io/)은 Hot Wallet으로 인터페이스가 단순하고 12개 단어(Mnemonic)을 지원하여 마이이더웰렛처럼 키파일을 항상 소지할 필요 없이 이 단어들을 기억함으로써 지갑에 액서스가 가능하다. 모바일 앱/PC클라이언트인 데스크 플랫폼을 모두 지원하고 독립적인 지갑으로써 사생활이 보호되고 보안이 좋고 신규 이용자의 편의성이 좋고 가격이 무료이다. 특히 비트코인과 이더리움 등 여러 인기 있는 코인들을 한 지갑에서 관리할 수 있는 장점이 있다. 다만 dApp브라우징 기능은 없다. 잭스에서 만든 지갑을 패리티나 미스트에서 동기화 시키려면 닷 복잡한 과정이 필요하다. 먼저 잭스에서 프리배이트 키(Private Key)를 추출하는 메뉴가 있다. 이 메뉴를 통하여 키를 추출한 뒤애 마이이더웰렛을 통하여 키파일(JSON type)을 생성한 뒤에 이 키 파일을 미스티/패리티 등의 지갑에서 블러오는 방식으로 동기화할 수 있다.

[그림 11-28] Jaxx

3. 스테이터스

스테이터스(status.im : http://status.im/)는 모바일 환경에서 가장 완벽한 dApp 브라우징, 메신저 기능을 제공하는 통합 지갑 솔루션인데, 아직까지 정식버전은 출시가 되지 않았다.

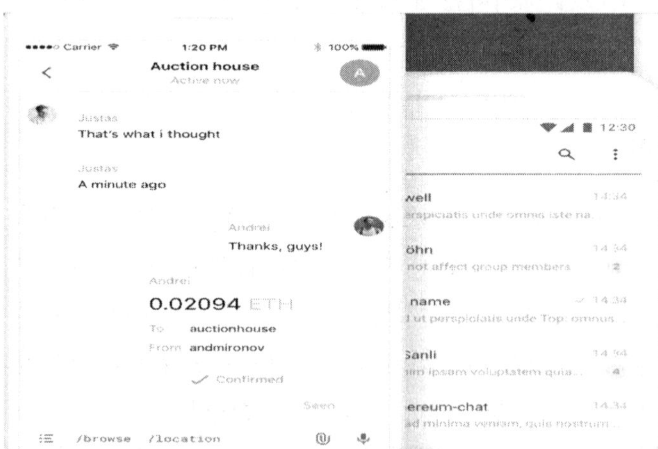

[그림 11-29] status.im

11-7 주요 암호화폐 지갑

1. 사토시 나카모토가 만든 최초의 비트코인 지갑

1A1zP1eP5QGefi2DMPTfTL5SLmv7DivfNa

2009년 1월 3일 비트코인의 창시자인 사토시 나카모토(Satoshi Nakamoto)가 만든 지갑 주소이다. 이 지갑 주소를 비트코인 제네시스(Genesis of Bitcoin) 지갑이라고 한다. 일반적으로 암호화폐를 만들고 최초로 생성한 블록을 제네시스 블록이라고 하는데, 비트코인 창시자인 사토시 나카모토는 비트코인 최초의 채굴을 통해 제네시스 블록을 만들고, 50개의 비트코인을 받았다.

그 후 단 한 번도 비트코인을 판 적이 없기 때문에, 50개의 비트코인은 그대로 보존되어 있다. 게다가 전 세계 비트코인 사용자들이 사토시 나카모토의 업적을 기념하기 위해 일종의 기부금 형식으로 위 주소에 소액의 비트코인을 계속 송금하고 있기 때문에, 시간이 지날수록 비트코인 잔액이 조금씩 증가하고 있다. 2018년 12월 25일 기준으로 위 비트코인 지갑 주소에는 총 66.91151538개의 비트코인이 보관되어 있다.

2. 이더리움 창시자 비탈릭 부테린의 지갑

0xAb5801a7D398351b8bE11C439e05C5B3259aeC9B

이더리움의 창시자인 비탈릭 부테린(Vitalik Buterin)의 이더리움 지갑 주소이다. 2018년 12월 25일 기준으로 355,003.571454426968889619개의 이더가 보관되어 있다. 이를 달러로 환산하면, 45,983,612.61 달러(약 500억원)에 이르는 금액이다.

3. 비트코인 보유량 1위 지갑

3D2oetdNuZUqQHPJmcMDDHYoqkyNVsFk9r

2018년 12월 25일 기준으로 전 세계 비트코인 지갑 중에서 보유 수량이 가장 많은 상위 1위는 비트파이넥스(Bitfinex) 거래소의 암호화폐 지갑이다. 비트코인 보유 수량은 138,661개로서 591,628,526달러(약 6천억원)에 해당하는 금액이다.

4. 106개 지갑에 나누어 보관된 84만 8천개의 비트코인

1MLsZmbT3mgmm6zLkTR26yJHVfn8BSdqqd
1FrfmxAhYRNU9ebotDHP9FqLbe54QZVcfi

2018년 12월 초에 비트코인 8,000개씩 보유한 지갑 총 106개가 등장했다. 특이한 점은 이 지갑들은 모두 거의 동일한 시기에 생성되었고, 하나의 지갑당 정확히 8,000개씩의 비트코인이 보관되어 있다는 점이다. 이 지갑은 모두 동일한 사람이 소유하고 있을 가능성이 큰데, 계산해 보면 8,000BTC*106개 지갑=총 848,000개의 비트코인이 보관되어 있다.

비트코인 1개당 가격을 1000만원대 으로 계산하면, 약 20조원에 이르는 큰 금액이다. 이 지갑들에 보관된 비트코인 개수는 단일 지갑으로 1위를 차지하고 있는 비트파이넥스 거래소 지갑의 13만 8천개보다 무려 6배 이상 많은 개수에 해당한다. 이 지갑들에 보관된 비트코인은 전 세계 비트코인 총량의 약 5%에 해당한다.

5. 후오비토큰의 스마트 컨트랙트 주소

0x6f259637dcD74C767781E37Bc6133cd6A68aa161

중국의 후오비(Huobi)가 만든 거래소 자체 코인인 후오비토큰의 스마트 컨트랙트 주소이다.

7. 거래소 지갑

거래소 지갑도 일반적인 송금 목적을 위해 사용할 수도 있다. 다만 거래소 지갑을 이용해서 ICO에 참가하거나 다른 스마트 계약(Smart Contract)으로 보내는 것은 매우 위험하다. 거래소의 송금용 지갑은 개인 지갑 주소가 아니라 거래소에서 임의적으로 운용하는 지갑일 가능성이 높고, 따라서 개인키의 제어가 필요한 어플리케이션에 사용하면 코인을 잃어버릴 수도 있다. 단순 송금 목적이외에는 사용하지 않는 것이 좋다.

또한 이더리움을 기본으로 하는 여러 가지 토큰들을 거래소에 보낼 때도 각 토큰마다 별도로 생성된 주소로 보내야만 한다. 그냥 이더 주소로 보내면 찾지 못하게 될 수도 있다.

거래소에 장기간 큰 금액을 보관하는 것은 현재와 같은 무규제 상태에서는 절대 추천하지 않지만, 만일 불가피하게 보관해야 할 때는, 반드시 2FA 옵션을 켜 두어야 하고, 여러 가지 컴퓨터 보안 관리 사항들을 잘 지켜야 한다. 가능하면 거래소에 접속하는 전용 컴퓨터를 두고, 이 컴퓨터에서는 이메일 체크나 다른 웹서핑을 하지 않는 것이 좋다.

수행 내용

재료 · 자료

- 지갑 및 블록체인 관련 자료

기기(장비 · 공구)

- 컴퓨터, 프린터, 주변기기

안전 · 유의사항

- 컴퓨터 및 주변기기의 전원을 관리한다.

수행 순서

01 삼성전자의 갤러시 S10 스마트폰에 탑재한 블록체인 키스토어지갑에 대하여 분석하라.

1. 개요

블록체인 키스토어(Blockchain Keystore)는 삼성전자의 갤럭시 S10 스마트폰에 탑재되어 출시된 암호화폐 지갑이다.

삼성 블록체인 키스토어는 단말에 내장된 보안영역에 블록체인 기술 기반의 프라이빗 키를 생성하여 저장 및 관리하고 블록체인을 통한 암호화폐 등의 거래 시 안전하게 서명할 수 있는 블록체인 프라이빗 키 보관 서비스이다.

실제 블록체인 키스토어를 실행해 보면 '기존 지갑 가져오기'와 '새 지갑 만들기' 메뉴가 있다. 또한 삼성전자가 공개한 영상에서는 "블록체인은 모든 거래자의 권한 정보를 분산 저장하여 거래를 성사시키는 새로운 방식"이라고 말했다.

이어 쇼핑몰 결제, 보험 전자서명, 은행 송금 등 블록체인 키스토어로 가능한 것들을 보여주고 '안전한 유통정보 확인', '보험 및 계약 증빙', '콘텐츠 저작권 관리', '콘텐츠 직거래', '게임 아이템 소유', '암호자산 관리', '암호자산 직거래' 등이 있다.

그러나 2019년 3월 8일 블록체인 키스토어 기능이 탑재된 갤럭시10에서 키스토어 기능은 현재 사용할 수는 없다.

키스토어를 정상적으로 사용하기 위해서는 제휴를 맺은 블록체인 기업들의 서비스가 갤럭시S10과 연동돼야 하기 때문이다.

향후 운영체제 소프트웨어 업그레이드를 통해 추가될 예정이다. 2019년 2월22일 삼성전자는 "갤럭시 S10에 키스토어를 장착한 이유는 블록체인 기술이 다양한 개인형 서비스에 적용될 것으로 예상되고 있는 가운데 이 서비스를 이용할 때 필요한 프라이빗 키를 안전하게 보관하고 편리하게 사용하도록 하려는 것"이라고 설명했다

2. 특징

갤럭시 S10의 블록체인 키스토어의 프라이빗 키 내역은 삼성전자가 제공하는 개인계정에 저장된다. 만약 스마트폰이 분실 됐을 때 삼성전자가 제공하는 파인드 마이 모바일(Find My Mobile) 서비스를 통해 단말기에 접속, 프라이빗 키를 삭제할 수 있다.

또한 프라이빗 키가 사용자 실수 혹은 그 밖에 이유로 삭제되었을 경우에는 해당 서비스를 이용해 복원할 수 있다. 또한 키스토어에는 안드로이드 OS를 탑재한 모바일 기기의 오프라인 결제 방법 소프트 포스(Soft POS)기능을 탑재했다.

대표적으로 IC칩을 이용한 결제 방식과 NFC를 이용한 비접촉 결제 방식이 있다. 또한 블록체인 키스토어는 비트코인, 이더리움, 엔진, 코스미 등 포함 되어 있고, 블록체인 키스토어에서 가능한 서비스는 프라이빗 키 보관 서비스, 서명 서비스, 신규 추가 서비스 등이 있다.

1) 프라이빗 키

이용자가 단말에 내장된 보안영역에 블록체인 기술 기반의 개인 키를 생성하거나 제3자 서비스에서 생성된 프라이빗 키를 보관할 수 있는 서비스이다.

삼성전자는 2013년부터 모바일 디바이스의 통합 보안 관리를 위해 녹스(Knox) 서비스를 기본으로 적용하고 있다.

녹스는 미국 국방부 보안인증 및 미국 국가 정보보증 협회 CC인증을 받는 등 보안성이 입증된 서비스이다.

또한 갤럭시S10 시리즈에는 삼성전자가 자체 개발한 AP엑시노스 9820이 탑재됐고, 엑시노스 9820에는 반도체 기반의 암호 키 관리 기술인 PUF(Physical Unclonable Function)도 추가 됐다.

PUF는 반도체 제조 공정에서 발생하는 공정편차를 이용해 칩(chip) 내부에 구현된 예측하기 어려운 랜덤한 디지털 값을 생성하는 시스템이다. 즉 반도체 제조 과정에서 하드웨어적으로 결정된 독특한 값을 각 칩셋이 갖게 된다. 그렇기 때문에 이 값은 칩셋의

고유 정보로 활용할 수 있고, 내부에서 생성되기 때문에 데이터의 외부 유출이나 해킹 등의 보안 공격에 대해서도 강점을 갖는다. 이러한 PUF는 스마트폰이나 IoT 장치의 ID인증, 인증 회로, 암호 알고리즘의 대칭 키, 프라이빗 키 관리 등에 유리하다.

2) 서명 서비스

이용자가 회사에서 제공하는 서비스 또는 제3자 서비스에서 암호화폐 송금 및 암호화폐 기반 콘텐츠 계약, 결제 시 서명된 거래 내용이 블록체인 네트워크로 전송될 수 있다. 암호화폐 송금 방법 절차 또한 간단한데, 자신의 지갑에서 보낼 지갑 주소를 입력하고 금액을 설정한 후 지문 인식만 하면 가능하다.

지갑주소 입력이 어렵다면 QR코드 스캔을 통해서도 가능하다. 이 외에도 제휴사가 제공하는 제3자 서비스에도 서명 서비스가 이용될 수 있다. 이는 다양한 블록체인 기반 애플리케이션인 댑(dApp)이 갤럭시S10에서 사용될 수 있다는 뜻이다

3. 겔러시S 10 암호화폐 지갑서비스

1) 암호화폐 지갑 서비스

갤럭시 S10 암호화폐 지갑에는 비트코인, 이더리움, 코스모체인, 엔진코인, 크립토키티, 코인덕 6종의 암호화폐에 대해 저장 및 지갑 서비스가 지원되고 있다.

삼성전자는 2019년 2월 갤럭시S 10, S10 플러스, S10 e, S10 5G 4가지 종류의 갤럭시S10 시리즈를 선보였다.

갤럭시S 10은 보안 솔루션인 삼성 녹스와 소프트웨어를 통한 하드웨어 지갑을 만드는 기능을 통해 암호화폐 지갑 서비스를 지원한다.

또한 특정 플랫폼에 속하지 않은 암호화폐라도 얼마든지 활용할 수 있는 도구로서 역할에 충실하도록 하였다. 이를 위해 갤럭시S 10안에는 애플의 앱스토어와 같이 블록체인 기반의 디앱을 사용할 수 있는 역할인 키스토어 서비스를 탑재했다.

현재 삼성전자는 갤럭시라는 강력한 제품을 앞세워 핀테크 업계를 장악하며 영향력을 계속 확대해나가고 있다.

2) 사용 가능한 암호화폐

① 비트코인 : 세계 최초의 성공적인 분산 디지털 통화로 익명성을 기반으로 개인 식별 정보가 따로 필요없는 암호화폐이다. 2018년 7월 기준으로 약 1,000억달러를 기록하며 시가 총액 1위를 달성했다.

② 이더리움 : 이더리움은 스마트 계약 기능을 구현하기 위한 분산 컴퓨팅 플랫폼이며 비트코인을 기반으로 만든 가장 대표적인 알트코인이다.

③ 코스모체인 : 갤럭시S 10에서 첫 번째로 탑재된 디앱으로 뷰티 소셜플랫폼이다. 카카오 자회사인 인베스트먼트가 투자를 하고 협력 관계를 맺고 있다.

④ 엔진코인 : 싱가포르 개발사 엔진이 만들었으며 블록체인 기반인 게임 아이템 거래 플랫폼이다. 이더리움 기반으로 게임 아이템들을 저장할 수 있으며 비트코인, 라이트코인 등 중요 암호화폐 800종을 지원하고 있다.

⑤ 크립토키티 : 고양이 캐릭터 수집 게임으로 큰 인기를 누리며 성공한 최초의 블록체인 게임이다.

⑥ 코인덕 : 암호화폐 기업 최초로 삼성전자 스타트업 육성 프로그램 C랩에 선발된 디앱으로, 암호화폐 환전, 결제, 송금 서비스 등 간편 결제를 지원하는 플랫폼이다.

02 키페이의 키웨렛 암호화폐의 등장배경, 종류, 및 특징에 대하여 분석하라.

키월렛(KeyWallet)은 암호화폐를 저장·보관할 수 있는 하드웨어 암호화폐 지갑이다. 키페어(Keypair) 회사가 만들었다.

1. 등장배경

최근 암호화폐거래소(Cryptocurrency Exchange)를 겨냥한 사이버 공격이 빈번히 발생한다는 소식이 심심치 않게 들려온다. 이러한 소식을 바탕으로 안전한 가상 화폐 거래를 보장하는 콜드 월렛(Cold Wallet)에 대한 수요가 증가하는 추세다. 이에 대응하기 위해 IT 보안 업체인 키페어(Keypair)는 근거리무선통신(NFC)을 통해 휴대 전화에 바로 연결이 가능한 키월렛 터치를 출시했다.

2. 종류

1) 키월렛 클래식

암호화폐 저장기능을 강화한 전용 보안칩(SE)이 탑재된 '키월렛(KeyWallet)'은 USB 형태로 PC에 연결해 전자서명, 개인키 등을 보관할 수 있도록 설계됐다. 코인 잔액 확인, 지갑 관리, 코인 전송 및 수신이 가능하며 전용 프로그램과 연동을 통해 비트코인, 이더리움 등의 암호화폐를 지원하고 있으며 매달 순차적으로 새로운 화폐가 추가되고 있다. 배터리를 사용하지 않고 개인키를 직접 생성하여 더욱 안전하며 복구 시트를 통해 백업과 복구가 가능하다.

2) 키월렛 터치

NFC 카드 형태의 '키월렛 터치'는 스마트폰에서 키월렛 앱으로 편리하게 코인을 확인 및 관리할 수 있고, 보안칩을 사용하여 고객의 자산을 안전하게 보관할 수 있다. 그리고 일반 신용카드 크기이기 때문에 지갑에 넣고 다닐 수 있다. 또, 카드를 잃어버리더라도 복구시트를 통해 복구가 가능하다. 표준 스마트 카드로 내구성이 입증되었고, 배터리가 필요없으며 반영구적으로 사용이 가능하다.

2019년 초, 키월렛 터치 카드 리더가 출시되었다. 스마트폰에서 사용하던 키월렛 터치를 키월렛 리더를 통해 PC에서도 사용 가능하게 하여 PC와 모바일 둘 다 사용 가능하다. 이외에도 태블릿 POS 결제 단말기로 키월렛 리더를 이용하여 암호화폐 결제 시스템을 구축할 수 있다.

3) 키월렛 프로

키월렛 프로는 비트코인, 이더리움과 같은 암호화폐를 보관할 수 있는 하드웨어 월렛이다. 지문인증 타입인 고급형 제품 '키월렛 프로'는 지문 센서인 본인 인증 절차를 통해 보안을 강화했다. USB 2.0 Type-A포트와 호환되어 PC에서 사용할 수 있으며 개인키를 사용자가 직접 생성하여 안전 하며 복구 시트를 통해 백업과 복구가 가능하다.

4) 기업용 콜드웰렛

기업용 제품은 강력한 보안성을 갖춘 저장장치를 거래소가 마련해야한다는 취지와 함께, 필요할 때 바로 불러내 거래를 원활하게 할 수 있도록 하는데 초점을 맞추어 설계했다.

현재의 콜드월렛 방식은 거래를 위해 호출하고 전송하는데 시간과 비용이 많이 들어 거래소나 투자자 모두 망설이는 경향이 있으며 거래소 환경에 맞는 전자지갑을 이용하면 안전한 보관과 빠른 거래를 동시에 충족할 수 있다.

이를 위해 키월렛은 물리적 보안칩을 병렬식으로 연결해 시스템 렉에 설치하고, 은행 개인금고와 같은 형태로 각자 개인키를 소프트웨어(SW)형태 서버에 두는 것이 아니라 콜드월렛(칩)에 보관한다. 물리적인 외부 저장 공간에 두는 일반 콜드월렛과 달리 기존 시스템 내부에 연결 가능해 보안과 거래 인프라 용이성까지 갖췄다.

3. 특징

1) 편의성

키월렛은 내구성이 입증된 카드 형태로 일반 카드처럼 간편하게 휴대할 수 있으며 배터리없이 영구적으로 사용할 수 있다.

2) 다양한 코인 지원

비트코인, 이더리움 등과 같은 ERC-20 코인을 지원한다. 지속적인 업데이트로 다양항 코인을 추가할 예정이다.

3) 합리적인 가격

기존에 출시되고 있는 콜드웰렛에 비해 키월렛은 기능, 안정성 그리고 편의성에 비해 합리적인 가격으로 판매되고 있다.

4) FIDO U2F 인증

FIDO U2F 인증을 받았기 때문에 자산을 안전하게 보관하는 것을 넘어 U2F기능을 이용한 사이트 로그인이 가능하고 인증을 필요로 하는 다양한 분야에서 사용이 가능하다.

5) 보안성

키월렛을 분실 하더라도 복구 시트를 사용하여 개인 키의 복구가 가능하다. 또한 백업의 용도로 다른 한 쌍의 키월렛을 사용할 수 있다. 두개의 키월렛 중 하나를 분실하더라도 백업된 다른 키월렛을 사용하여 안전한 거래를 할 수 있다.

6) 특허 기술을 통한 경쟁력

키월렛의 운영 체제는 키페어에서 개발 및 검증한 자체 COS(Chip Operationg System)를 갖추고 있으며 CC EAL 5+(보안 기능이 체계적으로 설계되어 안전하고 명확하게 수행되고 있음을 증명 가능한 등급[6])를 받은 하드웨어를 사용한다. 또한 자체 개발한 스마트 OTP를 제공하며 특허 기술을 통해 경쟁사 제품과 다르게 빠르고 안정적으로 작동한다.

7) 간단하고 직관적인 UI

키월렛은 암호화폐 시장에 뛰어 드는 초기 사용자에게 응용 프로그램이 간단하고 직관적인 UI(User Interface)로 구성되어 있어 쉽고 단순하다. 지속적인 업데이트로 더욱 편리한 UI를 개발할 예정이다

03 메타마스크 암호화폐 지갑의 특징과 주요기능에 대하여 분석하라.

1. 특징

1) 입금 방법

① MetaMask 확장 프로그램 열기

② 창 상단의 계정 이름 위에 마우스를 올려 놓으면 "클립 보드에 복사"가 표시된다.

③ 귀하의 주소를 복사하려면 계좌 이름을 클릭.

④ ETH 또는 토큰을 발송할 신청서의 "수령인" 필드에 주소를 붙여 넣기.

⑤ 거래를 제출하기 위해 필요한 다른 모든 단계를 완료.

2) 계정

사용자의 자금을 보유하는 공공 및 개인 키페어이다. 자금은 실제 지갑이나 계좌가 아닌 블록체인에 보관되어있다. Reddit계정의 사용자 이름(공용)과 암호(개인)가 있는 것처럼, 이더리움 계정도 마찬가지이다. 추가적인 보안을 위해 암호를 사용하여 사용자 이름과 암호 및 더 안전한 암호를 만들 수 있는 개인 키를 암호화할 수 있다.

3) 퍼블릭 키(Public Key)

사용자가 계좌로 자금을 보낼 때 사용한다. 주소(Address)라고도 한다. 프라이빗 키는 0x+40 16진수 문자로 구성된 문자열로 이루어지며, 이더리움(Etherum)에서 주소는 0x로 시작한다(예 0x06A85356DCb5b307096726FB86A78c59D38e08ee).

암호에는 퍼블릿 키와 프라이빗 키가 있다. 프라이빗 키에서 퍼블릭 키를 추출할 수 있지만, 퍼블릿 키에서 프라이빗 키를 추출할 수는 없다. 이더리움(Etherum)에서 공용 키는 개인 키에서 파생되어 128 16진수이며, 파생 후 64자의 "SHA3"(Kecak-256) 해시를 가져와서 마지막 40자를 취하고 0x로 접두사를 하면 42자 주소를 알려준다.

4) 프라이빗 키

사용자가 계좌에서 자금을 보낼 때 사용한다. 64자의 16진수 문자열로 이루어지며, 주로 64개의 16진수 문자로 된 모든 문자열은 프라이빗(Private Key) 키이다.

5) 하드웨어 지갑

프라이빗 키를 보유하여 안전한지 확인하는 단일 목적 장치이다. 전형적으로 24단어을 사용한다. 만약 사용자가 하드웨어 지갑(Hardware Wallet)을 잃어버렸다면, 사용자는 사용자가 적었던 단어를 통해 계좌와 펀드에 접근할 수 있다.

2. 핵심 기능

메타마스크의 핵심기능은 Key Management이다.

① 프라이빗 키를 생성해준다.
② 생성된 프라이빗 키를 보관해두었다가 사용자가 필요할 때 꺼내쓸 수 있게 한다.
③ 단순히 프라이빗 키 그대로를 보관해 두었다가 바로 꺼내쓰는 것은 위험하기 때문에 사용자에게 따로 패스워드를 설정할 수 있게해서 프라이빗 키를 꺼낼 때 패스워드를 물어보게 하여 보안에 신경썼다.

04 비트베리 암호화폐 지갑에 대하여 분석하라.

1. 개요

비트베리(BitBerry)는 두나무㈜의 자회사로 편입된 루트원(Root One)에서 개발한 암호화폐 지갑이다.

보통 다른 암호화폐 지갑들은 송금하고자 하는 화폐가 디앱으로 생성된 토큰일 경우, 해당 디앱의 주소를 등록하고 송금 대상자의 지갑 주소로 송금하는 절차를 거치게 되지만, 비트베리 지갑은 SNS 계정으로 가입해서 사용하기 때문에, 단순히 상대방 전화번호만 알면 송금할 수 있다.

2018년 기준으로 비트베리 지갑은 카카오톡 계정만 지원하고 있다. 플랫폼 코인은 비트코인과 이더리움만 사용 가능하다. 안드로이드와 iOS용 모바일 앱을 설치해서 사용할 수 있으며, PC용 웹 버전은 향후 추가할 계획이다.

2. 특징

① 비트베리 회원 간 수수료가 무료이다.
② 콜드월렛(Cold Wallet) 90%를 지원한다.

③ 타 블록체인 서비스 개발사를 위한 레스트풀(Restful) API와 화이트라벨(WhiteLabel) 소프트웨어 개발 도구(SDK)를 지원한다.

3. 모스랜드 게임

① 비트베리 지갑의 대표적인 성공 사례로 모스랜드(Mossland) 게임을 들 수 있다. 모스랜드는 리얼리티 리플렉션 회사가 개발한 증강현실(AR) 모노폴리 게임이다. 모스랜드는 비트베리 지갑 API를 통해서 개발 기간을 대폭 단축하였고, 편리한 사용성 덕분에 ICO를 성공적으로 수행하였다.

② 게임 내용은 가상현실(VR) 자산 트레이딩 게임이다. 가상 옥션 경매 시스템을 통해 전 세계 주요 건물을 선점하는 것이 목표이다.

③ 2018년 10월 23일 기준으로 가상 건물 경매를 통해 얻은 수익이 350억원에 달한다.

4. 향후 계획

① ㈜매그니스(MAGNIS)와 연계를 통해 ERC-721 토큰을 지원한다.

② 업비트(Upbit), 올비트(AllBit) 등 암호화폐 거래소와 연동된다.

③ 기존 온라인 결제 솔루션을 제공하고 있는 다날 등과 협업하여 오프라인 결제 서비스 제공한다.

④ ICO 디앱을 지원한다.

05 엔진 암호화폐 지갑의 특징 및 장점에 대하여 분석하라.

1. 개요

엔진지갑(Enjin Wallet)은 엔진사에서 출시한 스마트 월렛(Enjin Smart Wallet)으로, 모바일 전용 암호화폐 지갑이다. 은진지갑이라고도 한다. 2018년 3월 12일에 출시되었고, 지갑 안에서 암호화폐 보관은 물론 교환, 매매도 할 수 있다. 대표는 엔진코인 CEO인 막심 블라고프(Maxim Blagov)이다.

엔진지갑은 엔진사에서 출시한 스마트 월렛을 기반으로 보안 아키텍처를 구축하고 하드웨어 지갑에서 영감을 얻었으며, UX / UI와 개발 경험을 결합해 스마트 폰으로 비 루트 장치에 하드웨어와 같은 보안 지갑이다.

2018년 3월 12일에 출시되었으며, 엔지 지갑의 iOS 버전에는 보안 아키텍처, 개인

키의 전체 제어, 메모리 암호화, Enjin 보안 키보드 및 2가지 암호화 규칙을 갖춘 Android 보안 가능과 동일한 안전 기능이 포함되어 있다.

엔진(Enjin)은 ios에서 모든 erc20 토큰을 지원하는 첫 번째 지갑으로 엔진코인(Enjin Coin)은 바이낸스, 쿠코인, 코인레일, HitBTC에서 거래가 가능하다.

2. 특징

엔진지갑은 은 미국 국가안보국(NSA)에서 사용하는 암호기술인 AES-256을 사용해 가장 안전한 암호화폐 모바일 지갑이다.

비트코인(BTC), 이더리움(ETH), 라이트코인(LTC)을 비롯해, 800종이 넘는 ERC-20 토큰 표준 기반의 모든 암호화폐를 지원한다.

깔끔하고 간편한 인터페이스와 지문 로그인 기능을 지원한다. 세계 최고 수준의 보안성과 사용자 중심의 편리성으로 구글플레이에서 100점 환산 94점에 해당하는 평점 4.7의 높은 사용자 평가를 받고 있다.

엔진지갑에서 암호화폐 ICO에 바로 참여할 수 있는 기능까지 제공해 '암호화폐 지갑의 끝판왕'으로 알려져 있다. 엔진지갑은 구글 안드로이드, 애플 iOS과 앱설치파일(APK) 등 세 가지 방식으로 사용할 수 있다.

2018년 9월 7일 새로운 ERC-1155 이더리움 토큰 표준과 ERC-721토큰을 지원하는 '엔진 스마트 월렛(Enjin Smart Wallet)' 최신 버전을 출시했다.

'엔진 스마트 월렛(Enjin Smart Wallet)'은 전 세계에서 유일하게 비트코인, 라이트코인, 이더리움과 같은 주요 암호화폐 및 ERC-20, ERC-721, ERC-1155 이더리움 토큰 표준을 모두 지원하는 첫 암호화폐 지갑이다.

이번 업데이트로 사용자들은 게임 아이템 지갑을 무한 생성할 수 있고, 다른 유저 지갑 보기 기능을 통해 다양한 소장용 아이템 컬렉션을 볼 수 있다.

아이템 희소성에 따라 유저 인터페이스 색상이 바뀌는 시각적 즐거움도 느낄 수 있다. 엔진 스마트 지갑은 현재 개발 중인 '엔진엑스(EnjinX)' 블록체인 탐색기와 연동 되어 있기 때문에 실시간으로 속도 지연 없이 대용량 아이템을 로딩할 수 있고 더 빠르게 아이템을 볼 수 있다.

1) 엔진 보안 키보드

엔진지갑은 어떤 형태의 데이터 스니킹이나 키로거도 방지할 수 있도록 고안된 독자적인 키보드를 만들었다. 키보드는 입력 보호의 궁극적인 수준을 위해 키를 랜덤화할 수 있는 옵션으로 지갑 자체에 내장되어 있다.

2) 두가지 암호화 규칙

엔진 지갑은 두 개의 완전히 독립적인 암호화 레이어를 사용하여 저장소와 기밀 데이터를 보호한다. NSA 상용 솔루션 분류 프로그램의 데이터 보안 원칙을 따라, 하위 레벨에서는 하드웨어 256 AES 암호화가 사용되고 응용 프로그램 계층에서는 소프트웨어 암호화가 사용된다.

3) 메모리 암호화와 스크린샷 방지

모든 키 데이터는 암호화된 메모리에서 보관 및 처리된다. Android에서 OS 레벨의 보안 창 레이아웃은 스크린샷 또는 비디오 녹화 시도를 중지하며, OS 레벨의 보안 보안 윈도우 레이아웃은 어떠한 스크린샷 시도라도 막아버린다. 데이터는 암호화된 메모리에 보관되며 중요한 값은 처리 후 즉시 메모리에서 삭제된다.

4) 12단어와 펜

장치를 분실하거나 비밀번호를 잊어버리는 경우에도, 단지 종이 쓰여진 12개의 복구문을 쓰면 암호 지갑과 동전을 확보할 수 있다. 이 복구문은 사용자의 지갑과 자금을 다른 어떤 장치에도 복원할 수 있다.

5) 다양한 지원

엔진 지갑은 비트코인(BTC), 라이트코인(LTC), 엔진코인(ENJ) 및 모든 종류의 ERC-20 토큰을 지원한다. 곧 리플(XRP), 비트코인 캐시(BCH), 이더리움 클래식(ETC), 대시(DASH) 및 더 많은 종류의 코인들이 추가될 예정이다.

6) 스마트 유저 인터페이스

엔진 지갑은 사용자의 요청에 맞추어 즉석에서 진화하는 스마트 UI를 제공한다. 지갑은 게임 기능이 없는 일반 거래 지갑 또는 보유용 지갑처럼 작동한다. 만약에 가상재화나 게임 플랫폼과 연동하기로 결정하면, 지갑 UI는 관련된 게임의 특성에 맞추어 즉석으로 진화하게 된다.

7) 복수 통화

가상화폐 잔고를 실시간 현지 통화 가치로 업데이트해서 보여준다.

8) 최적 송금 수수료 및 맞춤 송금 수수료

최적의 송금 수수료를 위해 거래 수수료가 동적으로 계산된다. 또는 사용자 정의 송금 수수료 및 한도도 설정할 수 있다.

3. 장점

제1장 제2장 제3장 제4장 제5장 제6장 제7장 제8장 제9장 제10장 제11장 제12장

1) 보안

엔진지갑은 가장 안전하게 만드는 것을 최우선시하여 최고의 보안 아키텍처로 엔진지갑 기반을 구축했다. 엔진지갑은 하드웨어 지갑에서 영감을 얻었으며, UX / UI와 개발 경험을 결합하여, 스마트 폰을 하드웨어로 바꿀 수있는 모바일 응용 프로그램을 만들었다. 엔진이 내놓은 엔진 지갑 '엔진 스마트 월렛'이 세계적인 정보보안 전문가인 토니미르 키사손디 박사가 이끄는 크로아티아 출신의 보안그룹인 ORU의 해킹 테스트를 통과했다.

ORU의 키사손디 박사가 진행한 해킹 테스트는 엔진지갑 안로드이드 버전과 개발자용 설치 파일인 안드로이드 APK, 엔진지갑에 사용된 백엔드 API를 대상으로 진행됐다.

해킹 테스트 결과 악성 앱이 엔진 지갑의 사용자 정보를 탈취하기 위해 화면을 감시하는 오버레이를 감지 및 방지해 내고 백업 시 스크린샷을 성공적으로 차단했다.

또한 메모리 내 비밀번호와 암호화 키 저장 차단, 암호화된 데이타를 가져오려는 앱 차단 등 사용자 자산을 탈취할 수 있는 모든 경로를 차단하는 높은 보안성을 제공하는 것으로 확인됐다.

엔진 지갑이 기업들의 블록체인 마케팅 솔루션으로까지 영역이 넓어진 만큼 기업들과 소비자들이 실생활에서 안전하고 편리하게 사용할 수 있도록 엔진지갑에 대한 보안성과 편리성을 꾸준히 높여갈 것이다.

4. 사용 방법

1) 설치

구글 플레이 스토어 또는 애플 앱스토어에서 엔진지갑 다운로드 및 지갑 생성하기.

2) 비밀번호

적어도 1개 이상의 숫자와 최고 8자리 이상의 문자로 구성된 비밀번호 만들기.

3) 복구문 보관하기

12 단어로 된 복구문을 별로도 된 장소에 따로 써서 안전하게 보관해 두는 것은 매우 중요하다. 만약 사용자가 장치(단말기, 핸드폰 등)나 지갑 앱에 대한접근 권한을 상실할 경우에 복구문을 통해서 지갑을 복구할 수 있다.

4) 복구문 검증하기

일단 복구문을 따로 써 뒀다면, 사용자에게 그 중에서 임의로 2개의 특정 단어를 지정해서 입력하도록 요청할 것이다. 복구문이 아주 중요한 정보이기에, 사용자는 제대로 적어서 안전하게 보관하고 있는지를 다시 한번 확인하고자 함이다.

5) 코인 및 토큰 선택

지갑에서 원하는 코인이나 토큰을 선택한다. 이 후 언제라도 변경할 수 있다. 엔진 지갑은 비트코인(BTC), 라이트코인, 이더리움 및 모든 ERC-20 토큰을 지원한다. 만약 토큰이 해당 리스트 상에 없다면, 리스트에 추가할 수 있다.

5. 최근 활동

엔진지갑은 탈중앙화 거래소 3곳을 동시에 탑재해 암호화폐 지갑에서 암호화폐를 곧바로 교환 거래할 수 있게 되었다.

엔진지갑에 들어간 탈중앙화 거래소는 체인질리(Changelly), 뱅코르(Bancor) 그리고 카이버 네트워크(Kyber Network)이다. 엔진지갑 내 탈중앙화 거래소 체인질리와 뱅코르에서는 100개 이상의 암호화폐를, 카이버 네트워크에서는 50개의 암호화폐를 트레이드 페어할 수 있다.

트레이드 페어는 각기 다른 암호화폐들을 서로 맞 교환하는 거래다. 또한 엔진지갑에서 사용자들은 거래소 마다 다른 시세와 속도 내용을 확인 및 비교하여 최적의 거래를 할 수 있는 기능도 함께 제공한다.

엔진은 이번 엔진지갑의 탈중앙화 거래소 내장 기능을 제공함으로써 블록체인 기반의 가상 자산에 대한 거래 가치를 확보하는 과정이 훨씬 간편해졌다고 전했다.

기존에는 지갑 안에 보유하고 있는 코인을 다른 코인으로 거래하기 위해서 여러 거래소의 플랫폼을 거쳐 시세 확인한 후 좋은 시세를 가지고 있는 거래소의 지갑 주소로 코인을 이동시켜 거래를 진행했다.

하지만 이번 엔진 스마트 월렛에 들어간 탈중앙화 거래소 기능으로 암호화폐 지갑에서 간편하게 코인을 거래, 구매할 수 있을 뿐만 아니라 최적의 시세 확인이 가능하다.

06 암호화폐 거래소가 만든 월렛아이오 암호화폐 지갑의 특징에 대하여 분석하라.

월렛아이오(Wallet.io)는 중국 홍콩에 있는 게이트아이오(Gate.io)가 한국에 만든 암호화폐 지갑이다.

1. 개요

게이트아이오에서 자체적으로 개발한 월렛아이오 지갑은 거의 모든 코인들을 안전하고 편리하게 저장할 수 있는 블록체인 지갑이다.

암호화폐 거래소 중에서는 세계최초이다. 월렛아이오를통해 암호화폐 지갑을 통해 사용자들은 디지털 자산관리, 계정이체, 입금 등의 서비스를 무료로 이용할 수 있다. 또한, 모든 디바이스 데이터 자동 동기화, 즉시 스왑, EOS 임대 등의 높은 수준 기능들을 제공 받을 수 있다. 더불어, 사용자들은 월렛아이오를 이용해 가공 자산(Fictitious Asset)을 더욱 안전하게 저장, 이체, 거래를 할 수 있다. 한편, 게이트아이오 거래소 사용자들은 게이트아이오 인증을 통한 로그인을 지원하여 동일한 ID로 쉽고 빠르게 암호화폐 교환 및 전송 서비스를 사용할 수 있다.

2. 특징

1) 모든 코인을 담는 통합지갑

현재 Wallet.io는 대부분의 암호화폐(BTC 및 모든 BTC 포크 코인, ETH 및 모든 ERC-20토큰, QTUM 및 모든 QRC-20 토큰, EOS 모든 토큰 및 NEO 모든 NEP-5 토큰)를 지원한다. 지갑은 다중 보안 결합 방식을 사용하며, 2FA 안전 인증 및 고강도 암호의 비밀키(사용자 승인 후 거래가 시작 시에만 사용하며, 사용 후 자동으로 삭제됨)를 통해 은행시스템 수준의 자산 보안을 실현한다.

2) 안정적인 Onchain 지갑

기존의 Onchain 지갑과의 차이는 비밀키/연상 기호 단어 최적화, 사용자는 비밀 키 기록을 저장할 필요가 없으며, 거래소에서 자금 안전을 보장하고 있다.

Offchain과의 차이는 자금은 체인 기록으로 투명하게 기록 및 조회 가능하여, 조작이 불가능하다. 사용자의 자금이 분리되며, 거래소는 임의로 사용자 계정의 자금을 사용할 수 없다.

3) 모든 디바이스 데이터 동기화 지원

월렛아이오(Wallet.io)는 IOS/Android 스마트 폰 및 태블릿 PC 등의 모바일 단말기를 지원하며, 컴퓨터 웹 사이트에서도 사용 가능하다. 데이터는 모든 디바이스에 자동으로 동기화되기 때문에 자금 상태를 실시간으로 확인할 수 있다.

현재 월렛아이오 지갑은 BTC, ETH, LTC, EOS, BCH등을 포함한 거의 대부분의 주요 블록체인 자산을 지원하고 있다.

4) EOS CPU 임대

월렛아이오에서는 EOS CPU 임대 서비스 및 디지털 화폐 즉시 스왑 서비스를 출시했다. EOS CPU 자원 임대 서비스는 EOS DApp 개발자 및 게임 플레이어 대상으로 EOS 시스템에 편리함을 제공한다.

또한, 월렛아이오는 EOS 또는 ETH을 통해 임대 비용을 결제하는 방식을 지원하며, 단일 임대, 대량 임대 옵션을 제공한다. 임대는 온라인에서 실시간으로 실행하고 완료할 수 있다.

5) 코인간 스왑 기능

즉시 스왑 기능은 시장 거래의 실제 상황에 따라 가장 경제적인 거래 페어를 매칭하여 편리한 디지털 화폐의 즉시 스왑을 구현한다.

즉시 스왑은 현재 게이트아이오(Gate.io)의 모든 거래 페어를 지원하여 원 버튼 조작을 통해 코인 스왑을 자동적으로 완료 시킨다. 이는 거래의 지연 및 정체를 피할 수 있으며, 즉시 스왑 거래를 가능하게 한다.

07 지갑의 종류에 대하여 분석하라.

지갑의 종류로는 거래소 지갑, 데스크탑 지갑, 웹지갑, 하드웨어 지갑, 종이지갑, 송금과 ICO에 참여하는 지갑 등이 있다.

1. 거래소 지갑

장점은 거래소를 이용하면 알트코인을 구매하기가 쉬우며 거래소 이용이 단타 매매자에게 이상적이다. 어떤 거래소는 은행계좌와 연동을 함으로써 법정 통화로 알트코인을 살 수 있다. 이 같은 경우 신원 확인 절차를 거치는 경우가 많다.

단점은 거래소가 문을 닫거나 해킹을 당하면, 코인에 대한 접근이 차단되거나 코인을 영영 잃어버릴 수도 있다. 또한, 다르 지갑들과는 달리 개인키에 대한 접근 권한이 없다. 장시간 동안 거래소에서 코인을 보관하는 것을 추천하지 않는다.

㉣ 업비트, 빗썸, 코빗, 코인원, Coinbase/Gdax, Bittrex 등

2. 데스크탑 지갑

데스크탑 지갑은 Full Node 지갑과 Light 지갑(Wallet)이 있다.

1) Full Node 지갑 클라이언트

Full node 지갑 클라이언트를 실행하기 위해서는, 블록체인 전체를 컴퓨터에 다운로드 해야 한다. Full node를 통해 거래의 진위를 판별함으로써 알트코인 블록체인을 직접적으로 지지할 수 있다. 단점은 저장용량을 몇 기가바이트나 차지 할 수도 있고 동기화*하는데 여러 시간이 걸린 수 있다.

Tip

Full Node 지갑을 백업 하려면, file-〉 backup now를 클릭하면 된다. 향후에 코인에 대한 접근을 원하시면 여기서 생겨난 .dat 파일을 보관하면 된다. 지갑을 지우거나 컴퓨터가 고장나면 코인을 복구할 수 있는 한가지 방법이기도 하다.

예시 : Litecoin Core 등

2) Light Wallet 클라이언트

Light Wallet 클라이언트 지갑의 장점은 온라인에 저장되어 있는 블록체인을 이용하기 때문에 동기화가 비교적 빠르다는 것이다.

단점은 인터넷에 로그인 되어 있을 때 개인키를 따로 격리하지 않는다(예시 : Electrum LTC, Exodus, Loafwallet 등).

3. 온라인 지갑

장점은 만들기 쉽고, 저장용량을 차지하지 않는다. 동기화 시간이 없다.

단점은 웹사이트가 다운되거나 해킹을 당하면 코인에 대한 접근이 제한된다.

* 동기화란 블록체인 전체를 컴퓨터에 다운로드 하는 것이다. 입문자는 암호화폐 전반에 대해 조금 더 익숙해지기 전까지 이 방법은 추천하지 않는다.

4. 하드웨어 지갑

장점은 USB와 같이 실제로 존재하는 장치이다. 코인을 안전하게 보관해주고, 간편하게 컴퓨터의 USB 포트에 연결함으로써 이용 할 수 있다. 코인에 접근하는 방법은 하드웨어를 통하는 방법 밖에 없다. 컴퓨터 용량을 차지하지 않고, 동기화 시간이 없다. 원하면 어디든 들고 다닐 수 있다.

단점은 코인에 접근하는 방법이 하드웨어를 통하는 방법 밖에 없다. 구매하는 데 돈이 필요하며 보통 구입하면 받는데 시간이 걸린다.. 하드웨어 지갑을 잃어버리면 코인에 대한 접근이 제한된다. 그러나 하드웨어 지갑을 만드는 회사들은 시드키와 PIN 숫자를 통해 코인을 복구하는 방법에 대해 자세한 자료를 제공한다(예시 : Ledger Nano S, Trezor(BTC/LTC세그윗 지원!).

5. 종이지갑

장점은 코인을 보관하는 가장 안전한 방법이다. 온라인 알트코인 주소 생성기를 통해 주소를 만든 다음에 인쇄하면 만들 수 있다. 알트코인은 인터넷 연결이나 해커들로부터 안전하다. 지갑을 추가적으로 "암호화"도 할 수 있다.

이는 지갑에 추가적으로 암호를 걸어놓음으로써 본인의 코인을 이중으로 보호한다. 암호화는 인쇄 전에 하여야 하며, 비밀번호를 잊어버리면 본인의 코인은 비밀번호를 기억하지 않는 한 찾을 수 없다. 데스크탑 지갑 또한 암호화 할 수 있으며 이를 권장한다.

단점은 인쇄한 종이를 잃어버리면 코인도 잃어버린다. 어떤 사람들은 이 종이를 은행에 보관하기도 한다. 지갑 클라이언트와 비교했을 때 코인을 빼내는 것이 조금 버겁고 귀찮다.

08 암호화폐 지갑의 코인을 탈취하는 경우를 분석하라.

대부분 모두 인터넷 연결 등을 통하여 본인의 코인을 잊어 버리는 경우가 대부분이므로 핫 월렛(Hot Wallet)에서 콜드 월렛(Cold Wallet)으로 바꾸는 것이 중요하다.

① 핫 월렛 : 인터넷에 연결되어 있는 지갑이다.

② 콜드 월렛 : 인터넷에 연결되어 있지 않은 지갑이다.

두 가지 지갑 중에, 인터넷에 연결되어있지 않은 콜드월렛이 제일 안전하다. 해커의 지갑에 대한 접근을 원천적으로 막을 수 있다. 지갑을 비밀번호로 "암호화"하여 이중으로 피해를 방지할 수도 있다.

예를 들면

① 키로깅(Keylogging) : 이메일이나 웹사이트로부터 소프트웨어를 다운 받을 경우에 키로깅의 피해자가 될 수 있다. 이 소프트웨어는 본인의 키보드 타자를 기록하여 해커가 비밀번호 등을 알 수 있다.

② 원격 조종(Remote Access Control) : 이메일이나 웹사이트로부터 받은 소프트웨어로 해커가 본인의 컴퓨터를 원격 조종할 수도 있다. 해커는 이메일 등의 개인 정보를 열람할 수 있고, 지갑에 대한 접근 권한을 얻으면 지갑의 알트코인을 타 주소로 보낼 수도 있다.

③ 피싱사이트나 사칭 전화 등에서 이메일, 가짜 웹사이트, 전화 등을 이용하여 본인의 계정에 접근할 수 있는 정보를 탈취 한다.

④ 무차별 공격(Brute Force) : 미리 조사한 본인의 사생활을 토대로 본인이 설정해 놓았을 법한 비밀번호를 무작정 대입하기도 한다.

⑤ 지갑 주소와 연계된 개인키(Private key) 도난 : 개인키 탈취하는 데 성공하면 타 지갑 클라이언트에 주소와 개인키를 입력하고 알트코인을 훔쳐 갈 수 있다.

09 암호화폐 지갑 종류에 따른 보호 방법을 분석하라.

1. 거래소 지갑

거래소의 지갑에 대한 개인키를 본인이 가지고 있지 않기 때문에, 이를 콜드월렛으로 바꿀 수 있는 방법이 따로 없다. 해킹을 방지하기 위해서 현재 사용하고 있는 이메일, 거래소에 각기 고유의 비밀번호를 설정 해놓는 것이 좋다.

또한, 2단계 인증(2FA : Two-Factor Authentication)을 지원하는 거래소만 이용하는 것이 이상적이다. 추천하는 2단계 인증 어플은 Authy, Google Authenticator. Fido 인증 어플을 가지고 있으면 좀 더 안전하다.

Authy와 Google Authenticator은 폰으로 쉽게 다운로드 가능하다. 이 어플들은 일정 시간마다 무작위로 숫자들을 생성하는데 온라인 계정에 접근하기 위해서 이 숫자를 필요하다. 계정이 해킹당하더라도 해커들은 2FA 코드를 모르기 때문에 이중으로 자산을 보호할 수 있다.

온라인 거래소는 아주 짧은 시간 동안만 사용하는 것을 권장한다. 이용하는 거래소가 언제까지나 잘 운영되리라는 보장이 없기 때문이다.

예를 들어, GDAX나 Poloniex와 같이 유명한 거래소들도 DDOS 공격이나 서버폭발로 인하여 다운되기도 한다. 미국의 F.B.I.가 BTC-E 거래소를 2017년 7월 28일 압수 수색한 일이 발생했다. 이에 몇만명의 이용자들의 코인에 대한 접근이 제한되기도 했다. 이러한 일들이 일어나면, 코인을 찾을 수 있는 방법이 매우 제한된다. 거래소에서 트레이딩을 하고 나면, 코인을 거래소 외부에 보관하는 것을 추천한다.

2. 데스크탑 지갑

알트코인을 콜드월렛으로 바꿀 수 있다. 알트코인에서 제공하는 절차에 따라 USB가 아닌 많은 용량을 차지하기 때문에 외장하드를 사용하고 .dat 파일로 지갑을 백업하면 된다. 이후에 반드시 복화하 하는 것을 잊지 말라. 아니면 다시 백업을 다시 해야 할 수도 있다.

이 방법이 USB 드리이버나 외장하드가 고장나지 않는 한 종이지갑만큼이나 안전하다.

3. 온라인 지갑

온라인 지갑은 온라인상에 관리가 되기 때문에 콜드월렛으로 바꿀 순 없다. 이러한 온라인 지갑에 접속하기 위해서 계정 및 비밀번호를 만드는 것 외에는 보안을 추가할 수 있는 방법이 많지 않다. 그러나, 몇몇 온라인 지갑이 2FA를 지원하기 시작했고 점점 더 많이 지원하는 추세이다.

4. 하드웨어 지갑

하드웨어 지갑은 자체적인 보안 솔루션을 가지고 있다. 개인키를 격리시켜 놓았으며, 고유 PIN 숫자를 매번 입력하게 되어 있다. 하드웨어 지갑 또한 컴퓨터와 연결되어 있을 때만 인터넷에 연결되어 있으므로 콜드월렛 카테고리에 속한다고 할 수 있다.

5. 종이지갑

공개키(Public key)와 개인키(Private key)를 종이에 인쇄하여 쓰는 것이 종이지갑이다. 보안 강화를 위해 인쇄하기 전에 먼저 지갑 주소를 암호화할 수도 있다. 암호화를 하지 않은 상태로 인쇄를 하면 누구든지 종이지갑을 가져가서, QR code를 스캔하고, 쓸 수 있기 때문에 주의를 해야 한다. 어떤 사람들은 종이지갑을 은행에 보관하거나 집의 금고에 보관하기도 한다.

10 하드웨어 지갑인 Trezor와 Ledger Nano S의 장단점을 분석하라.

대부분의 암호화 화폐는 사실 지갑의 돈처럼 소유하고 있는 것처럼 보인다. 하지만 구조상 '보낼 권한을 가지고 있다'라고 보는 것이 더 정확하다. 보낼 권한의 핵심인 개인 키(private key)는 암호화 화폐에서 아주 중요한 보안 대상이다.

하드웨어 지갑은 개인 키를 사용하는 구간을 PC, 스마트폰 등에 노출하지 않기에 (심지어 사용자 자신에게도) 보안면에서 상대적으로 뛰어나다고 할 수 있다.

가장 많이 사용되는 Trezor, Ledger Nano S, Keepkey 중 Trezor와 Ledger Nano S에 대해 분석한다.

1. Trezor와 Ledger Nano S가 공통적으로 지닌 장 · 단점

1) 장점

① 개인 키 유출을 크게 걱정하지 않아도 된다.

② 영어 단어를 받아적는 Recovery Phrase만 잘 보관하면 분실하더라도 다시 복구가 가능하다.

③ MyetherWallet, Mycelium 등의 외부 서비스들과 연동이 가능하다.

2) 단점

① 기기가 고장나거나 분실한 상태에서 Recovery Phrase를 모른다면 복구가 불가능하다.

② 개인 키 백업이 불가능하기 때문에 권한을 가진 건 맞는데 이상하게 가지지 못한 것 같은 막연한 불안감이 들 수 있다.

③ Bitcoin Core나, Mist 같은 풀버전 지갑보다야 사용하기 쉽겠지만, 지식이 전무한 사람도 쉽게 사용할 수 있을 정도는 아니다.

2. Trezor

1) 장점

① 가볍고 얇다.

② Trezor에서 직접 제공하는 웹 지갑 서비스가 있어 이용이 수월하다(Bitcoin, ZCash, Dash 등 지원).

2) 단점

① 화면이 작다.

② Ethereum 및 ERC-20 Token 들은 Myetherwallet 같은 외부 서비스를 이용해야 한다.

③ Bitcoin, ZCash, Dash, 모네로, 카르다노, 스텔라, 리플, 테조스, 디크리드, 리스크, 젠캐시, 그로슬코인, 지캐시다 외에 제조사가 제공하는 공식 지갑 서비스가 없다.

3. Ledger Nano S

1) 장점

① 화면 가독성이 Trezor에 비해 약간 낫다.

② ERC-20 Token은 못 다루지만 전용 Ethereum 크롬 앱을 제조사에서 제공한다. ETC도 지원한다.

③ 제조사에서 Ripple 크롬 앱을 지원한다.

④ Trezor에 비해 길이가 넉넉한 케이블을 제공한다.

2) 단점

① 케이블 연결 부위 편차가 심해서 어떤 것은 너무 뻑뻑하다.

② Ethereum 크롬 앱이 아주 단순하게 ETC, ETH의 송수신만 지원한다. 토큰은 아예 보이지도 않는다.

③ 토큰 보내려면 Myetherwallet 같은 외부 서비스를 이용해야 한다.

④ 크롬 앱에서 가스를 책정할 수 없어 곤란할 수 있다.

하드웨어 지갑의 가장 큰 장점은 개인 키를 사용하는 과정이 하드웨어 내부에서만 일어난다는 점이다. PC에 연결하더라도 PC 쪽으로는 개인키가 유출되지 않기 때문에 해커도 스니핑 등으로 빼내올 수가 없다.

대부분의 지갑이 Mnemonic 기반 복구 단어를 지원하여 이 단어만 안전하게 적어두면 지갑이 망가지거나 분실하더라도 복구가 가능하기 때문에 기술적인 보안 절차를 지키기 어려운 사람들에게 괜찮은 선택이 될 수 있다.

하지만 아직 유저 친화적인 환경은 제공하지 못하고 있다. 초기에 Bitcoin만 지원하다. Ethereum이나 기타 다른 화폐를 하나하나 늘려가다 보니 통합 환경을 제공하지 못하고 파편화된 툴을 제공하고 있다. 이더리움만 보더라도 제조사가 제공하는 크롬 앱은 쓸데가 없다. 그냥 Myetherwallet에 물리는 수밖에 없다.

너무 고객 입장을 고려하지 않고 제조사 개발팀의 입장대로 만든 서비스를 받는 기분이다. 좀 더 간단명료한 보안 체계와 편리한 부분도 많은 제품이다.

사용에 자신이 없는 분들은 세팅 후에 소액을 송수신해보고 복구도 해보고. 사용하면 조금 불안함이 덜 할 것으로 생각된다.

학습활동.11 교수 · 학습 방법

교수 방법

- 코인을 어디에 보관하지에 대한 관련 용어, 구성, 방식 이해 정도를 파악한 후 수업을 진행한다.
- 교수자의 주도로 코인을 어디에 보관하지 등의 내용을 PPT 자료로 제시한 후 설명한다.
- 가능하면 사전에 개인별 학습 자료를 준비하여 모든 학생이 참여할 수 있는 문제 해결식 수업, 협력 수업이 가능하도록 한다.
- 코인을 어디에 보관하지 전 과정을 작업의 순서에 따라 단계적으로 실습이 이루어질 수 있도록 지도한다.
- 교재를 통해 수업을 준비하는데 있어서 필요한 모든 정보나 팁, 힌트 등 도움이 될 만한 내용들을 확인할 수 있다.
- 학생들이 만들게 될 각 모델들은 수업시간에 중점적으로 다뤄질 부분과 어휘, 질문, 답을 포함하고 있으며 또한 탐구할만한 추가적인 아이디어들도 포함하고 있다.

학습 방법

- 코인을 어디에 보관하지에 대한 관련 용어를 숙지하고, 코인을 어디에 보관하지에 대해 이해한다.
- 코인을 어디에 보관하지의 각 단계별 중점 사항을 체계적으로 학습한다.
- 코인을 어디에 보관하지의 수행순서의 전 과정을 실습한다.
- 코인을 어디에 보관하지의 내용을 이해한다.
- 코인을 어디에 보관하지를 이해하고 숙달이 될 때까지 학습한다.

학습활동.11 평가 및 피드백

평가 준거

- 평가자는 피평가자가 수행 준거 및 평가 내용에 제시되어 있는 내용을 성공적으로 수행할 수 있는 지를 평가해야 한다.

학습내용	평가항목	성취수준		
		상	중	하
코인을 어디에 보관하지	코인을 어디에 보관하지를 이해할 수 있다.			

평가 방법

• 작업 포트폴리오

학습내용	평가항목	성취수준		
		상	중	하
코인을 어디에 보관하지	코인을 어디에 보관하지를 이해할 수 있다.			

• 필기시험

학습내용	평가항목	성취수준		
		상	중	하
코인을 어디에 보관하지	코인을 어디에 보관하지를 이해할 수 있다.			

• 체크리스트를 통한 관찰

학습내용	평가항목	성취수준		
		상	중	하
코인을 어디에 보관하지	코인을 어디에 보관하지를 이해할 수 있다.			

• 피드백

1. 작업 포트폴리오
   - 제출한 보고서를 평가한 후 주요 사항에 대하여 표시하여 돌려준다.
2. 필기시험
   - 평가 결과 성적이 저조한 학생은 보고서 제출 기회를 부여한다.
3. 체크리스트를 통한 관찰
   - 실습 과정에서 평가한 후 개선해야 할 사항 등을 정리하여 돌려둔다.

참 | 고 | 문 | 헌

1. http://www.chaintalk.io/archive/ethereum_guide/87
2. http://www.chaintalk.io/archive/ethereum_guide/2
3. https://shop.ledger.com/?r=278c
4. https://www.reddit.com/r/ledgerwallet/
5. https://trezor.io/
6. https://theliteschool.com/korean-translation/
7. https://steemit.com/
8. http://wiki.hash.k
9. 코인코드, 〈비트코인(BTC) 고래 지갑 상위 50개〉, 《코인코드》, 2018.12.25.
10. 장도선, 〈동일인 소유 추정 106개 주소에 84만8000BTC 보관〉, 《코인코드》, 2018.12.29.
11. 인사이트 & 칼럼, 〈암호화폐를 안전하게 보관할 수 있는 지갑 종류 소개〉, 《블록센스》, 2018.07.05.
12. 박근모 기자, 〈갤럭시S10 '블록체인 키스토어'에 대한 5가지 질문〉, 《코인데스크》, 2019.03.02.
13. 이구순 기자, 〈"갤럭시 S10에 키스토어 넣은 이유? 블록체인 서비스 편하게 쓰도록"〉, 《인블록포스트》, 2019.02.22.
14. 박근모 기자, 〈삼성 갤럭시S10은 암호화폐 결제 · 전자서명 · 송금 모두 가능하다〉, 《코인데스크》, 2019.02.22.
15. 박근모 기자, 〈삼성 갤럭시S10에 암호화폐 지갑? 'PUF'에 힌트가 있다〉, 《코인데스크》, 2019.02.19.
18. 이재운 기자, 〈(경제 레이더) 암호화폐 품은 삼성 갤럭시 S10〉, 《중앙시사매거진》, 2019.03.17.
17. 코인제스트, 〈갤럭시S10 탑재 암호화폐 정리〉, 《코인제스트》, 2019.04.01.
18. 키월렛 공식 홈페이지, http://keywalletpro.io/
19. 지마켓 키페어 제품, http://minishop.gmarket.co.kr/keypair
20. 김인순 기자, 〈급증한 가상화폐 해킹막는 '콜드월렛' 국산화〉, 《전자신문 etnews》, 2018.01.09.
21. 정영일 기자, 〈키페어, 암호화폐 콜드월렛 30만장 공급한다〉, 《전자신문 etnews》, 2018.07.12.
22. 키페어 공식 홈페이지, http://www.keypair.co.kr/
23. Jun Ji-hye 기자, 〈Keypair unveils card-type cold wallet for virtual money〉, 《THE KOREA TIMES》, 2018.06.25.
24. Jun Ji-hye 기자, 〈'Cold wallets' emerging as storage for virtual money〉, 《THE KOREA TIMES》, 2018.03.19.
25. ETHAN WILLIAM 기자, 〈LAUNCH OF A NFC CREDIT CARD TYPED CRYPTOCURRENCY HARDWARE WALLET〉, 《CCxnews》, 2018.06.11.
26. 메타마스크 공식 홈페이지, https://metamask.io/
27. 엔진지갑 공식 홈페이지, https://enjinwallet.io/
28. EnjinKorea, 〈Enjin 지갑을 사용한 ICO 참가 가이드〉, 《미디엄》, 2018.05.29.

29. 박훈석 기자, 〈엔진사, iOS 전용 가상화폐 지갑 출시〉, 《KNS뉴스통신》, 2018.03.12.
30. SHAWN LEE 기자, 〈엔진지갑, 3개 탈중앙화 거래소 지원〉, 《티코노미》, 2019.01.30.
31. 안희찬 기자, 〈엔진의 암호화폐 지갑 '엔진 스마트 월렛' 해킹 안정성 확인〉, 《매일경제TV》, 2018.11.29.
32. 신은서 기자, 〈엔진, 게임 아이템 보관 가능한 암호화폐 지갑 '엔진 스마트 월렛' 출시〉, 《게임포커스》, 2018.09.07.
33. 월렛아이오 공식 홈페이지, https://www.wallet.io/
34. 함현선 기자, 〈암호화폐시장 큰 변화 전망... 게이트아이오 솔루션 '월렛아이오' 각광〉, 《웹데일리》, 2018.11.08.
35. 박성준 기자, 〈암호화폐 거래소 '게이트아이오', EOS CPU 자원 임대 서비스 출시〉, 《에너지경제》, 2018.12.06.
36. 우진영 기자, 〈월렛아이오(Wallet.io) 전자지갑 안에서 이뤄지는 코인스왑 서비스〉, 《데일리시큐》, 2018.12.13.
37. 조아라 기자, 〈게이트아이오코리아, 세계 최초로 자체 암호화폐지갑 개발〉, 《에너지경제》, 2018.08.16.

학습 1	블록체인의 개념 및 특징
학습 2	블록체인의 알고리즘 및 기술
학습 3	블록체인의 개발환경구축
학습 4	블록체인 플랫폼 하이퍼레저
학습 5	블록체인 프라이빗 플랫폼 R3 코다
학습 6	블록체인의 사업성 검토
학습 7	블록체인의 암호화폐 응용
학습 8	블록체인의 금융분야 응용
학습 9	블록체인의 공공과 민간부문의 응용
학습 10	블록체인의 산업분야 응용
학습 11	코인을 어디에 보관하지?

학습 12 코인을 사고 팔려면 어떻게 하지?

학습 목표

1. 알트코인을 사고 팔려면 어떻게 하지를 이해할 수 있다.

12-1 알트코인을 사고파는 거래소

1. 거래소(화폐 거래)

한국에서는 원화 입금이 사실상 불가능한 상황이므로 한국에 거래소를 여는 것은 큰 의미가 없다. 최근에는 좋은 프로젝트들을 발굴해 해외 거래소에 집중 상장시키고, 거래소 상장 과정에서 발생할 수 있는 불필요한 오해를 줄여야 한다. 특히 대행업체(에이전시)를 통한 상장을 하지 말고 거래소의 상장 절차의 투명성이 가장 중요한 가치이다.

가상화폐시장은 너무나 크고 너무나 많은 정보가 나오는 변화무쌍한 시장이다.

과연 이 많은 코인들 중에서 쓸만한 코인을 보유할 만한 코인을 우리는 어떻게 찾을 수 있을까? 우리의 고민은 우리의 선배들이 이미 했었고 그 도구들이 여기저기 많이 있다. 그 중에서 가장 많이 사용하고, 가장 많이 언급되는 도구인 코인마켓캡(코마캡)에서 제공해주는 정보를 알아보는 것이 현명하다.

코인마켓캡(www.coinmarketcao.com)에서 최근 코인거래 순위, 암호화폐 거래소의 거래량에 다른 순위 등을 알 수 있다.

거래소명	홈페이지	비고
bitforrex(비트포렉스)	https://www.bitforex.com	
okex(오케엑스)	https://www.okex.com	
binance(바이낸스)	https://www.binance.com	
bitfinex(비트파이낵스)	https://www.bitfinex.com	
Upbit(업비트)	https://www.upbit.com	
bithumb(빗썸)	https://www.bithumb.com	
coinnest(코인네스트)	https://www.coinnest.co.kr	
coinone(코인원)	https://coinone.co.kr	
gemini(제미니)	https://gemini.com	
huobi(후오비)	https://www.huobi.pro	
korbit(코빗)	https://www.korbit.co.kr	
Bit-Z(비트지)	https://www.bit-z.com	
Liqui(리퀴)	https://liqui.io	
YoBit(요빗)	https://yobit.net	
bitstamp(비트스탬프)	https://bitstamp.net	
bittrex(비트랙스)	https://bittrex.com	
itbit(잇빗)	https://itbit.com	
GOPAX(고팍스)	https://www.gopax.co.kr	MARKET
EXMO(엑스엠오)	https://exmo.com	
gate.io(게이트아이오)	https://gate.io	
WEX(웩스)	https://wex.nz	
Cryptopia(크립토피아)	https://www.cryptopia.co.nz	
CEX.IO(켁스)	https://cex.io	
Coincheck(코인체크)	https://coincheck.com/	
bitbank(비트뱅크)	https://bitbank.cc	
bitflyer(비트플라이어)	https://bitflyer.jp/ko	
poloniex(폴로닉스)	https://poloniex.com	
Zaif(자이프)	https://zaif.jp	
kraken(크라켄)	https://www.kraken.com	
hitbtc(히트비티씨)	https://hitbtc.com	
Livecoin(라이브코인)	https://www.livecoin.net	
BtcBox(비티씨박스)	https://www.btcbox.co.jp	

2. 시세차이

다음의 시세차이를 서비스를 제공하는 사이트들은 암호화폐의 시세정보를 나타내는 대표적인 회사들이다. 각 암호화폐의 시세와 달러 또는 원화의 시세차에 대한 정보를 나타내는 것이 특이하다. 특히 각 거래소의 암호화폐 시세를 1분단위로 업데이트하여 실시간으로 시세정보를 보여주는 것이다. 코인(김치 프리미엄)사이트는 다시 블러오기와 자동 불러오기 기능이 있어 편리하고 대쉬보드, 매수세 체크기, 볼로그체크기, 퍼센트 계산기 등이 있어 편리한 시세차이를 알 수 있다.

회사명	홈페이지	비고
루카7	http://www.luka7.net/	
와이즈바디	http://wisebody.co.kr/	
코인넷	http://coinnet.io/premium/premium.php	김치 프리미엄

3. 시세/랭킹(거래소 순위/코인 순위)

암호화폐의 거래소별 통화의 순위, 거래량, 가격, 거래량 등을 실시간으로 24시간 동안 서비스를 한다.

특히 수수료가 있는 시장과 수수료가 없는 시장을 구분하여 24시간 거래량 순위(거래)을 제시한다.

순위부분은 시가총액_상위100을 코인과 토콘을 구분하여 발표하고 거래소 상위 100위도 조정된 볼륨과 보고된 볼륨을 구분하여 24기간 동안 보고되고 특히 암호화폐는 30일 볼륨을 자세히 제시되는 것이 특이하다.

회사	홈페이지	비고
탑빗	https://topbit.co.kr	
코인마켓캡	https://coinmarketcap.com/	
코인힐스	https://www.coinhills.com/ko/market/exchange/	
코인집	http://www.coinzip.io:9090/	
코인랭크	http://coinrank.kr/	
베스트빗	https://www.bestbitcoinexchange.io/	
코인마켓투데이	https://coinmarkets.today/	

4. 거래소 등록

1) 암호 화폐 거래소의 역할

암호화폐 거래소의 역할을 크게 △암호화폐를 통한 자금세탁방지 △과세자료 확보 및 제공 △글로벌 프로젝트 현황과 기술 동향 등 최신 정보 확보 △암호화폐 & 블록체인 프로젝트 다양한 검증 △이용자/투자자 보호 등으로 나눌 수 있다.

특히 자금세탁방지와 관련해서 해외의 경우 암호화폐 거래소에 직접 자금세탁방지 의무 규정을 적용하여 이에 필요한 책임과 권한을 부여하는데, 우리나라는 은행을 통해서 이용자들의 원화 거래기록만 보기 때문에 자금세탁방지에 한계가 있고, 거래소들도 법적 근거가 없어 고객확인 의무와 자금세탁방지 시스템을 운영하는데 어려움이 있으므로 관련 제도 마련의 필요하다.

또한 우리나라 암호화폐 거래소가 사기, 해킹 등의 부정적인 것은 암호화폐 거래소에 대한 설립 및 운영에 대한 기준이 없다 보니 충분한 시스템을 갖추지 못한 거래소들이 우후죽순으로 생겨 문제가 발생하고 있으므로 해외처럼 거래소 설립과 운영에 대한 기준과 자격만 제시하더라도 이런 문제들이 해결될 수 있다.

2) 암호화폐 거래소 선택 시 고려사항

가상화폐 시장은 사용한 기술적 분석이 가능하고 투자를 통하여 수익을 창출한다는 점에서 주식 시장과 유하한 거래이다. 그러나 가상황궤 거래는 거래소를 통하여 가상황궤와 원화의 교환이 이루어진다. 어쩌면 환율 거래와 유사하다. 그러나 주식시장과 달리 24시간 개장된 시장에서 걸수급 주체와 수익 및 상장 기준이 모호해서 시장이 규제되고 있지 않다는 점이 특징이다. 그래서 다음과 같이 암호 화폐 거래소 선택시 고려 사항이 다음과 같다.

① 보안성 : 안전한 거래를 위한 선택
② 거래량 : 쉬운 매매를 뒷받침할 수 있는 많은 거래량
③ 취급 종목 개수 투자 : 폭 확장을 위한 다수의 취급 종목
④ 수수료 : 단기 투자자를 위한 혜택

가상 화폐 시장은 국가나 기관의 시장통제에서 벗어나 개인 간의 거래만을 기반으로 한다. 따라서 시장 변동성이 높고 보안의 중요도가 매우 높은 편이다. 가상화폐 시장에서 안정적인 수익은 투자자의 선택에 달려 있다. 따라서 가상화폐 투자의 실패를 막기 위해서는 거래소별 특징을 잘 파악하고 자신에 맞는 거래소를 선택해야 한다.

3) 거래소 등록 기준

거래소 기준안으로 △거래소 등록 요건 및 의무사항 △이용자 보호 시스템 구축 △자금세탁방지 및 내부통제 △이용자 자산 보호 △보안시스템 구축 △상장 절차 및 위원회 구축 △거래소 윤리 의무 등이 마련되어야 한다.

12-2 ICO의 이해 및 분석

1. ICO의 개념

ICO(Initial Coin Offering)는 비즈니스를 시작하는 기업이 가상화폐나 토큰을 발행해 자금을 조달하는 것이다. 지금까지 자금 조달을 위해서는 은행에서 차입, VC(벤처 캐피탈)과 엔젤투자자로부터 출자를 받는 IPO를 실시하는 등이 주된 방법이었지만, ICO는 이전에는 없던 새로운 자금 조달 방법이어서 주목을 받고 있다.

거래소에 상장만 하면 '대박'이라는 ICO에 대한 열기가 뜨겁다. 그런데 한 쪽에서는 ICO 사기가 횡행한다는 이야기도 심심치 않게 들린다. 사람들이 모여든다면 분명 매력이 있다는 것인데 이유가 무엇일까?

2. ICO와 IPO의 분석

ICO의 흐름을 이해하려면 기업 공개 발행, 주식 신규 상장의 흐름과 비교하면 이해하기 쉽다. 상장 전에 회사가 주식을 발행한 것에 투자한 IPO(신규 상장 주식)와 비슷한 흐름이다. 사업자금을 시장에서 조달한다는 것에서 공통점이 있지만 다음 네 가지에서 명확한 차이가 있다

항목	ICO	IPO
투자대상	토큰	주식
제3자에 의한 심사	없음	있음
위험	매우 높음	중간
실행에 따른 진입장벽	낮음	높음

IPO(Initial Public Offering)와 유사한 기업의 자금 모집 방식이다. 블록체인 기술을 이용하여 자금을 모집한다는 점에서 전통적 자금 모집 방식과 가장 확연한 차이를 보인다.

1) ICO와 IPO의 비교

프로젝트의 지분을 매도하여 자금을 모집하고, 현재의 리스크를 감수하고 투자하는 이들에게 투자 수익을 제공한다는 점에서는 서로 유사하다.

IPO는 금융기관이나 증권사를 통하여 프로젝트 자금 모집이 진행되지만, ICO는 블록체인 기술을 통해 직접 모금한다.

현재는 ICO의 규제가 없는 반면, IPO는 정해진 규제와 절차대로 모금을 진행하여야 한다.

회계나 부정행위 방지와 같은 관련 법규 및 규제 장치가 없고 절차가 단순하여 IPO는 보통 전문 투자자만 투자하는 반면, ICO에 많은 개인 투자자가 투자한다.

ICO는 IPO와 다르게 현재는 투자자 보호 장치가 없다.

2) 투자대상

IPO는 주식이 투자 대상이 되는 반면, ICO는 토큰 및 암호화폐가 투자 대상이다.

IPO는 현금 ⇄ 주식이다. 즉 갖고 있는 돈을 주식과 교환하는 것이다. 따라서 주식을 보유하면 회사에 대해 의결권을 갖게 된다. 하지만 ICO는 가상화폐(비트코인과 이더리움 등) ⇄ 새로운 가상화폐 형태로 되어 있다. 돈과 가상화폐를 교환하는 것이다. 따라서 CO는 의결권이 없다. 또 IPO는 실적에 따라 배당을 받을 수 있지만 ICO는 그런 개념을 갖고 있는 토큰이 거의 없다.

(1) ICO와 클라우드 펀딩의 비교

열성적인 지지자에 의해서 투자받는다는 점은 유사하다.

크라우드(Crowd) 펀딩은 투자하여 수익을 거두는 모델이기 보다는 사은품이나, 프로젝트의 결과물을 지급하는 방식으로 투자 수익 측면에서 차이를 보인다.

두 가지 방식 모두 프로젝트에 대한 시장의 반응을 살필 수 있다.

※ ICO는 IPO와 크라우드 펀딩의 중간 위치이다.

(2) ICO가 다단계로 오인 받는 이유

ICO는 세상에 실체가 없는 새로운 코인을 발행하여 경제적 구조를 만들어내기 때문에 의심의 눈초리를 받기 쉽다. 또한, ICO의 경제 구조 방식은 네트워크 효과에 의존하는데, 이 단어가 다단계, 네트워크 마케팅, 피라미드, 폰지 라는 부정적인 단어들과 연관이 있어 보이기 때문에 더더욱 의심을 받는다.

하지만, 네트워크 효과는 '특정 상품에 대한 어떤 사람의 수요가 다른 사람들의 수요에 의해 영향을 받는 효과'라는 뜻으로, 사람들이 많이 쓸수록 기존 사용자들의 서비스 효용이 증가한다는 뜻이다. 단어 자체는 네트워크 마케팅과 직접적 연관이 없고, 긍정적인 효과를 의미한다. 일례로, 페이스북과 아마존이 네트워크 효과의 수혜를 받은 기업이다.

현재 수많은 ICO가 진행되고 있는 만큼 사기와 가짜 ICO, 가짜 사업가 역시 많다.

3) 제3자에 의한 심사

IPO를 할 경우 상장 전 준비해야할 게 많다. 상장시 주식을 인수할 증권회사를 주간사로 선정한다. 또 감사법인의 감사도 받게 된다. 제3자에 의한 객관적인 심사를 받기 때문에 IPO에 대한 신뢰가 높다고 생각할 수 있다. 반면, ICO는 제3자에 의한 심사를 받을 필요가 없이 바로 실시할 수 있다. 따라서 시시 주체에 대한 신뢰성은 담보할 수 없다.

4) 위험

리스크는 IPO가 낮다고 단언할 수는 없다. 하지만 상대적으로 ICO의 위험이 높다. 최근 ICO에 대한 붐이 일고 있지만 일각에서는 "운영팀이 자금을 가지고 도망쳤다" "거래소에 상장할 수 없어 무가치한 토큰이 되어 버렸다"라는 실패담도 나오고 있다.

ICO 후 사업자는 모은 비트 코인과 이더리움 등의 가상화폐 거래소에서 현금으로 환전해 서비스 개발 비용에 충당 할 수 있다. 이러면 그나마 다행이다. 개발은 하고 있으니까? 하지만 ICO만 하고 거래소 상장이 불발되면 투자자 입장에서는 매우 난처하다. IPO도 주가가 크게 떨어질 수는 있지만 상장폐지 되지 않는 한 주식은 의결권이 있다. 따라서 IPO와 ICO에 대한 위험의 크기는 사실 매우 다르다고 볼 수 있다.

ICO는 실패할 경우 그저 아이디어로 끝나버리는 프로젝트이기 때문에, 애초에 사기 목적으로 시작하였다면, 언제 돈을 들고 도망가도 이상하지 않은 프로젝트이다.

예를 들면 전 세계적으로 공식 진행 중인 ICO는 12개이다. 12개의 ICO가 시작 예정에 있고, 진행된 ICO가 98개이다. 그리고 각각의 ICO는 수십억에서 수백억, 심지어는 수 천억원까지 모금된다. 아이디어에 불과한 프로젝트에 이런 어마어마한 돈을 쏟아 붓는 현실이 정상일까?

한 가지 예를 들어보겠다. 우리나라의 모 스타트업이 스마트 폰을 2시간 30분 만에 충전시켜주는 종이처럼 얇은 태양광 충전기라는 아주 혁신적인 제품을 개발해냈다. 이 기업은 킥스타터를 통해 102만달러(한화 11억원)를 모금했고 이것은 2016년 당시 국내 모금 최고액에 해당됐다. 실제로 개발된 테스트용 제품이 있고, 수많은 테스트 영상이 있고 앞으로 활용가치도 뚜렷하지만, 고작 11억원이 모금했다.

최근 ICO에 모금된 돈에는 정말 이 기업의 가치를 보고 투자한 돈은 극히 일부이고,

시세차익을 노리고 거래하는 사람이 대부분이라고 생각한다. 그래서 투자에는 특히 본인의 책임이므로 주의해야한다.

5) 진입장벽

IPO를 하려면 장애물도 많고 준비해야할 것도 많다. 하지만 ICO는 제 3자에 의한 심사가 필요 없기 때문에 실시하는데 따른 장애물은 IPO에 비해 매우 낮다고 볼 수 있다. 또한 IPO는 사업이 어느 궤도에 오른 단계부터 실시되는 반면, ICO는 프로젝트를 시작하기 전에 시작할 수 있다는 점에서 차이가 있다. 실사 난이도는 IPO와 ICO는 비교가 되지 않는다고 볼 수 있다.

3. ICO의 장점과 투자

1) 투자 환원율과 보상

해외에서는 현재 VC(벤처기업 투자) 투자 금액보다의 ICO(Initial Coin Offering)에서 모은 투자액이 크게 웃돌고 있다. 큰 요인으로 ICO는 투자자에게 환원률이 높다는 점을 들 수 있다.

주식의 IPO(신규 상장 주식)의 투자금액에 대한 환원율과 비교해도 압도적으로 다르다. IPO 는 거래소 상장시 평균 약 10% 이상의 가격 상승이 예상되지만 현 단계에서 ICO 투자는 약 100% 가까운 가격 상승이 기대한다. 특히 ICO에서 시가총액 상위 통화의 상승률은 엄청난 수준이다.

구체적으로 ICO STATS라는 사이트를 확인하면 "지금까지 ICO에서 발행된 암호화폐의 가격상승률"을 볼 수 있다. 이 사이트의 메뉴에서 "ROI(return on investment) Since ICO(투자 효율성)"를 확인하면 성장률 10,000 % 이상 통화가 있다는 것을 확인할 수 있다. ICO에서 사용되는 코인으로 주목을 받고 있는 이더리움이지만 이더리움 스스로도 ICO를 통해 시작된 통화이다. 돈의 매력이다.

2) 아이디어 하나로 성공할 수 있다는 '가능성'

ICO의 또 다른 장점은 아이디어가 좋은 데 자금을 조달하기 어려웠던 기업 입장에서 진입장벽이 크게 낮아진 것이다. IPO는 은행과 VC에서 자금 조달을 해야 하기 때문에 준비해야할 게 많다. 결국 자금 조달을 위해 준비만 하다 기회를 놓치는 경우도 적지 않다. 이런 스타트업에게 ICO는 큰 기회가 될 수 있다. 따라서 이러한 자금조달 방법은 점차 확산될 가능성이 높다.

3) ICO 개발자의 자금 유치 방법

한 가지 방법으로 수익이나 인센티브를 제공하는 것이 아니라 아래 방법을 조합하여 자금을 유치한다.

① ICO, 선판매(Pre-sale), 선선판매(Pre-pre-sale).
② 일정량을 미리 발행하여 파운더(Founder)와 팀에게 선분배(Pre-allocation)
③ 선 채굴(Pre-mined)하여 거래소 상장시 판매

단, 유일하게 비트코인은 자금 유치가 따로 없었고 공개 채굴 환경에서 시작하였다.

4) ICO와 프리세일의 비교

ICO는 자금이 모집되고 나면 투자한 양에 비례하여 토큰을 지급한다. 하지만, 자신이 정말 유망하다고 생각하는 토큰에 미리 투자하여 토큰을 더 받는다면 그만큼 좋은 일은 없을 것 이다. 그리하여 개발 팀은 개발자 자금 유치 또는 초기 열성지지자에 대한 인센티브 및 홍보 목적으로 선판매(Pre-sale)을 진행한다. 보통 금액을 할인해주기보다는 토큰의 갯수를 ~% 더 지급하는 방식을 채택하고 있다.

여기서 더 나아가 대중에게 선판매하기 전 막대한 자금을 가진 개인(억 단위)이나 거래소 또는 코인 투자 회사, 벤처 캐피털 회사에게 선선판매를 하는 경우가 있다. 이는 운영비용 충당의 목적도 있지만, 물량을 확보하여야 종목을 추가하는 거래소 입장을 고려하여 앞으로 거래소에 상장되기 위한 목적으로 판매하기도 한다.

예를 들면 테조스의 경우 벤처 캐피털 회사에 선선판매하였다.

4. ICO의 절차

① 파운더, 프로젝트 기획자, 암호학자와 프로그래머와 같은 개발자 등의 사람들이 암호화폐의 아이디어를 구상하고, 기술적인 측면을 고려한다. 블록체인 기술을 기반으로 만들어지는 것이기 때문에 탈중앙화를 목적으로 한다.
② 개괄적인 계획이 완료되면 마케팅 팀을 이루어 트위터, 슬랙(Slack), 레딧, 스팀, 비트코인톡, 페이스북, 텔레그램 등등 SNS를 통해 홍보하기 시작한다.
③ 비영리재단을 설립하여 운영진 지갑의 개인 키를 보관하고 제네시스 블록을 생성한다. 비영리재단이 이 역할을 맡는 이유는 암호화폐는 탈중앙화를 모토로 하기 때문에 표면적으로 영리 기업이 수익를 가져가지 않는 것처럼 보여야하기 때문이다. 동시에 영리 기업을 설립하여 비영리재단과 서비스 계약을 맺음으로써 수익구조를 만들어낸다. 파운데이션과 코인 운영진을 분리하는 과정이다.

④ 백서(White Paper)를 배포하고 유명인(투자자, 개발자, 교수 등등)을 섭외한다. 그리고 세계 각지에서 바운티와 인센티브를 제공함으로써 백서 번역과 마케팅 팀을 운영하여 더욱 더 홍보한다. 보통 이 과정에서 백서와 기터부(Github)를 통하여 암호화폐 커뮤니티로부터 기술 검증을 받는다. 유명인은 투자자들의 프로젝트에 대한 신뢰도를 높이고 코인 텔레그람(Coin Telegraph)와 같은 암호화폐 매체와의 인터뷰와 배너 광고를 통해서 장점을 계속 홍보해나간다. 그리고 ICO를 시작한다.

1) ICO의 법률적 회피

ICO를 직접적으로 규제하겠다고 나선 나라는 중국 뿐이지만, 최근 여러 나라들이 법률적 규제를 하기 위해 호시탐탐 기회를 노리고 있다. 그만큼 현재 ICO를 진행하고 있는 기업들은 법망에서 회피하는 것이 가장 중요하다. 이러한 것을 보여주는 여러 가지 사례가 있다.

(1) 미국인이라면 ICO에 참여할 수 없다.

ICO에 참여하다보면 텔레그램이나 슬랙에 개발자를 직접 호출하며 스캠(사기)이라고 말하는 경우가 빈번하다. 사기라고 주장하는 근거 중 하나가 개발진이 미국에서 ICO참여하는 것을 금지했다는 것 이다. 떳떳하다면 왜 금지했겠냐하는 것이 주장의 근거이다.

왜 그럴까?

이는 SEC(미국증권거래위원회)에서 호시탐탐 ICO를 규제하기 위해 힘쓰고 있기 때문이다. SEC에서 현재 ICO를 유가증권 거래와 유사하다고 보고 있는데, 만약 ICO가 주식의 범주에 들어간다면 관리감독규제를 받을 것이 분명하다. 그리고 최근 미국에 기반을 두고 있지 않은 회사일지라도 미국인에게 피해를 입힌 ICO나 프로젝트는 처벌 받을 수 있다는 판례가 있었기 때문에 미국인의 ICO 참여를 막는 사례가 생기고 있다.

또한, 이것이 IPO와 유사한 단어인 ICO를 사용하지 않고 클라우드 세일(Crowd-Sale)이라는 단어를 혼용하고 있는 이유이기도 하다.

(2) 전 세계에 분산된 사무실

많은 분들이 불안해하고 걱정해하시는 부분 중 한 가지가 사무실이 전 세계에 분산되어 있다는 것이다. 보통 유령회사나 야반도주로 도망갈 가능성이 큰 회사들이 이런 식의 운영을 하고 있어서 더 걱정하시는 분들이 많을 것 이다. 마냥 안심하시라고 말씀드릴 수는 없지만, 이런 방식으로 운영하고 있는 데에는 SEC의 관리감독규제를 피하기 위한 것이 첫 번째 이유이다.

그리고 암호화폐로 회계처리를 하기 위해서 스위스에 비영리 재단을 만들곤 한다. 그리고 규제를 피하기 위해서 실제 그 나라에서 운영하고 있지 않을지라도 다른 나라의 국기를 쓰는 사례도 빈번하게 있다.

(3) 신 용어 사용

ICO 운영진은 용어에 있어서도 법망의 규제를 피하기 위해 노력하고 있다.

코스모스 ICO 때 사기냐 아니냐를 놓고 의견이 분분한 가운데, 가장 의심되었던 부분이 기부이다. 당시 코스모스 ICO에서는 투자라는 용어를 사용하지 않고 기부, 기여와 같은 용어를 사용했다. 이는 추후 법적 문제가 발생할 것을 미연에 방지하기 위해서 해당 용어를 사용한 것으로 보인다.

그리고 제도적으로 코인이나 토큰이 화폐로 인정된다면 발생할 법적인 문제를 방지하기 위해 암호화폐에 따라 이더리움의 가스(Gas)와 같이 새로운 용어를 도입하여 사용하고 있다.

2) ICO를 선택하는 방법

ICO를 선택할 때의 기준은 저마다 다양하다. 어떤 방법이 정답이라고 얘기할 수는 없지만, 몇 가지 기준을 제시한다.

(1) 웹사이트 활용

다양한 웹사이트를 이용하여 정보를 수집하는 것이 좋다. 사이트가 한 두 개가 아니므로 아래에 올려드린 사이트 중 선별적으로 이용하면 좋다.

(2) 백서의 확인 절차

백서(White Paper)는 말 그대로 백서이다. 현실로 구현해내기 전에는 자기 홍보이자 아이디어에 불과하다. 백서는 암호화폐나 토큰에 대한 사업, 기술관련 설명서이다. ICO시 공개하는 기술설명서이다.

주로 내용은 프로젝트의 개요. 로드맵, 자금의 용도 등이며 프로젝트의 전체적인 밑그림을 확인할 수 있다. 백서는 영어로만 제공되는 경우가 많다. 따라서 영어가 서툰 사람에게는 어렵게 느껴질 수 있지만 구글 번역 등을 활용하려 투자 전에 읽어 보는 것이 필요하다. 백서를 가져와서 프로젝트의 실현 가능성과 성공 확률 나름대로 생각해 보는 것이 필요하다.

(3) 파운더가 어떤 사람인지 꼭 확인

파운더(Founder)가 갑자기 튀어나온 아무런 신뢰 없는 사람이라면 조심해야 한다.

(4) 개발진이 어떤 사람들인지 꼭 확인할 것

이 분야는 아직 전문가가 많지 않기 때문에 한 개발자가 이리저리 불려 다니는 경우가 많다. 이전 다른 프로젝트에서 도망친 전력이 있는 개발자가 있다면 조심하는 것이 좋다.

(5) 의사소통

개발진 및 운영진과 의사소통이 잘되는 것이 가장 중요하다. 아무리 좋은 코인이더라도 만들다가 말고 잠적하는 경우도 있기 때문에 의사소통이 잘 되는 개발진의 ICO에 참여하는 것이 중요하다.

(6) 기터부

기터부(Github)에 기술적인 부분에 있어서 전혀 업데이트가 없거나 자료를 올리기를 거부한다면 기술적 기반이 없는 개발진일 가능성이 높으니 조심해야 한다.

(7) ICO 방법

예를 들면 EOS가 신박한 ICO를 진행하여 사람들의 이목을 끌었다. 어떤 방식으로 자금을 모금하고, 개발진이 몇 %를 가져가는지, 기간은 얼마동안 진행하는지, 거래는 언제부터 가능한지에 대한 정보를 알고선 ICO에 참여하는 것이 좋다.

(8) 커뮤니티 반응

가장 중요한 것은 비트코인 톡을 비롯한 커뮤니티의 분위기이다. 그래서 영어가 중요하다고 하는 것도 이 이유이다. 아무리 대단한 기술을 가진 코인이더라도 화제를 불러일으키지 못한다면 아무 의미가 없고, 아무리 대단해 보이더라도 커뮤니티에서 수많은 사람들이 사기라고 얘기한다면 이 역시도 매우 위험하다. 한국 커뮤니티의 반응은 그다지 중요하지 않다고 생각하며, 위의 비트코인 톡, 레딧, 스팀, 슬랙의 반응이 중요하다고 생각한다.

(9) 소신과 여유자금

이더리움을 비롯하여 스트라티스, IOTA 등등 수많은 코인들이 ICO를 진행할 때 사기 소리를 많이 들었다. 위의 정보를 종합하여 결정을 내렸다면 소신있게, 뚝심있게 투자하는 것이 좋다.

ICO는 매우 위험이 높고 백서의 내용이 훌륭해도 프로젝트 팀원의 경력이 훌륭해도 실패할 가능성이 상존한다. 따라서 고위험, 고수익 투자라는 점을 명심하면서 여유 자금으로 투자한다는 원칙을 지켜야 한다. 아울러 '확실히 돈 번다' '대박'이런 말로 현혹하며 최저가격 보장이 설정되어 있다고 하는 ICO는 돈 냄새가 나는 경우가 많다. 실제 요즘 이런 사기가 횡행하고 있다는 것을 이해하고 안이한 투자는 피해야 한다.

3) ICO 관련 사이트

ICO 관련 코인에 대해 도움이 될 만한 사이트를 검토 및 분석한다.

(1) 분석 및 등급 분류 사이트

- https://cointldr.com/reports

[그림 12-1]

선별적 자체 코인 리포트 발간한다.

해당 ICO Report를 체크하면 해당 이메일를 넣으면 해당 레포트를 보내준다.

이 레포트에는 아이디어(The Idea), 돈을 만드는 방법(How will they make money?), 팀과 어드바이져(Team & Advisors), 타임라인(Timeline), 경쟁자(Competition), 투자안내(Funding), 토콘(Tokens), 마케팅(Marketing), Legal, Escrow & Security, TLDR 등이 보고서 담겨있다.

- https://icotracker.net

이 사이트는 코인 평가 등급을 보여주는 사이트이다.

항상 사이트 자체적으로 주관적인 점수(Whitepaper, Roadmap. Team, Escrow, ICO conditions)로 나타내고 있으므로 참고만 하고 본인이 결정해야 함으로 항상 조심해야 한다.

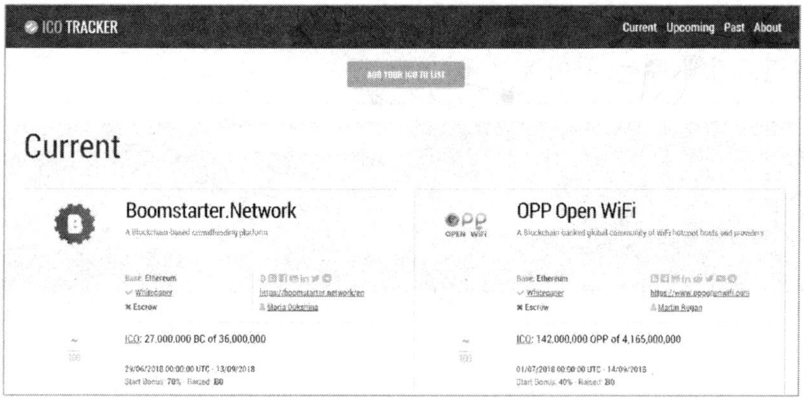

[그림 12-2]

- http://icoindex.com/

사이트 선정 추천 ICO을 보여주는 사이트

(등록되려면 비트코인 내야하므로 모든 ICO가 등록되어있지는 않음)

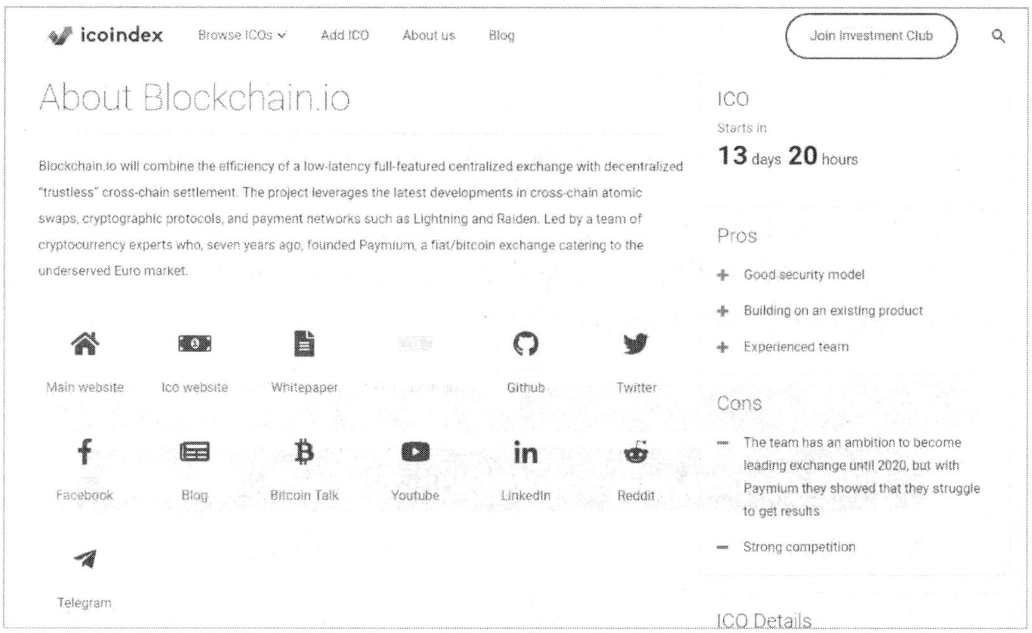

[그림 12-3]

- http://www.cryptosmile.com/

ICO 블로깅해 주는 사이트

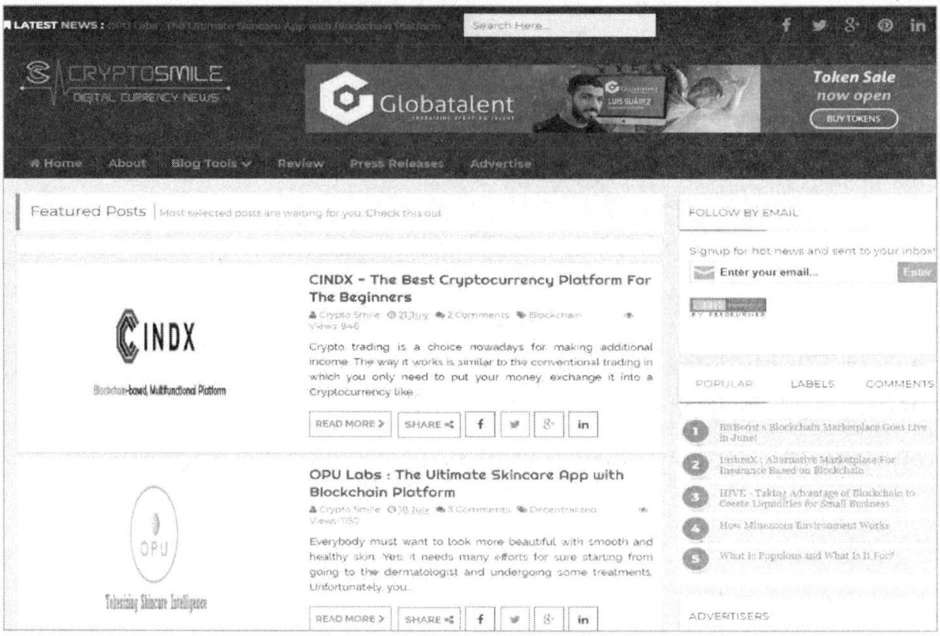

[그림 12-4]

- http://icorating.com/

ICO 등급 매겨주는 사이트로서 투자에 대한 평가를 위험, 안정 등을 코멘트, POST -ICO평가에 대하여 서술하고 있다.

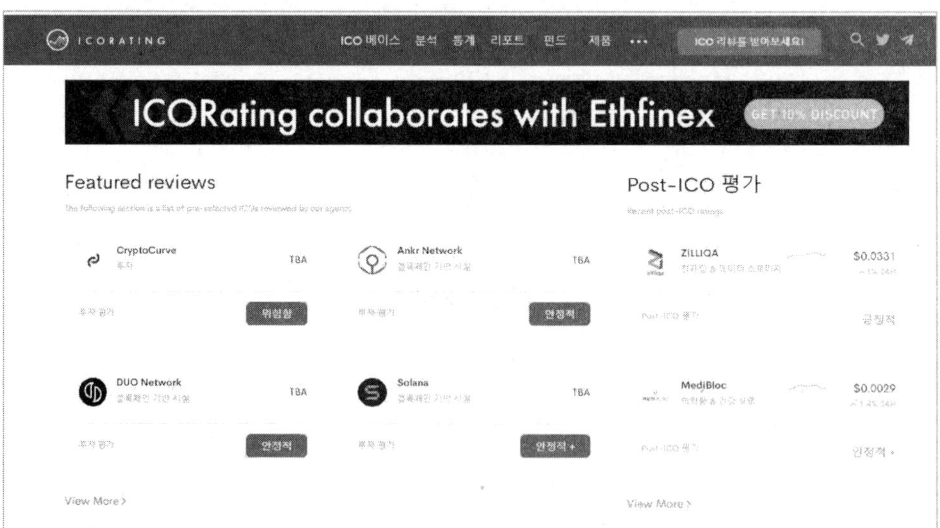

[그림 12-5]

• https://tokenmarket.net/

ICO 정보 사이트

[그림 12-6]

• https://www.smithandcrown.com/icos/

스미스앤 크라운, 한 두줄 평가와 백서 정보가 있다.

[그림 12-7]

- https://icobazaar.com/

ICO 추천 사이트이다. 단순 참고용으로 사용하기 바란다.

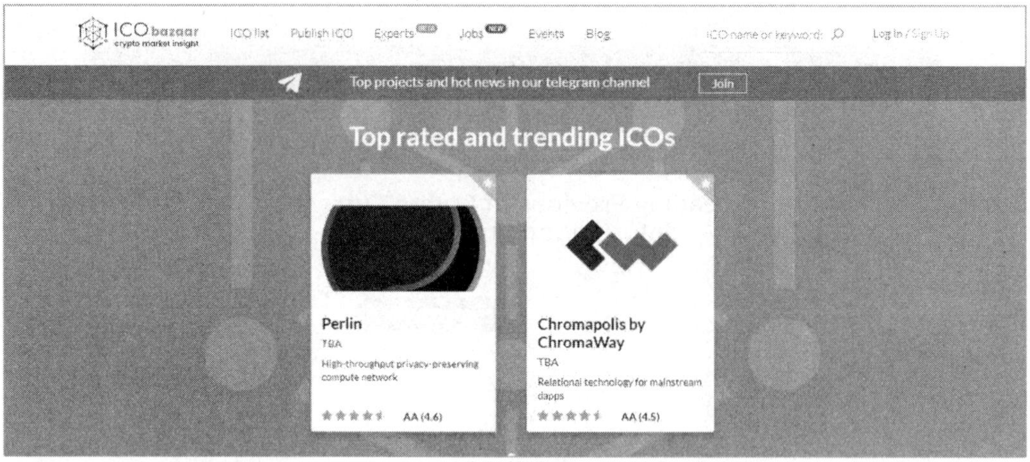

[그림 12-8]

(2) 수익률 확인 사이트

- https://icostats.com/

수익률 확인하는 사이트이다.

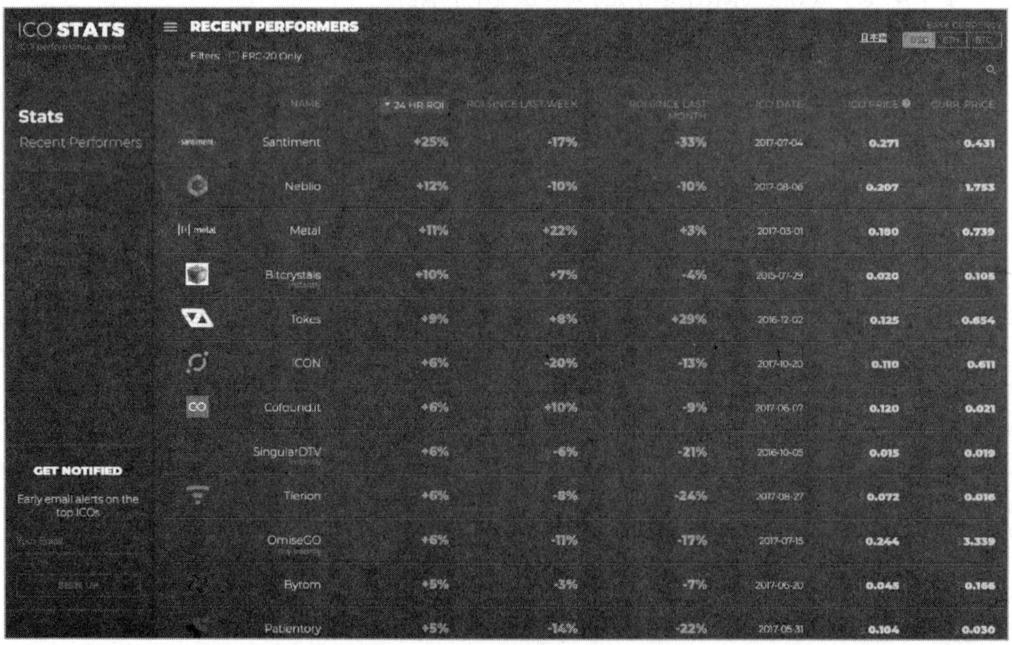

[그림 12-9]

(3) 일정 확인 사이트

- https://www.icoalert.com/

ICO 일정 보여주는 사이트

- http://www.coinschedule.com/

ICO 진행 중인 코인들 보여주는 사이트
(%는 모금 진행률이 아니라 시간임)

- http://www.icocountdown.com/

ICO 시작시점과 종료시점 보여주는 사이트
(해외시각으로 보여주는 것이 아니라 시간이 얼마나 남았는지 보여주므로 직관적임)

- https://github.com/Scanate/UltimateICOCalendar

기터부 ICO 일정

(4) 커뮤니티

- https://bitcointalk.org/index.php?board=67.0

비트코인 톡

- https://coinfund.slack.com/messages

토큰 세일 논의하는 슬랙

- https://www.ico-list.com/

ICO 관련 개발진 링크(Link)에 쉽게 접속할 수 있는 사이트

- https://www.reddit.com/r/icocrypto/

레딧

11. 코인의 거래소 상장

일명 클라우드 세일인 ICO를 마친 업체들은 신규토큰을 어떤 규모의 거래소에 상장시키느냐에 따라 그들의 신규토큰이 코인으로의 가치를 인정을 받을 수 있다.

정도의 차이는 있지만 프로젝트의 타당성을 상당 부분 인정받은 토큰들은 그 시기를 단정을 지을 수 없을 뿐이지 최소한 상장 예상 정도는 가능하다. 그러므로 미스테리한 코인이 거래소에 상장되는 경우는 극히 드물다.

대부분의 상장되는 토큰들은 수요가 높거나, 발전가능성이 높은 사업성을 가지고 있는 토큰이다. 하지만, 명확한 상장 요건이 존재하는 주식과 다르게, 암호화폐 시장

에는 이런 규정이 전혀 없다. 거래소 별로 거래되는 코인들이 천차만별인 이유도 뚜렷한 규정이 없어 거래소 마음 따라 상장 시킬 수도 폐지시킬 수도 있기 때문이다.

하지만, 어떻게 보면 사용자들의 다양한 니즈를 시장이 자율적으로 판단한다는 뜻이 되기 때문에 장점이라고 볼 수도 있다.

수행 내용

재료 · 자료

• Drone Simulator, Rokit Brick, Rokit Simulator, Arduino, 드론의 제어 및 코딩 관련 자료

기기(장비 · 공구)

• 컴퓨터, 코드론, BLE보드, 스마트 인벤터보드, USB케이블, 드론플러그

안전 · 유의사항

• 컴퓨터, 코드론, BLE/스마트 인벤터 보드의 전원을 관리한다.

수행 순서

01 암호화폐의 개념 및 유형에 따른 분류를 분석하라.

암호화폐(暗號貨幣, Cryptocurrency)는 해시라는 암호화 기술을 이용하여 만든 전자화폐의 일종이다. 대개의 암호화폐는 탈중앙 P2P 방식의 블록체인 기술을 이용하여 가치를 저장 · 전송한다.

1. 개념

암호화폐는 흔히 가상화폐라는 말로 혼용되어 사용되기도 하지만, 엄밀히 말하면 서로 구별되는 개념이다. 암호화폐는 암호화 기술을 이용하여 만든 화폐이고, 가상화폐는 실물이 없이 가상으로 존재하는 화폐이다. 예를 들어, 비트코인, 이더리움, 이오스 등은 암호화폐이고, 싸이월드 도토리, 리니지 아덴 등은 가상화폐이다. 암호화폐는 암호화 기술을 이용하여 만든 가상화폐의 일종이다. 결국, 암호화폐는 가상화폐의 한 종류이다.

암호화폐는 달러($)나 원화(₩)와 같은 법정화폐와 달리 화폐를 발행하는 중앙은행이 없이 전 세계 인터넷 네트워크에 P2P 방식으로 분산 저장되어 운영된다. 암호화폐를 발행하고 관리하는 핵심 기술은 블록체인 기술이다.

2. 암호화폐의 유형

암호화폐는 다음과 같은 유형으로 분류할 수 있다.

1) 코인과 토큰

(1) 코인(Coin)

다른 플랫폼에 종속되지 않고 자체 메인넷을 가지고 독립적인 생태계를 구성하고 있는 암호화폐를 말한다. 이더리움, 이오스 등 모든 플랫폼 코인이 여기에 해당한다. 플랫폼 코인이 아니더라도, 비트코인이나 리플처럼 다른 플랫폼에 종속되지 않은 독립적인 암호화폐도 코인이라고 부른다.

(2) 토큰(Token)

다른 플랫폼 코인 위에서 개별적인 목적을 달성하기 위해 사용하는 암호화폐를 말한다. 토큰은 자체적인 메인넷이 없으며, 다른 플랫폼 기반 위에서 작동한다. 예를 들어 스테이터스 네트워크 토큰(SNT)은 이더리움 플랫폼 위에서 작동하는 토큰이다.

2) 사용 목적에 따른 분류

(1) 알트코인(Altcoin)

비트코인 이외의 나머지 모든 암호화폐를 알트코인이라고 부른다. 알트코인은 alternative coin의 약자로서, 비트코인의 단점을 해결하기 위한 대안적 코인이라는 뜻이다. 라이트코인, 이더리움, 이오스 등 수천 종의 알트코인이 존재한다.

(2) 플랫폼 코인(Platform Coin)

다양한 서비스와 토큰에서 사용하는 공통된 기능을 모아서 제공하는 플랫폼에 사용되는 암호화폐이다. 플랫폼 코인 위에 다양한 서비스에서 사용하기 위한 탈중앙 분산형 응용 프로그램인 디앱(DApp)을 만들 수 있다.

(3) 유틸리티 토큰(Utility Token)

게임, 콘텐츠, 데이터 등 다양한 서비스를 이용하기 위해 사용하는 암호화폐이다. 대개 플랫폼 코인 위에서 작동하는 디앱(DApp) 방식으로 개발한다.

(4) 결제코인(Payment Token)

실생활에서 상품이나 서비스의 대가로 결제, 송금, 지불하는 화폐처럼 사용하기 위한 암호화폐이다.

(5) 증권형 토큰(Security Token)

주식, 채권, 부동산 등 현실 세계의 자산을 블록체인 기반의 암호화폐에 페깅한 디지털 자산을 말한다.

(6) 스테이블코인(Stablecoin)

법정화폐로 표시한 코인의 가격이 거의 변동하지 않고 안정된 암호화폐를 말한다. '가치안정화폐'라고도 한다. 예를 들어, 테더, 스팀달러, 테라 등이 있다.

(7) 프라이버시 코인(Privacy Coin)

일명 다크코인(Darkcoin)이라고도 한다. 익명성을 보장하는 코인이다. 영지식증명 기술을 이용하여 코인 소유자의 신분 노출을 완벽하게 방지할 수 있다. 다크코인 계열의 암호화폐에는 모네로, 대시, 지캐시, 코모도 등이 있다.

3) 유형에 따른 분류

스위스 금융당국인 핀마(FINMA)는 암호화폐를 크게 3가지 유형으로 분류했다.

(1) 지불형 암호화폐

비트코인, 라이트코인 등 실생활에서 상품이나 서비스의 대가로 지불하는 화폐처럼 사용하기 위한 암호화폐이다.

(2) 유틸리티 암호화폐

블록체인 기반의 다양한 서비스를 이용하기 위해 사용하는 암호화폐이다. 게임, 콘텐츠, 분산 클라우드 등 다양한 영역에서 사용할 수 있다. 각 회사별로 지급하는 포인트 또는 마일리지와 유사하다.

(3) 증권형 암호화폐

주식, 채권, 부동산 등 실물 자산에 대한 소유권을 표시하는 암호화폐이다. 증권형 암호화폐는 다시 세분하여, 지분형 암호화폐, 채무형 암호화폐, 펀드형 암호화폐로 나눌 수 있다.

지분형 암호화폐 : 마치 주식처럼, 기업의 자산에 대한 소유권을 표시하는 암호화폐이다. 본인이 소유한 지분에 비례하여 기업의 의사결정에 참여할 수 있고, 기업의 수익에 대한 이익 배당금을 받을 수 있으며, 기업의 자산에 대한 소유권을 주장할 수 있다.

(4) 채무형 암호화폐

마치 채권처럼, 기업에 자금을 빌려주고 이자를 받을 수 있는 암호화폐이다. 기업은 채무형 암호화폐 소유자에게 원금 상환의 의무가 있을 뿐 아니라, 사전에 약속한 이자율에 따른 이자를 지급해야 한다. 다만, 원금 상환을 약속하고 ICO 등의 방법으로 자금을 모을 경우 유사수신 행위에 해당하여 불법 소지가 있을 수 있다.

(5) 펀드형 암호화폐

마치 펀드처럼, 본인이나 위탁운영자가 아닌 제3자의 노력으로 소유자에게 수익이 주어지는 암호화폐이다. 암호화폐 거래소의 채굴형 토큰, 지분증명 방식의 암호화폐, 에어드랍 등은 펀드형 암호화폐와 유사한 특징이 많아, 주의할 필요가 있다.

3. 암호화폐의 종류

2009년 세계 최초의 암호화폐인 비트코인이 창시된 이후 계속 새로운 암호화폐가 출현하였다. 주요 암호화폐에는 비트코인, 이더리움, 리플, 비트코인 캐시, 이오스 등이 있다. 2018년 기준으로 전 세계 암호화폐는 약 1,600종이 존재한다. 가기.png 암호화폐 종류에 대해 자세히 보기

4. 특징

암호화폐를 얻기 위해서는 채굴기라는 서버 컴퓨터를 운영하여 직접 채굴(mining)을 하거나, 암호화폐 거래소를 통해 현금을 주고 구매하거나, 상품이나 서비스를 제공하고 그 대가로 암호화폐를 받아야 한다. 새로운 암호화폐를 개발하기 위한 자금을 모으기 위해 일종의 "암호화폐 프리세일"에 해당하는 ICO(초기 코인공개)를 하기도 한다.

02 암호화폐의 거래 및 거래소에 대하여 분석하라.

1. 암호화폐의 거래

암호화폐 거래(暗號貨幣去來)란 암호화폐를 사고파는 행위를 말한다. 원화, 달러 등 법정화폐를 이용하여 비트코인, 이더리움 등의 암호화폐를 거래하거나, 혹은 기축통화에 해당하는 비트코인을 이용하여 다른 암호화폐를 거래할 수 있다. 코인 거래 또는 코인 매매라고도 한다.

2. 암호화폐의 거래소

암호화폐 거래소(暗號貨幣 去來所, Cryptocurrency Exchange)란 암호화폐를 거래할 수 있는 시장을 말한다. 간략히 거래소라고 부른다. 영어로는 익스체인지(Exchange)라고 한다. 대한민국 정부에서는 가상통화 취급업소라는 용어를 사용한다. 중국에서는 교역소(交易所)라고 한다. 암호화폐 거래소를 통해 비트코인, 이더리움 등의 암호화폐를

달러($), 유로(€), 파운드(£), 위안(¥), 엔(¥), 원(₩)화 등 실제 화폐로 교환할 수 있다. 암호화폐 거래소는 주식 거래소와 달리 개장시간과 폐장시간이 없이 1일 24시간, 1년 365일 항상 인터넷으로 암호화폐를 거래할 수 있다.

3. 국가별 주요 암호화폐 거래소

전 세계 암호화폐 거래소는 약 1만개 정도이다. 2018년 4월 초에 암호화폐 거래소 개수가 처음으로 1만개를 돌파했다.

주요 암호화폐 거래소에는 한국의 빗썸(Bithumb), 업비트(Upbit), 코인원(Coinone), 코빗(Korbit), 도비(Dobiexchange), 코인네스트(Coinnest), 중국의 게이트아이오(Gate.Io), 바이낸스(Binance), 비트파이넥스(Bitfinex), 오케이코인(Okcoin), 후오비(Huobi, 火幣), 미국의 비트렉스(Bittrex), 코인베이스(Coinbase), 제미니(Gemini), 크라켄(Kraken), 폴로닉스(Poloniex), 일본의 비트플라이어(Bitflyer), 코인체크(Coincheck), 비트포인트(Bitpoint) 등이 있다.

1) 한국 거래소

(1) 빗썸(Bithumb)

한국의 대표 암호화폐 거래소이다. 2017년 한 때 한국 1위, 세계 1위의 거래소가 되었다.

(2) 업비트(Upbit)

2017년 ㈜카카오 계열사인 두나무㈜가 미국 비트렉스와 제휴하여 설립했다. 설립자는 송치형이다. 2017년 한때 세계 1위의 암호화폐 거래소가 되었다.

(3) 코인원(Coinone)

보안사고 없는 안전한 거래소이다. 데일리 금융그룹(구 옐로금융그룹)의 계열사로 편입되었다.

(4) 코빗(Korbit)

한국 최초의 암호화폐 거래소이다. 코빗은 한국비트코인거래소의 약자이다. 2017년 넥슨에 인수되었다.

(5) 코인네스트(Coinnest)

중국 관련 코인을 상장하여 급성장한 거래소이다.

(6) 고팍스(Gopax)

신한은행의 투자를 받은 ㈜스트리미가 만든 거래소이다.

(7) 코인빗(Coinbit)

㈜엑시아에서 운영하는 한국의 암호화폐 거래소이다.

(8) 코인제스트(Coinzest)

제스트씨앤티㈜가 운영하는 한국의 암호화폐 거래소이다.

(9) 뉴엑셀(Neweaxell)

기존 알트메카에서 리브랜딩한 거래소로서 중소기업 거래소중에 입출금 처리가 가장 좋다는 평가를 받고 있다.

(10) 캐셔레스트(Cashierest)

캐셔레스트(Cashierest)는 한국의 ㈜뉴링크가 만든 암호화폐 거래소이다. 2018년 3월 20일 캐셔레스트 거래소를 정식 오픈했다. 캐셔레스트 거래소의 자체 코인으로 캡(Cap)을 발행한다.

2018년 6월 25일 캐셔레스트 거래소를 운영하는 ㈜뉴링크(대표 박원준)는 애스톤을 개발한 ㈜엑스 블록시스템즈(대표 김승기)와 기술 교류 협약을 체결했다.

뉴링크는 2017년 5월에 설립되었으며, 전체 구성 인력의 대부분이 10년 이상 IT 및 보안업계에 종사해온 베테랑이다. 공동 대표이사인 박원준 대표는 개발자 출신으로 커뮤니티 포털 프리첼과 코스닥에 상장된 소셜 게임 개발사 미투온에서 개발팀장과 최고운영임원(COO)을 역임했다. 뉴링크는 2017년 8월 암호화폐 거래소의 기틀을 마련하고 정식 오픈을 준비해 왔다. 캐셔레스트는 출범 이후 7월에 국내 3위로 올라서기도 했으며, 코인마켓캡에 따르면 2018년 12월 기준으로 '보고된 거래량'에서 글로벌 52위이다. 캐셔레스트는 2018년 9월부터 C2C 거래를 지원하기 시작해서 비트코인, 이더리움, 트루USD 등 3종의 암호화폐를 기반으로 다른 암호화폐와 거래할 수 있다. 박원준 뉴링크 대표는 "암호화폐 투자자들이 원화 마켓과 함께 암호화폐로 거래할 수 있는 C2C 마켓을 통해 더욱 편리하고 안전한 거래를 할 수 있는 시스템 환경을 구축해 나갈 것"이라고 말했다.[3] 캐셔레스트에는 현재 40개 정도의 코인이 상장돼 있고, 계정을 가진 사용자는 30만 명 정도이다.

한국 거래소는 위 이외에 게이트코리아 · 넥시빗 · 데이빗 · 덱스코 · 리더스코 · 비트서울 · 비트소닉 · 비트젯 · 비트팍스 · 비트프렌즈 · 씨피닥스 · 올비트 · 올스타빗 · 윗빗 · 유빗(야피존) · 유아이오 · 이오스닥 · 지닉스 · 지닥 · 체인비 · 캐셔레스트 · 케이씨엑스 · 코미드 · 코인레일 · 코인링크 · 코인빈 · 코인이즈 · 코인플러그 · 코인피아 · 코코스탁 · 퀀티 · 포블게이트 · 프로비트 · 한빗코 · 후오비코리아 등이 있다.

2) 중국 거래소

(1) 게이트아이오(Gate.io) : 홍콩에서 설립된 중국의 암호화폐 거래소이다. BTI 기

준 세계 10위권 거래소로 선정되었다.

(2) 바이낸스(Binance) : 홍콩에서 설립된 중국의 대표적인 암호화폐 거래소이다.

(3) 비트파이넥스(Bitfinex) : 중국 홍콩의 암호화폐 거래소이다. 미국 달러와 연동되는 거래소 자체 코인인 테더를 발행했다.

(4) 오케이코인(OKcoin) : 한국의 NHN엔터테인먼트와 손잡고 한국 시장에 진출했다.

(5) 후오비(火幣, Huobi) : 중국의 대표적인 암호화폐 거래소이다. 2018년 초 한국 시장에 진출했다.

(6) 도비(dobiexchange.com) : 홍콩에서 설립된 암호화폐 거래소이다. 중국 최대 블록체인 R&D 센터의 자회사로서 운영되고 있으며 거래소 및 여러 블록체인 사업을 진행한다. 2018년 말 한국 시장에 진출했다.

중국 거래소는 위 외에 도비트레이드 · 레이크비티씨 · 비더블유닷컴(BW.com) · 비박스 · 비센트 · 비츠닥 · 비티씨씨 · 비티씨트레이드닷아이엠 · 빅원 · 빗썸덱스 · 에프코인 · 오케이엑스 · 이더파이넥스 · 이엑스엑스 · 지비닷컴 · 지비지(ZBG) · 코인닐 · 코인더블유 · 코인멕스 · 코인슈퍼 · 쿠코인 · 하닥스 · 홍콩샹야 등이 있다.

3) 미국 거래소

(1) 비트렉스(Bittrex) : 세계 최대 규모의 미국 암호화폐 거래소이다. 2017년 가을 한국의 업비트와 제휴했다.

(2) 코인베이스(Coinbase) : 샌프란시스코에 있는 미국 최대의 암호화폐 거래소이다.

(3) 제미니(Gemini) 또는 제미나이 : 윙클보스 형제가 만든 암호화폐 거래소이다.

(4) 크라켄(Kraken) : 미국 뉴욕에서 샌프란시스코로 옮겨간 암호화폐 거래소이다.

(5) 폴로닉스(Poloniex) : 골드만삭스의 자회사인 서클에 인수된 미국의 거래소이다.

(6) 로빈후드(Robinhood) : 거래 수수료가 없는 미국의 거래소이다.

미국 거래소는 그 외에 데이멕스 · 백트 · 비트멕스 · 에버코인 · 제미니(제미나이) · 크라켄 등이 있다.

4) 일본 거래소

(1) 비트플라이어(BitFlyer) : 일본 최대의 암호화폐 거래소이다.

(2) 코인체크(Coincheck) : 넴(NEM) 코인을 해킹 당한 일본의 암호화폐 거래소이다. 모넥스 그룹이 인수했다.

(3) 비트포인트(BitPoint) : 일본의 암호화폐 거래소이다.

(4) 비트박스(Bitbox) : 한국 네이버㈜의 자회사인 일본 라인㈜이 설립할 예정인 암호화폐 거래소이다.

그 외에 네라엑스 · 리퀴드(쿠오인) · 마운트곡스 · 비트뱅크 · 자이프 · 지엠오코인 · 피스코가 있다.

5) 동남아, 유럽, 기타 거래소

동남아 거래소는 드래곤엑스 · 디지파이넥스 · 비트박스 · 비트커 · 비트포렉스 · 에이비씨씨(ABCC) · 엘뱅크 · 오이엑스(OEX) · 인도닥스 · 코인베네 · 크립토노 등이 있다.

유럽 거래소는 디엑스익스체인지 · 디코인 · 라토큰 · 비트그레일 · 비트스탬프 · 비티씨이 · 차오엑스 · 클레버코인 등이 있다.

기타 지역 거래소는 방코르 · 빌락시 · 시스템코인 · 아이닥스 · 크립토피아 · 힛빗 등이 있다.

4. 논란

이더리움의 창시자인 비탈릭 부테린은 "중앙화된 거래소는 모두 없어져야 한다"고 말했다. 암호화폐 거래소는 탈중앙화되어 있지 않아 해커들의 공격 대상이 되고 있으며, 실제로 수많은 해킹 사고가 발생하여 막대한 피해가 발생하고 있다. 특히 일부 암호화폐 거래소들이 신규 코인 상장 시에 거래 수수료 명목으로 1,500만 달러(약 160억 원)를 요구하는 것에 대해 분노하면서, "중앙화된 거래소들이 지옥에서 불타길 바란다."라고 강력히 비난했다. 그러면서 P2P 방식의 탈중앙 암호화폐 거래소(일명 DEX)를 지지했다.

이에 대해 세계 최대의 암호화폐 거래소인 바이낸스의 CEO인 창펑 자오는 "다른 누군가가 지옥에서 불타길 바라지 말자", "더 큰 마음가짐을 갖도록 하자"라고 하면서, 현재 탈중앙화된 거래소보다 중앙화된 거래소를 선택하는 사람들이 더 많다고 지적하면서, "사람들이 스스로 원하는 바를 선택할 수 있도록 하자"고 반박했다.

03 코인마켓캡을 통하여 코인정보 사용하는 법을 분석하라.

가장 많이 언급되는 도구인 코인마켓캡(코마캡)에서 제공해주는 정보를 알아 보려고 한다(코인마켓캡의 주소 : www.coinmarketcap.com). 물론 지원 언어(15개)를 지원한다. 한국어를 지원하므로 한국어로 선택하여 분석한다.

1. 코인마켓캡 헤더 영역

먼저 메인화면의 윗부분이다. 코인시장의 정보를 얻을 수 있는 곳이다.

(1) CryptoCurrencies(암호화폐) : 2,129개의 코인이 코마캡에 등록되어 있다는 뜻이다. 실제로는 여기에 등록되지 않는 코인들도 있다.

(2) Markets(시장) : 거래시장인 17,799개라는 뜻이다.

(3) Maeket Cap(시가총액) : (개별코인의 갯수×개별코인의 가격)을 2,129개 모두 더한 것이다. 우리는 이것을 코마캡 기준 시가총액이라는 표현을 사용한다.

(4) 24h Vol(24시간 거래량) : 최근 24시간 동안 거래된 거래액의 총합이다.

(5) BTC Dominance(BTC 우세) : 전체 시가총액에서 비트코인이 차지하는 비중을 52.1%를 의미한다.

2. 코인마켓캡 메뉴

Market Cap 메뉴에서 첫 화면에서는 순위(Rankings), 툴(Tools), 리소스(Resources), 블로그(Blog) 등과 같은 메뉴가 있다.

1) 순위

(1) 시가총액 : 모든 암호화폐, 코인, 토큰을 선택할 수 있다.

(2) Trends : Gainers & Losers는 코인 가격이 많이 상승한 코인, 하락한 코인을 볼 수 있고, 최근 추가는 신규로 등록한 코인을 볼 수 있도록 선택하여 볼 수 있다.

(3) 암호화폐 : Daliy Volume, Monthly Volume의 24시간과 월간 기준으로 거래되는 코인의 거래순위를 볼 수 있다.

(4) 거래소 : Adjusted Volume, Reported Volume의 거래소의 거래순위를 볼 수 있다.

2) 도구

(1) 전세계 차트 : 총 시가총액을 일자별로 볼 수 있는 툴이다.
(2) Currency Converter : 암호화폐 환전 계산을 할 수 있는 툴이다.
(3) 과거 스냅샷 : 과거로부터 암호화폐의 순위를 볼 수 있는 툴이다.
(4) Site Widgers : 암호화폐 가격의 티커 위젯을 설정해주는 툴이다.
(5) 관심목록 : 관심 목록에 추가할 수 있도록 설정하는 툴이다.

3) 리소스(Resources)

(1) Crypto API : 전세계의 암호화폐 데이터 저작권을 사용자를 위하여 전문적인 API를 만들도록 설정할 수 있다.

(2) 뉴스레터 : 최근 매일의 시장분석, 뉴우스와 업데이트, 여론조사 등 정보를 제공하고 최근 뉴스를 받기 위하여 이메일 등 본인이 설정할 수 있다.
(3) 이벤트 달력 : 블록체인 등 관련 이벤트를 볼 수 있다.
(4) Crypto Indices : 코인마캣캡의 지수에 대한 정보를 확인할 수 있다.
(5) 암호 용어 : 암호 화폐 등 관련 용어에 대한 정보를 확인 할 수 있다.
(6) Intro to Crypto : 암화 화폐 세계에 대한 정보를 볼 수 있다.

4) 블로그

코인마캣캡에서 제공하는 모든 블로그에서의 정보를 확인할 수 있다.

04 ICO의 사례를 통한 비판,대안 및 논란에 대하여 분석하라.

ICO란 Initial Coin Offering의 약자로서, 새로운 암호화폐를 만들기 위해 불특정 다수의 투자자들로부터 초기 개발 자금을 모집하고 그 대가로 코인을 나눠주는 행위를 말한다.

아이씨오라고 읽는다. 아쇼라고 읽는 경우도 있다.

ICO는 크라우드펀딩(Crowdfunding)의 일종으로서, 초기코인공개 또는 초기코인제공이라고 한다. 주식 공개 모집을 의미하는 IPO에서 나온 말이다.

ICO를 진행하기 위해 새로운 암호화폐를 만들게 된 동기, 목적, 운영 방식, 전망 등의 내용을 담은 백서(White Paper)를 발행하고, 초기 투자자를 모집한다.

1. 사례

최초의 ICO를 진행한 암호화폐는 론 그로스(Ron Gross)와 제이 알 윌렛(J. R. Willett)이 진행한 마스터코인(Mastercoin, 이후 옴니레이어로 변경)이었다. 이후 몇 가지 ICO가 더 진행되었으나 규모가 크지 않아 별로 알려지지 않았으나, 2014년 7월 이더리움 ICO를 계기로 널리 알려지게 되었다.

2014년 당시 19세였던 비탈릭 부테린(Vitalik Buterin)은 ICO를 통해 암호화폐 개발 자금을 모아 2015년 이더리움(ethereum)을 개발했다.

모바일고(Mobile GO)의 경우 ICO를 통해 600억원 이상의 초기 투자금을 확보했다.

게임 관련 코인인 네버다이(Neverdie)의 경우 11억 달러(약 1.2조원) 규모의 ICO를 진행하겠다고 발표했다.

2017년 3월 중국의 큐텀(Qtum)은 ICO를 통해 1,560억 달러의 투자자금을 모았다. 2017년 5월 한국인이 개발한 암호화폐인 보스코인(BOScoin)에 대한 ICO가 진행되어 135억원의 투자 자금을 모았다.

2017년 5월 기준으로 매달 20개 정도의 ICO가 진행되고 있다. ICO를 통해 투자한 자금은 해당 암호화폐가 발행되기 이전이라도 IOU를 통해 회수할 수 있다.

2. 비판

ICO를 통한 초기투자금 확보라는 긍정적 측면에도 불구하고, 무분별한 ICO로 인해 투자금을 날리는 피해자가 생기는 부작용이 있다. ICO를 빙자한 다단계 금융 사기

사건이 적발되기도 했다.

보스톤칼리지가 2018년 5월까지 판매가 완료된 2,390건의 ICO를 대상으로 연구를 진행한 결과, ICO 이후 4개월 동안 살아남는 스타트업이 전체의 44.2%에 불과했다.

2017년 9월 초 중국 정부는 ICO를 불법 금융 행위로 규정하고 전면 금지시켰다. 9월 말 한국 정부도 일체의 ICO를 금지한다고 발표했다.

3. 대안

ICO의 대안으로 다양한 해결책이 제시되고 있다.

1) 다이코(DAICO)

Decentralized Autonomous Initial Coin Offering의 약자로서, 탈중앙 자율관리 초기코인공개를 말한다. 비탈릭 부테린이 제안한 방식이다.

다이코(DAICO)란 탈중앙화 자율조직을 의미하는 DAO와 초기코인공개인 ICO의 합성어로서, ICO를 통해 모금한 자금을 개발팀에 한꺼번에 전달하지 않고, 실제 개발이 진행되는 상황에 맞추어 단계적으로 지급하는 방식의 자금 운용 방식을 말한다.

DAICO는 Decentralized Autonomous Initial Coin Offering의 약자로서, 탈중앙화 자율관리 초기코인공개라고 번역할 수 있다.

만약 암호화폐 백서에서 약속한 내용을 지키지 못할 경우, 이미 모금한 자금을 개발팀에 전달하지 않고 투자자들에게 환불할 수도 있다. 이더리움의 창시자인 비탈릭 부테린이 2018년 1월 기존 ICO의 문제점을 지적하면서, 그 대안으로 제시한 새로운 자금 투자 및 운영 방안이다.

(1) 기존 ICO의 문제점

기존의 ICO는 모금액을 개발사가 ICO 직후 단 번에 모두 받아가는 구조이다. 이더리움이 도입한 ICO는 암호화폐 개발업체가 쉽고 빠르게 자금을 조달할 수 있는 장점이 있었지만, 신원 확인과 추적이 쉽지 않다는 암호화폐의 특성을 이용한 사기도 많이 발생했다.

실제로 만들지도 않을 암호화폐를 만들겠다고 웹사이트와 백서를 만들고 ICO를 통해 막대한 자금을 유치한 후 모든 연락을 끊고 도피해 버리는 것이 일반적인 ICO 사기 방식이다. 이렇게 극단적인 사기가 아니더라도, 대개의 업체들이 일단 ICO로 많은 자금을 조달한 후 실제로 백서나 개발 계획에 적힌 대로 개발을 진행하지 않는 경우도 많다. 기존 ICO 방식으로는 개발업체가 실제 개발 로드맵을 지킬 의지나 능력이 있는지 확인하고 견제할 수 있는 장치가 없다. 그리고 문제가 생기더라도 투자금을 환불받을 수도 없는 구조이다.

(2) DAICO 제안

이러한 기존 ICO 방식의 문제점을 해결하고자 2018년 1월 비탈릭 부테린은 새로운 방식의 ICO인 다이코(DAICO)를 제시했다. 다이코는 ICO 이후 모든 권한을 개발팀에게 주는 것이 아니라 투자자들과 함께 의사를 결정함으로 자금을 사용하는 새로운 방법이다.

다이코의 핵심 기능은 수도꼭지를 뜻하는 탭(Tap)과 환불(Refund)이라는 개념으로 설명이 가능하다.

① 탭 : 마치 수도꼭지에서 물이 조금씩 나오듯, 모인 자금을 한꺼번에 개발진에게 주는 것이 아니라 일정 기간에 나눠 조금씩 단계별로 주는 방식을 일컫는다.
② 환불 : 만일 프로젝트 진행에 심각한 문제가 있을 경우, 투자자들은 남은 자금을 환불받을 수 있다. 환불 개념을 도입함으로써 기존 ICO의 가장 큰 문제점으로 꼽혔던 '투자금 환불' 문제를 해결할 수 있다.

탭과 환불 기능은 이더리움이 제공하는 스마트 계약을 통해, 자금의 인출 대상과 시기, 물량을 사전에 코드로 지정하거나 묶어 둘 수 있다.

2) IEO

Initial Exchange Offering의 약자로서, 암호화폐 거래소를 통해 암호화폐 초기 배포 및 판매가 이루어지는 것을 말한다. 초기거래소제공이라고도 한다. 바이낸스 런치패드(Binance Launchpad), ZBG 런치패드(ZBG Launchpad), 후오비 프라임(Huobi prime) 등이 있다.

3) IBO

IBO란 Initial Bounty Offering의 약자로서, 해당 암호화폐 생태계를 만드는 데 기여한 참여자에게 암호화폐를 보상(Bounty)으로 지급하는 것을 말한다. 초기보상제공이라고도 한다.

4) STO

STO란 Security Token Offering의 약자로서, 해당 암호화폐를 발행한 회사의 자산에 대한 소유권을 가진 증권형 토큰(Security Token)을 발행하는 것을 말한다. 증권형 토큰제공이라고도 한다.

암호화폐 전문 투자 업체인 해시드의 김서준 대표는 2018년 10월 23일 그랜드힐튼 호텔에서 열린 '2018 코리아 블록체인 엑스포' 행사에서, 앞으로 증권형 토큰 시대가 펼쳐질 것이며, 기존 주식회사의 개념도 바뀔 것이라고 전망했다.

현실 세계의 부동산, 주식, 금융상품 등 모든 형태의 자산이 토큰화되어 소액 단위로 거래되는 증권형 토큰 시대가 머지 않아 도래할 것이며, 디지털 자산 개념에 대해 익숙한 한국인이 이 같은 시장의 변화에 가장 빠르게 적응할 수 있을 것이라고 주장했다.

암호화폐 전문 투자 업체인 디블락의 오현석 대표는 2018년 11월 1일 《브런치》에 〈Bull Market의 역사〉라는 글을 올리고, 앞으로 증권형 토큰이 새로운 시장을 이끌 원동력이 될 것이라고 예측했다.

주식, 자산, 부동산 등 현실 세계의 가치와 암호화폐 토큰이 페깅됨에 따라 기존의 자산 시장이 유동화될 것이며, 기존 ICO의 대부분은 결국 STO로 진화할 것으로 예상하였다.

하지만 STO에 대해 중국 금융 당국은 부정적 입장을 밝혔다. 중국 베이징시 지방금융감독관리당국 서기이지 국장인 훠쉐원(霍学文, 곽학문)은 "최근 ICO가 폐품처럼 되면서, 일종의 신개념인 STO가 사람들에게 널리 알려지고 있다. 오늘 이 자리를 빌어 저는 베이징에서 STO의 발행을 고려하는 사람들에게 하지 말라고 하고 싶다. 베이징에서 STO를 하고자 한다면, 불법금융 활동으로 간주하겠다"고 말했다

5) ATO

ATO(Asset Tokenization Offering)란 주식, 채권, 부동산 등 현실 세계의 자산을 블록체인 기반의 암호화폐에 페깅하여 소액 투자자에게 판매하는 것을 말한다. 자산토큰화공개라고도 한다.

4. 논란

카르다노를 창시한 찰스 호스킨슨(Charles Hoskinson)은 2017년 7월 블룸버그와 인터뷰를 진행하면서, "ICO는 시한폭탄이다"라고 말했다. 대부분의 ICO는 이더리움으로 투자를 받는데, 이더리움 가격이 오를 때는 문제가 없으나, 이더리움 가격이 떨어질 경우 ICO를 진행한 회사는 프로젝트 개발 자금을 확보하기 위해 이더리움을 팔아서 현금을 확보하게 된다.

그러면 시장에 이더리움 물량이 증가하면서 가격은 더 떨어지게 된다.

게다가 새로운 프로젝트들이 생겨나 ICO를 진행할 경우 이더리움을 이용한 투자모금 액수는 더 증가하게 된다.

이 업체들은 회사 운영자금과 개발자 급여를 지급하기 위해 ICO로 받았던 이더리움을 시장에 내다팔 수밖에 없다. 결국 이더리움 공급량이 증가하여 가격이 더 빨리 떨어지고, 그걸 본 다른 ICO 업체들도 서둘러 이더리움을 팔기 시작해, 결국 이더리움 시장 가격이 폭락하는 문제가 생길 수 있다는 것이다.

이걸 경고하기 위해 찰스는 "ICO는 곧 터질 시한폭탄과 같다"고 말했다.

05 가상화폐 상장 및 기준에 대하여 분석하라.

가상화폐(암호화폐 또는 가상통화)를 거래소에 상장하는데 별도의 기준이 필요할까? 필요 없을까?

다른 식으로 묻는다면, 모든 가상화폐를 거래소에서 사고 팔 수 있도록 해야 할까? 아니면 검증된 몇몇 가상화폐(코인 또는 토큰)만 거래할 수 있어야 할까?

만약 검증된 몇몇 코인만 거래하게 한다면, 그 기준은 개별 거래소가 자율적으로 판단해 만들면 될까, 아니면 모든 거래소가 공통된 기준을 만들어 적용해야 할까, 그것도 아니라면 정부가 투자자보호를 위해 직접 상장 기준을 만들어야 할까?

이에 대해 딱 떨어지는 정답은 없다.

현재 상황만 봐도 그렇다. 전 세계에서 발행된 가상화폐는 2,129개, 그중에서 거래소에서 사고 팔수 있는 것은 채 200개의 전후가 된다. 미국 최대 거래소인 코인베이스(Coinbase)는 비트코인, 비트코인 캐시, 이더리움, 라이트코인 등을 상장을 허용했지만, 비트렉스는 200개 이상을 상장시켰다. 국내 거래소도 빗썸은 12개 이상을 상장시킨 반면, 업비트는 100개 이상이 상장돼 있다. 일단 상장됐다가도 거래량이 적으면 상장폐지시킨다.

'가상화폐 규제'를 위해 한국 정부가 잰걸음을 걷고 있다. 금융위원회가 목소리를 높이며 규제의 칼을 갈고 있다. 일단 금융위 산하 금융정보분석원과 금융감독원을 내세워 6개 은행에 대한 합동단속을 시작했다. 실태조사를 통해 가상화폐로 흘러가는 돈을 살펴보겠다는 것이다.

정부가 검토 중인 가상화폐 거래소 규제 방안 중 하나는 가상화폐 상장기준에 관한 것이다. 즉, 무분별한 ICO(신규 코인 발행을 통한 자금조달)를 막기 위해선 엄격한 상장 기준이 필요하고 가치가 없는 가상화폐는 시장에서 도태되기 때문에 거래소가 자율적으로 판단하면 된다.

현재에는 대부분거래소의 자체 기준에 의하여 해당 거래소의 심사기준에 따라 상장되고 있다.

업비트의 경우에는 상장 심사 원칙은 크게 3가지로 총 21개 항목의 점검 항목이 공개됐다.

① 기반 프로젝트의 투명성 : 프로젝트의 주요 정보, 법규 준수 및 법률 심사, 기술 역량, 사용처, 암호화폐의 부가가치 창출 메커니즘 및 로드맵을 진단하는 것

② 거래의 원활한 지원 가능성 : 기술 호환성과 기술 문제 발생시 빠른 대응 및 협조 능력 등의 역량

③ 투자의 공정한 참여 가능성 : 초기 분배의 공정성과 네트워크 운영의 투명성을 점검

코인원에서 심사기준을 참고 하면 현재 크게 4가지 범주로 나누어 각 분야의 최고 전문가를 통해 심사를 진행하고 있다.

① 비즈니스 : 프로젝트 진행 가능성, 팀 구성, 시장 적합도, 토큰 세일진행 등을 조사한다. 필요할 경우 프로젝트 관계자와의 직접적인 미팅 또는 컨퍼런스 콜을 통해 직접 인터뷰를 진행한다.

② 인지도 : 가상화폐 관련 대표적인 커뮤니티에서의 인지도를 확인한다. 또한, 각 나라별 시장에서의 평판을 확인하여 적합한지 판단한다.

③ 기술 : 해당 프로젝트만의 특별한 기술과 그곳에 쓰인 알고리즘, 프로토콜의 적합성, 보안성을 판단한다. 또한 깃헙과 로드맵을 통해 현재 개발 진행 상황을 확인한다.

④ 시장 : 전체 시장에서의 시가 총액, 거래량 등을 통해 시장에서의 위치를 확인한다.

06 디앱(DApp)에 대하여 분석하라.

디앱(DApp) 또는 댑이란 Decentralized Application의 약자로서, 이더리움, 큐텀, 이오스 같은 플랫폼 코인 위에서 작동하는 탈중앙화 분산 애플리케이션을 말한다.

간략히 분산앱이라고도 한다. 플랫폼 위에서 작동하는 디앱의 암호화폐는 코인이라고 하지 않고 토큰이라고 구별하여 부르기도 한다.

'Daap'가 아니라 'DApp'가 올바른 표기법이다. 'Dapp' 또는 'dApp'이라고도 쓴다. 단수형이 아니라 복수형으로 표현하여, 디앱스(DApps) 또는 댑스(dApps)라고도 한다.

2019년 1월 플루언스 네트워크(Fluence.network)의 공동 창업자인 이브게니 포노마레프(Evgeny Ponomarev)가 조사한 결과에 따르면, 전 세계 디앱의 약 80% 정도가 이더리움 플랫폼 기반이고, 2위는 이오스 기반, 3위는 트론 기반이었다.

포노마레프는 전 세계 1,600개의 디앱 중에서 연락처가 있는 900개 업체에 설문조사를 의뢰하여, 이 중에서 답변을 보내온 160개 디앱을 대상으로 분석을 진행하였다. 설문에 응답한 디앱 중 중복을 허용할 경우 88%는 이더리움 기반의 디앱이었고, 19%는 이오스 기반, 8%는 트론 기반이었다. 만약 중복 플랫폼을 제외하면, 이더리움 기반 77%, 이오스 기반 12%, 트론 기반 1%, 중복 10%로 조사되었다.

학습활동.12 교수 · 학습 방법

교수 방법

- 코인을 사고 팔려면 어떻게 하지에 대한 관련 용어, 구성, 방식 이해 정도를 파악한 후 수업을 진행한다.
- 교수자의 주도로 코인을 어디에 보관하지 등의 내용을 PPT 자료로 제시한 후 설명한다.
- 가능하면 사전에 개인별 학습 자료를 준비하여 모든 학생이 참여할 수 있는 문제 해결식 수업, 협력 수업이 가능하도록 한다.
- 코인을 사고 팔려면 어떻게 하지 전 과정을 작업의 순서에 따라 단계적으로 실습이 이루어질 수 있도록 지도한다.
- 교재를 통해 수업을 준비하는데 있어서 필요한 모든 정보나 팁, 힌트 등 도움이 될 만한 내용들을 확인할 수 있다.
- 학생들이 만들게 될 각 모델들은 수업시간에 중점적으로 다뤄질 부분과 어휘, 질문, 답을 포함하고 있으며 또한 탐구할만한 추가적인 아이디어들도 포함하고 있다.

학습 방법

- 코인을 사고 팔려면 어떻게 하지에 대한 관련 용어를 숙지하고, 코인을 사고 팔려면 어떻게 하지에 대해 이해한다.
- 코인을 사고 팔려면 어떻게 하지의 각 단계별 중점 사항을 체계적으로 학습한다.
- 코인을 사고 팔려면 어떻게 하지의 수행순서의 전 과정을 실습한다.
- 코인을 사고 팔려면 어떻게 하지의 내용을 이해한다.
- 코인을 사고 팔려면 어떻게 하지를 이해하고 숙달이 될 때까지 학습한다.

학습활동.12 평가 및 피드백

평가 준거

- 평가자는 피평가자가 수행 준거 및 평가 내용에 제시되어 있는 내용을 성공적으로 수행할 수 있는 지를 평가해야 한다.

학습내용	평가항목	성취수준		
		상	중	하
코인을 사고 팔려면 어떻게 하지	코인을 사고 팔려면 어떻게 하지를 이해할 수 있다.			

평가 방법

- 작업 포트폴리오

학습내용	평가항목	성취수준		
		상	중	하
코인을 사고 팔려면 어떻게 하지	코인을 사고 팔려면 어떻게 하지를 이해할 수 있다.			

- 필기시험

학습내용	평가항목	성취수준		
		상	중	하
코인을 사고 팔려면 어떻게 하지	코인을 사고 팔려면 어떻게 하지를 이해할 수 있다.			

- 체크리스트를 통한 관찰

학습내용	평가항목	성취수준		
		상	중	하
코인을 사고 팔려면 어떻게 하지	코인을 사고 팔려면 어떻게 하지를 이해할 수 있다.			

- 피드백

1. 작업 포트폴리오
   - 제출한 보고서를 평가한 후 주요 사항에 대하여 표시하여 돌려준다.
2. 필기시험
   - 평가 결과 성적이 저조한 학생은 보고서 제출 기회를 부여한다.
3. 체크리스트를 통한 관찰
   - 실습 과정에서 평가한 후 개선해야 할 사항 등을 정리하여 돌려둔다.

참 | 고 | 문 | 헌

1. 법무법인 D'LIHGHT "가상화폐 상장기준', 필요하다? 필요없다?"
2. https://support.coinone.co.kr/
3. http://www.thebchain.co.kr/news
4. Upbit Listing Checklist
5. 권오훈 변호사, 〈증권형 토큰 발행(STO)에 대한 오해가 너무 많다〉, 《코인데스크 코리아》, 2018-11-29
6. 〈암호화폐, 어떻게 분류할 수 있을까? - 어려운 암호화폐 이해하기〉, 《버티칼 플랫폼》, 2018-07-01
7. 한국경제TV 이지연, 〈(더 코인즈 깨알상식) 코인과 토큰〉, 《유튜브》, 2018-07-27
8. 핵심만 콕콕! 암호화폐 분석, 〈(TOP 100) 이것만 알아도 코린이 탈출! 암호화폐 한번에 정복하기! - 1편〉, 《블록센스》, 2018.06.19.
9. 핵심만 콕콕! 암호화폐 분석, 〈(TOP 100) 이것만 알아도 코린이 탈출! 암호화폐 한번에 정복하기! - 2편〉, 《블록센스》, 2018.06.29.
10. 핵심만 콕콕! 암호화폐 분석, 〈(TOP 100) 이것만 알아도 코린이 탈출! 암호화폐 한번에 정복하기! - 3편〉, 《블록센스》, 2018.06.30.
11. 핵심만 콕콕! 암호화폐 분석, 〈(TOP 100) 이것만 알아도 코린이 탈출! 암호화폐 한번에 정복하기! - 4편〉, 《블록센스》, 2018.07.01.
12. 〈암호화폐 거래소〉, 《나무위키》
13. 박근모, 〈채굴형 거래소는 어떻게 '개미지옥'이 되는가〉, 《코인데스크코리아》, 2019.01.30.
14. 인사이트 & 칼럼, 〈대형 거래소들이 과연 암호화폐 시장에 변화를 가져다 줄 것인가?〉, 《블록센스》, 2018.07.09.
15. 인사이트 & 칼럼, 〈비탈릭 "중앙화 거래소는 지옥에나 떨어져라"에 대한 바이낸스 거래소 CEO 답변〉, 《블록센스》, 2018.07.11.
16. 길재식 기자, 〈IEO거래소 먹튀...인트비트 투자자 수백억 피해〉, 《전자신문》, 2019.05.13.
17. ICO Korea 공식 홈페이지 - http://www.ico-korea.com
18. 코인원 차명훈 대표, 〈ICO 전성시대〉, 《스팀잇》, 2018년 8월.
19. 홍기훈 교수, 〈(홍기훈의 블록체인과 핀테크) ICO? IPO? 크라우드펀드(Crowdfund)? 정확한 이해 필요하다〉, 《IT조선》, 2017.09.19.
20. 코인사이트, 〈대한민국에서 ICO는 불법?〉, 《유튜브》, 2018.03.08.
21. 이정훈 기자, 〈ICO 이후 넉달이상 생존하는 스타트업은 10곳중 4곳뿐〉, 《이데일리》, 2018.07.10.
22. 한걸음 소장, 〈(칼럼)쏟아지는 ICO 코인, 이제는 옥석 가릴 때〉, 《코인리더스》, 2018.08.21.
23. 장인수 기자, 〈프리세일과 ICO에 집착하는 블록체인, 결국 망한다.〉, 《파이낸스투데이》, 2018.08.18.
24. Sean Park, 〈(인사이트) 주목! ICO는 가라. IEO, IBO, STO가 뜬다.〉, 《블록인프레스》, 2018.08.22.
25. 매일경제 TV, 〈(증시직언직썰) 신규 암호화폐 공개, ICO란 무엇인가?〉, 《유튜브》, 2018.03.07.
26. 신근영 칼럼니스트, 〈(신근영의 블록체인 알쓸신잡) ICO 버블의 원흉〉, 《한국경제》, 2019.01.14.

27. 머니넷스탭, 〈ICO(Initial Coin Offering) 개념 및 특징〉, 《머니넷》, 2017.07.20.
28. 머니넷스탭, 〈ICO정보를 볼 수 있는 유용한 사이트들〉, 《머니넷》, 2017.07.28.
29. 허준 기자, 〈김서준 해시드 대표 "곧 다가올 증권형 토큰 시대, 주식회사 개념 바뀐다"〉, 《파이낸셜뉴스》, 2018.10.23.
30. 오현석(hslife), 〈Bull Market의 역사〉, 《브런치》, 2018.11.01.
31. Sean Park, 〈(인사이트) 주목! ICO는 가라. IEO, IBO, STO가 뜬다.〉, 《블록인프레스》, 2018.08.22.
32. 신지은, 〈조지소로스도 투자한 증권형 플랫폼..블록체인 생태계 바꿀까〉, 《블록미디어》, 2018.11.01.
33. 이민석 기자, 〈ICO・에어드롭에 이어 STO까지 단속…"중국 암호화폐 설 곳 없네"〉, 《코인리더스》, 2018.12.04.
34. 권오훈 변호사, 〈증권형 토큰 발행(STO)에 대한 오해가 너무 많다〉, 《코인데스크코리아》, 2018.11.29.
35. Katie Choi, 〈증권형 토큰 과연 정답인가〉, 《미디엄》, 2018.12.23.
36. 한국경제TV 이지연, 〈(더 코인즈 블록체인 깨알상식) 디앱(Dapp)〉, 《유튜브》, 2018.08.24.
37. Evgeny Ponomarev, "DApp Survey Results 2019 – State of DApps Ecosystem, Technology and Adoption 2019", Medium, 2019.01.29.

저자약력

남 상 엽

- 공학박사
- 삼성종합기술원 정보시스템연구소 근무
- 모토로라반도체통신 기술연구소 근무
- 국제대학교 교수(현재)

김 호 원

- 공학박사
- 한국정보통신기술연구소(ETRI) 근무
- 부산대학교 사물인터넷 ITRC센터장(현재)
- 부산대학교 전기컴퓨터공학부 교수(현재)

강 민 구

- 공학박사(연세대학교 전자공학과)(1994)
- 삼성전자연구원(1985～1987)
- 국무총리실 산하 방송통신융합추진위원회 전문위원(2006～2007)
- 방송통신위원회 전파연구소 정보통신기술 규격 심의위원(2007～현재)
- 한신대학교 교수(2000～현재)

민 경 식

- 경제학박사(일본 메이지대학교)
- 성균관대학교 경제학부 박사후 연구원
- 한국정보보호진흥원 근무(2003~2009)
- 한국인터넷진흥원 연구위원/블록체인확산팀장(2009~현재)

블록체인 분석 및 응용

2019년 9월 15일 1판 1쇄 발행

저 자 남 상 엽 · 강 민 구
김 호 원 · 민 경 식

발행인 남 승 우

발행처 도서출판 상尙 학學 당堂

서울특별시 동작구 사당로9가길 6

TEL : 02) 595-1692~4

FAX : 02) 595-1394

E-mail : namdoo6@unitel.co.kr

신고 : 2-155호 (1968. 11. 29)

정가 35,000원

ISBN 978-89-6587-189-7 93000

〈디자인〉 편집 엄해숙 / 표지 토틀컴